Sobre los principios

Sobre los principios

Los intelectuales caribeños y la tradición

Arcadio Díaz Quiñones

Publicado por
Latin America Research Commons
lasapress.org
larc@lasaweb.org

© Arcadio Díaz Quiñones 2024
© Del prólogo a esta edición, Rafael Rojas 2024

Primera edición: 2006, Universidad Nacional de Quilmes, Argentina

Diseño de portada: Estudio Entre
Imagen de portada: Detalle de *Hay un país en el mundo*,
de Consuelo Gotay. Cortesía de la artista
Diagramación de versión impresa: Lara Melamet
Diagramación de versión digital: Estudio Ebook
Corrección: María Nochteff
Índice de nombres y temas: Jonathan A. Romero y León Llach Mariasch

ISBN (Físico): 978-1-951634-43-8
ISBN (PDF): 978-1-951634-42-1
ISBN (EPUB): 978-1-951634-41-4
ISBN (Mobi): 978-1-951634-44-5

DOI: https://10.25154/book13

Esta obra tiene permiso para ser publicada bajo la licencia internacional Creative Commons Attribution CC BY-NC 4.0. Para ver una copia de este permiso, visite https://creativecommons.org/licenses/by-nc/4.0/ o envíe una carta a Creative Commons, 444 Castro Street, Suite 900, Mountain View, California, 94041, Estados Unidos. Esta licencia permite el uso de cualquier parte del trabajo mientras se lo cite de forma correspondiente y restringe su uso con fines comerciales.

Cita sugerida:
Díaz Quiñones, Arcadio. 2024. *Sobre los principios. Los intelectuales caribeños y la tradición*. Pittsburgh, Estados Unidos: Latin America Research Commons. DOI: https://10.25154/book13. Licencia: CC BY-NC 4.0

Para leer la versión libre en acceso abierto de este libro digital, visite https://10.25154/book13 o escanee el código QR con su dispositivo móvil.

Para Ricardo Piglia

Hay un país en el mundo, de Consuelo Gotay, 1996.
Grabado del libro dedicado al poema homónimo de Pedro Mir.
Medidas: 28,5 x 33 cm.

Índice

Agradecimientos	XI
Prólogo a esta edición, por Rafael Rojas	1
Nota preliminar	7
Introducción	13
Capítulo 1. Hispanismo y guerra	55
Capítulo 2. Pedro Henríquez Ureña (1884-1946): la tradición y el exilio	149
Capítulo 3. José Martí (1853-1895): la guerra desde las nubes	231
Capítulo 4. Fernando Ortiz (1881-1969) y Allan Kardec (1804-1869): espiritismo y transculturación	261
Capítulo 5. Ramiro Guerra y Sánchez (1880-1970) y Antonio S. Pedreira (1898-1939): el enemigo íntimo	287
Capítulo 6. Tomás Blanco (1896-1975): la reinvención de la tradición	341
Sobre el autor	401
Bibliografía	403
Índice de nombres y temas	491
Sobre Latin America Research Commons	529

Agradecimientos

Quiero expresar mi agradecimiento a Latin America Research Commons (LARC) de la Latin American Studies Association (LASA) por la publicación digital de mi libro caribeño *Sobre los principios*. Es un placer agradecerle a Julieta Mortati sus sabios consejos y el impecable trabajo editorial que han hecho posible estos *new beginnings*. Mi profundo agradecimiento también al amigo historiador Rafael Rojas por el ya largo diálogo, por sus trabajos tan iluminadores, y por el prólogo que escribió para esta nueva edición. Tengo una deuda grande con la artista y amiga Consuelo Gotay, quien autorizó el uso de uno de sus bellos grabados caribeños para la portada. Y mi gratitud a Jonathan A. Romero por su inteligencia y dedicación en la tarea de construir metódicamente un índice de las palabras clave y sus desplazamientos.

Hace casi veinte años, en la "Nota preliminar" a la primera edición de *Sobre los principios*, reconocí las deudas que tenía con colegas y estudiantes que me ayudaron a pensar la complejidad de los contextos y prácticas imperiales y anticoloniales de los intelectuales caribeños. Aprendí mucho de las conversaciones con ellas y ellos en el Centro de Estudios de la Realidad Puertorriqueña (CEREP), en la Universidad de Puerto Rico, y después en la Universidad de Princeton. Me brindaron comentarios críticos y, sobre todo, enriquecieron la reflexión con preguntas incisivas sobre poéticas y políticas. Hoy tengo muy presentes todos esos nombres y los lazos de amistad que nos unen. Al mismo tiempo, quiero resaltar mi deuda con Carlos Altamirano y Oscar Terán, quienes me invitaron a participar en los seminarios sobre historia intelectual de la Universidad Nacional de Quilmes en la Argentina. Poco después, Altamirano acogió generosamente mi libro caribeño en la colección Intersecciones que dirigía para la editorial de esa universidad.

Al releer el libro página por página para esta edición me ha conmovido rememorar esas conversaciones. En medio de la lectura me descubro dialogando con los ya ausentes –presentes y ausentes a la vez– que tengo grabados en mi memoria. "Los recuerdos persisten". Esa frase fue la primerísima que escribió Ricardo Piglia en su "computadora telepática" en los días en que nos vimos por última vez. Ya no podía decirla. *Sobre los principios* estaba y está dedicado a Ricardo.

He tenido muy presente asimismo a colegas con quienes, después de la publicación del libro en 2006, tuve el privilegio de compartir la enseñanza en seminarios o de participar en encuentros en Princeton: Jeremy Adelman, Pedro Meira Monteiro, João Biehl, Germán Labrador, Christina H. Lee, Javier Guerrero, Lilia Schwarcz, André Botelho y Fernando Acosta. A nuestros diálogos les debo nuevas perspectivas sobre la persistencia del legado autoritario de los *comienzos* imperiales y esclavistas, tanto en las colonias como en las metrópolis. Les debo también la posibilidad de ahondar más en los debates en torno a los límites y contradicciones de las utopías anticoloniales. Meira Monteiro preparó y tradujo al portugués una antología de mis ensayos en la cual incluyó dos capítulos de *Sobre los principios*: el dedicado a las tradiciones espiritistas, y otro sobre los mandatos y los silenciamientos del hispanismo institucionalizado. Gracias a Lilia Schwarcz, esa antología fue publicada en Brasil por la Companhia das Letras con el título *A memória rota*. Doy las gracias también a las y los estudiosos que leyeron muy atentamente *Sobre los principios* y publicaron reseñas generosas: Gonzalo Aguilar, Carolina Sancholuz, Oscar Montero, Juan Manuel Carrión, Enrique Cortez y Sergio Ugalde Quintana.

Hoy, como antes, cuento con el cariño, el diálogo constante y el apoyo de Alma, Alfonso y Alicia. Su compromiso y su fe en el mejoramiento humano me sostiene.

Arcadio Díaz Quiñones
Princeton, julio de 2024.

Prólogo a esta edición

El gran Caribe, con sus archipiélagos, cuencas y litorales, puertos, ríos y costas continentales, ha sido pensado como una región que se desborda a sí misma. El historiador francés Pierre Chaunu lo imaginó como una extensión remota del Mediterráneo andaluz. El poeta martiniqueño Édouard Glissant lo vio como una desembocadura azarosa del Mississippi. El narrador cubano Antonio Benítez Rojo llegó a vislumbrarlo como una perpetua clonación insular.

Región entre imperios, manojo de islas colonizadas y esclavizadas, el Caribe ha sido siempre muchos Caribes: el británico y el francés, el holandés y el danés, el mexicano y el colombiano. Hace veinte años, el crítico e historiador puertorriqueño, Arcadio Díaz Quiñones, sumó a esa gran biblioteca caribeña su propia indagación sobre el Caribe hispano, con el libro *Sobre los principios. Los intelectuales y la tradición* (2006), que publicó en la Argentina la Universidad Nacional de Quilmes.

A diferencia de otros intentos previos de intervenir en la historia intelectual caribeña, el de Díaz Quiñones partía de una clara certidumbre sobre la existencia de esos muchos Caribes. Desde las primeras páginas se confrontan los significados sucesivos de términos como "Caribe, Antillas y West Indies" y se alternan referencias a la Revolución haitiana, las *sugar islands* británicas y las diversas modalidades de soberanías intervenidas que se experimentaron en Haití y Martinica, Cuba y Puerto Rico.

Como ejercicio de historia intelectual, igualmente atento al devenir de las ideas y de las literaturas, el ensayo de Díaz Quiñones muestra una inusual atención paralela a la historiografía y la crítica. Así lo atestiguan, en un libro dedicado a Ricardo Piglia, sus citas constantes de Michel de Certeau y Carlo Ginzburg, Pedro Henríquez Ureña y Ángel Rama, Frantz Fanon y María Zambrano. Entre unos y otros, Díaz Quiñones encontró la fórmula para indagar las construcciones nacionales del Caribe a través de sus literaturas.

Hay una trama implícita de homenajes en aquel volumen, que permitiría una lectura sumergida en el sótano de los argumentos. Además de la dedicatoria a Piglia, el título, *Sobre los principios*, juega con otro de Edward W. Said, *Beginnings: Intention and Method* (1975), fundamental para la formación de Díaz Quiñones. En un momento del ensayo introductorio se hace visible el peso del campo referencial de los estudios poscoloniales (Said, Spivak, Prakash, Bhabha, Chatterjee...) en este recorrido por las representaciones intelectuales del Caribe hispano.

A propósito de aquel libro de Said, *Sobre los principios* también podría ser leído como muestra de la intención y el "método Díaz Quiñones". Al igual que otras de sus obras previas, *La memoria rota* (1993) o *El arte de bregar* (2000), esta avanza por medio de lecturas concentradas de textos clásicos y de perfiles letrados fundacionales (Menéndez Pelayo y Henríquez Ureña, Martí y Ortiz, Pedreira y Blanco), hasta llegar a un desarrollo conceptual más a fondo acerca de los problemas de la literatura y la descolonización.

El estudio inicial sobre la *Historia de la poesía hispanoamericana* (1913) de Marcelino Menéndez Pelayo sería emblemático del tipo de historia intelectual que practica Díaz Quiñones. Tradicionalmente, esa historia y las antologías de Menéndez Pelayo han sido asumidas o criticadas como canonizaciones de la literatura latinoamericana y caribeña desde el hispanismo peninsular. La interpretación de Díaz Quiñones va más allá, destacando cómo el "documento del antiguo régimen" de Menéndez Pelayo escenifica una narrativa cultural hegemónica en torno a la identidad hispánica, para un momento marcado por la tensión entre el avance del nuevo predominio de los Estados Unidos en la región y las luchas anticoloniales y soberanistas de las naciones caribeñas.

El entendimiento entre los discursos imperiales, viejos y nuevos, panhispanistas y panamericanistas, después de la guerra del 98, tuvo implicaciones decisivas para la producción intelectual en los Estados Unidos, América Latina y el Caribe, como han mostrado en obras más recientes Mauricio Tenorio, Fernando Degiovanni y Carlos Altamirano. El libro de Díaz Quiñones fue precursor de esos nuevos estudios sobre el latinoamericanismo intelectual en las primeras décadas del siglo XX.

Las últimas guerras anticoloniales del siglo XIX en el Caribe, la del 98 en Cuba, Puerto Rico y Filipinas y las propias guerras civiles de las naciones caribeñas, silenciadas por historiografías nacionalistas, como el levantamiento de los Independientes de Color en Cuba, en 1912, y su brutal represión por el ejército republicano, son más que un contexto en *Sobre los principios*. Como se plasma en el bellísimo ensayo "La guerra desde las nubes", sobre los escritos de José Martí en torno a la Guerra de Secesión (1861-1865) de los Estados Unidos, aquellas guerras fueron procesos de construcción material de las literaturas caribeñas.

En la representación heroica de Ulysses S. Grant por José Martí constatamos, una vez más, la enorme identificación del poeta y político cubano con el republicanismo estadounidense del siglo XIX. La misma fascinación con que Martí se asomó a la poesía de Walt Whitman o a la prosa de Ralph Waldo Emerson reaparece en sus retratos ennoblecedores de Lincoln y Grant. Aunque, como observa Díaz Quiñones, esa misma corriente de simpatía se desdobla en una mirada desdeñosa del caudillismo, que el propio Martí enfrentaba en su organización de la guerra cubana.

Si las guerras imperiales y civiles acompañan los estudios sobre Menéndez Pelayo y Martí, los capítulos dedicados a Pedro Henríquez Ureña, Fernando Ortiz y Allan Kardec, Ramiro Guerra y Sánchez y Antonio S. Pedreira, y Tomás Blanco privilegian las zonas de exclusión de los discursos críticos. En su recorrido exhaustivo por la trayectoria del ensayista dominicano Henríquez Ureña, Díaz Quiñones encuentra dos márgenes precisos: el componente afroantillano de la cultura caribeña e hispanoamericana y la gran impronta de las vanguardias culturales de las primeras décadas del siglo XX.

Ambas reticencias son legibles en las últimas páginas de *Las corrientes literarias en la América Hispánica* (1945), donde Henríquez Ureña carga su valoración a favor de una continuidad entre el modernismo y el ultraísmo, que habría preservado el ideal de "literatura pura". Otro deslinde se plasma en pasajes muy reveladores en los que, junto con una defensa de la novela rural y social (Rivera, Gallegos, Güiraldes), de la narrativa de la Revolución mexicana (Azuela, Guzmán, Yáñez) y del muralismo, se alude a las representaciones del indio, el gaucho y el negro como "cosa del pasado" en Suramérica.

El estudio de Díaz Quiñones sobre el antropólogo cubano Fernando Ortiz es uno de los más entrañables de la nueva historia intelectual latinoamericana. El ensayista puertorriqueño cruza fronteras disciplinarias al internarse en una producción intelectual, centralmente informada por la etnología y la antropología. A la vez, el estudio opera otra transgresión, que es aquella que encuentra diálogos y confluencias entre saberes enfrentados como el espiritismo y las ciencias en una época de generalizada recepción del positivismo.

De Ernest Renan heredó la tradición letrada hispanoamericana la idea de que las naciones poseían un espíritu inasible que las identificaba. En el ejercicio hermenéutico de Díaz Quiñones, por el contrario, el concepto de espíritu adquiere una materialidad que proviene de su vínculo con la transmigración de las almas y la presencia de los muertos. El Ortiz de la "transculturación", en el *Contrapunteo cubano del tabaco y el azúcar* (1940), distanciado de su positivismo juvenil, reforzaría esa materialidad por medio de una narrativa de la nación que se basa en la diversidad racial y cultural.

Ya en el capítulo sobre Ortiz emerge uno de los hilos conceptuales de mayor capacidad de desplazamiento en *Sobre los principios*: el racismo. La preocupación se extiende a la lectura paralela que Díaz Quiñones propone de dos historiadores de la primera mitad del siglo XX: el cubano Ramiro Guerra y el puertorriqueño Antonio Pedreira. Ambos letrados produjeron obras centrales del nacionalismo cultural caribeño en el momento de la crisis de los primeros modelos de soberanía limitada: el de la Enmienda Platt y la república intervenida de 1901, en Cuba, y el de Puerto Rico en tiempos de la Ley Jones de 1917, décadas antes del primer gobierno de Luis Muñoz Marín.

La lectura persuasiva de *Azúcar y población en las Antillas* (1927) de Guerra y de *Insularismo* (1934) de Pedreira que ejecuta Díaz Quiñones sugiere que, en su empeño por dotar simbólicamente de autonomía a sus respectivas naciones, aquellos letrados reconstruyeron hegemonías sociales y raciales que excluían o subrepresentaban a las comunidades afrodescendientes y otros sujetos incómodos. El discurso de la identidad nacional en la intelectualidad poscolonial de aquel Caribe hispano, a la vez que delineaba resistencias al creciente poderío de los Estados Unidos y la dependencia de las islas, trazaba fronteras internas, en donde, siguiendo a Ashis Nandy, se localizaban otros "enemigos íntimos".

El último de los ensayos del libro es un regreso a la obra del también puertorriqueño Tomás Blanco, poeta, narrador y ensayista, que Díaz Quiñones ya había estudiado en los años 80. La obra de Blanco, en la que destacan ensayos como *El prejuicio racial en Puerto Rico* (1942), había permitido al profesor de la Universidad de Princeton afinar aún más sus observaciones sobre la invisibilización de la cultura negra en la tradición letrada caribeña. Al igual que muchos de sus contemporáneos en Cuba y República Dominicana, Blanco suscribió una conceptualización del racismo como "prejuicio" que, a la vez que subordinaba la dominación racial a la clasista, desembocaba en una pastoral del mestizaje.

Pero en *Sobre los principios*, a Díaz Quiñones le interesó también un Tomás Blanco posterior, más volcado a una escritura como testimonio de la autonomía del campo intelectual bajo la modernización y el macartismo del Estado Libre Asociado, ya en la Guerra Fría. Encuentra ese gesto, sobre todo, en *Los cinco sentidos. Cuaderno suelto de un inventario de cosas nuestras con decoraciones de Irene Delano* (1955), y en la colaboración de Blanco con artistas de izquierda como Lorenzo Homar y Rafael Tufiño. En una muestra de resistencia cultural contra la dependencia política y el desarrollismo económico, que recuerda proyectos literarios emblemáticos de la Cuba de los 50, como *Orígenes* y *Ciclón*, la inmersión poética de Blanco habría representado una variante del "rasguño en la piedra" de José Lezama Lima o de la "literatura concentrada" de Virgilio Piñera.

Como se desprende de este rápido recorrido, *Sobre los principios* es un libro que gira en torno a unos cuantos focos de intelección (las guerras y las colonias, los imperios y las naciones, la tradición y la autonomía) a través de un puñado de perfiles letrados. En ese paso de uno a otro perfil, de una isla a la otra, Puerto Rico, República Dominicana y Cuba, entre fines del siglo XIX y mediados del XX o, si se quiere, entre 1898, año del fin del imperio español en el Caribe, y 1959, año del triunfo de la Revolución cubana, nunca abandona los ejes conceptuales planteados al inicio del libro.

Al reto de la diferencia de contextos nacionales de las tres islas, bien cubiertos en cada capítulo, se agrega la propia variedad de los perfiles letrados. Martí fue un poeta modernista, un cronista de la modernización de Nueva York a fines del siglo XIX y un líder revolucionario de la última guerra de independencia de Cuba. Menéndez Pelayo y Henríquez Ureña fueron críticos literarios en el colapso final del imperio español y las nuevas revoluciones latinoamericanas del siglo XX. Pedreira y Guerra, pedagogos e historiadores; Ortiz, antropólogo y etnógrafo; Blanco, poeta, narrador y ensayista.

Cada perfil se presenta, además, en un espacio urbano debidamente reconstruido: el Nueva York finisecular y la España de Alfonso XIII; el México revolucionario y el Buenos Aires de *Sur*; La Habana y San Juan en tiempos de latifundismo y dependencia y Santurce bajo el macartismo caribeño. De la guerra del 98 a la Guerra Fría, este libro sobre el Caribe hispano es un recorrido por ciudades e ideas, por intelectuales y debates, en un arco analítico que tipifica las preocupaciones centrales de la nueva historia intelectual en América Latina.

A propósito de Nueva York, Martí y Henríquez Ureña, anota Díaz Quiñones que "la memoria de la ciudad funciona por sus omisiones tanto como por sus afirmaciones". Habría entonces que agregar que este es también un libro sobre la memoria, la practicada por aquellos letrados y la invocada por el propio Díaz Quiñones en sus semblanzas y lecturas. No de otra manera podía ser tratándose del autor de *Cintio Vitier: la memoria integradora* (1987) y *La memoria rota* (1993).

El lector sale de *Sobre los principios* con una imagen del Caribe hispano muy ajena a los postulados identificatorios tradicionales. No es la religión, ni la lengua o la raza el elemento aglutinador de la comunidad. Tampoco lo es el alma, el espíritu o la ideología de cualquiera de los nacionalismos de los dos últimos siglos. Son, en todo caso, la guerra y la memoria de sujetos históricos diversos, en su interminable lucha por la representación, las que dotan de un sentido comunitario a la región.

Rafael Rojas
El Colegio de México

Nota preliminar

Estudio en estos trabajos cómo los escritores del Caribe "hispánico" moderno han imaginado sus *comienzos* y el papel que han jugado en la elaboración de las tradiciones literarias y en los imaginarios nacionales. Es, pues, un capítulo de la historia intelectual, y de la historia de los intelectuales.

Ahora, al "final", pienso en el lento crecimiento de este libro, pero su comienzo se vuelve incierto. Me es imposible decir con precisión cuál fue el punto de partida. Sé que no fue una gran "hipótesis" como las que promovemos en la práctica académica. Esos marcos casi siempre se desarrollan después, ya en la mitad del camino y en el proceso de ampliación y corrección de las primeras versiones. Creo en cambio que algunos viajes a la República Dominicana, a Cuba, y a Cartagena, Colombia, y mis lecturas azarosas de escritores caribeños estuvieron presentes desde el principio, y han marcado las mías tanto o más que los estudios críticos de los cuales hago uso en este libro. En los *comienzos* estaba la mirada melancólica de Luis Palés Matos y la poesía marina de Julia de Burgos y Derek Walcott, así como las ilusiones descritas en la novela de V. S. Naipaul, *The Mimic Men*. Estaban asimismo el desasosiego huraño de Frantz Fanon, los relatos y las imágenes creados por José Luis González, lo central de la sociabilidad en las *Memorias* de Bernardo Vega, la fidelidad a la imagen del náufrago en Antonio Benítez Rojo, y la opacidad defendida por Édouard Glissant. No los estudio aquí. Los invoco porque sus voces me ayudaron a leer y quizás a definir mi lugar.

En la introducción hago un resumen de los capítulos que integran el libro y de las consideraciones críticas e historiográficas que he tomado en cuenta. Destaco ahí un conjunto de autores y textos que me han permitido anclar mi reflexión. Aquí quiero decir que la *tradición* figura de manera prominente en cuatro ensayos que se han configurado como un pequeño canon que he leído con mis alumnos en cursos y seminarios.

Son textos que convierten la *tradición* en problema: "El descontento y la promesa" (1926), de Pedro Henríquez Ureña; "La inteligencia americana" (1936), de Alfonso Reyes; "El escritor argentino y la tradición" (1953), de Jorge Luis Borges; "Literatura y conciencia política en América Latina" (1961), de Alejo Carpentier. El enigma del *comienzo* fue objeto de una minuciosa reflexión en el libro de Edward Said, *Beginnings: Intention and Method* (1975). Ángel Rama demostró en su fundamental ensayo *La ciudad letrada* (1984) hasta qué punto en el intelectual moderno están presentes, a veces secretamente, la terca tradición colonial y las prácticas en que se basó el Antiguo Régimen. Volveré a Said y a Rama en la introducción.

Entre las muchas limitaciones de mi trabajo, debo señalar primero que no pretendo estudiar la "totalidad" del Caribe, en gran medida por mi propia falta de competencia en un terreno tan vasto y de sorprendente riqueza. Aprecio la gran tradición representada por caribeñistas como Eric Williams, Gordon K. Lewis o Sidney Mintz, pero esa historia es larga, y el *corpus* tendría que ser muchísimo más extenso. Sí me he beneficiado de los aportes de numerosos estudiosos, y así lo indico en las notas y en la bibliografía.

Otro de los límites autoimpuestos es que los autores que estudio son todas figuras del pasado. Mi exposición empieza a finales del siglo XIX y se extiende aproximadamente hasta 1955, fecha de publicación del último libro que analizo en detalle. La secuencia de los capítulos es, hasta cierto punto, cronológica, lo cual no significa que necesariamente haya continuidad o un diálogo explícito entre los autores. Poco o nada queda del mundo en que se formaron o en el que actuaron, pero sus escritos han dejado marcas inequívocas. Nuestro viaje es siempre al mundo de los muertos, pero las preguntas y las indagaciones pertenecen, por supuesto, a nuestro presente. En ese cuadro se comprende bien la sugestiva paradoja expresada por Hannah Arendt que me ha guiado: la fuerza de una tradición puede sentirse de manera más profunda —incluso tiránica— cuando ha llegado a su fin y parece olvidada.[1]

*

---

1   *Entre el pasado y el futuro*, p. 46.

En un libro sobre los *comienzos*, es particularmente grato empezar por los agradecimientos. Mientras escribía y revisaba los ensayos que integran este libro confirmé una vez más hasta qué punto lo que hacemos es siempre un trabajo colectivo. Debo mencionar primero, con nostalgia, los trabajos y las conversaciones sobre las tradiciones coloniales y el exilio con José Luis González, Ángel Rama, Edward Said y Antonio Benítez Rojo. Valoro los esfuerzos que llevaron a cabo por superar la brecha que existe entre los estudios académicos y los debates políticos. Sus voces están presentes tácita o explícitamente en las páginas que siguen.

En todo este período he acumulado una deuda considerable con mis amigos puertorriqueños, los historiadores y críticos Gervasio L. García, Ángel Quintero Rivera, María Elena Rodríguez Castro, Efrén Rivera Ramos, Juan Flores, Marcia Rivera, Julio Ramos, Astrid Cubano, Juan Gelpí, Luis Fernando Coss y Rubén Ríos Ávila. He aprendido mucho de sus trabajos en torno a la historia cultural y política. Con ellos discutí intensamente el trabajo con el que empecé a pensar estos problemas, "Recordando el futuro imaginario: la escritura histórica en la década del treinta", un ensayo que publiqué hace más de veinte años en la revista *Sin Nombre*, y que me llevó a estudiar más detenidamente el discurso histórico de otros escritores. Mientras pensaba en estos problemas, han sido para mí muy estimulantes el diálogo con Juan Duchesne Winter, las visiones de los artistas Antonio Martorell y Consuelo Gotay, y las conversaciones amistosas con Dennis Alicea en la Universidad del Turabo, con Rafael Aragunde en la de Cayey, y con Carmen Dolores Hernández.

Durante estos años he tenido el gran privilegio de la amistad, el saber y la cordialidad de Carlos Altamirano, cuyos trabajos sobre historia intelectual me llevaron a repensar numerosas cuestiones y han guiado las revisiones de mis textos. Los lúcidos ensayos y las conversaciones con Manuel Moreno Fraginals y Rafael Rojas me permitieron mirar con otros ojos los problemas de la historiografía cubana y las confrontaciones de su campo intelectual y sus exilios.

Me he beneficiado asimismo de la amistad y los estudios de mis amigos cubanos Ambrosio Fornet, Reinaldo Funes, Carlos Venegas, Víctor Fowler y Marial Iglesias. Agradezco la atención que me brindaron en La Habana Pedro Pablo Rodríguez e Ibrahim Hidalgo, y el acceso a las colecciones del Centro de Estudios Martianos. La generosidad y los estudios de Ana Cairo, Oscar Zanetti y María del Carmen Barcia enriquecieron mis lecturas. La cortesía y la diligencia de Araceli García Carranza hizo posible consultar los fondos documentales de la Biblioteca Nacional de Cuba.

Presenté los primeros esbozos de estos trabajos en conferencias y coloquios, y continué revisándolos hasta darles la forma que tienen hoy. Debo un reconocimiento de gratitud a María de los Ángeles Castro y María Dolores Luque de Sánchez, del Centro de Investigaciones Históricas de la Universidad de Puerto Rico, quienes acogieron con gran generosidad en su revista los trabajos sobre Tomás Blanco, Antonio Pedreira y Ramiro Guerra y Sánchez, que después he ido anotando y revisando a la luz de una creciente y estimulante bibliografía. Recuerdo con gratitud la invitación que me hicieron Graciela Montaldo y Beatriz González Stephan a participar en un coloquio organizado por la Universidad Simón Bolívar en Caracas, en el que leí una primera versión del trabajo sobre el hispanismo, que ellas publicaron. Presenté un borrador del trabajo sobre Fernando Ortiz en Berlín, en un coloquio organizado por Carlos Rincón, a cuyas sugerencias críticas debo mucho; en la Universidad de Cartagena en Colombia, gracias al interés del historiador Alfonso Múnera, con quien sostuve un largo y provechoso intercambio; y luego en la Universidad Nacional de Quilmes en la Argentina, donde tuve la suerte de contar con los agudos comentarios de Oscar Terán y María Teresa Gramuglio, y después la publicación del trabajo revisado en la revista *Prismas*. En la Universidad de Buenos Aires y en la de Mar del Plata he tenido el placer de dialogar sobre las tradiciones intelectuales y literarias con Cristina Iglesia, Susana Zanetti, Adriana Rodríguez Pérsico, Celina Manzoni, Gabriela Tineo y Elsa Noya. Deseo expresar mi agradecimiento a todos ellos.

En distintas ocasiones tuve la suerte de poder explorar estos y muchos otros textos no caribeños con mis colegas y amigos en la Universidad de Princeton. No podría precisar aquí todo lo que le debo a Karl D. Uitti, Rolena Adorno, James Irby, François Hoffmann, Lionel Gossman, Lucía Melgar, Michael Wood, Eduardo Subirats, David Carrasco, Yolanda Martínez San Miguel y Eduardo Cadava, y, en los últimos años, a las investigaciones y conversaciones con mis jóvenes colegas Paul Firbas y Pedro Meira Monteiro. Es imposible abordar los *comienzos* sin un diálogo intenso con los historiadores. En Princeton me he beneficiado de la amistad y el diálogo sostenido con dos que admiro profundamente, y que han sido pilares del Programa de Estudios Latinoamericanos: Stanley Stein y Jeremy Adelman. Esta es también una oportunidad para agradecer los buenos oficios de Fernando Acosta en la Biblioteca de la Universidad de Princeton.

El saber y la ironía de Gyan Prakash, y las visitas y diálogos con Hilda Sabato, Margo Glantz, Josep Fradera, James D. Fernández, Silvio Torres-Saillant, Roberto Schwarz, Doris Sommer, Homi Bhabha, Gayatri Chakravorty Spivak, Partha Chatterjee, Shahid Amin y Dipesh Chakrabarty me descubrieron otra manera de abordar el estudio de los nacionalismos y las élites en los contextos coloniales. Y hablar de Princeton para mí es hablar de Albert O. Hirschman, cuyas reflexiones sobre la salida, la voz y la lealtad han sido tan fecundas como su agudo análisis de la gran ofensiva del pensamiento neoconservador en los Estados Unidos y su gran libro *The Passions and the Interests*.

He tratado todos estos problemas, y los autores y textos específicos, en cursos y seminarios con mis alumnos. De las conversaciones con ellos, dentro y fuera de las aulas, y de sus ensayos y libros, he recibido todo tipo de inspiración. Recuerdo especialmente a Mary Long, José Buscaglia, John Schmitt, Robert Conn, Agnes Lugo-Ortiz, Rafael Olea Franco, Silvia Rosman, Florencia Garramuño, José Antonio Mazzotti, Álvaro Fernández Bravo, Irma Llorens, Roberto Madero, Pedro Pérez del Solar, Christopher Britt y John Landreau. Recuerdo asimismo las animadas conversaciones sobre la memoria colonial y sus fantasmas con Paola Cortés Rocca, Paul Kramer, José A. Rodríguez Garrido, Jesse Hoffnung-Garskof, Michael Lazzara, Andrea Valenzuela, Alberto Galindo, Kerry L. Bystrom y Fermín Rodríguez. Más recientemente, me han estimulado mucho los diálogos sobre el Caribe o sobre las guerras reales y simbólicas con Yansi Pérez, Vera Broichhagen, Edgardo Dieleke, Chris Lesser, Rumi Oodally, Gary Leggett, Dylon Robbins, Cecilia Palmeiro, Sonia Velázquez y Miguel Balsa. Me he beneficiado de las conversaciones sobre el lugar y el desafío de la poesía con Noel Luna, Pablo Ruiz, Perla Masi y José Ignacio Padilla. Con la inteligente colaboración de Cristián Roa de la Carrera preparé el volumen *El Caribe entre imperios* (1997), que publicó el Centro de Investigaciones Históricas de la Universidad de Puerto Rico. Fue uno de los comienzos de este libro.

Hay dos personas que ocupan un lugar muy especial. No sólo han leído pacientemente varias versiones de estos trabajos, sino que me han hecho sugerencias valiosísimas. El primero es Ricardo Piglia. Sin el afecto, los consejos y la insistencia de Ricardo no habría concluido este libro. El otro es José Juan Pérez Meléndez, quien me ayudó en la incorporación de nuevos materiales y colaboró generosamente en la revisión de los capítulos y en la elaboración de la bibliografía.

Last, but certainly not least. En el espacio íntimo he sido más que afortunado al contar todo el tiempo con el cariño y el apoyo de Alma, Alfonso y Alicia, compañía absolutamente esencial en estos tiempos de oscuridad.

Princeton, noviembre de 2005.

Introducción

"Siempre se trabaja en la tradición cuando no está".

Ricardo Piglia

I

Empezar no es partir de cero. El núcleo de este libro es el estudio de las relaciones de los escritores e intelectuales con la *tradición*, es decir, cómo la han imaginado y cómo hablan de ella. ¿Qué significa *pertenecer* a una tradición? ¿Cuál será el punto de apoyo para sostener su autoridad? Esas preguntas recorren el campo literario moderno. En él se producen tradiciones múltiples que giran en torno a dos polos: conservar la *tradición* o liberarse de su peso. En ese marco, se encuentran desde las búsquedas de un retorno a los *comienzos* perdidos, hasta el deseo de encontrar otro lenguaje y una vía de salida. La posibilidad de elegir es constitutiva: el escritor *moderno* sería aquel que considera que puede entrar y salir de tradiciones diversas. Siguiendo en este punto a Fredric Jameson, podríamos decir que la "modernidad" no es sólo un concepto, sino una categoría narrativa, un tropo en el que se vislumbran posibilidades de relatos alternativos.[2] En los seis trabajos que componen este libro mi intención ha sido trazar las vías divergentes del proceso en algunos autores y textos sobresalientes. Lo que me propongo explorar no es qué sea la *tradición*, sino cómo ha sido imaginada y usada.

---

2 Véase su libro *A Singular Modernity: Essay on the Ontology of the Present*, en el que estudia los diferentes usos del término.

Esas preguntas se han formulado con particular intensidad en las sociedades caribeñas, marcadas por una larga experiencia colonial y por las modernidades contradictorias generadas por la coexistencia de la esclavitud y el capitalismo. Su historia ha sido marcada también por la circulación —en las colonias y en las metrópolis— de administradores, religiosos, militares, viajeros, expatriados, estudiantes, y refugiados. Pero el *Caribe* carece del perfil relativamente claro que se asocia con las naciones. Nunca se ha establecido como una entidad política, y a menudo sus países se ignoran entre sí. En las "Indias occidentales" se inició la conquista europea. Pero muy pronto el archipiélago se convirtió en teatro de los imperios coloniales europeos, y distaba mucho de ser étnica, política o culturalmente homógeneo. Los habitantes de la región hablan distintas lenguas, que conviven o se enfrentan unas contra otras. Pero los términos *Caribe*, las *Antillas* y *West Indies* no son sinónimos. ¿Incluyen las islas del archipiélago, o también el Caribe colombiano y venezolano? El gran historiador Gordon K. Lewis tituló su libro sobre la herencia social e intelectual británica en sociedades como las de Jamaica y Trinidad *The Growth of the Modern West Indies* (1968).

El nombre *Caribe* no se ha generalizado en la historiografía moderna, que ha estado más atenta a la emergencia de la "nación" y la creación de Estados independientes que a los múltiples y con frecuencia secretos intercambios culturales. Sí quedó consagrado en la literatura y en el pensamiento político, asociado, como se sabe, con los *caníbales*, con la isla perdida en el relato de *The Tempest*, y también con la isla de la *Utopía* de Tomás Moro. La presencia de estas y otras connotaciones ha hecho que el significado de *Caribe* permanezca oscuro y discutible. Otra palabra, quizás menos opaca, ha quedado asociada a los "orígenes" caribeños. Me refiero al sustantivo y adjetivo *cimarrón*, empleada para designar al indio pero también al esclavo fugitivo que individual o colectivamente se rebeló contra la esclavitud y se refugió en el monte o en lugares de difícil acceso. En algunos casos, resultó en el establecimiento de comunidades cimarronas, llamadas *palenques*, *cumbes* y *quilombos*. El vocablo pasó al inglés *maroon*, y al francés *marron* y *marronage*.[3]

---

3 La bibliografía es muy nutrida. Véanse, entre otros, los trabajos de José Juan Arrom en *Estudios de lexicología antillana*; de Benjamín Nistal, *Esclavos*,

El Caribe es una región histórica, pero no estamos seguros de sus límites geográficos, ni son siempre muy claras las fronteras políticas. En el Caribe *francés*, por ejemplo, Haití se convirtió en la primera república "negra" de América, mientras que Martinica se mantuvo como "posesión" francesa hasta 1946, cuando culminó su integración política a la metrópoli como *département d'outre mer* con ciudadanía francesa. En Cuba, la República se proclamó en 1902; los puertorriqueños se transformaron en ciudadanos estadounidenses en 1917, y la isla se convirtió en Estado Libre Asociado en 1952, pero continuó siendo "territorio no incorporado" de los Estados Unidos. Aunque casi borradas de la memoria colectiva y de los programas educativos, las guerras raciales y sociales han estado dramáticamente presentes: en Cuba, contra el Partido Independiente de Color en 1912; en la República Dominicana, la matanza de haitianos ordenada por el dictador Trujillo en 1937.[4] Ello no implica que la población de Martinica, Cuba, Puerto Rico o la República Dominicana no haya actuado en numerosas ocasiones a través de los símbolos nacionales y que con frecuencia se invoquen sus derechos políticos.

En el libro de Tulio Halperin Donghi, *Reforma y disolución de los imperios ibéricos* (1985), las Antillas constituyen un "mundo aparte" en el que "los lazos imperiales pesan más que en el continente".[5] Sin embargo, si en el siglo XVII España había perdido una parte considerable de sus "posesiones" en el territorio caribeño, en la segunda mitad del siglo

---

prófugos y cimarrones; de Carlos Esteban Deive, *Los guerrilleros negros: esclavos fugitivos y cimarrones en Santo Domingo*; y el volumen compilado por Richard Price, *Sociedades cimarronas*, que contiene trabajos sobre Venezuela, Cuba, Haití, Jamaica, Santo Domingo y Brasil.

4 Véase el documentado análisis de ese terrible episodio —y de su silenciamiento— en el libro de Richard Turits *Foundations of Despotism: Peasants, the Trujillo Regime and Modernity in Dominican History*, pp. 161-180. Sobre la guerra en Cuba, véase el libro de Aline Helg *Lo que nos corresponde: la lucha de los negros y mulatos por la igualdad en Cuba, 1886-1912*.

5 Véase la última sección del libro, pp. 337-373. Para otra visión del *Caribe* es indispensable el libro de de Peter Hulme, *Colonial Encounters: Europe and the Native Caribbean, 1492-1797*.

xviii el Caribe "español", desde el punto de vista del intercambio mercantil, estaba más cerca de los Estados Unidos y del resto de Europa. El desarrollo azucarero supuso el aumento del comercio de esclavos africanos y del contrabando.[6] Ese Caribe discursivamente *hispánico*, pero nunca *color blind*, que siguió siendo vital para las comunicaciones de España con sus colonias, y que estaba cada vez más vinculado a los Estados Unidos, es el que estudio. Su especificidad no se puede transferir automáticamente a experiencias caribeñas paralelas, pero no idénticas, como vio bien Antonio Benítez Rojo en *La isla que se repite* (1990).

En las primeras décadas del siglo xx, las intervenciones militares de los Estados Unidos se convirtieron en un elemento unificador. La casi simultánea ocupación militar de Puerto Rico, Cuba, República Dominicana y Haití creó líneas antagónicas y estimuló nuevas movilizaciones autonomistas o nacionalistas, así como la lucha por la integración plena a la nueva metrópoli. Paralelamente, Cuba se transformó después de 1898 por una nueva y enorme inmigración de españoles. Por otra parte, las sucesivas y masivas emigraciones a las metrópolis europeas y norteamericanas le han dado notable visibilidad al mundo cultural caribeño, aunque ya no representado por sus élites. El Caribe parece reconstituirse en sus exilios contemporáneos. Es una referencia frecuente cuando se discute ese complejo proceso que desborda y ensancha los territorios de origen, y, de hecho, ha contribuido a convalidar nuevamente las categorías de *nomadismo* y *diáspora,* que han cobrado nueva vida en las discusiones sobre la desigualdad y sobre el estatuto del sujeto nacional en la historiografía reciente. Pero la diáspora se experimenta de maneras distintas por las diferentes clases sociales, y por las diferencias entre las metrópolis.

En esas circunstancias, la *pertenencia* se convierte en un dilema y pone en marcha el imaginario de los *comienzos*. La *tradición* no se posee ni se hereda tranquilamente; es necesario ir siempre a su búsqueda. Construirla obliga a reinventarse mediante un trabajo poético

---

6 Son numerosos los estudios que tratan este período. Aquí sigo la muy útil síntesis en el capítulo 4, "El Caribe en el siglo xviii", en el libro de Juan Carlos Garavaglia y Juan Marchena, *América Latina, de los orígenes a la independencia*, pp. 153-251.

e intelectual y lleva a constantes revisiones historiográficas y conceptuales llenas de tensiones subterráneas. Edward Said lo planteó así: "la descolonización es una compleja batalla sobre el derrotero de diferentes objetivos políticos, historias y geografías, y está llena de obras de imaginación, de investigación y de contrainvestigación".[7] El desafío es notable. James Clifford formuló una serie de preguntas que apuntan a las dificultades: ¿desde qué sistema de referencias, y en qué lengua, puede un escritor moderno construir su discurso? ¿No es casi inevitable que el *país natal* se convierta en un *cuaderno de retorno*, como el de Aimé Césaire, es decir, en escritura?[8] Esas preguntas rebasan, por supuesto, el marco caribeño. Para el contexto brasileño y latinoamericano Roberto Schwarz planteó preguntas relacionadas en dos ensayos memorables, y muy discutidos: "Las ideas fuera de lugar" (1973) y "Nacional por substracción" (1986).[9]

II

Mi propio libro también comienza —y comenzó— más de una vez. Empecemos, pues, con una referencia a la poesía de José Martí (1853-1895), quien en sus *Versos sencillos* (1891) comienza y recomienza, por lo menos tres veces. Su poesía sigue siendo, desde mi punto de vista, una de las mejores introducciones al problema. El transitar de un lado a otro

---

7   *Cultura e imperialismo*, p. 341.

8   Remito a la lúcida reseña crítica sobre *Orientalism*, de James Clifford, en la que discute algunos de los dilemas planteados por Said en torno al lugar de los intelectuales. Véase "On *Orientalism*", en *The Predicament of Culture*, pp. 255-276.

9   Véanse "Las ideas fuera de lugar" y el diálogo y las polémicas con otros autores en la excelente antología de Adriana Amante y Florencia Garramuño *Absurdo Brasil*. Para una buena síntesis de las transformaciones de la historia intelectual latinoamericana, véase la introducción de Aimer Granados y Carlos Marichal al volumen *Construcción de las identidades latinoamericanas: ensayos de historia intelectual, siglos XIX y XX*, pp. 11-37.

se manifiesta en el *inicio* mismo de los *Versos sencillos*: "Yo soy un hombre sincero/ de donde crece la palma". Pero junto a ese primer *comienzo* aparece en seguida un segundo, en el que se nombran los whitmanianos viajes de ida y de vuelta. El uso plural del término es decisivo: "Yo vengo de todas partes/ y hacia todas partes voy:/ Arte soy entre las artes/ En los montes, monte soy". La presencia de un "yo" capaz de circular por lugares y tiempos múltiples que se han sucedido, y de enlazar arte y monte, es central. Le permitió a Martí desplegar sus afectos y epifanías. Ese "yo" cuenta historias fragmentadas de inocencia y experiencia, de lugares secretos, y palabras perdidas de una guerra feroz: "El niño fue fusilado/ por los fusiles del rey". Martí definía ahí su vocación política, en vísperas de la segunda guerra de independencia cubana, y anunciaba poéticamente que estaba disponible. Su lengua poética muestra la convergencia con Whitman y Emerson, quienes resuenan en todo el libro. Pero hay un tercer *comienzo*, que no es contrario a la fluidez y el movimiento de los primeros, y lo define dentro de otra *tradición*. Es una poética que le llega a Martí de muy lejos: las formas del canto popular, con sus ritmos, el gusto por los paralelismos, el verso octosilábico, y la rapidez mental de los improvisadores. En el prólogo, confiesa que agrupa sus versos atento a la escritura, la escucha y la lectura, "de modo que vayan por la vista y el oído al sentimiento". A diferencia de sus *Versos libres*, en *Versos sencillos* encontramos otros *beginnings* en las combinaciones y variantes posibles del canto tradicional, y en la larga relación entre la página impresa y el canto. El "yo" empleado por Martí puede ser melancólico o heroico, pero permanece idéntico a través de los cambios. Es asimismo un cantor. En efecto, los versos se rinden tributo a sí mismos, empleando fórmulas de las tradiciones orales.[10] Muy pronto los lectores empezaron a saberlos de memoria, y a cantarlos.

---

10 Son "décimas truncas", escribe Fina García Marruz, "décimas a las que se les hubiera suprimido el enlace de los dos versos centrales para dejarlas convertidas en cuartetas". Cito de su iluminador ensayo "Los versos de Martí", en *Temas martianos*, p. 255. Cintio Vitier comenta: son "versos de absoluta oralidad, que piden desde su fuente misma la guitarra, la guajira, la tonada eterna. Ése fue el acierto intuitivo de Julián Orbón hacia los años 50 cuando descubrió la posibilidad y maravilla de cantar esos versos con la música de la *Guantanamera*", *ibid.*, p. 167.

En el campo literario, la cuestión de la *tradición* reaparece de diversas maneras en los poetas modernistas, y más tarde en las vanguardias artísticas y políticas. El ejemplo de Rubén Darío fue fundamental. Darío se colocó progresivamente en el centro de la escena e incita a sus lectores a elegir libremente sus tradiciones. Es importante recordar que en esos años Darío "perseguía su forma" y pensaba sus *beginnings* en libros como *Los raros* (1896), que es una síntesis de elementos heterógeneos y modelos discordantes.[11] "Yo detesto la vida y el tiempo en que me tocó nacer", proclamaba en las "palabras liminares" de *Prosas profanas* (1896). Y en *Cantos de vida y esperanza* (1905) reiteraba la libertad con que se movía entre mútliples tradiciones: "y muy siglo diez y ocho y muy antiguo/ y muy moderno; audaz, cosmopolita;/ con Hugo fuerte y con Verlaine ambiguo,/ y una sed de ilusiones infinita".[12] Darío inauguró así una poética moderna que se convirtió en paradigma de *beginnings* para sus muchos seguidores.

Cuando aquí hablamos de *tradición*, nos referimos con frecuencia al canon literario. Se trata, por supuesto, de un canon mucho más maleable que el religioso. En las literaturas latinoamericanas y caribeñas hay poemas y ensayos que intervienen en el combate por la renovación de los clásicos, proponiendo rupturas, desvíos o nuevas genealogías. A veces se llega a subvertir la noción misma de "canon". Por ejemplo, Ricardo Piglia insiste en que es la escritura propia la que cambia la manera de leer de los escritores. Dándole vuelta a los términos, sostiene que los escritores no se someten a las reglas del canon, sino que lo van configurando en su propia obra: "un escritor construye la tradición y arma su genealogía literaria a partir de su obra". Esa concepción poco ortodoxa es un modo de definir la relación con los precursores: "No importa el valor 'objetivo' de los libros: el canon de un escritor tiene que ver con lo que escribe (o con lo que quiere escribir)".[13]

---

11   Remito al trabajo de Oscar Montero, "Modernismo y 'degeneración': *Los raros* de Darío".

12   Cito de la edición de su *Poesía* de la colección Ayacucho, preparada por Ernesto Mejía Sánchez.

13   En *Crítica y ficción*, p. 135.

El *principio* es un tema discutido desde la retórica, la historiografía y la política. El *incipit* pertenece al dominio de la antigua retórica, con antecedentes bíblicos a los que siempre se vuelve: *empezar por el principio*. Es central como recurso y estrategia en la literatura moderna donde está vinculado al libro, a la página, al acto mismo de escribir, a la ficción, y a las ficciones que se tejen en torno a los *comienzos* individuales o colectivos. En la literatura europea se consagra como *topos* en el epígrafe *incipit vita nova* que Dante encontró en el "libro della mia memoria" y que inicia su propia renovación con Beatrice.[14] Más adelante veremos otros ejemplos.

En la historiografía contemporánea basta recordar el bello e influyente ensayo de Michel de Certeau sobre mayo de 1968: "Se produjo algo inaudito: nos pusimos a hablar. Parecía que se trataba de la primera vez". Pero es imposible, agrega, "tomar la palabra y conservarla sin una toma del poder".[15] Los libros de Eric Hobsbawm y Terence Ranger en torno a *The Invention of Tradition* (1987) y la respuesta de Stephen Bann en *The Inventions of History: Essays on the Representation of the Past* (1990) discuten precisamente las prácticas políticas e historiográficas de la *inventio* necesaria para la conservación. Muchos de estos debates pertenecen a lo que Jürgen Habermas ha llamado "el uso público de la historia", o a lo que Nietzsche pensó como usos y abusos de la historia.[16] Como se sabe, Foucault optó por hablar no de "orígenes", sino de *nacimiento*. La cuestión de los *principios* ha sido central en la filosofía política contemporánea, en gran medida, sostiene Hannah Arendt, porque la *autoridad*, como la *tradición*, "se ha esfumado del mundo moderno", o "está ensombrecida por la controversia y la confusión", lo cual lleva a un fuerte deseo de *comenzar*.[17] En este libro he tenido muy presentes sus palabras: "los hombres, aunque han de morir, no han nacido para

---

14 Hay una detallada exposición en la edición de su *Vita nova* preparada por Luca Carlo Rossi y Guglielmo Gorni.

15 En *La toma de la palabra y otros escritos políticos*, cito de la p. 40 y la p. 60.

16 Véase el ensayo de Habermas "Concerning the Public Use of History". Remito a la traducción al inglés del texto de Nietzsche, *Uses and Abuses of History*.

17 *Entre el pasado y el futuro*, pp. 145-151.

eso sino para comenzar".[18] Arendt elevó el concepto a categoría, pero como *interrupción*, distanciándose de las continuidades de las *genealogías* bíblicas. No usa el sustantivo *principios*, pero sí desarrolla el concepto de *natalidad*, que es justamente la posibilidad de nacer de nuevo, es decir, *recomenzar*. La continuidad es tan importante como la posibilidad de interrumpirla. Para Arendt, la *natalidad* está íntimamente ligada a la deliberación, a la toma de la palabra en el espacio público. En *La condición humana* define la *vita activa* como la capacidad de dar vida a lo nuevo: "Actuar en su sentido más general significa tomar una iniciativa, comenzar".[19]

III

En el primer capítulo, el más extenso, estudio una de las cuestiones que más me ha interesado: el lugar que ocupan los escritores de las últimas colonias "españolas" en los *comienzos* del hispanismo moderno. En ese marco, analizo el ambicioso proyecto restaurador llevado a cabo por Marcelino Menéndez Pelayo poco antes de la derrota de 1898, pero revisado y publicado en 1911-1913. Lo hizo en su imponente *Historia de la poesía hispano-americana*, un libro escrito con amor —y a ratos con mordacidad— hacia su objeto de estudio. El erudito español quería restaurar la autoridad espiritual del imperio y el prestigio del Libro, asegurando así un lugar protagónico a la España vencida. El nuevo *hispanismo* académico del siglo XX se sedimentó y se constituyó en buena medida gracias a esa *Historia*. Era una forma de *re-nacimiento* de un tiempo y una autoridad que parecían acabados.

Hablar de ese *hispanismo* es hablar también de las discordias y las guerras que lo constituyen. Como se sabe, durante las guerras de independencia de las colonias hispanoamericanas se dio un cuestionamiento radical de los fundamentos de la autoridad imperial. Es preciso, pues,

---

18 *La condición humana*, p. 263.

19 *Ibid.*, p. 177.

volver a esos críticos para situar el proyecto restaurador de Menéndez Pelayo y para comprender las pasiones que despertó. Era una guerra por la autoridad de la tradición. Foucault resume una situación análoga de la siguiente manera: "combate político y saber histórico están, en lo sucesivo, ligados uno al otro [...] La historia nos aportó la idea de que estamos en guerra, y nos hacemos la guerra a través de la historia".[20]

Las formas de esa guerra son múltiples, y las consecuencias también. Una de ellas es el silenciamiento. En la *Historia* de Menéndez Pelayo se plantea desde el principio el problema de transformar la multiplicidad de elementos en una unidad. Aunque su relato va mucho más allá de la poesía y entra continuamente en consideraciones de la vida material y la historia intelectual, determinados acontecimientos y figuras están rodeados por el silencio, pero a veces vuelven y se imponen bruscamente.[21] Menéndez Pelayo se mostró particularmente sordo a la esclavitud en el mundo caribeño y en particular a la herencia de las culturas africanas. Mostró también desdén a la tradición de los separatistas cubanos y puertorriqueños del siglo XIX, de quienes apenas habla salvo para rechazarlos. Su restauración tenía mucho de nueva evangelización, acechada por aquellos que introducían la duda sobre la *tradición* que él defendía. "La restauración —escribe Michel de Certeau— presenta los signos del mismo desorden que pretende suprimir".[22]

En ese capítulo estudio lo que podríamos llamar, con Arno Mayer, la persistencia del Antiguo Régimen, y su capacidad de adaptación y de encontrar aliados. Antes y después del 1898 se forjaron alianzas inesperadas, en las que jugaron un papel central Rubén Darío, Pedro Henríquez Ureña, Antonio S. Pedreira y Federico de Onís, entre muchos otros. El concepto de "alianza" implica por supuesto la capacidad de negociación y un complejo juego de espejos, pero también —y es algo que se olvida frecuentemente— resistencias abiertas o solapadas. Uno de los aspectos del *hispanismo* que me interesó particularmente fue la

---

20 En el libro *Defender la sociedad*, p. 161.

21 Como sugiere Michel-Rolph Trouillot, con especial énfasis en el Caribe, en su bello libro *Silencing the Past: Power and the Production of History*.

22 En *La toma de la palabra y otros escritos*, p. 58.

necesidad que sintieron los escritores hispanoamericanos y españoles de arraigarse en los Estados Unidos, su afán por ser reconocidos como interlocutores por las instituciones norteamericanas, a la vez que les disputaban sus títulos de dominación. A ello dedico buena parte del primer capítulo.

En el segundo trabajo planteo de nuevo la íntima conexión entre colonias y metrópolis, pero atento a la perspectiva de un intelectual del Caribe "hispánico": el dominicano Pedro Henríquez Ureña (1884-1946). En su figura y en sus textos converge un haz de problemas. Él mismo ha tenido un peso enorme en este libro. Si hubiera que decidirse por una figura de la crítica que fuera la cifra de la necesidad y las dificultades de trabajar los *comienzos* caribeños, ese nombre sería, a mi juicio, el de Henríquez Ureña. Fundar una *tradición* intelectual moderna fue el objeto de su deseo. En el proceso, se constituyó como sujeto. Creó su propia vida en la tradición intelectual que fue elaborando, enlazando, el principio con el fin.

El exilio marcó su obra y su búsqueda de *principios*. Su primera estancia en los Estados Unidos y luego en Cuba y en México habían sido experiencias decisivas. El más prolongado exilio en la Argentina lo incitó a *comenzar* de nuevo. Hubo en él siempre un fuerte impulso a la reivindicación de la memoria y los *beginnings* coloniales, y a ello retorna una y otra vez en sus libros. Se condensa en una reveladora cita de 1935: "Ninguna revolución deja de recibir la herencia del régimen que cae".[23] Toda su poética y el verdadero alcance de su obra están en esa frase. Henríquez Ureña escribió y actuó con conciencia de la pérdida, y *contra* ella, sin renunciar a la utopía de la reconciliación de lo viejo y lo nuevo.

No perdió nunca de vista las enseñanzas de Menéndez Pelayo, pero las diferencias son claras. Sobre las huellas del maestro, hay en los ensayos de Henríquez Ureña un constante empeño en enlazar la pluralidad de historias en otra unidad. En lo fundamental, como veremos, también se mantuvo fiel a la concepción de la cultura y al lenguaje romántico que encontró en Walter Pater y en otros helenistas británicos a los cuales empezó a leer en su juventud en Nueva York. Fue reuniendo con

---

23   *Obras completas*, t. VII, p. 43.

extraordinaria erudición el material sobre el cual trabajó durante décadas. El resultado fue su obra más perdurable, *Las corrientes literarias en la América hispánica*, que transformó la comprensión de la literatura *hispanoamericana*. Los autores y textos que contribuyó a canonizar subyacen como la *tradición* desde donde se definen los "clásicos". Al mismo tiempo, negaba la tradición del mundo afroamericano como cultura, oposición que ha sido más bien la norma en el Caribe, a pesar de la igualdad y la ciudadanía formales.

En el tercer capítulo, me interesó seguir explorando la relación entre exilio y construcción de tradiciones. Ahí el centro es la posición de Martí en los Estados Unidos, "entre imperios", con sus tramas secretas y aliados firmes. He titulado ese trabajo "La guerra desde las nubes", y examino de cerca la visión que ofrece Martí en su retrato de Ulysses S. Grant, publicado en *La Nación* de Buenos Aires en 1885. Recalco desde el título que se trata de una visión desde lo alto, como en un cuadro, algo contemplado por un espectador desde afuera, donde el elemento de la distancia está muy marcado. El lugar de enunciación era extraordinariamente complejo: un poeta nacionalista cubano que había vivido intensamente la modernidad de la gran metrópoli que era Nueva York lee e interpreta la cultura y la política norteamericanas. Más aún: Martí piensa las tradiciones nacionales, la democracia y la utopía cubanas a la vez que deja hablar a la nueva tradición poética norteamericana.

Martí nació como escritor en la prisión colonial, experiencia sanguinaria que contó, ya deportado en España, en *El presidio político en Cuba* (1871). Su *incipit vita nova* está en el dolor de la prisión colonial en La Habana. Pero el exilio llegó a ser para él la condición del poeta y del revolucionario. En una carta de 1879 escrita durante su fugaz retorno a La Habana después del Pacto del Zanjón de 1878, le contaba a su amigo mexicano Manuel Mercado su vida disminuida por el provincianismo represivo: "¡El destierro en la patria, mil veces más amargo para los que, como yo, han encontrado una patria en el destierro. Aquí ni hablo, ni escribo, ni fuerzas tengo para pensar!".[24] No obstante, en la ciudad de Nueva York —donde desde hacía mucho tiempo se había radicado

---

24 Carta a Manuel Mercado, del 17 de enero de 1879, *Epistolario*, t. I, 1862-1887, p. 135.

una colonia cubana— Martí se consagró como periodista, publicó sus versos, y asumió el liderazgo en los preparativos de la guerra contra el régimen colonial español. El universo urbano plurilingüe y pluriétnico de Nueva York se identificaba con la modernidad. Martí se destacó por su comprensión especialmente lúcida —y anticipadamente "poscolonial"— de la ciudad, de las tradiciones culturales norteamericanas, del protestantismo secularizado y del movimiento abolicionista.

Desde el punto de vista literario, los nuevos *beginnings* de Martí no implicaban solamente, como se ha dicho muchas veces, la recuperación de figuras heroicas y literarias de los exilios cubanos, cuya figura paradigmática era el poeta José María Heredia (1803-1839). Era también un trabajo de traducción poderosamente estimulado por los ensayos y la poesía de Emerson y Whitman. En su gran retrato de Whitman —que es como una especie de *collage* o mosaico de citas traducidas— se deja ver una clara identificación con la utopía de una sociedad naciente: "No de rimillas se trata, y dolores de alcoba, sino del nacimiento de una nueva era, del alba de la religión definitiva y de la renovación del hombre".[25] En Nueva York, además, vivió y escribió sobre la velocidad en la ciudad, que tenía otra dimensión, técnica, en la escritura. Lo plasmó en una imagen memorable conservada en sus *Cuadernos de apuntes*, en la que retoma el emblema moderno por excelencia del siglo XIX: el ferrocarril. Para *empezar* a llenar la página de sus crónicas al ritmo implacable del periodismo, era necesario un paso *inicial*: "Modo de escribir: primero, tiendo los rieles, y luego echo a andar la máquina".[26]

A través de su retrato de Grant, Martí realiza dos movimientos críticos: por un lado, da testimonio de su familiaridad con la modernidad norteamericana, lo cual le permitía también ejercer la crítica; por otro, reafirma su voluntad de reinscribir el lugar del intelectual en la guerra "nacional" cubana frente al recelo que él mismo despertaba entre quienes habían tenido experiencia directa en el campo de batalla. Su retrato de Rawlins, el intelectual que acompañó a Grant, era en gran medida un relato sobre sí mismo y los posibles *nuevos comienzos* de la lucha

---

25 *Obras completas*, t. 13, p. 140.

26 *Ibid.*, t. 21, p. 185. Según esta edición, son apuntes de hacia 1881.

revolucionaria. Es interesante constatar que ese mismo año, en una carta privada (o quizás para ser compartida con otros) Martí todavía se identificaba con los vencidos de la primera guerra de independencia: "Ni un solo instante me arrepiento de haber estado con los vencidos desde la terminación de nuestra guerra, y de seguir entre ellos".[27] Pero en el texto sobre Grant, como en *Versos sencillos*, se comprueba que se disponía a *recomenzar*, partiendo de nuevas bases, y a participar activamente en la organización de la guerra desde la emigración. Muy poco después, en 1892, fundó el Partido Revolucionario Cubano.

Siguiendo el hilo de la lectura que estamos haciendo, el espiritismo de Allan Kardec (1804-1869) nos permite entrar en otro aspecto de las múltiples tradiciones disponibles a los escritores e intelectuales modernos. Fue central para los *principios* del joven intelectual cubano Fernando Ortiz (1881-1969), a quien dedico el capítulo cuarto. La dimensión utópica —espiritual y política— de Kardec, que convivía en Cuba y en el Caribe junto con formas de religión "oficiales" y tradiciones africanas, le resultó muy atractiva para repensar la integración de la nación cubana y el papel de sus élites durante las primeras décadas de la República. En 1914 publicó un extenso estudio titulado *La filosofía penal de los espiritistas*. Era una apertura hacia otra concepción de la nación y sus tradiciones. La reflexión sobre la incesante *transmigración* de las almas le permitió a Ortiz difuminar sus "primeros" *beginnings* en la criminología lombrosiana y postular la *transculturación*. Se trata de otra forma de *natalidad*, el incesante diálogo de espíritus con espíritus que anticipa y nos permite releer con otros ojos la plasticidad y elasticidad celebrada en *El contrapunteo cubano del tabaco y el azúcar* (1940). El Ortiz espiritista es, por así decirlo, menos nacionalista, pero permaneció fiel a la nación. No hay que olvidar que su contrapunteo es *cubano*.

Ortiz recuperaba en el espiritismo un sentido del más allá y de lo sacro, antiquísimo e inmemorial, que le permitía moverse por los intricados senderos de las múltiples tradiciones africanas y europeas del Caribe, y establecer su propia contemporaneidad con todas. Él también podría decir "yo vengo de todas partes/ y hacia todas partes voy". En su

---

27 Carta a Francisco Domínguez y José Alfonso Lucena, 9 de octubre de 1885, *Epistolario*, t. I, 1862-1887, p. 311.

interés por la *transmigración* se percibe la complejidad de un proyecto "nacional" que postulaba el entrelazamiento de tradiciones, y que al mismo tiempo era capaz de resistir las heterogeneidades internas: "El espiritismo es la *moral arreligiosa* sin dogmas, ni ritos, ni ídolos, ni sacerdotes".[28] Esa "religiosidad" quizás ha contribuido a la indiferencia con que el mundo académico ha tratado sus *beginnings* espiritistas, *tradición* hoy rara en las universidades y que aparece como un eslabón perdido.

A la concepción espiritista del constante entrelazamiento de tradiciones se oponen implícitamente las posturas secularizadoras del historiador cubano Ramiro Guerra y Sánchez (1880-1970) y el puertorriqueño Antonio S. Pedreira (1898-1939). Los estudio juntos en el capítulo quinto, con el propósito de analizar comparativamente la refundación de tradiciones que llevaron a cabo en un campo letrado que se desarrolló con fuerza en el interior de las islas —y no en el exilio— después del 1898. Quise subrayar algunas simetrías no tan ocultas, sobre todo en su estigmatización del mundo afrocaribeño, hostilidad que en sí era una tradición. La historia de las últimas colonias españolas del Caribe ha estado dominada, sobre todo desde el triunfo de la Revolución cubana, por una férrea antítesis, que termina por estereotiparlas: Cuba, la nación heroica; Puerto Rico, su reverso total, la colonia permanente. En muchas zonas de la vida, lo tajante de esa oposición quizás sea más aparente que real, y las tradiciones intelectuales de ambas islas no se excluyen sino que se complementan. En todo caso, las diferencias son tan importantes como los paralelismos y similitudes de sus tradiciones intelectuales.

Tanto en Guerra como en Pedreira la nación se situaba como sujeto en los *inicios* mismos del proceso, corriéndose el riesgo de interpretar anacrónica y teleológicamente lo ocurrido desde la Conquista.[29] En el centro de gran parte de su discusión se encontraba la lucha contra los latifundios azucareros, un tema generalizado en el campo político e intelectual de las décadas de 1920 y 1930. Hay otra analogía: ambos

---

28 Cito de su trabajo "Las fases de la evolución religiosa", p. 79.

29 Sobre esos anacronismos en las explicaciones de las independencias americanas, véase el ensayo de José Carlos Chiaramonte "Modificaciones del pacto imperial", especialmente las pp. 85-86.

compartían con Henríquez Ureña la exclusión del mundo afrocaribeño en tanto que *cultura*, y escribieron de una manera explícita sobre ese "enemigo íntimo".

Guerra postulaba que los comienzos de la nacionalidad cubana se fundían con la propiedad. Su "nación imaginada" giraba claramente en torno a la tierra y a las relaciones de parentesco, asumiendo connotaciones racistas en el proceso. Para el autor de *Azúcar y población en las Antillas* (1927), la continuidad de la tradición patricia proporcionaba tranquilidad: el capital simbólico y el territorio patrio se transmitían de padres a hijos. Las "raíces" del árbol —es su tropo predilecto— se hunden en el pasado, y lo anclan y estabilizan en su identidad. Esa visión asume inmediatamente una superioridad vinculada con la *tradición* hispánica, cuyo poder no deja de reconocer: "Sólo España aparece fundando colonias de un tipo de organización social y económica superior, llamadas a constituirse naciones independientes y progresistas, en todas las tierras bañadas por el Caribe".[30] Tácitamente, legitimaba la extraordinaria inmigración de centenares de miles de "blancos" españoles que se asentaron en Cuba después de 1898, a la vez que condenaba explícitamente la importación de "braceros" jamaiquinos. Podríamos decir que aquí "la supervivencia del árbol está en juego cuando sus raíces se sacan a la luz".[31]

Por su parte, Antonio S. Pedreira situaba sus *comienzos* en la *frontera* y en la *transición* entre imperios, dos metáforas espaciales y temporales privilegiadas en las narraciones históricas de la modernidad. Estamos en 1934, y en su ensayo *Insularismo* esa frontera le permitió no tanto mirar al archipiélago del Caribe, sino triangular la relación Puerto Rico, España, Estados Unidos. Elaboró así los *comienzos* que le harían posible situar a los nuevos intelectuales. Su *frontera* no era la que tantos temores inspiraba en los confines del imperio español por estar llena de cimarrones, herejes, piratas, y de ingleses, franceses y holandeses. La de Pedreira era un lugar que descansaba en un frágil equilibrio de fuerzas, con sujetos que hacían transitar los valores del viejo y del nuevo imperio. Sobre ese mapa, trazó su propia cartografía, en la que se asumía riesgosamente la

---

30   *Azúcar y población*, p. 8.
31   La cita es de De Certeau, *La toma de la palabra y otros escritos políticos*, p. 31.

dominación norteamericana. Sus héroes eran los autonomistas y abolicionistas del siglo XIX. Estas afirmaciones de los *comienzos* deben matizarse inmediatamente con otras complementarias. Para Guerra y Pedreira, más allá de sus diferencias, las tradiciones intelectuales eran cotos fundamentalmente masculinos, "blancos" y "nacionales". El "Caribe" sólo existía como amenaza latente. Pedreira, además, lamentaba la "invasión" de las mujeres en la esfera pública, y redujo las voces femeninas al silencio.

Veinte años más tarde, y en el contexto de otras guerras, Tomás Blanco (1896-1975) publicó el libro *Los cinco sentidos* (1955), al cual le dedico el último capítulo. En algunos aspectos Blanco había sido "compañero de viaje" de Pedreira en la década de 1930, aunque se mantuvo siempre apartado de las instituciones académicas. Estudió medicina en los Estados Unidos, y después residió en España, donde editó su primer libro, el *Prontuario histórico de Puerto Rico* (1935). El clima intelectual de la Segunda República española, y luego la tragedia de la Guerra Civil y su exilio intelectual, ejercieron gran influencia sobre él y otros letrados puertorriqueños. De hecho el nombre de Blanco queda unido en la memoria a los escritores y artistas del exilio republicano en Puerto Rico, entre los cuales tuvo amigos muy próximos. En tiempos de oscuridad, durante y después de las catástrofes de la Guerra Civil y la Segunda Guerra Mundial, y ya de regreso en la ciudad de San Juan, se reinventó a sí mismo identificándose con el reino autónomo del Arte. Esos *new beginnings* se dejan ver claramente en la primera edición de *Los cinco sentidos*, que era en sí una pequeña obra de arte.

En *Los cinco sentidos* ofrece otro fascinante ejemplo del viejo *incipit vita nova*. Se trataba de un modo distinto de elaborar la memoria cultural. Blanco abandonó su primera *persona* literaria, y le imprimió un giro distinto al dilema de la *tradición*. Encontró un aliento nuevo en el retorno a las concepciones de lo bello en las que Darío era el gran precursor. Ya en *Los vates* (1949) había regresado a la "novela de artista" para plantear el conflicto entre el escritor con el mundo que lo rodeaba, que eran los valores del dinero y del comercio. En mi lectura propongo que en esa vuelta al Arte lo que estaba en juego era la construcción de una retaguardia frente al desafío de las vanguardias progresistas que en 1955 hablaban el lenguaje del macartismo y redefinían el campo intelectual.

El reordenamiento ideológico de la Guerra Fría y la aceleración de las masivas emigraciones puertorriqueñas —que por primera vez se hacía por avión— exigían repensar la *tradición*. En un contexto más inmediato, la creación del Estado Libre Asociado de Puerto Rico en 1952 generaba nuevas contradicciones. La elección de Blanco fue inscribirse en el prestigioso linaje de modernistas anti-modernos por ser anticapitalistas. Su distanciamiento era un modo de constituirse frente a los aspectos de la modernidad que consideraba destructivos. Blanco no quería ser "absolutamente moderno", ni se insertó en la "tradición de la ruptura". Su "modernidad" tuvo un carácter arcaizante, y de ahí precisamente su espíritu crítico. Es imposible definirlo con categorías políticas tajantes.

En los textos de todos estos escritores aparece un cierto sentido de autobiografía intelectual, una etapa de autodescubrimiento en contextos muy localizados. Lo crucial —e inquietante— era la posibilidad de elección y de afiliación, de encontrar una forma y un lenguaje que permitiera seguir adelante. La biografía intelectual es un modo indispensable de lectura para analizar el peso y el uso que se hace de los modelos de la tradición, la nostalgia del pasado y el deseo de cambio. Incluso Marx, quien en *El 18 Brumario* desenmascara los intereses materiales de las clases dominantes, reconoce la importancia de los individuos, hasta el punto de que sólo así se explica que algunos puedan invocar su propia "tradición y formación" y pensar que son "sus móviles reales y el punto de partida de sus actos". En una frase escrita como de pasada, pero muy significativa, Marx resalta el papel que juegan las pasiones y las creencias que singularizan a un individuo, diferenciándolos de otros de su propia clase: los "viejos recuerdos, las enemistades personales, miedos y esperanzas, prejuicios e ilusiones, simpatías y antipatías, convicciones, artículos de fe y principios".[32] Lo he tenido muy en cuenta.

La biografía intelectual es una manera de romper con las cronologías políticas cristalizadas y con la sucesión de ismos característicos de la historiografía literaria, que a menudo terminan por deshistorizar su objeto o por limitar estrechamente el campo del individuo. Me he interesado más cuando hay un nombre propio que parece condensar todo y exige atención. Ello lleva a repasar los nombres, los títulos y bibliografía que aparecen como referencias en los escritos de los autores,

---

32 Cito y traduzco de *The Eighteenth Brumaire of Louis Bonaparte*, p. 47.

pero también los lugares y las prácticas de su trayectoria, tanto como el cuidado que hayan puesto en un título o en una palabra. La biografía es indispensable para "dar forma" al relato, como dice con penetración María Zambrano: "Hay que ir del personaje a la situación, y otra vez volver al personaje, como para afirmarlo y entonces contar la historia. Contar la historia es contar una visión".[33]

Un ejemplo caribeño en el que la biografía intelectual es iluminadora, y que me ha ayudado al revisar mis propios trabajos, es el excelente libro de David Macey, *Frantz Fanon: a Biography* (2000). Macey documenta los dilemas y los cambios de perspectiva de Fanon (1925-1961) sobre las prácticas del psicoanálisis y la psiquiatría, y sobre todo lo reinserta en el contexto cultural y político de su país natal, Martinica. También subraya lo decisivo de su deuda con la poesía de Aimé Césaire, de quien había sido alumno en Fort-de-France, y destaca su familiaridad con la obra de Sartre. En su análisis, por ejemplo, Macey se detiene en una lectura minuciosa del imprescindible libro *Peau noire, masques blancs* de Fanon, destacando sus modos de leer, así como el desarrollo de su propia escritura. Al mismo tiempo, relata con rigor su veloz y temprana disidencia frente a la cultura francesa, pero también su distanciamiento del movimiento de la *négritude*; y pone el énfasis en sus prácticas profesionales y políticas, a veces tan desgarradoramente contradictorias, en Francia y en Argelia. Macey cuenta las complejidades de una visión que era, a su modo, intermitentemente cosmopolita, izquierdista y nacionalista.

Es lo que he querido examinar al contar en este libro las visiones de Tomás Blanco y Henríquez Ureña.

IV

¿Cómo y por dónde *empezar*? Es una pregunta que se hacen los escritores, pero por supuesto traspasa la literatura. Al estudiar los relatos que

---

[33] De un texto inédito citado por Jesús Moreno Sanz en su edición del libro de Zambrano *Los intelectuales en el drama de España*, p. 17.

armaron Martí, Henríquez Ureña o Pedreira, puede constatarse una de las funciones clave del *incipit*: atraer al lector al terreno del autor, donde sirve para la *captatio benevolentiae*, una convención establecida en la antigua retórica. Los *calendarios* son otro instrumento clave para entender los *comienzos*. Contienen siempre una visión religiosa o secular de las continuidades y las renovaciones, filtrada por mitos y metáforas heredadas, y concretamente por versiones del *incipit vita nova*.

Para nuestras lecturas, los diccionarios y los manuales de retórica han sido tan útiles como los calendarios. Los diccionarios precisamente por sus insuficiencias: señalan zonas de gran ambigüedad semántica y no pueden dar razón de todos los enunciados. Reconocen como sinónimos los verbos *principiar, comenzar, empezar*. Todos significan dar *inicio* a alguna cosa. El verbo en latín es *incipere*, y también *inceptare*, "empezar, emprender, e intentar"; y el sustantivo *inceptum*, que significaba un "comienzo". Corominas registra *incipiente* ya en el siglo xv.[34] El ejemplo por antonomasia sería el *inicio* del Evangelio de Juan, en el latín de la Iglesia: "*In principio erat Verbum, et Verbum erat apud Deum, et Deus erat Verbum*". ("En el principio era el verbo, y el verbo era con Dios, y el verbo era Dios"). Es un *incipit* arquetípico porque trata sobre los *beginnings* que son la entrada en el lenguaje.[35]

Principio también se refiere a *normas* y *reglas* que exigen obediencia. Efectivamente, puede desempeñar el papel de una ley: los *primeros principios*. Ahí estamos ya muy cerca de la noción de *fundamento*.

Dos textos célebres y pertenecientes a distintas tradiciones pueden servir de ejemplo. Uno de los libros más influyentes de Allan Kardec se titula, en la traducción española, *¿Qué es el espiritismo? Resumen de los principios de la doctrina espiritista y respuestas a las principales objeciones*. Otro ejemplo: el título del conocido libro del filósofo Ernst Bloch es *El principio esperanza*. El *fin*, por el contrario, significa *terminación, límite, acabamiento*. Pero en un sentido espacial también es el *límite*,

---

34 En el *Breve diccionario etimológico de la lengua castellana*, sub voce.

35 D. Vance Smith lo comenta en su excelente libro *The Book of the Incipit: Beginnings in the Fourteenth Century*, p. 4. Smith examina principalmente ejemplos de la literatura medieval inglesa, pero establece un marco muy amplio. Véase también el trabajo de Andrea del Lungo "Pour une poétique de l'incipit".

la *frontera*. Como ocurre con *principio*, que puede tener el carácter de norma, de ética, el *fin* también puede significar la finalidad, un objetivo, una meta. La ambigüedad de esos términos tiene, claro está, dimensiones filosóficas, históricas y políticas.

En los estudios de retórica, el *incipit*, con sus matices y variaciones, asume una notable multiplicidad de formas: metáforas, aforismos, frases hechas que algunas veces figuran en los títulos de poemas o narraciones. Aparece también a modo de epígrafes y citas que proponen una pauta interpretativa o rinden homenaje a un hado tutelar que ha ayudado a poner en marcha el trabajo. A veces hay que buscar el *incipit* en las primeras oraciones de novelas o en los prefacios a los libros de ensayos. Aunque no sea propiamente la frase inicial, en las narraciones históricas y en otros textos literarios reconocemos el *principio* como la idea estructurante de un relato, que puede servir como *punto de partida*. Es uno de los sentidos que los manuales de retórica le asignan al *incipit*.

Las tradiciones modernas ofrecen ejemplos memorables, tanto en textos literarios como filosóficos. Algunos títulos y otras formas de *incipit* han arrojado luz sobre nuestro propio *corpus*. Nietzsche, para quien los estudios de retórica tenían la mayor importancia, en el prefacio a su "autobiografía intelectual" *Ecce homo* dice: "Ya que preveo que dentro de poco tendré que abordar a la humanidad con la exigencia más difícil que jamás se le haya expuesto, me parece imprescindible decir quién soy yo".[36] Spengler anunció la *decadencia de Occidente* desde el título de su obra, cuya traducción española circuló ampliamente en el campo letrado cubano y puertorriqueño, y, a la vez, el *comienzo* de otras culturas, enlazando la muerte y el renacimiento primaveral. Freud, por su parte, usa con eficacia un *incipit* en el que reconoce a sus predecesores, que eran los que habían practicado formas diversas de interpretación y que él estudia en el primer capítulo de su libro *La interpretación de los sueños* (1900). Lo hace en la primera oración del segundo capítulo cuando comenta el título que adoptó: "El título que le he puesto a mi tratado deja ver la tradición en que quisiera situarme en la concepción

---

36 *Ecce homo*, p. 207. Véase, al respecto, la útil edición y traducción de sus *Escritos sobre retórica* realizada por Luis Enrique de Santiago Cuervós.

de los sueños. Me he propuesto demostrar que ellos son susceptibles de una interpretación".[37] Ese *incipit* explica la *tradición* que había elegido.

Más contemporáneamente, podría decirse que en el gran libro *El ingenio* (1978), del historiador marxista cubano Manuel Moreno Fraginals, el *punto de partida* del relato, metaforizado como el "despertar" del mundo azucarero, aflora temáticamente como una violencia inicial cargada de futuro: "En su sangriento despertar el azúcar era un paso hacia adelante".[38] En la literatura puertorriqueña quizás no haya mejor ejemplo de la importancia de los títulos que en el singular e iluminador *incipit* del cuento de José Luis González "Una caja de plomo que no se podía abrir", una caja tan opaca como las asimétricas relaciones que definen el mundo colonial, título en el que se insinúa la sospecha de que sólo la ficción puede empezar a abrirla. Agregaría otro *incipit*, especialmente relevante para las tradiciones intelectuales contemporáneas que estudio en este libro. Se trata de un prefacio del historiador Carlo Ginzburg en el que hace profesión de fe en la distancia crítica: "Yo nací judío y he crecido en un país católico; nunca he tenido educación religiosa; mi identidad judía es en gran parte fruto de la persecución. Casi sin darme cuenta me puse a reflexionar sobre la múltiple tradición a que pertenezco intentando mirarla de lejos, y, a ser posible, críticamente".[39] En las lecturas que organizan este libro he tenido muy en cuenta otras formas de *principios* representadas por las cronologías y las periodizaciones que estructuran los relatos. Es el caso de los calendarios modernos, de los cambios que sufren en momentos de "revolución", así como las resistencias que encuentran a su deseo de perdurar en la memoria colectiva. Jacques le Goff dedica su gran libro, *El orden de la memoria* (1977), al tiempo como imaginario, desde la concepción de edades cíclicas hasta los calendarios lunares y solares, así como el tiempo de la Iglesia, con sus campanas y oraciones. En un brillante capítulo analiza ejemplos de la lucha por el control del tiempo institucionalizado en los calendarios. Ahí ofrece un caso del intento —muy pronto fracasado, pero pertinente

---

37 Cito de *Obras completas*, t. IV, p. 118.

38 *El ingenio*, t. 1, p. 60.

39 En *Ojazos de madera: nueve reflexiones sobre la distancia*, p. 12.

para los textos que estudiamos— de hacer coincidir los *beginnings* republicanos con el calendario oficial. Durante la Revolución francesa, y contra la tradición cristiana, se instauró por decreto un nuevo sistema. Se sustituyó la semana por la década; el domingo era el "décimo-día". Se reinventaron los nombres de los meses: el otoño se hizo Vendimiario, Brumario y Frimario; la primavera Germinal, Floreal, Pradial. La utopía racionalista de ese ambicioso proyecto se tropezó, sin embargo, con una compleja resistencia de base, y duró sólo trece años. "El calendario revolucionario respondía a tres objetivos: romper con el pasado, sustituir el orden a la anarquía del calendario tradicional, asegurar el recuerdo de la revolución en la memoria de las generaciones futuras".[40] Lo que lo hizo estallar, concluye Le Goff, fue que las nuevas "fiestas" no estaban insertadas en el *humus* de la tradición de los calendarios litúrgicos, y creaban gran confusión.

Veamos un ejemplo cubano, distinto, aunque relacionado. En los calendarios nacionales modernos, las efemérides son la celebración ritual de los *comienzos*, y pueden despertar poderosas pasiones y adquirir dimensiones utópicas. Todavía estaban muy vivos los recuerdos de 1898, cuando Fernando Ortiz insistía, en 1940 —el mismo año en que publica el *Contrapunteo*—, en la exaltación de la fecha inaugural de la primera guerra de independencia de Cuba, conocida también como la "Guerra de los Diez Años" (1868-1878), cuyos dirigentes tuvieron que abolir la esclavitud en su territorio para incorporar a negros y mulatos libres y esclavos en el ejército rebelde.[41] El *10 de octubre de 1868*, el día en que Carlos Manuel de Céspedes lanzó el *Grito de Yara*, era la fecha "cubanísima" de la *natalidad* de la patria, y de su sacralización, que tantas veces fue evocada con emoción por Martí, y a la cual, entre otros, Ramiro Guerra y Sánchez le dedicó una obra en dos tomos. Sería un buen ejemplo de lo que Shahid Amin describe como un *acontecimiento complejo que se convierte en metáfora iluminadora de la historiografía*

---

40 Véase *El orden de la memoria*, pp. 189-193. Cito de la p. 189.

41 Es indispensable el libro de Ada Ferrer, *Insurgent Cuba: Race, Nation, and Revolution, 1868-1898*.

nacionalista.[42] Para Ortiz, representaba la *fecha de nacimiento* que obligaba a cumplir un destino que no encontraba fácilmente su realización en la política de entonces:

> Esa sí es fecha cubana, cubanísima; sólo cubana, acaso la más significativamente cubana de toda nuestra historia nacional. Es cuando los cubanos se deciden a dar sus vidas individuales por la de una patria colectiva. Aquel día nace Cuba e inicia la guerra por su existencia. Se dice "la guerra de los diez años"; acaso pudiera decirse "la guerra de los treinta años", pues, en el campo abierto y en los zanjones, en la sombra de la conspiración heroica y en las represiones sanguinarias, sólo cesó la contienda cuando en 1898 cayó en Cuba el régimen que la oprimía.
>
> ¿Por qué tanta lucha? ¿Por qué tanta sangre derramada? ¿Fue sólo por ansia de independencia, por un escudo y una bandera? ¡No! Nuestra cruenta gestación nacional, que llena el siglo XIX, no fue un mero afán de independencia para luego continuar, en casa propia y sin dependencia extraña, la misma norma secular de vida que nos había sido impuesta por los criterios opresores. Nuestra guerra fue de independencia, pero fue también esencialmente separatista. Guerra de separación del pasado, separación de la colonia, separación de España, separación de Europa […].[43]

V

A lo largo de los trabajos que componen este libro, se confirma una y otra vez que las contiendas del canon no son sólo inventarios de autores, sino disputas en torno a textos y relatos en la elaboración de una *tradición*

---

42 Véase su libro *Event, Metaphor, Memory: Chauri Chaura, 1922-1992*.

43 Se trata de una conferencia leída el 9 de octubre de 1940 en el Club Rotario de La Habana. Cito de *Fernando Ortiz y España a cien años de 1898*, p. 87.

intelectual. Hay que verlos, a la vez, como "hechos" y como *puntos de partida*. Las lecturas que propongo parten del lenguaje y de las formas de los textos, y de un marco de preguntas que he ido formulando con el apoyo de otras miradas. Sintetizo ahora las que considero más relevantes. Sin duda, las reflexiones de Hannah Arendt en sus libros *Entre pasado y futuro* y *La condición humana*. Pero asimismo los *principios* establecidos por Edward W. Said (1935-2003) en *Beginnings: Intention & Method* (1975), así como de las investigaciones que se han sucedido después de su libro *Culture and Imperialism* (1993). Y en las preocupaciones y preguntas planteadas por Ángel Rama en *La ciudad letrada*.

Detengámonos en la obra de Said. El *topos* por excelencia del "autor" moderno es siempre alguna forma de *incipit*. La noción de *beginnings* puede entenderse como *un acto inaugural* que se piensa prospectiva o retrospectivamente. No se trata, sin embargo, de una relación obligatoria: "Con frecuencia, en especial cuando la búsqueda de un comienzo se lleva a cabo dentro de un marco moral e imaginativo, el comienzo entraña el fin, o más bien, lo implica".[44] Está implícito en conceptos tales como *renovación, genealogía, revolución, autoridad* y, claro está, en los de *tradición y repetición*. Se trata de un *topos*, y de hecho está tratado en el clásico libro de Ernst Robert Curtius, quien escribía: "La actitud de los hombres frente a la tradición literaria oscila entre dos conceptos ideales: el *thesaurus* y la *tabula rasa*. Reunir el tesoro de la tradición, conservarlo, gozar de él, es una función cultural".[45] Esas tomas de posición ocurren en espacios conflictivos en los que entran en juego los antagonismos políticos y sociales. Simplificando un argumento complejo, diríamos que para Said el proceso presupone la pertenencia (*belonging*) a una *tradición* en la que un sujeto se inscribe con el fin de asumir su propio lugar. Lo nuevo es el marco sociocultural y político que le da características e intensidad a la afiliación.

En el principio de escritores caribeños como Hostos, Martí, C. L. R. James o Fanon, estaba el exilio, con todas sus pérdidas y dificultades, pero potencialmente también un mundo de experiencias más amplias.

---

44 Said, *Beginnings: Intention and Method*, p. 41 (traducción mía).
45 *Literatura europea y Edad Media Latina*, t. 2, p. 564.

Los exilios de los intelectuales que vienen del mundo colonial llevan, como plantea Said, a inventar formas de convivencia, a la búsqueda de aliados en las metrópolis, y a la construcción de nexos con los países de origen. La trayectoria del propio autor de *Orientalism* ofrece perspectivas iluminadoras para el estudio de los exilios caribeños. Nacido en el seno de una familia cristiana, Said se formó intelectualmente primero en Egipto, y luego en la academia norteamericana. Fue profesor en la Columbia University durante cuarenta años. Era un gran conocedor de las tradiciones literarias "occidentales". Sin embargo, en ningún momento dejó de proclamar su identificación como miembro de la diáspora palestina, si bien fue crítico de algunos de sus líderes y sus políticas. Al mismo tiempo, tejió una crítica contundente, no contra los "judíos", pero sí contra el Estado de Israel, y siempre manifestó su admiración por la tradición cultural judía. Es uno de los puntos más delicados para Said. Asumiendo términos considerados generalmente como opuestos, solía decir que era un "judío palestino". Es precisamente esa compleja *afiliación* utópica la que dota de gran fuerza —y ambigüedad— su perfil intelectual.

Al pensar la relación entre saber y poder, Said parte de los trabajos y las categorías de Raymond Williams y Foucault, aunque lamentando que ellos no se ocuparan del imperialismo, que para él es el horizonte político central y determinante de la cultura "occidental". Pensó el imperialismo como una desigual pero dialéctica red de relaciones y prácticas sociales, culturales, artísticas y religiosas. No simplemente una estructura monolítica de dominación, sino también un denso e intensísimo tejido de conexiones.[46]

---

[46] Véase el comienzo de *Cultura e imperialismo*. Aquí, y a lo largo del libro, tengo muy en cuenta también los trabajos pioneros de Bernard S. Cohn, reunidos con el significativo título *Colonialism and its Forms of Knowledge*. Véase también el volumen compilado por Gyan Prakash *After Colonialism. Imperial Histories and Postcolonial Displacement,* y el libro de Homi Bhabha, *The Location of Culture*. Muy pertinente es, de Partha Chatterjee, *The Nation and its Fragments. Colonial and Postcolonial Histories*. Véase asimismo el volumen compilado por Frederick Cooper y Ann Laura Stoler *Tensions of Empire: Colonial Cultures in a Bourgeois World*, en especial el prefacio y la introducción "Between Metropole and Colony: Rethinking a Research Agenda", que

Al igual que Fernando Ortiz, Said utiliza un término musical: el *contrapunto*. Lo convirtió en un concepto metodológico para explorar las relaciones coloniales como prácticas interactivas tanto en las colonias como en los centros imperiales. Era una manera de ir más allá de dicotomías simples como las cristalizadas en las parejas "dominación y resistencia" o "centro y periferia", y de abrir nuevas perspectivas sobre el carácter inventivo y creador de esas relaciones. Said resume la analogía de la siguiente manera: "Si recurrimos al archivo cultural, empezaremos a releerlo no de modo unívoco sino *en contrapunto,* con una simultánea conciencia de la historia metropolitana y a la vez de las otras historias contra las cuales el discurso dominante actúa mientras, a la vez, permanece a su lado. En el contrapunto de la música clásica occidental, varios temas se enfrentan y disfrutan sólo de un privilegio provisional. No obstante, en la polifonía resultante hay orden y concierto, un interjuego organizado que se extrae de los temas y no una melodía rigurosa o de un principio formal externo".[47] Son historias que se implican unas a otras, un campo de batalla que es a la vez un campo de alianzas, y, en ocasiones, de lazos afectivos profundos. Desgraciadamente, en los trabajos de Said no hay sino referencias muy generales a las literaturas hispánicas o brasileñas, que no conoce. No obstante, en los dos primeros capítulos de este libro veremos cómo la refundación del paradigma de lo *hispanoamericano* llevado a cabo por Menéndez Pelayo o por Henríquez Ureña confirma la necesidad de estudiar "contrapuntísticamente" la historia cultural de las metrópolis y la experiencia de y desde las colonias.

En sus ensayos, Said ilustró esas historias vinculantes trazando las intervenciones críticas de algunas figuras clave. Así, por ejemplo, tomó muy en cuenta las movilizadoras críticas de Fanon, a quien

---

incluye una muy útil bibliografía, pp. vii-56. La excelente antología de textos compilada por Álvaro Fernández Bravo, *La invención de la nación,* contiene traducciones de ensayos de Chatterjee, Bhabha y otros. El libro de Louis A. Pérez, *Cuba Between Empires,* centra la atención en la coexistencia del viejo y el nuevo imperio en el Caribe.

47   En *Cultura e imperialismo,* p. 101. No hay que olvidar que Said dedicó su primer libro al novelista Joseph Conrad, y en ese estudio prestó mucha atención a la negociación de identidades.

retorna en varias ocasiones, y la trayectoria de una figura tan distinta como lo fue Erich Auerbach (1892-1957). Eran intelectuales cuya vida misma cuestionaba las formas pretendidamente estables de las narrativas imperiales, nacionalistas o raciales. También ponían a prueba cualquier generalización apacible de lo que significa la "apropiación" de tradiciones. Todas esas consideraciones, y especialmente la relectura de Fanon, me ayudaron a repensar la mimesis y las tensiones coloniales en el Caribe hispánico.

Fanon llegó a ser un intelectual revolucionario, pero no era "nacionalista" en el sentido tradicional. No se propuso exaltar el pasado a expensas del presente o del futuro; tampoco quería aceptar sin más los valores universalizantes del imperio.[48] Parte de su proyecto político en Argelia —donde los franceses habían prohibido el árabe como lengua de la educación y el gobierno— suponía un doble movimiento: despojar "a la lengua árabe de su carácter sagrado y a la lengua francesa de su categoría maldita", e incitar a domesticar "un atributo del ocupante", pero a la vez "mostrarse permeable a los signos, a los símbolos, en fin, a un cierto orden del ocupante".[49] Simultáneamente, y en ello encuentra Said su radicalidad, Fanon usaba a Marx, Freud y a Sartre *contra* la dominación europea. Said escribe: "En los aspectos subversivos de la escritura de Fanon late un hombre totalmente consciente de estar reproduciendo, deliberada e irónicamente, las tácticas de esa cultura que, según él, lo ha oprimido".[50] En las posiciones y las prácticas políticas de Fanon, la respuesta inevitable era la guerra, la violencia que debía superar el maniqueísmo de los colonizadores y el de los nativos.

El marco ofrecido por Said me estimuló también a replantear el papel de escritores e intelectuales como José Martí y el puertorriqueño Antonio S. Pedreira. Ya en *Orientalism*, Said se preguntaba: "¿Cuál es

---

[48] La importancia de la *experiencia* racial y colonial misma de Fanon es comentada con lucidez por David Macey, en *Frantz Fanon: a Biography*, que he comentado antes. Véase también, de Ato Sekyi-Otu, *Fanon's Dialectic of Experience*.

[49] Cito de su ensayo "Aquí la voz de Argelia", en *Sociología de la revolución*, p. 71.

[50] Cito de *Cultura e imperialismo*, p. 415.

el papel del intelectual? ¿Será el de dar validez a la cultura y al Estado del que forma parte?".[51] Sus planteos sobre el productivo exilio de Auerbach en la ciudad de Estambul arrojaron una luz nueva, por ejemplo, sobre los textos y las *afiliaciones* de figuras como la de Henríquez Ureña, quien desde mucho antes había insistido en los "flujos y reflujos entre España y sus colonias" y en las formas en que la convivencia en el "Nuevo Mundo" había transformado la vida económica, el lenguaje y el imaginario del "Viejo Mundo" europeo.[52] Como veremos con detalle en su momento, a lo largo de su vida Henríquez Ureña puso empeño en destacar a los escritores "coloniales" que se desplazaban a la metrópoli y en ella hacían su obra. Insistió, por ejemplo, en un Juan Ruiz de Alarcón (c. 1580-1639) "mexicano" y "americano": "no es un español de España, sino un colonial; y un colonial de México, además, criado en una sociedad ya por entonces muy diversa a la de la madre patria".[53] Por otra parte, en la formación intelectual de Henríquez Ureña fue decisivo el carácter "mundano" que Said ejemplificaba con la figura de Auerbach. Esa apertura al mundo se comprueba en el lugar que ocupa la cultura norteamericana en su obra, y también la tradición humanística británica de Walter Pater y Matthew Arnold.

No obstante, en los trabajos de Henríquez Ureña sentimos el límite de esa apertura. Las tradiciones intelectuales caribeñas han sido abierta

---

51 Cito de la traducción *Orientalismo*, p. 382. Asimismo, su gran ensayo "Secular Criticism", en *The World, the Text, and the Critic*, pp. 1-30, en el que se detiene en la figura de Auerbach. Esos planteos alimentaron el debate, influyendo aun en quienes diferían de manera sustantiva. Véase, de James Clifford, "On Orientalism", en *The Predicament of Culture*, pp. 255-276. Véase también, de Robert Young, *White Mythologies: Writing History and the West*, especialmente el cap. 7, "Disorienting Orientalism", pp. 119-140, en el que juzga problemática la posibilidad de liberarse de la "representación" que Said critica, y que según Young, termina por reproducir.

52 Véase su libro *Las corrientes literarias en la América hispánica*. El primer capítulo se titula "El descubrimiento del Nuevo Mundo en la imaginación de Europa", antecedente del conocido ensayo de Edmundo O'Gorman *La invención de América*. El segundo, "Una sociedad nueva". La cita en la p. 39.

53 *Ibid.*, p. 73.

o solapadamente racistas. No es un tema desarrollado por Said, pero sí ampliamente estudiado por la renovada historiografía que voy citando a lo largo del libro. Haití y el mundo afroamericano eran para Henríquez Ureña, como para Pedreira y Guerra, la cara oscura de esas conexiones, que reaparece incesantemente como un espectro. La siguiente declaración es sumamente representativa: "La República Dominicana está situada en una isla, parte de la cual está ocupada por la República de Haití. Tal vecindad ha sido fuente de muchas desventajas. Desde luego, la mayor de ellas es quizá la tendencia, frecuente en países extraños, a imaginar que las dos naciones son similares".[54] Sin duda, lo que está en juego aquí es que —con contadas excepciones— hasta bien entrado el siglo XX las tradiciones intelectuales caribeñas vieron el mundo afroamericano como un peligro. El de Henríquez Ureña no fue un caso aislado. En contraste, defendió "la unidad esencial de los pueblos hispánicos" aduciendo, significativamente, que al comenzar el siglo XX se habían diluido o atenuado los recuerdos de los combates independentistas, y "ya no había guerras que pelear".[55] Entendía que España ya no era el adversario político y se podía elaborar con ella un compromiso.

Por supuesto, entre escritores se trata principalmente de guerras simbólicas. Las polémicas intelectuales desplazan la guerra y ordenan la experiencia. El intelectual caribeño C. L. R. James observó que el juego de cricket en Trinidad es impensable fuera del contexto imperial británico, y la descolonización es impensable sin el teatro del cricket, ya que en él se juegan simbólicamente los antagonismos entre colonizador y colonizado, y entre raza y clase. Es una expresión de la cultura y la

---

54 En su "Memorándum sobre Santo Domingo", escrito en 1919, durante la ocupación norteamericana de Santo Domingo. Puede leerse en *Ensayos*, edición de Abellán y Barrenechea. Cito de la p. 381.

55 Cito de su importante texto, "Raza y cultura hispánica", un discurso leído en la Universidad de La Plata, y publicado en *Repertorio Americano* en 1934, casi como homenaje a la II República española. En contraste, no he encontrado referencias en textos suyos a la masacre de haitianos ordenada en 1937 por el dictador Trujillo en la frontera con Haití.

política, sobre todo cuando otros espacios no estaban disponibles.[56] Es una perspectiva central para las lecturas de las disputas por la *tradición* en la *ciudad letrada*.

VI

Desde muy pronto, otro punto de referencia en mi trabajo ha sido el mapa de la *ciudad letrada* trazado por Ángel Rama (1926-1983) en su ensayo pionero, escrito con pasión e inteligencia en el exilio y en medio de varios frentes de guerra. El nombre de Rama ha quedado asociado al gran semanario *Marcha*, cuyas páginas literarias dirigió entre 1959 y 1968, a la revista cubana *Casa de las Américas*, y al ambicioso proyecto de la Biblioteca Ayacucho que alentó y dirigió en Caracas, con apoyo del gobierno venezolano. Aquí quiero subrayar que conoció de primera mano el Caribe hispánico y a sus escritores e intelectuales, en Cuba, Puerto Rico y Venezuela. Le fascinaba hablar de su descubrimiento de un mundo que le parecía tan moderno y tan arcaico. Rama se interesó específicamente por la vitalidad de la cultura afrocaribeña y por su nueva literatura y sus artistas plásticos. En Puerto Rico también quedaba maravillado cuando le contaban anécdotas de "en tiempos de España", que para un uruguayo era, por supuesto, el siglo XVIII. Se solidarizó con los grupos antiimperialistas, y también hizo una penetrante lectura del "caso Padilla" cubano y de sus implicaciones. Tenía, como Said, una extraordinaria capacidad para instaurar conexiones, y sabía intervenir con independencia crítica y contundencia polémica.

Aunque ha quedado borrada en las discusiones sobre el libro, detrás de *La ciudad letrada* se encuentra, ante todo, la propia experiencia vivida por el autor como periodista cultural, y en su actividad docente y editorial. Al "narrar su visión", su ensayo puede describirse como el encuentro de tres historias. La primera es la de un intelectual de izquierda, esperanzado y comprometido con la Revolución cubana, que vio cómo el horror

---

56 Véase su libro *Beyond a Boundary*, pp. 192-205. Véase también el estudio de Aldon Lynn Nielsen *C. L. R. James: A Critical Introduction*, pp. 171-188.

de las dictaduras militares se instalaba en Uruguay desde el golpe militar de junio de 1973 y en Argentina y Chile en esos mismos años, con la consiguiente salida de muchos intelectuales que pasaron a formar parte de un nutrido exilio de guatemaltecos, salvadoreños y nicaragüenses. La segunda es la de su largo y productivo exilio, los años en que vivió y trabajó en Puerto Rico, Venezuela y en los Estados Unidos, y su pasión por construir redes latinoamericanas. La tercera historia es su decisión de instalarse en la academia norteamericana, al igual que tantos otros uruguayos, argentinos y chilenos que andaban en busca de posibilidades de nueva vida. En su caso, la saña del macartismo le impidió permanecer en la Universidad de Maryland, donde había aceptado un puesto docente, y acabó por expulsarlo del país.

En la nota de agradecimiento que escribió para el libro, él mismo da testimonio de esa guerra. Sus palabras muestran lo precario de su situación mientras le daba forma a *La ciudad letrada*:

> Mi trabajo avanzó entre las angustias de la negativa de visado por el Immigration and Naturalization Service (Baltimore) que me obligaba a abandonar mi tarea docente en la University of Maryland y la campaña denigratoria que organizaron quienes disponían de poderes para ello, acompañados de un pequeño y lamentable grupito de cubanos exiliados [...] La campaña fue dura para mí por lo desparejo de las fuerzas [...] Estaba en juego la libertad académica, clave de cualquier sociedad democrática, pero más aún, para mí, la dignidad de los escritores latinoamericanos y nuestra tesonera defensa de nuestras nacionalidades contra intervenciones y atropellos.[57]

Ahí también dejó constancia de su gratitud por la solidaridad que encontró entre colegas norteamericanos y latinos, e invocó la tradición celebrada por Martí: "Descubrí, con gratitud, que para el exiliado que soy había también un hogar posible en los Estados Unidos donde

---

57 Cito de las pp. xvii-xix de la primera edición.

rehacer la familia espiritual de los peregrinos de quienes habló Martí, describiéndolos como la más admirable tradición de libertad del país".[58]

La ciudad letrada fue publicado en 1984, un año después de su trágica muerte en un accidente donde murió también su compañera Marta Traba. Lo publicó Ediciones del Norte, una pequeña editorial académica norteamericana. La *ciudad letrada* es, podríamos decir, protagonista y al mismo tiempo el eje narrativo de su libro. Uno de sus núcleos principales es la relación entre cultura y política. Detrás de ese esquema se encuentra la voluntad de poder analizada por Foucault y la rica reflexión sobre la ciudad y la circulación de ideas de José Luis Romero, Jorge Hardoy, Lewis Mumford, Richard Morse, Claudio Véliz y otros. Igualmente importante, están presentes las indagaciones sobre la relación entre ideología y utopía de Karl Mannheim. Están asimismo dos figuras que Rama veneraba, Pedro Henríquez Ureña y Alfonso Reyes, cuyo americanismo sin duda lo sostuvo al pensar los clásicos para la Biblioteca Ayacucho. Podemos ver el trabajo sobre la *tradición* largamente meditada que supuso la colección Ayacucho como la preparación para sus planteos sobre la *ciudad letrada*, cuyas condiciones materiales y políticas —el peso de todo su pasado y sus sutiles o dramáticas transformaciones— son el objeto de estudio.

El núcleo central de *La ciudad letrada* es muy persuasivo. Proporcionó una nueva luz sobre los privilegios de las élites y sobre el viejo discurso de las armas y las letras. La tesis principal sostenida con mucho vigor se condensa en la siguiente cita: "La propiedad y la lengua delimitaban la clase dirigente", y "el uso de esa lengua acrisolaba una jerarquía social, daba prueba de una preeminencia y establecía un cerco defensivo respecto a un entorno hostil y, sobre todo, inferior".[59] Ese grupo social especializado —arraigado en una tradición político-filosófica masculina—

---

58 Ibid. Véase su relato en el *Diario 1974-1983*, y el importantísimo ensayo de 1978 "La riesgosa navegación del escritor exiliado", ahora en el libro del mismo título, pp. 235-250.

59 Véase *La ciudad letrada*, p. 46. Para otros ensayos de Rama, véase la antología *La crítica de la cultura en América Latina*. También, de José Luis Romero, *Latinoamérica: las ciudades y las ideas*, y de Altamirano y Sarlo, *Literatura y sociedad*, en particular los ensayos "Del campo intelectual y las instituciones

reclamó su poder en la escritura y se distanció de las inmensas mayorías indígenas, mestizas, esclavas o serviles que no tenían acceso a ella: "La capital razón de su supremacía se debió a la paradoja de que sus miembros fueron los únicos ejercitantes de la letra en un medio desguarnecido de letras, los dueños de la escritura en una sociedad analfabeta y porque coherentemente procedieron a sacralizarla dentro de la tendencia gramatológica constituyente de la cultura europea".[60] En síntesis, podría decirse que la *ciudad letrada* le dio apoyo moral a la empresa militar y eclesiástica, subordinándose a sus exigencias ideológicas.

Al igual que Henríquez Ureña, Rama se remonta a la fundación colonial. La producción letrada se sustentaba, efectivamente, en una extensa red de escritores, escribanos, copistas y autores doctrinales que manipulaban los lenguajes simbólicos, obtenían favores y nombramientos para sus allegados, y dirigían sus mensajes a poblaciones de lenguas y culturas heterogéneas. Aunque constituida por grupos que llegaban a enfrentarse ásperamente, y que de hecho se acomodaban a los cambios de la sociedad colonial, la ciudad letrada quería "ser fija e intemporal como los signos, en oposición a la ciudad real que sólo existe en la historia y se pliega a las transformaciones de la sociedad. Los conflictos son, por lo tanto, previsibles. El problema capital, entonces, será el de la capacidad de adaptación de la ciudad letrada".[61] Cualquier discusión sobre las tradiciones literarias latinoamericanas debe aludir necesariamente al trabajo de Rama. Con ése y otros trabajos —*La transculturación narrativa*, y sus grandes y fundamentales ensayos sobre Darío y Martí— replanteó el problema de la especificidad de los letrados que se fueron transformando en "intelectuales" modernos, y preparó los instrumentos para un nuevo acercamiento a las modernidades latinoamericanas. Esa problemática ha sido muy intensamente estudiada a lo largo de las últimas dos décadas.

---

literarias", pp. 83-100, y "De la historia literaria en la perspectiva sociológica", pp. 119-161.

60   *La ciudad letrada*, p. 33.

61   *Ibid.*, p. 55.

También es cierto —como han señalado los críticos que han discutido las premisas de Rama— que la relación entre la élite europea o criolla y los grupos subalternos no era lineal ni monolítica. Los puntos de intersección culturales estaban llenos de recovecos, aun cuando la ciudad letrada mantuvo siempre su autoridad. Rolena Adorno, Nancy M. Farriss, Magdalena Chocano Mena y otros han demostrado que en el período colonial los límites entre las élites y los grupos subalternos no siempre eran tan nítidos.[62] Se caracterizaron por apropiaciones dinámicas por ambas partes, que no alteraban la jerarquía del poder, pero introducían gran complejidad y tensiones diversas. Por otra parte, las mezclas y la "hibridez" de la "alta cultura" con la cultura popular, así como los lazos múltiples que unen las prácticas de la oralidad y la escritura literaria —tan ricas y persistentes en el Caribe— han llevado a replantear las relaciones entre lenguaje, pensamiento y sociedad. Con los trabajos de Walter Ong, Jack Goody y Eric Havelock, la relación y el encuentro de la palabra dicha y escuchada con la escrita, cambiante según los momentos y los públicos, ha pasado a primer plano.[63] Depende asimismo del encuentro de la cultura oral con el poder del alfabeto y la cultura impresa, como demostró Carlo Ginzburg en su luminoso libro

---

62 Véanse, de Farriss, *Maya Society Under Colonial Rule: The Collective Enterprise of Survival*; y de Adorno el excelente análisis *Guaman Poma: Writing and Resistance in Colonial Peru*; y también Serge Gruzinski, *La colonisation de l'imaginaire: societés indigènes et occidentalisation dans le Mexique espagnol, XVIe-XVIIIe siècle*. Véanse, además, de Adorno, "La ciudad letrada y los discursos coloniales". Es excelente el libro de Magdalena Chocano Mena, *La fortaleza docta: élite letrada y dominación social en el México colonial*, en el que parte, entre otros, del ensayo de Rama para examinar en detalle el ámbito mexicano de la élite hispano-criolla, el valor del trabajo intelectual para el Estado imperial católico y para la clase dominante, así como el papel de las órdenes religiosas, la exclusión de los indígenas, y el dominio masculino.

63 Hay que tener en cuenta que los trabajos pioneros de Milman Parry y Albert Lord, como los de Havelock, Jack Goody y otros, se publicaron sólo en la década de 1960 o después. Un fructífero diálogo sobre las relaciones entre oralidad, escritura, lectura y representación pictórica se recoge en "Selections from the Symposium on 'Literacy, Reading, and Power', Whitney Humanities Center, November 14, 1987".

El queso y los gusanos. Ginzburg escribe del "salto histórico, de alcance incalculable, que separa el lenguaje gesticulado, murmurado, chillado, propio de la cultura oral, de aquel otro, carente de entonación y cristalizado sobre el papel, propio de la cultura escrita".[64] Por otra parte, en países como Cuba y Puerto Rico, las campañas de alfabetización modernas acrecentaron enormemente el número de lectores. Pero no hay todavía un estudio como el de Adolfo Prieto sobre el papel de la prensa y los nuevos lectores en el desarrollo del gusto por las tradiciones "nacionales" argentinas durante la segunda mitad del XIX.[65]

No obstante, ningún debate sobre la historia de las ideas o de los intelectuales en el Caribe puede ignorar el peso de la herencia de la estructura jerárquica de la sociedad colonial descrita por Rama, ni sus observaciones sobre el aura del Libro y la letra impresa, ni sobre las concepciones y las prácticas elitistas de la escritura y la lectura. Todo ello dejó una huella profunda hasta la ciudad "revolucionada" del siglo XX, cuando la línea entre "letrados" e "intelectuales" modernos se va haciendo más borrosa. Esos momentos llenos de ambigüedades y malentendidos son los que más nos interesan aquí.

VII

La historia de las ideas, lo señaló concisamente Siegfried Kracauer, es también una historia de malentendidos.[66] Al estudiar las respuestas de los escritores caribeños al dilema de la *tradición*, se confirma que los

---

64 Cito de *El queso y los gusanos*, p. 99.

65 Véase su documentadísimo estudio *El discurso criollista en la formación de la Argentina moderna*, sobre todo el cap. I, "Configuración de los campos de lectura 1880-1910", pp. 26-82.

66 En su libro póstumo, *History: The Last Things Before the Last*, Kracauer arguye: "The history of ideas is a history of misunderstandings. Otherwise expressed, an idea preserves its integrity and fullness only as long as it lacks the firmness of a widely sanctioned belief", p. 7 ("La historia de las ideas es también una historia de malentendidos. Expresada de otra forma, una idea

beginnings imaginados no son unívocos, ni conducen a ningún "original", sino que responden a proyectos e intereses diferentes que se expresan en términos equívocos y aun contradictorios. Las ideas pueden parecer las "mismas", pero las tramas de poder y los contextos cambian, incluidos los contextos de lectura en los que el sentido "original" se pierde en el uso o es "malinterpretado" en otro contexto.

Esos "malentendidos" son, como veremos, una valiosa clave para comprender el uso que se ha hecho de algunas ideas o libros. Volvamos al ejemplo de Fanon. En una edición española del *Peau noire, masques blancs*, el título se transformó en algo irreparablemente empobrecido: *¡Escucha, blanco!* Desapareció así por completo la fuerza poética de su *incipit*. El título de la versión española borró el juego de máscaras que apunta por un lado a lo que es más externo, y a la vez, íntimo: la frontera misma del "yo" y su representación. Quizás por eso la recepción de esa traducción española ha sido fría. Pero aun en el mundo académico norteamericano, donde la traducción inglesa del libro se ha canonizado, ocurre algo parecido, aunque no con el título del libro. Se trata del capítulo clave titulado "L'expérience vécue de l'homme noir", que se convirtió sorprendentemente en un "hecho": "The Fact of Blackness".[67] Con esa traducción quedó borrado el marco filosófico de la "experiencia vivida", la vivencia afectiva interna tan central para Fanon, a pesar de que en ese capítulo discute largamente con el concepto de "la mirada del otro" de Sartre, cita a Hegel, y comenta textos de Langston Hughes y Richard Wright. ¿En qué lectores estaban pensando los traductores o los editores?

No bastaría, pues, con discutir la solidez de las definiciones abstractas o sistemáticas de los términos. La utilización de esos paradigmas y sus deslizamientos semánticos tienen ya su propia historia, y en efecto pueden leerse en el marco de las "ideas fuera de lugar" planteadas por Roberto Schwarz. Dicho de otra forma: es preciso entender a qué pasiones corresponden los enunciados. En este libro empleo continuamente

---

conserva su integridad y totalidad sólo en la medida en que carezca de la firmeza de una creencia ampliamente difundida". La traducción es mía).

67 Véase el comentario de Macey en su biografía, p. 26. En la bibliografía cito otras traducciones al castellano del libro.

el término *cultura*. Pero cuando un crítico intentó hacer una síntesis de sus usos, se sintió obligado a reconocer que se trataba de una "monstruosidad semántica".[68] Lo mismo ocurre con palabras como *raza, criollo, latino*.

Veamos otro ejemplo caribeño. Cuando el biógrafo y editor del epistolario de Bolívar, el influyente y hoy casi olvidado escritor venezolano Rufino Blanco-Fombona (1874-1944), se preguntaba "¿qué es el arte criollo, el criollismo?", su respuesta agresivamente racista sorprendería hoy: "¿Arte criollo? El arte que pertenece y caracteriza a los criollos. Ahora, por Dios, no vayamos a confundir a los criollos con los indios aborígenes ni menos con los africanos que la codicia trasegó a las playas del Nuevo Mundo. Criollo es el hombre de raza blanca nacido en nuestra América, sea de origen turco; sea la fe judía, sea mahometana, y lo mismo si el progenitor acaba de desembarcar, hablando en lunfardo, que si sus ascendientes llegaron con los descubridores castellanos [...] El criollismo —insistamos— es otro modo de ser escritor español".[69] En ese mismo libro, de 1929, el autor se autodefinió como "neo-español". En sus prolongados exilios en París y en Madrid, Blanco-Fombona fue un abanderado del modernismo y del panhispanismo. Los interlocutores no tan lejanos a quienes se dirigía eran Menéndez Pelayo y sus discípulos, o las propias élites caribeñas.

Con palabras como *criollo* y *Caribe*, tan importantes en los discursos de *beginnings* americanos, no siempre se ha querido decir la misma cosa: depende de quién las use en el discurso, y cuándo, generando nuevas connotaciones que no pueden ser protegidas por ningún diccionario. Se confirma así la sutil observación del poeta Tomás Segovia: el lenguaje es una "institución" peculiar que debido a las innovaciones

---

68 Véase el ensayo de Donald Kelley "The Old Cultural History". Para la polisemia de términos claves, aquí y en otros capítulos, he tenido muy presente el importante trabajo de J. Jorge Klor de Alva "The Postcolonization of the (Latin) American Experience: A Reconsideration of 'Colonialism,' 'Postcolonialism,' and 'Mestizaje'", en *After Colonialism: Imperial Histories and Postcolonial Displacements*, pp. 241-275.

69 *El modernismo y los poetas modernistas*, pp. 44-45. El libro se publicó en Madrid, por la editorial Mundo Latino.

sancionadas por el uso nunca queda cerrada o del todo instituida. El *sentido* se escapa, nos dice el traductor de Lacan. La expresividad y la fluidez del habla, pero también lo escrito, frustran las obsesiones de los censores lingüísticos. Por ello, Segovia afirma, no sin un dejo de ironía, que "la idea de una Academia de la Lengua no es sólo ridícula, *es* paranoica".[70]

Otro de los equívocos que he tenido muy en cuenta es la persistencia de "Europa" como fundación y como referente silencioso de las historias coloniales y poscoloniales. Ha sido planteado con lucidez por Dipesh Chakrabarty en su libro *Provincializing Europe*. Para él, la "historia" y el "historicismo" practicados en las instituciones universitarias suelen privilegiar a "Europa" —francesa, española, británica, o según corresponda— como el sujeto/objeto "universal" de la narración, y como anticipación de aquello en lo que "otros" deberán convertirse. "Europa" es el punto ideal de cruce de todas las proposiciones, a menudo olvidando sus propias contradicciones. En su libro expone el renovador proyecto de "provincializar a Europa", es decir, el rechazo de los paradigmas que postulan la "carencia" respecto del modelo. Para Chakrabarty es necesario asumir que entre "Europa" y los países colonizados coexisten temporalidades y "modernidades" distintas y complejas.[71]

Esas vacilaciones están muy presentes en las primeras décadas del siglo XX. Todavía en 1929 Rufino Blanco-Fombona proclamaba: "Nosotros somos, en el mejor sentido, prolongación de Europa. Somos la Europa del extremo Occidente, por lo menos hasta ahora, en cuanto ideología. Somos hijos de la cultura latina y, muy principalmente, española; pero tenemos una aspiración [...] No renegamos de Europa, nuestra madre, de cuyos senos jugosos nos hemos nutrido y de la cual nos viene lo mejor que tenemos; pero no queremos vivir a sus plantas, para no incurrir en su desdén".[72] En 1945, poco antes de su muerte, el propio

---

70 En *Poética y profética*, p. 310.

71 Sobre otra dimensión de la "asimetría" escribe: "El argumento parece ser que sólo 'Europa' es *teóricamente* cognoscible; las demás historias no son otra cosa que tema de investigaciones empíricas que complementan el esqueleto teórico constituido sustancialmente por 'Europa'". (La traducción es mía.)

72 Cito de su libro *El modernismo y los poetas modernistas*, p. 361.

Henríquez Ureña postulaba una *fusión* con la que intentaba superar la dicotomía, aunque extrañamente los elementos se ordenan de acuerdo con una jerarquía que revela muy pronto un sistema definido de papeles y rangos: "La cultura colonial, descubrimos ahora, no fue mero trasplante de Europa, como ingenuamente se suponía, sino en gran parte obra de fusión, fusión de cosas europeas y cosas indígenas. En lo importante y ostensible se impuso el modelo de Europa; en lo doméstico y cotidiano se conservaron muchas tradiciones autóctonas".[73]

Los países "no europeos" aparecen siempre en contraste con el perfil y las temporalidades del prestigioso modelo. La oposición instituye una asimetría en el mismo proceso interpretativo que lleva a hablar de "carencias" frente al modelo teóricamente válido. Entre otras cosas se suele olvidar lo que se ha llamado la "europeización" de la misma "Europa", un proceso tan largo y conflictivo como la "españolización" de "España". El resultado es la simplificación de la complejísima relación del mundo colonizado con "Europa", que está hecha —incluso entre los "europeizantes"— de amor y de odio, emulación y rechazo. Sus secretos en última instancia son difíciles de descifrar y de transmitir.[74] Quizás ello explica la apasionada defensa de la "oscuridad" que hace Edouard Glissant al comienzo mismo de su *Discours antillais*.

En el Caribe, un lugar paralelo lo ocupan los Estados Unidos, un modelo que fue arraigándose profundamente desde finales del siglo

---

[73] En un artículo que se publicó primero en *La Nación* de Buenos Aires, el 15 de febrero de 1945. Cito de las *Obras completas*, t. X, p. 18.

[74] He tenido muy en cuenta los ensayos de Ashis Nandy reunidos en su libro *The Intimate Enemy: Loss and Recovery of Self Under Colonialism*. Ahí sostiene, entre otras cosas, que el colonialismo "produce un consenso cultural en el que la dominación política y socio-económica simboliza el dominio de los hombres y la masculinidad sobre las mujeres y la femineidad", p. 4 (la traducción es mía). Véase también otro libro suyo, *The Savage Freud and Other Essays on Possible and Retrievable Selves*, en el que reflexiona sobre zonas incomunicables y oscuras de la experiencia colonial. Véanse, asimismo, los penetrantes trabajos de Homi Bhabha en *El lugar de la cultura*. Ranjana Khanna replantea la importancia del psicoanálisis para el mundo poscolonial en *Dark Continents: Psychoanalysis and Colonialism* con nuevas lecturas de Freud, Fanon y Memmi.

XVIII, y que a menudo se contrapone al de "Europa". Su fuerza seductora se advierte aun en casos en que había oposición a su expansión imperial, como ilustran numerosos textos de Martí, Fernando Ortiz, Henríquez Ureña y Pedreira y algunos de sus antecedentes en el siglo XIX.

Empecemos de nuevo.

CAPÍTULO 1

Hispanismo y guerra

> "No soy yo: es la Historia quien suscita
> a veces desagradables recuerdos".
>
> MENÉNDEZ PELAYO, "Palabras al lector",
> *Historia de la poesía hispano-americana*

> "The shadow is in the end no better than the substance".
>
> SAMUEL BECKETT, *Molloy*

I

Me propongo estudiar aquí los *principios* del *hispanismo* y su relación con la guerra a partir de la *Historia de la poesía hispano-americana* (1911-1913) de Marcelino Menéndez Pelayo (1856-1912). En particular, me interesa el lugar que ocupan en ese relato los escritores e intelectuales de las últimas colonias españolas, quienes forman parte de su complicada prehistoria o de su recepción, ya sea como antagonistas o como aliados. *Hispano* y *americano*: son palabras atravesadas por una compleja historia de violencias y utopías que es necesario tomar en cuenta en la *formación* del *hispanismo*. Tanto en el Caribe *hispánico* como en la cultura norteamericana el *hispanismo* llegó a tener una presencia destacada en el siglo XIX y sobre todo a lo largo del siglo XX.[75] Al plantearlo

---

[75] Los últimos años han sido particularmente fructíferos en este tipo de análisis. Más adelante me referiré, entre otros, a los trabajos incluidos en los útiles

como una larga tradición, está implícito que se manifiesta en muchas direcciones. En *Nuestra América* (1891), en los mismos años en que Menéndez Pelayo trabajaba en su obra, Martí advertía en una frase lapidaria que es una historia más ambigua y engañosa: "la colonia continuó viviendo en la república".[76] Aquí parto de ese aforismo. Pero también de la distinción establecida por Raymond Williams: no se puede entender un *proyecto* intelectual o artístico sin entender también su *formación*.[77] Sirviéndonos de ese marco, podría decirse que el *hispanismo* académico llegó a ser una disciplina profesional gracias a una formación que rebasa el marco universitario. En efecto, los valores que sustentan la *Historia* de Menéndez Pelayo sobrevivieron en contextos muy diversos, defendidos por intelectuales distantes entre sí y no siempre coincidentes en medios y metas.

En medio del desencanto del final del Imperio, la *Historia* de Menéndez Pelayo se convirtió en la primera historia de la poesía hispanoamericana, conectando de nuevo la metrópoli con las antiguas colonias. En los mismos años en que se perdió la hegemonía en las Antillas y las Filipinas se anunciaba así en España el *comienzo* de otro proyecto, la renovación de un imperialismo discursivo en el que el archivo poético de las colonias perdidas pasaba a reforzar el valor de la metrópoli. La obra de Menéndez Pelayo aspiraba a producir una totalidad que se había

---

volúmenes editados por Richard L. Kagan, *Spain in America. The Origins of Hispanism in the United States*; el volumen titulado *Hispanisms and Homosexualities*, compilado por Sylvia Molloy y Robert McKee Irwin; el editado por Consuelo Naranjo, María Dolores Luque y Miguel Ángel Puig-Samper, *Los lazos de la cultura: el Centro de Estudios Históricos de Madrid y la Universidad de Puerto Rico, 1916-1939*; y el volumen compilado por Mabel Moraña, *Ideologies of Hispanism*. Para esa historia, sigue siendo indispensable el abarcador y documentado libro de Fredrick B. Pike: *Hispanismo, 1898-1936*. Es muy valioso el trabajo de Aimer Granados, quien estudia las transformaciones del *hispanoamericanismo* en *Debates sobre España: el hispanoamericanismo en México a fines del siglo XIX*.

76 Cito de la edición Ayacucho, *Nuestra América*, p. 30.

77 Véase su trabajo "El futuro de estudios culturales", en *La política del modernismo*, pp. 187-199.

fragmentado irreparablemente. Su lectura de la *tradición* tenía que asumir la carencia de poder político directo, y reafirmarse en el terreno de la cultura letrada. El proyecto era problemático. Curiosamente, quien examine con atención su *Historia* encontrará que es un extraño y polémico relato que a ratos parece escrito contra la poesía y los poetas. En el desafío que representaba la búsqueda de nuevos *beginnings*, el autor de la *Historia de los heterodoxos españoles* (1881) parece confirmar la tesis de Walter Benjamin: el crítico como "un estratega en el combate literario".[78] De ahí la necesidad de interrogar las tradiciones en que se apoya y las que combate.

Los prólogos a la *Antología* que había publicado en 1893, con algunas notas y modificaciones, fueron la base de su *Historia*.[79] Menéndez Pelayo realizó un triple movimiento. Primero, estuvo especialmente consciente del papel de la literatura y los intelectuales, y desplegó una notable erudición al reconstruir su desarrollo. Todo ello excede la historia de la "poesía". A la vez, construyó diligentemente un "gran relato": un comienzo y un desenlace cuyo sentido estaba establecido de antemano. La historia de los "países" será sólo variaciones de un tema: "España". En segundo lugar, su *Historia* se propuso renovar la preeminencia de España como centro legitimador de las élites nacionalistas "hispano-americanas". El arsenal de recursos y de información que utilizó le permitió reinscribir una *tradición*. En tercer lugar, contribuyó a consolidar un *hispanismo*

---

78   En su texto "La técnica del crítico en trece tesis", *Dirección única*, 1987 [1927].

79   Es resultado de la revisión y refundición de su famosa *Antología de poetas hispanoamericanos*, comisionada con motivo de la celebración del Cuarto Centenario del Descubrimiento de América, y dada a conocer en cuatro tomos entre 1893 y 1895. Menéndez Pelayo revisó y recopiló los prólogos de la *Antología*, que en 1911 y 1913 aparecieron con el nuevo título de *Historia*, en dos tomos, aunque sin los textos poéticos de la *Antología*. En el colofón del segundo tomo, de 1913, se indica que Menéndez Pelayo había fallecido el 19 de mayo de 1912, y que no llegó a corregirlo del todo. Aquí citaré la *Historia* por la edición de las *Obras completas* de 1940, en la que ocupan los tomos 27 y 28. Fue preparada por Enrique Sánchez Reyes. De ahora en adelante, cuando hago referencia a los tomos I y II de la *Historia*, remito a los volúmenes 27 y 28 de esa edición, que contiene un índice de los autores y los poemas de la *Antología* original.

que dejó su impronta en quienes lo llevaron a la práctica como política estatal en España y en los países hispanoamericanos. La influencia de esa política puede adivinarse también en la visión y la práctica de los *Hispanic Studies* en la academia norteamericana.

Su *Antología* tuvo el apoyo del aparato institucional: fue subvencionada por la Real Academia. No fue, en rigor, la primera colección de la poesía americana en lengua española. Ya en 1846-1847 se había publicado en Chile la *América poética*, del argentino Juan María Gutiérrez (1809-1878), a quien Menéndez Pelayo elogió como el "más completo hombre de letras que hasta ahora haya producido aquella parte del Continente".[80] Pero la *Historia* de Menéndez Pelayo se distingue por ser la primera obra sistemática concebida y producida en y desde la antigua metrópoli. La obra se convirtió en un referente importante. Américo Castro, en un texto de 1920 publicado en *Hispania*, la revista fundacional del nuevo *hispanismo* norteamericano, subrayaba la importancia de la obra de Menéndez Pelayo, "cuya visión profunda y artística guiarán durante mucho tiempo a cuantos se ocupen del pasado español".[81] Treinta años más tarde, en 1952, Federico de Onís (1885-1966) escribía: "Fue sin duda el primer intento de construcción de la historia, no sólo de la poesía, sino de la literatura y en cierto modo de la cultura de Hispanoamérica".[82]

---

[80] Aunque agrega: "en contradicción con el papel que en mal hora asumió de detractor sistemático de España", *Historia*, t. II, pp. 383 y 385. La *América poética* se publicó en Valparaíso, Chile. Véase el artículo "América poética" de Clara Rey de Guido en el *Diccionario Enciclopédico de las Letras de América Latina*, Biblioteca Ayacucho. En 1866 Gutiérrez publicó dos tomos de *Poesía americana*. Fue celebrado por Rodó en *El mirador de Próspero* (1913). Menéndez Pelayo reconoce su importancia: "Como colector, prestó el gran servicio de la *América poética*, compilación demasiado voluminosa para lo que la poesía americana era en 1846; pero así y todo no igualada después por ninguna otra", *Historia*, t. II, pp. 383-384. También lo menciona en las "advertencias generales", p. 13.

[81] En "El movimiento científico en la España actual", p. 188. Trataré después con más detalle las intervenciones de Castro en esos años.

[82] Cito de su reseña de la nueva edición de 1948, incluida en *España en América*, p. 575. Onís agrega: "La mayor parte de las historias posteriores generales

Tan significativo es el contenido de la *Historia* como el momento en que apareció. Sus *comienzos* son inseparables de las guerras de independencia a principios del siglo XIX, de la breve experiencia republicana y de la Restauración en España. Para el siglo XX, la guerra hispano-cubano-norteamericana (1895-1898) fue determinante: en esos años cobraron forma las tormentosas relaciones culturales y políticas *entre imperios*, es decir, el traspaso del poder español al norteamericano. Es un ejemplo claro de *translatio imperii*, que marcó profundamente la obra de José Enrique Rodó y Rubén Darío, pero también la del dominicano Pedro Henríquez Ureña y del puertorriqueño Antonio S. Pedreira, entre muchos otros.

Cuba, Puerto Rico y las Filipinas, las últimas "posesiones", estuvieron bajo la tutela del Ministerio de Ultramar. Al mismo tiempo, en el siglo XIX España renovó sus ambiciones coloniales con la llamada guerra de África y la invasión y ocupación de Santo Domingo en 1861, e incluso con el intento de intervención en México. Pero la primera guerra de independencia en Cuba se proclamó poco después, en 1868, y se prolongó hasta 1878. Inspirado por José Martí (1853-1895), se fundó en 1892 el Partido Revolucionaro Cubano, y José Rizal (1861-1896) organizó la Liga Filipina. Poco después se reanudaría la guerra de independencia en Cuba. Al mismo tiempo, desde finales del XIX la intensa actividad de intelectuales españoles "regeneracionistas" como Rafael Altamira (1866-1951) resultó en una sucesión de congresos hispanoamericanistas y africanistas y en la fundación de revistas, que se debieron al intento de recomponer una imagen imperial para la "regeneración nacional".[83]

---

o nacionales de la literatura hispanoamericana están basadas en esta obra de Menéndez Pelayo, repiten su contenido, aceptan sus juicios estéticos y a menudo siguen su sistema de estudiar la literatura por naciones".

83 Véase "Un capítulo regeneracionista: el hispanoamericanismo (1892-1923)", de José-Carlos Mainer, en *La doma de la quimera*, pp. 86-134. Mainer destaca la *Revista Crítica de Historia y Literatura españolas, portuguesa e hispanoamericanas*, fundada en 1895 por Altamira, en las que publicaron Menéndez Pelayo, Unamuno, Menéndez Pidal, y otros. Los cambios en la tradición mexicana han sido estudiados por Aimer Granados en *Debates sobre España: el hispanoamericanismo en México a fines del siglo XIX*.

II

La cultura letrada permitía convertir el pasado imperial en una nueva Ley simbólica. Era un *principio* que exigía respeto y obediencia, que es uno de los sentidos que tiene la palabra *tradición*.[84] Simultáneamente, permitía polemizar contra otras memorias. ¿Cómo entendía Menéndez Pelayo el término "hispano-americano"?[85] Retomar su *Historia* es obligarse también a repensar el tono irascible del texto, y sus silencios. Una de sus estrategias fue el silenciamiento de "recuerdos desagradables", que, por otro lado, permite vislumbrar un verdadero campo de batalla en el que actuaban, entre otros, los intelectuales caribeños.

Nada dice Menéndez Pelayo, por ejemplo, de la conquista del Caribe como máquina de aniquilamiento de la población indígena, ni de la variedad de resistencias que opusieron en un complejo proceso de adaptación y sobrevivencia. "Olvidó" algo primordial: los saberes

---

84 Es una de la *keywords* estudiadas por Raymond Williams, quien rastrea su uso en inglés, que remite, al igual que en castellano, a un proceso de transmisión, pero también de respeto. Véase *Keywords: A Vocabulary of Culture and Society*.

85 Para un comienzo de respuesta a esa pregunta es iluminador comprobar la aparición del término en los diccionarios, que datan significativamente del siglo XIX. *Hispano-americano*: ¿se trata de un adjetivo y un sustantivo, o es un solo adjetivo? La primera referencia parece ser de 1846, en el *Diccionario Salvá*: "'hispano-americano': Dícese de todo lo que tiene relación con los países de América en que se habla el español, por ser ó haber sido colonias de España". En 1895, figura como "hispanoamericano" en el *Diccionario Enciclopédico de la Lengua Castellana*, de Elías Zerolo. Ahí se reproduce la definición de 1846. La autoridad citada es Andrés Bello. Pero no es hasta la edición de 1914 que ingresa en el *Diccionario de la Real Academia Española*, y en ese momento se define como "perteneciente a españoles y americanos, o compuesto de elementos propios de ambos países". En la edición de 1925, en el *Diccionario de la Real Academia Española* se recoge una segunda acepción, que debe tenerse muy en cuenta: "Dícese más comúnmente de las naciones de América en que se habla el español, y de los individuos de raza blanca nacidos o naturalizados de ellas". Agradezco estas referencias a mi colega Paul Firbas. En este capítulo veremos otros términos como "españoles-americanos" o "americano-españoles", que tienen una larga presencia en el discurso político del siglo XIX.

de las culturas nativas fueron apropiados y traducidos al castellano, modificando la lengua "española".[86] Dejó por completo al margen a los críticos antiimperialistas españoles, las descripciones de torturas relatadas por fray Bartolomé de las Casas, o su revisión de la historia de América. La única mención que hizo del fraile dominico fue para descalificarlo como "implacable detractor" de Gonzalo Fernández de Oviedo.[87] En las "advertencias", sin eufemismos, y con claros ecos de la concepción que justificó el derecho de conquista, declara que no tratará las tradiciones indígenas, porque, según alega, se trataba de "opacas, incoherentes tradiciones de gentes bárbaras o degeneradas".[88] No incluye ningún dato significativo sobre la esclavitud —tan antigua como la colonia misma, y renovada en el siglo XIX— ni de la importancia de las culturas africanas, no sólo en el Caribe. El desarrollo de la plantación esclavista y el abandono militar y político del continente fueron clave en el sistema que le permitió a España recomponer y mantener su dominio hasta 1898, con la persistencia de las clasificaciones raciales. Lo resume bien el historiador Josep M. Fradera: "las demarcaciones raciales constituyeron un factor crucial en la

---

86 Bernard Cohn subrayó la importancia de apropiaciones comparables en sus ensayos sobre la constitución del poder británico en torno a diversos saberes en la India. Véase su excelente "The Command of Language and the Language of Command", en *Colonialism and its Forms of Knowledge*, pp. 16-56. Para la política española, es útil la compilación de Francisco de Solano *Documentos sobre política lingüística en Hispanoamérica (1492-1800)*. Por otra parte, entre los historiadores que han estudiado la tradición antiimperialista española, véase, de Anthony Pagden, *Señores de todo el mundo: ideologías del imperio en España, Inglaterra y Francia*.

87 *Historia*, t. I, p. 288. Para una síntesis del uso y las lecturas que se han hecho de Las Casas, véase el esclarecedor ensayo de Rolena Adorno "The Intellectual Life of Bartolomé de las Casas".

88 *Historia*, t. I, p. 10. Para un resumen de la controversia en torno a los "indios" y sus derechos en el siglo XVI, véase, de Rolena Adorno, "Los debates sobre la naturaleza del indio en el siglo XVI: textos y contextos". Gonzalo Aguirre Beltrán inició los estudios modernos del mundo afromexicano con su libro *La población negra en México: estudio etnohistórico*, de 1946.

construcción del orden colonial en los tres enclaves coloniales, desde el principio hasta 1898".[89]

Menéndez Pelayo tampoco le otorgó papel alguno a la censura y a los libros prohibidos, marco decisivo en el caso de Cuba y Puerto Rico, ni a los libros que circularon clandestinamente. En la descripción que Menéndez Pelayo ofreció de las islas antillanas hizo caso omiso de la presencia de franceses, corsos, británicos, irlandeses y holandeses, y de la profunda huella de esa otra "Europa" en el Caribe. El mundo fronterizo del archipiélago, el Barbados "inglés", por ejemplo, o las Antillas "francesas", tan importantes en los mestizajes caribeños, en la esclavitud y el contrabando, no aparecen, aunque sí figura el temor a Haití. Prescindió también del largo bilingüismo con las lenguas africanas, la creación de lenguas criollas, y la ya fuerte presencia del idioma inglés y otros componentes importantes de la cultura norteamericana.[90]

Menéndez Pelayo tampoco habla de la propia heterogeneidad española, representada en las islas por la presencia de catalanes, valencianos, canarios, gallegos o vascos, provenientes de zonas bilingües o monolingües. En su defensa del castellano como elemento insustituible, se pronunciaba de manera implícita *contra* los movimientos nacionalistas que en la Península reivindicaban su propia lengua y tradiciones. Refundaba la fuerza cohesiva de "España" contra los reclamos de las "pequeñas patrias" y acaso contra el propio *hispanoamericanismo* catalán de finales de siglo XIX, que competía con el españolista. El Estado centralizador y monárquico, que nunca logró la "unidad" cultural, se "regeneraba" mediante la construcción historiográfica de lo "hispano-americano" en

---

[89] Remito al libro de Josep M. Fradera, que lleva el significativo título *Colonias para después de un imperio*. Fradera hace un minucioso análisis de los factores políticos y económicos que transformaron tanto las últimas colonias como la metrópoli después de las independencias. Cito de las pp. 98-99.

[90] Por ejemplo, en 1882, el cubano José Ignacio de Armas, en *Orijenes del lenguaje criollo*, afirmaba que el inglés era "el idioma extranjero que más ha contribuido a enriquecer el caudal propio del lenguaje criollo". Citado por Marial Iglesias en *Las metáforas del cambio en la vida cotidiana: Cuba 1898-1902*, n. 1, p. 109.

torno a los lazos coloniales.⁹¹ Menéndez Pelayo dejó fuera también la experiencia de Portugal, que ofrece tantas similitudes con la española. Todo ello marcó profundamente el *hispanismo* del siglo XX.

La larga historia de lo *hispanoamericano* y del *hispanismo* ofrece múltiples sentidos, según el contexto y el observador. En su genealogía se comprueba que la historia de las ideas está hecha de "malentendidos", como propone Kracauer. En ese caso incluyen —estudiaremos algunos ejemplos— desde el uso que hace de ellos el pensamiento emancipatorio de Bolívar y Martí, hasta las claves de lectura visibles en los textos de Pedro Henríquez Ureña, del puertorriqueño Antonio S. Pedreira o del cubano Ramiro Guerra y Sánchez (1880-1970).⁹² Como ocurre con otros paradigmas, lo *hispanoamericano* es un sujeto-objeto histórico en el que resuenan tramas contrapuestas. En ellas encontramos dualidades y figuras que no sólo tienen nada o poco en común, sino que se oponen violentamente. Más aún si tenemos en cuenta que España perdió su imperio dos veces, como lo subraya el historiador Sebastián Balfour.⁹³ Por otra parte, la idea misma de la "unidad de las Américas" frente a Europa, el "americanismo" o "panamericanismo", tuvo su origen en América Latina, y en Bolívar, pero fue apropiada después por los Estados Unidos.⁹⁴ No obs-

---

91 Por supuesto, también contra la tradición y los proyectos republicanos. Para la historia de esa cultura política, véanse de José Carlos Mainer, *La doma de la quimera*, citado antes, y el volumen compilado por José A. Piqueras, *El republicanismo en España (1890-1977)*. También los ensayos en *Más se perdió en Cuba: España, 1898 y la crisis de fin de siglo*, compilados por Juan Pan-Montojo. Es muy útil la antología coordinada por Joan Antón y Miguel Caminal, *Pensamiento político en la España contemporánea:1800-1950*.

92 Un ejemplo notable es el del intelectual cubano Fernando Ortiz, quien en 1911 publicó un libro sumamente crítico del discurso hispanista: *La reconquista de América: reflexiones sobre el panhispanismo*. Ortiz declaró su oposición a la "rehispanización", y se preguntaba si existía una "raza" española. Volveré sobre Ortiz en otro capítulo.

93 Véase su libro *El fin del imperio español*, p. 11. Balfour agrega: "la pérdida del continente no fue vista por las élites españolas como el fin del imperio. Por el contrario, únicamente se consideró como un revés momentáneo", pp. 11-12.

94 Lo recordaba Pedro Henríquez Ureña en 1941, en el contexto de otra guerra: "El primer panamericanista no es Blaine, no es ningún estadista norteamericano;

tante, después fue recuperada por la cultura de izquierda y redefinida, con otros matices políticos implícitos, como unidad "latinoamericana", especialmente a partir de las revoluciones mexicana y cubana.⁹⁵

En el siglo XIX, el caso argentino es ilustrativo de la complejidad de las múltiples formas de identificación. Según José Carlos Chiaramonte, en los textos del período de la independencia se elaboran estratégicamente por lo menos tres formas con tres nombres distintos. En primer lugar, la americana o hispanoamericana; otra provincial, más identificada con el lugar o la región; y una tercera, que podía llamarse "rioplatense", más próxima esta última a la concepción del Estado-nación: "Antes de 1810 no había un término especial para designar a los nativos del Río de la Plata, cuyos habitantes se distinguían por el color o por

---

es Bolívar, que concibe el Congreso de Panamá. Y, a lo largo del siglo XIX, se puede encontrar en los latinoamericanos —por ejemplo, en poetas como Andrade, que escribían odas políticas— la idea de una unidad de América [...] a partir del momento en que Blaine imagina la primera Conferencia Panamericana, Washington es el centro de esa idea, y entonces la América latina empieza a entusiasmarse menos por ella". Cito de su intervención en el debate "¿Tienen las Américas una historia común?", publicado en *Sur*, X, noviembre, 1941, pp. 87-88. John King comenta brevemente ese debate, en el que la posición americanista de Henríquez Ureña era minoritaria. Véase *Sur: A Study of the Argentine Literary Journal and its Role in the Development of a Culture. 1931-1970*, p. 109. Para los debates políticos en torno a las Conferencias Panamericanas y los intereses de Washington, véase también *Yrigoyen, Sandino y el panamericanismo*, de Luis C. Alen Lascano.

95 No estudio aquí el *latinoamericanismo* académico y diplomático, que compite con el *hispanismo* y tiene a su vez una compleja genealogía. Javier Garciadiego estudia el *latinoamericanismo* y la relación con la academia norteamericana que surge de la Revolución mexicana en su excelente libro *Rudos contra científicos: la Universidad Nacional durante la Revolución mexicana*. Los trabajos compilados por Aimer Granados y Carlos Marichal en *Construcción de las identidades latinoamericanas: ensayos de historia intelectual, siglos XIX y XX* son especialmente iluminadores para comprender la visión de Justo Sierra, José Vasconcelos y Manuel Ugarte. Para la constitución de un *latinoamericanismo* posterior, son indispensables los trabajos de Juan Carlos Quintero Herencia, *Fulguración del espacio: letras e imaginario institucional de la Revolución Cubana, 1960-1971*, y Claudia Gilman, *Entre la pluma y el fusil: debates y dilemas del escritor revolucionario en América Latina*.

su condición étnica. La denominación de *blanco* o *español* comprendía una minoría de *españoles europeos* y una mayoría de *españoles americanos* o *criollos*. Mientras que, signo de que aún no se registra una identidad colectiva de ámbito rioplatense o *argentino*, en la medida en que se siente la necesidad de diferenciar al nativo del español peninsular, la denominación preferida será la de *americano*, o alguna de sus variantes. Será necesario el proceso de luchas abierto por la Independencia para que, posteriormente, se redefina el uso de *argentino*, tendiendo a ser sinónimo de rioplatense".[96] Es un buen ejemplo de que no es posible mantener la división entre las prácticas discursivas y las no discursivas que tejen lo cotidiano, entre "lo vivido, las instituciones, las relaciones de dominación y los textos, las representaciones, las construcciones intelectuales".[97]

III

Tras la *Historia* de Menéndez Pelayo hay una larga tradición. Desde la segunda mitad del siglo XIX se perfilaba una nueva relación de acercamiento a España por sectores de la élite hispanoamericana. Algunos

---

96 Véase "Formas de identidad en el Río de la Plata luego de 1810", en el *Boletín del Instituto de Historia Argentina y Americana*, p. 86. Véase también su ensayo "Ciudadanía, soberanía y representación en la génesis del Estado argentino (*c.* 1810-1912)". Chiaramonte vuelve sobre el tema en su ensayo "Modificaciones del pacto imperial", en el que advierte sobre los peligros de "poner la nación en los inicios del proceso" y de "interpretar teleológicamente todo lo ocurrido en el siglo XVIII americano como preanuncio de los conflictos de la Independencia y el surgimiento de las nuevas naciones", p. 85. Otro ejemplo de finales del XIX: *El Americano* fue un semanario publicado en París entre 1872 y 1874, por el periodista y diplomático argentino Héctor Florencio Varela (1832-1891), con el propósito de difundir en Europa la cultura y las letras de la América Hispana y de ampliar las relaciones con los republicanos españoles. Desde sus primeros números, el semanario fue defensor entusiasta de los independentistas cubanos, en plena guerra entonces.

97 Cito de Roger Chartier, *Escribir las prácticas*, p. 32.

intelectuales veían el debate de la modernidad como un conflicto entre "sajones" y "latinos".[98] Durante esos años, hay asimismo en la política española un claro proyecto de reconciliación con las excolonias, dirigido principalmente a lograr nuevos acuerdos migratorios, pero conllevaba otros importantes proyectos editoriales y económicos.[99] Todo ello apunta a un conjunto de debates parciales y relacionados, a redefiniciones de la "conquista" histórica, y al deseo de concertar alianzas intelectuales semejantes, un deseo ejemplificado muy claramente por las complejas relaciones —y rivalidades— establecidas por Rubén Darío en España, como veremos más adelante.[100]

El objetivo de Menéndez Pelayo era restaurar el lugar central de la "madre patria" no sólo frente a las independencias, sino frente al poder norteamericano. Su *Historia* quería ser compacta y autocontenida: nada debía quedar aislado. Esa interpretación recuperadora incluye, hasta cierto punto, las "herejías", que, como señala Michel de Certeau, desean "explicar con su saber lo que, por poco tiempo, se le ha escapado, reintegrar lo aberrante".[101] Pero se topó con zonas y figuras que se resistían a entrar en el relato y tenían que ser conjuradas o apaciguadas. Las dificultades se hacen visibles cuando se enfrentó a posiciones que

---

98 En Arturo Ardao, *Génesis de la idea...*, pp. 70-72. Véase también el libro de Martin Stabb *In Quest of Identity: Patterns in the Spanish American Essay of Ideas, 1890-1960.*

99 Véase el trabajo de Carlos Rama, *Historia de las relaciones culturales entre España y la América Latina*, que es uno de los más documentados. Rama destaca la importancia de los "transplantados" latinoamericanos a España, y su función de mediadores. Menciona, entre otros, al uruguayo Alejandro Magariños Cervantes, al venezolano Rafael María Baralt y al mexicano Francisco Antonio de Icaza (pp. 258-272 de su libro). Véase también el penetrante estudio de Tulio Halperin Donghi sobre la relaciones entre España y Latinoamérica después de la independencia, "España e Hispanoamérica: miradas a través del Atlántico", en *El espejo de la historia: problemas argentinos y perspectivas latinoamericanas*, pp. 67-110.

100 Said trata el tema de las alianzas intelectuales, sobre todo en el capítulo III de *Cultura e imperialismo*, particularmente la secciones tituladas "Yeats y la descolonización" y "Aparición y profundización de la oposición", pp. 342-405.

101 *La toma de la palabra y otros escritos políticos*, p. 45.

realizaban el mismo acto de *beginnings*, pero desde lugares distintos. Se trataba, para él, de otros *heterodoxos*. Es el caso, por ejemplo, del discurso separatista de los puertorriqueños Ramón Emeterio Betances (1827-1898) y Eugenio María de Hostos (1839-1903), o los cubanos José Martí y José Enrique Varona (1849-1933), contemporáneos todos. Por otra parte, al subrayar enfáticamente la *continuidad*, Menéndez Pelayo confrontaba —lo veremos en el caso de Santo Domingo y en sus juicios sobre Puerto Rico— el obstáculo de integrar en su relato colonias fronterizas en las que la cultura de la letra y el Estado-nación habían sido débiles. ¿Qué ocurre, qué ha ocurrido en las zonas fronterizas, en los territorios que no figuran en los mapas "nacionales"?[102] Lo ilegible de las fronteras antillanas siembra la duda en el seno del relato construido por Menéndez Pelayo. A ello también me referiré más adelante.

En España, el año de 1898 fue visto, salvo algunas excepciones, como el "año del desastre". Nada parecía definir mejor el clima —y su articulación discursiva— que el título del libro *La moral de la derrota* (1900), de Luis Morote, quien fue corresponsal en la guerra de Cuba.[103] La pérdida de Cuba, Puerto Rico y las Filipinas fue vivida como una humillación no sólo de España, sino también de todas las naciones "latinas".[104] Hablamos, claro, del campo intelectual y político. Hasta qué punto fue sentido así por otros sectores de la sociedad española, es una cuestión abierta.[105]

---

102 Como ha vuelto a preguntarse James Clifford en su libro *Routes: Travel and Translation in the Late Twentieth Century*.

103 Hay una nueva edición, de 1997, con introducción de Juan Sisinio Pérez Garzón.

104 Ha sido estudiado y documentado por Lily Litvak: "Latinos y anglosajones. Una polémica de la España de fin de siglo", en *España 1900: modernismo, anarquismo y fin de siglo*, pp. 155-200.

105 Sebastián Balfour sostiene que la guerra en Cuba contaba con un amplio respaldo debido al fervor nacionalista despertado por la intervención de Estados Unidos, pero "la guerra no tuvo una popularidad universal, en contra de la imagen que dieron la mayoría de los periódicos". Véase su libro *El fin del imperio español*, p. 105. Sobre la reacción de políticos e intelectuales españoles al "desastre", véase el capítulo 3, "Spain Responds to the Disaster", en el libro de Fredrick B. Pike: *Hispanismo, 1898-1936*, pp. 48-72. En su libro *Historia*

Esa condición humillante fue transformando radicalmente la vida intelectual española del siglo XX. Aunque no todos los escritores pertenecientes a la "generación del 98" reaccionaron de la misma manera, las antiguas colonias eran un telón de fondo para repensar con intensidad el "problema" de España. El hecho es que en el campo intelectual había buena disposición para aceptar el discurso histórico elaborado por Menéndez Pelayo. Ya Ángel Ganivet (1865-1898), en medio de la segunda guerra de Cuba, y como anticipando el fracaso militar y político, concluía su *Idearium español* (1897) con la esperanza de que "al renacer hallaremos una inmensidad de pueblos hermanos a quienes marcar con el sello de nuestro espíritu".[106]

Américo Castro (1885-1972) advirtió los devastadores efectos de la guerra sobre la vida intelectual española, herencia de la cual él mismo no se liberó del todo. Al comentar "el tono y el aire marcadamente imperialista" del soneto de Unamuno (1864-1936) "La lengua" (*La sangre de mi espíritu es mi lengua*), destacaba que se pretendía llenar con fábulas la oquedad dejada por el 98: "Se confirma así la idea de ser la vigente historiografía española un aspecto más del ansia de imperio, del afán de compensar por esa vía confusa y fabulosa las deficiencias y oquedades que ensombrecen el alma".[107] El propio Unamuno proclamaba en 1905

---

del periodismo en España. El siglo XX, Seoane y Saiz confirman el patrioterismo de los principales periódicos, pero destacan también la diversidad de la prensa, en la que se encontraban carlistas, republicanos, anarquistas y catalanistas, entre otros.

106 *Idearium*, p. 148.

107 Véase *Sobre el nombre y el quién*, pp. 384-385. Véanse además el ensayo de Eduardo Subirats: "España 1898: decadencia y modernidad", y la respuesta crítica de James Fernández, en el volumen *El Caribe entre imperios*, editado por Díaz Quiñones, pp. 325-349. El contexto de los intelectuales ha sido atendido por numerosos trabajos, entre los cuales cabe destacar el ya citado de Mainer; *La España del desastre*, de Javier Figuero y Carlos G. Santa Cecilia, quienes ofrecen un recorrido por la prensa española; *La invención de España. Nacionalismo liberal e identidad nacional*, de Inman Fox, y *La generación española de 1898: ¿Invento o realidad?* de José Luis Bernal Muñoz. Resultan útiles los siguientes volúmenes: *Los significados del 98: la sociedad española en la génesis del siglo XX*, compilado por Octavio Ruiz-Manjón y Alicia Langa,

su adhesión al castellano como lengua de cultura: "Necesitamos hablar castellano, ante todo y sobre todo, para imponer nuestro sentido a los demás pueblos de lengua castellana primero, y a través de ellos, a la vida toda histórica de la Humanidad".[108] Sin embargo, ¿cómo explicar que el castellano se impusiera como lengua de cultura americana y, en cambio, no triunfara en España?[109]

IV

El libro-monumento de Menéndez Pelayo era un homenaje al Antiguo Régimen. Los *beginnings* "coloniales" serían el fundamento que avalaría la tradición.[110] Para que se reconociera a España como legítimo poder

---

y *Vísperas del 98. Orígenes y antecedentes de la crisis del 98*, compilado por Juan Pablo Fusi y A. Niño. Es valioso el análisis de Sebastián Balfour en su libro citado antes. Para una síntesis crítica, véase el trabajo de Manuel Espadas Burgos, "Las lecturas históricas del 98", en *La nación soñada*, pp. 697-712.

108 En "La crisis actual del patriotismo español", citado por Joan Ramon Resina en "*Por su propio bien*: La identidad española y su Gran Inquisidor, Miguel de Unamuno", p. 166. Ahí estudia las posiciones autoritarias de Unamuno en lo relativo al catalán, el gallego y el vasco, así como su exaltación del castellano en tanto lengua imperial. Para las políticas lingüísticas españolas, es de gran utilidad el volumen editado por José del Valle y Luis Gabriel-Stheeman *La batalla del idioma: la intelectualidad hispánica ante la lengua*; véase, de ambos autores, el primer capítulo, "Nacionalismo, hispanismo y cultura monoglósica", pp. 15-33.

109 Es la pregunta que formulan Nora Catelli y Marieta Gargatagli en su excelente libro sobre la traducción en España y América, cuando consideran la decisión de implantar el castellano como lengua única en 1768 mediante la Real Cédula de Carlos III. Véase *El tabaco que fumaba Plinio*, pp. 288-290.

110 Para la difusión de la obra de Menéndez Pelayo, véase el ensayo de John Englekirk: "La *Antología de poetas hispanoamericanos* y el hispanismo norteamericano"; además, el libro de Anna Wayne Ashhurst: *La literatura hispanoamericana en la crítica española*, en especial el capítulo sobre Menéndez Pelayo, pp. 170-224.

cultural en América y Europa, era necesaria la ausencia de dominación directa. De hecho, la derrota la hacía renacer. Para decirlo en términos gramscianos, la nueva hegemonía exigía un largo trabajo de *consenso*; ya no era posible la *coerción*. Casi podría decirse que la derrota le confería el derecho a la dominación "espiritual". Es lo que también se percibe en el proyecto sacralizador de Archer Huntington y en la fundación de la Hispanic Society en Nueva York, como veremos más adelante. No obstante, esos mismos supuestos se convirtieron después en el discurso de la *hispanidad* proyectada míticamente a la época de los Reyes Católicos, y sirvieron para legitimar la guerra contra la II República española.

Menéndez Pelayo renovó la concepción imperial de la lengua postulada por Antonio de Nebrija para la época de los Reyes Católicos y su "identificación con la ética heroico-cristiana" ligada a la guerra contra la cultura árabe y a la expulsión de los judíos.[111] En su *Historia* minimizó la discontinuidad política y la diversidad cultural de las antiguas colonias. Por otro lado, entendió la quiebra definitiva como la ocasión para poner al día un proyecto frente a la cultura "anglosajona" de los Estados Unidos, y frente a la creciente importancia de Francia como modelo y como centro editorial.[112] En la canonización del concepto de lo "hispano-americano", invocó la misión de las lenguas y los saberes imperiales. La vistió con el ropaje de la analogía con Roma.[113] Su *Historia* está

---

111 Remito a Eduardo Subirats, *El continente vacío*, pp. 320-322.

112 Para el lugar de lo *hispanoamericano* en Francia, es indispensable la investigación de Sylvia Molloy *La diffusion de la littérature hispano-américaine en France au xxe siècle*. Véase también el notable ensayo de síntesis de Esther Aillón Soria "La política cultural de Francia en la génesis y difusión del concepto *L'Amérique Latine*, 1860-1930", en el volumen *Construcción de las identidades latinoamericanas*, pp. 71-105.

113 En su *Historia de los heterodoxos españoles*, Menéndez Pelayo concluía: "España, evangelizadora de la mitad del orbe; España, martillo de herejes, luz de Trento, espada de Roma, cuna de San Ignacio —ésa es nuestra grandeza y nuestra unidad; no tenemos otra". Citado por Brading, en *Orbe indiano*, p. 592. El contexto y la producción "nacionalizadora" de la historia y la literatura españolas en el siglo xix han sido estudiados por Carolyn Boyd, en su documentado libro *Historia patria: Politics, History, and National Identity in Spain, 1875-1975*; y por Carlos Reyero, en *Imagen histórica de España (1850-1900)*. Miguel

anclada en una imponente colección de "textos" —no sólo poéticos— y de noticias históricas.[114] Todo ello cimentaba un pasado "monumental" en el sentido que le otorga Nietzsche: una historia con estatuto de grandeza que permite actuar en el presente.

La asumida superioridad hacía imposible ver en América otra historia que no fuese especular. Nada más *empezar*, él mismo entabló la tensión en sus desafiantes palabras "Al lector", fechadas en 1910, en las que invocaba solemnemente las exigencias y los derechos de la "Historia": "No soy yo: es la Historia quien suscita a veces desagradables recuerdos".[115] La cita, llena de desdén, deja ver con claridad los ecos de las guerras generadas por las relaciones coloniales. La "Historia" invocada es un Tribunal que produce absoluciones y condenas. El narrador letrado aparece como su instrumento y en cierto modo su portavoz. Pero ¿con quién se está discutiendo? La "Historia" invocada puede verse como un ejemplo de "una historia que nunca había sido más que la historia que el poder se contaba sobre sí mismo, la historia que el poder hacía contar sobre sí".[116]

Es una historia de *nuevos comienzos*, con ideas del tiempo, del espacio y de la literatura que permitían determinar el *lugar* apropiado de

---

Ramos Corrada estudia los antecedentes del canon "hispano" y el aparato educativo de esa "invención" en *El proceso de formación del concepto de historia de la literatura nacional española*.

114 Todavía está por estudiarse minuciosamente con qué materiales trabajó Menéndez Pelayo, y de qué manera trató la documentación recogida. La correspondencia publicada en *Menéndez Pelayo y la hispanidad* incluye cartas del venezolano Miguel Sánchez Pesquera, radicado en Puerto Rico, de los puertorriqueños Lola Rodríguez de Tió, Manuel Fernández Juncos y José de Diego; del joven Pedro Henríquez Ureña; de Manuel Serafín Pichardo, Manuel Sanguily y José de Armas y Cárdenas, todos cubanos. Casi todas las cartas se refieren a la *Antología* que preparaba Menéndez Pelayo o a su publicación. Uno de los casos más sobresalientes es el de Pedro Henríquez Ureña, como veremos en otro capítulo.

115 *Historia*, t. I, p. 4.

116 En Foucault, *Defender la sociedad*, p. 128. Ahí se refiere a la historia monárquica francesa hasta finales del siglo XVII.

España en la modernidad. A pesar de los debates provocados por su *Antología*, Menéndez Pelayo se enorgullecía de haber dado a conocer en España una literatura ignorada. La historiografía que practicó exalta la voz autorizada del narrador, cuya presencia es constante en el relato. También hace uso del carácter intermedio del género "prólogo" para anticipar posibles lecturas críticas:

> Para conmemorar el centenario del descubrimiento de América, acordó la Real Academia Española en 1892 publicar una antología de poetas hispano-americanos, con introducciones sobre la historia literaria en cada una de las regiones descubiertas y civilizadas por los españoles en el Nuevo Continente. La Academia me encargó de este trabajo, que consta de cuatro volúmenes, publicado el último en 1895 [...] Esta obra es, de todas las mías, la menos conocida en España, donde el estudio formal de las cosas de América interesa a muy poca gente, a pesar de las vanas apariencias de discursos teatrales y banquetes de confraternidad. En América ha sido más leída, y no siempre rectamente juzgada. Quien la examine con desapasionado criterio, reconocerá que fue escrita con celo de la verdad, con amor al arte, y sin ninguna preocupación contra los pueblos americanos, cuya prosperidad deseo casi tanto como la de mi patria, porque al fin son carne de nuestra carne y huesos de nuestros huesos. No soy yo: es la Historia quien suscita a veces desagradables recuerdos.[117]

Al retomar la tesis de Nebrija, actualizaba la vieja tradición de la unidad religiosa y lingüística bajo la monarquía católica. La idea era tan sencilla como seductora: la cultura española era el "origen" de las letras "ultramarinas", y la deseable reconciliación de las tradiciones "nacionales" frente a una fragmentación perniciosa. Era la principal dimensión política de su obra, y se anuncia en las "advertencias generales". Es su más importante *incipit*. Ahí también hay un reconocimiento de la lengua inglesa como posible continuadora de las lenguas imperiales:

---

117 En *Historia*, t. I, p. 4.

Fue privilegio de las lenguas que llamamos clásicas el extender su imperio por regiones muy distantes de aquellas donde tuvieron su cuna, y el sobrevivirse en cierto modo a sí mismas, persistiendo a través de los siglos en los labios de gentes y de razas traídas a la civilización por el pueblo que primeramente articuló aquellas palabras y dio a la lengua su nombre. [...] Del mismo modo, la lengua latina, expresión altísima del derecho y de la vida civil, adecuada a la majestad de tanto imperio, y llamada por Dios providencialmente a preparar la unidad espiritual del linaje humano, más que por las artes de la conquista, por la comunidad de la ley, no sólo extingue y borra los vestigios de las lenguas indígenas en la mayor parte de los pueblos sometidos a su dominio, exceptuados los de casta o civilización helénica, sino que vive vida inmortal, ya como segunda lengua adoptada por la Iglesia, ya transformada, pero siempre fácil de reconocer, en las lenguas y dialectos que hablamos los herederos de la civilización romana. [...] América es inglesa o española: en el extremo Oriente y en los Archipiélagos de Oceanía también coexisten, aunque en muy diversa proporción, entrambas lenguas. La literatura británica enriquece su caudal propio, no sólo con el caudal de la literatura norteamericana, sino con el de la que ya empieza a cobrar bríos en Australia. Nosotros también debemos contar como timbre de grandeza propia y como algo cuyos esplendores reflejan nuestra propia casa, y en parte nos consuelan de nuestro abatimiento político y del secundario puesto que hoy ocupamos en la dirección de los negocios del mundo, la consideración de los cincuenta millones de hombres que en uno y otro hemisferio hablan nuestra lengua, y cuya historia y cuya literatura no podemos menos de considerar como parte de la nuestra. Ocasión bien adecuada para estrechar los lazos de origen y de común idioma, nos ofrece hoy la solemne conmemoración de aquel maravilloso y sobrehumano acontecimiento, merced al cual nuestra lengua llegó a resonar prepotente desde las orillas del Bravo hasta la región del Fuego [...].[118]

---

118 *Historia*, t. I, pp. 5-7. En España, la Comisión del Cuarto Centenario se constituyó por Real Decreto en 1888. La bibliografía sobre los centenarios y su

¿Cómo está estructurada la *Historia de la poesía hispano-americana*? La manera en que Menéndez Pelayo ubica las figuras y toda la armazón narrativa están pensadas para situar desde el *principio* la autoridad imperial. "El libro apunta siempre", ha escrito Roger Chartier, "a instaurar un orden, sea el de desciframiento, en el cual debe ser comprendido, sea el orden deseado por la autoridad que lo ha mandado ejecutar o lo ha permitido. No obstante, este orden no es omnipotente para anular la libertad de los lectores".[119]

Menéndez Pelayo narra historias diversas con el propósito de darle forma a una historia "total". La secuencia de los capítulos está estructurada sistemáticamente por países, es decir, por las tradiciones "nacionales" modeladas por el orden colonial y después las independencias. El relato se asienta en el marco geográfico, que le permite mantener dentro de contornos precisos la enorme masa de materiales. Cada país es una entidad particular, pero el relato es más que la suma de sus partes. Por otro lado, la operación canonizadora produce sus propias referencias letradas, y se alimenta de ellas. Es necesario insistir en el término "letrada". La letra impresa fluía en los virreinatos, y le sirve a Menéndez Pelayo para recalcar la estricta jerarquización y la *continuidad* exigidas por la canonización. Desde el principio, su *Historia* se concerta como una empresa de *orden* basada en la aureola del libro. De ese modo, la fragmentación producida por la organización en capítulos de los diversos países se corrige por la continuidad de la cultura impresa "hispano-americana", una entidad que atraviesa los siglos, y que continuará, aun sin un Estado centralizador.

En la literatura imperial se repite una escena que es un mito de *origen*: el descubrimiento del Libro. Como ha observado Homi Bhabha para el caso "inglés", el Libro (la Biblia) es "insignia de la autoridad colonial y significante del deseo y la disciplina colonial". Su descubrimiento

---

contexto político imperial es abundante. Hay muchas referencias a la celebración del Cuarto Centenario en Nueva York y en Chicago en el libro de Kirkpatrick Sale, *The Conquest of Paradise: Christopher Columbus and Columbian Legacy*. Sobre España, véase Olga Abad Castillo, *El IV Centenario del Descubrimiento de América a través de la prensa sevillana*.

119 Véase *El orden de los libros*, p. 20.

"es a la vez un momento de originalidad y de autoridad", un proceso que paradójicamente hace que el Libro pueda ser repetido, traducido y malentendido.[120] Reinterpretado para nuestros fines, podríamos decir que el núcleo de la *Historia* de Menéndez Pelayo está muy cerca de ese movimiento: el Libro está en el centro. Por ello los lazos con México, Perú y Colombia son firmes: son espejos concentrados del relato principal. Desde esa perspectiva, es interesante observar cómo Menéndez Pelayo *entra en materia* en cada capítulo. Un claro ejemplo nos lo brinda el *incipit* del primero, dedicado a México, bautizado por Cortés como la "Nueva España": "Tuvo el Virreinato de Nueva España (como la parte predilecta y más cuidada de nuestro imperio colonial y aquélla donde la cultura española echó más hondas raíces) las más antiguas instituciones de enseñanza del Nuevo Mundo, y también la primera imprenta".[121] Será una matriz productiva.

Una variante de ese mismo *incipit* le sirve para abrir el capítulo sobre el Perú: "Fue el Virreinato del Perú la más opulenta y culta de las colonias españolas de la América del Sur; la que alcanzó a ser visitada por más eminentes ingenios de la Península, y la que, por haber gozado del beneficio de la imprenta desde fines del siglo XVI, pudo salvar del olvido mayor número de muestras de su primitiva producción literaria".[122] El capítulo sobre Colombia se *inicia* también con el *topos* que enaltece el valor de la antigüedad: "La cultura literaria en Santa Fé de Bogotá, destinada a ser con el tiempo la Atenas de la América del Sur, es tan antigua como la colonia misma".[123] Por supuesto, nada dice sobre el hecho de que ya en el siglo XVIII en México los íconos europeos de América habían sido sustituidos por imágenes con rasgos indígenas, y que la imagen de la Guadalupe junto al escudo indígena del águila y la serpiente aparecen en los emblemas oficiales del virreinato, y fundaron

---

120 En el ensayo "Signos tomados por prodigios", en *El lugar de la cultura*, pp. 131-153. Cito de la p. 131.

121 *Historia*, t. I, p. 15. Remito aquí al excelente y detallado estudio de D. Vance Smith, *The Book of the Incipit: Beginnings in the Fourteenth Century*.

122 *Historia*, t. II, p. 63.

123 *Historia*, t. I, p. 409.

el patriotismo de los criollos.[124] Para Menéndez Pelayo, México, el Perú y Colombia eran el espejo de la metrópoli: tres versiones de un mismo arquetipo de perfecta continuidad.

No obstante, hay momentos decisivos en el que el juego especular se interrumpe. El *comienzo* del capítulo sobre Argentina, por ejemplo, se abre con un conflicto revelador, que empieza por subrayar otra densidad temporal y las fisuras y grietas dentro de la espacialidad colonial: "El inmenso territorio comprendido entre el Brasil y el Cabo de Hornos, los Andes, y el Atlántico, formó, por Real Cédula de 1778, un nuevo virreinato, llamado de Buenos Aires, que la revolución separatista vino a fraccionar en cuatro repúblicas de muy desigual importancia: Bolivia, Argentina, Paraguay y Uruguay".[125] Lamenta, además, el "vandálico decreto" de 1776 que ordenó la expulsión de los jesuitas, que, según él, produjo los mayores trastornos en el Río de la Plata, porque "no había más educadores que ellos". Eran escritores, cartógrafos y traductores, y habían introducido la imprenta.[126] La negación, unida a la repetición, moviliza una estrategia bélica por la cual los insurgentes crean su propio lugar de la cultura.[127] Pero ahí mismo se corrobora lo problemático de la representación colonial y de la búsqueda de sus lugares conmemorativos.

Hay otros mandamientos, aparte de la antigüedad. La *Historia de la poesía hispano-americana* es, en más de un sentido, un texto regulador: puede leerse como un tratado de moral y un tratado de política. En algunos pasajes tematiza explícitamente una doble excelencia como cifra de la historia cultural: las excolonias "tropicales" son también espejo de castidad sexual. Desde tal perspectiva edificante, considera el caso

---

[124] Véase la fascinante síntesis que hace Enrique Florescano en su libro *La bandera mexicana: breve historia de su formación y simbolismo*. Escribe Florescano: "Lo más significativo de ese proceso de afirmación y sustitución de emblemas es que, a la postre, el escudo indígena se torna una insignia no sólo de criollos e indígenas, sino de las autoridades e instituciones virreinales", p. 63.

[125] *Historia*, t. II, p. 301.

[126] *Historia*, t. II, pp. 314 y siguientes.

[127] Bhabha cita a Fanon: "es más bien una continua agonía que una total desaparición de la cultura preexistente". *Ibid.*, p. 143.

de México. Al comentar la poesía erótica mexicana, se infiere su pureza. Según él, los poetas evitan las palabras indecentes características de la lujuria: "la poesía española, aun en los países tropicales a donde ha sido trasplantada, conserva su castidad nativa, y rara vez se abate a tan vil tarea como la expresión del deleite sensual por el deleite mismo; expresión que las más de las veces no es signo de vigoroso temperamento, sino de precoz impotencia, lujuria de la cabeza más que de los sentidos".[128] Se observa asimismo cuando en el capítulo sobre Colombia no escatima elogios a José Eusebio Caro (1817-1853), quien redactó el primer programa del Partido Conservador en 1849, como "un genio lírico" dedicado "a Dios y la eternidad", o a José Joaquín Ortiz (1814-1892), quien en "Los colonos" cantó "la patria colonial, y con ella el triunfo de la civilización cristiana en el Nuevo Mundo".[129] No es un discurso menor ensamblado apaciblemente a la obra mayor.

Sería un error, sin embargo, concluir que la canonización estaba exenta de ambigüedades. El hecho de que Menéndez Pelayo insista expresamente en la unidad no impide —más bien confirma— que algunos casos sean obstáculos al hilo conductor y a la autoridad de su Libro. Las dificultades se hacen sentir cuando narra la historia literaria del Perú, colocando en uno de los centros fundadores a Garcilaso el Inca. Inesperadamente reconoce que los *Comentarios reales* es el único libro "en que verdaderamente ha quedado un reflejo del alma de las razas vencidas".[130] Más adelante escribe: "Así se formó en el espíritu de Garcilaso lo que pudiéramos llamar la novela peruana o la leyenda incásica, que ciertamente otros habían comenzado a inventar, pero que sólo de sus manos recibió forma definitiva, logrando engañar a la posteridad, porque había empezado por engañarse a sí mismo, poniendo en el libro toda su alma crédula y supersticiosa".[131] Sin embargo, no vacila en elogiarlo junto con Alarcón como "el mayor nombre de la literatura

---

128 *Ibid*, p. 157.

129 Cito de la *Historia*, t. I, pp. 450 y 468.

130 *Historia*, t. II, p. 75.

131 *Ibid*.

americana colonial: él y Alarcón, el dramaturgo, los dos verdaderos clásicos nuestros nacidos en América", como antepasados un tanto incómodos con los cuales se mantienen relaciones ritualmente definidas.[132] Ambos se ajustan así al deseo profundo e inicial del historiador, aunque sin permitir que se le dispute el poder.

¿Cuáles son las fisuras que agrietan el relato de Menéndez Pelayo? La *Historia de la poesía hispano-americana* está hecha no sólo de reconocimientos, sino de antipatías e intransigentes exclusiones políticas y raciales. De hecho, puede ser leída como una discusión sorda con los separatistas, quienes postulaban una definición propia de lo "nacional". Ya es perfectamente visible en el capítulo sobre Colombia, en el que habla desdeñosamente del poeta independentista José Fernández Madrid (1789-1830), uno de los firmantes de la Independencia de Cartagena en 1811, cuyas odas patrióticas son "de la más intolerable y hueca patriotería".[133]

Paralelamente, aunque Menéndez Pelayo exalta el extraordinario desarrollo de la cultura literaria cubana durante el siglo XIX, nada le parece más perturbador que la crítica radical de los separatistas de las últimas colonias. La sensación de incomodidad es evidente, y en el capítulo no se cansa de ajustar cuentas. Es, además, significativo que en una nota al comienzo del capítulo, en la *Historia* de 1911, le recuerda al lector que había sido redactado en 1892: "Al revisar mi trabajo ahora, no me ha parecido oportuno hacer consideraciones de ningún género sobre la pérdida del dominio español en Cuba y la constitución de la Isla

---

132 *Historia*, t. II, p. 77.

133 Cito de la *Historia*, t. I, pp. 443, 450, y 468. Para las pugnas entre las élites criollas de Cartagena, y la importante participación de negros y mulatos, nada de lo cual menciona Menéndez Pelayo, véase el fascinante libro de Alfonso Múnera *El fracaso de la nación: región, clase y raza en el Caribe colombiano, (1717-1810)*. Entre 1814 y 1815, Cartagena, llena de corsarios franceses, ingleses y caribeños, y también refugio de Bolívar, era el único punto en el Caribe en abierta rebelión contra el dominio español, hasta que fue sitiada y derrotada por el general español Pablo Morillos en diciembre de 1815. Menéndez Pelayo llama "pacificador" a Morillos (p. 441).

en república independiente después de la intervención anglo-americana de 1898".[134]

Menéndez Pelayo defendió apasionadamente el desarrollo cultural de la colonia cubana; para él era la prueba de que la dureza y represión del "régimen autoritario de nuestros Capitanes generales" se habían exagerado:

> [...] pero como fieles historiadores, hemos de consignar que, a despecho de la decantada tiranía militar [...] Cuba, en poco más de ochenta años, ha producido, a la sombra de la bandera de la Madre Patria, una literatura igual, cuando menos, en cantidad y calidad, a la de cualquiera de los grandes Estados americanos independientes [...] Es cierto que el espíritu general de los literatos y de los hombres de ciencia en Cuba ha solido ser sistemáticamente hostil a España; pero aún esto es indicio de no haber sido tan grande la represión de las ideas como se pondera [...][135]

Esos juicios desembocan en comentarios tajantes. Inmediatamente lo notamos cuando sitúa la figura del poeta cubano José María Heredia (1803-1839), a quien presenta como uno de los "mal avenidos con la unidad nacional". Aquí, como en otros casos, la narración se articula en torno a pequeñas "biografías" en las que no faltan objeciones. Celebra a Heredia por su "superioridad" e "imaginación exaltada", pero lo repudia porque había contribuido a esparcir insidiosamente "la semilla de los odios fratricidas, y cuyos frutos de maldición hemos visto después".[136]

---

134 *Historia*, t. I, p. 210.

135 *Historia*, t. I, pp. 210-211. Para un panorama más complejo, y para la historia de la censura en la colonia azucarera, es fundamental el estudio de Ambrosio Fornet, *El libro en Cuba*. Fornet ofrece el cuadro más completo de las imprentas, los impresores, y los avatares de la producción editorial cubana en el siglo XIX. Véase además el denso estudio de Irma Lloréns *Nacionalismo y literatura. Constitución e institucionalización de la "República de las letras" cubanas*.

136 *Historia*, t. I, pp. 225 y 228. Véanse pp. 225-244. No es el único caso, desde luego. De Sarmiento, a quien considera "originalísimo y excéntrico", escribe:

Menéndez Pelayo se hace eco consistentemente de la política del Estado español que veía las luchas independentistas cubanas como resultado de los actos de una pequeña élite conspirativa en alianza con los "negros".

Desde luego, las cosas no eran tan sencillas. Lo que queda fuera de su relato es la complejidad del mundo letrado del siglo XIX. Por ejemplo, en la *Historia* son escasas las voces femeninas.[137] Queda fuera asimismo la lucha por el poder letrado cubano. En Cuba los conflictos eran externos e internos: entre la metrópoli y sus representantes imperiales, y con los hacendados que detentaban el poder económico en la sociedad esclavista. Entre los letrados había "liberales" que eran racistas, y "autonomistas" que en algunas ocasiones eran tratados con la misma dureza con que se trataba a los separatistas y a los anexionistas radicales. Los períodos de colaboración y negociación con las autoridades coloniales, como ha demostrado Ambrosio Fornet, alternaban con épocas de censura y represión muy duras, y sostiene que, después de la secesionista Guerra de los Diez Años (1868-1878), "mientras duró la censura, los críticos y editores se abstuvieron de iniciar el inevitable ajuste de cuentas con el pasado colonial, dedicándose sobre todo a la crítica erudita y literaria".[138] Al mismo tiempo, no todas son diferencias.

> "En 1841 no era más que un periodista medio loco, que hacía continuo y fastuoso alarde de la más crasa ignorancia, y que habiendo declarado guerra a muerte al nombre español, se complacía en estropear nuestra lengua con toda suerte de barbarismos, afeándola además con una ortografía de su propia invención", *Historia*, t. II, p. 288. En contraste, para Martí, Heredia encarnaba la "vida atormentada y épica". En 1888, exaltó a Heredia, el gran poeta exiliado, como el "primer poeta de América". *Obras completas*, t. 5, pp. 133 y 136. Antes ha dicho, refiriéndose a sus odas: "Heredia tiene un solo semejante en la literatura, que es Bolívar".

137 En el caso cubano, por ejemplo, la Condesa de Merlin, que ha merecido la atención crítica de Sylvia Molloy, en su libro *At Face Value: Autobiographical Writing in Spanish America*; y de Adriana Méndez Rodenas, en su libro *Gender and Nationalism in Colonial Cuba: The Travels of Santa Cruz y Montalvo, Condesa de Merlin*.

138 Cito de su excelente estudio *El libro en Cuba*. Véase el capítulo titulado "Radiografía editorial de la colonia", pp. 73-172. Cito de la p. 160. Véase también el capítulo 3 del libro de Lloréns, citado antes: "Los letrados liberales del siglo XIX

Hay que recordar que "los pensadores cubanos anteriores a la guerra del 1868 fueron todos esclavistas", y "ninguno adoptó una postura resuelta frente al fenómeno de la esclavitud".[139]

Por otra parte, la *Historia* de Menéndez Pelayo se dedica a deslindar la *civilización* de la *barbarie*. Esa dicotomía es uno de los *principios* estructurantes. Resulta iluminador observar las marcas que identifican el espacio de la *barbarie*, ya que afirman y niegan al mismo tiempo la unidad de las colonias y la metrópoli. En el caso de Cuba, la dificultad se hace evidente cuando se acerca a la figura del poeta mulato Gabriel de la Concepción Valdés (*Plácido*, 1809-1844). El mestizo o mulato en el metarrelato de Menéndez Pelayo es un "Otro" que permanece definido entre la genialidad y la *barbarie*, pero que tampoco puede ser eliminado. *Plácido* es hábilmente incorporado y al mismo tiempo despreciado. Para algunos era, dice Menéndez Pelayo, un prodigio extraordinario, un "genio inculto", un "salvaje genio". Pero para él no era "ni genio, ni poeta enteramente rudo". Como evidencia indiscutible de que el anatema está escrito en su alma y en su cuerpo, agrega que era "por añadidura negro, o a lo menos pardo". El rencor de "casta" anunciaba su destino, arrastrándolo al patíbulo como víctima de la Conspiración de La Escalera. Es en esa sucesión de palabras donde se perfilan las estrategias y los controles sobre lo *hispanoamericano*, donde se especifican y se hunden en los cuerpos las clasificaciones. Hay en esos pasajes una mezcla de interés y de desdén apenas matizado. La *raza* se convierte en categoría negativa: "No sabemos qué poesías dará la raza etiópica entregada a sí misma".[140]

---

aspiran a fundar un campo intelectual alternativo que les permita competir por el poder cultural, transformar las relaciones de poder de la sociedad cubana, y combatir los excesos del régimen militar", p. 113. Para los comienzos del siglo XIX y las redes del poder cubano y sus instituciones, véase el documentado libro de María Dolores González Ripoll Navarro *Cuba, la isla de los ensayos. Cultura y sociedad (1790-1815)*.

139 Es la tesis que defendió con pasión el historiador cubano Raúl Cepero Bonilla, en *Azúcar y abolición*. Cito de la p. 23.

140 *Historia*, t. I, p. 258. Véanse las pp. 252-259. *Plácido* fue detenido y preso en 1844, y fue fusilado el mismo año. Durante mucho tiempo, los críticos

La radical extrañeza de la cultura afrocaribeña acecha como su otro indecible en el relato de Menéndez Pelayo, tanto como en el de muchos intelectuales reformistas del siglo XIX.[141] Estamos siempre en el límite de algo latente, pero que en última instancia no podemos ver. Santo Domingo es un buen ejemplo. "La Española" ocupa por su antigüedad un lugar de primerísima importancia, pero al mismo tiempo nos permite ver los problemas que tiene el autor para atravesar la alteridad fronteriza y una de las zonas de mayor polémica del texto. En la isla "predilecta de Colón" la cultura tiene "orígenes remotos, inmediatos al hecho de la Conquista".[142] Sin embargo, muy pronto aparece como la negación: a la fundación *civilizada*, sigue la *barbarie* desencadenada por los haitianos durante la independencia y la ocupación de Santo Domingo, dejando a la isla desposeída, y eliminando los rastros de la *civilización*. Haití era una amenazadora inversión, y había degradado a Santo Domingo con fuerzas oscurantistas que instauraban el caos: "en 1821 [...] cayó bajo

---

cubanos han tenido una actitud ambivalente ante su figura. Véase, por ejemplo, el volumen *Acerca de Plácido*, compilado por Salvador Bueno, y el estudio de Jorge Castellanos: *Plácido, poeta social y político*. El estudio más completo sobre la Conspiración de La Escalera y su contexto es el libro de Robert Paquette: *Sugar is Made with Blood: The Conspiracy of La Escalera and the Conflict between Empires Over Slavery in Cuba*. Las investigaciones en torno a la "conspiración" permiten suponer que uno de los propósitos de la represión fue el exterminio de una nueva clase de "letrados", en su mayoría libertos, que no formaban parte de la élite.

141 El mundo afro es el fantasma que amenaza el discurso romántico de la nación, y por ello mismo permite una lectura crítica, como concluye Ranjana Khanna en su libro *Dark Continents*, citado antes, pp. 271-272. Por otra parte, y desde una perspectiva histórico-social, véanse el libro ya citado de Raúl Cepero Bonilla, *Azúcar y abolición*, y de Consuelo Naranjo y Armando García, *Racismo e inmigración en Cuba en el siglo XIX*. Para las repercusiones de los conflictos raciales durante las guerras de independencia en Cuba, véase, de Ada Ferrer, *Insurgent Cuba: Race, Nation, and Revolution, 1868-1898*. Véase también el notable ensayo de síntesis de Esther Aillón Soria "La política cultural de Francia en la génesis y difusión del concepto *L'Amérique Latine*, 1860-1930", en el volumen *Construcción de las identidades latinoamericanas*, pp. 71-105.

142 *Historia*, t. I, p. 287.

la feroz dominación de los negros de Haití, que durante veintidós años la secuestraron de la civilización europea".[143] Felizmente, añade, fue "reconquistada" por Juan Pablo Duarte y otros dominicanos quienes en 1844 proclamaron la República, que nació, escribe Menéndez Pelayo, cuando "en la isla amenazaba extinguirse toda cultura bajo el peso de la salvaje dominación galo-etiópica".[144]

Para Menéndez Pelayo, los dominicanos eran fundamentalmente "hispano-americanos", pertenecientes a un espacio y un tiempo, y a un territorio netamente demarcados, a la "nación" hispánica. Es claro que para llegar a esa conclusión tuvo que resguardarse en palabras que negaban hechos fundamentales. O quizás, como señala Silvio Torres Saillant, "el erudito peninsular no podría haber imaginado ni la profunda complejidad de la experiencia racial de los dominicanos, ni los delicados matices del vocabulario racial que ya prevalecía en la sociedad dominicana hacia la última década del siglo XIX".[145] Lo cierto es que la

---

143 *Ibid.*, t. I, p. 301. Tras sus palabras está la larga tradición del temor a la Revolución haitiana. Sus repercusiones en el Caribe, los Estados Unidos y Europa pueden verse en el volumen editado por David P. Geggus, *The Impact of the Haitian Revolution in the Atlantic World*, especialmente los trabajos de Juan R. González Mendoza, "Puerto Rico's Creole Patriots and the Slave Trade after the Haitian Revolution"; de Laurent Dubois, "The Promise of Revolution: Saint Domingue and the Struggle for Autonomy in Guadeloupe, 1797-1802"; y de Matt D. Childs, "A Black French General Arrived to Conquer the Island: Images of the Haitian Revolution in Cuba's 1812 Aponte Rebellion".

144 *Ibid.*, t. I, p. 303. No está nunca lejos el mito de los *caribes/caníbales*, muy vivo desde los relatos de Colón. Véase el libro de Marina Warner, *Managing Monsters: Six Myths of Our Time*.

145 Véase su sugerente ensayo "Hacia una identidad racial alternativa en la sociedad dominicana", *El Caribe entre imperios*, ed. Díaz Quiñones, pp. 235-251. Cito de la p. 238. Torres Saillant comenta que durante la dictadura de Trujillo se impuso el término *indio*, incluso en la cédula de identidad (p. 250). Todavía en 1983 el letrado racista y trujillista Joaquín Balaguer reimprimía un libro de 1947 en el que lamentaba la "africanización" del pueblo dominicano. Véase su libro *La isla al revés: Haití y el destino dominicano*, cuyo título de 1947, bajo Trujillo, era *La realidad dominicana: semblanza de un país y un régimen*. Néstor E. Rodríguez estudia la continuidad del discurso antihaitiano en *La isla y su envés: representaciones de lo nacional en el ensayo dominicano*

ocupación haitiana significó el fin de la esclavitud en Santo Domingo, justo en los años en que se desarrollaba espectacularmente en Cuba y aun en Puerto Rico. Más tarde, cuando ocurre la hoy casi olvidada reanexión de Santo Domingo a España en 1861, la rebelión popular que derrotó a los españoles en 1865 tuvo rasgos de guerra "racial" contra el intento de imponer una definición "blanca" del país. Además, algunos de los gobernantes dominicanos eran mulatos, incluso con antepasados haitianos.[146]

En la búsqueda del *consenso* en torno al canon imperial no se trata sólo de reconocerse, sino de construirse en las diferencias.[147] El lenguaje *castellano*, unificador, era capaz de restituir a los dominicanos como sujetos de la historia. Se perfila con claridad en el juicio que encontramos en el siguiente párrafo, extraído de las consideraciones con que concluye Menéndez Pelayo:

> Pero lo que segura y positivamente quedará es el memorable ejemplo de un puñado de gentes de sangre española, que olvidados, o poco menos, por la metrópoli desde el siglo XVII, como no haya sido para reivindicaciones tardías e inoportunas, coexistiendo y

---

contemporáneo. Sobre la persistencia del discurso racista, véase el estudio de Teun van Dijk *Dominación étnica y racismo discursivo en España y América Latina*.

146 Sobre este tema, véase la investigación, muy rica, de Richard Lee Turits, *Foundations of Despotism: Peasants, the Trujillo Regime, and Modernity in Dominican History*, y un resumen en las pp. 47-51. También los libros de Frank Moya Pons, *La dominación haitiana, 1822-1844*, y de Franklin Franco Pichardo, *Historia del pueblo dominicano*, y *Sobre racismo y antihaitianismo (y otros ensayos)*. Véase asimismo, de Emilio Rodríguez Demorizi, *Invasiones hatianas de 1801, 1805 y 1822*.

147 El asunto es complejo. Homi Bhabha retoma los problemas de la "totalidad" y los estereotipos raciales del discurso colonial en un denso trabajo en el que lee críticamente a Said desde los planteos de Fanon, Freud y Lacan. Bhabha observa: "[...] el discurso colonial produce al colonizado como una realidad social que es a la vez un 'otro' y sin embargo enteramente conocible y visible", en Homi Bhabha, "La otra pregunta. El estereotipo, la discriminación y el discurso del colonialismo", en *El lugar de la cultura*, p. 96.

luchando, primero, con elementos exóticos de lengua, después con elementos refractarios a toda raza y civilización europea, entregados a la rapacidad de piratas, de filibusteros y de negros [...] han resistido todas las pruebas, han seguido hablando en castellano, han llegado a constituir un pueblo [...].[148]

Vale la pena detenerse en este pasaje. ¿Elementos "exóticos" de lengua, como si el castellano hubiera sido el idioma natural de la nación? El relato de Menéndez Pelayo se interrumpe en el momento justo en que empezamos a formular algunas preguntas. Sus palabras no lograban ocultar la complejísima situación dominicana. ¿Haití o La Española? Hay mucho en juego en esos nombres. Basta confrontar la orgullosa conciencia de Menéndez Pelayo con otros testimonios que muestran que las tradiciones rivales eran tenaces. Durante el siglo XIX las guerras entre Francia y España, y las incursiones y la ocupación haitianas, transformaron vertiginosamente las alianzas en la isla. Así lo expresan unos versos de un letrado, el padre Juan Vázquez, sacerdote de Santiago de los Caballeros. Su humor y economía permiten un rodeo alrededor de una compleja situación política sobre la que Menéndez Pelayo no hace comentarios:

Ayer español nací,
a la tarde fui francés, a la noche etíope fui,
hoy dicen que soy inglés:
¡no sé qué será de mí![149]

En otro registro, resultan especialmente llamativos los testimonios que ejemplifican la lealtad de algunos sectores dominicanos al régimen haitiano, sobre todo por la abolición de la esclavitud. Podemos considerar unos versos de un "canto popular" de los años en que era presidente Jean Pierre Boyer, que un crítico dominicano llama "poesía afrodominicana".

---

148 *Historia*, t. I, pp. 308-309. Volveré sobre este conflicto en el capítulo sobre Henríquez Ureña.

149 En Max Henríquez Ureña, *Panorama histórico de la literatura dominicana*, t. I, 2ª ed., p. 88.

Son, además, indicios que remiten a una cultura distinta, al tono socarrón de la cultura oral:

> Dios se lo pague a pápa Boyé,
> que nos dio gratis la liberté.[150]

Más aún: las consideraciones en torno al nombre mismo de *Santo Domingo* indican que los fantasmas no alcanzaron reposo. Se constata en otro momento singular que tiene a Pedro Henríquez Ureña por protagonista. En 1933, el intelectual dominicano, quien ocupó fugazmente el puesto de Superintendente General de Enseñanza durante los primeros años del gobierno de Rafael Leónidas Trujillo (1930-1961), preparó un informe en el que se planteaba la confusión a que se prestaban los diversos nombres del país, empezando por "La Española". La Junta Geográfica de los Estados Unidos había propuesto que se adoptara el nombre de "Hispaniola". El informe concluye que la mayoría de los dominicanos opinaba que el nombre debía ser *Santo Domingo*, aunque algunos preferían el doble nombre de *Santo Domingo y Haití*. Henríquez Ureña trazó un rápido resumen de los sondeos y las varias posibilidades:

> a) El nombre Española tiene la seria desventaja de ser un adjetivo, el cual parecería indicar, para los no prevenidos, que la isla es todavía colonia de España. Hay que tomar en cuenta que los nombres geográficos conviene que sean breves y no se presten a confusiones, ya que no es posible acompañarlos de una definición que aclare su alcance. b) El nombre de Santo Domingo tiene la desventaja de no ser aceptable para los haitianos; es, además, el nombre común de nuestra República y el de la ciudad Capital. Es verdad que algunas

---

150 *Ibid.*, p. 148. Según el historiador Franklin Pichardo: "La integración de la antigua colonia española a la República de Haití se efectuó sin el disparo de un solo tiro, pues contó con el apoyo de la mayoría de sus pobladores, salvo la pequeña aristocracia colonial blanca y ciertos sacerdotes influyentes para quienes fue un rudo golpe", *Historia del pueblo dominicano*, p. 181. Para una explicación del apoyo a la invasión por parte de los campesinos, véase de Frank Moya Pons *The Dominican Republic*, pp. 117-164, y el capítulo "Freedom in *el Monte*", en *Foundations of Despotism*, de Richard Turits, pp. 25-51.

personas sostienen que el país solo debe ser llamado República Dominicana. Pero todo el mundo le dice Santo Domingo y el nombre República Dominicana es sólo un nombre oficial. c) El nombre de Haití, que es indígena, tiene la desventaja de no parecer aceptable a la gran mayoría de los dominicanos. d) El nombre Hispaniola tiene la desventaja de carecer de justificación histórica y la de que no tiene derivado cómodo para el uso; sin embargo, como de todos modos se ha usado, y de hecho se está usando en tratados de botánica, de zoología y de otras ciencias, por simple acuerdo entre hombres de estudio, hay que reconocer que es el único de los cuatro nombres mencionados que no se confunde con otro. e) Podrían tomarse en consideración otros nombres, como Quisqueya (de origen muy discutido), pero tendrían la desventaja de ser muy poco familiares.[151]

Aunque le urgía reprimirlo en el discurso, Menéndez Pelayo percibió que el carácter *hispánico* de Santo Domingo no carecía de peligros, como había sido demostrado por el fracaso de la reanexión a España y la guerra que provocó.[152] No resultaba fácil encadenar esa historia con su versión épica. No es de extrañar, pues, que se sintiera más confiado en sus vínculos con el Perú. Mientras en Santo Domingo habla de una cultura que "sobrevivió" a la *barbarie*, se refirió con simpatía efusiva a Lima y a los lazos de "parentesco" con los criollos peruanos, "los hijos mimados de España". Buenos Aires, Caracas o Santiago de Chile serían más "modernas", dice, pero nadie podría negarle a Lima "el prestigio de su tradición gloriosa", "un no sé qué indefinible de gracia desenvuelta y no pensada, que a cualquier español hace mirar con cariño y simpatía a aquellos que, bajo el antiguo régimen fueron, entre todos los criollos, los hijos mimados de España, tan españoles en todo, hasta en algunos de sus defectos y flaquezas".[153]

---

151 Véase el texto en el libro *Pedro Henríquez Ureña en Santo Domingo*, de Orlando Inoa, pp. 305-306.

152 Véase el trabajo de Cristóbal Robles Muñoz *Paz en Santo Domingo (1854-1865). El fracaso de su anexión a España.*

153 *Historia de la poesía hispano-americana*, t. 2, p. 195. No entro aquí en la historia del término *criollo*, pero, como señala José Antonio Mazzotti, la palabra se usó ya en la segunda mitad del siglo XVI con un carácter insultante:

El *final* de ese capítulo se enlaza con el *principio* de lealtad, organizador del relato. En su *Historia* se estaba librando una batalla político-intelectual que hoy puede leerse como parte del debate acerca de cultura e imperialismo.

V

Retrocedamos al contexto de las guerras de independencia del siglo XIX y a los antagonismos que van definiendo el uso que se hace de los términos "americanos" y "españoles", y que se repetirán, con variantes, en el Caribe de fin de siglo. Como hemos visto, la *Historia* de Menéndez Pelayo contiene aquello que niega: deja entrar —aunque distorsionadas— un rumor de voces del "adversario". En ocasiones, interpela directamente a sus opositores, a quienes se refiere casi siempre en términos despreciativos. La *continuidad* española en América polemizaba, explícita e implícitamente, con el discurso *americanista* del siglo XIX, aquellos que desobedecían o le faltaban el respeto a la *tradición*, sobre los separatistas y reformistas antillanos cuyas voces heterodoxas generalmente quedan fuera de su relato, como se observa en las secciones que dedica a Puerto Rico, Cuba, o Santo Domingo.

Históricamente, lo "hispano" y lo "americano" forman dos de las voces, no intercambiables, con que se nombra el mundo colonial. Con ellas se ha querido dar firme expresión a identidades y alianzas políticas. También se enfrentaron desde el momento mismo de su constitución, y marcaron el comienzo o el final de guerras polarizadoras. Para quienes combatieron los viejos y nuevos imperios, el nombre que se dieron a sí mismos era una afirmación de control simbólico sobre la identidad. Una

---

denominaba a los esclavos africanos nacidos fuera de África. Sin embargo, más tarde los *criollos* "encontraron diversas formas de negociar con el poder ultramarino, tratando de acomodarse dentro del sistema burocrático y la organización eclesiástica a través de alianzas con los peninsulares, pero en la mayoría de los casos subrayando sus propios derechos", cito del volumen *Agencias criollas*, p. 11.

forma de percibir mejor esa tradición radical es partiendo del contexto de las guerras de independencia. Al plantear la necesidad de separar las colonias de su metrópoli, en los textos del movimiento emancipador se elaboró un discurso de *diferenciación*. En su aparición, y en los mecanismos que lo sostienen, el vocablo *americano* forma parte de la historia de la política. No fue un movimiento lineal y progresivo, sino un proceso en el que se enfrentaban modelos distintos. Antes de pasar a su consideración, hace falta tomar en cuenta un aspecto muy significativo de su producción. Los "textos" que vamos a comentar ahora no son tanto los "libros". Forman parte de la proliferación de folletos, periódicos, octavillas e impresos que contenían cartas públicas, proclamas, compendios y manifiestos que se reproducían gracias a la imprenta. Eran armas letradas de la guerra, para quienes sabían usarlas. Muchos de esos textos se perdieron para siempre; pero otros han sido conservados por las bibliotecas y archivos de las naciones modernas.

A pesar de la celebración que hace Menéndez Pelayo del virreinato de México, lo cierto es que la guerra de independencia revistió formas de ruptura violenta con el pasado colonial. El nacionalismo mexicano insistió en la exaltación del pasado azteca, la condena de la Conquista, y la devoción por la Guadalupana, y "los descendientes de los conquistadores y los hijos de posteriores inmigrantes crearon una conciencia característicamente mexicana, basada en gran medida en el repudio a sus orígenes españoles, y alimentada por la identificación con el pasado indígena".[154]

Se trataba de construir un sujeto "americano", un "nosotros" sustentado en los valores de las Luces, el discurso de los derechos universales y la Razón. En muchos de esos textos, inspirados en el pensamiento de la Ilustración y las revoluciones francesa y norteamericana, España pasó a ocupar el polo de la *barbarie*. Los ilustrados criollos deseaban ponerle fin a las "tinieblas" y sustituirlas por la "luz".[155] En el "Discurso

---

154 David Brading, *Los orígenes del nacionalismo mexicano*, p. 15.

155 Resulta indispensable el estudio de François-Xavier Guerra, *Modernidades e independencias: ensayos sobre las revoluciones hispánicas*, en el que ofrece numerosos ejemplos del papel de la prensa, de las escuelas y del papel de alfabetización y la imprenta en la difusión y apropiación de una nueva cultura política, sobre todo en México.

preliminar dirigido a los americanos" de 1797, texto introductorio a la *Declaración de los derechos del hombre y el ciudadano*, se lee:

> La poca atención, en ningún respecto, que han merecido a los reyes, en todo tiempo, estos derechos sagrados e imprescriptibles, y la ignorancia que de ellos han tenido siempre los pueblos, son la causa de cuantos males se experimentan sobre la tierra. No habrían abusado tanto los reyes de España, y los que en su nombre gobiernan nuestras provincias, de la bondad de los americanos, si hubiésemos estado ilustrados en esta parte. Instruidos ahora en nuestros derechos y obligaciones, podremos desempeñar éstas del modo debido, y defender aquéllos con el tesón que es propio; enterados de los injustos procedimientos del gobierno español, y de los horrores de su despotismo, nos resolveremos, sin duda alguna, a proscribirle enteramente; a abolir sus bárbaras leyes, la desigualdad, la esclavitud, la miseria y envilecimiento general; trataremos de sustituir la luz, a las tinieblas [...][156]

Lo *americano* se inscribía en el espíritu de los paradigmas del "bien" y el "mal" que se habían desarrollado en Europa en la lucha contra las monarquías. Junto con el realineamiento en torno a la cuestión republicana, se daba al mismo tiempo una fundamentación "universalista". Tras estas consideraciones está, como ya demostró Hans Kohn en su gran libro, el nacionalismo moderno que determinó en buena medida las transformaciones políticas en Inglaterra, Francia y Estados Unidos. La concepción de un Estado-nación secular tuvo su primera gran manifestación en la Revolución francesa, y su desarrollo ejerció una gran influencia en la historiografía.[157]

La voz del "patriota" constituida en los textos americanos postulaba, al mismo tiempo, la unidad interna y una rotunda *diferencia frente*

---

156 Texto incluido en *Pensamiento político de la emancipación: 1790-1825*, t. I, p. 5.

157 En su erudito libro, *Historia del nacionalismo*, Kohn distingue el nacionalismo moderno de la gran tradición universalista del imperio romano o del cristianismo, y de la amalgama de Estado e Iglesia en España. Es significativo que Kohn mismo estuviera trabajando en su libro durante la Segunda Guerra Mundial, cuando ya se encontraba también en el exilio, en los Estados Unidos.

a España. Los valores de ese universo intelectual y político se ven claramente en el siguiente pasaje:

> Americanos de todo estado, profesión, color, edad y sexos, habitantes de todas las provincias, patricios y nuevos pobladores, que veis con dolor la desgraciada suerte de nuestro país, que amáis el orden, la justicia y la virtud y que deseáis vivamente la libertad: oíd la voz de un patriota reconocido, que no os habla ni aconseja sino por vuestro bien, por vuestro interés y por vuestra gloria.[158]

Hay otros ejemplos que ilustran esa coexistencia de identificaciones conflictivas. Se trata, en su mayoría, de sujetos que descubrieron en el exilio la posibilidad de articular la crítica a la metrópoli. El texto del exjesuita peruano Juan Pablo Viscardo y Guzmán (1748-1798), "Carta a los españoles americanos" (1792), publicado gracias a la intervención de Francisco de Miranda (1750-1816), desde el título mismo constituye el sujeto y destinatarios ideales. Viscardo, quien vivió en Italia y después en Londres tras la expulsión de la Compañía de los territorios españoles en 1767 por decreto de Carlos III, se dirige a un sector que nombra *españoles americanos*. Encontramos en esa denominación algo que será una constante de legitimación para todo proyecto nacional en el siglo XIX: las genealogías con las que los liberales *criollos* probaban la antigüedad de su linaje, y a la vez, fundamentaban sus derechos políticos.[159] Viscardo, en complicidad con sus aliados en Gran Bretaña, exhortaba a sus

---

158 En *Pensamiento político de la emancipación*, t. I, p. 11.

159 La historia del texto es compleja. Viscardo lo escribió en francés en 1792, *Lettre aux Espagnols Américains*, pero sólo se publicó en 1799, después de su muerte, cuando sus papeles fueron entregados a Miranda. La "carta" fue traducida al español y publicada por primera vez en Londres en 1801. Esa segunda edición se difundió muy pronto. El manuscrito autógrafo en francés fue descubierto en 1983 en la Sociedad Histórica de Nueva York. Véanse los estudios y las ediciones *Los escritos de Juan Pablo Viscardo y Guzmán, precursor de la independencia hispanoamericana*, de Merle E. Simmons, y la *Obra completa*, con prólogo de Luis Alberto Sánchez y recopilación de Merle E. Simmons. Véase también la excelente introducción de David Brading a su edición de la *Carta*.

compatriotas a rebelarse contra la Corona española. Recordemos que la *Historia* de Menéndez Pelayo estaba ligada a los festejos del Cuarto Centenario del Descubrimiento. Aunque su interpretación es muy distinta, resulta interesante que el *incipit* de la "Carta" de Viscardo se refiera al Tercer Centenario:

> La inmediación al cuarto siglo del establecimiento de nuestros antepasados en el Nuevo Mundo es una ocurrencia sumamente notable, para que deje de interesar nuestra atención. El descubrimiento de una parte tan grande de la Tierra, es y será siempre, para el género humano, el acontecimiento más memorable de sus anales. Mas para nosotros que somos sus habitantes, y para nuestros descendientes, es un objeto de la más grande importancia. El Nuevo Mundo es nuestra patria, su historia es la nuestra, y en ella es que debemos examinar nuestra situación presente, para determinarnos, por ella, a tomar el partido necesario a la conservación de nuestros derechos propios y de nuestros sucesores [...] Cuando nuestros antepasados se retiraron a una distancia inmensa de su país natal, renunciando no solamente al alimento, sino también a la protección civil que allí les pertenecía y que no podía alcanzarlos a tan grandes distancias, se expusieron a costa propia, a procurarse una subsistencia, con las fatigas más enormes y con los más grandes peligros.[160]

Tres siglos más tarde, España es "un país que nos es extranjero, a quien nada debemos, de quien no dependemos y del cual nada debemos esperar es una traición cruel contra aquel en donde somos nacidos".[161] ¿A qué tradición acogerse? Lo *español americano* no puede considerarse al margen de la trama que se narra en la "Carta". En ella se establece una diáfana relación de "otredad" con lo español. Por otro lado, era precisamente la celebración de antepasados "españoles" lo que le permitía elaborar una identidad diferenciada de otros grupos étnicos. Es

---

160 Cito de la edición facsimilar en Viscardo, *Obra completa*, pp. 273-274. He modernizado la grafía.

161 *Ibid.*, pp. 275-276.

en torno al eje de esa memoria de los *orígenes* que puede definirse una identidad "criolla". Se es diferente frente a España, pero también frente a la América no-hispánica. Al fin y al cabo las sociedades son réplicas "más complejas que sus prototipos europeos pues están injertadas en sociedades amerindias y enriquecidas con elementos africanos, pero también más frágiles por ser tributarias de una acumulación de desarraigos, y proceder de una dominación fundada en la Conquista".[162] Viscardo no excluye a sus coetáneos indígenas ni a las castas que fueron el resultado del mestizaje forzoso que creó la sociedad colonial. Pero defiende la legitimidad de los "criollos", destinados a ocupar los puestos de poder. En palabras de David Brading, Viscardo definió a los *criollos* "como una nobleza colonial a la cual se le negaba lo que le tocaba por nacimiento".[163]

Las categorías que dirigen el discurso *americano* e *hispano-americano* de la emancipación fundan la nacionalidad *americana* en el humus cultural y en los precursores europeos. En los textos del propio Miranda los términos más frecuentes son la *América española*, *América meridional*, o las *colonias hispano-americanas*. Para la soñada federación propuso el nombre de *Colombia*.[164] Pero el discurso nacionalista en el contexto colonial moderno es simultáneamente una negación y

---

162 Cito de Carmen Bernand y Serge Gruzinski, *Historia del Nuevo Mundo*, p. 333.

163 Cito de su introducción a la *Carta*, p. 38. En otro estudio Brading contrasta el lugar de los criollos en la "Carta" con la *Historia antigua de México*, publicada en italiano por el jesuita mexicano Francisco Javier Clavijero, quien sí asumió el papel de abogado del indio y rescató el pasado azteca de la oscuridad. Véanse *Los orígenes del nacionalismo mexicano*, pp. 37-42, y, también *Orbe indiano*, pp. 576-577. Merle Simmons, tomando en cuenta otros textos de Viscardo, concluye: "Aun cuando son menos numerosos que los indios y los mestizos, gente que él califica como grupos estimables, los criollos se destacan de éstos por ser de todas las clases sociales la más talentosa, más enérgica y más admirada", *Los escritos de Juan Pablo Viscardo*, p. 127.

164 Véase, por ejemplo, el "Acta de París" de 1797, en la que pide la intervención de Gran Bretaña, de la misma manera que Francia y España "reconocieron la independencia de los Anglo-americanos, cuya opresión seguramente no era comparable a la de los Hispano-americanos". Cito del volumen *América espera*, p. 195.

una afirmación de la pretendida universalidad del modelo metropolitano del Estado-nación.¹⁶⁵ La nación *americana* era, en efecto, un nuevo sujeto de la historia, mimético de la concepción y las prácticas europeas aunque con su propia concepción de la historia.¹⁶⁶ Al estudiar ese juego de representaciones, es pertinente la provocadora conclusión a que llega Foucault: "La historia sólo se topa con la guerra, pero nunca puede ponerse enteramente por encima de ella; jamás puede eludirla ni encontrar sus leyes fundamentales ni imponerle límites, simplemente porque la guerra misma sostiene ese saber, lo atraviesa y lo determina [...] La guerra se libra, entonces, a través de la historia, y a través de la historia que la cuenta".¹⁶⁷

La exclusión de otros elementos étnicos y culturales del mundo americano (indios, mestizos, africanos) apunta a la persistente aporía de ese discurso. Es Bolívar mismo, en su decreto de 1813 —conocido como "La guerra a muerte"— quien dramatiza aún más la *diferencia* en arma de combate. Su propósito era asegurarse el apoyo criollo y definir claramente al enemigo: los españoles. Empeñado en la aplicación inmediata de los postulados revolucionarios, construye su discurso sobre la base de las imágenes de ruptura ("romper las cadenas"), desplazando los españoles hacia la "barbarie". En su exhortación a la "guerra a muerte", la tajante división acentúa el antagonismo con la vieja metrópoli y la unidad interna:

---

165 Lo ha explicado Partha Chatterjee: es un discurso de autonomía y, simultáneamente, de subordinación. Se propone medirse con la cultura dominante, es decir, con la cultura imperial, a la vez que debe cuestionarla, pero preservando la validez del paradigma y su modernidad. Véase su libro *Nationalist Thought and the Colonial World: A Derivative Discourse?*

166 Por otro lado, algunos historiadores han cuestionado la generalización del paradigma la "era de la Revolución" aduciendo que termina por imponer el modelo europeo o norteamericano en la experiencia latinoamericana, en la que no siempre está clara la ruptura con el "antiguo régimen". Véase el ensayo de Eric Van Young "Was there an Age of Revolution in Spanish America?", en *State and Society in Spanish America during the Age of Revolution*, ed. Víctor Uribe-Uran, pp. 219-246.

167 *Defender la sociedad*, p. 162.

Nosotros somos enviados a destruir a los españoles, a proteger a los americanos y a establecer los gobiernos republicanos que formaban la Confederación de Venezuela [...] porque nuestra misión sólo se dirige a romper las cadenas de la servidumbre que agobian todavía a algunos de nuestros pueblos, sin pretender dar leyes ni ejercer actos de dominio, a que el derecho de la guerra podría autorizarnos. Tocados de vuestros infortunios, no hemos podido ver con indiferencia las aflicciones que os hacían experimentar los bárbaros españoles, que os han aniquilado con la rapiña y os han destruido con la muerte; que han violado los derechos sagrados de las gentes; que han infringido las capitulaciones y los tratados más solemnes [...][168]

En otros textos de Bolívar el sujeto *americano* se inscribe en la dicotomía *civilización/barbarie*. A partir de ahí, celebró una utopía de valores europeos que no incluían el legado hispánico: un "nosotros" diferenciado que se fundaba en los valores de la *civilización*. Los signos de la nación se invierten en el momento de la insurrección. Se puede ver con más claridad en su *Carta de Jamaica* (1815), uno de los textos fundadores del discurso americano, que también se desarrolla en el marco genérico de la polémica. En él, la *diferencia* y las discontinuidades tajantes se hacen más profundas, y se expresan con toda clase de epítetos descalificativos. En la alegoría de la nación de Bolívar, España es "madrastra desnaturalizada". Al mismo tiempo, Bolívar sostiene que la *civilización* europea exige inculcar nuevas necesidades. En particular, la necesidad de crear un país liberal, estrechamente vinculado al mercado internacional y a la introducción de tecnología como parte del proceso civilizador.

En la *Carta de Jamaica*, la coyuntura era la posible reanudación de la guerra en un momento muy difícil para los insurrectos. La contrarrevolución, como explica John Lynch, avanzaba, y las fuerzas independentistas habían sufrido grandes derrotas.[169] Bolívar evalúa la situación del movimiento independentista y reitera las imágenes de separación en

---

168 En *Pensamiento político de la emancipación*, t. I, pp. 138-139.

169 Véase el capítulo "Venezuela, la revolución violenta", en su libro *Las revoluciones hispanoamericanas, 1808-1826*, pp. 213-254.

dualismos inapelables: "el destino de la América se ha fijado irrevocablemente; el lazo que la unía a la España está cortado; [...] Más grande es el odio que nos ha inspirado la Península que el mar que nos separa de ella".[170] Los emblemas de las Luces y las Tinieblas se repiten: "El velo se ha rasgado, ya hemos visto la luz y se nos quiere volver a las tinieblas; se han roto las cadenas; ya hemos sido libres y nuestros enemigos pretenden de nuevo esclavizarnos".[171]

En las primeras líneas del texto se menciona a Alexander von Humboldt como la voz del "principio exterior de la Ilustración". La *Carta* de Bolívar puede considerarse, según Eduardo Subirats, "una de las extensiones más notables de la Ilustración más allá de las fronteras europeas". Su carácter fronterizo se expresaba en la forma epistolar "como un intercambio de ideas, un diálogo intelectual entre un militar rebelde, Bolívar, y un erudito europeo, en cierta medida anónimo, que adoptaba la posición idealizada de un virtual filántropo, liberal e ilustrado".[172] Bolívar habla de la imposibilidad de una nación única formada con los territorios liberados y de la necesidad de gobiernos "paternalistas":

> Yo deseo más que otro alguno ver formar en América la más grande nación del mundo [...] Aunque aspiro a la perfección del gobierno de mi patria, no puedo persuadirme que el Nuevo Mundo sea por el momento regido por una gran república; como es imposible, no me atrevo a desearlo, y menos deseo una monarquía universal de América, porque este proyecto, sin ser útil, es también imposible [...] Los estados americanos han menester de los cuidados de gobiernos paternales que curen las llagas del despotismo y la guerra.[173]

---

170 Este texto ha sido antologizado frecuentemente. Utilizo el texto que aparece en *Pensamiento político de la emancipación*, II, citado arriba, pp. 83-99. Citaré siempre de esta edición.

171 Sigo aquí el estimulante trabajo de Jean Starobinski, *1789. Los emblemas de la razón*.

172 Subirats, *El continente vacío: la conquista del Nuevo Mundo y la conciencia moderna*. Cito de las pp. 465-467.

173 *Carta de Jamaica*, p. 94.

Aparte de los conflictos entre los criollos que aspiraban al poder, Bolívar reconoce la existencia de un "Otro": el mundo indígena. Ya España no sería el único adversario. Así, durante los contextos cambiantes de insurrección, el discurso de las élites nacionalistas se desplaza, dando lugar a "malentendidos". Frente al mundo indígena, Bolívar redefine el "nosotros" al que hacen referencia los textos independentistas. Siguiendo a Chatterjee, quien usa el concepto gramsciano de "clases subalternas", podría decirse que se llega a una re-inscripción del subalterno "criollo" como sujeto dominante. Un sujeto ilustrado que no cuestiona sus *orígenes* en la colonización, y que tiene que invocarlos para su autolegitimación. De hecho, tanto en Viscardo como en Bolívar "Europa" —pero no España— representa la ilustración y el progreso (como lo será para Sarmiento más tarde). En otras palabras: el discurso anticolonial no sólo no socava el modelo "europeo", sino que llega a ponerlo sobre fundamentos más sólidos. Bolívar, en efecto, invoca "nuestros derechos", que son los de "Europa":

> [...] Nosotros somos un pequeño género humano [...] no somos indios ni europeos sino una especie media entre los legítimos propietarios del país y los usurpadores españoles: en suma, siendo nosotros americanos por nacimiento y nuestros derechos los de Europa, tenemos que disputar éstos a los del país y que mantenernos en él contra la invasión de los invasores [...][174]

Por una parte, el sujeto americano comparte con la población indígena el ser nativos de esas tierras. Pero, por otro lado, los "criollos" son descendientes de europeos, y, por lo tanto, serán los llamados al ejercicio del poder político.[175] En la alegoría de Bolívar, se construía una imagen de

---

174 *Ibid.*, p. 89. Como señaló Susana Rotker, Simón Rodríguez, el maestro de Bolívar, coincidía con esa propuesta; quería "colonizar" a América con sus propios habitantes mediante la educación. Véase su "Simón Rodríguez: tradición y revolución", pp. 174-176.

175 No es, pues, exacta la descripción que hace Henríquez Ureña en *Las corrientes*: "al emplear la primera persona plural, pensaba en toda la América hispánica". Cito de la p. 45.

ruptura mediante la simultánea degradación de la imagen filial "española" y la exaltación del comercio con "Europa". Bolívar llega a decir: "La Europa misma por miras de sana política debería haber preparado y ejecutado el proyecto de la independencia americana; no sólo porque el equilibrio del mundo así lo exige, sino porque éste es el medio más legítimo y seguro de adquirirse establecimientos ultramarinos de comercio".

VI

Veamos ahora ejemplos caribeños, especialmente la *tradición* crítica más próxima a la época de Menéndez Pelayo y excluida de su *Historia*. El gran intelectual separatista puertorriqueño del siglo XIX, Ramón Emeterio Betances, por ejemplo, quien soñaba desde su exilio en París las utopías de la modernidad, permite restituir la complejidad del debate. Se había formado en Francia, donde completó sus estudios de medicina y practicó la profesión, hizo su obra literaria en francés, y desarrolló su actividad política. Betances se distinguió porque no se cansaba de desafiar la autoridad española, y porque quería instaurar una línea de separación muy clara. Mientras en Francia se configuraban las distintas tradiciones que darían lugar a la modernidad, España se mantenía al margen. Betances repitió categóricamente su juicio pesimista, situando la carencia en el campo español: "Nada hay que esperar de España y de su Gobierno. Ellos no pueden dar lo que no tienen. Carecen, por más que otra cosa digan, de todos los elementos de un pueblo civilizado".[176] La mera existencia de la colonia ponía en entredicho los valores ilustrados e imponía la necesidad de buscar otros fundamentos, discurso que se reescribirá con frecuencia. La radiografía de la situación colonial que hizo el republicano "afrancesado" Betances fue, desde el primer momento, una de las más influyentes. Su temprano desengaño

---

176 Véase su proclama de 1868 en el volumen *El proceso abolicionista de Puerto Rico*, t. II, pp. 185-189. Para una biografía de Betances véase el libro de Ada Suárez Díaz *El Antillano: Biografía del Dr. Ramón Emeterio Betances (1827-1898)*.

con la metrópoli esclavista e imperial lo llevó a "tomar la palabra" y a la desconstrucción radical del *hispanismo*. El puertorriqueño Eugenio María de Hostos, quien se había educado en España, retoma el tema, condenando a la metrópoli de un modo especialmente agónico. Como Betances y Martí, Hostos era un patriota republicano. Dedicó muchos escritos durante su largo exilio en Nueva York, Chile y Santo Domingo a romper con el discurso civilizatorio de la metrópoli que nunca le autorizó un espacio público de discusión en la isla. La distinción entre "patriotismo republicano" y "nacionalismo cultural" permitiría comparar el discurso separatista elaborado por Hostos, digamos, con las tradiciones autonomistas y liberales nacionalistas del siglo XX. Maurizio Viroli ha estudiado con perspicacia esa distinción en la Europa del siglo XIX. La "patria" para Manzini, por ejemplo, presuponía la recordación del pasado, el lenguaje, y el reconocimiento de valores propios, pero sobre todo estaba ligada al presente de los derechos republicanos. No fue así en el nacionalismo conservador italiano o europeo, en el que la pertenencia a la "nación" se daba en términos de lengua y cultura más que en términos políticos.[177] Hostos lo expresa claramente en el prólogo de 1873 a la segunda edición de su novela *La peregrinación de Bayoán* (1863), un libro escrito en Madrid por un joven escritor que "se atrevía a pensar en alta voz lo que nadie osaba decirse en el oído".[178] En ese mismo texto precisa su patriotismo republicano: "El patriotismo, que hasta entonces había sido sentimiento, se irguió como resuelta voluntad. Pero si mi patria política era la Isla infortunada en que nací, mi patria geográfica estaba en todas las Antillas, sus hermanas ante la geología y la desgracia, y estaba también en la libertad, su redentora".

La figura de Hostos es ilustrativa de las historias entremezcladas, "overlapping territories, intertwined histories" de que habla Said. Hostos inició su ruptura con la metrópoli con *Bayoán* y la culminó con su conocido discurso en el Ateneo de Madrid, en el cual declaró: "España no ha cumplido en América los fines que debió cumplir y, una tras otra,

---

[177] Véase el libro de Viroli *Por amor a la patria*, especialmente el cap. 5 "La nacionalización del patriotismo", pp. 176-201.

[178] *La peregrinación de Bayoán*, p. 18.

las colonias del Continente se emanciparon de su yugo". Ya entonces Hostos parece anticiparse a Menéndez Pelayo, aunque invirtiendo las razones: "La Historia no culpará a las colonias".[179] Esa inversión implicaba un desplazamiento de lealtades. Al hablar sobre Cuba en 1872, en medio de la Guerra de los Diez Años (1868-1878), se refería al "monstruoso estado social que resulta de nuestra doble esclavitud doméstica y territorial". Describió una sociedad en la cual los criollos vengaban "en la espalda de nuestro siervo los latigazos con que nuestro amo nos mortificaba el alma".[180] Hostos, manejando las reglas de la polémica, exacerbaba todavía más la polarización al insistir en el carácter ilusorio de cualquier reconciliación:

> Pero si hay en la vida de la humanidad una fatalidad perfectamente determinada es la ley del bien; y los españoles, que han hecho en Cuba todos los males, los que proceden del horror, los que nacen de la pasión desenfrenada, los que generan una voluntad mal dirigida, no han podido hacer el único mal que hubiera condenado a Cuba al horror eterno de ser españoles: ¡no han podido hacer hijos españoles! Se mezclaron con las indias, y salieron cubanos; con extranjeras, y nacieron cubanos; con españolas, y hasta la española procreó cubanos. [...] Les instruyeron en el fanatismo del Dios español, del rey español, de la grandeza española, y fueron cubanos en su fanatismo contra todos los fanatismos españoles. Los mandaron a España a olvidar a Cuba, y volvieron a Cuba maldiciendo a España.[181]

---

179 Citado por José Luis González, en *Literatura y sociedad en Puerto Rico*, p. 162. Para el contexto del Ateneo de Madrid en el que intervino Hostos, véase el libro de Francisco Villacorta Baños *El Ateneo Científico, Literario y Artístico de Madrid, 1885-1912*, y, con énfasis en las transformaciones de la institución, el trabajo de Tomás Mallo, "El Ateneo de Madrid ante el 98", en *La nación soñada*, pp. 529-536.

180 En su escrito "El problema de Cuba", en *América: la lucha por la libertad*. Cito de las pp. 152 y 154.

181 En "Cuba y Puerto Rico", de 1872, p. 134.

Hay otro gran adversario que brilla por su ausencia en la *Historia* de Menéndez Pelayo. Los textos de José Martí adquieren un significado particularmente relevante. En los años en que organizaba desde su exilio en Nueva York la reanudación de la guerra de independencia, Martí sometió a crítica los prejuicios culturales y sociales cifrados en el persistente paradigma de *civilización y barbarie*. Así, por ejemplo, en los grandes textos fundacionales de sus últimos años, como el *Manifiesto de Montecristi*, reconoció los "componentes heterogéneos de la nación cubana" y el odio y el temor a los negros, que deben ser superados en la guerra.[182] Por otra parte, llegó a conocer bien los conflictos del mundo republicano en los Estados Unidos, se distanció de las "repúblicas feudales y teóricas de Hispanoamérica", y expresó su veneración por Emerson y Whitman, primordiales para definir su propia función intelectual. En "Madre América", su importante discurso de 1889, entra en el debate, estableciendo un contraste tajante entre los *orígenes* españoles y los norteamericanos. El "arado" y el "preso de presa" se convierten en emblemas polarizados: "De lo más vehemente de la libertad nació en días apostólicos la América del Norte [...] Y ¿cómo no recordar, para gloria de los que han sabido vencer a pesar de ellos, los orígenes confusos y manchados de sangre, de nuestra América...? [...] del arado nació la América del Norte, y la Española, del perro de presa".[183]

El patriotismo republicano de Martí, operando ya desde la nueva metrópoli, exigía la crítica del mundo poscolonial del siglo XIX y sus juegos de lenguaje. Esa crítica se pone en evidencia en sus crónicas y en sus poemas escritos en Nueva York, y sus crónicas publicadas en Caracas, Buenos Aires y México, mientras en Cuba, como en Puerto Rico, seguían aplicándose las prácticas absolutistas de la censura de la prensa, con la consiguiente dificultad para adquirir libros e intercambiar ideas. En un ejemplo muy pertinente aquí, Martí subvertía las alegorías patriarcales de los antecedentes del Cuarto Centenario y, por consiguiente, de Menéndez Pelayo. Desde

---

182 Entre la creciente y vasta bibliografía sobre Martí, son indispensables los ensayos de Rafael Rojas en *José Martí: la invención de Cuba*, y los trabajos de Julio Ramos. Es muy útil *José Martí: an Introduction*, de Oscar Montero.

183 Cito de la edición Ayacucho, *Nuestra América*, pp. 19-26.

Nueva York, comentó en 1881 los Congresos de Americanistas que reunieron a antropólogos, viajeros, anticuarios y folkloristas. Uno de los más significativos se celebró ese año en Madrid. En su crónica, Martí celebró "la exhibición en un valiosísimo museo de cuanta riqueza americana encierra España".[184] Más tarde, en un segundo texto, se refiere de nuevo a la "exhibición riquísima de maravillas y antigüedades de la vieja América". Pero ya en esa segunda ocasión recuerda justamente la violencia y el extrañamiento, el "espíritu y métodos y no igualadas crueldades de la dominación de España en tierra de indios". Su crítica encuentra condensación en una imagen poderosa de crueldad: el mundo indígena fue "aquel mundo ignorado, herido en la mitad del seno por el caballo de la conquista, y muerto en flor", una serie de metáforas que sirven como ejes para orientarnos en su discurso sobre los *principios* coloniales.[185] En contraste, en la lectura que Martí llevó a cabo del naciente *hispanismo* norteamericano de Washington Irving y Longfellow, se observa "una suerte de regreso al *tempo* hispánico dentro del propio espacio de la cultura norteamericana", ya que Martí ve en Irving la representación de un mundo formado por culturas heterógeneas, "un mosaico de razas, religiones y hablas" y no el mundo hispano-católico. Esa experiencia transformaba, según Martí, al observador, a Irving.[186]

Martí fue elaborando un paradigma de "integración" de todos los elementos heterogéneos. En *Nuestra América* (1891) ocupa decididamente el primer plano: "El problema de la independencia no era el cambio de formas, sino el cambio de espíritus". Y agregaba el aforismo que citábamos al comienzo: "la colonia continuó viviendo en la república".[187] Polémicamente, hace estallar la mitología de la independencia desde su

---

184 "Carta de Nueva York", del 16 de septiembre de 1881, publicada en *La Opinión Nacional* de Caracas, *Obras completas*, t. 14, pp. 100-101.

185 "Carta de Nueva York", 1 de octubre de 1881, también en *La Opinión Nacional* de Caracas, *Obras completas*, t. 14, pp. 121-122.

186 Cito del ensayo de Rafael Rojas, "España en la Nueva Inglaterra", en *José Martí: la invención de Cuba*, p. 52. Se refiere a la crónica en que habla del centenario de Irving, fechada 1 de mayo de 1883, publicada en *La Nación* de Buenos Aires, e incluida en el tomo 9 de sus *Obras completas,* pp. 401-408.

187 Cito de la edición Ayacucho, *Nuestra América*, p. 30.

interior, a la vez que obliga a abandonar cualquier imagen lineal del progreso. Desde la seductora y a la vez amenazante nueva metrópoli, Martí criticó las falsas emancipaciones y las concepciones maniqueas que demonizaban la colonia e idealizaban la república ocultando la violencia sobre la que ambas se fundan.[188]

A pesar de todo, su aforismo iluminador nos lleva a pensar que no se pueden evitar los "malentendidos" de los cuales nos habla Kracauer. ¿Cómo entender y valorar la perduración de la *colonia*? Lo cierto es que Menéndez Pelayo, desde una perspectiva muy distinta, podía haber suscrito las mismas palabras. Pero para él la perduración de la *colonia* significaba lo opuesto: la sagrada aureola de la dominación de la metrópoli. Por esa misma razón, cuando publicó su *Historia* en 1911 silenció la muerte de Martí, ocurrida en plena guerra de Cuba en 1895. Esa muerte era un acto de inusitada resonancia que se convertiría en un símbolo que Menéndez Pelayo no podía leer, a pesar de que elogió el primer libro de Pedro Henríquez Ureña, *Ensayos críticos* (1905), en el que replicaba a su *Antología de poetas hispano-americanos,* y destacaba a Martí como uno de los iniciadores de la poesía modernista americana.[189]

No es menos importante el caso de Salvador Brau (1842-1912), el gran intelectual *autonomista* puertorriqueño, cuya vida estuvo marcada por las decepciones creadas por la censura colonial. Sus intervenciones representan un momento singular del periodismo y la historiografía durante los años de la Restauración española. Tanto en Cuba como en el Puerto Rico de finales de siglo XIX se consolidó un mundo letrado que estaba enfrentado ambiguamente al poder metropolitano: los defensores

---

[188] Antonio Cornejo Polar usó como *incipit* la frase de Martí, que expresaba el "extendido sentimiento de frustración" con las independencias. Véase "La literatura hispanoamericana del siglo XIX", p. 12. Como ha observado Guillermo Bonfil Batalla: "El acceso a la independencia no cambió sustancialmente la situación. Los grupos que ocuparon el poder tras la salida de los españoles peninsulares participaban también de la cultura criolla occidental y heredaron los rasgos principales de la mentalidad colonizadora de sus antecesores", en "Nuestro patrimonio cultural: un laberinto de significados", p. 23.

[189] Véase su ensayo "El modernismo en la poesía cubana", en *Obra crítica*, pp. 17-18.

de la *autonomía* política aspiraban a resolver el problema colonial en el seno del Estado español. Pero en la práctica el modelo quedaba desplazado por la separación y el rechazo de la metrópoli, y por la creciente seducción del modelo norteamericano.

Representativos de la obra de Brau son los artículos periodísticos recogidos en *Ecos de la batalla* (1886). La *batalla* —conviene detenerse en el término— era un acto polémico, un gesto retórico y un hecho práctico. En esos años, cuando la hegemonía económica y política norteamericana ya se hacía cada vez más visible, Brau acentuaba las diferencias entre una y otra metrópoli, destacando el alejamiento de España de los valores modernos universalizadores. Se colocaba en una perspectiva doblemente imperial:

> [...] frente á frente de esa democracia sajona, absorvente y cosmopolita ¿pretenderá España sostener su influencia en América, oponiéndose a que el *espíritu democrático* [...] arraigue en sus provincias ultramarinas? ¿No se proclama cada día la necesidad de estrechar vinculos y relaciones intelectuales y materiales, entre España y las Repúblicas que se separaron un día violentamente de su dominio, para llegar á la realización de una gran liga de los pueblos latinoamericanos, que contrarreste los impulsos de la colosal República del Norte? [...] No; ante la democracia norte-americana, contra la influencia de aquella nación que funda todo su vigor en la libertad, no cabe oponer suspicacias ni tiranías ni doctrinarismos tradicionalistas. La libertad se combate con la libertad [...][190]

---

[190] *Ecos de la batalla*, p. 8 (se reproduce sin modificar la ortografía). En el pasaje citado, Brau comentaba una frase del político español Emilio Castelar que se refiere al "espíritu democrático" peninsular. Es evidente que para Brau la colonia española resulta anacrónica al compararla con la modernidad que vislumbraba en los Estados Unidos. La "batalla", por otro lado, es el género de la *polémica*. Manuel Fernández Juncos, crítico contemporáneo de Brau, puso de relieve en su prólogo a *Ecos de la batalla* el talento polémico y retórico de Brau: "[...] En este género, que pudiera llamarse muy bien de *polémica lírica*, Salvador Brau no tiene rival en el periodismo puertorriqueño [...]", p. xiii. El pensamiento y los *beginnings* de Brau se dieron en la *polémica*, en la gran tradición de literatura panfletaria. En esa tradición, como señala Marc Angenot,

Brau fustigó con energía los desmanes administrativos.[191] En una colonia carente de universidades, su pensamiento se forjó en lecturas llevadas a cabo en bibliotecas particulares que burlaban la censura española. El *contrabando* intelectual le permitió una formación; abría un lugar para la "importación" de ideas y textos, conectándolo con otras metrópolis y con pensadores como Spencer, Stuart Mill, Comte, Henry George, Victor Schoelcher, y las ricas y sustanciosas lecturas que había hecho de Frédéric Bastiat y Jules Simon. Brau mantuvo fresco el recuerdo de la circulación clandestina de ideas en la colonia española, y él mismo escribió, pensando en metrópolis más modernas: "Vano era el empeño de sofocar las manifestaciones del pensamiento cuando se abría ancha puerta á la comunicación universal de las ideas, por Santomás, que facilitaba el contrabando de libros y por los Estados Unidos é Inglaterra, cuyos buques, en solicitud de azúcar y miel, recorrían todo el litoral, conduciendo periódicos, revistas en inglés y en español, y manteniendo correspondencia epistolar donde palpitaba la actividad intelectual del mundo culto".[192] No obstante, Brau amó profundamente a España, y defendió los *orígenes* españoles de Puerto Rico. Pero su obra tampoco dejó huella en la metrópoli. Menéndez Pelayo no la comenta.[193]

Brau no compartía la radicalidad de los intelectuales separatistas. Para él, el concepto de ciudadanía tenía un sentido fundamentalmente integrador a la metrópoli. Pero tuvo que protestar contra las severas

---

a menudo se dice una palabra imposible, sin estatuto, opuesta a la palabra institucional. Véase *La parole pamphlétaire*, pp. 39 y siguientes.

191 Para el contexto de la censura en Puerto Rico, véase, de Gervasio L. García, "Historiar bajo censura: la primera historia puertorriqueña". Hay amplia información sobre el tema en el estudio de Antonio S. Pedreira, *El periodismo en Puerto Rico*. Sobre la censura católica bajo el régimen español, véase el libro de Samuel Silva Gotay *Catolicismo y política en Puerto Rico*.

192 *Historia de Puerto Rico*, p. 258.

193 Aunque sí hace referencia a un texto suyo en una nota. Véase la n. 2 en la *Historia*, t. I, p. 330. Para un excelente replanteo de la tradición política autonomista en un contexto amplio, véase "El autonomismo en Puerto Rico, 1887-1898: notas para la definición de un modelo de política radical", de Astrid Cubano Iguina, en *La nación soñada*, pp. 405-415.

limitaciones impuestas por el gobierno español. En el folleto *Lo que dice la historia (Cartas al Sr. Ministro de Ultramar, por el director de El Clamor del País)*, de 1893, por ejemplo, Brau critica la clasificación que terminaba por separar legalmente a los puertorriqueños de otros súbditos de Su Majestad. Con sentido agudo del menoscabo al que se le sujetaba, resumió el propósito de sus cartas: "el sentimiento patriótico herido en la Pequeña Antilla por el funesto error de escindir la idea de la Nación, clasificando a los españoles para el ejercicio de sus derechos en tres clases: españoles peninsulares a quienes se reconoce el llamado sufragio universal, españoles cubanos a quienes se exige la cuota de cinco pesos para intervenir con su voto en la vida nacional, y españoles puertorriqueños a quienes no se reconoce ese derecho sino mediante la cuota de diez pesos".[194] Si la historiografía española no le prestó atención a intelectuales como Brau, éste sí lo hizo con España en su libro *La colonización de Puerto Rico* (1907), uno de los libros más importantes de la historiografía puertorriqueña, y un ejemplo claro de la posición "asimétrica" descrita por Chakrabarty. Sin embargo, después de 1898, en su *Historia de Puerto Rico*, Brau defendió la ocupación militar norteamericana que creyó necesaria "para moderar la brusca transición del viejo sistema colonial a los amplios métodos democráticos".[195] Era toda una *declaración de principios*.

---

194 En *Disquisiciones sociológicas*, pp. 278-302. Cito de la p. 277.

195 En su *Historia de Puerto Rico*. Cito de la edición facsimilar de la Editorial Coquí, de 1966, p. 305. Originalmente, fue publicada en Nueva York en 1904 por la editorial Appleton, la misma que difundió el conocido *Diccionario* de Arturo Cuyás. La gran novedad del libro era que se trataba de la primera historia de Puerto Rico publicada con fines escolares por un puertorriqueño. Por otra parte, es curioso constatar que los principales lectores de Brau pasaron por alto su problemática aprobación del régimen militar norteamericano, aunque sí exaltaron la ética periodística de Brau bajo la colonia española. La concienzuda investigación de Antonio S. Pedreira sobre el periodismo puertorriqueño en el siglo XIX y sobre la censura ofrecen un contexto muy concreto para las ideas y las prácticas de Brau. En sus ensayos *El año terrible del 87* y en *Insularismo*, Pedreira condenó la represión sufrida por los liberales autonomistas durante la segunda mitad del siglo XIX. Para el autor de *Insularismo* (1934), como veremos en otro capítulo, los textos de Brau adquieren

España no inspiraba ya la lealtad de importantes sectores en sus últimas colonias, en gran medida porque el comercio y las emigraciones a los Estados Unidos fueron decisivos en los nuevos proyectos nacionales. Todavía creo que debe señalarse otro caso. El testimonio del cubano Enrique José Varona, es muy ilustrativo. En su ensayo "El fracaso colonial de España", de 1896, Varona postulaba que la vieja metrópoli ocupaba el polo de la *barbarie*, mientras que la *civilización* futura estaba inexorablemente ligada a la cercanía de los Estados Unidos y al comercio. La modernidad norteamericana era una poderosa imagen de *progreso*, sostenida por la confianza en que la república democrática sería el futuro del mundo.[196] Su posición, por otra parte, parecía autorizada por la visión dominante en los Estados Unidos. Para Varona, el mundo colonial aparece como perdido para España, porque era ajena a las grandes culturas modernas. Se podría decir de él lo señalado correctamente por Rafael Rojas para toda una tradición: "la afirmación de la identidad nacional, más que una hermenéutica, constituye una política".[197] Varona celebró los vínculos entre tecnología, ciencia y el mundo europeo y norteamericano:

> Aunque España ha tratado de torcer el rumbo de nuestro comercio, la vecindad del inmenso mercado americano ha enseñado a Cuba lecciones que nadie podrá olvidar. Su posición geográfica y la calidad de sus productos la han puesto en relaciones con el mundo entero, que no han sido más amplias y regulares por la intervención celosa

---

rango fundacional; le permitieron situar su propio discurso crítico en una tradición. Las *Disquisiciones* compiladas por Eugenio Fernández Méndez, y su importante introducción, son igualmente indispensables. Con esa antología, Fernández Méndez devolvía a Brau por fin a su justo lugar.

[196] El historiador Jeremy Adelman lo sintetiza así: "En lugar de definirse en oposición a la modernidad norteamericana (como lo hicieron algunos escritores protonacionalistas de Hispanoamérica como Rodó al abrazar el neo-hispanismo), los emigrados cubanos se consideraban a sí mismos parte de un proyecto hemisférico". Véase su comentario al trabajo de Louis A. Pérez en *El Caribe entre imperios*, p. 196.

[197] Cito de su ensayo "La diferencia cubana", en *Isla sin fin*, p. 115.

de España. De las comunicaciones personales de muchos cubanos que han residido en el extranjero, y por la facilidad maravillosa con que hoy se difunden las ideas, ha resultado que la cultura artística, científica y jurídica, si no general, es extensa en Cuba.[198]

VII

No obstante, la visión de Menéndez Pelayo contaba con aliados, entre los cuales se destacaron algunos prominentes letrados caribeños. Said insistió en la importancia de estudiar las *conexiones* entre colonia y metrópoli. Si sólo hubiera opositores a la visión ofrecida por Menéndez Pelayo, sería sencillo establecer esas relaciones. ¿Quiénes eran los "aliados"? En la "religión del hispanismo" resuenan ecos de discursos "poscoloniales" de exaltación de la "raza latina". En el siglo XIX el *hispanismo* estaba, por así decirlo, "en el aire", por lo menos había logrado un relativo arraigo en sectores de las élites, y abrió otros campos de acción a algunos intelectuales que se encontraban en el exilio. De ello hay suficientes testimonios. El proceso estuvo encabezado por figuras como el colombiano José María Torres Caicedo (1830-1889), radicado en París desde mediados del siglo, y el dominicano Francisco Muñoz del Monte (1800-1865). En la *Revista Española de Ambos Mundos* (1853-1855),

---

[198] En su ensayo "El fracaso colonial de España", p. 53. Para las repercusiones del discurso civilizatorio y el modelo norteamericano en la joven República cubana, véase el documentado libro de Louis A. Pérez *On Becoming Cuban: Identity, Nationality & Culture*, especialmente los caps. 1 y 2, pp. 16-164. En español, puede verse el ensayo de Pérez, "Identidad y nacionalidad: las raíces del separatismo cubano, 1868-1898". Ahí sostiene que la emigración cubana a los Estados Unidos a lo largo del siglo XIX fue el "crisol de la nación". Véanse también los agudos comentarios de Jeremy Adelman al ensayo de Pérez citado antes, pp. 185-198. En ese contexto, es muy iluminador el libro de Daniel Headrick, en el que sostiene que la ciencia y la tecnología proveyeron los medios para el nuevo imperialismo. Véase *Los instrumentos del imperio: tecnología e imperialismo europeo en el siglo XIX*.

Muñoz del Monte —quien vivió en Madrid desde 1848, después de su exilio en Cuba, donde fue tenido por "sospechoso"— dio a conocer un artículo titulado "España y las repúblicas hispanoamericanas". El texto es importante para la genealogía de la *latinidad*. Es uno de los primeros lugares en que se articuló la noción de una *latinidad* sin tensiones frente a la expansión norteamericana que acababa de despojar a México de la mitad de su territorio. Se sentaban así las bases para una alianza con la vieja metrópoli española: "pertenecer" al mismo horizonte era requisito indispensable para frenar el avance de la "raza anglogermana". Al mismo tiempo, la designación "raza latina" se postuló como cultura "superior" a las africanas e indígenas, aunque los españoles no empleaban el término "América Latina".[199] Por razones a las cuales volveremos en el capítulo sobre Henríquez Ureña, es importante recalcar que este texto se debe a un liberal dominicano exiliado en España.[200] Vale la pena examinar un pasaje de este precursor del *hispanismo* del siglo XX:

> Tejas fue anexada; California fue adquirida; Nuevo México fue agregado; las agregaciones, las adquisiciones y las anexiones continúan siendo el objeto predilecto de la política exterior de la Unión: el desarrollo ulterior, la misma existencia futura de la raza latina

---

[199] Una esclarecedora síntesis del debate reciente en torno a proyectos latinoamericanistas en el trabajo de Román de la Campa, "Latinoamérica y sus nuevos cartógrafos: discurso poscolonial, diásporas intelectuales, y enunciación fronteriza". Enrico Mario Santí establece una relación entre "latinoamericanismo" y "orientalismo", y piensa sus implicaciones para el campo de estudios. "¿Cuán conscientes estamos nosotros, los latinoamericanistas, en Estados Unidos y en Europa, de nuestra complicidad con el discurso que subyace a nuestra disciplina?", se pregunta en su ensayo "Latinoamericanismo". Cito de la p. 64. Para el debate en torno a lo "latino", véanse los lúcidos ensayos de Juan Flores en *From Bomba to Hip-Hop: Puerto Rican Culture and Latino Identity*, especialmente "Pan-Latino/Trans-Latino", pp. 141-165, y "The Latino Imaginary", y "Latino Studies", pp. 191-218.

[200] Menéndez Pelayo le dedica un lugar especial al dominicano Muñoz del Monte en su *Historia*, t. I, pp. 305-307. Henríquez Ureña, en "Vida intelectual de Santo Domingo", incluido en *Horas de estudio*, también se refiere a él elogiosamente.

> son ya un problema [...] ¿Cuál es bajo el punto de vista de la etnografía y de la estadística internacional, la situación actual del Nuevo Mundo? [...] Dos razas diversas lo pueblan principalmente, la raza latina y la raza anglogermana, prescindiendo de la indígena y la africana, cuya inferioridad física e intelectual las subordina necesariamente a la acción más poderosa y civilizadora de las primeras. Esas dos razas han luchado desde la más remota antigüedad. [...] La verdadera y sólida fianza de su salvación reside únicamente en sus propios recursos, secundados hasta el alcance de sus medios actuales por la simpática cooperación de su antigua metrópoli.[201]

Después del "desastre" de 1898, hay curiosamente una nueva corriente de simpatía hacia España, que ya no representaba ninguna amenaza política para los estados hispanoamericanos. Escribe Carlos Real de Azúa:

> El conflicto hispano-estadounidense y el tramo final del proceso de la independencia de Cuba suscitaron, en los sectores responsables de América Latina, reacciones extremadamente ambiguas. Apoyo, por un lado, a la hermana menor gobernada hasta entonces bajo la férula casi siempre brutal de los capitanes generales; aprensión creciente ante la formidable contundencia que la participación norteamericana había exhibido; corriente cordial de solidaridad y compasión por la "madre patria" humillada, además de vencida.[202]

---

201 En Arturo Ardao, *Génesis de la idea...*, citado antes, pp. 70-72. Véase también para el período el documentado libro de Martin Stabb *In Quest of Identity: Patterns in the Spanish American Essay of Ideas, 1890-1960*. Para lo esencial sobre las polémicas sobre el *hispanismo* después de 1898, véanse los libros de Fredrick B. Pike, *Hispanismo, 1898-1936*, y Carlos Rama, *Historia de las relaciones culturales*, citados antes. Rama destaca la importancia de los "trasplantados" latinoamericanos a España, y su función de mediadores en torno al "hispanismo". Por cierto, Menéndez Pelayo les asigna un espacio importante a Magariños y a Baralt en su *Historia*.

202 En "Ante el imperialismo, colonialismo y neocolonialismo", en *América Latina en sus ideas*, p. 273. En el mismo volumen, véase también el ensayo de Noel Salomon "Cosmopolitismo e internacionalismo (desde 1880 hasta 1940)". Además, de Richard M. Morse, *El espejo de Próspero: un estudio de la dialéctica*

En ese contexto, cobran importancia algunas voces hispanoamericanas contemporáneas. Una de las más significativas fue la de Rubén Darío, quien asistió como delegado a los actos del Cuarto Centenario (1892), y luego regresó a España en 1898. Darío actuó diplomáticamente en el mismo centro de poder de la vieja metrópoli y en la lucha por el poder cultural.[203] El primer viaje de Darío a España tuvo una importancia extraordinaria. El entonces joven poeta —tenía sólo veinticinco años— asistió como "miembro de la Delegación que enviaba Nicaragua con motivo de las fiestas del centenario de Colón", según cuenta en *La vida de Rubén Darío escrita por él mismo* (1915).[204] Se dedicó con ahínco a proclamar su adhesión a la cultura española: "[...] nadie ama con más entusiasmo que yo nuestra lengua y soy enemigo de los que corrompen el idioma", declaró en un reportaje aparecido en *La Ilustración Americana y Española*.[205] El viaje para Darío era el

---

del *Nuevo Mundo*, y de Claudio Véliz, *La tradición centralista de América Latina*. El ensayo de Roberto González Echevarría, "The Case of the Speaking Statue: *Ariel* and the Magisterial Rhetoric of the Latin American Essay", en *The Voice of the Masters*, es iluminador.

203 Véase el libro de Carlos Rama, citado antes, sobre todo el capítulo 4, pp. 161-198. También el artículo de Luis Sáinz de Medrano, "Un episodio de la *Autobiografía* de Rubén Darío: la conmemoración en España del IV Centenario del descubrimiento de América", en *XVII Congreso del Instituto Internacional de Literatura Hispanoamericana*, t. III, pp. 1489-1498. En él se resume la información sobre el Centenario aparecida en 1892 en la revista *La Ilustración Española y Americana*; contiene numerosos datos sobre los congresos, exposiciones y festejos.

204 En *La vida de Rubén Darío escrita por él mismo*, p. 111.

205 Citado por Luis Sáinz de Medrano en su artículo "Un episodio...", citado antes, p. 1496. Darío añade: "[...] pero desearía para nuestra literatura un renacimiento que tuviera por base el clasicismo puro y marmóreo, en la forma, y con pensamientos nuevos". La revista lo reconocía en una nota como un escritor importante: "El Sr. D. Rubén Darío, joven de veintiséis años no cumplidos, que tiene fe en el porvenir, mucha constancia en el estudio y laboriosidad incansable, está llamado a ser uno de los primeros literatos hispanoamericanos", p. 1496.

inicio de una suerte de reconquista espiritual de España, la posibilidad de sus propios *beginnings*.[206]

En las "Dilucidaciones" que sirven de prólogo a su libro *El canto errante* (1907), Darío recordó las amistades literarias *españolas* y el lugar de privilegio que ocupó como "delegado de mi país natal a las fiestas colombinas".[207] Sin embargo, para algunos intelectuales españoles, Darío era la imagen del Otro. Juan Valera, gran admirador de su poesía, lo caracterizó en 1892 como un "raro", mezclado, una seductora figura exótica vista con admiración y cierto desdén, análoga a la mirada perturbadora que en otro contexto describe exasperado Fanon en *Peau noire, masques blanques* (1952) al narrar su experiencia como estudiante en Francia. Darío era un mestizo que podía alcanzar un estado refinado y "civilizado": "Mientras que en Rubén Darío hay, sobre el mestizo de español y de indio, el extracto, la refinada tintura del *parnasiano*, del *decadente* y de todo lo novísimo de extranjis, de donde resulta, a mi ver, mucho de insólito, de nuevo, de inaudito y de raro, que agrada y no choca porque está hecho con acierto y buen gusto. Ni hay tampoco afectación, ni esfuerzo, ni prurito de remedar, porque todo en Darío es natural y espontáneo, aunque primoroso y como cincelado. [...] Y no me ciega ni seduce su facha, que no es todo lo buena que pudiera ser, ni su fácil palabra, porque es encogido y silencioso".[208] Es difícil no ver a Darío

---

[206] Los ensayos de Real de Azúa siguen siendo iluminadores para el estudio de los modernistas, para la genealogía de las corrientes "hispanistas" y sus prácticas, así como para el estudio del "cosmopolitismo". Véase su "Modernismo e ideologías", reproducido como separata en la revista *Punto de Vista*.

[207] Cito por la edición de Ángel Rama y Ernesto Mejía Sánchez, *Poesía*, Biblioteca Ayacucho, p. 303. Sobre su viaje a España en 1892, véanse los siguientes: de Francisco Contreras, *Rubén Darío: su vida y su obra*, sobre todo las pp. 63-72; de Enrique Anderson Imbert, *La originalidad de Rubén Darío*, en especial las pp. 55-58; de Charles D. Watland, "Los primeros encuentros entre Darío y los hombres del 98", en *Estudios sobre Rubén Darío*, pp. 354-363; y de Ernesto Mejía Sánchez, "El nicaragüense Rubén Darío", en *Cuestiones rubendarianas*, pp. 9-31.

[208] Véase el *Epistolario de Valera y Menéndez Pelayo*, citado antes, p. 447. La carta es del 18 de septiembre de 1892.

como objeto de representación "orientalizada", en la que acecha siempre el "bárbaro": las puertas del "hogar" sólo se habían entreabierto.[209]

Pero un mito sostiene y produce otro. En *El canto errante*, incluyó el poema "A Colón", que había leído y publicado en 1892 en Madrid, y en el que asumía —congraciándose con sus destinatarios españoles— la crítica del período de independencia. El poeta se preparaba para disputar la hegemonía española en el terreno literario, y despliega todo su poder de seducción. Darío acentuó el empobrecimiento material y ético de América, acumuló ataques al pasado independentista a la vez que esparcía sus elogios sobre la conquista española. Se mostraba obediente a la *tradición* definida por Menéndez Pelayo. Empezaba por afirmar que América se había extraviado de su origen "civilizado". La América "india" era una "histérica de convulsivos nervios". El presente era inferior a la etapa colonial, ya que América había olvidado el principio fundador:

> ¡Desgraciado Almirante! Tu pobre América,
> tu india virgen y hermosa de sangre cálida,
> la perla de tus sueños, es una histérica
> de convulsivos nervios y frente pálida.
> ....
> Desdeñando a los reyes nos dimos leyes
> al son de los cañones y los clarines,
> y hoy al favor siniestro de negros Reyes
> fraternizan los Judas con los Caínes.
> ....
> Duelos, espantos, guerras, fiebre constante
> en nuestra senda ha puesto la suerte triste:
> ¡Cristóforo Colombo, pobre Almirante,
> ruega a Dios por el mundo que descubriste![210]

---

209 De hecho, el modernismo generó cierto antiamericanismo, estudiado por Donald, F. Fogelquist en *Españoles de América y americanos de España*.

210 En la edición *Poesía*, de Rama y Mejía Sánchez, pp. 308-309. Sería interesante comparar las intervenciones de Darío en España con su actuación en La Habana ese mismo año, en ruta a Madrid. Son alianzas de otro tipo. Véase el libro de Ángel Augier *Cuba en Darío y Darío en Cuba*.

Su segundo viaje, ya derrotada España en 1898, lo hizo como corresponsal del periódico *La Nación* de Buenos Aires. En ese diario había publicado entre 1893 y 1896 los retratos que formarían su influyente *Los raros*, un libro que discutía la relación entre arte y decadencia a través de las figuras de Paul Verlaine y Max Nordau, y en el que también mostraba "que estaba al tanto del último grito literario del continente".[211] Pero las consecuencias de la guerra y las circunstancias por las que atravesaba la vida española ofrecían el momento óptimo para otra intervención de Darío: la conquista de la vieja metrópoli. Para decirlo en los términos de Raymond Williams, Darío compartía la *formación*, pero tenía otro *proyecto*, y sabía mostrar respeto. Anhelaba ser reconocido como la figura que podía sostener la red literaria de lengua española. Sus crónicas, recogidas en el libro *España contemporánea*, se situaban en el contexto de la *regeneración* de España y en la posibilidad de recomponer una identidad interrumpida. En busca apenas disimulada de aliados, reforzaba una identidad *americanoespañola*: "[...] De nuevo en marcha, y hacia el país maternal que el alma americana —americanoespañola— ha de saludar siempre con respeto, ha de querer con cariño hondo. Porque si ya no es la antigua poderosa, la dominadora imperial, amarla el doble; y si está herida, tender a ella mucho más".[212] En una especie de nuevo "pacto", Darío intentaba fundir los dos tiempos, pensar desde dentro de la metrópoli, e insistiendo en que eran descendientes de españoles. En el prefacio de *Cantos de vida y esperanza* (1905), además, extendía su desdén a toda la mediocridad, a la "mulatez intelectual", haciéndose eco de una "versión racial hispánica" que

---

211 Cito del inteligente ensayo de Oscar Montero, "Modernismo y 'degeneración': *Los raros* de Darío", p. 822. Como señala Montero, Darío manejaba astutamente la publicidad en Buenos Aires: "*Los raros* se publicó con todo el aparato publicitario utilizado hoy en día para lanzar cualquier *bestseller*", p. 823.

212 Darío, *España contemporánea*, pp. 1-2. En ese momento, podría compararse con lo que hace un escritor contemporáneo como V. S. Naipaul, quien en sus novelas, observa Bhabha, "le da la espalda al híbrido mundo colonial a medias terminado, para fijar sus ojos en el dominio universal de la literatura inglesa". En "Signos tomados por prodigios", p. 136.

coincidía con el moderno racismo biologista.²¹³ No obstante, Darío, al igual que otros viajeros o diplomáticos, contribuyó con su presencia y su obra a crear una nueva identidad para la literatura *hispanoamericana*.²¹⁴

El colonialismo supone una larga continuidad que de ningún modo concluye con la independencia política. De hecho, en las primeras décadas del siglo XX abundan los ejemplos de proyectos identificatorios con la cultura *hispánica* que revelan la complejidad de la historia y la memoria de la palabra. Algunos sectores intelectuales proclamaron una lealtad fervorosa a las raíces españolas, a veces con sospechosa insistencia. Veamos algunas de las instancias más iluminadoras. Es el caso del crítico cubano José de Armas y Cárdenas (1866-1919), mejor conocido por su pseudónimo *Justo de Lara*. Fue reconocido como un destacado cervantista, sumamente culto, y, según observa Cintio Vitier, "el mejor crítico profesional de nuestras letras".²¹⁵ En el transcurso de su vida, su afiliación política recorrió toda la gama de posiciones: fue autonomista, crítico del gobierno colonial español, simpatizante de Martí, pero también del protectorado norteamericano. Disfrutó de una carrera muy variada: fue periodista en Nueva York, y luego en Madrid, de 1909 a 1919. En 1908 publicó un artículo titulado "Hablando con Menéndez Pelayo", en el que terminaba elogiando al erudito español como encarnación de la gran *tradición*, en contraste con la precariedad cubana, es decir, con el campo social local. Su lenguaje recuerda la descripción de la "novela familiar" de Freud en la que sustituye a los padres por "personas más grandiosas", revelando la añoranza por la edad dichosa y perdida". Decía *Justo de Lara*:

---

213 Véase el trabajo de Real de Azúa, "Modernismo e ideologías", citado antes, p. xxiii.

214 Véanse el libro de Carlos Rama, citado antes, y el excelente trabajo de Susana Zanetti "Modernidad y religación: una perspectiva continental (1880-1916)", quien considera este período "un verdadero momento de fundación de la literatura hispanoamericana", p. 531.

215 En *La crítica literaria y estética en el siglo XIX cubano*, el más abarcador estudio que se ha hecho del conjunto de esa importante tradición. Cito del t. III, p. 60. Muy joven, de Armas publicó trabajos notables sobre el *Quijote* de Avellaneda y sobre *La Dorotea*, de Lope de Vega.

> Volvía yo a nuestras luchas de América, aquí donde los problemas sociales están por resolver, donde comenzamos la vida política, donde las tradiciones apenas existen, donde no hay vida literaria y los hombres de nuestra generación llevan encima como atlantes todas las responsabilidades del futuro. Allá quedaba, encarnada en Menéndez y Pelayo, la obra sólida de los siglos, firme como la piedra, inquebrantable. Aquí la evolución étnica, allá lo eterno: allá el habla robusta, el alma de la raza, el genio original de España, sus glorias seculares, su pasado gigantesco.[216]

En 1910, José Enrique Rodó planteaba una vez más la cuestión del nombre, y reivindicaba el término *hispanoamericano* con palabras que no dejan duda alguna sobre su *afiliación* a la "raza heroica y civilizadora". Rodó no sólo aceptaba el nombre y la "novela familiar"; también proponía la inclusión de Brasil:

> No necesitamos los sudamericanos, cuando se trate de abonar esta unidad de raza, hablar de una América Latina; no necesitamos llamarnos latinoamericanos para levantarnos a un nombre general que nos comprenda a todos, porque podemos llamarnos algo que signifique una unidad mayor mucho más íntima y concreta: podemos llamarnos "iberoamericanos", nietos de la heroica y civilizadora raza que sólo políticamente se ha fragmentado en dos naciones europeas; y aun podríamos ir más allá y decir que el mismo nombre de hispanoamericanos conviene también a los nativos de Brasil [...][217]

Otra adhesión notable notable fue la suscrita por el mexicano José Vasconcelos (1882-1959) en su libro *Indología. Una interpretación de la cultura*

---

216 Citado por Vitier, *ibid.*, p. 43. Vitier comenta: "La hispanofilia se revelaba en él como una forma de colonialismo cultural, como una falta de fe en los valores autóctonos que a su vez lo llevaba a la aceptación del traspaso imperialista del poder español al norteamericano", p. 47. Cito de Freud, "La novela familiar", p. 220.

217 En "Iberoamérica", recogido en *El mirador de Próspero* (1913). Cito de *La América nuestra*, p. 127.

ibero-americana, de 1927, publicado después de su más célebre *La raza cósmica* (1925) y su experiencia en la Secretaría de Educación mexicana. *Indología* recoge las conferencias que pronunció en su viaje por Puerto Rico y Santo Domingo. En ellas reiteraba la problemática exaltación de la nueva *raza* producto del *mestizaje*, del castellano como lengua de la *civilización*, y hacía la defensa de su programa alfabetizador. No cabe mejor descripción que la que aplicó Rafael Rojas a esos libros: representan "la coronación y cierre del debate eugenésico sobre América Latina".[218] A lo largo de *Indología* resuenan también las ideas fundamentales de Menéndez Pelayo. Hay una apología de la "conquista" moral y religiosa —aun después de concluida la dominación política— como medio de acceder al *progreso*. Se trata, de una manera clara y ostensible, de una concepción intolerante de la fe y un gran desprecio por la otredad islámica. Para Vasconcelos, un gran ejemplo de la "conquista moral" era la cruzada contra los musulmanes. Es preciso recordar que esas páginas se escriben durante la guerra española en Marruecos, entre 1909 y la llamada "pacificación" de la zona en 1927 y del desastre en Annual en 1921.[219] Transcribimos un pasaje:

> [...] los españoles hicieron de la América una España grande. Y en ella ven reproducidas su sangre y su misma alma, aun cuando ya no la tengan políticamente bajo su dominación. Y se explica, los españoles emprendieron una verdadera conquista de almas. Lograron reemplazar una civilización retardada como era la indígena por una civilización en ascenso, como la de ellos en la época de los descubrimientos. Para una empresa ideal de este género se puede creer que es legítimo emprender una conquista. Los modernos sistemas de coloniaje y de mandato a la inglesa y a la francesa, cínicamente apoyados en intereses comerciales, no se proponen siquiera lo único que podría justificarlos: la evangelización del mundo musulmán.

---

218 Según la lectura de Rafael Rojas, en "La frontera moral", citado antes, p. 155.

219 Para la guerra colonial en Marruecos, y la construcción del "enemigo", véanse los trabajos de Sebastián Balfour y María Rosa de Madariaga en el volumen editado por J. A. González Alcantud, *Marroquíes en la guerra civil española: campos equívocos*.

> Reemplazar el despotismo oriental con los métodos civilizados y democráticos de Occidente podría ser una bandera moral comparable a la lucha de los misioneros que abolieron los sacrificios humanos. [...] No se debe destruir una raza, pero sí puede emprenderse su educación.[220]

Said arguye que "no existe un principio teórico superior que gobierne el conjunto imperialista", sino que cada situación local, cada relación de interdependencia tiene "su propio entramado de asociaciones y formas, sus propios motivos, obras e instituciones".[221] Es lo que permite examinar los textos de Vasconcelos y de algunos intelectuales caribeños a principios del siglo XX. La construcción de una *tradición hispánica* ha estado ligada a la invención de nuevas —y problemáticas— posibilidades de existencia. En el centro de ese debate estaba, simultáneamente, una subjetividad moderna que se apoyaba en lo *hispánico* para autorrepresentarse, y la nueva hegemonía política norteamericana.[222] El escritor Tomás Blanco (1896-1975) se inscribe en un lugar central de esa tradición. En *El prejuicio racial en Puerto Rico*, de 1937, un alegato con el que pretendía negar la existencia del prejuicio, concluía: "Nuestra población de color está completamente hispanizada culturalmente y son muy escasas las aportaciones africanas a nuestro ambiente, salvo en el folklore musical".[223] Debemos subrayar, además, que la presencia

---

220 En *Indología. Una interpretación de la cultura ibero-americana*, pp. 88-89. También exalta la época colonial mexicana, en palabras muy parecidas a las de Menéndez Pelayo: "¿Qué otro pueblo de la América pudo compararse, en el siglo XVIII, con México, que tenía las primeras imprentas, las primeras escuelas, las primeras bibliotecas, la mejor arquitectura y las mejores Universidades del continente?", p. 152.

221 *Cultura e imperialismo*, p. 101.

222 Para el contexto político y las relaciones del Caribe y México con los Estados Unidos a principios del siglo XX, es muy valiosa la *Historia de América Latina 9: México, América Central y el Caribe, c. 1870-1930*, compilada por Leslie Bethell, que contiene ensayos de Harry Hoetink, Ángel Quintero Rivera y Jean Meyer, entre otros. Ofrece, además, una bibliografía amplia y anotada.

223 Véase la edición de Ediciones Huracán, Río Piedras, Puerto Rico, 1985.

española no cesó de repente aun cuando el 1898 inició un proceso de transformación que habría de romper definitivamente con muchos aspectos de las colonias. El escritor cubano Alejo Carpentier, al hablar de su formación escolar en La Habana de principios del siglo xx, ofrece un testimonio revelador de la complejidad de las tradiciones coloniales: "hice mis primeras letras en colegios cubanos, evidentemente. Pero ocurría una cosa: como la independencia la obtuvimos solamente en el año 1902, no había habido tiempo todavía [...] de hacer textos ajustados a la nueva realidad cubana [...] estudiábamos de acuerdo con los libros que estaban vigentes y se usaban en la España de fines del siglo xix: la *Gramática* de la Real Academia, los textos de literatura y preceptiva, los libros de historia, libros de historia en los cuales evidentemente no se daba ninguna importancia a las independencias de América porque los autores eran españoles".[224]

Los modos de leer y de interpretar tienen su propia historia. En la *diferencia* cultural "cambia la posición de enunciación y las relaciones de interpelación internas; no sólo lo que es dicho sino dónde es dicho".[225] ¿De qué modo se realiza esa particular relación con la *tradición hispanista* durante los años de la II República y la Guerra Civil españolas? Es la pregunta que nos formulan los textos de Antonio S. Pedreira, Pedro Henríquez Ureña, César Vallejo y Alfonso Reyes.

El puertorriqueño Antonio S. Pedreira, en su libro *Insularismo* (1934), exhibe el trazado de un programa. A partir de un *comienzo* ya clásico, declara enfáticamente: "Nosotros fuimos y seguimos siendo

---

[224] Cito de "Un camino de medio siglo", pp. 12-13. En otro momento habla sobre el purismo valorado por los escritores cubanos en sus años de juventud: "perduraba en nosotros un espíritu de gente colonizada ante la *Gramática* de la Academia Española y el prestigio lingüístico de Madrid [...] que la frase, la estructura de la frase, fuese correcta, castellana, fielmente castellana; por decirlo todo, castiza. 'Nosotros también sabemos escribir el español' —parecíamos decir a los críticos de Madrid cuando enviábamos un original a la imprenta [...] Esta preocupación de pureza lingüística era en nosotros, en cierto modo, un sedimento de conciencia colonizada". Véase "Problemática del tiempo y el idioma en la moderna novela latinoamericana", pp. 70-71.

[225] Remito al trabajo "DisemiNación" de Bhabha, en *El lugar de la cultura*, p. 199.

culturalmente una colonia hispánica".²²⁶ Es cierto que Pedreira trató estos temas a partir de supuestos que hoy no son aceptados, con ecos de las ideas racistas de Gobineau y Gustave Le Bon, y la tradición del discurso patologizante en textos como el de Alcides Arguedas, *Pueblo enfermo* (1909). En *Insularismo*, Pedreira postuló que la *raza superior*, blanca, era "la legislativa". Los males del país venían de la mezcla, del "fondo titubeante" del mulato. El mulato heredaba todos los defectos constitutivos, con el peligro de la inestabilidad política y el atraso cultural. Pedreira se legitimaba por la "firmeza y la voluntad del europeo" frente a la "duda y el resentimiento del africano".²²⁷ Es decisivo para comprender el proyecto de un intelectual académico formado en el *hispanismo* institucionalizado en la Universidad de Columbia en los Estados Unidos bajo la dirección de Federico de Onís.²²⁸ Ese *hispanismo*,

---

226 *Insularismo*, libro canónico de la cultura puertorriqueña moderna, se publicó por primera vez en Madrid en 1934. Cito siempre por la primera edición. Para el marco del *hispanismo* de Pedreira y otros, es imprescindible el trabajo de Malena Rodríguez Castro, "Asedios centenarios: la hispanofilia en la cultura puertorriqueña", en *Hispanofilia: arquitectura y vida en Puerto Rico, 1900-1950*, pp. 277-327.

227 Los sugerentes trabajos de Miriam Jiménez Román, "Un hombre (negro) del pueblo: José Celso Barbosa and the Puerto Rican 'Race' Toward Whiteness", el de Juan Giusti, "AfroPuertoRican Cultural Studies Beyond *cultura negroide* and *antillanismo*", ambos muy atentos a los textos de Blanco, Pedreira y otros, replantean la dificultad y el silenciamiento de lo afropuertorriqueño, tema al que volveré en otro capítulo. El importante ensayo de Jesse Hoffnung-Garskof, "The Migrations of Arturo Schomburg: Being *Antillano*, Negro, and Puerto Rican in New York, 1891-1938", plantea la necesidad de estudiar más a fondo las identificaciones de un intelectual "negro", quien había sido militante de la sección Puerto Rico del Partido Revolucionario Cubano en Nueva York. Después del 98, en los mismos años de Pedreira en Columbia University, Schomburg, bilingüe, transitó hacia una identificación con el mundo afroamericano. Era un coleccionista: su archivo fundó la famosa Schomburg Collection de Nueva York. Para el trasfondo de las comunidades cubanas, véase, de Gerald Poyo, *With All and for the Good of All: The Emergence of Popular Nationalism in the Cuban Communities of the United States, 1848-1898*.

228 El trasfondo de Pedreira era el *hispanismo* académico en los Estados Unidos. El caso puertorriqueño confirma su importancia y complejidad. Pedreira y

con pocas excepciones, se ajustó a esa norma, y le prestaba muy poca o ninguna atención al mundo afrocaribeño.

Pedreira estaba muy lejos de proponer una identificación sumisa con la vieja metrópoli, ni con la tradición católica defendida por el *hispanismo* de Menéndez Pelayo y por sectores del nacionalismo puertorriqueño.[229] Como Vasconcelos, aunque en las antípodas de su impulso mesiánico, Pedreira quería *empezar* de nuevo. Lo pensó como la capacidad de "manipular" y "ordenar" elementos de distinta procedencia: "Atentos a la dimensión española y a la norteamericana hemos olvidado buscar la tercera dimensión que es la nuestra, la puertorriqueña, la única que obliga a una ordenación y selección de los elementos de ayer y de hoy que nos convenga guardar para mañana. Al manipular ambas culturas, no podemos ni debemos vivir de espaldas a las derivaciones naturalizadas que forman el bosquejo de nuestra personalidad".[230] Las palabras *hispanofilia* o

---

Concha Meléndez estudiaron en Columbia University en la década de 1920, bajo Onís. En 1927 se fundó un departamento de "Estudios Hispánicos" en la Universidad de Puerto Rico. Su creación se anunció, en inglés, y como fruto de la colaboración entre Columbia y el Centro de Estudios Históricos de Madrid. Al comienzo, Pedreira era el único puertorriqueño. Laura Rivera Díaz y Juan G. Gelpí estudian esa "tríada" en "Las primeras dos décadas del Departamento de Estudios Hispánicos de la Universidad de Puerto Rico: ensayo de historia intelectual", en *Los lazos de la cultura: el Centro de Estudios Históricos de Madrid y la Universidad de Puerto Rico, 1916-1939*, pp. 191-235. Este volumen ofrece nuevos materiales de gran interés. Para el trasfondo político, es muy útil el trabajo de María de los Ángeles Castro, "Política y nación cultural: Puerto Rico 1898-1938", *ibid.*, pp. 17-48.

229 Para la tradición nacionalista fundada en el catolicismo, véanse el libro de Luis Ángel Ferrao *Pedro Albizu Campos y el nacionalismo puertorriqueño*, y el documentado estudio de Samuel Silva Gotay *Catolicismo y política en Puerto Rico bajo España y Estados Unidos: siglos XIX y XX*.

230 *Insularismo*, pp. 218-219. Es muy sugerente el trabajo de Abdul R. JanMohamed en el que distingue entre "intelectuales sincréticos" y "especulares" de diversas fronteras. Los primeros, como sería el caso de Pedreira, se sienten acogidos por ambas culturas, y combinan sincréticamente distintos elementos. Mientras que el intelectual "especular", como Said, no se siente del todo cómodo en ninguna. Véase "Worldliness Without World", en *Edward Said, a Critical Reader*, editado por Michael Sprinker, pp. 96-120.

hispanófilo resultan insuficientes para caracterizar esa conveniente plasticidad que, por otra parte, recuerda algunas de las estrategias de Rubén Darío y de Pedro Henríquez Ureña cuando se situaban *entre* lo francés y lo español el primero, y *entre* lo *colonial* y lo *moderno* el segundo. En *Insularismo*, Pedreira se colocaba en la tensión *entre* dos mundos, a medio camino entre objeto y sujeto. Esgrimió una noción ambigua de "transición" dialógica muy "moderna" con la cual pensó que conseguía salir del dilema. No se producía necesariamente como oposición frontal a los Estados Unidos, que representaba una *civilización* floreciente; pero tampoco quería ser una copia servil de la cultura "española". Aspiraba a ser un *tercero* capaz de conectar entre sí las dos tradiciones, de absorberlas y redirigirlas para fortalecer su propio proyecto. Quizás ello explica que su ensayo haya resultado tan poderosamente atractivo para miembros de la élite intelectual puertorriqueña y un nuevo sector profesional cuyo modo de leer la literatura y la historia se fue formando o confirmando en los ensayos de Pedreira.

Desde esa *transición*, y con un nacionalismo difuso pero nunca separatista, Pedreira formuló una variante de la "doble lealtad" y "doble patriotismo" característicos de algunas formaciones nacionalistas.[231] Su proyecto presuponía, por ejemplo, lograr el dominio del inglés, un grado sofisticado de bilingüismo. A través de su práctica docente y con frecuentes intervenciones en la prensa y en las revistas que contribuyeron a definir el temple de la élite cultural, ejerció una gran influencia. Fue simultáneamente un intelectual académico y público, cuyo *hispanismo* quiso abrirle paso a una visión pragmática. Se podían lograr esos objetivos negociando *entre imperios*, sin la necesidad de un Estado independiente. También aquí los *beginnings* quedan establecidos en función del punto de llegada. La *transición* era la condición *sine qua non*, una frontera que le permitía asumirse como actor "original" *entre pasado y futuro*, para citar a Hannah Arendt.

---

231 Uso "doble lealtad" siguiendo la descripción que hace Josep M. Fradera de la Cataluña de mediados del siglo XIX, en una etapa anterior al nacionalismo de finales del siglo. Véanse la interesante y aguda "Introducción" a la traducción castellan de su libro *Cultura nacional en una sociedad dividida*, y el primer capítulo.

En otro aspecto, tal vez pueda trazarse un paralelo con la posición del dominicano Pedro Henríquez Ureña, cuyo *hispanoamericanismo* —como veremos— se fundaba también en el temor al mundo afrocaribeño o en la imposibilidad de pensarlo como cultura. En contraste, en 1920 Henríquez Ureña defendía explícitamente a Menéndez Pelayo frente a las "negaciones rotundas y extremas" de Azorín. Menéndez Pelayo, según dice, "aunque atenuó mucho, nunca perdió del todo, con relación a cosas de nuestro tiempo, sus actitudes de *clásico* y de católico, ni, con relación a América, su actitud de español". No obstante, insistía en que a pesar de su conservadurismo era un crítico de primer orden, y podía ser un *aliado* en la vocación de la crítica. Lo expresó con cortés diplomacia, rectificando el menosprecio de Azorín, quien "niega al maestro, sin advertir que éste puede ser un aliado de los *modernos*, aunque parezca serlo de los *antiguos*".[232] Al igual que Pedreira, Henríquez Ureña no quería ser un epígono; anhelaba cierto tipo de reciprocidad.

El *hispanismo* había llegado a ocupar un lugar de privilegio entre otros discursos. Para decirlo con palabras de Foucault, era una "trama epistémica apretada", pero ello "no significa, en absoluto, que todo el mundo piense lo mismo".[233] La II República y la desgarradora Guerra Civil, con concepciones opuestas de "España", despertaron adhesiones y rechazos que permiten examinar esas especificidades. Por un lado, la España republicana era un camino de apertura que encontraba adhesiones crecientes. En 1934, el propio Henríquez Ureña influía de manera profunda al celebrar una España "amplia y abierta" de gran impacto liberalizador. Subrayaba que la nueva Constitución de la II República creaba "la doble nacionalidad, española y americana", dibujando así una nueva figura de comunidad.[234]

En los textos del poeta peruano César Vallejo (1892-1938) aparece con claridad el lugar importante del *hispanismo*, que hay que comprender *también* en función del contexto crucial de la Guerra Civil. Para los

---

232 En el ensayo "En torno a Azorín", incluido en su libro *En la orilla. Mi España*. Cito de *Obra crítica*, pp. 226 y 227.

233 *Defender la sociedad*, p. 192.

234 En su discurso "Raza y cultura hispánica", citado antes.

escritores que se inscribían en una tradición de izquierda, la militancia del autor de *España, aparta de mí este cáliz* incidió decisivamente en la forma de entender el papel del intelectual y lo "hispanoamericano". En 1937, Vallejo rechazó enérgicamente el discurso del "imperio hispanoamericano" esencializado por Franco. Lo hacía en nombre de la democracia, pero también del idioma y la civilización que "nos son comunes", y de su propia concepción de la significación de "España". Su artículo permite reconstruir otra trama de alianzas y afiliaciones. Se *inicia* con la siguiente frase: "Los pueblos iberoamericanos expresan, en forma cada vez más entusiasta, su solidaridad con el pueblo español, que lucha contra los generales rebeldes, instrumentos de las fuerzas regresivas europeas y traidores a su patria". Más adelante condena el *hispanoamericanismo* franquista en estos términos:

> Respuesta más elocuente no podría dar América a los repetidos llamados dirigidos por Franco a nuestros países para fundar un imperio hispanoamericano diz que sobre la base de los "lazos de sangre y del idioma, de la historia y de la civilización". Desde luego, ignoramos lo que Franco entiende por imperio hispanoamericano, no tomamos en serio la necia y extravagante ocurrencia —porque no hay por donde tomarla— sólo la registramos para notificar, a la faz del mundo, al "generalísimo", que América rechaza, en nombre precisamente de los auténticos destinos de la raza, todo vínculo, siquiera fuera momentáneo y circunstancial, con los lacayos de la invasión extranjera en España y destructores de los pueblos y ciudades en que tuvieron cuna ese mismo idioma y esa misma civilización, que nos son comunes.[235]

En medio del discurso público y la discusión política, el *hispanismo* se renegocia una y otra vez. Sintomático de esas tensiones —nunca resueltas del todo— es también el ejemplo del mexicano Alfonso Reyes (1889-1959), quien poseía una íntima experiencia de las tradiciones culturales españolas, y llevó a cabo una importante labor crítica en Madrid.

---

235 Cito de *Desde Europa: crónicas y artículos, 1923-1938*, p. 443. Véase el libro de Ricardo Pérez Monfort *Hispanismo y Falange: los sueños imperiales de la derecha española*.

Al mismo tiempo, se distanciaba de Menéndez Pelayo, quien "a pesar de su magno esfuerzo nunca logró entender por completo el espíritu americano".[236] Derrotada la II República, se distanciaba de la noción de "decadencia" y de la identificación del "sentido hispano de la vida" con el mucho menos edificante organismo político del Estado español. En medio de la Segunda Guerra Mundial, Reyes afirmaba: "Porque una cosa es el sentido hispano de la vida —hasta hoy jamás derrotado, sino lanzado siempre a nuevos rumbos en busca de nuevas aventuras— y otra cosa la configuración jurídica que se llama el Estado español [...]".[237] Y en 1942, desde las páginas de *Cuadernos Americanos*, mientras se hallaba empeñado en darle asilo a los republicanos españoles en México, Reyes se expresaba con un renovado discurso *americanista*. Hacía una apasionada defensa de la herencia que le permitiría a América intervenir como continuadora de una Europa en ruinas: "Lo ibérico es una representación del mundo y del hombre, una estimación de la vida y de la muerte fatigosamente elaboradas por el pueblo más fecundo de que queda noticia. Tal es nuestra magna herencia ibérica".[238] Era un acto de apropiación que invertía los *comienzos* de Menéndez Pelayo. Libre de la dominación política imperial, y en medio de otra guerra, América podía acrecentar un legado simbólico ya firmemente asentado.

---

236 Cito de su prólogo a la edición del *Teatro* de Ruiz de Alarcón, p. xl, publicado originalmente en 1918.

237 En su importante ensayo "Significado y actualidad de *Virgin Spain*", sobre el libro de Waldo Frank, publicado en *Cuadernos Americanos*, pp. 201-202. Para un estudio muy notable sobre Alfonso Reyes, pertinente también para el estudio de Henríquez Ureña, véase el libro de Robert T. Conn *The Politics of Philology: Alfonso Reyes and the Invention of the Latin American Literary Tradition*.

238 En "América y los *Cuadernos Americanos*", p. 9. Reyes publicó su libro *Última Tule* en 1942, y en él vuelve a postular la "utopía" de América. Se podría comparar la renovada fe de Reyes y otros en el "americanismo" con lo que los historiadores llaman la vuelta al "excepcionalismo" de los Estados Unidos una vez concluida la Segunda Guerra y durante los comienzos de la Guerra Fría. Lo desarrolla Daniel T. Rodgers en el último capítulo de su libro *Atlantic Crossings: Social Politics in a Progressive Age*, titulado "London, 1942", especialmente en la última sección, "The Phoenix of Exceptionalism", pp. 502-508.

Era una actitud de esperanza. El "gran relato" no desaparecía: estaba siendo reinterpretado y reescrito.[239]

VIII

Hasta aquí hemos visto que con la *Historia* de Menéndez Pelayo la literatura le proporcionó nuevos *beginnings* a la autoridad espiritual del imperio y al castellano. El erudito español encontró aliados en algunos sectores de la élite hispanoamericana que hicieron suyos argumentos parecidos para justificar la "superioridad" de la "latinidad" o sus propios proyectos nacionalistas. A dichos sectores les interesaba promover un acercamiento a España como apoyo frente al nuevo poder de los Estados Unidos, o en alianza con ambos. A pesar de ese complejo contrapunto, casi todos fundaron sus *beginnings* en la cultura letrada que se mira en el espejo de "Europa". La imprenta y el Libro son los emblemas de la *civilización*.

Hay ejemplos comparables entre otros escritores españoles de las primeras décadas del siglo XX. Basta recordar los casos de Ramón Pérez de Ayala (1880-1962) en sus ensayos de 1914, o el de Luis Araquistáin en su libro *La agonía antillana* (1928). Pérez de Ayala formuló de una manera diáfana el proyecto de conquista espiritual: "Nuestro problema es la conquista de América. Y ¿cómo vamos a realizar la conquista espiritual de América, si antes no nos ponemos con alma y vida a descubrir, desbrozar, concretar y robustecer nuestro propio espíritu? El llamado problema de España es el problema americano. Está en litigio nada menos que la supervivencia y la continuidad histórica de España".[240] El

---

239 Por eso mismo llama la atención que no haya referencia alguna a la labor *hispanista* de Alfonso Reyes o Henríquez Ureña ni a sus múltiples estudios sobre las tradiciones españolas en la abarcadora *The Cambridge History of Spanish Literature,* editada por David T. Gies, y publicada en 2004.

240 Debo agradecerle esta referencia a José Ramón González García, de la Universidad de Valladolid. El ensayo de Pérez de Ayala, de 1914, se encuentra en *Tabla rasa*, p. 63.

intelectual socialista y republicano Araquistáin lo planteaba en otros términos. Visitó las islas entre 1926 y 1927, y contó su viaje en un libro que gozó de una recepción favorable en el campo letrado puertorriqueño y cubano, en buena medida por su solidaridad con la lucha contra los latifundios azucareros. Ya en la frase que le sirve de *incipit* declara: "Este libro pretende ser un ensayo de hispanoamericanismo liberal, ni lisonjero ni flagelador por sistema." Poco después revela su marco: "La obra de decadencia política y social iniciada en ese archipiélago por distintas naciones europeas —con excepción de España, la única que mantuvo el predominio de la población blanca— la están completando los Estados Unidos. España europeizó sus posesiones, mientras Inglaterra, Francia, Holanda Dinamarca (y ahora la República norteamericana) africanizaron las suyas, destruyendo los gérmenes de nacionalidad y civilización blanca que llevaron los primitivos pobladores de Europa".[241] Los términos *hispano* y *americano* a menudo suponen un tercero excluido, el mundo indígena o el afroamericano, o el Caribe "no hispánico".

Por otra parte, el *hispanismo* es un campo académico, con sus propias reglas de consagración y jerarquización, que ha estimulado una intensa productividad cultural. Cuenta con saberes especializados, grandes bibliotecas, maestros que se dedican profesionalmente a esa tarea, textos canónicos, y una densa trama de relaciones editoriales y académicas. Su estructura institucional varía considerablemente en tamaño y complejidad. Desde esa perspectiva, habría que hablar, en plural, de *hispanismos*: el francés, el italiano, el alemán, el británico, construidos a partir de tramas culturales relativamente autónomas. En América fue particularmente fecunda la labor realizada por el influyente Instituto de Filología de Buenos Aires, así como El Colegio de México, que

---

241 *La agonía antillana*, cito de la pp. 7 y 11-12. En el mismo libro el autor aboga por acuerdos migratorios con los Estados Unidos que garanticen la presencia española en Puerto Rico: "Uno de los diques de mayor resistencia a la norteamericanización de Puerto Rico es la colonia española [...] Pero la colonia española está llamada a desaparecer [...] Habría un remedio: que el Estado español reclamase de los Estados Unidos un régimen especial para la emigración española a Puerto Rico", pp. 88-89.

nació como La Casa de España en 1938.[242] No deja de ser revelador que lo que sería la primera referencia al término *hispanismo* en un diccionario alude al uso de los extranjeros. El *Diccionario Salvá*, de 1846, lo define de la siguiente manera: "Modo de hablar peculiar de la lengua española, que se aparta de las reglas comunes de la gramática general o que es tan característico de nuestra sintaxis que si un escritor lo emplea en otra lengua, comete un *hispanismo*, así como nosotros incurrimos a veces en galicismos, italianismos, etcétera".[243]

Aquí nos interesa más el *hispanismo* en los Estados Unidos. Su desarrollo ocurrió gracias en buena medida a los intereses económicos y políticos evidentes desde las guerras de independencia, fortalecidos después como consecuencia de los acontecimientos de 1898 y la Primera Guerra Mundial. Como ha demostrado James D. Fernández, en los Estados Unidos en el siglo XIX el interés pragmático en América Latina se desplazó, académicamente, hacia la cultura literaria y artística de España, lo que él llama la Ley de Longfellow.[244] Mientras que los países hispanoamericanos interesaban principalmente por razones políticas y para el mundo de los negocios, "España" se convirtió en el referente privilegiado para quienes se esforzaban por comprender la *cultura hispánica*, ya que tenía la fuerza mítica y simbólica de haber sido el centro del imperio. En el *hispanismo* norteamericano ésa fue la concepción dominante durante mucho tiempo, sostenida también por la obra de Washington Irving (1783-1859) y por la ambivalente visión de William H. Prescott (1796-1859).[245]

---

242 Véase el libro *La lengua española, hoy*, que contiene trabajos de Juan Lope Blanch y otros que condensan bien una discusión de largo alcance sobre las instituciones principales.

243 Vicente Salvá, *Nuevo diccionario de la lengua castellana*.

244 Véase su estudio "'Longfellow's Law': The Place of Latin America and Spain in U. S. Hispanism, circa 1915". Para una excelente síntesis de la importancia del *hispanismo* en la literatura y la vigorosa tradición historiográfica en los Estados Unidos durante la segunda mitad del siglo XIX, véase de Rolena Adorno "Comentarios al ensayo de Peter Hulme", en *El Caribe entre imperios*, pp. 109-127.

245 Sobre la obra de Washington Irving es indispensable el ensayo de Rolena Adorno"Washington Irving's Romantic Hispanism and its Columbian Legacies".

Pero la historia del campo *hispanista* en el siglo XX es mucho más compleja: le debe mucho al flujo de emigrantes de México, América Central y el Caribe, al igual que a la Revolución mexicana. Esa historia se alarga más tarde con los exiliados de la Guerra Civil española y del peronismo en la Argentina. La caída del imperio español dejó a Estados Unidos como la principal potencia en el Caribe, inspirando representaciones literarias muy difundidas. Además, gracias al comercio con las islas del Caribe, al desarrollo de un movimiento anticolonialista, y a la presencia de intelectuales expatriados y a las publicaciones del exilio caribeño, la ciudad de Nueva York era ya desde la segunda mitad del siglo XIX una de las capitales del mundo *hispánico*.

Desde nuestra perspectiva, interesa examinar qué lugar ocupó dentro del conjunto de las políticas públicas que llevó adelante el Estado español de principios del siglo XX.

Veamos algunos testimonios. La obra de Menéndez Pelayo determinó importantes líneas y estimuló múltiples actividades que continuaron durante decenas de años. Inspiró las prácticas del Centro de Estudios Históricos (1910-1939), el dinámico instituto de investigación en humanidades de la Junta para Ampliación de Estudios e Investigaciones Científicas, dirigida por Ramón Menéndez Pidal (1869-1968), cuya amplia obra filológica se empeñó en "contrarrestar el sentimiento antiespañol que pudiera existir en las antiguas colonias y asegurar la

---

Adorno reconstruye la génesis del trabajo de Irving sobre Colón, que obtuvo gran acogida en los Estados Unidos, subrayando la tradición romántica de lengua inglesa que lo marca. Sostiene, además, que ese relato bastaría para darle un lugar especial como uno de los fundadores del hispanismo norteamericano. Más sobre la imagen romántica y "orientalizante" de España en el volumen editado por Antonio Garnica, *Washington Irving en Andalucía*. Las interpretaciones dominantes en los Estados Unidos han sido estudiadas por Richard L. Kagan en su esclarecedor ensayo "From Noah to Moses: The Genesis of Historical Scholarship on Spain in the United States". Kagan hace hincapié en el "paradigma de Prescott", quien pensaba a España como una sociedad incapaz de modernizarse. Aunque destaca enfoques de diplomáticos, intelectuales e historiadores, con suposiciones muy distintas, Kagan sostiene que la visión de Prescott fue la que llegó a imponerse. Coincidía con los intereses geopolíticos y económicos norteamericanos, y, a la vez, permitía la mistificación romántica de España.

lealtad de la élite al proyecto de construcción de una comunidad hispánica *moderna* en la que se reservara un papel central a España".[246] El *hispanismo* marcó profundamente el mundo académico, como se confirma en los casos de Rafael Altamira, Menéndez Pidal, Federico de Onís, Américo Castro, Amado Alonso y sus discípulos. Castro y Onís, además, coincidieron en muchos momentos de su trayectoria personal en los Estados Unidos. Al mismo tiempo, había clara conciencia de la pujanza del *hispanismo* norteamericano. Es revelador que Américo Castro, al final de su vida, recordara haber descubierto la obra del hispanista George Ticknor (1791-1871). Castro relata que descubrió, "allá por 1900, estudiando el preparatorio de Derecho, que la mejor Historia de la literatura del Siglo de Oro era la del norteamericano George Ticknor, traducida y anotada por Gayangos y Vedia".[247]

En la primera y segunda décadas del siglo XX hay otros *principios* de gran importancia en los Estados Unidos, que no responden directamente al Estado, sino a la iniciativa "privada" o gremial. La Hispanic Society of America se había fundado en Manhattan en 1904 con los cuantiosos recursos privados de Archer Milton Huntington (1870-1955). Gracias a las colecciones artísticas, literarias y cartográficas de Huntington, y a su éxito en el reclutamiento de colaboradores españoles, se convirtió en un referente indispensable. Su mecenazgo contribuyó decisivamente a preservar la identidad y la antigüedad de la "alta" cultura española en los Estados Unidos y a la convicción que en esa nueva fase "España" ofrecía sólidos *beginnings*. En un discurso de 1920, a contracorriente de la rebeldía de las vanguardias Onís le asignaba una función simbólica al edificio que abrió sus puertas en 1908 y en el que se restauraba con entusiasmo romántico el sentido espiritual de "España".

---

246 Cito del ensayo de José del Valle, "Menéndez Pidal, la regeneración nacional y la utopía lingüística", p. 111.

247 En *Sobre el nombre y el quién*, p. 163. La obra de Ticknor, *History of Spanish Literature,* en tres tomos, se publicó en 1849. El historiador Pascual Gayangos y Arce (1809-1897) tradujo y revisó la obra, que fue publicada en español en cuatro tomos, entre 1851-1857. A este respecto es interesante la correspondencia *George Ticknor: Letters to Pascual de Gayangos from Originals in the Collection of the Hispanic Society of America.*

Planteaba que con la contribución de Huntington el *hispanismo* norteamericano cambiaba de rostro y de contenido: "su biblioteca y museo constituyen el monumento más grandioso que se ha levantado a España en el extranjero [...] Toda una España ideal, hecha de pedazos reales de España, se levanta en la cima más alta de esta inmensa ciudad de Nueva York, entre Broadway, la gran calle activa que se extiende y se extenderá hasta donde la ciudad llegue, y Riverside Drive, el hermoso paseo que sigue la orilla del río Hudson, grande e imponente como la naturaleza y el alma americanas".[248] Bajo la mirada vigilante de una monumental estatua del Cid, el edificio de la Hispanic Society, entre las calles 155 y 156 de Broadway, perdura hoy como paradigma de cultura elevada, para muchos en contraste con el tejido urbano del barrio *latino* de *Washington Heights* que lo rodea.[249] Por otro lado, la revista *Hispania*, órgano de la Association of Teachers of Spanish and Portuguese, se fundó en 1917, en el marco de los bandos enemigos de la Primera Guerra Mundial. Probó ser capaz de apoyar un esfuerzo editorial a largo plazo.[250] James

---

248 Cito de su "El estudio del español en los Estados Unidos", en *España en América*, pp. 685-687, un discurso que Onís pronunció en la Universidad de Salamanca en 1920. Onís reconocía las tensiones con los hispanoamericanos, quienes eran discriminados a la hora de contratar profesores de lengua: "Todos los días encontramos andaluces, catalanes, centroamericanos o filipinos, que se dicen naturales de Castilla, y, en cambio, hombres cultos de Hispanoamérica a quienes se niega la oportunidad de enseñar su lengua por creerles inferiores a cualquier castellano, vulgar", pp. 696-697.

249 Sobre el coleccionismo de Huntington, su decisivo primer viaje a México, sus viajes a España, su amistad con el pintor Sorolla, y el papel que jugó la Hispanic Society of America, véase el documentado ensayo de Mitchell Codding "Archer Milton Huntington, Champion of Spain in the United States". Archer Milton era hijo de una familia muy adinerada; su padre era Collis Potter Huntington, quien construyó la Central Pacific Railroad. El voluminoso y bello libro *The Hispanic Society: Tesoros*, es la mejor introducción a la biblioteca, las pinturas y otras colecciones. Contiene trabajos de Mitchell Codding, Jonathan Brown y María Luisa López Vidriero.

250 Para el contexto de la Asociación y su revista *Hispania*, véase el trabajo de James D. Fernández, citado antes, "Longfellow's Law: The Place of Latin America and Spain in U. S. Hispanism, circa 1915". En su estudio de la política de *Hispania*, Fernández argumenta que el creciente interés económico

Fernández señala el papel destacado de Lawrence Wilkins en la Asociación y en la revista en la propuesta de reformas educativas encaminadas a mejorar la calidad de la enseñanza del español, que debía, según Wilkins, sustituir al alemán en las escuelas públicas.[251] *Spain in America*: el nuevo reconocimiento de la cultura "hispánica" en los Estados Unidos abría posibilidades de *beginnings* normativos para el *hispanismo* moderno. Se reimaginaba a "España" como el "pasado" prestigioso de la América "latina", y se establecía cartográficamente el territorio cultural.

Es útil plantear los lineamientos generales del proceso. Adolfo G. Posada (1860-1944) daba la pauta, planteándolo como una tarea de persuasión y negociación en el campo intelectual y educativo. Después de su viaje a la Argentina como delegado de la Junta de Ampliación de Estudios, rindió un informe, publicado en 1911, en el que delineaba el proyecto en relación con América Latina, e insistía en la urgencia de incorporar el período "colonial" a las historias nacionales americanas:

> La acción reflexiva, esa acción que tan de menos se echa en el campo de una posible y deseable cultura *hispanoamericana*, tendrá mucho que hacer para precipitar el influjo unificador de la historia ciencia. De una parte urge fomentar el estudio en común de esta historia común: la historia de España en América, y de América en relación con España en el período colonial y en los momentos determinantes de la revolución y de la independencia, hasta conseguir la plena

---

en América Latina hacía muy popular la enseñanza del español, a la vez que España se consolidaba claramente como el lugar privilegiado de la "alta" cultura. Dentro del círculo preciso de estas convicciones, surge y se desarrolla el trabajo de investigación de algunos estudiosos norteamericanos. Un ejemplo importante es ofrecido en el mismo volumen en que aparece el ensayo de Fernández, *Spain in America. The Origins of Hispanism in the United States*, editado por Richard L. Kagan. Ahí Janice Mann establece el marco de los estudios pioneros de Georgiana Goddard King (1871-1939) y A. Kingsley Porter (1883-1933) sobre "el camino de Santiago" y el arte medieval español, llevados a cabo durante la segunda década del siglo XX. Véanse pp. 171-192.

251 Véase su artículo, "Spanish as a Substitute for German for Training and Culture", comentado por Fernández.

y justa incorporación de la historia de la España precolonial, y del período colonial a las historias nacionales americanas [...]²⁵²

En 1917, Federico de Onís obtuvo la certificación que le permitiría cumplir esa función en los Estados Unidos. El éxito que encontró su iniciativa contribuyó considerablemente a la implantación del *hispanismo* en la academia norteamericana. Sin embargo, la Junta para Ampliación de Estudios expresó sin ningún género de reservas la conciencia de la superioridad de los españoles para "encauzar y dirigir" el *hispanismo* en los Estados Unidos. Contaban con las credenciales y el equipaje intelectual requeridos, "con más títulos que los pueblos hermanos", como queda manifiesto en la certificación que recibió Onís:

> El movimiento de interés hacia los estudios españoles crece rápidamente en Norteamérica y en España y no puede sustraerse, sin grave daño para su futura situación en el concierto internacional, a los requerimientos que continuamente se le hacen para que sea ella quien se haga cargo de encauzar y dirigir la corriente hispanista, con más títulos que los pueblos hermanos del continente americano. Los Estados Unidos, dando muestras de esta preferencia han pedido a la Junta recientemente profesores que ya ocupan las cátedras de algunas Universidades (Baltimore, Chicago, San Francisco).²⁵³

La canonización de la literatura española tuvo éxito en los Estados Unidos: el *hispanismo* del siglo XX es inseparable de la producción y las bibliotecas norteamericanas, y de los Hispanic Studies o los Spanish departments. Uno de sus resultados fue la frecuente subordinación de la literatura

---

252 En el ensayo de Miguel Ángel Puig-Samper, Consuelo Naranjo y María Dolores Luque, "Hacia una amistad triangular: las relaciones entre España, Estados Unidos y Puerto Rico", en el volumen *Los lazos de la cultura*, p. 131. Mainer arroja luz sobre la ambigua colaboración de Posada y Altamira en el proyecto cultural anarquista y la lectura obrera. Véase "Notas sobre la lectura obrera en España (1890-1930)", en *La doma de la quimera*, pp. 19-82.

253 *Los lazos de la cultura*, p. 137.

hispanoamericana, tema que aún aguarda un estudio detenido. Esa jerarquización, sin embargo, no se produjo como un desarrollo lineal, sino a través de distintas iniciativas y apoyos contradictorios. El propio Onís se quejaba, por ejemplo, de que la *Antología de la poesía española e hispanoamericana* que publicaría en 1934 —la más significativa después de la de Menéndez Pelayo— no había despertado suficiente interés de parte del Centro de Estudios Históricos. Ahí maneja los mismos argumentos:

> Digo esto porque, aparte de las molestias que contra toda mi voluntad he causado con motivo de la impresión de la *Antología*, me ha parecido notar desde el principio una reserva o indiferencia hacia este ensayo mío de estudio hispanoamericano, que creo está hecho con máxima seriedad y precaución científicas. Creo, además, que es muy propio del Centro y de los tiempos nuevos que el Centro abra el camino del estudio de la literatura hispanoamericana, y creo también que mis puntos de vista hacen resaltar la unidad hispánica frente a tanto error parcial, negativo y separatista como hay en América y España.[254]

Onís se presentaba también como mediador entre los hispanoamericanos y los norteamericanos, reafirmando de ese modo la jerarquía de los *lugares* que instituían el *hispanismo* académico y su propio *lugar*. En una carta publicada en la *Revista de Avance* de Cuba en 1927, anunció la creación de la *Revista de Estudios Hispánicos* (1927-1929), auspiciada por la Universidad de Puerto Rico con la colaboración del Centro de Estudios Históricos de Madrid y Columbia University con el objeto de "dar a conocer en los Estados Unidos la cultura hispanoamericana". Es uno de los mejores resúmenes de esa política. Invitaba a los críticos cubanos a colaborar, y aseguraba que tendrían en la revista publicada en Puerto Rico "el órgano de comunicación con los hispanistas norteamericanos".[255] Onís reclamaba el haber traído a los Estados Unidos "la novedad

---

[254] En el ensayo de Matilde Albert Robatto, "Federico de Onís entre España y Estados Unidos (1920-1940)", en el volumen *Los lazos de la cultura*, p. 244.

[255] En *Revista de Avance*, I, 14, 30 de octubre de 1927, p. 54.

del interés por los otros países de América".[256] En 1955, ya jubilado de la Columbia University, regresó a Puerto Rico, en cuya Universidad ya había un espacio institucionalizado para los "estudios hispánicos" que se había fortalecido con la presencia de los exiliados republicanos. En el prefacio a su libro *España en América*, escribe: "desde mi llegada a los Estados Unidos en 1916 había tenido estrechas relaciones con la Isla, que era entonces, como lo fue siempre, un lugar fronterizo de la cultura hispánica".[257]

Américo Castro fue más abrupto. En una carta que le envió a Onís en 1928, a propósito de la revista hecha en Puerto Rico, hacía más visible la práctica de un *hispanismo* deudor de la dominación norteamericana. Eran indispensables las redes institucionales de universidades y los fondos para los proyectos de investigación y las publicaciones. Castro no tardó en darse cuenta de la necesidad de cooperar —y de competir— con los Estados Unidos, buscando reajustar las relaciones de poder a su favor. El avance del *hispanismo* en los Estados Unidos era un fuerte desafío. La mejor estrategia era aprovechar la oportunidad que brindaba la colaboración con los norteamericanos, sus salarios, y las condiciones favorables de producción y recepción. Por tanto, aconsejaba dejar que ellos financiaran el proyecto, pero "en un sentido favorable a nuestros intereses". La Universidad de Puerto Rico, que nació en 1903 con un nuevo régimen colonial que trascendía las definiciones tradicionales de los Estados-nación, se convirtió en una especie de atractivo laboratorio para esas nuevas y tensas alianzas. Castro creía efectivamente que

---

256 Véase su ensayo "La originalidad de la literatura hispanoamericana", incluido en *España en América*, p. 115. Cito un pasaje: "Muchos de los más grandes escritores norteamericanos de principios del xix —escribe Onís— fueron hispanistas. Lo fueron Washington Irving, Longfellow, Ticknor [...] lo era Prescott, lo era Lowell. Pero el interés de aquellos norteamericanos se dirigía a España [...] cuando llegué a los Estados Unidos, me llevaba el interés personal de acercarme a los países hispanoamericanos. Se presentó entonces el contrasentido de que un español —un europeo— trajo a los norteamericanos la novedad del interés por los otros países de América: los países hispanoamericanos". Se trata de una conferencia pronunciada en Buenos Aires en 1949.

257 Cito de la p. 7.

se podía recomponer todo el campo. Presentó sus propuestas como un verdadero estratega:

> Hay que hacer en cada sitio una cosa distinta: unas cosas en España, otras en Hispanoamérica, y otras en los Estados Unidos. Este último es un campo que sería suicida abandonar. ¿Es que alguien cree que si nosotros no colaboramos con los norteamericanos, éstos van a quedarse quietos? Seguirían haciendo lo suyo sin contar con nosotros, como ya hacen, y la influencia que hemos logrado ejercer para encauzar las actividades hispánicas-norteamericanas en un sentido favorable a nuestros intereses, será siempre una gran ventaja para nosotros. Si los franceses, italianos, ingleses o alemanes lograsen lo que nosotros hemos logrado hacer en la nueva revista, tener una intervención directiva en una obra hecha con medios norteamericanos, se considerarían muy felices; porque no escatiman sus propios medios para propagar su cultura en los Estados Unidos.[258]

Esas expresiones llevan a repensar el carácter colonial del "capital" intelectual del *hispanismo*. Tienen mucho que ver concretamente con los límites del campo en el que actuaban los puertorriqueños. La política de crear en la isla uno de los puntos de concentración apuntalado por viejos y nuevos colonialismos le dio su sello al *hispanismo* académico que se desarrolló en Puerto Rico, en formas que todavía no podemos precisar del todo. Quizás porque su propio desarrollo impidió una discusión a fondo sobre su significado. Sin duda, las declaraciones de Castro ofrecen otra dimensión para comprender mejor la importancia de

---

[258] Citado en el ensayo de Naranjo y Puig-Samper, "Relaciones culturales entre el Centro de Estudios Históricos de Madrid y la Universidad de Puerto Rico", en *Los lazos de la cultura*, p. 177. Véase, además, el importante ensayo de Américo Castro "El movimiento científico en la España actual", de 1920. En él resume la importancia de la autoridad alcanzada por la Junta para la Ampliación de Estudios (1907), y la obra de Menéndez Pidal y sus discípulos. Se trata más bien de un "informe" dirigido a la academia norteamericana, y de una declaración de su afiliación a la tradición liberal del "sacerdocio laico" de Francisco Giner de los Ríos (1843-1895), "quien persiguió fines muy determinados en cuanto a la reorganización de la cultura nacional", p. 187.

la *transición* y la "doble lealtad" que veíamos en la obra de Pedreira. Se podría trazar, además, un paralelo con la historia del perfil arquitectónico de la Universidad de Puerto Rico. En esos mismos años la Universidad fue asumiendo su identidad según el modelo del *revival* español llevado a cabo de acuerdo con los planes de arquitectos norteamericanos en colaboración con puertorriqueños formados en los Estados Unidos.[259]

La historia del *hispanismo* fue dramáticamente transformada por la Guerra Civil en España y la Segunda Guerra. Castro, al igual que muchos otros intelectuales europeos, encontró refugio en los Estados Unidos, y en años posteriores ocupó una cátedra en la Universidad de Princeton. Era un momento de viraje, y fue una época enormemente fértil, y logró una reputación considerable en la academia norteamericana. Su historiografía cobró nueva vida en el exilio. Ya en 1936, Castro escribía: "comencé a darme cuenta de nuestra ignorancia acerca de nosotros mismos; ni sabíamos quiénes éramos ni por qué nos matábamos unos a otros".[260] A pesar de ello, o quizás a causa de ello, rechazó la existencia de "España" como una identidad permanente e impermeable a la coexistencia de "moros, judíos y cristianos". Escribió su célebre libro con la convicción de que se trataba de una cultura "que a la vez se afirma y se destruye en una continuada serie de cantos de cisne".[261]

---

259 Ese desarrollo refleja plásticamente un análogo entramado del proceso y en las partes envueltas. Véase el excelente trabajo de María Luisa Moreno, "El campus de la Universidad de Puerto Rico: apropiación y amalgama formal en su arquitectura (1903-1940)", en *Hispanofilia: Arquitectura y vida en Puerto Rico, 1900-1950*, pp. 157-203. Moreno estudia los protagonistas, las fuentes y las filiaciones arquitectónicas, y hace una lectura de las fachadas y de los problemas espaciales y constructivos. Entre 1937 y 1939 se construyó la Torre que le dio identidad al campus de Río Piedras, diseñada por el arquitecto William Schimmelpfennig, una amalgama de "la mirada romántica y nostálgica de la España islámica, y renacentista... está presente Salamanca, y también el *memorial tower* con carillón del *Ivy League*; está presente el azulejo morisco junto con la terracota vidriada de Nueva York", p. 187.

260 *Sobre el nombre y el quién*, p. 46.

261 Su *España en su historia: cristianos, moros y judíos* se publicó precisamente por Losada, en Buenos Aires, en 1948. Cito de la p. 21. En el prólogo le agradece a

Es importante hacer notar que ni Castro ni Onís, ni los republicanos exiliados tenían nada que ver con la *hispanidad* del discurso del régimen franquista. Con su *Antología*, Onís no sólo canonizó a Darío como iniciador de la modernidad poética de lengua española, sino que reconoció inequívocamente que el modernismo representaba "la plena independencia literaria" de América. A la vez, concluyó su "introducción" reafirmando la "comunidad de su fondo español".[262] Castro, por su parte, no se cansó de repetir que la "historia escrita de los españoles ha sido sometida a un estatuto de 'limpieza de sangre'".[263] Sin embargo, en Princeton, según el testimonio de Vicente Lloréns (1906-1979) —quien fue profesor en la misma universidad— le irritaba quedar colocado en un discreto segundo plano. Se encontró en "un mundo universitario donde lo español como valor cultural contaba poco, en contraste con la estimación que gozaban otras culturas europeas".[264]

No obstante, y a pesar de la considerable distancia con la *hispanidad* franquista, la convicción de la superioridad de la cultura española acompañó a muchos de ellos. Baste recordar que Castro se mostró fuertemente normativo en textos como *La peculiaridad lingüística rioplatense* (1941), que fue objeto de la ironía demoledora de Borges en su célebre "Las alarmas del doctor Américo Castro".[265] Y aun después, en "El escritor

---

María Rosa Lida de Malkiel, Ana María Barrenechea y a Frida Weber de Kurlat la ayuda en la preparación del libro. Tiene razón Subirats cuando observa: "La obra de Castro debe contemplarse bajo el aspecto central de su descubrimiento de un diálogo entre las tres culturas históricas españolas, la judía, la árabe y la cristiana", en *Después de la lluvia*, p. 188. Pero hay que subrayar que Castro sólo veía en América la proyección del mundo "español".

262 Cito de su *Antología*, pp. xxiii y xxiv.

263 *De la edad conflictiva*, p. 111.

264 Cito de su artículo, "Américo Castro: los años de Princeton", en *Aspectos sociales de la literatura española*, pp. 170 y 172.

265 Se publicó primero en la revista *Sur* en 1941, y luego lo incluyó en su libro *Otras inquisiciones* en 1960. Véase la bibliografía en el volumen *Borges en Sur, 1931-1980*. James Fernández trata el tema en "Las Américas de Don Américo: Castro entre imperios". Fernández se refiere al contexto de los exiliados de la Guerra Civil, pero ya hemos visto que tras las "alarmas" de Castro hay

argentino y la tradición"—publicado en 1953 e incluido en la reedición de su libro *Discusión* (1957)— Borges reafirmaría su disidencia: "la historia argentina puede definirse sin equivocación como un querer apartarse de España, como un voluntario distanciamiento de España".[266] La guerra no parece haber arrastrado consigo un cambio fundamental en la visión que Castro tenía de lo hispanoamericano. En su último gran libro de 1962, defendió con vigor la *continuidad* de la "comunidad española" establecida en las islas por la monarquía católica, integrando épocas contradictorias y afirmando una sola identidad: "Los habitantes de Cuba, Santo Domingo y Puerto Rico se sentían en 1800 tan españoles como los de las islas Canarias o los de Sevilla. Pese a evidentes diferencias regionales, quienes poseían un mínimo de cultura sabían que su unidad política y sus medios de conducirse en la relación con sus conciudadanos, fueran isleños o peninsulares, eran resultados de los designios y de las acciones de quienes, siglos atrás, habían preparado su actual presente en forma continua y sostenida".[267] En su visión de las últimas colonias del Caribe, con su continua totalización, reaparecía el Imperio.

En ese sentido, un ejemplo tardío de Federico de Onís ilustra bien la persistencia de lo hispánico como fundamento cultural del mundo antillano. Onís intervino destacadamente en la recepción crítica del poeta puertorriqueño Luis Palés Matos. En su notable edición de la *Poesía* (1957) de Palés, Onís se mostró ansioso por "corregir" el término "afroantillano" empleado por el poeta. Los poemas incluidos en el libro, el

---

una larga historia. También el libro de Christopher Britt-Arredondo, *Quixotism: The Imaginative Denial of Spain's Loss of Empire*, tan sugerente en tantos aspectos, sobre todo el "Supplement", "Don Quixote in Exile and Spain's Ex-colonies", pp. 179-207. Britt vuelve sobre la trayectoria de Castro, antes y después de la Guerra Civil, y comenta su ensayo *La peculiaridad lingüística rioplatense*.

266 Cito de *Obras completas*, t. I, p. 271.

267 En la segunda edición renovada de *La realidad histórica de España*, p. 135. Castro agrega: "Todos pertenecían a la comunidad española, porque ciertas personas de autoridad y prestigio —los reyes de Castilla, de Aragón y luego de España— habían unido a sus antepasados bajo una fe humano-divina, y los habían lanzado a altas empresas más allá de las tierras de la metrópoli", pp. 135-136.

Tuntún de pasa y grifería (1937) de Palés Matos coincidían con el redescubrimiento de las tradiciones estéticas y políticas del mundo afroamericano por artistas e intelectuales europeos y norteamericanos. El libro constituyó una provocación para los alarmados defensores de la hispanidad antillana. Con tono que él mismo llama "contundente", Onís declara: "Mi disentimiento español —¿cómo no?— es con el subtítulo. Lo de *afroantillano* tan usado siempre me ha parecido tan inexacto y falso como si se dijera *hispanoantillano*".[268] Onís concluye disolviendo el carácter provocador del libro y sus vínculos específicos con las vanguardias. En su estudio, reinscribió la poesía afroantillana en la tradición clásica española de Lope de Vega y Góngora, en la "España universal del siglo XVI, en la que también había negros".[269] Pero dejaba intacto precisamente la especificidad de su poética afroantillana y la larga herencia esclavista que desafiaba ese pretendido universalismo. Onís, como Menéndez Pelayo, estaba dominado por la convicción de que España seguía siendo el sujeto legítimo de esa historia.

IX

Por ser una de las últimas "posesiones" españolas, por su prolongada subordinación política a los Estados Unidos, y por el lugar que ocupa en los *principios* del hispanismo, Puerto Rico merece que volvamos a la *Historia* de Menéndez Pelayo. A pesar de la *continuidad* postulada en la *Historia*, Puerto Rico emergía como una zona capaz de infringir las reglas del orden de los libros. Figura como una zona silenciosa, perdida en el complejo entramado político-cultural-institucional de la ciudad letrada. Cuando Menéndez Pelayo escribe sobre Puerto Rico, comienza con un dudoso homenaje. El perfecto estado de naturaleza era la marca de nacimiento que a la vez descalificaba la isla. Con piadoso desdén, Menéndez Pelayo declaró que sus habitantes no ocupaban el mismo

---

268 Cito de la introducción a su edición de *Poesía*, de Palés Matos, p. 34.

269 *Ibid.*, p. 35.

edificio que otros en su *Historia*. El *incipit* de ese capítulo es lo opuesto de los que destacamos en el caso de México o el Perú: "La pequeña y pobladísima isla de Borinquen, cuya tranquila prosperidad en los tiempos modernos contrasta con el infelicísimo destino de Santo Domingo, pertenece al número de aquellos pueblos afortunados de quienes puede decirse que no tienen historia".[270] Su "Puerto Rico" carece de acontecimientos y de literatura, y se le asigna más bien un *no lugar* debido a la "ausencia de tradiciones literarias durante tres siglos". El entero marco de referencia de la *Historia* de Menéndez Pelayo se expresa en esa frase. Se trata de pueblos sin escritura, y, por consiguiente, sin memoria, sin historia, y sin centro, convirtiéndolos en objetos opacos y misteriosos. De ello resulta una situación paradójica que contradice el modelo letrado: una tierra de Nadie que produce una quiebra argumentativa o un lugar de prohibición. No obstante el deseo de simular su inexistencia, o el aparente desinterés en contar la historia, algo es nombrado.

La isla se sitúa en la lejanía de la frontera; no una ciudad alfabetizada, sino una imagen de *finisterre* que parecía subvertir la estabilidad construida en la *Historia*. Además, y en contraste con lo que hace en otros capítulos cuando habla del siglo XIX, Menéndez Pelayo no reconoce como interlocutores a críticos como Hostos, Betances o Brau. La *diferencia* puertorriqueña reside en el *no ser*, una entidad sin pasado, estrictamente cortada a la medida del sujeto de la enunciación. La isla, "traída a la civilización por aquel romántico viejo Juan Ponce de León que se perdió por las soledades de la Florida buscando la fuente de la Juventud", era a la vez geografía y ficción que inventaron sus viajeros, nutrida tanto de los mitos de hallazgos como de sus fracasos.[271]

Los estudiosos puertorriqueños del siglo XX se han encargado, con una pasión semejante, de desmentir a Menéndez Pelayo en cuanto a las "ausencias de tradiciones literarias". Incluso si comparamos lo que escribió el abolicionista puertorriqueño Alejandro Tapia y Rivera (1826-1882), veremos una diferencia muy grande. En 1854 Tapia publicó la primera *Biblioteca histórica de Puerto Rico*, en la cual lamentaba que

---

270 *Historia*, t. I, p. 325.

271 *Ibid.*

los conquistadores habían "dejado en la oscuridad los antecedentes del país". Pero precisamente su *Biblioteca* fue concebida para construir una *tradición*, para "buscar en el laberinto de los documentos de oficio y en la correspondencia particular de la época el hilo que, cortado a trechos, puede guiarle en su trabajo".[272]

Por otra parte, hay quizás una verdad que no está tanto en lo que Menéndez Pelayo dice como en lo que calla o sugiere. En contraste con la estabilidad que celebraba en los virreinatos, muchos habitantes de las fronteras caribeñas estaban siempre en movimiento centrífugo, *cimarrón*, con frecuencia *entre imperios*, destinados a no dejar apenas rastro que pudiera archivarse. No había manera de oír sus voces, y no siempre eran pensables en relación con la letra impresa. Su retirada de la Historia era un desafío interpretativo. ¿Cómo registrar y estudiar la expresión poética efímera de una comunidad caracterizada por formas específicas de la oralidad que poco tienen que ver con el libro, es decir, con el producto más emblemático de la cultura letrada? Conocemos mejor, por ejemplo, el Puerto Rico dominado por el Estado colonial y sus instituciones, pero conocemos mal la vida de esas comunidades que con una metáfora extendida se han llamado "cimarronas". Con un razonamiento sociológico, Ángel Quintero Rivera ha observado que esa sociedad estaba compuesta de fugitivos, indios, esclavos y europeos dispuestos a sobrevivir lejos del Estado, apartados de los lugares que exponen a los individuos a la mirada "oficial".[273] Los individuos no querían aparecer en los archivos del Estado.

La distancia no implica, por supuesto, carencia de voz. De hecho, podría decirse que la imagen de España que perduró en Puerto Rico y en sus emigraciones del siglo xx, fuera de los círculos de la élite y sus proyectos de restauración cultural, fue una España muy reducida

---

272 *Biblioteca histórica*, pp. 15 y 17.

273 En su ensayo "La cimarronería como herencia y utopía", ampliado y reelaborado en *Salsa, sabor y control. Sociología de la música tropical*, y en *Vírgenes, magos, escapularios*. José Juan Pérez Meléndez, en un inteligente trabajo aún inédito, "Naming the Maroon", trata no sólo los silenciamientos, sino también cómo la categoría misma de *cimarrón* ha generado diversas —y contradictorias— articulaciones de la historiografía del siglo xx.

y remota. Esa España "de memoria" vivía perdurablemente, pero en escala minúscula, en manifestaciones como las bellas tallas de madera de los santos puertorriqueños, y en la tradición eminentemente oral de las décimas —derivadas del romancero español—, que exigían la palabra memorizada del trovador. Las décimas y los santos, llevados y traídos a través del tiempo y del espacio hasta Nueva York o Chicago, traslucen la huella de *las culturas hispánicas* —en plural—, culturas y experiencias históricas híbridas que entretejen sus fronteras, e inventan y fabrican rituales.[274] Por otra parte, testimonian la precaria autonomía de las zonas periféricas del Estado colonial. Como ha observado Homi Bhabha, las prácticas culturales "cimarronas" se enriquecen "con estrategias de hibridez, deformación, enmascaramiento e inversión".[275] En las fronteras del Caribe las prácticas de convivencia y las formas de identificación cultural problematizaban a la vez la autoridad y la alteridad del modelo: no correspondían a la legalidad impresa de la cultura letrada defendida por Menéndez Pelayo.

En ese sentido es muy productivo volver a la gran *Historia geográfica, civil y natural de la Isla de San Juan Bautista de Puerto Rico* de fray Íñigo Abbad y Lasierra (1745-1813), la primera historia de Puerto Rico, publicada originalmente en 1788 en Madrid. El texto de fray Íñigo fue citado por Menéndez Pelayo, pero no se detuvo a comentarlo, y apenas menciona las importantes "notas" del puertorriqueño José Julián Acosta a la edición de 1866.[276] Una lectura atenta conduce a temas de

---

274 Las zonas marginales del imperio exigen más estudio, aunque ofrecen toda clase de dificultades. Como ha observado Nicholas Thomas, las descripciones específicas pueden iluminar las formas diversas de las prácticas colonizadoras tanto como las anticolonialistas, que sólo se pueden trazar en sus expresiones particulares y concretas. Véase su libro *Colonialism's Culture: Culture, Anthropology, Travel, Government*, pp. IX-X.

275 Remito a su trabajo "DiseminNación", incluido en *El lugar de la cultura*. Cito de la p. 181.

276 Lo cita en *Historia*, tomo I, p. 330. Menciona también que ha sido "continuada y anotada con sólida erudición en nuestros días por D. José Julián Acosta". Pero no dice que Acosta era un destacado abolicionista y que en sus "notas" formula sus críticas a la esclavitud y a la censura colonial. Las extensas "notas" de

gran riqueza. No sólo para cuestionar la *Historia* excluyente de Menéndez Pelayo, sino para ver cómo se construía otra sociedad en los bordes del imperio, una sociedad basada en la plantación y la contra-plantación, en la esclavitud y en la cimarronería, en la adaptación a nuevos entornos. A los ojos de fray Íñigo, las múltiples y peculiares mezclas son tan centrales como las discontinuidades, y hay una voluntad de dignificación de la marginalidad. Se detuvo a describir cómo al actuar recíprocamente unos sobre otros, los europeos, indios y africanos producían lazos firmes de complicidad que tienden a borrar las diferencias entre colonizadores y colonizados:

> Los europeos de diferentes naciones que se han establecido en esta Isla, la mezcla de éstos con los indios y negros y los efectos del clima que obra siempre sobre los vivientes, han producido diferentes castas de habitantes, que se distinguen en su color, fisonomía y carácter. Verdad es que mirados en globo y sin reflexión, se nota poca diferencia en sus cualidades, y sólo se descubre un carácter tan mezclado y equívoco, como sus colores; efecto sin duda de los diferentes mistos de los transmigrados, que han comunicado con la sangre su color y pasiones a sus descendientes en este país. Los primeros españoles que se establecieron en esta Isla, corrigieron en parte el carácter de los indios, tomando de éstos al mismo tiempo el modo de vivir, alimentarse y alojarse, dejando mucha parte de las costumbres de su educación con su trato y mudanza de clima [...][277]

Acosta forman casi otro libro paralelo. Puede consultarse la introducción de Gervasio L. García a la nueva edición de la *Historia geográfica...*: "Historiar bajo censura: La primera historia puertorriqueña", pp. 9-31. "Las "Notas" de Acosta", escribe García, "constituyen un acto paralelo que se yuxtapone al principal y en ocasiones se desvía del modelo. Este gesto editorial (en todo el sentido de la palabra, pues Acosta no sólo anotó la obra de Abbad sino que la imprimió en su propia imprenta) mostró una de las construcciones de la memoria y la identidad posibles en la sociedad colonial", p. 9.

277 Cito por la edición publicada por Doce Calles, que contiene el estudio introductorio de García y las notas de Acosta, p. 493.

La discontinuidad espacial de una comunidad semiclandestina hace difícil la cartografía del territorio cultural. La lealtad al Estado de esa comunidad era bastante confusa, a pesar de su importancia estratégica de frontera. Muchos dejaban atrás todo, porque era necesario ocultarse, y se deslizaban furtivamente hacia otro lugar. Gyan Prakash llama la atención a las mezclas creadas en las zonas fronterizas de los imperios, en territorios poco o escasamente controlados, que obligaban a un reordenamiento de la línea divisoria entre colonizador y colonizado.[278] El dinamismo del contexto histórico y social escapa al historiador por la falta de documentos escritos. Su historia en efecto no existe —o es irrepresentable— hasta el momento en que se les plantea cierto tipo de preguntas. En la *Historia* de fray Íñigo, los habitantes de Puerto Rico sí dejan frágiles recuerdos. Lo que llama la atención es su disponibilidad para la fuga, protegidos y a la vez desamparados por su misma insignificancia. En algunos capítulos aparecen como los migrantes que describe Lévi-Strauss en *Tristes tropiques* (1955), quienes recordaban de dónde venían pero a la vez aceptaban que ya no les era posible vivir allí. Precisamente el *métissage* sería un viaje en el que hay cambio, pero no olvido; fue lo que también ocurrió con la enorme migración puertorriqueña del siglo xx. En el relato de fray Íñigo hay alguien que se niega, es decir, un sujeto que actúa con sus propios afectos y deseos. La vida podía *recomenzar* gracias a la rápida fuga. Ahí hay otra poética narrativa, y otro posible mito de origen. Implícitamente, reconocía el aislamiento respecto de España y el fuerte atractivo de las riquezas naturales. El lector percibe en el texto de fray Íñigo que algunos aspectos de la vida en la isla fueron cautivándolo, fascinación que lo lleva a describir con profusión de detalles:

> Con la misma facilidad emprenden sus viajes de mar o tierra; con una canoa y un racimo de plátanos se pasan a cualquiera isla que diste cuarenta o cincuenta leguas. Van por las islas desiertas: allí cogen marisco, encienden fuego, recogen agua, y en viendo el mar en bonanza pasan a otra, hasta llegar a su destino. No son más

---

278 Véase su introducción al volumen *After Colonialism: Imperial Histories and Postcolonial Displacements*, p. 3.

próvidos en las jornadas de tierra: no hay una posada ni venta en toda la isla; pero los reciben en cualquiera casa a donde llegan aunque sólo en caso de lluvias buscan este refugio. [...]²⁷⁹

El autor también se refiere a los desertores españoles, quienes parecían gozar de la confianza inmediata de los isleños. Fray Íñigo no convierte al desertor en figura de la infamia. A medida que leemos su relato podemos ir entretejiendo los hilos de una tradición poco "heroica" pero rica en otras valoraciones. A través de la descripción de las costumbres y los códigos sexuales, descubre cuánto se valoraba lo "español" en la remota colonia, cómo se trataba de "mejorar la raza" y se formaban los "corsarios" y "contrabandistas". Cuando describe la población de Aguadilla, intenta una cuidadosa consideración de la experiencia de la continua absorción de prófugos:

> Lo más admirable es la buena acogida que encuentran estos prófugos de su patria en los isleños. Ellos los ocultan en los montes, hasta que se ausenta la flota; los recogen en sus casas, los alimentan con franqueza y con una facilidad increíble les ofrecen sus hijas por esposas, aun cuando no tengan más bienes que la pobre ropa que llevan a cuestas [...] Estos nuevos colonos faltos de medios para subsistir honestamente se echan a contrabandistas, corsarios y vagos, de que hay muchos en esta parte [...]²⁸⁰

Ante ese mundo fronterizo, tendríamos que plantearnos la necesidad de repensar las fuentes letradas. ¿Qué tipo de documento nos permitiría estudiar una cultura rica en improvisaciones, en la que la oralidad es tan central? La no historicidad de "Puerto Rico" pone de manifiesto el

---

279 *Historia geográfica...*, p. 503. Resulta interesante constatar que para Paul Gilroy, empeñado en la crítica de las concepciones estáticas y eurocéntricas de la "cultura", el cronotopo del "barco" sea central para subrayar la movilidad y el intercambio de culturas. Véase su libro *The Black Atlantic: Modernity and Double Consciousness*.

280 *Ibid.*, p. 318.

conflicto en el archivo letrado de Menéndez Pelayo y su narrativa.[281] El "silencio" de la isla definía una encrucijada: una cultura sin escritura apuntaba a una larga *otredad* recíproca. Lo suprimido era el "enemigo íntimo", lo dicho y lo no dicho que daba origen al discurso mismo. Por otra parte, no puede dudarse que esos olvidos son selectivos: hay "rastros" más prestigiosos que otros. En este punto es también necesario reconocer que hay formas culturales y un mundo de afectos y de códigos que se escapan de la mirada teórica del analista moderno. Por consiguiente, algunas zonas permanecen a oscuras e ininteligibles, sin que se haya encontrado un discurso para ellas.[282]

***

Siempre falta algo en las palabras de la tribu, como saben los poetas. En las guerras interpretativas, la palabra "hispano-americano" arrastra una ambigüedad constitutiva, pero lo que estaba en cuestión era mucho más que una simple mutación terminológica. El discurso totalizador de Menéndez Pelayo encontró aliados en América hasta bien entrado el siglo XX. Pero aun esas alianzas se desplegaron en un campo cargado de tensiones. Las mismas palabras obligaban a pensar significados distintos, o aludían a comunidades opuestas. Así lo demuestran los nombres

---

281 Para una reflexión sobre la incorporación de las prácticas orales en el campo letrado, son de consulta imprescindible el libro de Cornejo Polar, *Escribir en el aire*, y el volumen *Cultura escrita y oralidad*, editado por David Olson y Nancy Torrance. Véase además el ensayo de Ricardo J. Kaliman: "Buscando la consecuencia de la incorporación de la oralidad en los estudios literarios hispanoamericanos", en *Asedios a la heterogeneidad cultural*.

282 Son palabras de Dipesh Chakrabarty, al plantearse el problema de los límites de la mirada externa: "¿Por qué la historia cultural se apodera de una práctica en particular —especialmente si es cruel o violenta— y elabora muchos de sus propios temas en torno a ella? Ésta es una pregunta a la cual no puede responderse a través de las ciencias sociales. Me parece que es también dentro de este sentido literal que las prácticas culturales poseen un lado *oscuro*. No podemos penetrarlas con la mirada, no del todo". En "Modernity and the Past: A Critical Tribute to Ashis Nandy", en *Habitations of Modernity: Essays in the Wake of Subaltern Studies*, pp. 45-46 (la traducción y el énfasis son míos).

que se dieron a sí mismos los habitantes de los territorios coloniales en distintos momentos de su historia. Más aún: entre los pliegues discursivos y los inevitables "malentendidos" de lo "hispanoamericano", "España" se volvió especialmente remota en las viejas y centrífugas colonias antillanas, es decir, "provincializada".

Así como no hay ningún *comienzo* claro, dice Said, tampoco hay un *final* definitivo. Asumirse como frágil negación del objeto histórico es precisamente lo que han hecho algunos escritores caribeños contemporáneos en sus poemas y narraciones. Por ejemplo, el cubano Antonio Benítez Rojo, quien vuelve a la vieja metáfora del náufrago. En su libro *La isla que se repite*, un libro indisociable de la fuga como práctica definitoria del Caribe, el título mismo convoca a una suerte de exorcismo de cualquier noción estable de identidad u origen. Benítez Rojo lo condensa en una melancólica imagen: un texto muy singular, inscrito en un cuerpo devuelto a la orilla por la resaca. La desnudez y los tatuajes son señales indelebles: "Todo caribeño, al final de cualquier intento de llegar a los orígenes de su cultura, se verá en una playa desierta, solo y desnudo, emergiendo del agua salada como un náufrago tembloroso, sin otro documento de identidad que la memoria incierta y turbulenta inscrita en las cicatrices, en los tatuajes y en el color mismo de su piel".[283] En esas condiciones, es forzoso volver a empezar.

---

283 *La isla que se repite*, p. 241.

CAPÍTULO 2

Pedro Henríquez Ureña (1884-1946): la tradición y el exilio

> "Ninguna revolución deja de recibir
> la herencia del régimen que cae".
>
> PEDRO HENRÍQUEZ UREÑA (1935)

I. Fundaciones

El intelectual dominicano Pedro Henríquez Ureña fue el gran artífice del concepto moderno de la *cultura hispanoamericana*. Se comprometió vitalmente a construirlo, definiendo un campo y asegurando su estatuto. La necesidad de *fundación* y la construcción de un relato de *beginnings* fueron para él centrales. Como para Menéndez Pelayo, la *tradición* para Henríquez Ureña no era sólo el acto de transmisión, sino una herencia que imponía obligaciones. Era también una trama que tenía sus *comienzos* en la *colonia*. Pero las diferencias filosóficas y políticas entre ambos son importantes. Henríquez Ureña se identificó con la tradición del intelectual *moderno*, ilustrado, mientras que Menéndez Pelayo se enorgullecía de su filiación católica e imperial. El autor de la *Historia de los heterodoxos españoles* era un prominente antiliberal. Henríquez Ureña era un liberal, formado precisamente por la tradición americana y modernizadora desdeñada por Menéndez Pelayo. La cuestión no es simple, y se presta a toda clase de reduccionismos. Desde su liberalismo, por ejemplo, Henríquez Ureña miraba con recelo las vanguardias estéticas y políticas del siglo XX. Y ambos excluyeron el mundo afrocaribeño de sus descripciones culturales. Una de las intenciones de este trabajo es examinar la cuestión más detenidamente. La analogía que propuso Michel de Certeau es aquí muy oportuna. El heredero moderno debe cambiar la partitura: "en el sentido en que el organista cambia la partitura que se le dio cuando le asigna una tonalidad diferente; nada lo delata en su juego, fiel a las notas escritas, a no ser por el registro que ha marcado, única indicación visible de la transposición que opera".[284]

Hay que subrayar, sin embargo, una diferencia que tuvo consecuencias teóricas y prácticas significativas. En contraste con Menéndez Pelayo, Henríquez Ureña fue un intelectual sin Estado firme, es decir, no contó con la protección y los privilegios que caracterizan a la *ciudad letrada* descrita por Ángel Rama. Más aún, vivió poco en la República Dominicana. Su vida fue un *viaje*, con sus descubrimientos y riesgos, primero cuatro años en Nueva York, varias estancias en Cuba, luego en México, después cuatro años en Minnesota, en cuya universidad fue profesor, y finalmente veinte años en la Argentina. En Cuba publicó su primer libro, *Ensayos críticos*, en 1905, y sus libros póstumos se publicaron en México. Nunca se expresó sobre el exilio como un acto heroico, pero llegó a ser la experiencia determinante en su vida, y a ratos con cortes desgarradores. Al elaborar sus linajes literarios tuvo siempre presente la larga tradición del exilio, que lo llevó a una considerable ampliación de su territorio y al enfrentamiento con los nacionalismos. Era también su coraza protectora, un *habitus* adquirido en la tradición dominicana. Esa otra *tradición* estaba representada, entre otros, por figuras caribeñas que admiró: Eugenio María de Hostos y José Martí. Cuando en *Las corrientes* escribe sobre los románticos en la América hispánica, es evidente su afiliación: "desterrados políticos, término que significaba exactamente lo contrario de desterrados de la sociedad, puesto que demostraba la parte que tenían en la vida pública y la comunidad. Y su obra, como sabemos, fue con frecuencia una forma de servicio público".[285]

---

284 En *La toma de la palabra y otros escritos*, p. 48.

285 Cito de *Las corrientes*, p. 131.

La palabra *busca* es una de las *keywords* de su vocabulario crítico, antes y después de la publicación de los *Seis ensayos en busca de nuestra expresión* (1928). El deseo de sostener la continuidad de la "cultura" le imprimió fuerza a su análisis, pero también revela profundos dilemas. Su *busca* le permitía "corregir" las heterodoxias que ponían en peligro la integridad de la *tradición*. En 1935, en su reseña de la *Antología de la poesía española e hispanoamericana* de Federico de Onís, esbozaba su propia definición de la historia literaria ideal. Al hacer el elogio del antólogo, resumía su programa: "Las indicaciones bibliográficas son copiosas y exactas [...] Onís se muestra el gran crítico que realmente es: seguro y fácil al recorrer las épocas, al describir tendencias y movimientos, al señalar innovaciones y reminiscencias; hondo y agudo al definir la personalidad de los poetas, con fina sensibilidad para rastrear la huella de la vida en la obra".[286] En ese mismo escrito hay una afirmación que corre el riesgo de pasar inadvertida, y que no debería serlo porque condensa la visión de la cultura que nutrió los trabajos y las prácticas de Henríquez Ureña: "Ninguna revolución deja de recibir la herencia del régimen que cae".[287] Es casi imposible caracterizar con mayor economía su pasión por la *continuidad* y sus reservas muy modernas ante el *progreso* y las vanguardias. Era un *principio*.

Su profunda influencia en el desarrollo del *hispanismo* se debe a sus ensayos y a sus múltiples intervenciones como antólogo, traductor y organizador. Henríquez Ureña se refirió con frecuencia a las "tablas de valores", al rigor con que había que ejercer la selección para fijar un canon nacional e hispanoamericano: "Con sacrificios y hasta injusticias sumas es como se constituyen las constelaciones de clásicos en todas las literaturas", escribió en los *Seis ensayos*.[288]

---

[286] Esa importante reseña sobre la canónica *Antología de la poesía española e hispanoamericana (1882-1932)* de Onís, se publicó en *La Nación* de Buenos Aires en mayo de 1935. Puede leerse ahora, con el título "Poesía contemporánea" en las *Obras completas*, tomo VII, pp. 39-43. Cito de la p. 43.

[287] *Ibid.*, p. 40.

[288] En el ensayo titulado "Orientaciones"; cito por la primera edición, p. 41.

La fuerza de su legado se debe también al diálogo directo que mantuvo a lo largo de su vida con otros intelectuales y a los lazos de amistad. Ya en 1928 Xavier Villaurrutia (1903-1950) escribía que su obra y su persona eran una fuente de inspiración. A los veinticinco años, el joven poeta mexicano le rendía homenaje: "Hablar con él, leer sus obras, considerar sus cartas o contestarlas es siempre un incentivo, una invitación a poner en juego los resortes del espíritu." Villaurrutia supo escuchar esa voz, que era, añadía, la de "un hombre dueño de varios siglos de cultura y de unos ojos nuevos para verla".[289] Un año después, José Carlos Mariátegui (1894-1930) —quien había fundado la revista *Amauta* en 1926— en un penetrante comentario a los *Seis ensayos en busca de nuestra expresión* se identificaba con las pautas interpretativas que encontró en el libro. Mariátegui parecía incorporar a su propio proyecto el "materialismo" que descubría en Henríquez Ureña: "El arte y la literatura... no son categorías cerradas, autónomas, independientes de la evolución social y política de un pueblo. Henríquez Ureña se coloca a este respecto en un terreno materialista e histórico".[290] El cubano José Rodríguez Feo, quien entonces tenía veinte años y estudiaba en Harvard, lo conoció en 1940 cuando Henríquez Ureña daba las conferencias Charles Eliot Norton, y entablaron una buena amistad. Años después recordaba que "indirectamente Pedro tuvo un poco que ver con la aparición de *Orígenes*, que en 1944 fundamos Lezama y yo. Desde Buenos Aires, Pedro me envió las colaboraciones de los mejores escritores argentinos y sus consejos guiaron los primeros intentos por hacer de *Orígenes* una revista de verdadera calidad".[291]

Hay que apreciar en todos sus alcances estas valoraciones. Henríquez Ureña servía de sostén a una "especie de ética de la renovación", para citar la caracterización que él mismo ofreció del libro *Motivos de*

---

[289] En su texto "Un humanista moderno". En Henríquez Ureña, *Ensayos*, Colección Archivos, pp. 731-732. Se publicó originalmente en la revista *Contemporáneos*, 7, diciembre de 1928.

[290] Sobre *Seis ensayos en busca de nuestra expresión*, en *Ensayos*, Colección Archivos, p. 730.

[291] Cito del prólogo a su *Selección* de textos de Henríquez Ureña, p. xiv.

Proteo (1909) de su maestro Rodó, *renovación* que encontramos una y otra vez en la articulación de su discurso. Alfonso Reyes (1889-1959), uno de sus grandes amigos, habló a menudo de la marca que dejó en él: "Su conversación era una mayéutica constante: sacaba el alma afuera a sus interlocutores y desagradaba a los necios. Lo enfrentaba a uno consigo mismo"; vivía en "la tradición, la gran tradición de las letras y la cultura, y ocupa un sitio único en la crítica hispanoamericana y en los fastos de la lengua española".[292]

En efecto, Henríquez Ureña se sintió heredero de la *humanitas* de la cultura letrada que era la especificidad del intelectual. En Buenos Aires, en medio de la segunda guerra mundial, se planteó de nuevo la pregunta sobre los *principios*: "¿Dónde comienza el intelectual? ¿Dónde acaba? ¿El intelectual es el que escribe? Mussolini escribe. Hitler escribe. Churchill escribe. Igualmente escriben el profesor y el periodista.

¿Dónde está pues el límite?" La ausencia de límites, añadía, creaba confusión en el público que no establecía distinciones: "la diferenciación entre la palabra pura del intelectual que ha pensado a fondo y la palabra del hombre de acción que se expresa, al fin y al cabo, con los mismos medios que el intelectual que consideramos puro".[293]

Al mismo tiempo, una de sus pasiones fue la posibilidad de trazar un canon de autores más allá de las tradiciones "nacionales", pero sin excluirlas, como demuestra su labor en México y su adhesión permanente a la literatura "dominicana". En el interior de su relato se inscribían potencialidades de futuro: ésa era su "utopía de América", la esperanza en una unidad superior. Rafael Gutiérrez Girardot reconocía a Henríquez Ureña como el fundador en estos términos: "El suyo, en realidad no se puede llamar nacionalismo sino más bien conciencia de la gran nación hispanoamericana".[294] En su teoría y en su práctica, la

---

292 "Encuentros con Pedro Henríquez Ureña", pp. 54-55.

293 Véase su intervención en los "Debates sobre temas sociológicos: acerca de 'Los irresponsables', de Archibald MacLeish", en la revista *Sur*, año X, agosto de 1941. Cito de la p. 119.

294 Véase su "Revisión de la historiografía literaria latinoamericana", en *Hacia una historia de la literatura latinoamericana*, coordinado por Ana Pizarro, pp. 79-90; y la discusión que sigue en las pp. 90-100. Cito de p. 91. Véase

cultura hispanoamericana abarcaba la historia literaria y las instituciones. Pero incluía también la historia de las ideas, la historia social, la pintura, la música, y los textos escritos en el marco "nacional". Esa concepción "fuerte" de la *cultura* como sujeto de la historia y como objeto de estudio, le permitió construir uno de los "grandes relatos" que hacen posible una *identidad* integradora. La perspectiva histórico-cultural minuciosamente articulada en sus ensayos y antologías activó un circuito de textos y autores que siguen aún en el centro del debate.[295] En las grandes "sumas" publicadas después de su muerte —la *Historia de la cultura en la América hispánica* (1947) y *Las corrientes literarias en la América hispánica* (original en inglés de 1945, traducción española de 1949)— la historia de la "cultura" era signo de pertenencia a una comunidad. Su discípulo Raimundo Lida (1908-1979) articuló la recepción ideal de sus síntesis en el homenaje-comentario a la publicación póstuma de la *Historia de la cultura en la América hispánica*: "América concebida como un solo pueblo, de historia y geografía relativamente unitarias, aunque lleno de matices y relumbres individuales [...] Todo situado y estimado en relación con el mundo entero. Todo unido por muchos hilos simultáneos con la historia íntegra del hombre, en que cada episodio resulta así muy antiguo y muy moderno, muy extraño y muy familiar".[296]

---

también la edición preparada por Gutiérrez Girardot para la Biblioteca Ayacucho, Pedro Henríquez Ureña, *La utopía de América*.

295 Sobre los problemas de la institucionalización de las tradiciones literarias y la literatura como saber académico, véanse los ensayos de Altamirano y Sarlo, en *Literatura/sociedad*. Hay múltiples referencias a Henríquez Ureña en los debates sobre la conceptualización de la literatura hispanoamericana. Por ejemplo, en los dos volúmenes coordinados por Ana Pizarro, *Hacia una historia de la literatura latinoamericana*, con trabajos de Antonio Candido, Cornejo Polar, y otros; también en *La literatura latinoamericana como proceso*, con colaboraciones de Ángel Rama, Ana Pizarro y Gutiérrez Girardot. Véase además el panorama y la bibliografía establecidos por Beatriz González Stephan en *Contribución al estudio de la historiografía literaria hispanoamericana*.

296 Puede leerse en su libro *Letras hispánicas: estudios, esquemas*. Lida comenta, además, el amplio contexto creado por Henríquez Ureña: "Si la literatura recibe aquí, ciertamente, muy especial atención, es la literatura con toda su

II. La nación, el exilio, la colonia

Mi propósito principal es estudiar el imaginario de sus *principios*. Pongo en primer plano su biografía intelectual, y su formación, así como la herencia conmemorada genealógicamente en su obra.[297] Al mismo tiempo, querría "escribir sus prácticas", como propone Roger Chartier, "pensar cómo las prácticas discursivas están vinculadas con otras, cuya naturaleza es diferente".[298] Me interesan, pues, tanto sus textos más conocidos como los olvidados, sus desplazamientos, los lugares y las condiciones en que trabajó, la correspondencia publicada, que es extensa, y los muchos testimonios de sus interlocutores y amigos.

A riesgo de simplificar, diría que es posible pensar sus *beginnings* por lo menos en tres líneas que se superponen y que guiarán el orden de mi exposición. La primera sería la elaboración de una *tradición nacional* dominicana, replanteada a cada instante en sus escritos. Estamos tan habituados a pensarlo como fundador de tradiciones hispanoamericanas de larga duración que el contexto cultural dominicano en el que se formó suele ser ignorado. El prestigio carismático de la *intelligentsia* local en Santo Domingo, y el papel determinante de su propia familia letrada en su formación intelectual requieren atención. La tradición "nacional", entendida principalmente como continuidad lingüística y espiritual, era para Henríquez Ureña compatible con la "hispanoamericana" y con una concepción cosmopolita. Sí era contraria al mundo afrocaribeño, cuestión que no es en modo alguno lateral. Esa negación

---

densidad y sus más diversas formas marginales, y ligada a la existencia concreta de los escritores, a la de las revistas y periódicos, a la de los salones, a la del público lector (y espectador y oyente, pues con la literatura van el teatro y la canción, y a su lado la música, la danza y las artes plásticas). Todo en su nutrido contexto de cultura y civilización [...]", p. 192.

297 La bibliografía sobre el problema de la *genealogía* y el concepto mismo de *tradición* en la historia literaria es amplísima. Podrían tomarse en cuenta, entre otros, los estudios de Jonathan Arac, *Critical Genealogies*, sobre todo los capítulos dedicados a Matthew Arnold y a F. O. Matthiessen; hay analogías importantes con el campo latinoamericano.

298 En *Escribir las prácticas*, p. 27.

lo llevó a postular, como veremos después, un abismo infranqueable entre lo dominicano y lo haitiano que asumió en un momento la forma de investigaciones "dialectológicas" de sobretonos racistas. Nada de esto constituye una peculiaridad idiosincrásica de Henríquez Ureña o de los dominicanos.

La segunda línea es el *exilio* como condición del intelectual moderno.[299] En el *comienzo* estaba el fracaso político de la República: primero por la ocupación estadounidense (1916-1924), luego por la dictadura de Trujillo (1930-1961). "El Mar Caribe es el punto principal de aplicación de la Doctrina Monroe", decía en 1920 en plena ocupación estadounidense de la República Dominicana y Haití.[300] Al mismo tiempo, sus desplazamientos le permitieron entrar en contacto con los movimientos artísticos, intelectuales y políticos de finales del siglo XIX y la primera mitad del XX. Su profundización en el conocimiento de México y su implicación en el campo intelectual argentino hicieron que atendiera cada vez más la historia cultural de ambos países, y establecer comparaciones.

Enrique Krauze lo llamó, con razón, el "crítico errante", al igual que antes Daniel Cosío Villegas (1898-1976) lo describió como "un verdadero judío errante".[301] En ese errar, Henríquez Ureña fue anexando y (re)apropiando múltiples tradiciones.[302] En el prólogo a la *Obra crítica* de Henríquez Ureña, Borges escribió: "Al nombre de Pedro vincúlase también el nombre de América. Su destino preparó de algún modo esta

---

299 Sigo aquí muy de cerca las consideraciones de Said en su libro *Representaciones del intelectual*.

300 Cito de una conferencia que dio en la Universidad de Minnesota, en *Obras completas*, t. IV, 1920, p. 43.

301 Cito de sus *Memorias*, p. 96. Cosío añade que era "un hombre que busca sin reposo un pedazo de suelo donde vivir tranquilo y seguro. Y eso mismo creó en él un deseo agudo de labrarse una posición independiente de las vicisitudes de nuestros gobiernos".

302 Véase el importante ensayo de Krauze, "El crítico errante: Pedro Henríquez Ureña", publicado en la revista *Vuelta*. Ya Alberto Zum Felde en su *Índice crítico de la literatura hispanoamericana: el ensayo y la crítica* lo llamaba "errante ciudadano espiritual de América", y añadía: "Su sentimiento nacionalista se expande y eleva convirtiéndose en americanismo anfictiónico", p. 544.

vinculación; es verosímil sospechar que Pedro, al principio, engañó su nostalgia de la tierra dominicana suponiéndola una provincia de una patria mayor [...] Pedro se sintió americano y aún cosmopolita, en el primitivo y recto sentido de esa palabra que los estoicos acuñaron para manifestar que eran ciudadanos del mundo y que los siglos han rebajado a sinónimo de viajero o aventurero internacional".[303] Los sucesivos exilios ofrecían condiciones para *recomenzar*, para la *natalidad* postulada por Hannah Arendt.

En las mudanzas también le acechaban muchos peligros. El color oscuro de su piel y su acento dominicano llamaban la atención, diferencias que lo colocaron a veces como un ser a quien se le asignaba un lugar inferior, lo cual dejó heridas y cicatrices. Además, entre el ir y venir sufrió muchas pérdidas. Él, que era un coleccionista en el sentido benjaminiano, perdía, por ejemplo, sus bibliotecas, viéndose obligado a empezar de nuevo o a reconstruir su archivo con colecciones ajenas. Así lo recuerda Rafael Alberto Arrieta (1889-1968) en sus años argentinos: "Trabajaba sin biblioteca propia, lo que contribuía a la dispersión del esfuerzo y a la pérdida de muchas horas. Sus mejores libros habían quedado en Santo Domingo, en Cuba, en México, en poder de sus hermanos y sus amigos. Solía referirse a obras difíciles de reemplazar, anotadas por su mano, que había dejado en aquellos países [...]".[304]

En 1930 Henríquez Ureña le comunicaba a Alfonso Reyes que por fin podía mudarse a Buenos Aires, pero sólo mediante una carga abrumadora de trabajo docente, condiciones de trabajo específicas que la historia intelectual suele pasar por alto: "Tengo mis tres cátedras (15 horas semanales) en el Colegio de La Plata, dos semicátedras (Literatura argentina y americana y Literatura inglesa, en el Instituto del Profesorado, de Buenos Aires, 6 horas), el trabajo del Instituto de Filología en la Universidad de Buenos Aires (soy secretario) y el trabajo de una nueva cátedra de Filología castellana en la Universidad de La Plata".[305]

---

303 *Obra crítica*, citado antes, p. VIII.

304 Véase su artículo "Pedro Henríquez Ureña, profesor en la Argentina", p. 96.

305 Véase su carta del 6 de mayo de 1930, incluida en el tomo VI de las *Obras completas*, pp. 421-422.

La tercera línea de sus *beginnings* es la estrecha identificación entre *cultura* y *orden* que sostiene su obra. Henríquez Ureña concebía la modernidad como un conflicto del *orden* frente a la *anarquía*. Ese dilema exigía el cultivo de una autodisciplina basada en la ética del trabajo y una vocación para la función pública del intelectual. Su obra crítica es fruto de la extrema *disciplina* que privilegiaba estoicamente la inteligencia sobre el sentimiento. Veremos que su concepción de la *colonia* no era meramente un ejercicio de reconstrucción histórica, sino un *principio*, en todos los posibles sentidos del término. Lo formuló con toda claridad en uno de los discursos que pronunció al llegar a la Argentina, después de su experiencia en la Revolución mexicana: "El ideal de justicia está antes que el ideal de cultura: es superior el hombre apasionado de justicia al que sólo aspira a su propia perfección intelectual".[306]

La figura del letrado al servicio del "bien público" atraviesa las páginas de su libro más leído, el que más se acerca a un testamento: *Las corrientes literarias en la América hispánica*.[307] Así fue desde que estuvo

---

306 En "Patria de la justicia", publicado por primera vez en 1925 en *Estudiantina*, La Plata. Cito de sus *Ensayos* (Archivos), p. 265.

307 El libro tuvo que ser traducido. Había cobrado forma a partir de las conferencias que dictó en inglés por invitación de la Cátedra Charles Eliot Norton de la Universidad de Harvard entre noviembre de 1940 y mayo de 1941. Su traductor, Joaquín Diez Canedo, esclarece la historia de la traducción: "Escrito directamente en inglés, y para un público de habla inglesa, este libro hubiera requerido en su versión española indudables retoques que la muerte de Pedro Henríquez Ureña dejó en suspenso. [...] Debo decir que aunque he procurado localizar siempre los textos originales de las citas, en dos o tres casos me he visto obligado a retraducirlas del inglés. Desde aquí deseo manifestar mi agradecimiento a todas las personas que han querido ayudarme en mi tarea, y en primer término a la Sra. Isabel L. de Henríquez Ureña, que puso generosamente a mi disposición las notas y papeles de P. H. U.; a José Luis Martínez, lector paciente y activo de las primeras cuartillas, y a Raimundo Lida, revisor minucioso desde el principio hasta el fin, y juez en última instancia de puntos claros y oscuros. A ellos debe sus méritos esta traducción, que para sus defectos espera todavía rectificaciones y consejos", en *Las corrientes*, p. 8. Ese libro fue, en palabras de Gutiérrez Girardot, "la culminación de un proceso intelectual". Véase "La historiografía literaria de Pedro Henríquez Ureña: promesa y desafío", p. 5.

precoz y estrechamente vinculado al grupo de jóvenes intelectuales mexicanos a principios del siglo XX. La comparación con la concepción de Matthew Arnold (1822-1888) es aquí pertinente, puesto que Arnold "identifica resueltamente la cultura triunfante con el Estado en la medida en que la cultura es lo mejor del hombre y el Estado su realización en la realidad material".[308] En ese sentido es igualmente importante la temprana *apropiación* de la obra de Walter Pater (1839-1894) llevada a cabo por Henríquez Ureña. No abandonó nunca la América "española" como campo de saber cultural, y no es posible hablar de él sin hablar de Menéndez Pelayo, quien incluso llegó a citar al joven Henríquez Ureña en su *Historia de la poesía hispanoamericana*.[309] No obstante, en muchos aspectos su visión de la *cultura* está más cerca de la "Grecia" de Walter Pater, algo no tomado lo bastante en cuenta por quienes han estudiado su obra. Lo *estético* fue para Henríquez Ureña siempre constitutivo, como lo fue para Pater: en la obra de arte los seres humanos pueden reconocer la realización de sus potencialidades. Como ha observado Raúl Antelo, es necesario ver cómo lo *hispanoamericano* en Henríquez Ureña se sustenta en un territorio definido por una "educación estética". Antelo subraya, además, las tensiones que existen entre el deseo de Henríquez Ureña de privilegiar la autonomía de la literatura y, paralelamente, su interés en fijar lo *hispanoamericano* como un espacio: "el discurso crítico de Henríquez Ureña trabaja con dos marcos inaugurales: Andrés Bello funda la lengua pública; Colón, la lengua secreta, el imaginario".[310]

---

308 Véase el ensayo de Said "Crítica secular", en *Punto de Vista*. Cito de la p. X. Véase, además, el libro de Lionel Gossman *Between History and Literature*, sobre todo pp. 69-71.

309 Escribe Menéndez Pelayo: "Un joven dominicano, de sólida instrucción y buen gusto, don Pedro Enríquez (sic) Ureña, dedica en su reciente libro *Horas de estudio* algunas páginas muy dignas de leerse a la *vida intelectual de Santo Domingo*..." (subrayado en el original), *Historia*, t. I, p. 307, nota.

310 En "Henríquez Ureña, comparatista", Antelo escribe: "El territorio es un efecto del lenguaje artístico, no su determinación. La marca cualitativa crea el territorio y las funciones no preceden sino que, antes bien, suponen una expresividad fundadora de territorialidad, que no es otra cosa sino un ritmo: la pulsión

Aquí nos interesa subrayar que en esa "educación estética" están ante todo la figura y el helenismo de Pater.

Nunca encontraremos estas tres líneas nítidamente separadas. La *colonia* le permitió descubrir una clave del presente en un pasado remoto. Henríquez Ureña se vio a sí mismo como en una encrucijada característica de la "modernidad", "muy antiguo" y "muy moderno", arcaico y modernista. Así queda plasmado como premisa fundamental en un texto de Henríquez Ureña de 1925 en el que recalca que su destino estaba ligado al devenir de la ciudad y a la "Ley" de la modernidad. Es casi una *declaración de principios*: "Digo siempre a mis amigos que nací en el siglo XVIII. En efecto, la ciudad antillana en que nací a fines del siglo XIX era todavía una ciudad de tipo colonial [...] a la que correspondía una vida arcaica de tipo patriarcal". "Hoy —añadía— la ley que impera es la ley del siglo XX, la que pide a todo habitante de la tierra su porción de trabajo, su parcela de actividad".[311] Esas palabras constituyen un doble gesto de *afiliación*: al pasado colonial y a la modernidad. Es la ciudad ideal, utópica, no tanto por la generosidad de la naturaleza de paraísos perdidos, sino por ser ciudad simbólica que viene a representar la nación. Esa figura ha llegado a ser un *topos* de la literatura, sobre todo en el siglo XX, desde los conocidos versos de Darío hasta la obra de Alejo Carpentier.

La ciudad antillana era para Henríquez Ureña una metáfora de la historia total, con espacios y tiempos heterogéneos. La analogía es parecida a la imagen que empleó Wittgenstein en sus *Philosophical Investigations* para ilustrar la coexistencia de lo nuevo y lo viejo en el lenguaje,

---

Colón/Platón que siempre habla otra lengua. Esta economía geomórfica hace resonar puntos y estratifica cantidades: a partir de la apropiación de la tierra, literatura, Estado y territorio se vuelven sinónimos. El conflicto se aguza con la modernidad, flujo variable que, apropiándose del trabajo materializado, acumula desterritorialización", pp. 663-664. Una discusión relacionada y útil se encuentra en el trabajo de Horacio Legrás, "El Ateneo y los orígenes del Estado ético en México".

311 En su ensayo "La antigua sociedad patriarcal de las Antillas", incluido ahora en el volumen *Ensayos*, ed. de José Luis Abellán y Ana María Barrenechea, pp. 385-389. Cito de las pp. 385-386. Se trata de una conferencia que tuvo lugar en la Facultad de Ciencias Económicas de la Universidad de Buenos Aires en 1925.

recorrido por un sutil juego de fuerzas contrarias: "nuestro lenguaje es como una ciudad antigua: un laberinto de pequeñas calles y plazas, de viejas y nuevas casas con añadidos de diversas épocas, rodeadas por una multitud de barrios nuevos con calles rectas y casas uniformes".[312] Es cierto que quien así miraba la ciudad se sentía contemporáneo de todo lo que había existido antes. Mejor dicho, de casi todo. Este núcleo es decisivo porque le hará posible subrayar la continuidad *contra* el mundo afrocaribeño, una zona notoriamente difícil de anexar a su ciudad, de incorporar en los relatos históricos dominantes en el Caribe.

Cuestionamientos

Antes de seguir adelante habría que retroceder un paso y tomar en cuenta que algunas de sus tesis han sido muy discutidas, a veces tácitamente, por distintas corrientes de la "historia cultural". No podría aquí resumir de forma detallada las líneas que van conformando el campo del debate contemporáneo, pero inevitablemente asumo en mi lectura algunas de las perspectivas críticas del presente. Para muchos, su obra tiene principalmente un valor histórico: se le reconoce como un monumento cultural del siglo xx. No obstante, es innegable que, salvo *Las corrientes*, hace años que muchos de sus títulos no se leen, o se conocen sólo fragmentariamente. Más aún, desde otros horizontes interpretativos, es evidente que el espíritu totalizador de Henríquez Ureña se mira hoy con recelo. Ello es consecuencia en buena medida de lo que se ha llamado el ocaso de los "grandes relatos" característicos de la modernidad. Al menos en los estudios literarios y culturales la creencia en la validez de la necesidad de *fundación* unitaria se ha eclipsado. Pero aun en el marco de las propias tradiciones literarias e historiográficas caribeñas, una mirada retrospectiva inevitablemente tendría que plantearse la siguiente pregunta: ¿cómo leer el Caribe de Henríquez Ureña

---

312 "Our language can be seen as an ancient city: a maze of little streets and squares, of old and new houses with additions from various periods; and this surrounded by a multitude of new boroughs with straight regular streets and uniform houses", § 18.

después de los trabajos, las novelas y la obra poética de Alejo Carpentier, Luis Palés Matos, Fernando Ortiz, Aimé Césaire, Gordon Lewis, Sidney Mintz, Luis Rafael Sánchez, Antonio Benítez Rojo o Édouard Glissant? ¿Cómo interpretar su mirada del mundo afrocaribeño después de *The Black Jacobins* (1938) de C. L. R. James, de los ensayos de Frantz Fanon, o del *Contrapunteo cubano del tabaco y el azúcar* (1940) de Fernando Ortiz?

Hay un segundo horizonte de problemas. Se ha cuestionado la concepción de la "cultura" como referente privilegiado que lleva a hacer abstracción de las condiciones de producción y de recepción, o al ocultamiento de las relaciones de poder. El debate que encontramos en ensayos como los de James Clifford en torno a la "autoridad" etnográfica en *The Predicament of Culture* marcó profundamente los estudios literarios. Asimismo, la "fe" en las virtudes de las letras y de la "alta cultura", así como la dicotomía *moderna* entre "alta cultura" y "cultura de masas" —tan característica para modernistas como T. S. Eliot, Ezra Pound, Lukács o Henríquez Ureña— se han puesto en tela de juicio. Por otra parte, la conciencia de la violencia sobre las culturas dominadas y silenciadas, así como las enormes *diferencias* étnicas y sociales, impiden creer confiadamente en la existencia de *una* cultura "hispanoamericana" integradora.

En otra zona, hace tiempo que está bajo ataque la concepción "clásica" de la belleza y de la racionalidad "occidental", que fueron presupuestos centrales en la práctica filológica e historiográfica de Henríquez Ureña. Además, en el clima crítico de las últimas décadas no sólo se ha valorado el pluralismo cultural, sino que se ha buscado otra valoración de la cultura popular. Diversas corrientes críticas han replanteado los presupuestos teóricos y metodológicos sobre las voces de los grupos "subalternos" y sus propias memorias. Los reclamos de la teoría poscolonial han logrado poner en tela de juicio —directa o indirectamente— la legitimidad del concepto mismo de "unidad" de la historia literaria y sus relaciones con la cultura española o europea.[313] Desde otra perspectiva,

---

313 Para una más amplia discusión de estos problemas, véanse los trabajos de Cornejo Polar, "Literatura peruana: totalidad contradictoria", en la *Revista de Crítica Literaria Latinoamericana*, pp. 37-50, y "La literatura latinoamericana

al considerar la inestabilidad del uso de los términos *posmodernismo* y *posmodernidad* y sus consecuencias para la crítica latinoamericana, Carlos Rincón se preguntaba: "¿Debemos entonces acabar de convencernos de estar en Babel?".[314] Es claro que estos cambios han permitido llegar a conclusiones diferentes y a menudo antagónicas, subrayando las heterogeneidades allí donde Henríquez Ureña insistió en la presunción de un concepto unificador. No acaban en eso las objeciones que podrían dirigírsele, pero mi objetivo no es descalificar a Henríquez Ureña, sino leer sus textos y sus prácticas desde algunos de esos señalamientos.

El Maestro

Su figura intelectual alcanzó estatus canónico. La imagen celebratoria que surge poco después de su muerte se comprueba en los testimonios de discípulos y amigos. Para Borges, quien lo trató muy asiduamente durante su prolongada estancia en Buenos Aires (1924-1946), el magisterio de Henríquez Ureña representaba la Ley, en el doble sentido de Maestro y de alguien que se convirtió en legislador de su propia vida. En el ensayo consagratorio que le dedicó recordaba su "dilatado andar por tierras extrañas, su hábito del destierro", y elogiaba su memoria, que "era un preciso museo de las literaturas". Después de su muerte, Borges reconoció el especial magisterio de su amigo:

> El tiempo define, simplifica y sin duda empobrece las cosas: el nombre de nuestro amigo sugiere ahora palabras como maestro de América y otras análogas... Martin Buber [...] habla de maestros

---

y sus literaturas regionales y nacionales como totalidades contradictorias" (y la discusión que sigue) incluido en el volumen *Hacia una historia de la literatura latinoamericana*, citado antes, pp. 123-136. Las líneas principales del debate pueden verse en el importante ensayo de Román de la Campa "Latinoamérica y sus nuevos cartógrafos: discurso poscolonial, diásporas intelectuales, y enunciación fronteriza". Son indispensables los ensayos sobre lo "latino" incluidos en el libro de Juan Flores, *From Bomba to Hip-Hop*.

314 *La no simultaneidad de lo simultáneo*, p. 15.

que no sólo exponían la Ley sino que eran la Ley. De Pedro Henríquez Ureña sé que no era varón de muchas palabras. Su método, como el de todos los maestros genuinos, era indirecto. Bastaba su presencia para la discriminación y el rigor.[315]

Amado Alonso (1896-1952), con quien colaboró íntimamente en el Instituto de Filología de Buenos Aires, lo situó junto con Andrés Bello y con Cuervo, una doble tradición de exilio y de humanismo: "Tres humanistas de primer orden, tres grandes investigadores de las letras ha producido hasta ahora nuestra América: Andrés Bello, Rufino José Cuervo y Pedro Henríquez Ureña. Los tres compartieron el destino de vivir la mayor parte de su vida fuera de su patria natal... Los tres sintieron con honesta conciencia la existencia de una patria más grande, y la vida en tierras de lengua extraña aclaró en sus mentes lo que de patria común tiene un idioma común".[316] Ezequiel Martínez Estrada (1895-1964), en las palabras que pronunció en el acto del sepelio de Henríquez Ureña,

---

315 En el prólogo a la *Obra crítica*, p. vii. Habría que mencionar numerosísimos testimonios. Sólo puedo ahora destacar los siguientes: de Alfonso Reyes, "Evocación de Pedro Henríquez Ureña", discurso leído en mayo de 1946, e incluido en la edición de *Ensayos en busca de nuestra expresión*, pp. 7-15. Las notas necrológicas de Samuel Ramos y de Antonio Castro Leal, publicadas en *Cuadernos Americanos*, XXVIII, pp. 264-287. También el "Recuerdo de Pedro Henríquez Ureña" de Arnaldo Orfila Reynal, en *Casa de las Américas*, XXIV, pp. 15-17. Véase asimismo el prólogo del cubano José Rodríguez Feo a su edición de los *Ensayos* de Henríquez Ureña, en el que narra su encuentro en Harvard en el otoño de 1940, cuando asistió a las conferencias que Henríquez Ureña dictó bajo los auspicios de la cátedra Charles Eliot Norton, que constituyó el núcleo de las *Literary Currents in Hispanic America*, publicadas por Harvard University Press en 1945.

316 En su nota "Pedro Henríquez Ureña, investigador", p. 28. Amado Alonso subrayaba la voluntad integradora de Henríquez Ureña: "Su estilo de investigación es su estilo de vida, su misma rara modalidad de exponente completo de la cultura integral en una época de fragmentaciones. Siendo hombre de letras, atrajeron siempre su respetuosa atención las ciencias fisicomatemáticas y biológicas, y sus conocimientos básicos en ellas le fueron toda su vida suficientes para seguir con interés y comprensión tanto la historia de las ciencias como sus formidables progresos modernos", p. 29.

captó su perfil distintivo, su "saber numeroso y preciso". Asimismo se refirió a la importancia de su figura intelectual, que iba más allá de su obra publicada: "Su obra, mucho más meditada que escrita, iba realizándose en el decurso tranquilo de su vivir, siendo él su libro y su ley mejor elaborados".[317] En 1946 el historiador José Luis Romero (1909-1977) exaltó su sensibilidad y su inteligencia, y al recordarlo, subrayaba su fidelidad al poder de la razón y su "aspiración a la medida":

> Sin duda, a fuerza de estar enriquecida y vivificada por la sensibilidad, parecía más brillante en él la inteligencia, más alto el poder de la razón. La inteligencia era en él instrumento delicadísimo, hecho para desvanecer las oscuridades y disipar las sombras. Amaba la luz, la luz que iluminaba el Partenón, pero acaso más todavía la que aureolaba el pensamiento cartesiano. Y movido por la razón, llevaba a todos los ámbitos de su espíritu la aspiración a la medida, délfica virtud que poseía como pocos. No era azar que le apasionaran la geometría, la música, el enigma del universo físico. Gozaba con la proporción justa; en el templo griego o en los principios de la mecánica; en la armonía contrapuntística o en el teorema pitagórico; en el diálogo platónico o en el verso de Garcilaso.[318]

---

317 En "Homenaje a Pedro Henríquez Ureña" en *Sur*, pp. 7-10. Cito de la p. 9.

318 En la nota de 1946 "En la muerte de un testigo del mundo: Pedro Henríquez Ureña", incluido en el libro *La experiencia argentina y otros ensayos*, p. 303.

III. La lengua materna

> "Vencidos los haitianos, Santo Domingo parecía renacer. Es cierto que la política cayó en manos, no de las inteligencias nobles, sino de los ambiciosos; los fundadores de la República fueron postergados".
>
> Pedro Henríquez Ureña,
> "Vida intelectual de Santo Domingo" (1910)

En el *principio* estaba la familia, y la familia era la nación. Estamos tan acostumbrados a pensarlo como "extranjero", "adherido al grupo de un modo inorgánico" como decía Simmel, que se hace necesario resituarlo en su "territorio".[319] Él mismo, a pesar del desasosiego visible en sus textos cuando narra la historia de la República, elaboró cuidadosamente una identidad "nacional" vinculada a la tradición letrada familiar, a su mitología, sus lenguajes y a sus espacios. Esa conciencia nacional estaba estrechamente ligada a una biblioteca y al espacio de la lectura. Era una malla que sostenía su escritura, y admite leer su obra como una autobiografía dispersa.

El exilio, al igual que en otras zonas del Caribe, se convirtió en una de las tradiciones políticas. Desde los largos períodos de dominación haitiana en el XIX hasta los años de la ocupación estadounidense, numerosas familias emigraron provisoria o permanentemente a Cuba, Puerto Rico, Venezuela o los Estados Unidos. Henríquez Ureña se formó en esa tradición. Sus búsquedas estuvieron marcadas por la fractura y la pérdida. Así lo expresa uno de sus textos de juventud escrito en Nueva York en 1903:

---

319 Me refiero a los ensayos de Georg Simmel, *Estudios sobre las formas de socialización*, en especial el tomo 2, los ensayos sobre "La autocondenación de los grupos sociales" y "El espacio y la sociedad".

Desde el solar nativo,
—el nido de los pálidos recuerdos—,
la casa palpitante de memorias
que viven y se agitan como espectros;
me llega tu palabra,
henchida de magníficos consuelos,
mensajera piadosa del terruño,
hasta el extraño techo.
El techo que indolente me cobija,
mudo y escueto,
intacto por los fuegos de las luchas,
intacto por las alas del ensueño.
....

Solitario me encuentro,
sin patria, sin hogar, sin ilusiones...[320]

Asegurar una *continuidad* en el cuerpo de la nación será su proyecto. Venía de una isla con una larga experiencia colonial que estaba dividida en dos naciones, Santo Domingo y Haití, "ni siquiera una isla completa, zona de tránsito que aprovechaban caudillos e invasores", y que además distaba mucho de ninguna armonía racial o social.[321] La ansiedad y el temor a la cercanía de Haití eran constitutivos. En un memorándum que envió al senador Henry Cabot Lodge en 1919 en defensa de la soberanía nacional, Henríquez Ureña advertía sobre los riesgos de la confusión: "La República Dominicana está situada en una isla, parte de la cual está ocupada por la República de Haití. Tal vecindad ha sido fuente de muchas desventajas. Desde luego, la mayor de ellas es quizá la tendencia, frecuente en países extraños, a imaginar que las dos naciones son

---

320 En *Obras completas*, tomo I, p. 33. El poema está dedicado a su tía Ramona Ureña.

321 Krauze, citado antes, p. 13. "El exilio —añade Krauze—, realidad cotidiana en la vida de la Isla y hasta cierto punto consustancial a su historia, fue desde el principio una forma de ser para Pedro Henríquez Ureña. Por más antigua y entrañable que fuese la patria dominicana, la discordia política hacía que su integridad e independencia pareciesen recientes, frágiles, provisionales", p. 13.

similares".[322] En otro de sus primeros textos el propio Henríquez Ureña se sintió obligado a interpretar el ambiguo proceso de "independencia" dominicana. En el siglo XIX, a la proclamación de la República, siguió la invasión haitiana, y más tarde la anexión a España: "nuestro período de independencia, nuestro proceso de *independencia moral*, se extiende, para mí, desde 1821 hasta 1873".[323]

Ese pasado era ante todo la memoria familiar, cuya genealogía era bastante compleja. Se trataba de una familia representativa de la élite cultural del país, vinculada, si no directamente al poder, sí a sus alrededores, o a la oposición. Pero no siempre fue así. Los propios recuerdos familiares apuntan a una *diáspora* judía y a un contexto caribeño y colonial. Henríquez Ureña lo contó como el encuentro de su abuelo paterno con descendientes de comunidades indígenas "puras" y españolas en Santo Domingo. El relato familiar ofrece también su visión de los elementos fundacionales de la sociedad dominicana:

> Mi abuelo Noel Henríquez, que murió en 1904 a los noventa y un años, era hijo de holandés e inglesa; no había nacido en Santo Domingo, sino en la posesión holandesa de Curaçao, y en su ascendencia hubo judíos; por lo cual supongo que el apellido Henríquez, con su H, nos viene de judíos españoles o acaso portugueses que pasaran a Flandes. Mi abuela paterna tenía sangre de los últimos indios dominicanos que permanecieron en la población de Boyá, en la jurisdicción concedida al cacique rebelde Guarocuya (Enriquillo)

---

[322] "Memorándum sobre Santo Domingo", escrito durante la ocupación norteamericana. Puede leerse en la edición *Ensayos,* de Abellán y Barrenechea. Cito de la p. 381. Ahí mismo agrega: "Siempre se ha sentido allí la necesidad, especialmente por las clases educadas, de mantener en el país la esperanza de desarrollar una vida civilizada propia, por la conservación de su identidad hispanoamericana, contra la cultura impuesta por cualquier poder extranjero".

[323] En el ensayo "Literatura histórica" (1909); forma parte del libro *Horas de estudio*, incluido en *Obra crítica*, antología y bibliografía de Emma Susana Speratti Piñero, p. 137. Todas las referencias a *Obra crítica* que siguen remiten a esta valiosa edición.

en el siglo XVI, de los cuales existían algunos puros todavía en el siglo XVIII.

Por la rama materna, todos mis ascendientes, según los recuerdos familiares, que alcanzan hasta la mitad del siglo XVIII, eran dominicanos, salvo uno, que llegó de las Islas Canarias a fines de la misma centuria.

Otros datos son bastante conocidos, pero vale la pena resumirlos. Su tío, Federico Henríquez y Carvajal (1848-1952), fue quizás el más relevante en la escena política.[324] Fue un letrado muy admirado en Santo Domingo, y amigo de José Martí, con quien mantuvo importante correspondencia, y de Máximo Gómez, jefe del ejército libertador de Cuba.[325] Su padre, Francisco Henríquez y Carvajal (1859-1935), era médico de profesión, y colaboró intensamente con Eugenio María de Hostos en la Escuela Normal (1880-1887). Participó activamente en la vida política del país. Fue nombrado Ministro de Relaciones Exteriores en 1901, y se destacó por su defensa de la existencia misma del Estado y de las soluciones pacíficas a los problemas nacionales. Llegó a ser presidente de la República en 1916; pero fue un "presidente errante", pues ese mismo año, bajo Woodrow Wilson, se inició la ocupación militar estadounidense de la República Dominicana, que se prolongó hasta 1924. De esos acontecimientos y de la experiencia del poder abrumador de los Estados Unidos, Henríquez Ureña dejó testimonio en varios textos:

> El pueblo no tenía medios para oponerse a la invasión. El Presidente Henríquez se vio obligado a salir de su país y a iniciar una larga campaña en defensa de la soberanía dominicana. Esta campaña, apoyada por toda la nación, consistió tanto en presentar constantemente exposiciones de razones y argumentos al gobierno de los Estados Unidos como en hacer conocer a toda la América española la situación de Santo Domingo. Duró seis años. Mientras tanto, los

---

324 Es muy útil el documentado ensayo de Guillermo Piña Contreras, "El universo familiar en la formación intelectual de Pedro Henríquez Ureña".

325 Véanse el volumen *Martí en Santo Domingo*, preparado por Emilio Rodríguez Demorizi, y *Martí en los Henríquez Ureña*, de Yolanda Ricardo.

funcionarios de la ocupación militar reprimían con violencia todo intento rebelde y suprimían las libertades políticas, principalmente la palabra.[326]

Su hermano Max cuenta que Pedro, "gracias al dominio del idioma inglés", prestó en Nueva York y Washington una gran ayuda a la lucha de su padre contra la ocupación norteamericana.[327] El clima de represión que vivió la República Dominicana en ese tiempo marcó, como señaló acertadamente José Luis Romero, su interpretación de Hispanoamérica y su insistencia en la necesidad de independencia frente al poder cada vez más inquietante de los Estados Unidos. Esa convicción política fortalecía la necesidad de promover una comunidad. En palabras de Romero:

> En efecto, defensor celoso de las virtudes y los derechos del mundo hispanoamericano —acaso porque él mismo era natural de un país pequeño que había conocido la opresión—, Henríquez Ureña no cejaba en su afán de afirmar, frente a la influencia que, por diversas vías ejerce el poderío de los Estados Unidos, la necesaria independencia de sus vecinos de habla española. Se manifestaba entonces como un ardoroso propugnador de la unidad de la América hispánica, pero este designio se apoyaba en una concepción más profunda

---

[326] Véase su ensayo "La República Dominicana desde 1873 hasta nuestros días", escrito para la *Historia de América*, dirigida por Ricardo Levene, pp. 489-510. Puede leerse también en el tomo 8 de las *Obras completas*, citado antes, pp. 263-278. La cita es de la p. 273. Mucho antes había publicado artículos en los que denunciaba al imperialismo estadounidense. Véase, por ejemplo, "El despojo de los pueblos débiles", de 1916, en el tomo 3 de las *Obras completas*, pp. 293-298. Véase la útil síntesis que hace H. Hoetink de la situación política en "La República Dominicana, c. 1870-1930". Hoetink resume así el curso de los acontecimientos: "Los Estados Unidos decidieron no reconocer el gobierno de Henríquez". El final se produjo "cuando, el 26 de noviembre de 1916, H. S. Knapp, capitán de la marina de los Estados Unidos, proclamó oficialmente la ocupación militar del país. Knapp fue el primer gobernador militar", p. 270.

[327] En su *Antología*, p. xlvi.

y menos circunstancial de esa unidad. Aun por sobre los lazos idiomáticos —tan significativos a sus ojos— veía Henríquez Ureña en la comunidad de los países de habla española un vínculo creado por la aventura común a partir del hecho del descubrimiento, por la similitud del destino después de la emancipación, por la sensible similitud del desarrollo social y espiritual a partir del momento de expansión imperialista que comienza en las postrimerías del siglo XIX. Todo ello, unido a la comunidad de tradición cultural, contribuía a sus ojos a crear una unidad de destino, una unidad de cultura en Hispanoamérica.[328]

La madre y la lengua poética

Sobresale una figura que funda el vínculo esencial con lo nacional: su madre, Salomé Ureña (1850-1897), quien ofrecerá a lo largo de su obra una envoltura de seguridad suplementaria. Era una figura legendaria de las letras dominicanas y el hijo no disimula que es objeto de su veneración. La línea materna reafirmaba, podría decirse, los lazos orgánicos, tanto en lo político como en lo intelectual. De ella se hablaba como de un personaje totalmente nuevo en el escenario de la vida provinciana, una mujer dedicada a las letras y a la creación de instituciones educativas, en un medio que había sido devastado por interminables guerras. Hostos mismo describió el contexto de la siguiente manera: "Nació entre las guerras civiles que precedieron la guerra nacional que sucedió a la forzada anexión de Santo Domingo a España. Así nacida entre dos luchas, creció entre otras mil, pues todo el período que media entre el triunfo de la independencia dominicana en 1865, y el principio de la estabilidad política en 1874, fue un lapso de continua agitación y de incesantes perturbaciones del orden público".[329]

---

328 En su ensayo de 1948 "Pedro Henríquez Ureña y la cultura hispanoamericana", incluido en *La experiencia argentina y otros ensayos*. Cito de la p. 308.

329 El texto de Hostos puede leerse en el volumen *Salomé Ureña y el Instituto de Señoritas* preparado por Emilio Rodríguez Demorizi, pp. 315-319. La cita en

Salomé Ureña ejerció una influencia profunda en la educación del joven Pedro y en su iniciación en las letras. Henríquez Ureña recibió una esmerada formación intelectual en las bibliotecas familiares y en dos o tres casas que eran centros educativos y salones literarios. Era un mundo esencialmente femenino de abuelas, tías, maestras y discípulas letradas. Su hermano Max cuenta que "estudiábamos bajo la dirección de nuestros padres, que deseaban ser nuestros propios maestros".[330] Su madre había fundado el Instituto de Señoritas (1881-1893), instalado en su propia casa, y que rápidamente adquirió un gran prestigio. Fue reverenciada por la élite del país. Escribió Hostos: "Nunca, en parte alguna y en tan poco tiempo, se ha logrado reaccionar de manera tan eficaz contra la mala educación tradicional de la mujer".[331] También llegó a ser una "insigne poetisa"; sus versos patrióticos le merecieron cierta fama como "musa de la patria". En el prólogo que Francisco García Calderón escribió en París para la edición de las *Cuestiones estéticas* (1911) de Alfonso Reyes, se refiere a "la pequeña academia mexicana de libres discusiones platónicas" y añade: "Pedro Henríquez Ureña, hijo de Salomé Ureña, la admirable poetisa dominicana, es el Sócrates de este grupo fraternal".[332]

El propio Henríquez Ureña, en una discreta nota incluida en *Las corrientes* dejó testimonios de su huella, obviamente orgulloso del linaje, cuando dice que "los intelectuales típicos en este período fueron aquellos a quienes podríamos llamar luchadores y constructores, herederos

---

la p. 315. Demorizi recopila numerosos testimonios contemporáneos. Véase, además, el ensayo de Silveria R. de Rodríguez Demorizi, *Salomé Ureña Henríquez*. La autora indica que consultó las notas manuscritas del propio Henríquez Ureña.

330   En Pedro Henríquez Ureña, *Antología,* p. xiii. En esos "recuerdos de infancia" Max Henríquez Ureña ofrece abundantes datos de los *beginnings* literarios de Pedro.

331   Citado por Eduardo Matos Moctezuma en *Pedro Henríquez Ureña y su aporte al folklore latinoamericano*, p. 15.

332   Cito por la edición de las *Obras Completas* de Reyes, tomo I, p. 11. Véase también el testimonio autobiográfico de Max Henríquez Ureña, "Hermano y maestro: recuerdos de infancia y juventud", en la selección de textos preparada por él mismo: *Pedro Henríquez Ureña: Antología*. La cita se encuentra en la p. xiii.

de Bello y de Heredia, de Sarmiento y Mitre, hombres que solían ver en la literatura una parte de su servicio público, siguiendo la que era ya una de nuestras tradiciones".[333] Después agrega: "También hay mujeres en el grupo, como Salomé Ureña de Henríquez, que, tras de combatir la guerra —la guerra civil— en sus poemas patrióticos, de 1873 a 1880, fue la fundadora de la educación superior para mujeres en Santo Domingo".[334]

Su importancia se confirma en los versos que le dedicó a su hijo, *designado* sucesor, heredero de los valores letrados. Su destino sería trasladar a la esfera pública los valores y las instituciones fundadas en los valores ilustrados. Podrían pensarse estos versos, más allá de lo que revelan sobre los modelos del "pequeñísimo mundo literario", como un gesto de lo que Max Weber llamó "legitimación adquirida por designación".[335] Cito algunas estrofas:

> Mi Pedro no es soldado; no ambiciona
> de César ni Alejandro los laureles;
> si a sus sienes aguarda una corona
> la hallará del estudio en los vergeles.
>
> ¡Si lo vierais jugar! Tienen sus juegos
> algo de serio que a pensar inclina.
> Nunca la guerra le inspiró sus fuegos,
> la fuerza del progreso lo domina.
>
> Así es mi Pedro, generoso y bueno;

---

[333] *Las corrientes*, citado antes, p. 155. En el ensayo de Martínez Estrada sobre la vida de Pedro Henríquez Ureña en la Argentina, citado antes, "Pedro Henríquez Ureña: evocación iconomántica...", escribe: "La modestia de Henríquez Ureña fue una de sus prendas personales más preciosas. Conmigo únicamente habló de su señora madre... a quien veneraba considerándola figura eminente en la vida cultural de su país", pp. 196-197.

[334] *Ibid.*, p. 255.

[335] En Max Weber, *Economía y sociedad*, pp. 197-198. La noción aparece en el contexto de las reflexiones sobre la dominación carismática y la rutinización del carisma.

> todo lo grande le merece culto;
> entre el ruido del mundo irá sereno
> que lleva de virtud el germen oculto.[336]

Recordemos la aguda observación de Kafka: "La memoria de una nación pequeña no es menor que la memoria de una nación grande".[337] Fiel a esa herencia, es el crítico Henríquez Ureña quien más nos ha dicho sobre la organización interna de esa tradición. La *tradición* del pequeño país no era una página en blanco. Tenía sus *comienzos*: un mundo político-cultural que se anuda con lo familiar, sin el cual su propia obra habría resultado impensable. Era una página que él llenaría una y otra vez con referencias dispersas al mundo letrado femenino impulsado por Salomé. En sus *principios* estaban ya las antologías. En sus *Memorias*, escritas cuando tenía veinticinco años, pero inéditas durante mucho tiempo, cuenta cómo a los doce años "descubrió" que su madre era "poetisa afamada", y "descubrió", podríamos decir, la necesidad de construir contextos y linajes: "principié por formar dos pequeñas antologías de poetisas dominicanas y de poetisas cubanas (mi madre me habló mucho de éstas)".[338] Comenzó a hacer versos, y también preparó su primera antología de poetas dominicanos, según dice, "bajo las indicaciones de mi madre".[339] Después de la muerte de Salomé, en 1897, comenzó una "actividad literaria febril, cuyo centro era el recuerdo de mi madre".[340]

---

[336] Puede leerse el texto completo en el volumen de Matos Moctezuma, citado antes, p. 16.

[337] En sus *Diarios*, p. 255.

[338] Alfredo A. Roggiano ha publicado varias secciones de los manuscritos que encontró en el archivo de Henríquez Ureña. Las *Memorias* que cito se publicaron en la *Revista Iberoamericana*, LIV, pp. 331-357. La cita en la p. 341.

[339] *Ibid.*, p. 341.

[340] *Ibid.*, p. 345.

La reconstrucción de los *beginnings* aparece ya en sus primeros libros y prefigura la obra posterior.[341] En el importante ensayo sobre "La vida intelectual de Santo Domingo" —uno de sus primeros trabajos— conecta el momento de afirmación de la nación con la aparición de una nueva poesía y con los sucesivos exilios de las minorías ilustradas. En ese contexto, no es irrelevante que Henríquez Ureña citara el elogio que de la "egregia poetisa" había hecho Menéndez Pelayo en su *Historia de la poesía hispanoamericana*. El pasaje contiene uno de sus núcleos de *beginnings*:

> [...] El movimiento político progresista de 1873 imprimió singular animación a la vida nacional; y se comenzó entonces a publicar libros con frecuencia. La primera antología dominicana, *Lira de Quisqueya*, coleccionada por José Castellanos y publicada en 1874, reveló al país la superioridad de la nueva generación en el orden poético [...] la naciente crítica, junto con la opinión pública, reconoció que la poesía dominicana nunca había alcanzado tan altas notas como las que ahora daban Joaquín Pérez y Salomé Ureña. "Para encontrar verdadera poesía en Santo Domingo —dice Menéndez y Pelayo—, hay que llegar a don José Joaquín Pérez y a doña Salomé Ureña de Henríquez: al autor de 'El junco verde' [...] y a la egregia poetisa, que sostiene con firmeza en sus brazos femeniles la lira de Quintana y de Gallego, arrancando de ella robustos sones en loor de la patria y de la civilización [...]".[342]

---

341 Constantemente retrató a sus héroes. Por ejemplo, en *Horas de estudio* incluye un ensayo sobre el poeta dominicano José Joaquín Pérez a quien sitúa, postulando la existencia de una tradición nacional liberal, como seguidor de Salomé Ureña: "Sus himnos al progreso del país revelan una nueva concepción patriótica posterior a sus cantos de devoción por la naturaleza, la independencia y la tradición nacionales: en realidad, esos himnos reflejaban la orientación que había dado a la poesía dominicana el entusiasmo civilizador de Salomé Ureña", en *Obra crítica*, citado antes, p. 143.

342 *Ibid.*, p. 128. La cita de Menéndez Pelayo aparece en la sección dedicada a Santo Domingo en el tomo I de su *Historia de la poesía hispano-americana*, p. 310. En esa misma página (n. 3) Menéndez Pelayo cita a "un joven dominicano, de sólida instrucción y buen gusto", Pedro Henríquez Ureña y su libro *Horas de estudio* publicado un año antes, y recomienda su lectura. El crítico

La publicación de su correspondencia nos permite seguir con cierto detalle el proceso. En una carta que le dirigió desde México a Menéndez Pelayo en 1909, manifestaba las razones de su admiración: "Desde mi adolescencia, el nombre y las obras de Ud. han sido para mí objeto de recordación diaria y trato constante; esta devoción existe desde que leí, a raíz de la muerte de mi madre, la poetisa dominicana Salomé Ureña de Henríquez, el juicio que Ud. formuló sobre ella en el prólogo de la *Antología de poetas hispano-americanos*".[343]

Patria y civilización

Los padres se pierden, pero se conserva su lengua. Henríquez Ureña no ocupó un papel institucional en la República Dominicana, salvo su brevísima gestión como Superintendente General de Enseñanza bajo el gobierno de Trujillo, desde finales de 1931 hasta julio de 1933, que terminó bruscamente con su regreso a la Argentina. Como Superintendente envió una carta circular en la que pedía que se diera a conocer entre los maestros el prólogo del escritor mexicano Justo Sierra (1848-1912), cuya pasión educativa propuso también como modelo en *Las corrientes*: "En el fondo, fue un entusiasta, un enamorado, como le llama uno de sus admiradores, en el sentido en que Walter Pater llama enamorado a

---

español está muy vinculado a la canonización literaria de la familia Henríquez Ureña. Hay varios ensayos de reconstrucción de la tradición intelectual dominicana, que Henríquez Ureña va refundiendo y ampliando en estudios posteriores. Por ejemplo, "Literatura dominicana" publicado en la *Revue Hispanique* en 1917, y también en el tomo 3 de las *Obras completas*, citado antes, pp. 311-329.

343 Cito de la edición de las cartas presentada por Emilio Rodríguez Demorizi, "Menéndez Pelayo y Pedro Henríquez Ureña", p. 22. En esa misma carta manifestó a Menéndez Pelayo su devoción por la vieja tradición española: "aunque comencé haciendo campaña en favor del llamado *modernismo* americano, he sido siempre, por gusto y por tradición familiar, devoto del glorioso pasado y del no indigno presente de la literatura española".

Platón".³⁴⁴ El texto de Sierra, titulado "Noción de historia", se enmarca en el debate moderno entre *cultura* y *civilización*. Sierra acepta la idea de que la cultura es una progresión hacia estados más avanzados de la *civilización* material que llegará por la difusión de la razón y la ciencia, pero sólo si hay espacios públicos de debate. Es un texto muy revelador, que Henríquez Ureña hace suyo:

> Los pueblos más civilizados son aquellos en que: 1º hay más escuelas y más niños que en ellas se eduquen para que, cuando sean hombres, puedan proporcionarse mayor y mejor trabajo, contribuyendo así al mejoramiento o progreso de la sociedad en que viven; 2º en que hay más ferrocarriles y telégrafos que lleven personas y mercancías, los unos, y las palabras los otros, con una rapidez, comodidad y baratura, que antes ni se soñaba, entre un lugar y otro; así, a medida que los hombres y las ciudades y los pueblos se han comunicado más frecuentemente y más pacíficamente entre sí, el progreso ha sido mayor. [...] Los literatos, los artistas, también contribuyen a civilizar: ellos, dando forma al pensamiento, hacen pensar; ellos decoran la vida con objetos bellos o la endulzan con la poesía, con la música, etc. Pero todo esto vale muy poco, si en un pueblo no hay libertad, es decir, si los habitantes de una nación no tienen el derecho o facultad de hacer cuanto gusten, con tal de no impedir a los demás hacer lo mismo, y si no hay justicia, es decir, si el Gobierno o Autoridad no tiene cuidado de proteger esos derechos y esos deberes.³⁴⁵

---

344 *Las corrientes*, p. 163.

345 Véase el texto *Pedro Henríquez Ureña en Santo Domingo*, de Orlando Inoa, p. 141. En ese mismo año hizo la siguiente declaración de fe: "Considero que el esfuerzo del Presidente Trujillo está realizando la verdadera unificación del país, aboliendo el caudillaje local y creando relaciones frecuentes entre todas las regiones. Con estas relaciones constantes entre las regiones del país podemos alcanzar alto nivel de 'densidad moral', signo de verdadera civilización". *Ibid.*, p. 308.

IV. Recorridos y lugares

Al mismo tiempo, Henríquez Ureña se encontraba en fuga: tenía que ir más lejos, en el espacio y en el tiempo. Retomemos la otra línea central de sus *beginnings*: durante casi toda su vida fue un "forastero". Es en esa tensión del *outsider* que construye largas tradiciones que se desarrolla nuestra discusión. En lo que escribe sobre Hostos en *Las corrientes* se percibe su identificación con un linaje: "Cuando, por fin, alcanzó Cuba su libertad (1898), su propia isla no hizo sino cambiar de dueño. Nunca se recobró del golpe de ese desastre".[346]

En ocasiones es evidente en sus textos un perturbador sentimiento de pérdida. Su doble y melancólica mirada, desde dentro y desde fuera, nos obliga a abarcar simultáneamente perspectivas diversas que definen su lugar de enunciación. El hilo que une esos exilios es su pasión por los estudios literarios y por establecer "conexiones". Aquí es útil la noción de *worldliness* (mundanidad) de Said, que no es exactamente el "cosmopolitismo", sino la necesidad de subrayar las *conexiones* como manera de afrontar la exclusión y la marginalidad.[347] Podríamos verlo como un "intelectual sincrético" de frontera, capaz de apropiarse y combinar elementos de diversas culturas.[348] En su fundamental ensayo-manifiesto de 1926, "El descontento y la promesa", en el que, antes que Borges, Henríquez Ureña hacía la siguiente declaración: "Tenemos derecho a tomar de Europa todo lo que nos plazca: tenemos derecho a todos los

---

346 *Las corrientes*, p. 159.

347 Said habla de *worldliness* en varios textos. En una entrevista con Jennifer Wicke y Michael Sprinker, declara que no siente gran interés por las literaturas "nacionales", sino en las "conexiones", y justifica su posición por la propia experiencia palestina, y por la coerción de las instituciones que imponen al "area expert". Véase "Interview with Edward Said", en *Edward Said, a Critical Reader*, pp. 242 y siguientes.

348 Remito al ensayo de Abdul R. JanMohamed, citado en el primer capítulo a propósito de Antonio Pedreira. JanMohamed contrapone el "intelectual sincrético" y el "especular".

beneficios de la cultura occidental".³⁴⁹ A la vez, él mismo fue un "extranjero", objeto de diversas representaciones y de numerosos "malentendidos", como señalaba Kracauer.³⁵⁰

Nueva York, capital del siglo XX

En el *principio* estaba la ciudad de Nueva York, y las lecturas en inglés. Fue en Nueva York, entre 1901 y 1904, donde Henríquez Ureña vivió la experiencia de la ciudad moderna en su forma norteamericana.³⁵¹ Allí adquirió sus armas culturales, antes de su fructífera primera estadía en el México del final del porfiriato y comienzos de la Revolución. Aprendió inglés, cultivó asiduamente su gusto por la ópera y el teatro, asistió a cursos en la Universidad de Columbia, y después fue periodista.³⁵² También trabajó a tiempo completo en una empresa comercial, tras haber hecho un curso que incluía taquigrafía y contabilidad.

En una carta de 1914 dirigida a Alfonso Reyes, quien se encontraba entonces en París, Henríquez Ureña comparaba a París con la ciudad de Nueva York, y le contaba a Reyes su propia experiencia. La modernidad suponía el aprendizaje de nuevas reglas de la vida cotidiana en la ciudad, y la nueva libertad del anonimato. La ciudad representaba también la necesidad de desarrollar otro concepto de la disciplina y el rigor, una ética del trabajo. Todo esto lo planteó en términos de "civilización" o "incivilización", que ilustraba con nuevas formas de vida,

---

349 Se trata de una conferencia que pronunció en la Sociedad Amigos del Arte en Buenos Aires en agosto de 1926. Fue incluido en los *Seis ensayos*, y ha sido muy antologizado. Aquí cito de *Ensayos* (edición Archivos), p. 282.

350 Remito al marco expuesto en la Introducción a este libro.

351 Es indispensable el estudio de Roggiano, *Pedro Henríquez Ureña en los Estados Unidos*. Véase también la selección de sus crónicas periodísticas en la edición de Minerva Salado, *Desde Washington*.

352 Ya en su primer libro *Ensayos críticos*, incluye su texto sobre "La profanación de *Parsifal*", una crónica de la representación de Wagner en Nueva York, donde "el público cosmpolita de la gran metrópoli comercial acudió en masas enormes a escucharlo y admirarlo". *Obra crítica*, p. 42.

como la estricta regularización del horario y "el olvidarse de sí mismo en la calle":

> Todo lo que dices lo conozco; lo he vivido (¿de dónde, si no, sacaba yo mi fuerza racional, que nuestro grupo hallaba rara en México?), y lo he vivido en un país menos realmente civilizado que los europeos: los Estados Unidos. Mi crisis fue menor que la tuya [...] porque yo era mucho más joven y odiaba la incivilización latinoamericana. ¿La disciplina? ¿El andar hábilmente? ¿El hacer cola? ¿El trato democrático? ¿El olvidarse de sí mismo en la calle, verdadera necesidad para mí? Todo eso, y mil cosas más, aprendí en los Estados Unidos.[353]

Más tarde, siguió de cerca el debate sobre la cultura norteamericana protagonizado por Van Wyck Brooks, Waldo Frank y otros, leyó los novelistas, comentó el pragmatismo de William James y la filosofía de Santayana; reseñó la vida teatral y musical, e informó sobre la vida política en sus artículos periodísticos. En una interesantísima carta de 1925 a Daniel Cosío Villegas, Henríquez Ureña comenta las transformaciones ocurridas en la ciudad de Nueva York durante sus diversas estadías. Su atención se centra en la arquitectura y el desarrollo urbano: "Estando yo allí, se construyó la Plancha, el *Flatiron* triangular en Broadway y la 23, que fue muy curioso ensayo. El Puente de Brooklyn primitivo existía ya, y era maravilloso. Se comenzó a construir el segundo, el llamado de Williamsburg. [...] Abandoné la ciudad en 1904 y volví en 1914. El cambio era espléndido. Se habían construido los mejores rascacielos, entre ellos el Woolworth: la masa de Down Town había adquirido una línea estupenda. Los puentes habían multiplicado su tela de araña [...]".[354] En otra carta del 26 de noviembre de 1914 ofrece nuevamente

---

[353] Carta del 13 de septiembre de 1914, escrita en La Habana, la número 111 en la *Correspondencia* editada por José Luis Martínez, p. 473.

[354] Véase la carta del 12 de noviembre de 1925, en tomo VI de las *Obras completas*, pp. 380-394. La cita en la p. 381. En 1904 se había trasladado a La Habana junto con su hermano Fran. Ambos trabajaron en la casa comercial Silveira y Compañía. Allí colaboró con la revista *Cuba Literaria*, fundada por su hermano Max.

sus impresiones de la ciudad, y defiende su carácter *americano*: "Nueva York es, por definición, todo lo contrario a Washington. Nueva York es imperial, opulenta, majestuosa, contra la opinión de los ignorantes de nuestra América que creen que no hay arte sino donde hay patente europea. Su arquitectura monumental es cada vez más sencilla en sus líneas, más eficaz en su adaptación. Acaso nada más maravilloso que las estaciones de ferrocarril: en el Grand Central, el Pennsilvania. [...] El 'cemento armado' es perdonable. (¡Manos de Ruskin! cuando se trabaja bien; y yo no logré ver los grandes efectos que de él se obtienen sino en Nueva York. En nuestros países lo vi emplear en efectos grotescos, barceloneses. Pero el problema del 'skyscraper', del araña-cielos, la elevación vertical para sustituir a la ampliación horizontal, el otro gran problema arquitectónico contemporáneo, lo han resuelto los Estados Unidos, vuelo de cuarenta y cincuenta pisos. [...] Nueva York, además, como 'espíritu de ciudad', es ceremoniosa y rápida a la vez. Todo está calculado para hacerse bien y a prisa. [...]".[355]

Esa memoria de la ciudad funciona por sus omisiones tanto como por sus afirmaciones. No hay indicios de que la pluralidad que descubre en Nueva York incluya otros sujetos, que se haya interesado por la cultura afronorteamericana o por figuras contemporáneas como W. E. du Bois o Arturo Alfonso Schomburg. Llama la atención que no hable del desarrollo del *Barrio* en East Harlem y las comunidades puertorriqueñas. Tampoco habla del cine, del jazz, ni de las nuevas técnicas de reproducción sonora que habrían de transformar la recepción de la música y la cultura de masas. Lo que sí le maravillaba era la vitalidad de la "alta cultura" que ofrecía la ciudad.

Su lectura de la "cultura" hispánica y sus definiciones de lo literario están muy marcadas por la experiencia norteamericana, como lo estarían en las décadas de 1920 y 1930 por el triunfante nacionalismo mexicano y por su larga etapa argentina. La nueva cultura literaria e intelectual adquirida en los Estados Unidos —junto con sus lecturas de Walter Pater, Oscar Wilde, Matthew Arnold, y otros escritores de la "era

---

[355] Cito de Zenaida Gutiérrez Vega, "Pedro Henríquez Ureña. Maestro continental. Cartas a José María Chacón y Calvo, Francisco José Castellanos y Félix Lizaso (1914-1919-1935)", p. 111.

victoriana"— le permitió cumplir la función de mediador en el campo intelectual mexicano.

Esa apropiación de la literatura de lengua inglesa y de la cultura académica norteamericana fue decisiva, aunque tiende a ser olvidada por la crítica. Es revelador, por ejemplo, lo que cuenta el cubano Félix Lizaso, quien estaba interesado en un puesto en Princeton:

> Tan pronto Henríquez Ureña tuvo la noticia me escribió poniéndome sobre aviso, temiendo que la entrevista, de no llevarse a cabo en la forma adecuada, pudiera traer dificultades. Y entre sus advertencias destaco ésta: "En primer lugar, no sea usted modesto. Con los norteamericanos no tiene éxito el sistema latino de rebajar el propio valer: ellos toman al pie de la letra lo que se les dice. Declare usted con absoluta franqueza lo que es; y "abundaba en apreciaciones sobre mi propia labor".[356]

Otro ejemplo: en 1912 demostró que era preciso "completar" la *Historia de las ideas estéticas* de Menéndez Pelayo con la inclusión de la literatura y la crítica románticas inglesas. Los valores del canon modernista que él tradujo y difundió en México —incluso la versión y la interpretación que se ofrecía de la cultura griega— emergían de esa *tradición* que él conocía de primera mano, y podía traducir. Tendremos ocasión de volver sobre ello más adelante.

El traductor en México

Antes de cumplir los treinta años, Henríquez Ureña ya ocupaba un lugar de primera fila, lo que le permitió contribuir al fermento intelectual de México, adonde llegó por primera vez en 1906. En esos años se confirman su fervor por los libros, su ansia por consolidarse como escritor y su vocación docente. Vasconcelos reconoció el papel decisivo que jugó en el enorme resurgimiento cultural que representó el Ateneo: "Mucho se ha hablado en México del grupo del Ateneo de la Juventud, y lo único cierto

---

356 En "Pedro Henríquez Ureña y sus presencias en Cuba", p. 111.

es que sin Pedro no habría existido".[357] Reconoció también la importancia del conocimiento del inglés que aportaba Henríquez Ureña: "Sus primeros éxitos de mentor los tuvo entre los que, no sabiendo leer inglés, ignoraban del todo la literatura inglesa".[358] Alfonso Reyes lo caracterizó en sus textos como el maestro de su generación, aunque cuando Henríquez Ureña llegó a México apenas contaba con 23 o 24 años: "En lo íntimo, era más honda, más total, la influencia socrática de Henríquez Ureña. Sin saberlo, enseñaba a ver, a oír, a pensar, y suscitaba una verdadera reforma en la cultura, pesando en su pequeño mundo con mil compromisos de laboriosidad y conciencia. Era, de todos, el único escritor formado, aunque no el de más años. No hay entre nosotros ejemplo de comunidad y entusiasmo como los que él provocó".[359]

José Luis Martínez también destacó la importancia de la modernización llevada a cabo por Henríquez Ureña en México, a pesar de su juventud: "[...] la Revolución mexicana y la empresa del Ateneo fueron dos movimientos paralelos, uno en el campo más amplio de la transformación política y social del país, y otro en el orden del pensamiento y la formación intelectual de un pequeño grupo que realizaría la renovación y la modernización de la inteligencia mexicana".[360] Su papel mediador

---

357 "Vivió en los amigos", en *Letras de México*, p. 289. El libro *Ulises criollo* de Vasconcelos tiene gran interés para el estudio del Ateneo y el papel de Henríquez Ureña, en especial las secciones tituladas "El intelectual" y "Un Ateneo de la Juventud". Son de consulta indispensable los estudios de Alfonso García Morales, *El Ateneo de México (1906-1914): orígenes de la cultura mexicana contemporánea* y el de Fernando Curiel, *La revuelta: interpretación del Ateneo de la Juventud, 1906-1929*, que contiene información precisa sobre Henríquez Ureña desde su aparición en la revista *Savia Moderna* (1906).

358 Vasconcelos, *ibid*.

359 Cito del texto titulado "Rubén Darío en México", en el que Reyes refundió un artículo, "Nosotros", publicado en 1913 en la *Revista de América* publicada en París por los hermanos García Calderón. Muy pronto, pues, Reyes reconoció el magisterio de Henríquez Ureña. Cito de los *Estudios sobre Rubén Darío*, compilación y prólogo de Ernesto Mejía Sánchez, pp. 17-18.

360 *Alfonso Reyes, Pedro Henríquez Ureña: Correspondencia I, 1907-1914*, p. 32. Ese nutrido epistolario es fundamental. Las cartas permiten reconstruir el tipo de intercambios entre ambos, las afinidades intelectuales y artísticas, la

contribuyó a integrar orgánicamente la experiencia de los jóvenes intelectuales mexicanos y la nueva elaboración teórica que cambió la manera de ver y de hablar sobre la cultura. Ya en 1935, el poeta mexicano Jorge Cuesta (1903-1942), al hablar del germen modernizador del Ateneo de la Juventud y su relación con la Revolución, advertía: "Siempre sorprenderá que el movimiento revolucionario que se desarrolló en la política mexicana de 1910 a 1924 se haya visto acompañado de una mística en el plano del pensamiento. Y aún sorprenderá más que esta mística haya dado a la Revolución su programa educativo".[361] Como casi todos sus amigos ateneístas, en medio de la Revolución jugó un papel en la Universidad Nacional y en la fundación de la Universidad Popular, y, por tanto en los debates sobre la función de los intelectuales.[362] Llama la atención, sin embargo, que en la larga correspondencia con Alfonso Reyes, la Revolución y las referencias a la guerra misma sean escasas, más bien una presencia ominosa que finalmente pone a los protagonistas del campo intelectual en posiciones distintas.

---

atención con que cada uno seguía paso a paso el itinerario del otro. Véase el ensayo de Gabriela de Beer "Hacia la identidad cultural en el epistolario Pedro Henríquez Ureña-Alfonso Reyes". Es útil, además, la antología preparada también por Martínez, *Pedro Henríquez Ureña: estudios mexicanos*. Horacio Legrás, en su estudio "El Ateneo y los orígenes del Estado ético en México", discrepa de esta lectura, y replantea inteligentemente el papel de los intelectuales en la Revolución. El propio Henríquez Ureña describe su intervención en una nota de *Las corrientes*: "Aunque nacido fuera de México, el autor de esas líneas perteneció también al Ateneo, fue el primer secretario de la Universidad Popular y, antes de ello, miembro de la redacción de *El Antirreeleccionista*, órgano del partido que se oponía a la reelección del Porfirio Díaz, y que con el tiempo eligió a Madero de presidente; el periódico fue suprimido por el gobierno de Díaz en 1910", p. 268.

361 Remito a su reseña del *Ulises criollo* de Vasconcelos, que puede leerse en la edición crítica de Claude Fell. Cito de la p. 810.

362 Hay numerosas referencias a Henríquez Ureña en el documentadísimo e indispensable estudio de Javier Garciadiego, *Rudos contra científicos: la Universidad Nacional durante la Revolución mexicana*, también importante por su estudio del *latinoamericanismo* que emerge de la Revolución y de la política de Vasconcelos, así como del intercambio cultural con los Estados Unidos.

Henríquez Ureña sí intervino directamente en la redefinición del canon literario mexicano con antologías y ensayos, y con el comienzo de la "nacionalización" de Juan Ruiz de Alarcón en 1913.[363] Fue invitado a colaborar junto con Luis G. Urbina y Nicolás Rangel, en la importante *Antología del Centenario* (1910), una selección y estudio de la literatura mexicana durante el primer siglo de independencia, encargada por el Gobierno de la República. En ella se corregían algunos juicios y omisiones de la *Antología de la poesía hispano-americana* de Menéndez Pelayo. En México Henríquez Ureña llevó a cabo una importante labor de traducción, y en 1913 fue nombrado profesor de Literatura Inglesa en la Escuela Nacional de Altos Estudios creada por Justo Sierra. Su gran amigo, el poeta y bibliófilo mexicano Genaro Estrada, confirmaba ya en 1917 la influencia de Henríquez Ureña en toda una generación: "la actuación literaria entre nosotros se ha rectificado un poco. Queda firme lo que debe quedar y se reconoce ya —casi unánimemente— que las orientaciones hacia el estudio y al buen conocimiento deban normar al escritor de profesión y aun al aficionado. En este sentido persiste toda la saludable influencia que dejó Pedro Henríquez Ureña. La época de las alondras y los ruiseñores literarios parece haber entrado en pleno descrédito".[364] Era todo un programa, que se consolidó en su ausencia.

---

363 Sobre la "nacionalización" de Alarcón, y el importantísimo papel que jugó Henríquez Ureña en la elaboración de ese discurso, véase el esclarecedor trabajo de Antonio Alatorre, "Para la historia de un problema: la mexicanidad de Ruiz de Alarcón", en el que traza la huella de Henríquez Ureña en Alfonso Reyes y otros, y combate las especulaciones "puramente psicológicas" de Henríquez Ureña. Como Joaquín Casalduero, critica la tesis "nacionalista", pues se trata de un "seudoproblema". Lo que interesa a Alatorre son los valores "intrínsecos como dramaturgo" de Alarcón. Esta distancia crítica deja en pie el problema de las estrategias de nacionalización en las concepciones modernas de las literaturas y la recepción favorable que han tenido, a pesar de su arbitrariedad.

364 En carta dirigida a Alfonso Reyes del 15 de octubre de 1917, incluida en *Con leal franqueza: Correspondencia entre Alfonso Reyes y Genaro Estrada*, tomo I, ed. de Serge I. Zaïtzeff. Cito de la p. 37.

El outsider

Por otra parte, en el exilio con frecuencia el desprecio fue duro, y llegó a ensombrecer de modo considerable algunos años de su vida. La crítica —con pocas excepciones— ha soslayado, por ejemplo, el prejuicio racial de que fue víctima. Él mismo es parco en sus comentarios al respecto. Sin embargo, hay que tomarlo en consideración para el estudio de su identidad intelectual. Por una de tantas cartas a Alfonso Reyes, en las que quedan expuestos su saber y su vulnerabilidad, nos enteramos de estos dilemas íntimos. En 1908, Henríquez Ureña se refería explícitamente a lo penoso de su experiencia de ser no "blanco" en Nueva York. Su misma apariencia, confesaba, lo traicionaba: "Volver a aquel trabajo duro de diez horas y a los pequeños golpes de antipatía contra quienes, como yo, llevan en su tipo físico la declaración de pertenecer a pueblos y razas extraños e ¡'inferiores'!".[365] Más tarde, en 1916, ingresó a la Universidad de Minnesota, en años particularmente propicios para el desarrollo del *hispanismo* en la academia norteamericana.[366] Pero ese mismo año su padre fue depuesto como Presidente de la República Dominicana y los Estados Unidos establecieron en Santo Domingo un gobierno militar. En un diario de Minneapolis se refirieron despectivamente a esa situación, lo cual abre la vía a otras sospechas, y seguramente afectó la experiencia subjetiva del entonces joven profesor dominicano: "President's son though he is —a sort of crown prince in the little Dominican Republic— Pedro Henríquez will do all his reigning over a small class of young Minnesotans…".[367] Pero hay más. Hay que recalcar que alcanzó

---

365 En la carta 17 de *Alfonso Reyes, Pedro Henríquez Ureña: Correspondencia I*, citado antes, p. 111.

366 Allí fue lector de lengua y literatura españolas, y en 1917 obtuvo el título de *Master of Arts*, y el doctorado en 1918. Como hemos visto en el primer capítulo, en esos años se crearon departamentos de Hispanic Studies, la revista *Hispania* y la *Hispanic Society* de Nueva York. Véanse los libros *Spain in America. The Origins of Hispanism in the United States* e *Ideologies of Hispanism*.

367 "Aunque sea hijo de un presidente —una especie de príncipe en la pequeña República Dominicana— Pedro Henríquez Ureña sólo reinará sobre una pequeña clase de jóvenes de Minnesota…" (N. de la E.). Alfredo A. Roggiano,

un notable prestigio en los círculos literarios, pero Henríquez Ureña no consiguió nunca una posición académica central, ni en México ni en la Argentina. Su segunda estancia en México (de 1921 a 1923), marcada por múltiples actividades bajo la dirección de Vasconcelos, terminó con su decisión de exiliarse voluntariamente a la Argentina. Habían sido años muy intensos. Bajo la presidencia de Álvaro Obregón (1920-1924), Henríquez Ureña participó en la renovación cultural mexicana junto con sus viejos amigos del Ateneo de la Juventud. Sin embargo, su presencia había despertado inesperadas reservas y suspicacias nacionalistas. Hasta qué grado fue así lo demuestran el recelo y las alusiones malignas publicadas en la prensa mexicana. No se limitaron a llamarlo "forastero"; también emplearon expresiones del más crudo racismo: "... danzan, como profesores de literatura y como Secretario de la Universidad, negros de Haití y hasta bachilleres fracasados...".[368]

Pedro Henríquez Ureña en los Estados Unidos, citado antes, p. lxvii. Resulta interesante que Henríquez Ureña se viera forzado a reafirmar su identidad en otro diario: "[...] toda mi lealtad es hacia mi propio país. Me han acusado de preferir éste, pero no es así". (La traducción es mía. El texto original dice: "[...] *my allegiance is entirely with my own country. I have been accused of preferring this country. I do not*", p. lxvii.)

368 Citado de *Pedro Henríquez Ureña en México*, de Roggiano, quien documenta estos duros ataques con testimonios de los diarios mexicanos. Algunos ejemplos: "[...] asalta las nóminas de la Universidad, con muy honrosas excepciones de jóvenes entusiastas y sabios, una turbamulta que sólo ve en la cátedra el medio de completar un presupuesto, y que constituye un verdadero aquelarre oficial de inquietud en el que danzan, como profesores de literatura y como Secretario de la Universidad, negros de Haití y hasta bachilleres fracasados [...]", p. 249; "Pedro Enríquez [sic] Ureña, literato fracasado, carece de título profesional [sic], ciudadano de Haití [sic] uno de los numerosos extranjeros que han merecido el favor oficial, lo que no sería censurable, si se dedicasen a ganar para comer, pero que son utilizados por los reaccionarios para atacar a hombres de ideas nuevas surgidos después de la dictadura", p. 250. Específicamente, se criticó su participación en el séquito que acompañó a Vasconcelos en su viaje al sur: "[...] con aflicción y con rubor, hemos visto que pretende hablar por el espíritu de negrillos haitianos la sabiduría y la conciencia de la raza, no es de extrañar que abunden los escépticos acerca de la debida composición de nuestra Embajada en Río", pp. 250-251. Para estos

Retomemos otros indicios en la correspondencia del propio Vasconcelos. En una carta a Alfonso Reyes de 1923, "escrita en la más profunda intimidad", Vasconcelos pone de manifiesto la hostilidad hacia Henríquez Ureña, aunque lo que se vislumbra es una historia oscura, compleja. Vasconcelos se expresó con gran dureza sobre sus colaboradores Antonio Caso y Henríquez Ureña, intelectuales que no ven "nunca el bien ajeno", y "quienes no han sido ni son mis amigos". Ambos habían colaborado con él en la Secretaría de Educación Pública. Vasconcelos afirma que Henríquez Ureña, quien lo había acompañado durante su visita a la Argentina en 1922, estaba lleno de "pequeños y grandes rencores":

> El grupo de que me hablas, de nuestros viejos amigos, me sirvió pues como he dicho, para crear obstáculos, para imponerme protegidos como Salomón de la Selva y Daniel Cosío Villegas que faltaban a sus deberes descaradamente, pero que no dejaban de asistir nunca a los círculos de murmuración en que reina Pedro. Del mismo Pedro debo decirte lo que tal vez tú has sospechado y lo que todo el mundo afirma aquí, aunque yo fui el último que llegó a convencerse de ello, y es que no nos puede ver, que está lleno de pequeños y grandes rencores, que si hubiera podido se queda en la Argentina, pues no deseaba volver a México. Creo que también le lastima no haber llegado a alcanzar una posición social de importancia, pero no reflexiona que para lograr esto le hubiera sido necesario sacrificar algo de sus comodidades y dirigirse a su país para luchar contra la dominación norteamericana.[369]

---

problemas, véase también el libro de Claude Fell *José Vasconcelos, los años del águila (1920-1925): educación, cultura e iberoamericanismo en el México postrevolucionario.*

369 Véase la carta del 28 de noviembre de 1923 en *La amistad en el dolor: correspondencia entre José Vasconcelos y Alfonso Reyes 1916-1959*, ed. de Claude Fell. Cito de las pp. 80-82. Véase también el estudio preliminar de Fell a esta compilación. Las discrepancias políticas que enfrentaron a Vasconcelos con Vicente Lombardo Toledano, terminaron por involucrar a Henríquez Ureña, quien era su cuñado, y a Antonio Caso. Para un relato detallado de este difícil período, véase el libro de Enrique Zuleta Álvarez *Pedro Henríquez Ureña y su tiempo*, sobre todo el cap. 5, pp. 159-185.

Sus caminos se bifurcaron enseguida. Henríquez Ureña se trasladó a la Argentina en junio de 1924. Poco antes había contraído matrimonio con Isabel Lombardo Toledano. A pesar de que su amistad estrecha con Alfonso Reyes y otros resistió todos los embates, decidió alejarse de México con su familia para no volver nunca. Rompió de manera tajante con Vasconcelos.[370] Quizás ese clima sombrío sea el momento más desgarrador de sus exilios. No dejó sin embargo de escribir sobre los escritores mexicanos, y años más tarde concibió la Biblioteca Americana para el Fondo de Cultura Económica, editorial que publicó póstumamente su libro *Las corrientes*. Quizás criticó oblicuamente a Vasconcelos, pero sin nombrarlo. Es llamativo que en *Las corrientes* el nombre de Vasconcelos sólo se menciona en una o dos notas a pie de página.

No obstante, resulta muy conmovedor que pocas semanas antes de su muerte, ocurrida el 11 de mayo de 1946, Henríquez Ureña, atemorizado por la polarización que suponía el triunfo peronista en la Argentina, expresara en una carta la posibilidad de tener que regresar a México:

> Aquí ya ve usted qué revés hemos sufrido. Es verdad que la presidencia de Tamborini habría entronizado la política del partido que se llama, con incongruencia, radical; política que consiste en no hacer nada. Con los contrarios se entroniza la arbitrariedad; no habrá libertades. A poca distancia de mi casa he visto, días atrás, las bandas de forajidos que atacaban, pistola en mano, la Facultad de Medicina, mientras la policía —presente— los dejaba hacer. Menos mal que hubo decisión para rechazarlos. De todos modos, como

---

[370] Por otra parte, en ese mismo año el ambicioso programa de Vasconcelos queda notablemente reducido con su salida de la Secretaría de Educación. Escribe el historiador Jean Meyer: "La partida de Vasconcelos en el año 1924 marcó el final de esta breve pero brillante etapa en la cual los intelectuales y los artistas habían sido puestos al servicio del Estado bajo los auspicios del Ministerio de Educación. A partir de ese momento se implantaron dos puntos de vista opuestos en el mundo cultural: por un lado, el representado por el grupo que apoyaba al régimen, y que postulaba una cultura dotada de cierto contenido social; y por otro, el del sector que rechazaba la cooperación con el régimen, postura que comportaba el aislamiento o el exilio al extranjero". Cito de su "México: Revolución y reconstrucción en los años veinte", p. 153.

este nuevo partido ha prometido mucho, algo tendrá que hacer, y se avanzará en legislación social. A los partidos realmente conscientes tocará aprovechar la hora para ilustrar a las masas, a fin de que se convenzan de que las conquistas para el obrero no pueden ser regalos "de arriba" (expresión de aquí que equivale a nuestro "de guagua" y que en este caso resulta con dos sentidos). El Partido Socialista ha perdido terreno y no saca un solo diputado; el Comunista tiene tres. / Escríbame. / Suyo / Pedro Henríquez Ureña. / P.S. Debo agregarle que mi situación aquí no es muy segura; a lo mejor me quitan todos mis puestos, y tal vez tenga que irme a México. Además le diré que creo que las elecciones no fueron limpias; la mayoría cree que sí, pero hay datos que confirman mi sospecha.[371]

Argentina

Su traslado a la Argentina fue una apuesta a la independencia, y al logro de las condiciones materiales necesarias para sus proyectos. En las décadas de 1920 y 1930, se encontró con un campo intelectual muy activo, estableció amistad con Alejandro Korn (1860-1936), frecuentó los círculos de escritores, colaboró en los diarios, y formó parte del equipo de la revista *Sur*. Años más tarde, llevó a cabo un trabajo editorial muy intenso en Buenos Aires que le permitió dirigir colecciones y preparar antologías. Colaboró en el Instituto de Filología, dirigido por Amado Alonso. Tiene razón Beatriz Sarlo cuando afirma que el exilio latinoamericaniza, pero también impone el costo de readaptaciones:

> Henríquez Ureña tiene el dramatismo y la modernidad de alguien cuya vida intelectual se vio afectada por ese destino latinoamericano de los desplazamientos permanentes, de las bibliotecas abandonadas

---

[371] Carta a Pericles Franco Ornes, 6 de abril de 1946, en *Obras completas 1945-1946*, t. X, p. 458. Para una excelente introducción a esos años en la vida política argentina, véase el libro de Carlos Altamirano *Bajo el signo de las masas (1943-1973)*.

en otro país, de la reconstrucción continua de los espacios y condiciones de interlocución, con lo que esto implica de cambios en el lector implícito y en el horizonte de expectativas donde los textos e intervenciones van a ser escuchados. El exilio latinoamericaniza a los intelectuales, pero también les impone el costo de readaptaciones permanentes, que se traducen en desplazamientos temáticos o en el abandono parcial de las obsesiones productivas.[372]

Pero hay otros aspectos que pertenecen a la parte oculta del *iceberg*, a menudo dejados de lado por la crítica. Aunque fue una figura destacada en el Instituto de Filología, lo cierto es que nunca obtuvo una cátedra universitaria. Ana María Barrenechea también subraya que Henríquez Ureña nunca ocupó el lugar que merecía en las universidades argentinas. No deja de ser sorprendente:

> Sólo el Instituto Superior del Profesorado de Buenos Aires le dio ocasión durante largos años de ejercer la enseñanza en el nivel terciario [...] Pero las universidades del país nunca le ofrecieron el lugar que merecía. La de La Plata lo designó profesor suplente de Literatura de Europa septentrional (1928-1929) y al final de su vida le concedió la de Buenos Aires un cargo de profesor adjunto en la cátedra de Literatura Hispanoamericana, mientras la de La Plata lo mantenía en el nivel de la enseñanza secundaria en su Colegio Nacional.[373]

Durante muchos años ocupó un lugar secundario —desde el punto de vista del centro de poder intelectual de Buenos Aires— en el Colegio Nacional de La Plata. El entonces joven Arnaldo Orfila Reynal (1897-1997), quien lo conoció desde 1921, contó el hecho de que Henríquez Ureña le había pedido en 1924 que le ayudara a conseguir un puesto

---

372 Véase "Pedro Henríquez Ureña: lectura de una problemática", p. 881.

373 Véase la semblanza que hace en "Pedro Henríquez Ureña (1884-1946)". Cito de la p. 7. En la *Correspondencia* con Reyes de esos años habla francamente, casi de manera obsesiva, sobre sus estrecheces financieras y su ansiedad por el futuro de su familia.

en la Argentina: "Pude obtenerle tres modestas cátedras en el colegio secundario de mi ciudad de La Plata, y allí ejerció su magisterio con la misma dedicación y entusiasmo que hubiera tenido para enseñar en la Sorbonne o en Harvard".[374]

La Plata se convirtió en un espacio vital en el que trabajó febrilmente. Una carta de Alfonso Reyes lo describe, sin embargo, en plena derrota, triste y cansado, minado su espíritu combativo, y "con las heridas de México sangrantes siempre".[375] Hay, además, testimonios de la "extrañeza" que causaba su presencia en La Plata, y que llevan a imaginar la incomodidad que habrá sentido. Ezequiel Martínez Estrada lo conoció a su llegada al Colegio: "Me dio impresión de hombre tímido, cohibido, cuyo inmenso saber no se manifestaba sino en el cuidado, la sobriedad y la precisión con que se expresaba, más perceptible su extranjería de tierras tropicales en el porte que en la dicción. Comenzó las tareas de inmediato, y se le adjudicó la enseñanza de Castellano en segundo y tercer

---

[374] En Orfila Reynal. "Recuerdo de Pedro Henríquez Ureña", en *Casa de las Américas*, p. 16. Orfila describió así la experiencia de Henríquez Ureña en La Plata: "Era un colegio extraño ese en el que yo me había educado: ciudad de provincia, con cincuenta mil habitantes, a una hora de tren de Buenos Aires, contaba con un equipo docente excepcional. Escritores, científicos, investigadores europeos enseñaban o dirigían laboratorios y talleres [...] Vivió en La Plata más de cinco años, adonde nació su segunda hija, Sonia, hasta trasladarse a Buenos Aires. Cinco años de vida provinciana enriquecidos con la presencia de Pedro. Él se incorporó de inmediato a nuestro Grupo Juvenil Renovación, que bajo el amparo de nuestro gran maestro, el filósofo don Alejandro Korn, cumpliera una función múltiple en el campo de la política y de la acción cultural", p. 16.

[375] Se trata de una carta de 1928 a Genaro Estrada. La situación de Henríquez Ureña es descrita por Reyes: "Vive con gran pobreza, en una situación harto modesta, no muy bien avenido dentro de casa, sumamente triste, cansado, y casi ya renunciando a todo, leyendo libros a pequeños sorbos en desorden, sin enfocar nada con voluntad, destrozado por dentro, con las heridas de México sangrantes siempre —en el fondo— acariciadas con amor sádico... Este hombre se está perdiendo aquí. Todo lo que él vale, aquí parece que queda sin objeto", en *Con leal franqueza: Correspondencia entre Alfonso Reyes y Genaro Estrada*, t. II, p. 174.

años".³⁷⁶ También describió la situación penosa de Henríquez Ureña en La Plata: "La frialdad que había encontrado en el ámbito docente no se templó... Tuve la impresión de que su actuación habría de ser ardua, pues lo que se cotizaba de él en primer término era su condición de forastero".³⁷⁷ Y agregó una consideración que nos lleva a especular sobre el estigma que soportaba: "El alumnado, a su vez, lo acogió con igual prevención, y puedo aseverar con hostilidad. No menos de quince años duró esa incomprensión, y un mote despectivo se iba transmitiendo de promoción en promoción".³⁷⁸

El propio Martínez Estrada, en cuyos testimonios queda clara la gran estima intelectual y humana que sentía, practicó un tipo de "orientalismo". Se refiere al "enigmático" Henríquez Ureña: "Diré también que su gama era la oriental, con sus colores mate y velados de la pintura china. Hallo una satisfactoria definición: no era un hispanoamericano ni, aunque lo pareciera, un latino; era un oriental. Exótico, pues, enigmático".³⁷⁹ Otros testimonios parecen confirmar esa imagen. Para el poeta César Tiempo, atento también al color de la piel y a los rasgos de su habla, Henríquez Ureña era un sefardí, o "un árabe sublimado".³⁸⁰ Ernesto Sabato, alumno suyo en La Plata, cuenta que Henríquez Ureña fue anunciado como profesor "mexicano", y recuerda "la reticencia y la

---

376 Véase este importante testimonio, "Pedro Henríquez Ureña: evocación iconomántica estrictamente personal", en su libro *En torno a Kafka y otros ensayos*, compilación de Enrique Espinoza, pp. 185-220. Cito de la p. 186.

377 *Ibid.*, p. 187.

378 *Idem.*

379 *Ibid.*, p. 199.

380 César Tiempo, quien lo conoció en Buenos Aires, prosigue en su descripción: "Lo cierto es que don Pedro parecía un árabe sublimado (los árabes son también semitas) no sólo por el color de la tez —tenía el matiz acendrado de las cigarras—, sino el lento modo de hablar de los masoretas y la agudeza talmódica que heredaron filósofos y humoristas del siglo pasado y del nuestro. Naturalmente que los antepasados de don Pedro, como los de Rafael Cansinos Assens, se fueron convirtiendo y asimilando para huir de los quemaderos de la inquisición y no sería extraño descubrir entre sus deudos tanto sacerdotes como marranos". Véase su artículo "Una plática inolvidable", p. 249.

mezquindad con que varios de sus colegas lo recibieron".[381] La extrañeza de su "tez cetrina" y su "acento dulce" eran señales de oprobio. Es lo que también evoca Hellen Ferro de sus días en el Colegio de La Plata, poniendo al desnudo la vulnerabilidad de su situación.[382] Esas experiencias recuerdan el desasosiego vivido mucho después por el caribeño Fanon en Lyon y en París, quien al ser representado por los otros se descubría ajeno. Lo marcaron durante toda su vida, aunque a diferencia del autor de *Peau noire, masques blancs*, Henríquez Ureña por lo general guardó silencio sobre el doble juego permanente de máscaras blancas que era necesario desplegar.[383] Pero ¿no habría que considerar que la conciencia de pertenecer a una "minoría" entra en juego en el deseo de *indiferenciación* implícito en el constante deseo de remontarse a lo *hispanoamericano*? ¿Hasta qué punto esto imprime un movimiento particular y específico, incluso una especial coherencia, a lo que escribió?

La situación en la Argentina no dejó de ser contradictoria. Por un lado, estaba su fe en la pertenencia a la comunidad "hispanoamericana".

---

381 Véase su ensayo "Significado de Pedro Henríquez Ureña", prólogo a la selección de artículos titulada *Pedro Henríquez Ureña*, pp. 7-25. Sabato escribe: "Yo estaba en primer año, cuando supimos que tendríamos como profesor a un 'mexicano'. Así fue anunciado y así lo consideramos durante un tiempo. Entró aquel hombre silencioso, y aristócrata en cada uno de sus gestos, que con palabra mesurada imponía una secreta autoridad. A veces he pensado, quizá injustamente, qué despilfarro constituyó tener a semejante maestro para unos chiquilines inconscientes como nosotros. Arrieta recuerda con dolor la reticencia y la mezquindad con que varios de sus colegas recibieron al profesor dominicano. Esa reticencia y esa mezquindad que inevitablemente manifiestan los mediocres ante un ser de jerarquía acompañó durante toda la vida a H. Ureña, hasta el punto de que jamás llegó a ser profesor titular de ninguna de las facultades de letras", pp. 8-9.

382 Ferro escribe: "Para nosotros era un hombre siempre sonriente, de ojos burlones y pelo canoso encrespado, de tez entre cetrina y moreno claro, que hablaba con acento muy dulce (le imitábamos con la cruel caricatura de que es capaz un adolescente, pero no le pusimos ningún mote)", "Recuerdos de Pedro Henríquez Ureña", p. 290.

383 Para las convergencias y las grandes diferencias, véase el libro *Frantz Fanon, a Biography*, de David Macey, especialmente los caps. 4 y 5, "Dr. Frantz Fanon" y "Black Skin, White Masks", pp. 112-198.

Por otro, es desconcertante la exclusión del lugar que le correspondería en las universidades. Esa situación no quedó del todo compensada por la riqueza de sus intervenciones en el mundo editorial y en la red de amistades en el equipo de la revista *Sur*, donde su visión *americanista* no tuvo el peso que otros esperaban.[384] Rafael Alberto Arrieta, quien como muchos otros recordó que Henríquez Ureña ponía el máximo interés en su labor docente en el Colegio de la Plata, describe la frustración que rodeaba en aquellos años sus intentos de librarse de la enseñanza secundaria y de conseguir un puesto en la Universidad de La Plata. Escribe, en efecto:

> La esperanza de poder aliviarse un día de la esclavitud que le representaba corporal y espiritualmente el viaje y la enseñanza secundaria, era una cátedra en la Universidad de La Plata. Como primer paso para llegar a ella le propuse que optara a la suplencia de una de las mías en la Facultad de Humanidades. Obtuvo ese cargo; dictó anualmente las clases reglamentarias e integró las mesas examinadoras; pero una resolución del Congreso Académico dispuso que sólo podrían ser profesores titulares los argentinos nativos y los extranjeros naturalizados. Henríquez Ureña creyó que la ordenanza le estaba particularmente dirigida, y como nunca pensó en obtener carta de ciudadanía argentina, no pudo llegar a la titularidad en ninguna cátedra de aquella casa de estudios.[385]

Por otra parte, de acuerdo con el testimonio de Martínez Estrada, Henríquez Ureña tomó partido por los "jóvenes iconoclastas", sobre todo por Borges. "De pocos escritores le oí formular tan categóricos elogios. Todo en Borges le parecía interesante y novedoso, hasta su despreocupación por los aledaños agrarios de sus dominios metropolitanos". Pero quizás tiene más interés lo que Martínez Estrada agrega sobre las amistades femeninas de Henríquez Ureña: "encontró mayor comprensión entre las mujeres de la élite intelectual que entre los hombres: Victoria

---

384 Lo comenta John King en su libro *Sur: A Study of the Argentine Literary Journal*, p. 52.

385 En "Pedro Henríquez Ureña, profesor en la Argentina", mencionado antes, pp. 93-94.

Ocampo, Nora Lange, Silvina Ocampo, María Rosa Oliver, Emilia Bertolé, María de Villarino, Ana Berry, Carmen Gándara, Delia Etcheverry, Perla Gonnet, Norah Borges. [...] Mi parecer es que con pocas personas en Argentina, Henríquez Ureña pudo ser más confidencial que con la élite de mujeres inteligentes".[386]

Aunque Martínez Estrada sugiere que la agitada vida que llevaba no le permitió producir la obra que de él se esperaba, Henríquez Ureña sí alcanzó un lugar especialmente productivo en las editoriales españolas de Buenos Aires, sobre todo como consecuencia de los cambios generados por la Guerra Civil española. Espasa-Calpe tenía intereses muy fuertes en la Argentina, una extensa red de librerías, y un gran número de empleados. Pero durante la Guerra no se pudieron imprimir más libros en España, y Gonzalo Losada en 1938 fundó la Editorial Losada. En esto influyó mucho Amado Alonso. Según cuenta el propio Henríquez Ureña, Alonso les sugirió la conveniencia de hacer libros escolares y les propuso un plan de libros de texto y otro plan de libros de lectura anotados.[387] Henríquez Ureña se sumó con entusiasmo al proyecto como director de la colección de las Cien Obras Maestras, y fue accionista de la editorial. Él mismo narra esas prácticas decisivas en una carta a Alfonso Reyes:

> Losada entonces concibió la idea de crear una editorial independiente, hizo sus planes, como hombre práctico en el negocio, y tomó decisión. Invitó a Urgoiti a irse con él. Con él decidimos irnos Guillermo, Rossi y yo; además, invitó a colaborar a Amado y a Romero. La Editorial Losada, S.A. está en marcha desde el 1o. de Agosto; los trabajos de imprenta habían comenzado un mes antes. En este momento hay ya en venta diez y siete o diez y ocho libros: once de la Colección Contemporánea, uno de la Biblioteca Filosófica, dos de las Cien obras maestras, que yo dirijo (el Cid con texto de D. Ramón y versión de Salinas, mediante contrato con él; Facundo;

---

[386] En "Pedro Henríquez Ureña: evocación iconomántica estrictamente personal", p. 211.

[387] Véase la carta a Alfonso Reyes, del 10 de septiembre de 1938 en *Obras completas*, t. VIII (1938-1939-1940), pp. 302-303.

preparo Celestina, Eneida, y otras cosas), dos de la Pajarita de Papel (Kafka y Catherine Mansfield), uno de Cristal de Tiempo (obra del Embajador Osorio). El éxito es enorme: hay libros que salieron ayer, y hay librerías, de las que los recibieron, que ya hoy pedían de nuevo ejemplares; un estudiante me contó que sólo la Librería Amateur, de la calle Corrientes, había vendido 150 ejemplares de Kafka. ¡Ah! Y una de las obras de García Lorca.[388]

Solidaridades políticas

Por su importancia, los *new beginnings* de Henríquez Ureña en Argentina merecerían ser referidos más ampliamente. Así lo demuestra una semblanza muy aguda de Tulio Halperin Donghi en la que puso de relieve otra dimensión de su magisterio en la Argentina: sus afiliaciones

---

[388] *Ibid.* No hay todavía un estudio de conjunto de su labor como traductor y estudioso de la práctica de la traducción. En el excelente libro de Patricia Willson, *La Constelación del Sur: traductores y traducciones en la literatura argentina del siglo XX*, hay que lamentar su omisión. En cambio, sí figura en la valiosa antología de Nora Catelli y Marietta Gragatagli, *El tabaco que fumaba Plinio*. Por otro lado, Henríquez Ureña jugó desde la Argentina un papel importante en la fundación del Fondo de Cultura Económica en México. Escribe Víctor Díaz Arciniega "Si se evocan aquí los magisterios de Pedro Henríquez Ureña, Alejandro Korn y Francisco Romero es por el hecho de que su simbólica presencia en el Fondo de Cultura Económica es fundamental; porque ellos, durante muchos años, estuvieron cerca de los fundadores y, en particular, de los dos primeros directores, a saber, Daniel Cosío Villegas y Arnaldo Orfila Reynal, quienes reconocían en los tres una amistad socrática", *Historia de la Casa: el Fondo de Cultura Económica, 1934-1944*, pp. 26-27. En sus *Memorias*, Cosío Villegas evoca con reverencia a Henríquez Ureña, a quien consideró su maestro: "mucho más que su erudición asombrosa, me acercó a él su calidad de maestro, es decir, un hombre que a más de saber, sabe de enseñar, y gusta de enseñar", p. 79. Cosío, quien intentó primero colaborar con los editores españoles, ofrece un testimonio de las tensiones con los intelectuales de la II República y finalmente de la creación del Fondo de Cultura en sus *Memorias*. Véanse, especialmente, pp. 138-151.

y lealtades políticas. En primer término, su conciencia antiimperialista, producto de su experiencia como dominicano y de su conocimiento de primera mano del mundo mexicano y de la cultura norteamericana. Destacó asimismo la solidaridad que Henríquez Ureña, "surgido de una élite más social que política y más cultural que social", mantuvo con el socialismo y con la Unión Soviética, una faceta apenas comentada por los críticos:

> Surgido de una élite más social que política y más cultural que social en una República Dominicana sometida al interminable reinado de una sucesión de caudillos caprichosos y despóticos, su identificación con los grandes de la cultura hispanoamericana que desde Bello a Rodó habían mantenido abierto, en medio de tanta adversidad, el camino del futuro lo llevaba a ver en ellos a héroes fundadores comparables al estilizado Quetzalcóatl sobre quien aspiraba a modelarse Vasconcelos. Hijo de un presidente despojado de su investidura y su patria por la intervención norteamericana, a la vez había vivido como Martí, en las entrañas del monstruo, al que conocía demasiado bien para reducir su imagen a la caricatura tan frecuente en la literatura antiimperialista [...] Por último, no es irrelevante mencionar que durante toda su vida este humanista discreto y mensurado mantuvo con la experiencia soviética una solidaridad menos ruidosamente proclamada pero no menos firme que la de Ingenieros.[389]

---

[389] En *Vida y muerte de la República verdadera (1910-1930)*, pp. 115-116. Henríquez Ureña fue un admirador de George Bernard Shaw y del fabianismo. En su primer libro, *Ensayos críticos*, habla del socialismo de Shaw y su lucha por "imponer en la puritana sociedad inglesa muchas trascendentales ideas modernas", *Obra crítica*, p. 13. En la Argentina colaboró con el periódico *La Vanguardia*, órgano del Partido Socialista. ¿Qué era, para él, el socialismo? Quizás se mantuvo cerca de la tradición fabiana, quienes aceptaban el Estado, con una visión pragmática del Estado benefactor, pero muy poco "revolucionarios" en cuanto a los conflictos coloniales, clasistas o de raza. Véase el excelente ensayo de Gordon K. Lewis "Fabian Socialism: The Collectivist Contribution", en *Slavery, Imperialism, and Freedom: Essays in English Radical Thought*, pp. 226-264.

V. La herencia inglesa

"Walter Pater, señor de un palacio hermético por perfección, por depuración incalculable, no por desdén alguno ni soberbia, representa para mí la más alta cima del arte de la apreciación literaria en Inglaterra".

Pedro Henríquez Ureña,
"La Inglaterra de Menéndez Pelayo"

Henríquez Ureña no vaciló en afirmar que Menéndez Pelayo "es el único crítico que puede servir de guía para toda la literatura española, y representa el criterio más amplio antes de nuestro siglo".[390] El lugar que el erudito español le había asignado a la tradición cultural en "la Española" fue clave. En la isla "predilecta de Colón" la cultura tenía "orígenes remotos, inmediatos al hecho de la Conquista", como hemos visto en el primer capítulo.[391] Las grandes sumas culturales de Henríquez Ureña se empeñaron en ensanchar al máximo la *continuidad*, que para él también estaba en la "alta cultura" hispánica, con la exclusión casi total de las culturas afrocaribeñas. Con motivo del Día de la Raza, en 1934 era muy explícito: "la más humana de las colonizaciones, y por eso la mejor, ha sido la de España y Portugal: es la única que de modo sincero y leal gana para la civilización europea a los pueblos exóticos".[392] Como director de las "Cien obras maestras" en la editorial Losada, preparó ediciones y estudios preliminares de los clásicos españoles: *La Celestina*, *El Lazarillo*, *La vida es sueño*, y otros. Con Amado Alonso, publicó su *Gramática castellana*, que obtuvo gran difusión.

---

390 Cito de su ensayo "En torno a Azorín", incluido en *En la orilla. Mi España*, y que puede leerse en la *Obra crítica*, citado antes, p. 228.

391 En su *Historia*, citada antes, t. I, p. 291.

392 En "Raza y cultura hispánica", p. 51.

Sin embargo, lo cierto es que desde el *principio* buscaba otra *sensibilidad* no española, que fuera moderna y modernista representada por "Grecia". De hecho, en una carta de 1915 a Alfonso Reyes, afirmaba que "yo en el fondo no simpatizo con el español. Es duro; es seco; es de piedra y cartón; sin elasticidad, sin sensibilidad [...] Al español le falta ese temblor de emociones frescas, que no será masculino, sino femenino [...] Ese matiz tierno que recorre las venas de todo el arte griego".[393] No es casual el sugestivo título de su libro *En la orilla. Mi España* (1922). Era fiel a esa distancia, a pesar de que el libro marcaba también un acercamiento, comparable con la experiencia de otros escritores caribeños que descubren la extrañeza en la metrópoli, como fue el caso de C. L. R. James en su autobiográfico *Beyond a Boundary* (1963).

En cambio, Henríquez Ureña sí reconoció muy pronto a Matthew Arnold como precursor. En un importante discurso pronunciado en el contexto del proceso revolucionario en México en 1914, hablaba de las humanidades como "placer estético". Pero también sentía la apremiante necesidad de reivindicarlas, citando significativamente a Matthew Arnold, como un proceso formativo, "fuente de disciplina moral".[394] Ese texto condensa un proyecto intelectual y político que perduró en su práctica y en su discurso de la cultura. Henríquez Ureña había leído en *Culture and Anarchy* (1869) de Arnold su ideal de la cultura "armoniosa", que lograba integrar "dulzura y luz", y aspiraba a la "perfección". La cultura era, en la concepción arnoldiana, como la experiencia religiosa: "un estudio de la perfección y de la percepción armoniosa [...] el cual consiste en transformarse en algo, más que en tener algo, en una condición interna de la mente y el espíritu".[395] Según Arnold, el presente

---

393 Carta del 23 de enero de 1915, en *Epistolario íntimo*, II, p. 142.

394 Uno de los primeros trabajos que señaló la importancia de Matthew Arnold en Henríquez Ureña es el de Jean Franco, "Humanismo de Pedro Henríquez Ureña", en la revista *Aula*, pp. 51-62; también reproducido parcialmente en la antología de José Rafael Vargas, *La integridad humanística de PHU*, pp. 135-144.

395 "[A] growing and a becoming [...] a study of perfection, and of harmonious perception [...] which consists in becoming something rather than in having something, in an inward condition of the mind and spirit". La traducción al

histórico exigía "helenizar", colocar a la "alta" cultura como modelo y como una nueva religión para los tiempos modernos, que ayudaría a evitar el "desorden" y la "confusión". "La cultura es, o debería ser —agregaba Arnold— el estudio y la búsqueda de perfección; y el de la perfección buscada por la cultura, la belleza y la inteligencia, o dicho de otra manera, la dulzura y la luz".[396] Las humanidades tienen su *origen* en la cultura griega, otro ejemplo de *principios*. Ellas "auguran", en palabras de Henríquez Ureña, "salud y paz". La educación de las "masas" defendida por Arnold era un proyecto fundamental. Apolo sería el dios tutelar para las virtudes reguladoras de las relaciones humanas:

> [...] Dionisos inspiraría verdades supremas en ocasiones, pero Apolo debía gobernar los actos cotidianos. Ya lo veis: las humanidades, cuyo fundamento necesario es el estudio de la cultura griega, no solamente son enseñanza intelectual y placer estético, sino también, como pensó Matthew Arnold, fuente de disciplina moral. Acercar a los espíritus a la cultura humanística es empresa que augura salud y paz.[397]

Nietzsche y Walter Pater: la conversión

El entonces joven escritor en el exilio mexicano fue seducido por el hallazgo de los textos de Pater, como lo había sido también por Nietzsche.

---

español, incluida en el texto, es mía. Cito por la edición de J. Dover Wilson, p. 48.

396 *Ibid.*, p. 72. "Culture is, or ought to be the study and pursuit of perfection; and that of perfection, as pursued by culture, beauty and intelligence, or in other words, sweetness and light", la traducción al español es mía. Véanse también las referencias a Arnold en un texto notable de Henríquez Ureña, "El espíritu y las máquinas", una crónica de su viaje a España, publicado originalmente en 1917, y luego incluido en su libro *En la orilla. Mi España*, en *Obra crítica*, citado antes, pp. 190-195.

397 *Obra crítica*, citado antes, p. 600.

Encarnaban otro modelo intelectual que estaba destinado a influir sobre la entera obra de Henríquez Ureña. Fueron referentes importantes en su crítica a las carencias del positivismo. A Nietzsche se refiere desde su primer libro, *Ensayos críticos* (1905), en el que aparece en el ensayo sobre D'Annunzio, que abre la colección.[398] Pero es en su segundo libro, titulado *Horas de estudio* (1910), donde más detenidamente habla de Nietzsche, y lo sitúa como uno de los precursores del pragmatismo norteamericano y concretamente de William James. Ahí cita sobre todo los aforismos de *La gaya ciencia*.[399] En 1922, en su libro titulado *En la orilla. Mi España*, comenta de nuevo la influencia del filósofo en los *comienzos* de sus contemporáneos, y acaso de sí mismo: "Obsérvese la influencia de Nietzsche, y qué diferentes procesos atraviesan el que lo va leyendo a pedazos, en sus volúmenes de aforismos, y el que lee desde luego un verdadero libro, como *El origen de la tragedia*: conozco más de un caso de revolución intelectual iniciada por esta obra".[400]

Henríquez Ureña mismo narró el *comienzo* de su "Grecia". En los pasajes de sus "Memorias" cuenta el origen de las históricas reuniones "griegas" en México, y de las bibliografías que preparó hacia 1907 con obras de Windelband, Lessing, Nietzsche, Arnold, Ruskin, Pater y otros.[401] En México, "tomaron nuevos rumbos mis gustos intelectuales. La literatura moderna era la que yo prefería; la antigua la leía por deber, y rara vez llegué a saborearla". Además, registró la lista de autores europeos que leyó, entre los cuales destaca su encuentro con Pater. Fue una "conversión". En las *Memorias* informa:

---

398 En *Obra crítica*, p. 3. Aparece también cuando comenta la obra de Wilde en el ensayo titulado, "Tres escritores ingleses", p. 9, y cuando habla de Bernard Shaw, p. 16. En el titulado "Sociología", del mismo libro, se distancia: "Nietzsche resulta pesimista" y "su Superhombre, encarnación de la voluntad dominadora y del individualismo anti-igualitario", p. 29.

399 El ensayo titulado "Nietzsche y el pragmatismo". Véase pp. 73 y siguientes de *Obra crítica*.

400 "En torno a Azorín", *Obra crítica*, p. 225.

401 Citado en *Pedro Henríquez Ureña en México*, de Alfredo A. Roggiano, p. 76.

> La lectura de Platón y del libro de Walter Pater sobre la filosofía
> platónica me convirtieron definitivamente al helenismo. Como mis
> amigos (Gómez Robelo, Acevedo, Alfonso Reyes) eran ya lecto-
> res asiduos de los griegos, mi helenismo encontró ambiente, y de
> pronto ideó Acevedo una serie de conferencias sobre temas griegos:
> una serie que hasta ahora no se realiza, pero que nos dio ocasión
> de reunirnos con frecuencia a leer autores griegos y comentadores.
> Hice entonces una bibliografía extensa sobre Grecia, para obtener
> los libros principales; y en poco más de un año, comprando aquí
> mismo los libros o encargándolos a Europa o a los Estados Unidos,
> he completado mi colección de autores griegos y aumentado la de
> los latinos [...][402]

Aún más, Henríquez Ureña se enorgullecía de haberlo traducido por primera vez al español y de ser su difusor. La traducción de su libro póstumo *Estudios griegos* se publicó en México bajo el sello de la *Revista Moderna*, en 1908, poco después de su gran ensayo sobre el *Ariel* de Rodó. Esa traducción supuso un punto de inflexión en el conocimiento de la tradición inglesa. En la nota "preliminar", seguramente escrita por el propio Henríquez Ureña, acertadamente se caracteriza a Pater como "crítico-artista", términos que asociamos a Oscar Wilde, uno de los discípulos de Pater, entre los que también se encuentran William Yeats y Wallace Stevens, James Joyce, T. S. Eliot y Ezra Pound:

> La obra cuya traducción ofrece desde hoy la *Revista Moderna* a sus
> lectores, es una de las más importantes entre todas las que en la
> literatura contemporánea se han consagrado a explicar el espíritu
> griego. Walter Pater, autor de fundamentales obras críticas, como
> los ya clásicos estudios sobre *El Renacimiento*, el *Ensayo sobre el
> estilo*, y las conferencias sobre *Platón y el platonismo*, y de exqui-
> sitas obras de creación y reconstrucción, como la gran novela de
> vida romana, *Mario el Epicúreo* y los brillantes *Retratos imagina-
> rios*, no es sólo el más sorprendente estilista contemporáneo en
> lengua inglesa, sino también uno de los más profundos y sabios

---

[402] *Ibid.*, p. 77.

críticos-artistas modernos. La presente traducción es la primera en castellano de una obra completa de tan insigne escritor.[403]

Pater le ofrecía un método atractivo: el trabajo sobre un "copioso tejido de reminiscencias". Quizás pensando en libros como *Marius the Epicurean* (1885), describe la obra de Pater como el ideal de crítica imaginativa que une el pensamiento y la creación artística. En otro texto, le rendía explícito homenaje e intentaba definir su singularidad. Henríquez Ureña quiso transmitir el goce que derivaba de la convivencia con sus textos:

> Menos visible para el público, pero más caro a los "iniciados", Walter Pater, señor de un palacio hermético por perfección, por depuración incalculable, no por desdén alguno ni soberbia, representa para mí la más alta cima del arte de la apreciación literaria en Inglaterra. [...] Curioso como quien tuviese por modelo a Herodoto, sistematiza como quien hubiera aprendido a pensar en Aristóteles. Trabaja sobre copioso tejido de reminiscencias; pero su adivinación es única, y cuando descubre es descubridor absoluto. ¿Quién como él ha definido el genio de Platón? Toda su obra es a la vez crítica e imaginativa, ya sea novela o estudio filosófico [...][404]

---

[403] Cito por la primera edición, p. 3. Como se sabe, el éxito de *Marius the Epicurean* fue notable, y para escritores como el joven William Butler Yeats era un clásico contemporáneo. Para la influencia que ejerció Pater en Yeats, Stevens y otros, ver la "Introduction" de Harold Bloom a los *Selected Writings*, p. ix y siguientes. En su autobiografía *Ulises criollo* (1936), Vasconcelos recuerda que los jóvenes intelectuales mexicanos frecuentaron reverentemente a Pater por iniciativa de Henríquez Ureña: "entró a nuestro círculo, demasiado abstracto, la moda de Walter Pater. Su libro dedicado al platonismo durante mucho tiempo nos condujo a través de los *Diálogos*". Cito por la edición publicada por el Fondo de Cultura, p. 267.

[404] En el ensayo "La Inglaterra de Menéndez Pelayo", pp. 205-206. Véase, además, su ensayo "Tres escritores ingleses" (Oscar Wilde, Arthur Wing Pinero y Bernard Shaw), escrito en 1904, e incluido en su primer libro, *Ensayos críticos* (1905). Su admiración por el "platónico" Wilde, aunque con reservas, le lleva a decir que en su *De profundis* "la realidad del dolor le alzó hasta la cumbre

Henríquez Ureña nada dice sobre el homoerotismo de Pater y de otros helenistas de Oxford. Sí encontró en su obra una poética del fragmento. El autor de *The Renaissance* (1873) favorecía la reconstrucción a partir de un "conjunto de indicios dudosos o fragmentarios", en contra del "punto de vista hiper-positivo". De esa poética extrajo Henríquez Ureña un modo de leer la cultura y una serie de prácticas. Muchas de las páginas que escribió podrían verse como estilizados juegos de espejos de los *Estudios griegos*. Oigamos al propio Pater defender la poética del *fragmento* histórico, en la traducción de Henríquez Ureña:

> El investigador de orígenes, como dicen los críticos franceses, de los períodos primitivos del arte y la poesía, tiene que contentarse con seguir huellas vagas; y en lo que llevamos escrito, acaso parezca que se ha hecho mucho de poco, que se ha dado un cuadro, demasiado completo en apariencia, gracias a la composición, de lo que no es, después de todo, sino conjunto de indicios dudosos o fragmentarios. Pero hay cierto cinismo en el punto de vista hiperpositivo, cuyo celo rechaza toda semejanza entre el pensamiento de edades primitivas y las ideas que ocupan el nuestro, y, al considerar los fragmentos restantes de la antigüedad, se acomoda a no buscar en ellos la marca de la inteligencia humana. Indecisos y vagos en sí, esos indicios fragmentarios sugieren mucho, cuando se les observa a la luz de la universal evidencia sobre la imaginación humana, con la cual se ha formado la teoría del animismo en la mitología comparativa.[405]

Fue un gran modelo que Henríquez Ureña trasladó a su pensamiento crítico y a sus prácticas *hispanoamericanistas*: la variedad dentro de la unidad, lo nacional pero también las diferencias locales, el carácter aurático del arte, y la posibilidad siempre abierta de nueva poesía. En palabras de Pater, siempre en traducción de Henríquez Ureña:

---

de la sinceridad y de la pureza intelectual". En "El espíritu platónico", *Obra crítica*, p. 155.

405 Walter Pater, *Estudios griegos*, pp. 107-108.

> Esa variedad en la unidad que toda Grecia poseía merced a su singular configuración geográfica, alcanzaba sus puntos extremos en esos diminutos compendios del carácter nacional, con todo el sabor de las diferencias locales: nuevo arte, nueva poesía, nuevos intentos en combinaciones políticas, en el modo de concebir la vida, surgían como producidos por el suelo, como el capullo del espino, al nacer la primavera, brota por todas partes, en mágicas líneas, en aquella tierra rocallosa. Era allí, además, donde las costumbres antiguas persistían más tenazmente; donde subsistía aquella existencia anticuada, doméstica, deleitosa, que el campesino refugiado en Atenas durante los años de la guerra del Peloponeso recordaba nostálgicamente.[406]

En ese pasaje se condensa el programa reiterado por Henríquez Ureña: la conservación de lo antiguo y la fe en la renovación, la persistencia de la tradición y su capacidad de renacer. Al igual que en la poética de Ezra Pound, exigía *make it new*, hacerla nueva, sin detenerla en un tiempo remoto y legendario. Así resuena en su bello texto titulado "La catedral", también fechado en 1908, en el que hacía referencia a la antigua catedral de Santo Domingo. En pleno corazón de la ciudad antigua, todavía formaba parte integrante del conjunto y de un patrimonio que era necesario conservar y proteger con el fin de hacerla apta para la vida del presente. Se trataba de restituirla a lo que nunca hubiera debido dejar de ser:

> ¡Respetad lo antiguo! Conservadlo; hacedlo vivir contra la invasión destructora de la vejez; hacedlo vivir con vida propia: para ello, debéis ser sabios, en modo tal que cada toque vuestro sea tímidamente fiel a la inviolada armonía del conjunto.[407]

Es incluso probable que la acepción de la palabra clave *expresión*, que dio título a uno de sus libros más conocidos, provenga de la forma en que

---

406 *Ibid.*, pp. 149-150.

407 Cito de *Obra crítica*, p. 122.

fue concebida por Pater en su ensayo sobre el *estilo*: la identidad entre belleza y verdad, y entre el lenguaje y la visión.[408] La forma y el contenido eran igualmente importantes para Pater, quien citaba a Dante y a Milton como autores que incrementan "la felicidad de los hombres, y la redención de los oprimidos".[409]

La tradición inglesa alimenta otro de sus propios *Ensayos críticos*, de 1905, en el que hablaba como un profeta de la reconciliación: "Como el atalaya que en la tragedia de Esquilo observa las cumbres de las montañas donde han de encenderse las hogueras anunciadoras, el pensador generoso explora los horizontes de la vida universal y espera los albores de la luz del porvenir".[410] Ese ensayo del joven Henríquez Ureña fue escrito aprovechando las vacilaciones y rodeos propios del género. Pero la vigencia de esa fe se renueva en el libro *En la orilla. Mi España*, donde se expresó en lenguaje más sobrio. Allí se encuentra una de sus formulaciones más programáticas, la letra como medio redentor de alcanzar formas superiores: "Sigo impenitente en la arcaica creencia de que la cultura salva a los pueblos… No es que la letra tenga para mí valor mágico. La letra es sólo un signo de que el hombre está en camino de aprender que hay formas de vida superiores a la suya y medios de llegar a esas formas superiores".[411]

¿Siguió vigente hasta el final el platonismo y el helenismo? Aunque Henríquez Ureña fue abandonando la prosa poemática de sus primeros ensayos, los ecos de Pater son, a mi juicio, muy claros. Los encontramos en el especial cuidado que puso en el relevo civilizatorio que

---

408 En Pater, *Selected Writings*, p. 106. Pater ejemplifica su concepción con referencias a la lucha agónica de Flaubert por la palabra exacta. Véanse pp. 115-118.

409 *Ibid.*, pp. 122-123. En *Las corrientes* describe así la prosa modernista: "Los mejores entre ellos llegaron a poseer el arte de la prosa imaginativa, que Walter Pater consideraba típica de los últimos años del siglo XIX", p. 181.

410 *Obra crítica*, p. 34. El tono y el gesto apocalípticos son característicos de los primeros textos de Henríquez Ureña. Derrida ha planteado en un ensayo la relación del "tono" apocalíptico con un género visionario que postula una especial "verdad" no racional. Su ensayo podría servir de punto de partida: *D'un ton apocalyptique adopté naguère en philosophie*.

411 De *En la orilla. Mi España*, pp. 19-20.

protagonizarían letrados y artistas con vocación de universalidad. Vuelve a plantearse en su último libro, *Las corrientes*, un libro de larga y complicada gestación en el que se puede rastrear su poética y su política, y en cuyo *comienzo* leía Gutiérrez Girardot la clave de lo "histórico-social" que estructura su relato.[412] El libro concluye justamente con una reivindicación de la armonía entre el pasado y el presente que caracterizan las aspiraciones de la pintura mexicana. Lo describe en un lenguaje evocador de su *traducción* de los *Estudios griegos*:

> Muchos de los pintores, principalmente en México, pero también en otras partes, se esfuerzan por relacionar su arte con los movimientos y las aspiraciones sociales de sus países. Su obra es así, al mismo tiempo, una conquista artística singular y, en lo que tiene de amor al pasado y al presente de la América hispánica, una ayuda única en su esfuerzo hacia una mayor libertad y una civilización mejor.[413]

---

412 Escribe Gutiérrez Girardot: "un proceso social-histórico, que consiguientemente no pregunta por un 'comienzo' abstracto, sino por un 'comienzo' histórico-social. De ahí el que comience sus *Corrientes*, tras la descripción de los antecedentes intelectuales del Descubrimiento del Nuevo Mundo, 'en la imaginación de Europa' [...] con el capítulo sobre la 'creación de una sociedad nueva' [...] abarca un lapso de un siglo (1492 a 1600). El florecimiento de esa sociedad nueva (sociológicamente nueva, política y administrativamente 'colonial') abarca dos siglos (1600-1800). Ese proceso de 'florecimiento' conduce necesariamente a la 'declaración de la independencia intelectual' que acontece entre 1800 y 1830. A partir de entonces, se acelera el ritmo de los acontecimientos: cada treinta años aproximadamente ocurren cambios: Romanticismo y anarquía, El período de organización y Literatura pura, ocurren en un lapso breve", en "Pedro Henríquez Ureña y la historiografía literaria latinoamericana", en *Casa de las Américas*, p. 9.

413 Cito por la primera edición en español, *Las corrientes literarias en la América hispánica*, traducción de Diez-Canedo, p. 206.

VI. Las eses del negro culto

Henríquez Ureña retrocede más lejos en *busca* de los primeros momentos de la fundación hispanoamericana. Como traduciendo la "Grecia" de Pater, Henríquez Ureña se propuso rescatar y reinscribir el *orden* de la *colonia*. Esa reconstrucción minuciosa la lleva a cabo en numerosos textos. Se trata de un esfuerzo por remontarse al "origen", un viaje "en *busca* de la colonia perdida", para recoger las "notas dispersas" por el furor de la independencia. En su lectura, las experiencias desencadenadas por las guerras de independencia habían hecho saltar en pedazos toda autoridad, y casi produjeron el colapso de la *continuidad*. La ruptura independentista llevaba a la dispersión e instauraba un vacío de legitimidad. Lo repite de varias maneras en *Las corrientes*, donde la palabra *anarquía* es una de las más reiteradas y termina por transmitir un creciente desasosiego: con la independencia "se desató la anarquía latente del régimen colonial".[414]

En los nuevos *beginnings*, la superación y la conservación van juntas. Lo que Henríquez Ureña puso en juego en su lectura del mundo "colonial" era nada menos que la supervivencia de la gran tradición *hispánica* de la que se sabía, como dominicano, uno de los representantes eminentes. En un mundo que había roto con el *orden* colonial se abría un espacio que amenazaba con la *anarquía*. Henríquez Ureña celebró la acción política de Francisco de Miranda (1750-1816), Simón Bolívar (1783-1830), Miguel Hidalgo (1753-1811), y el deseo de independencia intelectual de Andrés Bello (1781-1865). Pero, para él, la "historia de la cultura" debía, en lo posible, reunificar lo que estaba escindido por la historia. Es el modelo que rige, por ejemplo, en el ensayo *La cultura y las letras coloniales en Santo Domingo* (1936), en el que la tradición letrada es "herencia" que puede ser recuperada y ampliada *contra* —importa subrayar el carácter polémico— todos los procesos de ruptura que habían barrido las instituciones del *ancien régime*. Al final de la introducción a ese libro hay una de sus características interpretaciones "fuertes". Henríquez Ureña subrayó el movimiento centrífugo iniciado en las guerras de independencia, y a la vez postuló la persistencia de una *tradición* que

---

414 *Ibid.*, p. 116.

podía ser recuperada: "Con el tiempo, todo se redujo, todo se empobreció; hasta las instituciones de cultura padecieron; pero la tradición persistió".[415] Esa *tradición* es lo que le dará suficiente vigor para crear una nueva cultura. Su *busca* es el gran tema de sus textos, al que vuelve una y otra vez, semejante a un círculo cada vez más afianzado en su centro. Pero en ese centro había, como veremos, puntos perturbadores.

Su mayor homenaje a Menéndez Pelayo está precisamente en la versión de la historia dominicana que ofreció en *La cultura y las letras coloniales en Santo Domingo*, en la que subrayó la ominosa cercanía de Haití, y a la vez la gran distancia que deseaba establecer. Allí, al final, al narrar la "caída" provocada por la invasión de Haití, puso de relieve la casi destrucción de la cultura, que no llegó a desarticularse del todo gracias a la persistencia de la cultura hispánica, que era la expresión espiritual más elevada. La "familia hispánica" —he ahí la tesis en lo que se refiere al mundo caribeño— jamás "se mezcló con los invasores", es decir, no se dejó contaminar por los haitianos, carentes de civilización. El mundo "hispánico" y el mundo "afrocaribeño" se oponían drásticamente. Refiriéndose a los haitianos en una secuencia como de pesadilla, Henríquez Ureña reproducía el esencialismo de la historiografía "occidentalista":

> Pocas semanas después, en febrero de 1822, los haitianos, constituidos en nación desde 1804, con población muy numerosa, invadieron el país. Huyó todo el que pudo hacia tierras extrañas; se cerró definitivamente la universidad; palacios y conventos, abandonados, quedaron pronto en ruinas... Todo hacía pensar que la civilización española había muerto en la isla predilecta del Descubridor. Pero no. Aquel pueblo no había muerto. *Entre los que quedaron*

---

415 Cito por la primera edición, de 1936, p. 13. Desde luego, el problema tiene otras ramificaciones. Ya para esa fecha hay un *hispanismo* que se identifica claramente con la Falange y el franquismo españoles. Políticamente, Henríquez Ureña se mantuvo muy distante del fascismo, pero la concepción de la *hispanidad*, defendida por el propio Vasconcelos, se complica enormemente en esos años. Véase el libro de Ricardo Pérez Monfort *Hispanismo y Falange: los sueños imperiales de la derecha española*.

sobrevivió el espíritu tenaz de la familia hispánica. Los dominicanos jamás se mezclaron con los invasores.[416]

No era difícil el paso siguiente. Henríquez Ureña se dedicó a transformar su modelo, tomándose la libertad de redefinir el sentido de la cultura hispánica, sus textos canónicos y sus figuras ejemplares. En una estrategia similar a la del puertorriqueño Antonio S. Pedreira, aunque sin su ironía, la cultura "europea" se representó como la más fuerte: un *principio* que implicaba necesariamente un acto de delimitación. En contraste con la arrogancia del relato imperial de Menéndez Pelayo, sin embargo, Henríquez Ureña ofreció en *Las corrientes* una versión en la que subrayaba la convivencia con el "indio", y la creación de "una sociedad nueva" caracterizada por la "fusión de culturas" europeas y precolombinas. Esa "fusión" —otra de sus palabras clave— quedó ilustrada en la arquitectura, en la pintura y en la literatura, con ejemplos como fray Bernardino de Sahagún y Garcilaso el Inca.[417] En un esfuerzo por rectificar la exclusividad de la categoría *hispánica*, en su gran síntesis, la *Historia de la cultura en la América hispánica* (publicación póstuma de 1947), Henríquez Ureña le reservó el capítulo inicial a "Las culturas indígenas":

> Treinta años atrás se habría creído innecesario, al tratar de la civilización en la América hispánica, referirse a las culturas indígenas. Ahora, con el avance y la difusión de los estudios sociológicos e históricos en general, y de los etnográficos y arqueológicos en particular, se piensa de modo distinto: si bien la estructura de nuestra

---

416 Véase el texto en la edición de *Obra crítica*, citado antes, p. 368. Entre los estudios más recientes, véase el volumen *The Impact of the Haitian Revolution in the Atlantic World*, editado por David P. Geggus, citado en el primer capítulo. También los libros *The Making of Haiti: the Saint Domingue Revolution from Below*, de Carolyn E. Fick, y *Avengers of the New World: the Story of the Haitian Revolution*, de Laurent Dubois.

417 Véase sobre todo el capítulo 2, "Una sociedad nueva" y el 3, "Florecimiento del mundo colonial", pp. 35-97.

civilización y sus orientaciones esenciales proceden de Europa, no pocos de los materiales con que se ha construido son autóctonos."[418]

En su discurso de la *cultura*, América era una "sociedad nueva", aunque "su estructura y orientaciones esenciales" eran "europeas". Henríquez Ureña redefinió esa identidad americana, uniendo nuevamente a Europa y España. Para él, la "sociedad nueva" quedaba representada en la modernidad por figuras mediadoras como Benito Juárez: "Típico de esa nueva raza fue *Juárez*, a un tiempo mismo defensor de la tierra nativa y mantenedor de la civilización heredada de Europa".[419] Las culturas indígenas no solamente se integraban al mundo *hispánico*, sino que también podían continuarlo.

---

[418] *Historia de la cultura en la América Hispánica*, p. 11. No debe pasar desapercibido que en este libro, que es como un mapa que trata de recomponer la totalidad, también incluyó apuntes y breves sinopsis de la evolución de la alta cultura en Brasil. Resulta interesante comprobar que en uno de los debates auspiciados por la revista *Sur* en 1941, Henríquez Ureña intervino en defensa de las culturas indígenas: "...es que la América indígena no sólo produjo esos cacharros. Hay también obras de arquitectura y de escultura, hechas por los indios, que hoy están en los museos de arte más selectos del mundo, junto con las obras griegas y egipcias. Le voy a citar un caso: en el Museo Peabody, museo etnográfico y arqueológico de Harvard, hay una inmensa colección. Y el Museo de Arte Fogg, que es pequeño pero muy selecto, que tiene maravillosas obras italianas y griegas; ha logrado, con gran esfuerzo, que el Peabody le preste unas cuantas obras mayas, como cosas artísticas de primer orden. [...] si lee a una multitud de grandes críticos de hoy, verá usted que el arte antiguo de México y del Perú —el gran arte antiguo no los cacharros— se considera entre las grandes manifestaciones culturales de todo el mundo civilizado". *Sur*, X, noviembre 1941, pp. 97-98.

[419] En "El nuevo indígena", en *Historia de la cultura en la América Hispánica*, citado antes, p. 31.

El negro culto

En *Las corrientes* Henríquez Ureña escribió: "El gran problema de la América hispánica fue, y lo es todavía, el de su integración social".[420] Sin embargo, en el *origen* mismo se encontraba con el límite de las culturas afroamericanas. Henríquez Ureña no les concedió el mismo espacio: eran para él "otro mundo", que ocupaba el polo negativo de la *barbarie*, o quedaban casi borrados de la historia. En su texto "La antigua sociedad patriarcal de las Antillas", escribe sobre los *esclavos de raza africana*: "Desde el siglo XVI, la colonia no tuvo riqueza suficiente para continuar la importación de africanos, y la esclavitud fue disolviéndose hasta que, cuando se proclamó la abolición, no suscitó ningún problema, pues los esclavos [...] eran más que nada, sirvientes domésticos".[421] En su pionero y documentadísimo estudio *El español en Santo Domingo* (1940) son notables, por ejemplo, los esfuerzos que hizo por negar la presencia afrodominicana, y por caracterizar el lenguaje y la nación dominicanos por su *arcaísmo*: "como toda la zona del Mar Caribe, se distingue por el sabor fuertemente castellano de su vocabulario y de su sintaxis [...] Hay en Santo Domingo muchos rasgos arcaicos. Pueden atribuirse, en parte, al hecho de haber sido la isla la primera región de América donde se asentaron los españoles".[422]

---

420 *Las corrientes*, p. 45.

421 En el texto de 1925, citado antes, p. 387.

422 Cito por la primera edición, publicada por la Biblioteca de Dialectología Hispanoamericana, p. 40. Amado Alonso puntualizó la importancia de los estudios lingüísticos de Henríquez Ureña, desde su primera investigación, *Observaciones sobre el español de América* (1920) y *El español en México, los Estados Unidos y la América Central* (1920), hasta su discutido *Sobre el problema del andalucismo dialectal de América* publicado por el Instituto de Filología de Buenos Aires (1932). Según Alonso, Henríquez Ureña fue "el primero en describir y ordenar su complejidad regional, anulando la idea simplificadora que de él se hacían hasta entonces los lingüistas". En su artículo, citado antes, "Pedro Henríquez Ureña, investigador", p. 32. Véase también el volumen que reúne los estudios de Henríquez Ureña, *Observaciones sobre el español en América y otros estudios filológicos*. Asimismo, el trabajo de Guillermo L. Guitarte, "Cuervo, Henríquez Ureña y la polémica sobre el andalucismo de

A lo largo de su estudio, el *arcaísmo* permanece como paradigma invariable, y debe considerarse como una palabra clave en su vocabulario crítico. Todo parece ordenarse alrededor de esa palabra, que se enuncia como tesis desde la primera página: "Mi tesis principal es que al español de Santo Domingo lo caracteriza su aire antiguo, que en ocasiones llega al arcaísmo".[423] La antigüedad significaba la pertenencia a una comunidad esencial cuya armadura era el lenguaje, y Henríquez Ureña le presta atención a los rasgos de castellanos, leoneses y andaluces en el primer momento de la colonización. Según él, la única "adición" al fondo común en el vocabulario es la "de palabras indígenas". El español ha tenido allí "sabor de antigua herencia, la herencia del pasado colonial, con su fuerte tradición universitaria, con su tradición de arzobispos eminentes y de oidores doctos".[424] Aunque alude a otras caracterizaciones, la certeza con que Henríquez Ureña habla de una lengua privilegiadamente vetusta hace pensar en los "recuerdos encubridores" descritos por Freud.

Se trata de una convicción irreversible a lo largo de su obra. Ya en 1919, al establecer la diferencia respecto de Haití, contraponía enfáticamente los dos países: "Santo Domingo es enteramente diferente en raza (y mucho), en lenguaje (allí se habla el español más puro del Nuevo Mundo, y existe una literatura local de más de cuatro siglos), en costumbres y tradiciones. Su parentesco real es con Cuba y Puerto Rico, y también con Venezuela".[425] Aún así, ¿cómo no asombrarse de que en ese libro —escrito en el lenguaje especializado de la "dialectología", y muy rico en puntos concretos sobre el habla local— no tuviera cabida

---

América". Sobre su labor fundadora en la dialectología y la filología, véanse también los trabajos de Juan M. Lope Blanch "Pedro Henríquez Ureña, precursor" y "Henríquez Ureña y la delimitación de las zonas dialectales de Hispanoamérica".

423 *El español en Santo Domingo*, p. 7. Al destacar la importancia de "recoger este aspecto de la vida dialectal", también lamenta "que no se hiciera para el taíno en Santo Domingo durante el siglo XVI", p. 8.

424 *Ibid.*, p. 47.

425 Cito del "Memorandum sobre Santo Domingo", p. 381.

como sujeto el mundo afrodominicano, o sólo fuera objeto de generalizaciones reduccionistas? A pesar de ser tan intenso y persistente en el Caribe desde el punto de vista histórico, demográfico y cultural, el mundo afroamericano no figura en el primer capítulo del libro, titulado "Santo Domingo y la zona del Mar Caribe", salvo para señalar que hay algunos elementos léxicos procedentes del "patois criollo de los haitianos" que quedan confinados a la frontera.[426] Además, Henríquez Ureña dedicó unas páginas a un capítulo titulado "Elementos exóticos" para probar que "la influencia africana es muy escasa" en Santo Domingo. Como si fuera un hecho consumado, los esclavos llegaban allí *hispanizados*: "lo que ha caracterizado a la población de origen africano de Santo Domingo es su completa hispanización".[427] La nitidez de esta hiperbolización se confirma cuando lo vemos lamentarse de la reciente "invasión de braceros procedentes de la contigua Haití", la inmigración de las nuevas "clases peligrosas" que introducían de nuevo "el problema de las razas". Al igual que lo hará el intelectual cubano Ramiro Guerra y Sánchez, cuyo libro *Azúcar y población en las Antillas* cita, Henríquez Ureña veía el "ennegrecimiento" como una pesadilla que se instalaba de nuevo en su casa. Es preciso citar el pasaje:

> Esta invasión está *ennegreciendo* [subrayado en el original] rápidamente al país [...] Hasta 1916, en Santo Domingo no predominaba la población negra, ni siquiera la mezclada de blanco y negro, aunque abunda, porque son muy débiles los prejuicios de raza, como en el Brasil. El negro de Santo Domingo raras veces era puro en el siglo XIX: caso semejante al de Puerto Rico. Si fuera se creía muy africanizado el país, y muchas geografías así lo indican, es por la

---

[426] *Ibid.*, p. 38. La cita completa dice: "En la provincia de Montecristi, la frontera con la República de Haití, 'la línea', según comúnmente se la llama, recibe elementos léxicos del patois criollo de los haitianos. Igual cosa sucede, en mayor o menor escala, en toda la frontera entre las dos pequeñas naciones, de norte a sur". Por otro lado, en la bibliografía Henríquez Ureña sí incluye el *Glosario de afronegrismos* (1924) de Fernando Ortiz.

[427] *Ibid.*, pp. 132-133.

contigüidad de la antigua Saint-Domingue: confusión difícil de disipar. Es significativo que las letras, y la cultura dominicana en general, estuviesen hasta 1880 en manos de criollos de origen europeo o con mezcla de sangre india.[428]

Es en parte a partir del contrapunto con lo afroamericano que Henríquez Ureña construye sus *beginnings* hispánicos. Ese rechazo primordial asumió formas extrañas. Continuamente dedicó escritos y estudios a disipar la "confusión" entre Haití y la República Dominicana, y a reclamar para su país el honor de la antigüedad de la cultura hispánica. Por ejemplo, en 1919, con la aparición de la versión española de la *Introducción al estudio de la lingüística romance* de Meyer-Lübke, sintió la necesidad de rectificar la referencia al "negroespañol" en Santo Domingo. Su refutación fue enfática, esbozando su relato de la identidad nacional, un relato de diferencia y de negación, como argumento a las dudas que arrojaba la clasificación de Meyer-Lübke:

> La isla a que su descubridor, Colón, dio el nombre de Hispaniola, está dividida en dos naciones: una, al Occidente, la República de Haití; otra, al Oriente, la República Dominicana, comúnmente llamada por los extranjeros Santo Domingo. La primera fue colonia francesa durante los siglos xvii y xviii; predomina en ella la raza negra, y la lengua hablada por la mayoría es un dialecto derivado del francés: los haitianos lo llaman "patois" o "créole". La otra nación, Santo Domingo, fue colonia española desde 1492 hasta 1821: la raza negra nunca ha predominado allí y la lengua castellana se conserva pura. Nunca ha existido, ni existe, dialecto negro en la República. [...] La población de Santo Domingo vive, en su gran mayoría, lejos de la frontera haitiana, y las relaciones entre los dos pueblos son muy pocas. El elemento africano no ha aportado contribución ninguna distintiva [...][429]

---

428 *Ibid.*, pp. 133-134, n. 3. En otro capítulo trato cómo elabora Ramiro Guerra y Sánchez su concepto de la tradición nacional.

429 El artículo se titula "La lengua en Santo Domingo", y fue publicado por primera vez en 1919 en *Revistas y Libros* de Madrid. Puede leerse ahora en el tomo III de

Todo ello equivale a un "manto unificador y totalizador" que simultáneamente oculta y legitima.[430] No se puede pasar por alto que en otro brevísimo capítulo de *El español en Santo Domingo*, titulado "Indios y negros", aísla y analiza la "única" excepción. Como al pasar, escribe: "Sólo la supresión completa de la *s* final de sílaba me parece, en Santo Domingo, revelar influencia africana, perpetuada a través de los siglos".[431] Henríquez Ureña añade otras conjeturas congruentes con su orientación, sustentadas por referencias al "negro culto" cuya pronunciación era indistinguible del "español normal". No puede dejar de observarse su insistencia: "en Santo Domingo la omisión total y sistemática sólo ocurre en gentes humildes, principalmente campesinos, a quienes se podría atribuir tradición negra: tradición, digo, pues no hay —como en Cuba— influencias africanas recientes; tradición y no raza, ya que el negro culto pronuncia a perfección y sin esfuerzos sus eses y todos los fonemas del español normal".[432] Cuando esas eses se hacen inaudibles, su ausencia resulta intolerable. A partir de esa leve diferencia, la narración podría quedar desajustada. Como en la "escucha" practicada por Freud, tenemos que estar atentos a lo que se oculta o no debe decirse, pero que se escapa sin querer.

---

las *Obras completas* recopiladas por Juan Jacobo de Lara, pp. 341-344. Cito de la p. 342. Henríquez Ureña explica que la rectificación era necesaria no sólo por la "autoridad de que goza el libro de Meyer-Lübke, sino porque el error pudiera haber sido la causa de la curiosa omisión que hace de Santo Domingo el catedrático de Harvard, Mr. Ford, al mencionar las regiones americanas en su reciente y notable libro *Main Currents of Spanish Literature*" (pp. 341-342). Este artículo de 1919 esboza las ideas principales de *El español en Santo Domingo*.

430 Véase el libro de Roger Bartra *Las redes imaginarias del poder político*, sobre todo el "Postcriptum introductorio", pp. 19-31.

431 Cito de la p. 169.

432 *Ibid.*, pp. 169-170.

Cultura, no raza

Hay que decir que sí encontramos referencias a esas otras culturas, pero sólo como parte de las tradiciones del canto y la música populares.[433] Ya en 1925, negaba el prejuicio racial en Santo Domingo, o lo reconocía sólo como *estético*: "En cuestión de raza, no hay los fuertes prejuicios que reforzó en Cuba la persistente importación de esclavos en el siglo XIX: el prejuicio es, pudiéramos decir, estético".[434] En 1934 se distancia del concepto "científico" de *raza,* y celebra "la multicolor muchedumbre de pueblos que hablan nuestra lengua en el mundo". Se declara a favor del concepto de *cultura,* "la comunidad de cultura, determinada de modo principal por la comunidad del idioma".[435] La *cultura* tenía que suplantar la *raza*: en ello coincidía con la posición que por esos

---

[433] En carta a su hermano Max describe uno de sus trabajos sobre la música popular: "Te envío mi conferencia sobre música popular de las Antillas y México... Creo haber realizado un trabajo muy difícil: ordenar y poner en claro muchos datos confusos. Primeramente, reuní los que dan los primeros cronistas: Pané, Las Casas, Oviedo (para los mexicanos me contento con indicar qué debe hacerse: en México hay de sobra gentes para hacerlo). Después, trato de aclarar los orígenes del areito de Anacaona, del son, la mangulina y el merengue. Más adelante, describo los demás tipos antillanos de baile y canción". Carta del 25 de enero de 1930, en *Epistolario, Familia Henríquez Ureña,* pp. 729-731. En el cap. VI de *Las corrientes,* sobre todo en las notas, hay información muy precisa sobre la música popular y sus relaciones con la culta.

[434] En su ensayo "La antigua sociedad patriarcal de las Antillas", citado antes, p. 278. Veinte años más tarde, habla brevemente en *Las corrientes* de la nueva poesía sobre "la vida de los negros" representada por el puertorriqueño Luis Palés Matos y el cubano Nicolás Guillén. Pero la única referencia a la obra del cubano Fernando Ortiz aparece en una nota, y no menciona el *Contrapunteo cubano del tabaco y el azúcar,* que se había publicado en 1940. Véanse la p. 199, y la n. 20 en la p. 216. Sí cita al brasileño Gilberto Freyre, y en una nota afirma que él y el mexicano Samuel Ramos "han superado ya la que podríamos llamar mentalidad siglo diecinueve sobre la raza", n. 19, p. 270.

[435] Cito del importante discurso que pronunció en la Universidad de la Plata, "Raza y cultura hispánica", pp. 46-47.

años sostenía el cubano Fernando Ortiz, avalada explícitamente por la *Revista de Avance* en 1929.[436]

Era un tema espinoso. En *Las corrientes*, Henríquez Ureña se situó evasivamente a mitad de camino entre la afirmación y la negación. En una de las notas se pronuncia contra la tendencia de "cierta sociología periodística" que "cuelga a los indios y a los negros el sambenito de nuestros fracasos políticos", y declara: "En buena lógica, los responsables serían los europeos y sus descendientes, que durante siglos han mantenido a los indios y a los negros en la servidumbre y la ignorancia, negándoles el ejercicio de sus derechos políticos".[437] En otro texto hace una crítica al libro de Sarmiento, *Conflicto y armonía de las razas en América* (1883), porque "la raza no explica nada".[438] Pero en otro pasaje es evidente que consideraba la presencia de las culturas africanas incompatibles con el mundo moderno. Se refiere a "supervivencias" que ya no representan ningún "peligro", y que se resolverán con la "educación" y las "oportunidades económicas". "Indios" y "negros" deben adaptarse o dejarse reeducar por el Nuevo Mundo en que han ingresado:

---

[436] En la *Revista de Avance* fue un debate central. En el número de enero de 1929, comentan una conferencia que dictó Fernando Ortiz en Madrid: "Habló en aquella oportunidad nuestro afrocubanista de la raza y de la cultura. Opuso estos dos conceptos hasta ahora barajados y explotados. La cultura, en opinión de Fernando Ortiz, debe suplantar a la raza. Hablemos en lo adelante de cultura española, no de raza hispánica. "Las ideas racistas —dijo— son nocivas y retardatarias. No hay raza hispánica, ni siquiera española", agregó. Y luego: "lo realmente nuestro, lo que nos pertenece troncalmente a todos es una misma cultura, aunque de matices variados y lo único que puede vincularnos en el porvenir para nobles y puras actividades no es sino una cultura en su sentido más comprensivo y supremo sin las coloraciones parciales de tal o cual política, religión, escuela o raza". En otro pasaje escriben: "Fernando Ortiz —ilustre mensajero de la intelectualidad cubana— ha dicho recientemente, en Madrid, estas sencillas palabras: cultura, no raza. Pudo asimismo decir: presente, no pasado. Propósitos, no recuerdos. Reactivos, no bálsamos. Aire libre, no cadenas. Vitalidad, no anquilosamiento", III, 30, enero de 1929. Cito de las pp. 3-4, y 8-9.

[437] *Las corrientes*, p. 237, n. 2.

[438] *Ibid.*, p. 247, n. 40.

El hábito y el sentido común han ido reduciendo gradualmente nuestros "problemas raciales" a sus fundamentos culturales y económicos. Ya hemos visto que los indios han conservado una parte importante de sus antiguas culturas, fundiéndola con la escasa porción de civilización europea que recibieron. También los negros trajeron consigo muchas de sus culturas tribales africanas. En ambos casos acostumbrábamos considerar estas supervivencias como problemas; pensábamos que no lograríamos un desarrollo social perfecto mientras el indio y el negro no se "europeizaran" completamente, mientras no adoptaran las técnicas y hábitos que la revolución industrial obligó a adoptar a Europa y los Estados Unidos. Ahora tenemos una idea más justa. Las solas supervivencias, como tales, no entrañan peligro; antes al contrario, añaden color y sabor a una vida social que podría llegar a hacerse demasiado gris y monótona; en muchos casos, además, salvan al nativo de la factoría o de la plantación. La insuficiencia de la educación y de las oportunidades económicas que se ofrecen a las masas son el origen de todos los obstáculos con que tropezamos en nuestras aspiraciones de progreso.[439]

VII. Próspero

El paradigma del *maestro*, inseparable de su fe ilustrada en las letras y de la identidad familiar, marcó todos los textos de Henríquez Ureña. La actividad intelectual no podía ser un ejercicio solitario. Aquí conviene volver a uno de sus *comienzos*, concretamente al manifiesto de su juvenil ensayo "Ariel". Próspero es la figura emblemática, una categoría

---

[439] *Ibid.*, p. 199. La productiva historiografía y los numerosos estudios crítico-literarios de las últimas décadas han llevado a una revalorización de las fuentes y testimonios indígenas o mestizas. Todo ello ha hecho ver que ésta es una de las zonas más vulnerables de los trabajos de Henríquez Ureña. Véanse, por ejemplo, el volumen editado por Rolena Adorno, *From Oral to Written Expression: Native Andean Chronicles of the Early Colonial Period*, o el libro de Kevin Terraciano *The Mixtecs of Colonial Oaxaca*.

estético-política, el filósofo-rey que controla mágicamente el feroz y opaco mundo de la otredad que sólo produce anarquía. Es el "maestro mágico que también es hombre". Representa la estabilidad y la reconciliación que producen el saber y el control de las pasiones. Próspero coloca las cosas en su lugar, permite el regreso y la serenidad. Es la vuelta a los *comienzos*, pero a un origen regenerado, que Henríquez Ureña describe en palabras que tienen claros ecos de Walter Pater y Matthew Arnold:

> [...] Shakespeare, después de representar en sus tragedias el desastre de las pasiones desbordadas, dio a su última obra la soberana serenidad helénica [...] Y por sobre los amores castos, por sobre las ambiciones ruines, por sobre la lucha de los afectos, por sobre las infamias de la traición, se yergue la figura de Próspero, el maestro mágico que es también hombre, el sabio conocedor del mundo y de sus pequeñeces, fortalecido en la soledad, quien, ayudado por Ariel y su cortejo fantástico, realiza su última obra de paz y amor, vence al monstruoso Calibán, desbarata los lazos tramados por la mañosa envidia, deshace rencores, une los amantes, reúne a los náufragos que la tempestad dispersó en la isla desierta [...][440]

En *Horas de estudio* (1910), Henríquez Ureña dedicó un ensayo a Hostos en el que de entrada ponía de relieve el carácter redentor del intelectual, *el* gran sujeto de la historia: "Antes que pensador contemplativo, Eugenio María de Hostos fue un maestro y un apóstol de la acción, cuya vida inmaculada y asombrosamente fecunda es un ejemplo verdaderamente

---

440 *Obra crítica*, p. 23. Uno de los comentarios más agudos y pertinentes para nuestro caso es el trabajo de Roberto González Echevarría, "The Case of the Speaking Statue: *Ariel* and the Magisterial Rhetoric of the Latin American Essay". Ofrece una interpretación de las figuras de Próspero y Ariel y examina las estrategias retóricas que permiten sostener la voz magisterial en el ensayo de Rodó, conectando su texto con los de Alfonso Reyes, Henríquez Ureña y otros. Para la tradición de Próspero y Calibán, pueden consultarse el libro editado por Jonathan Dollimore y Alan Sinfield, *Political Shakespeare. Essays in Cultural Materialism*, y, de Alden T. Vaughan y Virginia Mason Vaughan, *Shakespeare's Caliban: A Cultural History*. Véase también el libro de Marina Warner *Managing Monsters: Six Myths of Our Time*.

superhumano".[441] Algunos pasajes de sus cartas a Alfonso Reyes expresan ese motivo, pero referido a sí mismo: "Yo no soy contemplativo —le escribe a su amigo en 1925 desde la Argentina— quizá no soy escritor en el sentido puro de la palabra; siento necesidad de que mi actividad influya sobre las gentes, aun en pequeña escala".[442] Años más tarde, en 1936, escribe una semblanza sobre el cubano José Varona, el *civilizador*, "maestro desde la juventud, maestro grave rodeado de respeto por su pueblo", y añade: "Varona en fin, fue uno de esos hombres singulares que produce la América española: hombres que, en medio de nuestra pobreza espiritual, se echan a las espaldas la tarea de tres o cuatro".[443] Para el Maestro, la "pobreza espiritual" era una realidad y toda su práctica una reacción rotunda contra ella. Para Varona —y para Henríquez Ureña, podríamos añadir— la "literatura estaba al servicio del bien humano, se sentía obligado a difundir ideas para la construcción espiritual de su pueblo".[444] Beatriz Sarlo señala acertadamente que "Henríquez Ureña fue un intelectual para quien el discurso sobre la literatura no tenía una función puramente autorreferencial, ni podía ser sólo pensado como un discurso para expertos".[445]

---

441 *Ibid.*, p. 79. La figura del *maestro* es también un claro indicio del afán didáctico que domina los ensayos de Henríquez Ureña. Es congruente con su deseo de proporcionar al lector un texto claro y nítido. Por otra parte, explica su cautela ante las formas estéticas rupturistas de las vanguardias. En una carta a Rodríguez Feo de 1945 expresa reservas sobre la escritura de su amigo Borges, y escribe: "le hizo caso a Macedonio Fernández (anciano hoy, hombre inteligente pero loco, e incapaz de producir otra cosa que chispazos, en medio de muchas tonterías)". Cito del prólogo de Rodríguez Feo a su *Selección*, p. xx.

442 En carta del 5 de septiembre de 1925. Se encuentra en el tomo V de las *Obras completas*, p. 332.

443 En "El Maestro de Cuba", en *Obra crítica*, p. 692.

444 *Ibid.*, p. 691.

445 Véase su artículo "Pedro Henríquez Ureña: lectura de una 'problemática'", p. 11. Más adelante añade: "Henríquez Ureña elaboró un discurso que no fue sólo universitario. Vinculado a los grandes problemas americanos, colocó a la práctica crítica e histórica en relación con las otras series sociales, en una situación donde la crítica desbordaba, por su problemática, el espacio de la

El Antiguo Régimen y la Revolución

Como correlato de esta misión patriótica del letrado, encontramos una poética con valoraciones estéticas muy claras. En el Buenos Aires de la década de 1920, Henríquez Ureña, desplazado una vez más de la República Dominicana y de México, y después de una larga experiencia en Nueva York y en la Universidad de Minnesota, reiteró su concepción de *beginnings* en diálogo polémico con los nacionalistas y las vanguardias, a la vez que quiso insertarse en la *patria cultural americana*. "Hace falta poner en circulación tablas de valores, nombres centrales y libros de lectura indispensables", escribió en sus *Seis ensayos en busca de nuestra expresión*, publicados, recordémoslo, en Buenos Aires en 1928. "La historia literaria de la América española —agrega— debe escribirse alrededor de unos cuantos nombres centrales: Bello, Sarmiento, Montalvo, Martí, Darío, Rodó". "Todos los que en América sentimos el interés de la historia literaria hemos pensado en escribir la nuestra". En los *Seis ensayos* Henríquez Ureña se metió de lleno en el debate sobre la historia literaria y sobre la modernidad y los nacionalismos. Elaboró sus concepciones a partir de la crítica del criollismo, el indigenismo y de las vanguardias (lo que él llamaba el "afán nacionalista", el "camino indígena" y el "sendero criollo").[446]

El paradigma dominante en ese texto será la *armonización*: "Todo aislamiento es ilusorio. La historia de la organización espiritual de nuestra América, después de la emancipación política, nos dirá que nuestros propios orientadores fueron, en momento oportuno, europeizantes [...] Apresurémonos a conceder a los europeizantes todo lo que les pertenece, pero nada más, y a la vez tranquilicemos al criollista". Y prosigue: "tenemos derecho a todos los beneficios de la cultura occidental", y luego abre un largo párrafo sobre la *Romania*: "pertenecemos —según la

---

academia. La crítica se convierte, así, en un discurso de importancia pública, en la medida en que desde su especificidad, se hace cargo de cuestiones globales", p. 14.

446 Para el notable desarrollo del "criollismo" en la Argentina de principios del siglo XX, es preciso ver el libro de Adolfo Prieto, *El discurso criollista en la formación de la Argentina moderna*.

repetida frase de Sarmiento— al Imperio Romano".[447] Inmediatamente insiste: "tranquilicemos al criollo fiel recordándole que la existencia de la Romania como unidad, como entidad colectiva de cultura, y la existencia del centro orientador, no son estorbos definitivos para ninguna originalidad".[448]

¿Qué es, a fin de cuentas, la *expresión*? Su *búsqueda* se convirtió, como dice hacia el final del primer ensayo, en un "fatigoso laberinto de nuestras aspiraciones literarias", y, de hecho, se transformó en un alegórico "palacio confuso" que no podía acabar de conformarse a ningún esquema. Lo sugerente del título *Seis ensayos en busca de nuestra expresión* es que se trata de un *incipit* sobre los *comienzos* que da vuelta sobre sí mismo, subrayando la importancia de *comenzar* una y otra vez, tratando de fijar algo que es múltiple y cambiante.[449] *La búsqueda* será permanente, un ejercicio de análisis y desbroce, cuyo objetivo sería armonizar, delimitar, establecer jerarquías. Él mismo señala que las conferencias de Harvard se anunciaron con el título "la busca de nuestra expresión", que al publicarlas se convirtieron en *Las corrientes*.[450]

Sin embargo, la preocupación por refundar el archivo americano y por llegar a los grandes auditorios tropezaba con las alteridades que acechan siempre el proyecto de construir una gran tradición. Así, por

---

447 *Ibid.*, p. 29.

448 *Ibid.*, p. 31. En ese sentido, es muy clara la huella de Henríquez Ureña en el pensamiento de su amigo, el historiador argentino José Luis Romero. Véase, por ejemplo, su discusión de las mentalidades "criollas", "aluvial" y "universalista" en "Los elementos de la realidad espiritual argentina, 1947", en *Las ideologías de la cultura nacional y otros ensayos*, pp. 61-74.

449 Es pertinente la observación de Gutiérrez Girardot en su prólogo a *La utopía de América*: "Las *Corrientes* describen el proceso de una literatura (y de una cultura, en el sentido más amplio de la palabra), pero la descripción no tiene la tarea de documentar la plenitud de una conciencia nacional, sino solamente los caminos que hasta ahora ha recorrido esa literatura 'en busca de su expresión' [...] Henríquez Ureña no consideró la historia literaria como índice de la madurez de un proceso puramente político, la Nación, sino como impulso de la realización de un anhelo social, la Utopía…" , pp. xxiii-xxiv.

450 *Las corrientes*, p. 8.

ejemplo, cuando Henríquez Ureña debate la cuestión del idioma, no veía futuro alguno en el uso de las lenguas indígenas. Más bien advertía sobre el peligro de que al emplearlas disminuyera el ámbito del letrado, y llega a la conclusión de que no podía ser el instrumento de una gestión pública: "¿Volver a las lenguas indígenas? El hombre de letras, generalmente, las ignora, y la dura tarea de estudiarlas y escribir en ellas lo llevaría a la consecuencia final de ser entendido entre muy pocos, a la reducción inmediata de su público".[451]

Entre el pasado y el futuro

La visión que fue construyendo perdura, años más tarde, en *Las corrientes*. Todos sus estudios anteriores parecen documentos preparatorios para ese gran libro. Como Menéndez Pelayo, la mirada de Henríquez Ureña veía las "libertades" literarias románticas como un ataque iconoclasta paralelo a la *anarquía* política. Lo recalcó de modo excepcionalmente enfático: "El descuido se hizo moda, y el poeta se sintió con libertad para permitirse cualquier 'licencia poética' que se le viniera en gana [...] La anarquía era tan frecuente en la literatura como en la vida pública".[452] Las objeciones fundamentales a la *anarquía* poética y política se reiteran. Los románticos habían ido demasiado lejos en su énfasis sobre los "cortes" radicales y la necesidad de rehacer el canon. Eso sólo podía llevar al "caos", en la medida en que la rebelión socavaba la autoridad conferida a la tradición cultural. En el capítulo titulado "Romanticismo y anarquía" describió la crisis de autoridad en el período posterior a la independencia. Ésta es su descripción: "La literatura demostró su utilidad para la vida pública durante las guerras de independencia [...] En medio de la anarquía, los hombres de letras estuvieron todos del lado de la organización política contra las fuerzas del desorden".[453] Por otra parte, lamentaba que el "descuido" se hubiera puesto de moda entre

---

451 *Ibid.*, p. 20.
452 *Las corrientes*, p. 130.
453 *Corrientes*, citado antes, p. 118.

los poetas románticos que suscribían la poética de la "inspiración". La "emancipación" trajo como consecuencia la negación de la *tradición*: "Antes que nada —escribió— en su ruptura con todo el bagaje de reglas neoclásicas nuestros románticos intentaron realmente deshacerse de todo canon".[454]

La estructuración interna de *Las corrientes* no es independiente de su proyección política. Si pasamos, en ese mismo capítulo, a las páginas que dedicó a sostener enérgicamente la figura de Sarmiento, vemos con claridad que su relato está concebido para culminar con la construcción del Estado moderno, el mundo de las leyes y las instituciones. El capítulo está cuidadosamente estructurado en torno a la oposición *romanticismo-anarquía* para culminar con la figura de Sarmiento, a quien convirtió en arquetipo: él fue capaz de darse su propia figura, y tuvo, además, la voluntad de controlar el curso de los acontecimientos. *Facundo* está en el mismo centro, un "libro poderoso, la obra maestra de su tiempo en América".[455] La complicada biografía de Sarmiento se transformaba en figura paradigmática capaz de integrar la eficacia política y la eficacia de las letras, la educación y la actuación pública a favor de la construcción del Estado nacional. Lo señaló claramente en su ensayo de 1922, "El espíritu y las máquinas", en el que declara: "Cuando Matthew Arnold viajó por los Estados Unidos, y observó las orientaciones sociales del país, dijo entonces: [...] los hombres y mujeres de espíritu, los mejores, son los que deben orientar a los más".

Esas páginas indican en quiénes se miraba Henríquez Ureña. Sarmiento fue un gran *maestro*: "educar fue pasión suya, la más temprana, educarse a sí mismo y a su pueblo... luchando contra la pobreza de su familia venida a menos". Era, a pesar de su conocido antihispanismo, una figura de autoridad. Henríquez Ureña le reservó la sección más extensa al final del capítulo, haciendo los mayores elogios a su "larga carrera de constructor de la nación, el más grande que en su especie ha conocido América".[456] La semblanza, que reviste en ocasiones el carácter de un

---

454 *Ibid.*, p. 130.

455 *Las corrientes*, p. 136.

456 *Ibid.*, p. 137.

manifiesto político, confirma la importancia que tiene en la obra de Henríquez Ureña la relación del intelectual con la fundación de las naciones modernas. En ese mismo contexto publicó en *Sur* una nota con motivo del fallecimiento de su gran amigo mexicano Genaro Estrada (1887-1937). Con su muerte, desaparecía "uno de los hombres útiles de nuestra América", un ensayista, poeta, fundador de la Sociedad de Bibliófilos Mexicanos, quien también había realizado un papel importante desde varios ministerios. Estrada encarnaba el trabajo "constructor" del funcionario y la veneración por la imprenta y el Libro. Es evidente que Henríquez Ureña se inscribía en la misma estirpe, como si ratificara su propio lugar. Era, en cualquier caso, una declaración de *principios*:

> Durante veinte años dio a Méjico [sic] trabajo sistemático, constructor, sin ostentación ni propaganda. Poeta y escritor, vive toda la vida espiritual de su país e interviene con actos eficaces. En función política, organiza y reglamenta con pericia técnica dos ministerios: el de Industria y Comercio; el de Relaciones Exteriores donde hace renacer la costumbre mejicana de confiar altas representaciones diplomáticas a hombres de letras. Tuvo el don de estimar y elegir calidades; tuvo la fidelidad de sus elecciones y de sus estimaciones [...] Ha sido, por eso, uno de los impulsores del renacimiento de la gran imprenta y del libro bien hecho en su país [...][457]

VIII. La melancolía colonial

Todas las búsquedas de Henríquez Ureña se dieron en el contexto del fracaso político de la República caribeña y de sus propios exilios. Como hemos visto, su continua (re)inscripción de la identidad es tan inseparable de la ambigua entrada en la modernidad literaria y cultural como de los conflictos culturales y étnicos de la experiencia colonial caribeña. Ello le impidió suscribir plenamente las tesis nacionalistas y lo haría sensible a la "patria mayor" americana.

---

457 En "In memoriam: Genaro Estrada", en *Sur*, octubre 1937. Cito de p. 85.

Su gran proyecto consistió en sentar las bases intelectuales para *new beginnings*: una larga herencia recibida y negociada. A lo largo de toda su obra estuvo fuertemente comprometido con el linaje familiar y nacional, y también con las grandes continuidades establecidas por sus padres intelectuales. Propuso una especie de pacto en el que ligaba la visión de Rodó junto con la de Hostos y Sarmiento. Eligió, de mucho más lejos, otra tradición, con precursores no menos importantes, como lo fueron Arnold y, sobre todo, Pater. El helenismo británico le permitió desde muy pronto definir su modo de ubicarse en la política, la cultura y el campo intelectual. Pudo asimismo esbozar un proyecto que intentaba armonizar la cultura humanística con la centralización estatal moderna. El compromiso político de Henríquez Ureña, y su *hispanismo*, se inscribían claramente en esas complejas herencias, y deben mucho a su pasado personal. Sus textos son clásicos modernos, no sólo por lo que dan a conocer sobre la literatura y la cultura hispanoamericanas, sino por lo que muestran en un sentido más profundo sobre la ambigua modernidad colonial, y por lo que comunican sobre lo conflictivo de las tentativas de construcción moderna de tradiciones intelectuales.

Los paradigmas que fue elaborando en numerosos textos culminaron en su gran libro *Las corrientes*. Era un proyecto que admitía tradiciones múltiples, siempre que pudieran ser integradas a la cultura letrada, lo cual no era el caso del incómodo mundo afrocaribeño, un fantasma que problematiza sus textos. Con esa exclusión emergía dolorosamente el desasosiego de la identidad nacional, y acaso —con resonancias personales profundas y amargas— el problema de su propia identidad. En la *Historia de la cultura en la América hispánica*, Henríquez Ureña le otorgó un lugar especial a las culturas indígenas, pero las de origen africano no tenían cabida. Ese modelo seguiría vigente durante mucho tiempo en la crítica universitaria.

Pero es quizás en su ensayo *La cultura y las letras coloniales en Santo Domingo* donde encontramos una clave de lectura de sus *principios*. Como hemos visto, Henríquez Ureña lamentaba las consecuencias culturales de la "emancipación", y proponía una *identificación* con el orden colonial *hispánico*:

> En toda la América española, el movimiento de independencia y las preocupaciones de la vida nueva hicieron olvidar y desdeñar durante

cien años la existencia colonial, proclamándose una ruptura que sólo tuvo realidad en la intención. En el hecho persistían las tradiciones y los hábitos de la colonia, aunque se olvidasen personas, obras, acontecimientos. Hubo empeño en romper con la cultura de tres siglos: para entrar en el mundo moderno, urgía deshacer el marco medieval que nos cohibía —nuestra época colonial es nuestra Edad Media—; pero acabamos destruyendo hasta la porción útil de nuestra herencia. Hasta en las letras olvidamos el pasado, con ser inofensivo, y ahora sólo el esfuerzo penoso lo reconstruye a medias, recogiendo notas dispersas del que fue concierto vivo.[458]

Esa metáfora musical es tan decisiva para comprender su fecunda poética conservadora como la "Catedral" abandonada a la intemperie que debía ser resguardada de la destrucción. Es un *inicio* desencantado. Pensemos en los términos que escogió: un "concierto vivo", armónico, del que sólo quedan "notas dispersas" y, por tanto, amenazadas y frágiles. ¿Cómo componer e interpretar esa música? ¿Cómo fijar el fantasma de un concierto? Henríquez Ureña se interesó en el peso sonoro de cada una de esas "notas", y tuvo muy presente el dibujo general de la frase mientras labraba durante años su libro *Las corrientes*. Al final, en ese último gran libro, se decidió por la imagen marina, acaso por las *corrientes* sumergidas e inagotables de esa historia, una de las imágenes persistentes en poetas caribeños como Luis Palés Matos, Julia de Burgos y Derek Walcott, con sus naufragios, resacas y mundos subterráneos. Su respuesta a la pregunta sobre *beginnings* era clara: fundar el futuro exigía imaginar un mundo gobernado por la armonía que pudiera emerger de las ruinas y de la derrota.

---

458 *La cultura y las letras coloniales en Santo Domingo*, pp. 9-10.

CAPÍTULO 3

José Martí (1853-1895): la guerra desde las nubes

"Las guerras deben verse desde las nubes. Bien está que medio millón de seres humanos mueran para mantener seguro a la Humanidad su único lugar libre sobre el Universo".

"Los tiempos eran aquellos de la más noble cruzada que jamás vieron los hombres. De un mar a otro hervían los Estados del Norte: 'No ha de haber más esclavos'".

José Martí, "Grant" (1885)

El *topos* de *las armas y las letras* es esencial en toda la obra de Martí. La guerra —espiritual, nacional, social— está en el centro de su poética y en sus mitos de linaje, desde su poema dramático "Abdala" (1869). Martí recoge el pensamiento de Emerson, para quien el heroísmo se define en el combate, que es moral y guerrero. Es también un estado del alma: "to this military attitude of the soul, we give the name of Heroism", había escrito Emerson.[459]

---

[459] En *The Essays of Ralph Waldo Emerson*. Cito del ensayo "Heroism", p. 148 ("a esta actitud militar del alma le damos el nombre de Heroísmo". La traducción es mía). Emerson añade: "Self-trust is the essence of heroism. It is the state of the soul at war...", p. 149 ("La confianza en sí es la esencia del heroísmo. Es el estado del alma en guerra..." La traducción es mía). Las nociones de Emerson sobre lo heroico y sobre el espíritu visionario están presentes en Martí, y en su caracterización del guerrero y del letrado. En cuanto al *topos* de *las armas*

Para Martí, su propio cuerpo era un campo de lucha entre la tentación y el ascetismo exigido por la *areté* del guerrero, como se evidencia en *Ismaelillo*, en sus cuadernos de apuntes, y en sus crónicas.[460] La guerra "nacional", sagrada para Martí, se reconceptualiza una y otra vez en sus discursos sobre la independencia y en sus retratos de los héroes hispanoamericanos y norteamericanos. La guerra "social" fue observada con ambigüedad por Martí sobre todo en los Estados Unidos, como ocurre, por ejemplo, en sus crónicas sobre los anarquistas y la tragedia del Haymarket de Chicago.

La Guerra Civil norteamericana, con su prestigio político y literario, abría un espacio especialmente atractivo para la imaginación épica de Martí durante la década de 1880. Son los años en que Martí se construía un lugar político en el exilio separatista mientras se ganaba la vida como corresponsal de *La Nación* de Buenos Aires y otros diarios. La muerte de Ulysses S. Grant (1822-1885), el renombrado general del Ejército del Norte durante la Guerra Civil norteamericana, motivó una crónica que es una de las expresiones más plenas del *topos* de *las armas y las letras*.[461] En su retrato de Grant, Martí anuncia temas fundamentales para su conceptualización del poder y para la definición de los fines

---

y las letras Ernst Robert Curtius indicó que "adquirió nuevo sentido durante el romanticismo francés, bajo el influjo de la grandeza de Napoleón, grandeza digna de la Antigüedad". Véase *Literatura europea y Edad Media latina*, I, p. 258. Aquí, como veremos, nos permite pensar la complejidad del vínculo entre literatura y política en los nuevos *beginnings* de Martí, nuevos comienzos mientras se encontraba *entre* imperios en Nueva York.

460 En otro ensayo he tratado la guerra espiritual, la voz profética de Martí y su ética del sacrificio, "Martí: las guerras del alma", publicado en *Apuntes Posmodernos*, V, pp. 4-13. Ahí planteo también la continuidad de su lectura religiosa de lo político. Es una dimensión que no debe desconocerse a la hora de reconstruir su biografía literaria y política.

461 El texto se encuentra en las *Obras completas*, t. 13, pp. 83-115. Citaré siempre por esta edición. La crónica se publicó en *La Nación* de Buenos Aires el 27 de septiembre de 1885. También en *El Avisador Cubano* en Nueva York. Véase para estos datos, de Ibrahim Hidalgo Paz, *José Martí: cronología 1853-1895*. Hay traducción al inglés del "Grant" de Martí, con notas, en el volumen preparado por Philip S. Foner, *Inside the Monster*, pp. 71-122. Martí se refiere a

y medios de la guerra. Es un retrato de estructura cuidadosa, con ecos de los *Representative Men* y los hombres "naturales" de Emerson, cuyos retratos Martí elogia: "Escribió un libro maravilloso, suma humana, en que consagra, y estudia en sus tipos, a los hombres magnos".[462] El texto "Grant" tiene mucho de relato épico nacional, de discurso necrológico, y de ficción filosóficopolítica en la que Martí aborda la contradicción entre el caudillismo y la democracia.

En este capítulo me propongo estudiar, en primer lugar, la construcción de las figuras del héroe guerrero y del héroe letrado en relación con la teoría de la guerra "legítima" en Martí. Merece atención, además, el proceso mediante el cual quedan unidos —en la imagen histórica creada por Martí— el héroe y el poeta que le otorga gloria. Veremos que Martí le asigna un lugar elevado a la figura del "consejero sabio", representado en la crónica por John Rawlins, el ayudante de Grant, arquetipo del letrado apostólico y visionario que interviene en las cosas de la vida pública. Al identificarse con Rawlins, Martí reconocía un antecedente para su propia genealogía, y definía el lugar de enunciación del intelectual nacionalista y moderno.

Es importante considerar otra dimensión: la situación de Martí *between empires*, como aquí la entendemos. El contexto colonial produce una interdependencia cultural y política entre dominadores y subalternos que genera nuevos significados y permite estudiar el lugar y las condiciones de enunciación de los letrados.[463] ¿Hasta qué punto inscri-

---

Grant en otros textos contemporáneos. Véase, por ejemplo, *Obras completas*, t. 13, pp. 73-82.

462 Cito del texto "Emerson", en *Obras completas*, t. 13, p. 28.

463 En *Culture and Imperialism*, Said insiste, sobre todo, en las relaciones culturales y plantea nuevas preguntas sobre la producción literaria y cultural en el marco de la dominación, aunque sin olvidar otros aspectos del poder imperial moderno. Para el contexto específicamente cubano, son indispensables los libros de Louis A. Pérez, Jr. *Cuba Between Empires*; y, con amplia información sobre las relaciones de Cuba con los Estados Unidos desde el siglo XVIII, *Cuba and the United States: Ties of Singular Intimacy*. Desde la perspectiva metropolitana, véanse los ensayos incluidos en el volumen *Cultures of United States Imperialism*, editado por Amy Kaplan y Donald Pease.

bió Martí el debate nacional y social cubano en su apropiación de los mitos nacionales norteamericanos? Es necesario pensar más el *entre*, es decir, las dinámicas y a menudo asimétricas relaciones que se establecen en el marco del imperio. Martí era un poeta nacionalista cubano que desde su exilio en los Estados Unidos participaba en los preparativos de la guerra contra el régimen colonial español, al mismo tiempo que interpretaba como periodista la Guerra Civil norteamericana para sus lectores del diario *La Nación*. Se encontraba, en efecto, "entre imperios", traduciendo, representando y representándose a través del marco más amplio del modelo nacional y bélico norteamericano. La perspectiva *between empires* permite iluminar muchas zonas de las crónicas de Martí, y ver cómo leía la nacionalidad, la democracia, y la utopía modernas en la confluencia con la cultura norteamericana.

Una lectura detenida de su relato de la Guerra Civil indica que hay un segundo contexto: el debate interno cubano sobre las corrientes antidemocráticas en el movimiento separatista en la década de 1880. El propio Martí afirmó que mientras escribía "Grant" tenía siempre presente a Cuba y México, y que en esas páginas iba "mucho de mis dolores patrióticos". Y precisaba que había conocido a Grant "en los hombres", porque "los espíritus humanos se dividen en familias".[464] En ese sentido, el texto va más allá de la figura de Grant, e invita a ser interpretado teniendo en cuenta las posibles analogías y parentescos de las "familias" espirituales.

---

[464] Véase la "Carta a Manuel Mercado. Nueva York, 22 de abril, 1886", en *Epistolario, 1862-1887*, tomo I, pp. 329-334. Cito de la p. 331. Vale la pena destacar esta importante carta. Martí escribía entonces: "con la mente puesta en México y en mi país escribí un estudio sobre Grant de que no creo haberle hablado, y que ha tenido en la América del Sur mucha fortuna: allí saco del revés esa especie de caracteres de fuerza, para que se les vea, sin exageración ni mala voluntad, todo lo feo y rugoso del interior de la vaina, que tanto hambriento y desvergonzado rebruñen por de fuera a lamidos! —Un personaje de aquí, me dijo, después de leer este ensayo: '¿Dónde conoció V. al hombre, que parece que lo ha retratado V. por dentro?' —¡Lo conocí en los hombres! —Los espíritus humanos se dividen en familias, como los animales. —En esas páginas —¿no le he hablado antes de ellas?— va mucho de mis dolores patrióticos, primer peldaño que bajé del cielo!".

Mientras reescribía la vida de Grant, Martí se encontraba en medio de un debate en torno al caudillismo y la república futura de Cuba que se dio en el interior del movimiento separatista. En 1884 se había producido la ruptura entre Martí y los dos principales jefes militares del movimiento separatista, Máximo Gómez (1836-1905) y Antonio Maceo (1845-1896). Martí rechazó el Plan Gómez-Maceo para un nuevo alzamiento en Cuba. Le envió al general Gómez la famosa carta en la que puso de manifiesto su posición frente al plan de los generales de crear una dictadura militar que rigiera al país mientras durara la lucha independentista. Las palabras de Martí expresan un profundo antagonismo: "Un pueblo no se funda, General, como se manda un campamento", distanciándose de lo que entendía que era un proyecto de "invasión despótica". El retrato de Grant está asociado precisamente al fundado temor que sentía Martí hacia las posibilidades de una dictadura en Cuba.[465]

Su reflexión sobre el héroe militar del Norte se enuncia sobre ese horizonte polémico. El marco ostensible del texto es la guerra en una nación "moderna" con tradición heroica e ilustrada: "el espectáculo sublime de una nación pacífica exaltada hasta la guerra tremenda por

---

[465] La carta, del 20 de octubre de 1884, en el *Epistolario*, t. 1, ya citado, pp. 280-283. La cita en la p. 280. Aunque rara vez citan los textos sobre la Guerra Civil norteamericana y el retrato de Grant, algunos historiadores cubanos han vuelto al estudio de esa difícil coyuntura política, en un esfuerzo por interpretar las relaciones de Martí con Gómez y Maceo. Véase, por ejemplo, el ensayo de Jorge Ibarra, *José Martí. Dirigente político e ideólogo revolucionario*. Ibarra sitúa la preocupación civilista de Martí en el destierro guatemalteco, y analiza la controversia de 1884 hasta 1886. El marco nacionalista y marxista de la lectura de Ibarra, le lleva a subrayar siempre la "síntesis" martiana. Véase, además, el libro de Francisco Pérez Guzmán y Rodolfo Sarracino *La Guerra Chiquita: una experiencia necesaria*. Los autores estudian la experiencia de Martí en la Guerra Chiquita, el caudillismo regional, y los conflictos raciales que rodean el Pacto del Zanjón (1878). En su ensayo, "Concepciones teórico-militares en el democratismo revolucionario de José Martí", Joel Sosa estudia los métodos de la guerra en Martí. Pero tampoco cita sus textos sobre la Guerra Civil.

conciencia del decoro humano" (p. 109).⁴⁶⁶ En general, Martí suscribe la interpretación de los vencedores y de los abolicionistas radicales: se trataba de una guerra nacional y santa, debido a la causa suprema de la emancipación, en oposición al Sur "feudal", "empinado sobre sus esclavos" (p. 90). Es una época en la que "renace el fuego de los mártires y los apóstoles", y la guerra era una inmolación necesaria para la refundación progresiva de la unidad nacional" (p. 91). Martí usa un término clave: la Guerra Civil fue una "cruzada", dirigida a abolir la esclavitud. En efecto, la acción militar —en una época máxima de la historia norteamericana— aparecerá cargada de connotaciones religiosas: "Los tiempos eran aquellos de la más noble cruzada que jamás vieron los hombres" (p. 90). En Martí hay ecos claros de las palabras canónicas de Lincoln: "that this nation under God shall have a new birth of freedom".⁴⁶⁷ La futura guerra cubana —y la república futura— se desdoblan y reaparecen en la Guerra Civil, paradigmática, que las contiene.

I. La guerra sagrada y la memoria épica

La guerra sagrada y nacional era la genealogía y el *telos* del profeta. Así se comprueba en la visión religiosa del martirio tan vigorosamente

---

466 Todas las llamadas a páginas dentro del texto refieren al "Grant" de Martí en *Obras completas*, t. 13.

467 "Esta nación, bajo protección divina, renacerá en la libertad" (traducción mía). Cito de su famoso discurso de Gettysburg, en *Abraham Lincoln: Speeches and Writings 1859-1865*, p. 536. El carácter sagrado de la guerra de independencia es análogo, para Martí, a la "cruzada" de la emancipación. En 1895, ya reanudada la guerra, proclama: "La guerra por la independencia de un pueblo útil y por el decoro de los hombres vejados, es una guerra sagrada, y la creación del pueblo libre que con ella se conquista es un servicio universal". Véase la importante "Circular a los jefes" en la que se ordena el castigo a los "traidores", *Obras completas*, t. 4, pp. 136-137.

expresada por Martí desde *El presidio político en Cuba* (1871).[468] Su voluntad épica es temprana y constante, y está ligada a su deseo de convertirse en depositario de la memoria de la Guerra de los Diez Años (1868-1878), en preparación para una nueva guerra de independencia. Desde muy joven, Martí quería rendirle tributo a los héroes con el fin de crear los fundamentos sagrados de la nacionalidad, en una historia concebida —a la manera de Michelet— como "resurrección" y experiencia religiosa.[469] En 1878, en Guatemala, le escribe a José Joaquín Palma (1844-1911): "Nosotros tenemos héroes que eternizar, heroínas que enaltecer, admirables pujanzas que encomiar: tenemos agraviada a la legión gloriosa de nuestros mártires que nos pide, quejosa de nosotros, sus trenos y sus himnos".[470]

---

[468] Cuando se refiere a la Guerra de los Diez Años, para él fundacional, Martí evoca la "década magnífica, llena de épicos arranques y necesarios extravíos". Véase su "Discurso de Steck Hall" de Nueva York de 1880, *Obras completas*, t. 4, p. 184. En el ensayo titulado "El escritor", Fina García Marruz comenta el significado de lo épico en Martí: "lo épico para Martí no fue género caduco ni cosa de cides y roldanes, sino que lo descubre en 'el espíritu épico de la independencia', atravesando la América toda y encendiéndola [...], y aun en cada hombre que es 'creador de sí', porque 'el que ve en sí, es la epopeya', porque 'epopeya es raíz'", véase *Temas martianos*, p. 210.

[469] La memoria histórica construida por Martí en sus discursos y en sus textos tiene muchos puntos de contacto con la historiografía romántica de Michelet. Al respecto, véase el libro de Hayden White *Metahistoria: la imaginación histórica en la Europa del siglo XIX*. White escribe: "Michelet *tramaba* sus historias como dramas de descubrimiento, de liberación de un poder espiritual que luchaba por liberarse de las fuerzas de las tinieblas, una redención", p. 150. Más adelante volveré sobre este tema y su relación con la imagen "desde las nubes".

[470] Véase la "Carta a José Joaquín Palma. Guatemala, 1878", *Epistolario. 1862-1887*, tomo I, citado antes, pp. 109-112. La cita está en la p. 111. Los proyectos épicos se afirman recurrentemente a lo largo de la obra de Martí. Por ejemplo, en una carta a Manuel Mercado de 1888 afirma: "Si yo escribiese sobre México, no me parecería que escribía, sino que hacía un ramo [...] Yo podría hacer de México una epopeya nueva, aunque dicen que ya no se puede hacer, si me fuera dado por unos cuantos años emanciparme de la fatiga del mundo", en *Epistolario. 1888-1891*, tomo II, pp. 50-53. Cito de la p. 51.

Martí formaba parte de la diáspora cubana que se había desperdigado por América y Europa. Tenía alrededor de 25 años cuando en 1877, en una carta destinada a Máximo Gómez dio fe de su propósito de establecer una relación obligada entre memoria y literatura. Ya en su exilio guatemalteco, Martí había conocido a algunos combatientes de la Guerra de los Diez Años, y sus versiones de la contienda. Se reprochaba el no haber sido nunca soldado: "aquí vivo —le escribió a Gómez— muerto de vergüenza porque no peleo".[471] En la carta, Martí le expresa al guerrero su gratitud y su reverencia, y lamenta haberse mantenido al margen del campo de batalla.

La Guerra de los Diez Años había quebrantado para siempre su vida: "de la escuela fui a la cárcel y a un presidio, y a un destierro, y a otro" (p. 84). Cintio Vitier ha comentado la marca perdurable de la prisión en el propio cuerpo de Martí: "La experiencia del presidio colonial fue la experiencia decisiva en la vida de Martí, como lo demuestra simbólicamente el anillo de hierro, donde estaba grabado el nombre de Cuba, que se mandara a hacer con un fragmento de la cadena que le causó lesiones incurables".[472] El anillo era un constante recordatorio de su sufrimiento, y también de su triunfo moral. Sin embargo, en la carta, que es como un imaginario diálogo con los héroes militares, Martí enunció lacónicamente su angustia y su desasosiego: "envidio a los que luchan". Hay en él, en esos años, una intensa reacción de culpabilidad por no haber participado como soldado en la guerra.

A la luz de su posterior práctica política y literaria, resultan evidentes ciertos hilos futuros. La Guerra de los Diez Años dominaba su imaginación histórica, y Martí quería fijar los hechos militares fundacionales que no conoció directamente. Su deseo era participar como "cronista", ocupando un lugar que lo sacara de la ambigüedad. No había

---

[471] Véase el *Epistolario. 1862-1887*, tomo I, citado antes, p. 84. Se ha pensado siempre que el destinatario de esta carta era Máximo Gómez. Sin embargo, en la edición crítica del *Epistolario* se indica que pudo ser Maceo u otro general sobresaliente de la Guerra de los Diez Años, p. 83, nota 2. De todos modos, se trata de un borrador, y no hay constancia de que Martí enviara la carta. No obstante, los historiadores siguen identificando a Gómez como el destinatario principal.

[472] Véase Vitier, *Ese sol del mundo moral*, pp. 68-69.

podido ser guerrero, ni testigo presencial, pero sería escritor: "seré cronista, ya que no puedo ser soldado" (p. 84). Al igual que el martirio político sufrido en prisión, la actividad literaria y la historiografía poética le conferían una identidad pública.

Como Walt Whitman, quien manifestó varias veces su deseo de escribir un libro-testimonio de lo que vio durante la Guerra Civil norteamericana, Martí anuncia un libro: "Sírvase darme las noticias históricas que le pido —le requiere a Gómez— que tengo prisa de estudiarlas y de publicar las hazañas escondidas de nuestros grandes hombres." Las hazañas se transmitían oralmente, pero era indispensable contarlas por escrito. La guerra se haría escritura, dotando de perfil a los héroes acosados por el olvido: "Las glorias no se deben enterrar sino sacar a luz", agrega en la carta. La guerra ya no sería una memoria privada ni una simple sucesión de acontecimientos. Sería una historia compartida, hecha pública en los diarios y en los libros.

Martí manifiesta expresamente que se sentía compelido a poner la memoria al servicio del presente: le pide a Gómez información sobre los móviles de la conducta de Céspedes, afirmando que "puesto que escribo, es para defender" (p. 83).[473] Pero ¿con qué autoridad podía fundar su voz de cronista épico y "defender" a los héroes, es decir, dar una visión del modo en que condujeron la guerra y gobernaron? En la carta, Martí estableció de forma explícita su linaje: "Rafael Mendive fue mi padre" (p. 84). Insistía, no en un árbol genealógico, que no poseía este hijo de humildes inmigrantes españoles, sino en la tradición ilustrada y liberal nacional a la cual se afiliaba. La identidad como *hijo* de su maestro y padre espiritual Rafael María de Mendive (1821-1886) le tenía que ser reconocida porque lo colocaba al centro de una tradición de liderazgo, aunque se encontraba fuera de los límites del territorio y de la guerra.

---

473 Cintio Vitier se ha referido a esta primera carta de Martí a Gómez, para subrayar el deseo de Martí de "defender" a los próceres. Véanse los ensayos titulados "Ese sol del mundo moral" y "La eticidad revolucionaria martiana" en *Temas martianos. Segunda Serie*. Vitier asume la poética de Martí, y comenta: "El factor decisivo de su pensamiento no le viene de los pensadores: le viene de los héroes y los mártires". La cita se encuentra en la p. 306. Luis Toledo Sande estudia las cartas de Martí a Gómez en *Con el remo de proa. Catorce aproximaciones*.

En la carta le prometía a Gómez que "algún día he de escribir su historia". Por tanto, necesitaba documentarse: "deseo comenzar ya haciendo colección de sus autógrafos" (p. 84). Que sepamos, Martí nunca llegó a escribir el libro, pero la guerra, en efecto, se hizo escritura. Cobraba "forma" en innumerables versos, crónicas y discursos. Martí no abandonó nunca la pasión por constituir el archivo. En 1893, en el prólogo a la antología *Los poetas de la guerra*, insistía en la urgencia de afianzar la tradición noble de la edad heroica, vinculada con su visión profética de marchar a la cabeza del culto público nacional. Para el profeta, esa escritura se relaciona con el fundamento sagrado de la nación:

> ¿Y quedará perdida una sola memoria de aquellos tiempos ilustres, una palabra sola de aquellos días en que habló el espíritu puro y encendido, un puñado siquiera de aquellos restos que quisiéramos revivir con el calor de nuestras propias entrañas? De la tierra, y de lo más escondido y hondo de ella, lo recogeremos todo, y lo pondremos donde se le conozca y reverencie [...][474]

II. La Guerra Civil norteamericana: un depósito de imágenes

¿Por qué Grant? Martí tendría razones de sobra para rechazarlo. Durante la Guerra de los Diez Años, que coincidió con la presidencia de Grant, la política de su gobierno había sido primero ambigua, y luego francamente indiferente u hostil a los insurrectos cubanos. Salvo John A. Rawlins (1831-1869), quien fue un decidido amigo de los revolucionarios mientras era secretario de Guerra de Grant, todo se inclinaba a la política aconsejada por el secretario de Estado, Hamilton Fish, quien

---

[474] Véase *Obras completas*, tomo 5, p. 229. Para el género de la biografía en el contexto cubano, véanse los trabajos de Agnes I. Lugo Ortiz "Discurso revolucionario y estructuras mitificadoras: para una lectura de la biografía en guerra en la Cuba del siglo XIX" y "'El alma cubana': poética y política del sujeto nacional en las crónicas biográficas de José Martí en *Patria*".

terminó apoyando a España.⁴⁷⁵ De ello no habla Martí en su crónica. Además, Grant había apoyado la anexión de Santo Domingo, a lo cual sí alude Martí. ¿Cómo es, entonces, que habló de Grant con veneración? Esto se explica cuando se toma en cuenta que la verdadera admiración de Martí era por el héroe militar y por la guerra nacional paradigmática, y no por el gobierno civil de Grant.⁴⁷⁶ De hecho, Martí condensa en el texto sus reflexiones sobre la democracia, y ahí —como veremos— hace la crítica de Grant. Contrapone el innoble gobierno del presidente Grant, quien se había convertido en un caudillo prepotente, con su larga fama como guerrero: "Grant es ése, que se ha traído las botas de campaña a la Casa Blanca" (p. 106). Grant, por ser norteamericano, le permite a Martí un distanciamiento crítico.⁴⁷⁷

Hay todavía algo más que explica el interés de Martí en la figura de Grant: Martí exigía un campo de acción para el letrado ilustrado en los asuntos de la nación, análogo al que tuvo John Rawlins, a quien destaca como "un árbol de virtud, todo hecho de valor y de justicia" (p. 89). Los casos ejemplares de Grant y Rawlins le permitían, pues, una analogía clave, una suerte de "vida paralela".

Sin embargo, este interés sólo es posible si tenemos en cuenta el extraordinario fermento intelectual y político de Martí durante los años

---

475 Ramiro Guerra y Sánchez, *En el camino de la independencia*, pp. 87-95. Para ese período es muy útil el libro de Luis Martínez-Fernández, *Torn Between Empires*. Sobre todo el capítulo 5, "The Rearrangement of Political and Commercial Ties" que trata sobre el impacto de la Guerra Civil en Cuba, Puerto Rico y Santo Domingo, pp. 153-186.

476 El historiador Emeterio S. Santovenia comentó la admiración que Martí sintió por Lincoln y por Grant en su libro *Lincoln in Martí*. Sin embargo, Santovenia fuerza la analogía entre Lincoln y Martí, y no tiene en cuenta el debate cubano sobre el caudillismo y la ambigua herencia de las guerras de independencia.

477 Martí no se podía tomar esta libertad con los héroes latinoamericanos de la independencia. Su crítica a esos héroes —en contraste con su visión de Grant— es, por lo general, más ambigua; y en sus referencias concluye que la relación filial con esos héroes fundadores exige que se les perdone: "Quisieron algunas veces lo que no debían querer; pero ¿qué no le perdonará un hijo a su padre?", escribe en "Tres héroes", de *La Edad de Oro* (1889), en *Obras completas*, tomo 18, p. 308.

neoyorquinos y su compleja experiencia metropolitana de la modernidad *between empires*. Es necesario pensar en sus lecturas del trascendentalismo de Emerson, de los abolicionistas radicales como Wendell Phillips, y de Whitman. Lo vio bien Rubén Darío, en su libro *Los raros* (1905), en el que se refería al periodismo de Martí, y a la impresión que le causaron las "kilométricas epístolas" publicadas en *La Nación*, y en especial la lectura del retrato de Grant: "mi memoria se pierde en aquella montaña de imágenes, pero bien recuerdo un Grant marcial y un Sherman heroico que no he visto más bellos en otra parte […]". "No hay duda —añadía Darío— de que ese tiempo fue el más hermoso tiempo de José Martí".[478]

La literatura, el periodismo y la fotografía de la Guerra Civil norteamericana le proporcionaron a Martí un relato nacional arquetípico y un depósito de imágenes.[479] La continua representación de la guerra y sus actores contribuyó al desarrollo de una nueva historiografía nacionalista y a la formación de un canon literario e iconográfico. Walt Whitman, por

---

478 Cito por la segunda edición, p. 222.

479 Edmund Wilson, en su inspirado libro *Patriotic Gore: Studies in the Literature of the American Civil War*, estudió esa producción, que incluye a Harriet Beecher Stowe, Abraham Lincoln, Mark Twain, George Washington Cable, Jr., Ulysses S. Grant, William T. Sherman, Mary Chesnut, Ambrose Bierce y Walt Whitman, entre otros. "The period of the American Civil War —escribe Wilson— was not one in which belles lettres flourished, but it did produce a remarkable literature which mostly consists of speeches and pamphlets, private letters and diaries, personal memoirs and journalistic reports. Has there ever been another historical crisis of the magnitude of 1861-65 in which so many people were so articulate?", p. ix ("En el período de la Guerra Civil Norteamericana no florecieron las bellas letras, pero sí se produjo una gran literatura en la forma de discursos y panfletos, cartas privadas y diarios, memorias personales e informes periodísticos. ¿Ha habido acaso alguna otra crisis histórica de la magnitud de la de 1861-1865 en la que haya habido tantos individuos tan elocuentes?". La traducción es mía). Sobre la continuidad y la abundancia de la producción intelectual en torno a la Guerra Civil, véase "The War that Never Goes Away", de James M. McPherson, en *Drawn With the Sword. Reflections on the American Civil War*, pp. 55-65. Las colecciones fotográficas de la Guerra Civil son abundantes. Véase *The Photographic History of the Civil War*, de William C. Davis y Bell I. Wiley.

ejemplo, cultivó su persona poética en la posguerra leyendo en público en innumerables ocasiones sus textos sobre Lincoln y declamando el popular poema "O Captain! My Captain!".[480] La constelación de textos martianos en torno a la Guerra Civil forma parte de ese canon. Martí no contaba con estos recursos —ni con la experiencia— para escribir sobre las guerras de independencia hispanoamericanas.

La producción periodística en torno a la guerra norteamericana fue particularmente rica en la década de 1880, aunque predominó la memoria de los vencedores y se excluyó la perspectiva de los críticos así como la participación de los afroamericanos en los monumentos que iban poblando el Norte y el Sur.[481] Edmund Wilson y James M. McPherson destacan la importancia, no sólo de libros y memorias, sino de publicaciones como la *Century Magazine* que durante dos años (1884-1886) dio a conocer la serie *Battles and Leaders of the Civil War*.[482] Esas

---

480 Véase el libro compilado por Walter Lowenfels, *Walt Whitman's Civil War*, que contiene una selección de sus artículos, cartas y poemas escritos durante los años de la guerra. Whitman, como ha demostrado David S. Reynolds, estableció una identidad entre la Guerra y su poética en la nueva edición de 1881 de *Leaves of Grass*. Véase su reciente biografía (*Walt Whitman's America*), en la que Reynolds estudia las transformaciones del discurso de Whitman durante y después de la guerra, y destaca cómo el poeta construyó su figura pública con nuevas connotaciones patrióticas asociadas a Lincoln y a la guerra. Véanse los capítulos titulados "My Book and the War are One" y "Reconstructing a Nation, Reconstructing a Poet: Postbellum Institutions", pp. 412-494. Entre 1879 y 1880, Whitman repitió públicamente su discurso sobre Lincoln alrededor de veinte veces. Es patente que ese Whitman es el celebrado por Martí en su famoso retrato del poeta.

481 Los museos, efemérides y los monumentos se establecieron ya durante el período de Reconstrucción, con algunas polémicas. Véase el libro de Michael Kammen, quien estudia la memoria selectiva y los conflictos de la conmemoración: *Mystic Chords of Memory: The Transformation of Tradition in American Culture*. Sobre la canonización de Lincoln, véase el libro de Merrill D. Peterson *Lincoln in American Memory*, sobre todo el cap. 3, "Filling Up the Image", pp. 82-140.

482 Esta serie fue publicada poco después en cuatro tomos compilados por Robert Underwood Johnson y Clarence C. Buel, *Battles and Leaders of the Civil War*. En el tomo III se reproduce el relato de la batalla de Chattanooga escrito por el

publicaciones dedicaron amplio espacio a popularizar los hechos y los mitos de la guerra, y las escenas de combate, a menudo con vertientes melodramáticas y sensacionalistas, para satisfacer el amplio mercado editorial. Martí leyó esa producción y se dedicó a reinterpretar la guerra, sometiendo sus "fuentes" a un proceso de elaboración. El *cronista-profeta* construía su propio archivo, y manejaba con libertad sus lecturas. Recogía información procedente de diferentes publicaciones, periódicos y cartas de corresponsales. Martí tenía conciencia de las condiciones de su producción periodística: dice escribir sus crónicas "entre un mundo de papeles" y un "rimero de libros políticos", y reuniendo materiales heterogéneos que le servían para su propia escritura.[483]

En la modernidad, como certeramente ha observado Julio Ramos, "hasta los héroes están sujetos a las leyes de intercambio" del mercado, aunque "es precisamente esa sujeción lo que posibilita un discurso crítico que bien puede asumir el aura de la pureza y el heroísmo".[484]

---

propio Grant para sus *Memoirs*. En esa versión de Grant, la toma de Lookout Mountain no tiene la importancia que le atribuyeron otros al convertirla en la "Battle Above the Clouds", tomo III, pp. 679-711, y en especial la p. 695. Hay una edición reciente de las *Personal Memoirs of U.S. Grant* preparada por E. B. Long. Para todo el contexto, es indispensable el libro de James M. McPherson, *Battle Cry of Freedom: The Civil War Era*.

483 Véase lo que Martí le relata a su amigo Manuel Mercado: "Entre un mundo de papeles le pongo estas líneas. Se reiría de mí si me viera. De un lado, un rimero de libros políticos, para que ni una de las afirmaciones de la *Historia de la campaña* vaya sin cimiento sólido. De otro, Historias italianas, para refrescar recuerdos de Garibaldi, sobre quien tuve que hablar ayer. Al codo, Darwines y Antropologías; —porque ahora hay aquí un Congreso Antropológico [...] Y Cuba en el corazón, pidiéndome mis mejores pensamientos", "Carta del 28 de mayo, 1888", en *Epistolario. 1888-1891*, II, p. 36. Fina García Marruz ha contrastado el periodismo practicado por Martí en México y en Nueva York, en su ensayo "El escritor", citado antes, p. 195. Sobre el periodismo de Martí, véase Susana Rotker, *La invención de la crónica*; y el libro de Julio Ramos, *Desencuentros de la modernidad en América Latina*, sobre todo los capítulos titulados "Maquinaciones: literatura y tecnología", y "Esta vida de cartón y gacetilla: literatura y masa", pp. 153-201.

484 *Desencuentros de la modernidad*, p. 91. Desde luego, es necesario tener en cuenta los trabajos pioneros de Ángel Rama, por ejemplo, "La dialéctica de la

Podríamos conjeturar que a partir de las fuentes contemporáneas que encontró, Martí elaboró su retrato de Grant. En primer lugar, él mismo señala que, después de la muerte de Grant, mientras se preparaba el funeral, "los detalles más menudos de la vida del general llenan, de la fecha al pie de imprenta, los periódicos".[485] En segundo lugar, Martí era lector asiduo de la *Century Magazine*, revista de enorme éxito comercial: en 1884 escribía con entusiasmo sobre la modernidad de la revista y comentaba los materiales que la publicación presentaba sobre la Guerra Civil.[486] Contaba, en tercer lugar, con la ayuda del libro de su amigo Charles Dana, *The Life of Ulysses S. Grant* (1868), a quien cita textualmente; con la propia autobiografía de Grant, *The Personal Memoirs of U. S. Grant* (1885) a la cual alude en su retrato; y acaso con el libro de John Russell Young titulado *Around the World with General Grant*.[487]

En parte de ese corpus reaparece intensamente mitificada la llamada "Battle Above the Clouds", batalla que fue parte de la decisiva campaña de Grant en Chattanooga (Tennessee) y abrió las puertas para la conquista del Sur. Según McPherson, se trató de la toma de Lookout

---

modernidad en José Martí". Es también de gran interés el ensayo más reciente de Rafael Rojas "Fugas de la modernidad en José Martí".

485 Véase *Obras completas*, tomo 13, p. 80.

486 El artículo se publicó en *La América*, de febrero de 1884. Ver *Obras completas*, tomo 13, pp. 430-432 y pp. 447-450.

487 Charles A. Dana (1819-1897) fue coautor de un libro con J. H. Wilson titulado, *The Life of Ulysses S. Grant: General of the Armies of the United States*. Dana, quien trabajó como ayudante del secretario de la Guerra Stanton en el Gabinete de Lincoln, fue después el editor del diario *The Sun* de Nueva York. Martí colaboró en su diario y se consideró su amigo. En 1863 Dana fue enviado al Mississippi con el propósito de verificar la situación de Grant, y elogió su capacidad tanto como la lealtad de sus soldados (véase McPherson, *Battle Cry of Freedom*, pp. 589-590). Dana reunió sus *Recollections of the Civil War: With the Leaders at Washington and in the Field in the Sixties*. En el libro citado antes, Edmund Wilson destaca el verdadero "revival" de la Guerra Civil que generó la *Century Magazine* entre 1884 y 1887, la cual publicó capítulos y extractos de las *memoires* de Grant y una serie sobre "Battles and Leaders of the Civil War". John Russell Young recogió entrevistas a Grant que incluyen opiniones sobre batallas y generales en el libro *Around the World with General Grant*.

Mountain (noviembre de 1863): "The Yankee infantry scrambled uphill over boulders and fallen trees through an intermittent fog that in later years became romanticized as the 'Battle Above the Clouds'."[488]

Como veremos más adelante, Martí se refiere específicamente a toda la campaña de Chattanooga, a la toma de Lookout Mountain y a la "batalla sobre las nubes", uno de los "gloriosos sucesos" que inspira los códigos alegóricos e icónicos centrales de su propia crónica (pp. 99-100). Por otra parte, veremos también que la biografía de Grant escrita por Dana fue una de las fuentes de las metáforas, epítetos y anécdotas que Martí asimiló y elaboró.

III. El guerrero heroico y la nación: Ulysses S. Grant

La crónica de Martí pretendía ser un retrato del hombre y de su pueblo, ambos arquetípicos. La figura de Grant proyectaba una armonía ideal preestablecida entre el guerrero y la nación. Para la guerra del Norte, Grant era el "caudillo que le dio su espíritu natural, ingenuo, y

---

[488] "La infantería yanqui se apresuró colina arriba, entre peñones, árboles caídos y una niebla intermitente que años después románticamente se conoció como la 'batalla sobre las nubes'." La traducción es mía. *Battle Cry of Freedom*, p. 678. Es curioso que el propio Grant no le otorgara ninguna importancia a la toma de Lookout Mountain: "The battle of Lookout Mountain is one of the romances of the war. There was no such battle, and no action even worthy to be called a battle on Lookout Mountain. It is all poetry", declara en una entrevista, en *Around the World with General Grant*, citado antes, vol. II, p. 306. ("La batalla de Lookout Mountain es uno de los romances de la guerra. Nunca ocurrió tal batalla, ni siquiera una acción digna de llamarse batalla en Lookout Mountain. No es otra cosa que poesía." Trad. mía) La bibliografía sobre la campaña de Chattanooga, y específicamente sobre la toma de *Lookout Mountain*, es muy abundante. En la biografía de Dana, *The Life of Ulysses S. Grant*, citada antes, Chattanooga es una campaña memorable para la historia, y, además, un triunfo glorioso para Grant, p. 150. Desde la perspectiva de la historia militar, y para una valoración positiva de Grant, véase el libro de J. F. C. Fuller *The Generalship of Ulysses S. Grant*. En ese libro, Fuller sostiene que la guerra norteamericana fue la primera guerra "moderna".

expelió de ella el espíritu académico, exótico, nació como su pueblo, de la pobreza y de las privaciones" (p. 104). La "perfecta analogía" entre el hombre y la tierra —una comunidad nacional y trascendente— era condición indispensable en la visión épica martiana. Además, la guerra se presentaba como una expresión "artística" del pueblo, una expresión "espontánea y completa", un todo en sí, que expresa también lo "universal":

> [...] verdad que tuvo detrás de sí, supliendo sus filas con una abundancia y determinación análogas al tamaño de la lucha, un pueblo de su mismo origen y tendencias, que en aquel hombre que adelantaba y arrollaba reconocía con placer su propio espíritu [...] Pero mirando en aquella asombrosa guerra, con el superior sentido que el íntimo conocimiento de ella crea, nada sobrenatural se nota en ella, sino una de las expresiones humanas más espontáneas y completas; la más completa y artística, acaso con el gran arte de las cosas universales, de cuantas hasta hoy conoce el hombre; por cuanto estuvieron con ella en perfecta analogía, desenvueltos pujantemente al calor de una libertad ilimitada, los elementos del acto con sus agentes y sus métodos (pp. 103-104).

El marco heroico y redentor está puesto de entrada. Grant, quien "nació de pobres", llegó a ser "general en jefe de un ejército activo de doscientos cincuenta mil soldados que peleaba por la libertad del hombre" (p. 83). Se exalta a Grant como paradigma: "Culminan las montañas en picos y los pueblos en hombres. Veamos cómo se hace un gran capitán en un pueblo moderno" (p. 84). Para explicarse, Martí abandona el modo narrativo de la crónica por un lenguaje más discursivo: "Los hechos legítimamente históricos son tales, que cada uno en sí, a más de reflejar en todo la naturaleza humana, refleja especialmente los caracteres de la época y la nación en que se produce; y dejan de ser fecundos, y aun grandiosos, en cuanto se apartan de su nación y de su época" (p. 104). En contraste, resulta iluminador el caso del general George B. McClellan (1826-1885), uno de los generales "académicos", a quien Martí en otra crónica opuso a Grant, precisamente porque no se encontraba en armonía con su pueblo:

> Pero no iba con el espíritu de su pueblo, a quien excedió siempre en moderación y cultura. No entendió que esta nación, levantada a la cumbre en una hora, quería la guerra de Grant: una guerra de hora. [...] ¡Vencer, vencer de cualquier modo, vencer de prisa![489]

El héroe nacional se presenta en el texto como una fuerza surgida de la *naturaleza*. Grant es representado como una figura provinciana que ascendió a militar heroico admirado por amigos y adversarios, porque estuvo dispuesto a cumplir con su misión nacional: "no batallas que brillan, sino golpes que aturden" (p. 102). Demostró su superioridad sobre el campo de batalla, dispuesto, dice Martí, a "exterminar el poder militar del Sur" (p. 102). "Vio que, dejando caer su fuerza enorme sobre el enemigo, debilitado, podía extinguirlo; y la dejó caer" (p. 103).

La violencia de Grant era para Martí fundacional y sagrada, puesto que se trataba de una guerra redentora, con clara dirección política de Lincoln y con confianza absoluta en la nueva sociedad que surgiría de ella.[490] La necesidad de subyugar al enemigo en una guerra breve pero contundente es justamente lo que Martí elogia cuando habla de los generales William T. Sherman (1820-1891) y Philip H. Sheridan (1831-1888) en otra crónica, de 1888:

---

489 Véase *Obras completas*, tomo 13, p. 293. La crónica es de noviembre de 1885, y la escribió con motivo de la muerte de McClellan.

490 Los historiadores más destacados han estudiado el carácter totalitario y exterminador de la guerra concebida por Lincoln y Grant, y defendida por Martí desde el punto de vista histórico y filosófico. Véase el ensayo de McPherson titulado "Lincoln and the Strategy of Unconditional Surrender", en el cual interpreta la Proclama de Emancipación de 1863 como un acto de justicia pero también como una necesidad militar, como medio y como fin. Además, *Lincoln, the War President: the Gettysburg Lectures*, pp. 29-62, y también "From Limited to Total War: 1861-1865", en *Drawn With the Sword*, citado antes, pp. 66-86. Por otra parte, Gerald F. Linderman estudia agudamente la guerra de terror defendida por Grant y Sherman, así como la relación entre valentía y masculinidad en el discurso de la guerra. Véase su excelente libro *Embattled Courage: The Experience of Combat in the American Civil War*, sobre todo el capítulo 10, "A Warfare of Terror," pp. 180-215.

> El modo más generoso de pelear es destruir todos los recursos de guerra del enemigo, sus caballos, sus reses, sus cosechas, sus posadas, sus aperos de labranza. Conque ¿a comer vienen al valle? ¡Pues que coman ceniza! ¡Y así en un año, con Sherman partiéndolos en dos, Oeste abajo; con Grant amartillándoles el frente; con Sheridan picándoles el riñón en Shenandoah, flacas las bestias hasta el hueso y los hombres hasta el esternón, se acabó la guerra!ˆ[491]

Martí articuló una visión con símbolos compactos y con hipérboles épicas. Exaltó la resistencia física de Grant, todo lo que lo hacía implacable con el enemigo, al que estaba dispuesto a aniquilar. Abundan las fórmulas paralelas que traen ecos de los cantares de gesta: "Donde todo General se hubiese retirado, Grant resistía y vencía. Ya le tenían la mano sobre el cuello; ya no tenía donde poner el pie el caballo, de tanto muerto en torno; ya lo acorralaban contra un río; él concentra sus fuerzas, fuma su cigarro, espera en calma..." (p. 96). Acumula las metáforas orgánicas que ponen de relieve la grandiosa desmesura del héroe en la batalla, su poder y su carisma. Grant era una *montaña*: "Y cuando Grant avanzaba sobre Lee, poderoso e impenetrable como montaña que se mueve, los federales estuvieron muriendo de un mayo a un junio, en un solo campo de operaciones, mil por día". Era una *mole*: "Grant no pelea contra Lee como general que proyecta, sino como mole que avanza" (p. 101).

El destino de Grant estaba ya prefigurado en las referencias a la "montaña encendida" que encontró en la genealogía y los blasones de la familia Grant que le ofrecía el libro de Dana, y que Martí transformó en alegoría. Casi nunca cita directamente, pero hay frecuentes alusiones y paráfrasis, como se comprueba cuando Martí evoca los símbolos del linaje de los Grant como marcas de su originalidad y promesa:

> De ocho generaciones americanas vino Grant; generaciones de campesinos y soldados. ¿Se acendran las cualidades de los padres al pasar por los hijos? ¿Serán los hombres meras representaciones de

---

[491] Véase el texto en *Obras completas*, tomo 13, p. 127. En esta crónica sobre el general Sheridan publicada en *La Nación* en 1888, Martí vuelve a tratar el espinoso problema del lugar del militar en la república.

fuerzas espirituales que se condensan y acentúan? "¡Firme! ¡firme!" rezan los motes del linaje de Grant; uno sobre una montaña que humea, otro sobre cuatro eminencias encendidas: "¡Firme, Craig Ellachie!" (pp. 84-85).[492]

Grant pasa a ser, en el relato épico, la "montaña encendida" anunciada ya en el escudo familiar, convertida por Martí en emblema del héroe, que volvería a usar después cuando retrate a Bolívar en 1893.[493] La "montaña", además, tiene claras resonancias proféticas, que recuerdan el paradigma de Moisés, el "monte bíblico" y las Tablas de la Ley:

[…] Montaña encendida, regimiento, firmeza; todo eso se encuentra en Grant, y va con él, maceando, aplastando, arremolinando,

---

[492] Compárese el texto de Martí con las referencias a los escudos de armas de los Grant en el libro de Dana: "In 'Collectanea Topographica et Geneologica', vol. vii, it is stated that Lieutenant General Francis Grant was buried in Hampshire, England, December 2, 1781, and that his monument bears as a crest a burning mount with the motto: 'Steadfast.' in 'Fairbairn's Crests of the Families of Great Britain and Ireland' twenty-one different crests of the Grant family are given. One of them represents a burning hill with four peaks, each surmounted by a flame, with the motto: 'Stand sure: Stand fast: Craig Ellachie!'." Véase el texto completo en *The Life of Ulysses S. Grant*, citado antes, pp. 19-20. Un cotejo con el libro de Dana proporcionaría otros casos de relación concreta. Por ejemplo, la anécdota heroica de los leños que acarreaba el joven Ulysses, p. 23; y el elogio que hace Dana del genio militar de Grant, "a perfect embodiment of the great American characteristic, faith in the manifest destiny of the republic", pp. 398-415, cito de la p. 406.

[493] En el discurso en honor de Simón Bolívar, Martí lo presentó bajo la misma metáfora: "¡de Bolívar se puede hablar con una montaña por tribuna, o entre relámpagos y rayos, o con un manojo de pueblos libres en el puño, y la tiranía descabezada a los pies…!", p. 241. Luego lo compara con un monte: "Como los montes era él ancho de base, con las raíces en las del mundo, y por la cumbre enhiesto y afilado, como para penetrar mejor en el cielo rebelde. […]", pp. 242-243. Usa la misma imagen para referirse a San Martín: "murió frente al mar, sereno y canoso, clavado en su sillón de brazos, con no menos majestad que el nevado de Aconcagua en el silencio de los Andes", p. 233. Véase el texto sobre Bolívar, de 1893, en *Obras completas*, tomo 8, pp. 241-248. El retrato de San Martín en el mismo tomo, pp. 225-233.

tundiendo. En Chickahominy, cuando en un cuarto de hora acaba de perder once mil hombres, sin moverse de la silla manda renovar el ataque. [...] En Chattanooga: "¡arriba, arriba!" por la montaña, entre las nubes, por encima de las nubes; se ven de abajo como cintas de fuego y se oyen estampidos graneados; al resplandor de la fusilería, la bandera sube; en lo más alto del pico ruedan las balas tras los confederados, monte abajo; ¡la montaña encendida! (p. 85).[494]

IV. La democracia norteamericana y la crítica al caudillo

Sin embargo, el héroe de la guerra alberga al mismo tiempo al tirano en la paz. Esa antítesis organiza el texto. Martí reacciona vigorosamente contra la política veleidosa y personalista de Grant, y su no reconocimiento de las leyes: "todo lo feo y rugoso del interior de la vaina", como le había escrito a su amigo Mercado.[495] Grant presidente se entregó a la corrupción pública, y a hombres de negocios sin escrúpulos. Pretendió hacer valer sus deseos en desmedro del bien común, rebajando

---

494 Pasajes como éste recuerdan la visión religiosa que tenía Martí de la lucha por la independencia de Cuba, que es la otra "cruzada" implícita en "Grant". Para el profeta, la Guerra de los Diez Años era la Ley: "Pero todavía tiene oficio la palabra —escribe Martí— si ha de servir al cumplimiento de la profecía del 10 de Octubre", en el "Discurso del 10 de octubre de 1888", *Obras completas*, tomo 4, p. 230. Más sobre la figura de Moisés y el cruce de lo religioso y lo nacional en Martí en mi ensayo, "Martí: las guerras del alma", citado antes.

495 En la carta de abril de 1886, citada antes, p. 331. Sería productivo comparar el texto de Martí con el retrato que de Napoleón hace Emerson. En líneas generales Emerson sitúa a Napoleón como hombre "natural", de origen humilde, quien, como Grant, no llegaba a las alturas de los espíritus "superiores". Véase el texto en *Selected Writings of Emerson*, ed. de Donald McQuade, pp. 479-498. Sin embargo, la herencia que deja el Napoleón de Emerson es sólo la destrucción y la desolación. Véanse los comentarios críticos sobre la concepción de los "representative men" de Emerson en el libro de Robert D. Richardson Jr., *Emerson. The Mind on Fire*, pp. 413-417.

inevitablemente la concepción democrática del poder: "costumbre lisonjeada de mando absoluto y carencia del hábito de obedecer; desdén de toda ley minuciosa y progresiva y carrera súbita hecha fuera de la práctica natural y ordenada de las leyes" (p. 108).[496] Pero ante su muerte el pueblo le perdonó su despreciable conducta presidencial. El guerrero escapa la "decadencia" porque era portador de la identidad esencial de la nación con la que tenía una relación profunda y orgánica, y porque contribuyó a refundar su pueblo para la modernidad. Toda la primera parte del texto había exaltado su marcha ascencional. Sin embargo, Grant, incapaz de cumplir con el ideal de buen gobernante, se olvidó de las leyes de la *polis*. En todas estas consideraciones hay una dilatada reflexión indirecta, "entre imperios", sobre el problema del caudillismo cubano y la concepción de la república futura[497]. Éste continuó siendo un tema fundamental para Martí. En su texto de 1891 sobre San Martín presenta los peligros del caudillismo como una lección ejemplar en la vida del héroe:

> Vio en sí cómo la grandeza de los caudillos no está, aunque lo parezca, en su propia persona, sino en la medida en que sirven a la

---

[496] En un texto anterior había escrito sobre Grant: "La silla de la Presidencia le parecía caballo de montar; la Nación regimiento; el ciudadano recluta", *Obras completas*, tomo 13, p. 82.

[497] Jorge Ibarra en su libro *José Martí. Dirigente político e ideólogo revolucionario*, deja claro que Martí se oponía a la dictadura que se legitimaba en el plan Gómez-Maceo: "La simple lectura de los documentos... nos lleva a la conclusión de que se proclamó demasiado ostentosa y descarnadamente la necesidad de una dictadura revolucionaria", p. 57. Aparte de los trabajos citados, véase el ensayo de Jean Lamore "José Martí frente a los caudillismos de la época liberal (Guatemala y Venezuela)". Lamore se detiene en la etapa guatemalteca con el propósito de examinar la actitud de Martí ante los gobiernos "liberales". Según Lamore, Martí observó en Guatemala una "forma nueva de caudillismo hecho de una mezcla de paternalismo y mano férrea", p. 141. Comenta, además, la estancia de Martí en Venezuela, y el caudillismo de Guzmán Blanco. Véase también el libro de Ibrahim Hidalgo Paz *Incursiones en la obra de José Martí*. Es muy valiosa, sobre todo, la información que ofrece en el primer capítulo, pp. 11-83.

de su pueblo; y se levantan mientras van con él, y caen cuando la quieren llevar detrás de sí. [...]⁴⁹⁸

La crítica de Martí a Grant también está articulada explícitamente: "Perdió su majestad por haber comprometido la de las leyes" (p. 113). Martí contrasta la caída de Grant con las formas y las reglas de la cultura política democrática norteamericana, reglas producidas en el transcurso de su propia historia. La tradición democrática exaltada por Martí se sustenta en instituciones religiosas, políticas y legales que protegen a los miembros de la comunidad contra las amenazas de la corrupción del poder. La visión negativa del caudillo queda subrayada por el contraste con lo que parece ser la utopía de la pureza nacional que acaso coincida con la utopía democrática "americana" de Martí:

> [...] un país de pregunta y de respuesta, donde a todo hombre se pone desnudo y se le mira del revés, y a cada acto se lo ve en la entraña, y si no sale puro, se le quiebra; un país de "junta de oraciones", de *prayer meeting*, donde en las salas de las iglesias aprenden hombres y mujeres a usar de su palabra revelando en voz alta sus pecados, denunciando los del vecino y pidiendo al pastor que les explique sus dudas sobre el dogma; un país de periódico vivo,

---

498 En el texto "San Martín", p. 233. En otra crónica, sobre el general Sheridan, Martí reiteró enfáticamente su posición en el debate sobre la dictadura militar. Los términos en que se enunció la posición de Sheridan describen perfectamente también la de Martí: "¡Pelear es una cosa y gobernar es otra! Subordínese, decía Sheridan, el empleo militar, que es el agente de la ley, al gobierno civil, que es la ley. La guerra no inhabilita para el gobierno; pero tampoco es la escuela propia del arte de gobernar". Véase *Obras completas*, tomo 13, p. 121. La crónica, escrita con motivo de la muerte de Sheridan, está fechada en agosto de 1888. Desde luego, la preocupación por el caudillismo militar es constante, y se intensificó a medida que se preparaba la reanudación de la guerra, como se observa en sus discursos revolucionarios de Nueva York. En 1890, Martí declaró: "yerra a sabiendas el que diga [...] que el cubano libre que tiene en algo la salud de la patria y el honor, no es más que silla de monta, para que el tirano militar se pavonee, después de la guerra triunfante, sobre una tribu de demagogos sumisos". Cito del "Discurso en conmemoración del 10 de Octubre de 1868", en *Obras completas*, tomo 4, p. 251.

> donde cada interés, no bien asoma, ya tiene su diario, y en él acceso todos los interesados en común, de modo que no hay injuria ni sospecha sin voz, y prensa que la publique, y tribunal dispuesto a censurarla; un país prendado, sí, de aquel hombre marcial, terco y arremetedor como él, que había quebrantado a sus rivales y abierto vías a la prosperidad mayor que la historia escrita recuerda en los siglos; pero un país que, por encima de todo, al que le escatima o amenaza su derecho, lo denuncia y lo vuelca (pp. 109-110).

La segunda parte del retrato de Grant es, pues, la crítica del tirano. No obstante, la voz narrativa al final del texto insiste en la *reconciliación nacional* y en la utopía moderna hecha posible por el héroe y su gesta. La última proeza del guerrero es su muerte, que hace posible la reconciliación nacional. Los ritos funerales le permiten a la comunidad restaurar su integridad, recuperando una armonía desarticulada. Muere en paz: hasta sus adversarios reconocieron su fama y su honra. Martí mismo le otorga fama mediante su texto, con admiración por el guerrero que logró mantener intacta la nación. El lector de la crónica deberá retener la reflexión sobre la muerte del héroe que cierra el texto, en la que el narrador se identifica con la trascendencia nacional y moderna que ha adquirido el país:

> Desde sus ojos profundos, enternecidos por el agradecimiento al pueblo que le perdonaba sus yerros y lo miraba en su hora de morir, contemplaba con un digno y elevado cariño a los héroes equivocados a quienes le fue dado un día combatir sin reposo y someter sin ira; y su mano descarnada, extendida al Sur desde la orilla de su tumba con buena voluntad, ha sido recogida por amorosa admiración, como tesoro nacional, por sus gallardos enemigos. La nación de los hombres ha empezado, y este muerto, a pesar de sus grandes errores, ayudó a abrir camino para ella (p. 115).

V. La guerra desde las nubes: el lugar del letrado visionario

Martí se identifica obviamente con John Rawlins, el letrado virtuoso que cumplía la función de consejero: "De los labios de Rawlins salían, acabadas y perfectas, las ideas que, en su forma rudimentaria de instinto, fatigaban el cerebro de Grant" (p. 89).[499] Su función era articular la visión de la totalidad, poner en guardia al héroe, velar su persona pública y corregir sus excesos: "Verdad es que en el principio de la guerra [Grant] tuvo de consejero a Rawlins, que para él meditaba, abatía intrigas, disponía planes de conducta y refería batallas" (p. 103). Rawlins, como Lincoln, y como quería ser el propio Martí, era un ser "superior", revestido de una importancia absoluta en el orden del espíritu, y descrito con ecos del "filósofo" platónico emersoniano, caracterizado por la "intelectualidad y la hermosura". Son las virtudes del ciudadano visionario que puede verlo todo *desde las nubes*, y cumplir su función de mediador en la *polis*, conforme a sus valores y paradigmas.

El texto "Grant" trabaja autorreferencialmente la pareja Martí/ Rawlins, a la vez que establece una jerarquía, un rango más alto para la "intelectualidad y la hermosura". Rawlins pertenecía a la "familia" de espíritus a la cual se afiliaba Martí:

> Rawlins había vivido de hacer carbón hasta sus veintitrés años; Rawlins, que murió más tarde, de Secretario de la Guerra. Solo se educó; solo se hizo abogado; solo impuso respeto a sus cofrades; se habituó a

---

499 Sobre Rawlins, también hay que consultar las páginas que Dana le dedica a su encuentro con Grant, *Life of Ulysses*, pp. 47-48. Véase también el libro de James Harrison Wilson *The Life of John A. Rawlins*. Hay información sobre la amistad entre Rawlins y Grant en la biografía de William S. McFeely, *Grant: A Biography*, pp. 85-87 y 329-331. Jacob Dolson Cox, Secretario del Interior durante la presidencia de Grant, y veterano de la guerra, confirma que Rawlins era, "the good genius of his friend in every crisis of Grant's wonderful career... as courageous to speak in a time of need as Nathan the prophet, and as absolutely trusted as Jonathan by David" ("el buen genio de su amigo en todas las crisis de la carrera de Grant... tan valiente como Nathan el profeta al hablar en momentos críticos, y absolutamente tan confiable como lo fue Jonathan para David", la traducción es mía). Citado por McFeely, p. 299.

pensar y a obrar solo. Y solo podía pensar y obrar sin miedo, porque no le dominó más pasión que la justicia [...] (p. 89).

Martí describía a Rawlins con simpatía, pero iba mucho más allá; pretendía conocer su espíritu. Hay un efecto especular y aun mimético en la representación de Rawlins, una relación íntima entre el observador y el observado. Rawlins acompaña al héroe épico como consejero y se opone a la figura del tirano. Representa la fuerza, pero también el respeto a las leyes, la vigilancia constante. La antropología que se descubre en los textos martianos afirma un orden jerárquico: las diferencias entre "caracteres" que traen sólo la fuerza, y los que poseen la comprensión de lo universal. Los caracteres "superiores" tienen la capacidad de enunciación. Su mención legitima al propio Martí:

> Otros caracteres hay, entre esos primarios y originales nacidos derechamente o con pocas trabas de la Naturaleza, que no traen de ella sólo la fuerza, como el de Grant, y cierta generosidad que viene siempre con la fuerza verdadera; sino que, como el de Lincoln, como el de Garfield, como el de Rawlins mismo, traen con la fuerza, constituyendo un grado superior en los caracteres primarios, la intelectualidad y la hermosura, y de ellas la capacidad y la necesidad activa de asimilarse el resultado entero del trabajo humano [...] (p. 108).

La imagen más poderosa para el lugar del letrado —y para la historiografía romántica en la que podríamos situar a Martí— es, precisamente, la de las *nubes*, que proviene de la batalla de Lookout Mountain conocida como "The Battle Above the Clouds". *Las guerras deben verse desde las nubes*, afirmó Martí ofreciendo una metáfora platónica del conocimiento. La acentuación del contraste entre lo superior y lo inferior permite también distinguir entre el mundo visible y el inteligible. La contemplación desde lo alto hace posible que la guerra sea vista no como un caos de episodios inconexos, sino desde la comprensión que le permite al letrado fijar y expresar el sentido del exterminio y del sacrificio.[500] Desde la altura,

---

[500] En su estudio sobre los tropos de Martí, Ivan A. Schulman ofrece ejemplos del símbolo "nube" en Martí, asociándolo con otros símbolos como el "monte", y

el letrado puede comprender los arquetipos de la historia, e insistir en la capacidad redentora del sacrificio. Esta concepción corresponde, además, a la posibilidad de "resurrección", a una especie de *vita nuova*, una nueva era inaugurada por el sacrificio de los muertos.[501]

De la canonización de Lookout Mountain en la posguerra, extrae Martí la imagen *desde las nubes*. Vale la pena recordar aquí el pasaje poético en el que Martí recreó el triunfo de los federales en dicha batalla, "montaña arriba", y cada uno con la bayoneta que "brilla como una serpiente de anillos de plata":

> El día viene; un día hermosísimo, que convida al triunfo. Pero la bruma envuelve la cumbre de la más elevada de las ciudadelas. Sin que lo sienta el enemigo, le han tomado los federales [...] ¡Montaña arriba van los federales, a la bayoneta, que, al Sol que resplandece, brilla como una serpiente de anillos de plata que adelanta sobre el vientre a saltos! Suben con arrebato irresistible. Un cañonazo divide las filas, como un relámpago en las nubes; ciérranse las filas tras el cañonazo, como las nubes tras el relámpago. Entran los asaltantes por la bruma de la cumbre, donde ya apenas se les ve desde abajo (pp. 99-100).

Las nubes: la totalidad puede ser vista teatralmente por el *veedor sutil*, para utilizar el término que Martí traduce en su "Emerson" (1882),

---

con la tradición profética y neo-platónica. En la lectura de Schulman, "nube" remite a una esfera superior del ser y del artista. Véase su libro *Símbolo y color en la obra de José Martí*, sobre todo las pp. 183-185.

501 Hayden White en su libro, citado antes, se refiere a la concepción de Michelet del "papel del historiador como un custodio de la memoria de los muertos", p. 157. Lionel Gossman, en relación con Michelet y la tradición romántica, pone de relieve la definición de la historia como "resurrección", y la importancia de la redención en el entramado de sus relatos históricos. Véase *Between History and Literature*. Ambas concepciones son muy pertinentes para el estudio de Martí. La guerra nacional, para Martí, sólo era la que fundaba pueblos nuevos, abriendo *new beginnings* a los principios liberales y republicanos, como la Guerra Civil norteamericana.

quien vivió "viendo lo invisible y revelándolo".[502] Es también el lugar de enunciación que dinamiza el viejo *topos* de *las armas y las letras* dominante en su carta de 1877 a Máximo Gómez. El narrador, guiado constantemente por la razón ilustrada y por la poesía visionaria, puede ver —comprender— más y mejor que el propio héroe épico. Martí debe recurrir al lenguaje místico, pues sólo unos "pocos" pueden vislumbrar en la imagen de la humanidad desgarrada la "suprema dicha" que le aguarda a la "especie humana":

> Las guerras deben verse desde las nubes. Bien está que medio millón de seres humanos mueran para mantener seguro a la Humanidad su único hogar libre sobre el Universo. Allá, desde arriba, los hombres deben parecer —ondulando, fabricando, abrazándose cuerpo a cuerpo, hasta para guerrear— como esos bulbos vivos, henchidos de gusanos invisibles, que en grandes masas pugnan, con movimientos incesantes y torpes, por romper las raíces de los árboles que acaso en ellos mismos se convierten en una forma más libre y animada de la vida. Son como un puño cerrado que viene pujando por salir de lo hondo de la tierra. ¿Quién no entrevé, en la magnitud de los pesares que acarrea el estado rudimentario de la especie humana, la claridad dichosa que la aguarda, después de su acendramiento y paso doloroso por los mundos? ¡Qué paz para equilibrar este comienzo! Arrebata el pensar en esa suprema dicha; ¡a cuán pocos es dado vislumbrarla, satisfechos de su pequeña máquina, desde su cáscara de huesos! (p. 93).

En ese pasaje puede leerse una visión cosmogónica de la nación: es una imagen de violencia y descomposición corporal en que la masa orgánica se hace trascendente y da origen a un nuevo nacimiento. Esa trascendencia es obra del guerrero, pero debe ser sostenida por el letrado que la aprehende desde la altura profética y filosófica, en contraste con el "hacia abajo" de la inmediatez concreta. Más tarde, en su bello texto sobre la *Ilíada* (publicado en su revista para niños *La Edad de Oro*), Martí trabaja de nuevo la altura como el lugar de la épica y la inspiración: "Se

---

502 Cito del texto "Emerson", en *Obras completas*, tomo 13, p. 20.

siente uno como gigante o como si estuviera en la cumbre de un monte, con el mar sin fin a los pies, cuando lee aquellos versos de la *Ilíada* que parecen de letras de piedra".[503]

En su retrato de Emerson, Martí había incorporado y fundido también, significativamente, el motivo de las nubes con la narración épica: "Toma puesto familiarmente a la mesa de los héroes. Narra con lengua homérica los lances de los pueblos. Tiene la ingenuidad de los gigantes. Se deja guiar de su intuición, que le abre el seno de las tumbas, como el de las nubes." El tributo que le rinde a Emerson condensa su propia poética visionaria y profética: "Se oía su voz, como la de un mensajero del futuro, que hablase de entre nube luminosa".[504] El *topos* de *las armas y las letras* reaparece en su texto "Simón Bolívar" con la misma metáfora de las nubes como lugar de enunciación:

> Escribe, y es como cuando en lo alto de una cordillera se coge y cierra de súbito la tormenta, y es bruma y lobreguez el valle todo; y a tajos abre la luz celeste la cerrazón, y cuelgan de un lado y otro las nubes por los picos mientras en lo hondo luce el valle fresco con el primor de todos sus colores. [...][505]

VI. Entre líneas, entre imperios, entre cubanos

Al narrar las campañas militares de Grant, Martí se amoldó a la poética épico-histórica de su carta a Gómez de 1877, enriquecida con la "traducción" del mundo norteamericano que le aportó el modelo de guerra nacional moderna. Martí lee la historia de los Estados Unidos para establecer sus posiciones ante el conflicto cubano, colocándose así

---

503 *Ibid.*, tomo 18, p. 331.

504 *Ibid.*, tomo 13. La primera cita en p. 18, y la segunda en la p. 19.

505 En el discurso en honor de Simón Bolívar, citado antes, p. 242. Más adelante dirá: "Ya ve el mundo allá arriba, áureo de sol cuajado, y los asientos de la roca de la creación, y el piso de las nubes [...]", p. 243.

en el *entre imperios*, en la frontera entre dos culturas. El texto "Grant" puede leerse como una reflexión que gira alrededor de la nacionalidad, la democracia y la utopía modernas norteamericanas, y, *entre líneas*, alrededor de la cubana. Análoga lectura hizo Martí de *La Ilíada*, que le enseñó "que los países no se pueden gobernar por el capricho de un tirano, sino por el acuerdo y el respeto de los hombres principales que el pueblo escoge para explicar el modo con que quiere que lo gobiernen".[506]

En su "Grant" inserta un "autorretrato" del letrado y de su quehacer hermenéutico. Desde lo alto —y con su "veedor" ojo— el letrado puede interpretar el significado de las muertes, de los arquetipos, y de la "resurrección" posible. Era necesario comprender la violencia tremenda de las guerras liberadoras *desde las nubes*, para descifrar los sentidos trascendentes del orden espiritual e histórico y para distanciarse del dolor y sacrificio que son indispensables para fundar la nación. El poeta-profeta se encuentra situado en una frontera espiritualizada, el lugar obligado de enunciación de la guerra nacional. En su lectura de la Guerra Civil, Martí había resuelto el lugar del letrado. El *topos* de *las armas y las letras* cumple la función de presentar una alianza —a veces incómoda— entre intelectuales y guerreros en el interior de la misma comunidad. Grant encarnaba en forma primaria las fuerzas fundamentales de la nación. Por su parte, Rawlins permitía encauzar de modo constructivo ese instinto elemental y le otorgaba voz a Martí, dándole una tradición y una identidad que le permitían afirmarse a sí mismo.

A través de los mitos y símbolos que utilizó en "Grant", Martí recreó poéticamente su relación con los jefes militares cubanos. En "Grant" celebró la gesta militar y destacó la contradicción perturbadora que suponía la figura de un héroe, poderoso y brillante en la guerra, pero incapaz de articular los principios democráticos de la nación moderna.

---

[506] En *Obras completas*, tomo 18, p. 330. Éste parece haber sido el sentido fundamental de la "poética de la guerra" en Martí, como concluye Julio Ramos en su artículo "El reposo de los héroes".

CAPÍTULO 4

Fernando Ortiz (1881-1969) y Allan Kardec (1804-1869): espiritismo y transculturación

"En cada momento presente de la vida hay un paso de envejecimiento y de renovación [...] Renovarse que es morir y renacer para tornar a fallecer y a revivir. Cada instante vital es una creación, una recreación. Es una cópula del pasado, de las potenciales supervivencias que el individuo trae encarnadas consigo, y del presente, de las posibles circunstancias que el ambiente aporta; de cuya contingente conjunción con la individualidad nace el porvenir, que es la variación renovadora".

Fernando Ortiz, *El engaño de las razas* (1946)

"The two vogues, that of psychoanalysis and that of the occult sciences, have in common their opposition to the ideology and the way of life transmitted by the 'bourgeois society of consumption,' in other words, by the Establishment [...] They express, each in its own way, the yearning of modern man, and his hope for a spiritual *renovatio* that would finally give a meaning to and a justification for his own existence".

Mircea Eliade, *Journal III: 1970-1978*

Fernando Ortiz es hoy principalmente conocido por el concepto de *transculturación* que se difundió a partir de la publicación de su libro fundacional *Contrapunteo cubano del tabaco y el azúcar* (1940; 1963).

La *transculturación* ha llegado a constituirse en un centro conceptual de los debates culturales y literarios contemporáneos.[507] Sin embargo, los *comienzos* intelectuales de Ortiz, tradicionalmente tratados como una etapa positivista y lombrosiana previa al *Contrapunteo*, merecen un estudio aparte para comprender el desarrollo extraordinariamente rico de la categoría. Esos *comienzos* representan una etapa formativa en la cual Ortiz empezó a explorar categorías de análisis que proceden de saberes diversos (criminología, derecho, etnografía, ciencia y espiritismo) y de prácticas políticas y sociales muy concretas.

Muy pronto Ortiz llegó a ser una figura pública e intelectual de gran importancia en Cuba, lugar que conservó hasta su muerte.[508] Ejerció una influencia profunda entre sus contemporéaneos y fue uno de los más importantes voceros de la generación que actuó en la Cuba post-1898. En los ensayos, intervenciones públicas y debates de su tiempo, Ortiz mostró un talante polémico y una voluntad de abordar problemas muy diversos. Entre 1902 y 1906 hizo carrera consular en Italia y Francia; en 1906 fue nombrado Abogado Fiscal de la Audiencia de La Habana; de 1908 a 1916 fue catedrático de Derecho Público de la Universidad de La Habana; y en 1915 ingresó al Partido Liberal llegando a ser parlamentario (1916-1926). En 1926 Ortiz publicó su *Código criminal cubano*, proyecto que incluía un entusiasta "juicio" a manera de prólogo por Enrico Ferri (1856-1929) y que se proponía darle forma al "sistema defensivo del Estado contra la delincuencia" (p. ix). En todas esas prácticas, que se dieron en el marco de la nueva República, fue el iniciador de un modo de pensar la nación y las razas, la religiosidad y la política; y por otro lado, de la aplicación de la criminología y la dactiloscopia a la reforma penal y al estudio de la delincuencia.

---

507 Para una discusión detallada y documentada de la recepción de Ortiz y de la genealogía de la *transculturación*, véase el inteligente prólogo de Fernando Coronil a la reimpresión de la traducción inglesa del *Contrapunteo*. Una inteligente reconsideración del uso del término por Ángel Rama y otros, y su resemantización, en el trabajo de Liliana Weinberg, "Ensayo y transculturación".

508 Para mayores datos, véase la *Cronología. Fernando Ortiz* elaborada por Araceli García-Carranza, Norma Suárez Suárez y Alberto Quesada Morales y la *Bio-bibliografía* de Araceli García-Carranza.

Ortiz creció en Menorca (1882-1895) donde estudió su bachillerato; regresó a Cuba, y durante la guerra de independencia (1895-1898) comenzó la carrera de Derecho en La Habana. Una vez concluida la guerra, regresó a Barcelona donde obtuvo el grado de Licenciado en Derecho (1899-1900). Luego se trasladó a Madrid donde se doctoró en Derecho (1901), y de ahí de nuevo a Cuba donde obtuvo el título de doctor en Derecho Civil en la Universidad de La Habana (1902). Aparte de su carrera institucional —y de los conocimientos específicos con los que se identificaba—, fue de gran importancia para el fortalecimiento de su presencia en el espacio público su matrimonio con Esther Cabrera (1908), la hija del influyente intelectual cubano Raimundo Cabrera (1852-1923).[509]

Había vuelto de España con gran entusiasmo y energía a desarrollar nuevos saberes "científicos", y a construirse un lugar de autoridad como intelectual público. Aunque sabía muy poco de Cuba como vivencia personal pues se había formado en el exilio, Ortiz pronto destacó por su mirada crítica de la cultura y la política cubanas. Esos ambiciosos propósitos pueden comprobarse desde sus inicios, en *Hampa afrocubana. Los negros brujos: apuntes para un estudio de etnología criminal* (1906), uno de sus primeros libros, en *La reconquista de América: reflexiones sobre el panhispanismo* (1911) y en su colección de ensayos, *Entre cubanos: psicología tropical* (1913), en la cual atacó el vacío intelectual y moral de la joven República.[510] En esos textos Ortiz elaboró un discurso cultural y político

---

509 Cabrera, uno de los fundadores del Partido Liberal Autonomista de Cuba, es autor del libro *Cuba y sus jueces* (1887). Fundó en Nueva York la revista política, literaria y cultural, *Cuba y América* (1897-1898; La Habana, 1899-1917) en la que Ortiz llegó a colaborar. Cabrera fue además miembro fundador de la Academia de la Historia de Cuba (1910).

510 En los *beginnings* de Ortiz hay una preocupación constante por la viabilidad del proyecto republicano y por la "regeneración" después de la guerra de independencia. Los años post-1898 son muy ricos en debates políticos. Uno de los empeños principales de Ortiz es definir el lugar y las cualidades de la élite: ése es el lugar desde donde escribe sobre la "tarea regeneradora": "[...] Diríase que en estas tierras que el sol caldea, padecemos la enfermedad del sueño, la del sueño más terrible, la del sueño de las almas [...] No se oyen desde hace años los fragores de la lucha independizadora, ni el estampido de los fusiles, ni el trueno de los cañones [...] Y para despertar de esta modorra que dejaron en nuestro ánimo

que ofrecía un proyecto moderno de república en los años en que Cuba emergía de la guerra contra España y de la ocupación norteamericana. En ellos pueden leerse las urgencias políticas, éticas e historiográficas que lo animaban en su búsqueda de un orden social viable y progresista. Esa línea de inquietudes se refleja en su conocido discurso programático —con carácter de verdadero manifiesto— "La decadencia cubana" (1924). Más tarde siguió impulsando de múltiples maneras la renovación del campo intelectual. Ortiz fue director de la prestigiosa *Revista Bimestre Cubana*, presidente de la Sociedad Económica de Amigos del País (1924-1933), y miembro fundador de otra empresa de vastas proyecciones: la Institución Hispanocubana de Cultura (1926-1932; 1936-1947).[511]

En la biografía intelectual que ha quedado más o menos fijada por los historiadores y la crítica, se suele presentar a Ortiz como protagonista de una trayectoria unidimensional. Según esta interpretación, Ortiz, influido por Cesare Lombroso (1835-1909), habría comenzado en la antropología criminal y los estudios de los sistemas penales.[512] En el

---

el veneno colonial y la embriaguez de la liberación, más que otros pueden, y pueden mucho, los cubanos que en el frío ambiente de lejanas septentrionales tierras o en el del solitario gabinete de estudio, templar pudieron sus voluntades y acercar sus inteligencias. Ciertamente, mas sépase asimismo que en sociedades sembradas de democracia como la nuestra, donde por causas varias la aristocracia mental es escasa y débil, no podrá germinar la cultura sin que todos, así los grandes del pensamiento y de la acción, como los pequeños y humildes laborantes, nos brindemos a la tarea regeneradora [...]", en *Entre cubanos*, pp. 1-3.

511 Carlos del Toro González documenta el papel de Ortiz durante la primera etapa de la Hispanocubana, interrumpida por su exilio durante la dictadura de Machado. Cuando regresó a Cuba en 1933 se reanudaron las actividades de la Institución. Colaboró, además, con la revista *Cuba Contemporánea*. Sobre esa publicación, véase, de Ann Wright, "Intellectuals of an Unheroic Period of Cuban History, 1919-1923. The *Cuba Contemporánea* Group". Véase también el libro de Louis A. Pérez, Jr. *Cuba under the Platt Amendment, 1902-1934*, para el papel de Ortiz en los años de la Comisión Crowder y la reforma electoral. La capacidad de convocatoria al campo intelectual de Ortiz se confirma, además, en el "Manifiesto" de 1923 de la Junta Cubana de Renovación Nacional.

512 Mientras ocupaba su puesto consular en Génova, entre 1902 y 1905, Ortiz fue discípulo de los criminologistas Cesare Lombroso y Enrico Ferri. Se inscribió con orgullo en la línea de herencia intelectual de Lombroso. Su primer

curso de sus investigaciones posteriores habría descubierto la *transculturación* que le permitió construir un metarrelato de la cultura nacional basado en una larga reflexión sobre la hibridación y la mezcla. Este cambio de paradigma de la criminología a la *transculturación* culminaría en *Contrapunteo*, cuya trama discursiva se acepta como su modo de leer la historia y la cubanidad.[513]

---

gran tema será precisamente la marginalidad, la "mala vida" y los fenómenos religiosos. Procuró delimitar un objeto científico, el "hampa afrocubana" o los "negros brujos" que contribuyera también al desarrollo de los estudios etnográficos y criminólogicos en Cuba. Además, resulta muy significativo que fuera en la revista de Lombroso, el *Archivio di Psichiatria, Neuropatologia, Antropologia Criminale e Medicina Legale*, donde Ortiz publicara primero en italiano los artículos que forman el libro: "La criminalità dei negri in Cuba"; "Superstizione criminose in Cuba"; e "Il suicidio tra i negri". Después su libro sería prologado por Lombroso. Todo ello puede verse como parte de las relaciones intelectuales con los centros metropolitanos, subrayadas por Said. Durante las últimas décadas del siglo XIX se dio una extraordinaria actividad en Europa, dirigida a reformar los sistemas penales. El debate involucró a médicos, filósofos, juristas, y abogados progresistas, quienes crearon las bases para una reforma penal conforme el saber criminológico. Ahí tuvo una gran importancia el libro de Lombroso, *L'uomo delinquente* (1876; 1878), basado en el estudio de reclusos en las cárceles italianas, donde explicaba la criminalidad por la "regresión" hereditaria y también por enfermedades como la epilepsia. Ese libro generó un extenso debate en torno a las nociones de "atavismo", las determinaciones genéticas de la criminalidad y la "degeneración". Véanse, entre otros, los libros de Robert Nye, *Crime, Madness, and Politics in Modern France*, especialmente pp. 97-116; y de Marie Christine Leps, *Apprehending the Criminal: The Production of Deviance in Nineteenth-Century Discourse*. Los trabajos de Hugo Vezzetti en torno al "nacimiento" de la psicología en la Argentina arrojan luz sobre ese debate.

513 Véase, por ejemplo, el trabajo de Jorge Ibarra "La herencia científica de Fernando Ortiz", donde lee la transculturación como una superación dialéctica de sus concepciones anteriores. Es cierto que Ibarra advierte una dimensión especial en los primeros textos de Ortiz, pero no la desarrolla. Ibarra escribe: "Por sus concepciones generales y su prudencia metodológica, Ortiz se acercaba más a Marcel Mauss que a los evolucionistas y a los difusionistas. Como el etnólogo francés, tenía una aguda conciencia de la relaciones entre los fenómenos sociológicos y psicológicos" (p. 1342). Sin embargo, Ibarra no le atribuye importancia a la tradición iniciada por Kardec. También son

El inconveniente de esta interpretación lineal es que ignora el profundo interés de Ortiz por las corrientes espiritualistas del siglo XIX, las complejidades de su discurso nacional y sus continuas intervenciones en el terreno jurídico. Habría que explorar la continuidad de las perspectivas evolucionistas en Ortiz, su persistente afán por conciliar religión y ciencia, su constante atención al espiritismo, y su interés por las discontinuidades de espacio y tiempo en la formación de la sociedad cubana. Los orígenes intelectuales de Ortiz incluyen su evidente y compleja reformulación de las tradiciones nacionales (Varela, Saco, Martí y otros), y paralelamente su apropiación de la criminología "científica" y su interés en las nuevas formas periodísticas de relatos policiales.

La compleja etnología racista del brasileño Raymundo Nina Rodrigues (1862-1906) fue el modelo de análisis al que Ortiz pudo acceder para interpretar el problema de la relación entre raza, nación y ciudadanía en América.[514] Sin embargo, ese modelo no era suficiente. El espiritismo cientificista de Allan Kardec (Hippolyte Léon Denizard Rivail)

---

relevantes los trabajos de Thomas Bremer, "The Constitution of Alterity" y de Antonio Melis "Fernando Ortiz y el mundo afrocubano: desde la criminología lombrosiana hasta el concepto de transculturación". Para la introducción de Lombroso en Cuba, véase el estudio de Pedro M. Pruna y Armando García González *Darwinismo y sociedad en Cuba*.

514 Para el estudio de Raymundo Nina Rodrigues, véase el trabajo de Roberto Ventura *Estilo tropical*. Por otro lado, Ricardo D. Salvatore estudia la apropiación de la criminología en Brasil y la Argentina, y cómo el contexto social y racial generó diversos proyectos de reforma. Véase su ensayo "Penintentiaries, Visions of Class…". Asimismo habría que situar a Ortiz en el contexto de la guerra racial de 1912 en Cuba contra el Partido Independiente de Color, cuando los veteranos negros de la guerra de independencia reclamaron su propio espacio político: fueron despiadadamente reprimidos. El libro de Aline Helg, *Our Rightful Share*, incluye un estudio de las "fuentes" periodísticas legitimadas en *Los negros brujos* en la etapa previa a esta guerra. Dos trabajos replantean desde distintos ángulos los conflictos de raza y nacionalidad en Cuba: Rebecca J. Scott, "Raza, clase y acción colectiva en Cuba, 1895-1902"; y los vigorosos comentarios en relación con la exclusión de Antonio Benítez Rojo, "La cuestión del negro en tres momentos del nacionalismo literario cubano". Para la complejidad del contexto específico, véanse los valiosos trabajos incluidos en el volumen *Espacios, silencios y los sentidos de la libertad:*

ocupa un lugar privilegiado: le proporcionó herramientas para comprender la cuestión racial desde una teoría evolutiva que abarcaba la espiritualidad nacional, el derecho y la religión. La doctrina espiritista es, como veremos, un aspecto fundamental en los orígenes del concepto de *transculturación*. Por tanto, reducir la trayectoria de Ortiz al paso de la criminología a la *transculturación*, impide ver las múltiples filiaciones, resonancias y entrecruzamientos que encontramos en textos como lo son *La africanía de la música folklórica de Cuba* (1950) y *Los bailes y el teatro de los negros en el folklore de Cuba* (1951).

En este capítulo me interesa replantear los *beginnings* de Ortiz, con el propósito de abrir una perspectiva en la que las categorías lombrosianas —positivistas y racionalistas— entren en diálogo con las corrientes espiritualistas representadas por Kardec.[515] De hecho, como veremos,

---

Cuba entre 1878 y 1912, coordinado por Fernando Martínez Heredia, Rebecca J. Scott y Orlando García Martínez.

515 En otro trabajo habría que estudiar más detenidamente la recepción del espiritismo y de las tradiciones ocultistas en el campo intelectual, sobre todo entre escritores de fin de siglo. Véanse, por ejemplo, el trabajo de María Teresa Gramuglio sobre Lugones, y el importante libro de Cathy Login Jrade en el que muestra las marcas de la tradición esotérica en Rubén Darío. Kardec, por su parte, fue profusamente traducido y difundido en España y América en el siglo XIX, en gran medida gracias a la labor de la Sociedad Barcelonesa Propagadora del Espiritismo. Esas traducciones fueron rápidamente acogidas por un público cada vez más vasto, en España y en América, sobre todo *El Evangelio según el espiritismo* que se reimprimió continuamente hasta bien entrado el siglo XX y fue libro de cabecera de muchas familias. Aunque se trataba de lecturas populares, el espiritismo se extendió poderosamente en los círculos intelectuales de América. Véase el libro de David Hess sobre el caso brasileño, *Spirits and Scientists*; para el caso cubano, véase, de Aníbal Argüelles e Ileana Hodge, *Los llamados cultos sincréticos y el espiritismo*. Ofrece gran número de datos Néstor A. Rodríguez Escudero en su *Historia del espiritismo en Puerto Rico*. Sería igualmente importante resaltar que el espiritismo ha estado con frecuencia asociado con movimientos políticos. Carlos Monsiváis me ha recordado, por ejemplo, el peso del espiritismo de Kardec en el proyecto político del mexicano Francisco Madero. Ha sido planteado por Rafael Rojas en su ensayo "La política como martirio: sacrificios paralelos", en el que estudia los casos de Martí y Madero. Del mismo modo, es de gran interés el marco espiritualista que reconstruye Fredrick B. Pike en el caso del peruano Haya

hay una relación muy sutil entre la *transmigración* de las almas —la historia de las sucesivas reencarnaciones, el tránsito de la vida espiritual a la corporal— y la categoría de la *transculturación*. Aunque la obra de Kardec casi ha desaparecido de la discusión intelectual y de los estudios sobre el autor del *Contrapunteo*, Ortiz, como otros intelectuales en Europa y América, se sintió muy atraído por la religión letrada representada por *El libro de los espíritus* o *El Génesis, los milagros y las predicciones según el espiritismo*, de Kardec, y por la mediación posible entre la ciencia y la "religión popular".

Ortiz no sólo fue un lector de Kardec, sino que además dedicó parte de su actividad intelectual a la exégesis de su doctrina. *La filosofía penal de los espiritistas*, un trabajo que se originó a partir del discurso inaugural que Ortiz presentó en la Facultad de Derecho de la Universidad de La Habana en 1912, se publicó primero en la *Revista Bimestre Cubana* el año 1914. Hay una edición de 1915 de La Habana (el mismo año en que publica *Los negros esclavos* y *La identificación dactiloscópica: estudio de policiología y derecho público*). El libro tuvo una difusión notable. Hay otra edición española de 1924, en la Biblioteca Jurídica de Autores Españoles y Extranjeros. Y luego fue publicado en Buenos Aires en la Editorial Victor Hugo (1950), en la serie Filosofía y Doctrina. El año 1919, Ortiz dio, a petición de la Sociedad Espiritista de Cuba, una conferencia titulada "Las fases de la evolución religiosa". En el Teatro Payret de la Habana, Ortiz expresaba públicamente su simpatía por el espiritismo:

> ¡Espiritistas! Quien no participa de vuestra mística, serenamente os dice: ¡Sois fieles de una sublime fe! ¡Acaso seáis los que con mayor pureza os aproximáis al ideal de marchar hacia Dios por el amor y la ciencia![516]

Ortiz nunca cesó de retomar lo que había escrito en *La filosofía penal*, de retrabajarlo, de modificarlo y de continuarlo. Su interés por el

---

de la Torre: véase su libro *The Politics of the Miraculous in Peru*. El espiritismo es una de varias corrientes espiritualistas que sólo conocemos de manera fragmentaria.

516 "Las fases de la evolución religiosa", p. 80.

espiritismo no disminuyó a lo largo de su vida. Incluso en la década de 1950 seguía escribiendo sobre el tema: "Una moderna secta espiritista de Cuba" y "Los espirituales cordoneros del Orilé" fueron trabajos publicados en *Bohemia*, muy pertinentes para un estudio más detallado de la importancia de Kardec en su obra. También hay referencias al espiritismo en su *Historia de una pelea cubana contra los demonios*.

Sin duda, Ortiz se definía a sí mismo a partir de la doble institución de la ciencia moderna y de la nacionalidad republicana. Ya en 1903 el escritor Miguel de Carrión (1875-1929) afirmaba en la revista *Azul y Rojo* que el muy joven Ortiz era "el único de nuestros hombres de ciencia dotado de facultad creadora" y un "positivista convencido". A la vez elogiaba la memoria doctoral que Ortiz publicó en Madrid, titulada *Base para un estudio sobre la llamada reparación civil* (1901). Carrión también comentaba el "valioso estudio sobre el ñañiguismo en Cuba" que Ortiz luego haría publicar en Madrid en la Librería Fernando Fé con el título *Hampa afrocubana. Los negros brujos*. Carrión destaca el hecho de que Ortiz construía un nuevo archivo de territorios por los que pocos se habían arriesgado a circular:

> Ningún trabajo más arduo que el de coleccionar los datos necesarios para este libro, durante el cual le hemos seguido paso a paso. El investigador tropezaba día tras día con la eterna dificultad que hace en nuestro país infructuoso el esfuerzo de los hombres de ciencia: nada existía hecho con anterioridad; era preciso crearlo todo, ordenando los pocos datos incompletos y aislados que llegaban a su noticia, y para colmo de males la fe del autor estrellábase contra la apatía del mundo científico local y de las esferas del gobierno, que se preocupaban poco con que un *desocupado* escribiese monografías de ñáñigos, cosa bien trivial por cierto al lado de los grandes intereses de la política.[517]

En *Los negros brujos* Ortiz proclamaba que la vida "salvaje" no podía ser silenciada, sino que debía ser cuidadosamente atendida —y reprimida—, precisamente porque el país tenía que ser disciplinado, educado

---

517 Miguel de Carrión, "El Doctor Ortiz Fernández", pp. 5-6.

moralmente y afinado en su sensibilidad para las normas éticas y políticas modernas. Por una parte, Ortiz se armaba con las doctrinas de la escuela italiana de criminología y derecho penal positivo; por otra, ya se puede percibir que el marco conceptual del positivismo le resultaba insuficiente para interpretar la religiosidad y el desarraigo cultural en la sociedad cubana. El espiritismo de Kardec le permitirá interrogar los límites del positivismo y la noción de una identidad estable y segura.

El subtítulo de *Los negros brujos*, *Apuntes para un estudio de etnología criminal*, anunciaba ya su condena de la brujería. Ortiz escribía enfáticamente que "el culto brujo es, en fin, socialmente negativo con relación al mejoramiento de nuestra sociedad, porque dada la primitividad que le es característica, totalmente amoral, contribuye a retener las conciencias de los negros incultos en los bajos fondos de la barbarie africana" (p. 227). Concluía que era "un obstáculo a la civilización, principalmente de la población de color [...] por ser la expresión más bárbara del sentimiento religioso desprovisto del elemento moral" (p. 229). Reiteró este análisis de la brujería en su conferencia "Las fases de la evolución religiosa" (1919), donde la interpretaba en el contexto cubano de la "lucha por la vida" de tres corrientes religiosas, para llegar al estadio superior del espiritismo:

> En Cuba tres corrientes religiosas luchan por la vida, cuando no por el predominio: el fetichismo africano, especialmente lucumí; el cristianismo en sus varias derivaciones más o menos puras, especialmente el catolicismo, y el filosofismo religioso contemporáneo, especialmente el espiritismo. Las tres religiones corresponden a tres fases sucesivas de la evolución religiosa.[518]

Ante la Sociedad Espiritista de Cuba, Ortiz presentaba al espiritismo como una superación del catolicismo y la brujería: "El fetichismo es la *religión amoral*, el catolicismo es la *religión moral*, el espiritismo es la *moral arreligiosa* sin dogmas, ni ritos, ni ídolos ni sacerdotes".[519] Así el espiritismo resultaría ser "un vigoroso estímulo en pro del mejoramiento

---

518 En "Las fases de la evolución religiosa", p. 68.

519 *Ibid.*, p. 79.

moral de la humanidad" (p. 65). Al mirar retrospectivamente sus publicaciones, Ortiz estimaba que el honor que le habían concedido los espiritistas se debía a su "obra acerca del *Hampa afrocubana*" (*Los negros brujos*) y la *Filosofía penal* (p. 66). Con esto, sugería que su labor intelectual tenía una coherencia como un servicio público para la evolución religiosa cubana. Es importante notar que Ortiz concibió su conferencia como un acto de servicio a la "existencia republicana". Su propósito era el fortalecimiento de la República, lo que lo llevó a acusar a "muchos de nuestros hombres públicos" de "*cobardía cívica*".[520]

En el pensamiento de Ortiz, la etnología racista del brasileño Raymundo Nina Rodrigues, a quien cita frecuentemente, le permitía desarrollar una teoría racial de la nación: las razas se encontraban en estados desiguales en la escala de la evolución cultural, y por tanto no podía esperarse que se adaptaran a los cánones europeos de ciudadanía. La "mala vida" era resultado de la "primitividad psíquica".[521] Pero a Ortiz no le bastaba con determinar la desigualdad racial cubana; más bien le preocupaban las posibilidades de "progreso" o "retroceso" espiritual de la República. Para ello, como veremos más adelante, recurrió a las categorías kardecistas de la teoría evolucionista del alma.

Había en Ortiz un temor a la "regresión" cultural e intelectual, temor a los efectos que pudiera tener en la sociedad, temor al "contagio".[522]

---

520 *Ibid.*, p. 65.

521 La formación de Ortiz, por una parte, coincidió con el contexto del "descubrimiento" imperialista de África, el darwinismo social, la modernización de los sistemas de control y vigilancia, el desarrollo de la criminología como ciencia, y con la mezcla de esteticismo y violencia que caracterizó la apropiación del mundo "primitivo" en la modernidad. Véanse, entre otros, la compilación de ensayos preparada por Elazar Barkan y Ronald Bush, *Prehistories of the Future: The Primitivist Project and the Culture of Modernism*; el ensayo de James Clifford, "Histories of the Tribal and the Modern", y el volumen compilado por William Rubin, *Primitivism in 20th Century Art*.

522 La promiscuidad acechaba por la proximidad. Era preciso sacar la brujería de sus escondrijos: es toda una mirada hacia el mundo "negro". Durante los primeros años del siglo aparecieron crónicas policiales en la prensa sensacionalista en las que los brujos eran vistos como protagonistas de hechos de violencia. Ortiz usó ese "archivo" repleto de estereotipos y cristalizaciones léxicas;

La brujería y los brujos eran adversarios políticos: "Pero la inferioridad del negro, la que le sujetaba al mal vivir era debida a falta de civilización integral, pues tan primitiva era su moralidad como su intelectualidad". Por otra parte, Ortiz hablaba desde una concepción categórica del progreso: "Natural es que el progreso intelectual traiga a Cuba, como al resto del mundo, la progresiva debilitación de las supersticiones, infunda más fe en nosotros mismos y vaya borrando la que se tiene en lo sobrenatural, pues como ha dicho Bain, el gran remedio contra el miedo es la ciencia".[523] El saber "civilizado" debe exterminar esas prácticas, penetrar en su jerga secreta para que no quede ningún espacio fuera del control del intelecto blanco. La brujería puede liquidarse por medios penales y científicos, y los materiales —sometidos a inspección y registro— deben ser confiscados en un museo: "La campaña contra la brujería debe tener dos objetivos: uno inmediato, la destrucción de los focos infectivos; mediato el otro, la desinfección del ambiente, para impedir que se mantenga y se reproduzca el mal".[524]

El "progreso" de los espíritus hacia la "perfección" y la escala evolutiva de Kardec se encontraban implícitos en la revisión que Ortiz hizo del concepto de *atavismo* lombrosiano aplicado al caso cubano.[525]

---

es una fuente que crispa su texto. Aline Helg comenta la repercusión de ese corpus y la relación entre los relatos estigmatizantes, los miedos sociales y las teorizaciones de Ortiz: "[T]he press reinforced the impression that every white family was vulnerable to black criminals by simultaneously reporting similar incidents, many of which were later denied by the same press. As a result, in November and December 1904, brujería seemed to attack white Cubans everywhere, although subsequent investigation never seemed to prove the charges. During these two months alone, Fernando Ortiz, who was strongly opposed to brujería, recorded newspaper reports of brujos' activities in nineteen different villages and towns all over the island, except in Oriente", *Our Rightful Share*, pp. 111-112.

523 *Los negros brujos*, p. 221.

524 *Ibid.*, p. 235.

525 Para Lombroso, en el marco general del darwinismo, el concepto de atavismo postulaba una regresión a una condición primitiva. El término viene del latín: *atavus*, ancestro. Era un salto atrás. En el criminal nato, Lombroso encontraba ciertas cualidades físicas, y sobre todo una falta de moral. Lombroso

Aunque no cite a Kardec, su interpretación histórico-espiritualista del desplazamiento del africano en el medio cubano incluye más que categorías simplemente criminológicas:

> El brujo afro-cubano, desde el punto de vista criminológico, es lo que Lombroso llamaría un delincuente nato, y este carácter de congénito puede aplicarse a todos sus atrasos morales, además de a su delincuencia. Pero el brujo *nato* no lo es por atavismo, en el sentido riguroso de esta palabra, es decir, como *un salto atrás* del individuo con relación al estado de progreso de la especie que forma el medio social al cual aquél debe adaptarse; más bien puede decirse que al ser transportado de África a Cuba fue el medio social el que para él saltó improvisadamente hacia adelante, dejándolo con sus compatriotas en las profundidades de su salvajismo, en los primeros escalones de la evolución de su psiquis. Por esto, con mayor propiedad que por el atavismo, pueden definirse los caracteres del brujo por la *primitividad psíquica*; es un delincuente *primitivo*, como diría Penta. El brujo y sus adeptos son en Cuba inmorales y delincuentes porque no han progresado; son salvajes traídos a un país civilizado.[526]

---

postulaba como solución, por un lado, la pena de muerte; por otro, la reforma que transformaría los factores ambientales en el criminal. Sobre el atavismo, véase de Stephen Jay Gould *The Mismeasure of Man*, pp. 122-127. Desde luego, el debate en torno al atavismo y la "degeneración" fue muy intenso aun entre los seguidores de Lombroso. Giuseppe Sergi, por ejemplo uno de los más citados por Ortiz, centró la discusión sobre el concepto de "degeneración" más que sobre el atavismo: "Llamo degenerados a todos aquellos seres humanos que aunque sobrevivan en la lucha por la existencia, son débiles y portan los signos más o menos manifiestos de su debilidad, tanto en sus fuerzas físicas como en el modo de actuar; y llamo degeneración al hecho de que aunque los individuos y sus descendientes no mueran en la lucha por la existencia, sobreviven en condiciones inferiores y son poco aptos para los fenómenos de la lucha subsiguiente". Véase el libro de Renzo Villa *Il deviante e i suoi segni*, cito de la p. 179 (la traducción es mía).

526 En *Los negros brujos*, pp. 230-231.

Para Ortiz, el africano es esencialmente un delincuente, no tanto en el sentido pentiano del delincuente *primitivo* que cita el propio Ortiz, sino porque su espíritu se encontraba en otro lugar de la escala evolutiva. Cuando afirma que el brujo y sus adeptos son "inmorales y delincuentes", no queda duda que Ortiz está pensando el problema en los términos espiritistas que luego desarrollaría en "Las fases de la evolución religiosa", y no únicamente en términos criminológicos.

La doctrina de la reencarnación le garantizaba a Ortiz una jerarquía espiritual que superaba el marco del "criminal nato" para incluir la nación, la raza y el "progreso".[527] Su lectura de Kardec, a quien significativamente llamó "aquel interesante filósofo francés", fue muy temprana y coincidió con sus estudios de criminología. De hecho, el mismo Ortiz comentó la "simultaneidad" de sus lecturas espiritistas con su iniciación en el positivismo. Resulta obvio que Kardec tuvo un valor formativo en su pensamiento, aunque se trataba de "lecturas religiosas" no validadas ni legitimadas por la academia, pero buscadas "con fervor":

> Hace ya unos cuatro lustros, cuando en las aulas de mi muy querida universidad de La Habana cursaba los estudios de Derecho Penal y el programa del Prof. González Lanuza —entonces el más científico en los dominios españoles— me iniciaba en las ideas del positivismo criminológico, simultaneaba esas lecturas escolares con

---

[527] La ley del progreso es fundamentación del credo reencarnacionista de Kardec, que explicaría las desigualdades propias del mundo. El texto de Kardec en español dice: "El principio de la reencarnación es una consecuencia fatal de la ley del progreso. Sin ella, ¿cómo explicar la diferencia que existe entre el estado social actual y el de los tiempos de la barbarie?", *El Génesis*, 1871, p. 252 (en esta y otras citas de las traducciones de Kardec conservamos la grafía y la puntuación del original). Eso es sin duda lo que Ortiz quiso expresar cuando escribió sobre el telos de esa ética en "Las fases de la evolución religiosa": "El credo reencarnacionista, revivido de dogmas indostánicos y egipcios, es el único que en el campo de la mítica resuelve ese gran problema ético-religioso, con su sistema de la pluralidad de vidas y de premios y castigos por existencias pasadas y en sucesivas vidas venideras", p. 78. Las vidas futuras, resultado de un proceso de pruebas y purificación que lleva a una constante renovación, les harán justicia a los espíritus.

obras muy ajenas a la universidad, que el acaso ponía a mi alcance o que mi curiosidad investigadora buscaba con fervor.

Entre estas últimas estaban las lecturas religiosas, que antes como ahora me producen especial deleite y despiertan en mi ánimo singular interés. Por aquel entonces conocí los libros fundamentales del espiritismo, escritos por León Hipólito Denizart Rivail, o sea Allan Kardec, como él gustó de llamarse, reviviendo el nombre con que, según él, fue conocido en el mundo cuando una encarnación anterior, en los tiempos druídicos.

Y quiso la simultaneidad de los estudios universitarios sobre criminología con los accidentales estudios filosóficos sobre la doctrina espiritista, que el entusiasmo que en mí despertaran las teorías lombrosianas y ferrianas sobre la criminalidad me llevase a investigar especialmente cómo pensaba acerca de los mismos problemas penales aquel interesante filósofo francés, que osaba presentarse como un druida redivivo.[528]

¿Se debe entender su interés como un entusiasmo facilitado por los rasgos "científicos" del espiritismo? ¿Es metodológicamente aceptable su afirmación de que los "problemas penales" de la criminología y el espiritismo sean "los mismos"? ¿Quería Ortiz legitimar el espiritismo por el positivismo? Y finalmente, ¿cómo podría explicarse de otro modo su persistente interés en el espiritismo?

En la introducción de *La filosofía penal*, Ortiz declaró enfáticamente: "Yo no soy espiritista." Al mismo tiempo insistía en que el espiritismo compartía con el "materialismo lombrosiano" premisas importantes. Es posible que Ortiz, al igual que otros intelectuales, sintiera la necesidad de distanciarse de otros espiritistas quizá no tan letrados. En una carta de 1924 a José María Chacón y Calvo vemos la fluctuación entre la fascinación y el rechazo. Ortiz le agradecía a Chacón y Calvo la publicación de la segunda edición de *La filosofía penal*. Pero también aludía con marcado menosprecio a "las sociedades llamadas espiritistas de Cuba, más entretenidas con mediumnidades más o menos serias o grotescas y con prácticas de curanderismo supersticioso y parasitario.

---

528 "La filosofía penal de los espiritistas", en *Revista Bimestre Cubana*, 9.1, p. 30.

En este campo, como en los demás de las ideas, suelen ser pocos los que se toman interés por filosofías, arrastrados como están por el pragmatismo al uso, y por el torbellino de la incultura".[529] Sin embargo, todo lector atento a los textos del primer Ortiz podrá comprobar su afinidad con el espiritismo. Hay una cierta ambigüedad en Ortiz con respecto a Kardec: no se compromete públicamente del todo con sus ideas y con las prácticas de los espiritistas, pero le da a Kardec un lugar en el mundo intelectual y de la ciencia contribuyendo a abrirle un espacio mayor de difusión y a consolidarlo como símbolo de saber y autoridad.

Ortiz presenta a Kardec mediante uno de los tópicos centrales de su poética: el *topos* de la *coincidentia oppositorum*:

> Y a poco que mi mente tomó esa dirección hube de percatarme, no sin cierta sorpresa, que el materialismo lombrosiano y el espiritualismo de Allan Kardec coincidían notablemente en no pocos extremos, y que a unas mismas teorías criminológicas se podría ir partiendo de premisas materialistas y conducido por el positivismo más franco, que arrancando de juicios espiritualistas y llevado por el idealismo más sutil.[530]

---

[529] Véase Zenaida Gutiérrez (comp.), *Fernando Ortiz*, pp. 35 y 36. La ambivalencia de Ortiz y su aversión al "curanderismo supersticioso" no llegaban a quebrantar su respeto por la doctrina de Kardec, como se puede constatar en "Las fases de la evolución religiosa", conferencia destinada, recordemos, a una audiencia que no era la clásica minoritaria de la alta cultura. Allí manifestó: "¡Yo no soy espiritista! Si lo fuera no lo ocultaría en el secreto del hogar, ni tendría por qué abochornarme de serlo. Tantos hombres de ciencia profesan esa fe, que a su lado ¡estaría bien acompañado!" (p. 66). Esas declaraciones son interesantes, precisamente por su ambigüedad. Esa preocupación se pone de manifiesto todavía en 1990 en los acuerdos adoptados por el Congreso Espiritista Panamericano celebrado en Caracas: "declara que el Espiritismo es una ciencia experimental, la cual ofrece a la humanidad una Filosofía Moral [...] incompatible con los ritualismos [...] y con publicaciones mediúmnicas desprovistas de calidad científica y filosófica". Cito de Rodríguez Escudero, *Historia del espiritismo en Puerto Rico*, p. 343.

[530] "La filosofía penal de los espiritistas", en *Revista Bimestre Cubana*, 9.1, pp. 30-31.

Como hará más tarde en el *Contrapunteo* con el tabaco y el azúcar, su poética intenta armonizar formas de pensamiento opuestas: "Los extremos se tocan, pudiera decirse, y ciertamente es así en nuestro estudio".[531] Según indicaba el propio Kardec, el espiritualismo y el materialismo tienen una veta evolucionista en común, y la posibilidad de encontrar un complemento en el pasaje de una a otra permite a Ortiz estructurar su libro. Su interés principal es mostrar el profundo acuerdo con lo esencial de la doctrina de Kardec. *La filosofía penal* es, pues, un libro de traducción, de pasaje entre doctrinas y de *transmigración* de la materia al espíritu.[532]

La filosofía penal es también una obra didáctica: ofrece instrucción en la doctrina kardecista. Ortiz asume el conocimiento del positivismo en el lector, pero se siente obligado a ofrecer extensas citas de Kardec y a glosarlas. A su manera, el libro puede leerse como una antología de textos de Kardec comentados por Ortiz. En sucesivos capítulos, analiza

---

531 *Ibid.*, p. 33.

532 Las coincidencias y semejanzas son muchas, como si Ortiz quisiera identificar cuidadosamente el intenso intercambio entre las perspectivas aportadas por la criminología —de legalidad epistemológica muy clara— y la trama prescriptiva de Kardec. En *El Evangelio según el espiritismo*, Kardec escribía: "La ciencia y la religión son las dos palancas de la inteligencia humana; la una revela las leyes del mundo material, la otra las leyes del mundo moral [...] la ciencia, cesando de ser exclusivamente materialista, debe tomar en cuenta el elemento espiritual [...]", p. 41. La exposición de Ortiz revela un nexo más estrecho que la simple comunidad de tradiciones: se funde en una concepción de fuerte acento personal para un medio excepcionalmente receptivo a la doctrina kardecista. Por otra parte, no debe sorprendernos que así sea. Muchos positivistas, como sugirió Hugo Vezzetti en la reunión de la Universidad Nacional de Quilmes, del 7 al 10 de octubre de 1997, andaban en busca de dimensiones espirituales y psicológicas. Incluso el término "alma" no era de ningún modo ajeno a esas búsquedas. Creo que las observaciones de Vezzetti son válidas y de ellas surge todo un abanico de cuestiones. Pero lo cierto es que Ortiz, cuando habla del espiritismo, plantea retóricamente la necesidad de armonizar los contrarios. Por ello me refiero al *topos* de la *coincidentia oppositorum* que se convirtió en centro de la poética de Ortiz: se convirtió en escritura. Ese funcionamiento retórico culmina en la irónica arquetipificación que constituye el *Contrapunteo* en el que los contrarios se cruzan, se vinculan y se responden.

los siguientes aspectos del kardecismo: las bases ideológicas del espiritismo, las leyes de la evolución de las almas, el delito, el determinismo y el libre albedrío, los factores de la delincuencia, y el atavismo de los criminales. En todos esos capítulos establece y celebra las analogías entre Kardec y Lombroso.

Un aspecto central de la traducción que Ortiz hace de Kardec es el capítulo dedicado a "La escala de los espíritus" donde Ortiz deriva una teoría de la élite. El evolucionismo espiritista, con su escala basada en el grado de progreso de los espíritus, hacía hincapié en el paulatino despojamiento de las imperfecciones. Los espíritus "imperfectos" —en quienes la materia domina sobre el espíritu— son los propensos al mal. Son dados a todos los vicios que engendran pasiones viles y degradantes, tales como el sensualismo, la crueldad, la codicia y la sórdida avaricia. Cualquiera que sea el rango social que ocupan, son el azote de la humanidad. Para Ortiz son el equivalente de los *delincuentes natos*. Los espiritus superiores —en quienes el espíritu domina sobre la materia— se distinguen por su deseo de hacer el bien. Esos espíritus puros reúnen la ciencia, la prudencia y la bondad. Su lenguaje es siempre elevado y sublime: son los más aptos para la vida intelectual. Cuando por excepción se encarnan en la tierra es para realizar una "misión de progreso", y nos ofrecen un modelo del tipo de perfección a que puede aspirar la humanidad en este mundo. La posibilidad del progreso por la purificación espiritual debe haber resultado muy atractiva para Ortiz quien, en obras como el *Proyecto de Código Criminal Cubano* estaba ocupado en la formulación de campañas de "saneamiento nacional".[533]

---

[533] La cita completa dice: "Es, pues, indispensable para la salud moral cubana que hagamos contra los criminales lo que hicimos contra los mosquitos: una campaña de saneamiento nacional", p. xii. El "enemigo" se encontraba dentro de las fronteras del Estado. Todavía en 1924 Ortiz cita a Lombroso en el marco de la "decadencia", no tanto en el sentido spengleriano, sino del "retroceso" lombrosiano. En su discurso "La decadencia cubana", con casi veinte años de distancia, resurge con pasión el lenguaje de *Los negros brujos* para profetizar el desastre a causa de los diferentes males que comprometen y abruman la vida de la comunidad nacional: "La sociedad cubana se está disgregando. Cuba se está precipitando rápidamente en la barbarie". Continúa diciendo: "La cultura cubana está en grave riesgo de irse debilitando hasta poner en

En el capítulo titulado "Fundamento de la responsabilidad", Ortiz afirmaba que el criminal es un individuo en el cual ha encarnado un espíritu "atrasado". Esto le lleva a otra glosa en la que desarrolla de modo paralelo las nociones de penalidad espiritual y social: hay una responsabilidad *espiritual*, subjetiva, basada en la ley del progreso de los espíritus; hay una responsabilidad humana, objetiva, basada en la ley social. Ortiz agregaba que "la ley de conservación impone a la sociedad —dentro y fuera de la filosofía espiritista— la necesidad de luchar por sí y por su integridad, y de esta necesidad los espiritistas como los positivistas hacen derivar la razón del castigo".[534] De ese modo, Ortiz pudo aplicar un fundamento absoluto a la noción de penalidad: "El progreso del hombre, es decir, el progreso del espíritu, he aquí la finalidad psicológica y subjetiva de la pena así en este mundo como en el universo infinito el progreso de los seres".[535] Sin duda, Ortiz tenía en mente la necesidad de operar sobre un terreno sólido en la organización social de la nación.

En *Los negros brujos* el propio Ortiz reconocía que algunas de sus proposiciones represivas podrían considerarse inquisitoriales. Su posición frente al brujo y al africano, extremadamente problemática, exigía los fundamentos teológicos de una filosofía penal. Esa teología evolutiva le permitió vislumbrar un sentido humanitario en la represión de las prácticas culturales dañinas para la República. Ortiz se sentía atraído por la fuerza moral de los principios de Kardec: hay progreso, pero está amenazado por

---

peligro la capacidad para el gobierno propio. [...] Es peligro inminente permanecer en estado de semicultura, con una población sin técnicos, sin aristocracias mentales, indefensa ante las exigencias de la cultura universal [...] En Cuba el 53 por 100 de sus habitantes no sabe leer y escribir. Estamos en la escala de la instrucción por debajo de todas las Antillas inglesas, habitadas casi totalmente por negros", pp. 21-24. La organización polémica de ese texto es evidente. Más adelante, agrega: "Todo ello demuestra, si recordamos las geniales teorías que expusieron Lombroso y Nicéforo sobre la evolución de la criminalidad, que también nuestra delincuencia va perdiendo su cultura, va retrogradando, haciéndose más violenta y primitiva, en vez de más astuta y progresista, como en los demás países del mundo de cultura normal", p. 33.

534 En *Revista Bimestre Cubana*, 9.4, p. 288.

535 *Ibid.*, p. 289.

los movimientos regresivos de la historia. La posibilidad de aplicar conceptualizaciones científicas al orden moral aseguraba la *renovatio* de la sociedad cubana. En *La reconquista de América* escribió: "no hay pueblos, ni civilizaciones fatalmente superiores o inferiores; hay sólo adelantos o atrasos, diferencias en la marcha integral de la humanidad".[536]

Volvamos a *La filosofía penal*. En los capítulos sobre la escala de los espíritus y el libre albedrío, Ortiz se interesa particularmente en el rol de los espíritus "prudentes", quienes vienen a la tierra a realizar una "misión de progreso".[537] En esta visión coinciden dos proyectos opuestos: construir un espacio para la élite ilustrada, con privilegios de ciudadanía plena, y abrir la puerta del progreso a otros espíritus "atrasados" quienes no tenían la capacidad de formular sus propios proyectos.[538]

---

536 En la p. 26. En este libro Ortiz reunió artículos publicados en la *Revista Bimestre Cubana* y en *El Tiempo*. Es un largo ataque a los proyectos "hispanistas" del gobierno español y de intelectuales como Rafael Altamira, quienes impulsaron en América la creación de instituciones de intercambio cultural con España. Ortiz polemiza con el "panhispanismo", y además, deconstruye la noción de "raza" empleada por los intelectuales peninsulares, señalando las implicaciones tanto del "panhispanismo" como del "pannegrismo": "Pues, el hispano-americanismo, en rigor equivale a un afrocubanismo, y el panhispanismo científicamente vale lo que un pannegrismo. La fuerza de la sangre que en éstos no se manifiesta en lo absoluto en relación a África, no tiene razón biológica de manifestarse entre los nativos de América respecto a España", pp. 39-40.

537 En los textos de Kardec se define nítidamente el lugar de cada uno de los espíritus, que forman una jerarquía de linajes de la que Ortiz se hace eco. Según Kardec, cada "encarnado" tiene su misión: "Las atribuciones de los Espíritus son proporcionadas a su adelantamiento, a las luces que poseen, a sus capacidades, a su experiencia y al grado de confianza que inspiran al Soberano Señor [...] Así como las grandes misiones son confiadas a los Espíritus superiores, las hay de todos los grados de importancias, destinadas a los Espíritus de varios rangos; de lo que puede deducirse que cada encarnado tiene la suya, es decir, deberes que llenar, para el bien de sus semejantes, desde el padre de familia a quien incumbe el cuidado de hacer progresar a sus hijos, hasta el hombre de genio que derrama en la sociedad nuevos elementos de progreso", en Kardec, *El cielo y el infierno*, pp. 30-31.

538 Los principios ilustrados y la capacidad discursiva son signos de superioridad espiritual para Kardec. Los expresa en un lenguaje que tiene evocaciones

La producción de ciudadanos para la república era posible, aunque compleja. Tenía que estar basada en la ciencia de la criminología, la vigilancia, la disciplina, y en la jerarquía de una espiritualidad evolucionista. *La reconquista de América* ofrece un comentario particularmente iluminador: "seamos los cubanos blancos, los que constituimos el nervio de la nacionalidad, más cultos todavía para poder mantener la vida republicana independiente de retrocesos hispanizantes o africanizantes".[539]

¿Cómo se lograba la *renovatio* que permitía el ascenso de los espíritus inferiores? Desde un punto de vista teológico, la noción del libre albedrío contenía la posibilidad de superación espiritual. En la concepción espiritista, el libre albedrío se va adquiriendo a través de las

---

apostólicas: "Se reconoce la cualidad de los Espíritus en su lenguaje; el de los Espíritus verdaderamente buenos y superiores, es siempre digno, noble, lógico, exento de contradicción; respira sabiduría, benevolencia, modestia y la más pura moral; es conciso y sin palabras inútiles. Entre los Espíritus inferiores, ignorantes u orgullosos, el vacío de las ideas está casi siempre compensado por la abundancia de las palabras", en Kardec, *El cielo y el infierno*, 1871, p. 175. Esos principios son el fundamento de la traducción que hace Ortiz, para quien el "don de lenguas" es central. Podría compararse la concepción de la élite de Ortiz, y su función en el proyecto moderno de nación, con el caso de José Ingenieros y el desarrollo de la noción del ideal como patrimonio de una minoría selecta que aparece en escritos como *El hombre mediocre*. Para ello son indispensables los trabajos de Oscar Terán sobre Ingenieros.

539 En *La reconquista de América*, p. 47. Sería útil en este punto comparar la función de las medidas disciplinarias y los dispositivos institucionales creados para la "integración nacional" en situaciones como la cubana y la italiana, y concretamente el papel decisivo que ejerció Lombroso. Como dice Daniel Pick al resumir la función de la criminología en Italia: "For the intellectuals of the post-unification period in Italy, there remained a running contradiction between the achievement of nationhood, and the social realities of division and fragmentation, the myriad cultures and subcultures, separate languages, customs, economies, worlds in which Italy was constituted and threatened. Thus the efficacy of a social evolutionary model which held all those contradictory social processes within the unity of a single (historical-political) theory", "The Faces of Anarchy", pp. 74-75.

pruebas y superaciones de las diversas reencarnaciones.[540] Esa libertad moral, como la llama Ortiz, no es absoluta, sino relativa. Puesto que el espíritu no es esencialmente malo ni bueno, Ortiz encontró en la reencarnación postulada por Kardec una alternativa al determinismo biológico del *atavismo*. De nuevo Ortiz cita al propio Kardec:

> Así como tenemos hombres buenos y malos desde la infancia, así también hay Espíritus buenos y malos desde el principio, con la diferencia capital, de que el niño tiene instintos completamente formados, al paso que el Espíritu, al ser formado, no es ni bueno ni malo, sino que tiene todas las tendencias, y en virtud de su libre albedrío toma una u otra dirección.[541]

De modo que la versión espiritista del *atavismo* consiste fundamentalmente en un estancamiento del progreso espiritual en el paso de una vida a otra. Mientras los espíritus superiores han continuado progresando, los *atávicos* sólo representan una regresión en relación al estado de avance de los demás: son espíritus que traen a la vida encarnada un espíritu "atrasado".

Pero no caben los retrocesos en la construcción de la nación. El pensamiento político de Ortiz no puede entenderse sin referencia a Kardec y a la posibilidad utópica de que todos se integren al progreso espiritual.[542]

---

540 Ortiz insiste en que se trata de un libre albedrío relativo: "De modo que hay espíritus atrasados cuyo libre albedrío está como en crisálida, sin crecimiento ni desarrollo y caen fácilmente impulsados por los espíritus malos o por concausas externas de diferente índole; y otros espíritus hay más adelantados, con mayor libertad, que se dirigen y se defienden de la tentación y la resisten victoriosos", "La filosofía penal de los espiritistas", en *Revista Bimestre Cubana*, 9.2, p. 130. La reafirmación del libre albedrío empezaba a romper el marco rígido del racismo a la vez que preservaba la jerarquía interna. Vemos cómo Ortiz empieza a reconocer, a partir de la diferencia, elementos de positividad en la cultura afrocubana. La unidad nacional existirá en el seno de esa diversidad.

541 En "La filosofía penal de los espiritistas", en *Revista Bimestre Cubana*, 9.2, p. 131.

542 Kardec emplea el concepto de "renovación", tan importante como la idea de "progreso moral". La dimensión utópica —espiritual y política— del espiritismo

Esta noción de "progreso" se concibe de modo orgánico con la evolución biológica:

> La filosofía espiritista arranca de la existencia de un Ser supremo, Dios, creador de todas las cosas y de la existencia inmortal de los espíritus. Pero el espiritismo se distingue de otros credos religiosos, porque viene a ser una *teoría evolucionista del alma*, teoría ciertamente antigua, pero cuya revivencia moderna se debe al espiritismo y a la teosofía. En efecto, los espíritus son creados imperfectos, y su existencia se desenvuelve a lo largo de una serie infinita de pruebas dolorosas que lo despiertan, le fortalecen sus facultades y lo elevan hacia los estados superiores de la evolución psíquica, de la misma manera que según los biólogos materialistas —Sergi, por ejemplo— los seres que entran dentro del campo de su visualidad, desde la ameba a los grandes mamíferos, progresan y se transforman y se hacen inteligentes por el dolor en la serie infinita de *pruebas* que supone el contacto constante con el medio ambiente.
>
> El fin del espíritu es progresar, ascender, elevarse siempre y acercarse a Dios. En la historia natural de los espíritus no hay regresiones;

---

resultaba muy atractiva para Ortiz. Es fundamental para entender desde una nueva perspectiva crítica su pensamiento. Escribe Kardec, por ejemplo: "En esta ocasión no se trata de un cambio parcial, de una renovación limitada á un país, a una nación o a una raza. Es un movimiento universal el que se verifica en sentido del progreso moral. Un nuevo orden de cosas tiende a establecerse, y los mismos que a ello se oponen con más empeño, coadyuvan a él sin saberlo [...]", Kardec, *El Génesis*, 1871, pp. 464-465. En otros pasajes Kardec habla explícitamente de "regeneración", siempre dentro del marco de una jerarquía espiritual: "No es el Espiritismo el que crea y determina la renovación social, es la madurez de la humanidad la que hace de esta renovación una necesidad imperiosa [...] Al decir que la humanidad está madura para la regeneración, no se entienda que todos los individuos lo están en el mismo grado; pero muchos tienen por intuición el germen de las nuevas ideas, que las circunstancias harán brotar, y entonces se mostrarán más adelantados de lo que se suponía y seguirán sin violencia ya que no con entusiasmo el impulso de la mayoría", *El Génesis*, 1871, pp. 478-479.

puede haber estancamientos, situaciones de quietud, pero nunca de retroceso.[543]

Por otra parte, la armonización de lo material y lo espiritual se traduce en la "teoría de la belleza" que Ortiz toma de Kardec, quien explicaba las diferencias raciales estableciendo una correlación entre la belleza corporal y la escala evolutiva de los espíritus. Su estética racial situaba al "negro" en un lugar próximo al de los animales. Ortiz cita a Kardec:

> El negro puede ser bello para el negro, como lo es un gato para otro, pero no es bello en el sentido absoluto; porque sus rasgos bastos y sus labios gruesos acusan la materialidad de los instintos; pueden muy bien expresar pasiones violentas; pero no podrían acomodarse a los matices delicados del sentimiento y a las modulaciones de un Espíritu distinguido.[544]

Así, en la evolución del alma, el "negro" iría paulatinamente desprendiéndose de los rasgos físicos que lo caracterizan para aproximarse al "blanco".

En la apropiación que Ortiz hace del "credo reencarnacionista" se observa el germen del concepto de la *transculturación*. En su ensayo "La cubanidad y los negros" (1939) elaboró la expresiva y célebre metáfora del *ajiaco* como emblema de la nacionalidad. En ese texto interpretaba "los abrazos amorosos" del mestizaje como "augurales de una paz universal de las sangres [...] de una posible, deseable y futura desracialización de la humanidad" (p. 6). Ya en la década de 1930, Ortiz negaba las jerarquías raciales. Pero no había abandonado la fundamental noción kardecista de progreso espiritual, presentada aquí como *desracialización*.[545] Asimismo, reemplazaba la categoría de *mestizaje* con el concepto

---

543 "La filosofía penal de los espiritistas", en *Revista Bimestre Cubana*, 9.1, p. 34.

544 *Ibid.*, 9.4, p. 261.

545 Ese progreso está regido, según la doctrina de Kardec, por leyes espirituales y materiales. El espíritu no muere nunca: esa creencia es uno de los pilares del espiritismo. Kardec escribía: "El Espíritu no es otra cosa que el alma que sobrevive al cuerpo; el ser principal, puesto que no muere, mientras que el cuerpo no es sino un accesorio que se destruye. Su existencia es, pues, tan

de *transmigración*, enriqueciendo sus posibilidades interpretativas al ofrecer un tejido complejo de relaciones y encuentros:

> No creemos que haya habido factores humanos más trascendentes para la cubanidad que esas continuas, radicales y contrastantes *transmigraciones* geográficas, económicas y sociales de los pobladores; que esa perenne transitoriedad de los propósitos y que esa vida siempre en desarraigo de la tierra habitada, siempre en desajuste con la sociedad sustentadora [...]⁵⁴⁶

La noción de *transmigración* como un desajuste espacial y temporal ya se encontraba perfilada en *Los negros brujos* y *La filosofía penal* donde Ortiz aplicaba la teoría espiritista de la evolución de las almas. "La cubanidad", fundamental en la formulación del concepto de *transculturación*, desarrollaba nuevos modos de interpretar la cultura nacional aprovechando las conceptualizaciones kardecistas del orden espiritual. En consonancia con la "regresión" espiritual en *La filosofía penal* o el

---

natural después como durante la encarnacion; está sometido a las leyes que rigen el mundo espiritual, como el cuerpo está sometido a las leyes que rigen el principio material", *El Génesis*, p. 298. La espiritualidad y la materialidad son, pues, partes de un todo.

546 Las cursivas son mías, p. 11. Este mismo párrafo aparece reutilizado en *Contrapunteo* como parte de la conceptualización de la transculturación (p. 102). En el importante libro *Historia de una pelea cubana contra los demonios* de Ortiz hay referencias al espiritismo y a las doctrinas reencarnacionistas que sería necesario rastrear sistemáticamente. Aunque no menciona la huella de Kardec, Pérez Firmat subraya la importancia de la "transición" y del "pasaje" hacia una fusión siempre diferida en el uso teórico que Ortiz hace de la transculturación. Véase su libro *The Cuban Condition*, pp. 23-25. Sería necesario también examinar con más detenimiento el modo en que se complejiza y se enriquece la redefinición de la nación como un espacio de constantes flujos migratorios, una nación hecha de tiempos y lugares muy diversos, que es uno de los sentidos de la *transculturación*. Lo que descubre Ortiz no es la "unidad" del "pueblo" cubano inscrita en la necesidad histórica, sino sus múltiples devenires y su potencialidad en el marco del "progreso" espiritual. La nación no "progresa" de modo unilineal, sino con adelantos y atrasos —y contrapunteos— espirituales.

adelanto del medio al africano en *Los negros brujos*, "La cubanidad" retiene la categoría de desplazamiento para explicar el lugar del "negro" en la cultura cubana. Cada encarnación permite un acceso al perfeccionamiento: cada vida es, pues, histórica y transformable. Vale la pena detenerse en el siguiente pasaje donde Ortiz deja ver claramente el aspecto espiritualista de su formulación de la *transculturación*:

> *Los negros trajeron con sus cuerpos sus espíritus* [...] pero no sus instituciones, ni su instrumentario [...] No hubo otro elemento humano en más profunda y continua *transmigración* de ambiente, de cultura, de clases y de conciencias. Pasaron de una cultura a otra más potente, como los indios; pero éstos sufrieron en su tierra nativa, *creyendo que al morir pasaban al lado invisible de su propio mundo cubano*; y los negros, con suerte más cruel, cruzaron el mar en agonía y *pensando que aún después de muertos tenían que repasarlo para revivir allá en África con sus padres perdidos* [...]⁵⁴⁷

La *transculturación* tiene un aspecto espiritualista que es innegable, y el aporte filosófico de Kardec al pensamiento de Ortiz no puede continuar siendo ignorado. En Ortiz encontramos la nacionalización, historización y antropologización de la creencia kardecista en la *transmigración* de las almas. Es la *renovatio* que continuaba fascinando a Ortiz. La *transculturación* se construyó tomando como fundamento las categorías de *transmigración*, desplazamiento, progreso espiritual y evolución. No puedo comentar aquí el *Contrapunteo*, pero no será difícil para el lector descubrir el espesor del concepto de *transculturación* enriquecido por el referente de Kardec. Para Ortiz la historia de la humanidad es también una historia de las almas en *transmigración*. La lección que Ortiz tomó de Kardec resuena silenciosamente en sus textos fundadores de la nacionalidad cubana: el espíritu es irreductible al cuerpo.

---

547 "La cubanidad", pp. 11-12.

CAPÍTULO 5

Ramiro Guerra y Sánchez (1880-1970) y Antonio S. Pedreira (1898-1939): el enemigo íntimo

"It is possible today to be anti-colonial in a way which is specified and promoted by the modern world view as 'proper', 'sane' and 'rational'. Even when in opposition, that dissent remains predictable and controlled. It is also possible today to opt for a non-West which itself is a construction of the West. [...] Even in enmity these choices remain forms of homage to the victorious. [...] The West has not merely produced modern colonialism, it informs most interpretations of colonialism".

ASHIS NANDY, *The Intimate Enemy: Loss and Recovery of Self Under Colonialism*

I

Según Ángel Rama, los "hombres de letras" en el período colonial, aunque subordinados a los centros metropolitanos, eran los "dueños de la escritura", y disponían de un poder significativo. El argumento de Rama, como hemos visto ya en la Introducción, es que mediante el ejercicio de la letra escrita, los escribas, eclesiásticos y funcionarios reales —en un contexto fundamentalmente iletrado— lograron una extraordinaria autoridad y el apoyo de la Iglesia y del Estado. Rama subrayó efectivamente los nexos entre hegemonía cultural y política y, desde esa perspectiva, sus categorías resultan productivas.

En este capítulo me propongo examinar el papel de los letrados en las definiciones modernas de la nacionalidad en el Caribe hispano: la cultura de élite del nacionalismo, sus renovadas formas de conciencia histórica y sus proyectos de validación racional y moral. Más específicamente, trataré de demostrar, a través de algunos ejemplos, cómo algunos intelectuales caribeños de las décadas de 1920 y 1930, en la búsqueda de fundamentos que les permitieran luchar contra la nueva dominación colonial, produjeron poderosos —y ambiguos— relatos nacionales. Ramiro Guerra y Sánchez y Antonio S. Pedreira, cuyo pensamiento y textos serán el eje, contribuyeron a la constitución de una historiografía nacionalista que asumió una unidad inherente con respecto al pasado, y generó sentidos a través de exclusiones sociales, raciales y sexuales. Más allá de sus evidentes diferencias, los textos de Guerra y de Pedreira pueden formar pareja y servir de interlocutor el uno al otro.

Ambos intelectuales nos dieron un modo específico de leer la historia y la cultura como zonas muy especiales y privilegiadas en la conceptualización de la nación. Pero, ¿qué entendían por esa cultura? ¿De dónde derivaba su autoridad? Para responder a estas preguntas, estudiaré aquí aspectos de dos textos fundacionales que convirtieron la tradición cultural en objeto de búsqueda: *Azúcar y población en las Antillas* (1927) de Ramiro Guerra y Sánchez, e *Insularismo* (1934) de Antonio S. Pedreira. Ambos quisieron ser, por así decirlo, representantes morales de una cultura que aparecía bajo el signo de la crisis. En sus textos hay algo más que un proyecto de reformas: le dieron forma vehemente a la vida histórica y al "ser nacional"; elaboraron una noción de "crisis de la cultura" que ponía en peligro su cohesión y a la vez sirven para esbozar nuevos *comienzos*. Esta noción de la "crisis de la cultura", estudiada inteligentemente por Carlos J. Alonso en su libro sobre la novela regionalista, es el contexto de la preocupación por la tierra y del discurso de lo "autóctono" en ficciones contemporáneas de Guerra y de Pedreira, como lo son *La vorágine* (1924) de José Eustasio Rivera y *Doña Bárbara* (1929) de Rómulo Gallegos.[548] Difícilmente puedan leerse hoy las tradi-

---

[548] Véase el libro de Carlos Alonso *The Spanish American Regional Novel: Modernity and Autochthony*. Alonso pone el énfasis en la "crisis" necesaria para pensar la cultura y su historicidad: "[...] For one must first conceive of a culture as

ciones intelectuales cubana y puertorriqueña fuera de la recepción y la influencia que tuvieron *Azúcar y población en las Antillas* e *Insularismo*. La fuerza reproductiva de su autoridad yace bajo la forma del ensayo.

Mi preocupación específica es cómo la nación se construye repetidamente en textos clave que pertenecen a la tradición moderna inscrita en el contexto colonial, y de qué manera la identidad política, como dice Joan W. Scott, "al igual que las instituciones sociales y los símbolos culturales, es una forma de producción del saber".[549] Por otra parte, quisiera discutir el problema de los *beginnings* en el sentido claro —y sin duda también problemático— en que Said teoriza la noción. El discurso nacionalista supone la localización de un *comienzo* para la nación y, a veces, la elección de un *comienzo* (punto de partida) para la tradición intelectual que le permita al letrado definir la cultura nacional y reinscribir su pasado. Veremos que la búsqueda de una *tradición* nacional ha llevado a algunos intelectuales a reconstrucciones históricas en las que se constituyen a sí mismos como sujetos moralmente libres y capaces de conservar —de restaurar— los valores "superiores" del pensamiento racional "occidental" frente a los cambios materiales y políticos. Para Guerra y Pedreira, frente a las crisis e inseguridades que penetraban todos los rincones de la práctica social en las colonias, era urgente la reapropiación y la transformación de los modelos ilustrados que, paradójicamente, eran modelos imperiales. Como sugiere Ashis Nandy, el colonialismo es una experiencia muy "íntima". Hasta el punto que con frecuencia sus paradigmas de "raza" y "cultura" perduran, interiorizados,

---

a closed, internally homogeneous system, before it can be described as having lost or as being in danger of losing its immanent integrity and connectedness. Hence, one could submit that the 'source' of the perceived cultural crisis lies not in the supposedly threatening historical situation that confronts the group under consideration, but rather in having internalized from the beginning a paradigm of culture that makes it impossible to account for historicity and chronological flux except in the mode of crisis", p. 9.

549 En el libro de Joan W. Scott, *Gender and the Politics of History*, p. 6.

aún cuando se lucha contra él y se trata de dislocar su aparato institucional de saber y de poder: "es un enemigo íntimo".[550]

Es indudable que el texto de Guerra comparte con el de Pedreira una tendencia a hacer gravitar toda la historia en torno a la continuidad de la cultura "europea", incluidas sus jerarquías, metáforas y convenciones discursivas. El historiador cubano Raúl Cepero Bonilla se había referido ya en 1948 a la sistemática tendencia excluyente de la tradición liberal criolla.[551] La escritura histórica de los países coloniales puede caer fácilmente en el mismo esencialismo del cual se acusa a los dominadores. Por ello, a pesar de la fuerza de las voces construidas en los textos de Guerra y de Pedreira, y de los reclamos de autonomía política y cultural, sus proyectos no dejan de ser problemáticos y vulnerables.

II

Cualquier discusión sobre estos problemas debe empezar por examinar de qué forma los intelectuales reivindican para sí las prácticas literarias y políticas que les permiten definir la nación. Utilizo deliberadamente los términos "letrados" e "intelectuales" para establecer una distinción. El problema debe verse históricamente. Empleo "letrados" según la definición de Rama, para referirme a una tradición cultural más antigua, definida en contraste con las culturas orales subalternas. Pero mi interés aquí se centra precisamente en la transformación de los "letrados" en "intelectuales" en el sentido más moderno, con nuevas instituciones y

---

[550] Véase el penetrante análisis de Nandy en *The Intimate Enemy: Loss and Recovery of Self Under Colonialism*. Como dice Nandy en la sección que he usado como epígrafe de este capítulo, la "cultura occidental" no sólo ha producido el colonialismo moderno; también ha generado muchas de las interpretaciones reiteradas por sus adversarios anticolonialistas. Véase en su libro el ensayo "The Psychology of Colonialism", pp. 2 y siguientes.

[551] Me refiero, desde luego, a su extraordinario ensayo *Azúcar y abolición*, en el que documentó el mito de la pureza racial y los vínculos entre racismo y nacionalidad en el caso cubano. Hay una edición más reciente (1971).

prácticas. Sin embargo, como lo demuestran los ejemplos de Guerra y de Pedreira, el proceso de constitución de intelectuales modernos en el Caribe ha sido inestable y precario. A menudo, los intelectuales "modernos" conservan muchas de las características y funciones de los viejos "letrados". Son a la vez arcaicos y muy modernos.[552]

La definición de la *nación* se vincula con el poder de la escritura y con las tradiciones definidas por los letrados. Constituye una práctica poética y política que indaga, a la vez, las fuentes de coherencia simbólicas y sociales. Es a través de un proceso *imaginario* que el discurso puede "nombrar" una realidad nacional, construir un sujeto, imponerle límites ideológicos e institucionales, definir sus características.[553] En el contexto colonial, la nación se define y redefine con el fin de validar proyectos de transformación o resistir cambios. Uno de los argumentos principales del libro de Partha Chatterjee, que ha orientado nuestros estudios, proporciona una intuición esencial: el discurso nacionalista se constituye en el proceso histórico, en la medida en que se apropia del racionalismo occidental. Al hacerlo, se encuentra en pugna "contra todo un cuerpo de convicciones sistemáticas, una lucha que es política y a la vez intelectual".[554] En la construcción de un Estado nacional, el discurso nacionalista recoge los elementos del discurso nacional metropolitano (calcando su modelo) y los reproduce, pero también desea negarlos. En ese intercambio a veces se generan nuevas significaciones. La política

---

552 Sobre el concepto de "tradiciones intelectuales", véase Edward Shils, "Intellectuals, Tradition, and the Traditions of Intellectuals: Some Preliminary Considerations".

553 Utilizo el término "imaginario" en el sentido que le otorga Cornelius Castoriadis en *The Imaginary Institution of Society*. Véanse sobre todo los capítulos 3, "The Institution and the Imaginary", y 4, "The Social-Historical", pp. 115-220. Escribe Castoriadis: "La historia es imposible e inconcebible al margen de la imaginación *productiva* o *creativa*, al margen de aquello que hemos llamado la *imaginación radical* tal como se manifiesta en forma indisoluble tanto en el *acontecimiento* histórico como en la constitución —anterior a cualquier racionalidad explícita— de un universo de *significaciones*" (la traducción es mía), p. 146.

554 Chatterjee, *Nationalist Thought in the Colonial World: A Derivative Discourse?*, p. 42; la traducción es mía.

(implícita en el pensamiento nacionalista) tiende a revertir ese marco de saber que se jacta de dominarla. Se propone desplazarlo, sustituir su autoridad, y desafiar su moral. Sin embargo, en su propia constitución como discurso de poder, el pensamiento nacionalista anticolonial no puede considerarse sólo como una negación, como un repudio del poder imperial. Es, también, un discurso *positivo* que intenta reemplazar la estructura del poder colonial con un nuevo orden moral: el del poder nacional.[555] La colonia, o mejor dicho, el espíritu colonial, está y no está al mismo tiempo presente en los discursos nacionalistas y en la búsqueda de nuevas alianzas y afiliaciones. Se trata de una ambivalencia constitutiva, como vimos en capítulos anteriores.

---

555 *Ibid.*, p. 42. El renovado interés por el estudio del nacionalismo como paradigma, práctica y discurso se manifiesta en las siguientes publicaciones, que son de gran utilidad: Anderson, *Imagined Communities: Reflections on the Origin and Spread of Nationalism*, y Hobsbawm, *Nations and Nationalism since 1870: Programme, Myth, Reality*. Una productiva recopilación de ensayos sobre las narrativas nacionalistas en Bhabha (ed.), *Nation and Narration*, en especial los ensayos de Timothy Brennan, "The National Longing for Form", Doris Sommer, "Irresistible Romance: The Foundational Fictions of Latin America" y Bhabha, "DissemiNation: Time, Narrative, and the Margins of the Modern Nation". De Bhabha, además, son pertinentes para este tema los ensayos del libro *El lugar de la cultura*, que hemos citado en capítulos anteriores. Véase también, como muestra de una reelaboración del problema en Latinoamérica, el trabajo de Mabel Moraña, *Literatura y cultura nacional en Hispanoamérica (1910-1940)*, parte de la "Series Towards a Social History of Hispanic and Luso-Brazilian Literatures"; el de Oscar Terán, *En busca de la ideología argentina*; y el replanteo sobre el criollismo que lleva a cabo Adolfo Prieto en *El discurso criollista en la formación de la Argentina moderna*. La antología preparada por Álvaro Fernández Bravo, *La invención de la nación*, citada en el primer capítulo, contiene traducciones muy útiles para pensar en las formas en que se ha concebido la "nación" moderna.

III

El discurso y las narraciones nacionalistas resultan centrales en el siglo XIX latinoamericano y caribeño. Cualquier consideración sobre este tema en el siglo XX requiere una reflexión sobre el período de la emancipación y las guerras de la independencia. Los comienzos del siglo XIX marcan el principio de la tradición "moderna", y es importante ver, aunque sea muy rápidamente, cómo se constituye entonces el discurso nacional. En el siglo XIX, la significación política del papel que los letrados desempeñaron en el orden simbólico y social fue decisiva: difundieron ideas emancipadoras, redactaron audaces constituciones liberales y elaboraron un discurso de diferencia con respecto a la metrópoli fundado en un modelo polarizado de la sociedad: *americanos* versus *españoles*, "nosotros", "ellos".[556]

En el enfrentamiento con el "enemigo", y a medida que el grado de conflicto se volvía más nítido y amenazante, era necesario forjar la "unidad": se minimizaron entonces las grandes diferencias sociales y culturales internas. Los letrados elaboraron los paradigmas de ruptura con el pasado ibérico, los primeros proyectos liberales y de modernización, y se lanzaron a la búsqueda de nuevos "orígenes" que dieran inteligibilidad a la historia y al futuro. El resultado fue una transfiguración del pasado, tanto a partir del presente como del futuro deseado. Los textos de Bolívar a principios de siglo, y los de Martí a finales, nos permitirían analizar las grandes líneas del discurso anticolonialista del siglo XIX.

Al definir el sujeto americano, Bolívar se refirió en forma explícita a los *derechos europeos* que habilitaban y autorizaban su propia voz: "[...] no somos indios ni europeos, sino una especie media entre los legítimos propietarios del país y los usurpadores españoles: en suma, siendo nosotros americanos por nacimiento y nuestros derechos los de Europa, tenemos que disputar éstos a los del país y que mantenernos en él contra

---

556 La elaboración del discurso "americano" como una de las formas de identidad en la época de la independencia. Véase, entre otras publicaciones, el libro de David A. Brading *The First America: the Spanish Monarchy, Creole Patriots, and the Liberal State 1492-1867*.

la invasión de los invasores".⁵⁵⁷ Los "derechos de Europa" producían una nueva figura de autoridad que, curiosamente, tenía que legitimarse en el Viejo Mundo, el mundo de los universales ilustrados.

José Martí, en la segunda mitad del siglo XIX, bajo la presión de la guerra revolucionaria cubana de 1868 y marcado por sus experiencias en la cárcel y el exilio, afirmó la nacionalidad estableciendo una diferenciación. En uno de sus primeros textos, *La República española ante la Revolución cubana* (1873) —dirigido a los españoles liberales republicanos que habían apoyado la guerra colonial— la distancia está marcada por la imagen implacable de los *cadáveres*, héroes centrales de su relato. Los mártires de la independencia cubana se convierten en una imagen de profunda discontinuidad. La nueva nación, Cuba, está encarnada en esos cadáveres. Al hablar como republicano, reconoce la autoridad intelectual de la comunidad político-filosófica, y al mismo tiempo se debate contra ella, ya que los valores universales de los republicanos han sido desacreditados por los españoles. Allí donde los hombres carecen de igualdad legal como ciudadanos, no hay auténticas instituciones republicanas. Para Martí, la libertad universal se ha degradado en violencia universal. La colonia, con su mera existencia, ponía en entredicho los valores ilustrados.

Martí utilizó estrategias narrativas y conceptuales, discurso indirecto y monólogo narrado, que le permitieron mostrar el "crimen" colonial y adoptar la voz de un observador móvil. Al mismo tiempo, reclamaba la realización de la unidad cubana aboliendo las contradicciones internas de la sociedad esclavista. Conciencia nacional es conciencia de la *diferencia*, abarca y subsume todas las otras narrativas y acontecimientos, creando nuevos significados y contribuyendo al conocimiento de sí. Un desencanto y un corte marcan los *beginnings* de la historia nacional elaborada por Martí. Cubanos y españoles están condenados al desencuentro:

> Y no viven los cubanos como los peninsulares viven; no es la historia de los cubanos la historia de los peninsulares; lo que para España fue gloria inmarcesible, España misma ha querido que sea

---

557 *Carta de Jamaica*, p. 89.

para ellos desgracia profundísima. De distinto comercio se alimentan, con distintos países se relacionan, con opuestas costumbres se regocijan. No hay entre ellos aspiraciones comunes, ni fines idénticos, ni recuerdos amados que los unan.[558]

IV

Situemos ahora a Ramiro Guerra y Sánchez y a Antonio S. Pedreira en el contexto del discurso nacionalista del siglo XIX que vimos parcialmente en el primer capítulo.[559] En las décadas de 1920 y 1930, Cuba y Puerto Rico, pese a sus diferencias, ofrecían similitudes notables. Ambas islas habían entrado en un proceso de modernización, pero en el contexto de una nueva dependencia colonial y de una economía dominada por el azúcar. La modernización modificaba los valores sociales existentes y, al mismo tiempo, generaba una profunda distorsión. La pobreza, el

---

558 "La República Española ante la Revolución cubana", p. 109. Los ensayos y la poesía del escritor cubano Cintio Vitier proporcionan buenos ejemplos de las reescrituras del discurso nacionalista inspiradas por Martí en el siglo XX. Véase, por ejemplo, sus *Temas martianos* (con Fina García Marruz). He trabajado esta tradición en *Cintio Vitier: la memoria integradora*.

559 No intento desarrollar aquí una biografía intelectual completa de Guerra ni de Pedreira. Sin embargo, es importante destacar que ambos estaban situados en el ámbito de las universidades y recibieron formación en instituciones académicas. Pedreira estudió en la Universidad de Puerto Rico a comienzos de la década de 1920. Más tarde, realizó estudios graduados en Columbia University en Nueva York (1925-1927) en el Departamento de Estudios Hispánicos. Al regresar a Puerto Rico, fue nombrado director del Departamento de Estudios Hispánicos, cuya creación comentamos en el primer capítulo. Fue uno de los fundadores de la revista *Índice* (1929-1931) y en 1931 viajó a España para terminar sus estudios doctorales. El clima intelectual de la República Española tuvo gran influencia sobre Pedreira. Para el contexto véase el volumen *Los lazos de la cultura: el Centro de Estudios Históricos de Madrid y la Universidad de Puerto Rico, 1916-1939*. Para mayor información, véase Cándida Maldonado de Ortiz, *Antonio S. Pedreira: vida y obra*. Sobre Guerra hablo más adelante.

analfabetismo y el desempleo crónico durante el "tiempo muerto" se concentraron en forma desproporcionada en el sector rural. Esas condiciones definieron el contexto en que tomó forma una cultura nacionalista y socialista militante. Era una época de debate y examen, de nueva conciencia política que llegaba a una etapa cualitativamente nueva de autoafirmación.[560] En el caso de Cuba, al cabo de una larga guerra de independencia nacional, la isla ingresaba en un poderoso universo imperial norteamericano que toleraba mal el nacionalismo.[561] Durante esa contradictoria modernización, la ciudad letrada de ambos países siguió en búsqueda de nuevos espacios de legitimación y, sobre todo, reescribió afanosamente la historia y "nacionalizó" las letras. Esto resulta particularmente notable en los textos "clásicos" y en las voces características de Fernando Ortiz, Vicente Géigel Polanco, Jorge Mañach, Tomás Blanco, Ramiro Guerra y Sánchez y Antonio S. Pedreira. Sus ensayos van más allá de los límites de la historia, la sociología o la crítica literaria, y proporcionan un imaginario de la cultura, la raza y la sociedad. Guerra y Pedreira se destacaron como figuras eminentes y sus ensayos fueron editados y reeditados varias veces, y algunos se convirtieron en libros de texto canónicos.

Los textos fundadores de los puertorriqueños Pedreira, *Insularismo* (1934), y Tomás Blanco, *Prontuario histórico de Puerto Rico* (1935) y *El prejuicio racial en Puerto Rico* (1937), contribuyeron a la formación del

---

560 Algunas publicaciones sobre el período y los debates en Puerto Rico incluyen a Ángel Quintero Rivera, *Patricios y plebeyos: burgueses, hacendados, artesanos y obreros* con importantes ensayos sobre las contradicciones ideólogicas y sociales de este momento. Véase asimismo José Luis González, *El país de cuatro pisos*. También los ensayos editados por Gerardo Navas Dávila, *Cambio y desarrollo en Puerto Rico: la transformación ideológica del Partido Popular Democrático*.

561 Una de las mejores contribuciones a la comprensión de este período es la de Louis A. Pérez, Jr., *Cuba Under the Platt Amendment, 1902-1934*. En *Historiography in the Revolution: a Bibliography of Cuban Scholarship, 1959-1979*, Pérez escribe: "Muy pronto, la historiografía republicana fue puesta al servicio de un ideal nacional [...] esta misión, a su vez, confirió a la historiografía cubana un propósito de redención característico", p. xii, la traducción es mía.

discurso de "lo puertorriqueño" y de la "esencia puertorriqueña".[562] Allí se encuentra un conjunto de convenciones interpretativas, una reformulación del discurso histórico y una perspectiva de los "orígenes". Con la publicación de esos ensayos se colocaron en el corazón de la actualidad política. En varios sentidos, podrían compararse con numerosos intelectuales cubanos que en este mismo período producían textos tan beligerantes como *Azúcar y población en las Antillas* (1927) de Ramiro Guerra y Sánchez, *Indagación del choteo* (1928) de Jorge Mañach o *Contrapunteo cubano del tabaco y del azúcar* (1940) de Fernando Ortiz. Todos ellos se destacaron por sus interpretaciones de la historia social y cultural y de las drásticas transformaciones históricas que tuvieron lugar en las islas después de la intervención de los Estados Unidos. Sus preocupaciones fundamentales se concentran en la definición de la *cultura*, la construcción de una tradición literaria, los problemas de la pobreza y la injusticia social, el debate sobre las categorías raciales y nacionales, y la destrucción ocasionada en las islas por el colonialismo y los proyectos de las corporaciones azucareras.[563]

---

562 El debate central en estos ensayos intensamente politizados, así como la definición de la "alta" cultura liberal, fue planteado por Juan Flores en *Insularismo e ideología burguesa*; y en María Elena Rodríguez Castro, "Tradición y modernidad: el intelectual puertorriqueño ante la década del treinta". Véase también el libro de Juan Gelpí *Literatura y paternalismo*. He tratado algunos de estos temas en artículos anteriores: "Recordando el futuro imaginario: la escritura histórica de la década del treinta". También en "Tomás Blanco: racismo, historia, esclavitud", una introducción a una edición de su libro *El prejuicio racial en Puerto Rico*, pp. 15-91.

563 Entre las mejores reinterpretaciones de las tradiciones políticas e intelectuales cubanas, véase Antonio Benítez Rojo, *La isla que se repite: el Caribe y la perspectiva posmoderna*; y Gustavo Pérez Firmat, *The Cuban Condition: Translation and Identity in Modern Cuban Literature*; e *Isla sin fin: contribución a la crítica del nacionalismo cubano*, de Rafael Rojas.

V

El historiador Ramiro Guerra y Sánchez se inscribe en el centro del espacio ocupado por la ciudad letrada cubana; desde el punto de vista historiográfico va a renovar las verdades patriarcales. El núcleo de su discurso de identidad es la definición de los *orígenes* cubanos. Esos *orígenes* para él serán, fundamentalmente, la exaltación de los *patricios* —terratenientes rurales— como punto fijo, unos *beginnings* que podían hacer las veces de centro de la cultura nacional, una historia que se funde con la tierra.

Como Pedreira, Guerra y Sánchez escribe *contra* el monopolio de las corporaciones azucareras y los altibajos económicos y políticos que su dominación produjo. El historiador Moreno Fraginals, al comentar la enorme trascendencia de *Azúcar y población en las Antillas* (1927), se refiere a la importancia que tuvo su publicación inicial —en forma de artículos— en el *Diario de la Marina*, y al momento crítico en que se publicó en forma de libro, cuando la expansión azucarera norteamericana en Cuba había llegado a su punto culminante: "Guerra se enfrentó a los problemas del momento como un hombre de acción [...] el libro nació al calor de la polémica diaria, de la confrontación de la realidad del presente, con los grandes problemas del pasado." Moreno Fraginals concedió un lugar central a Guerra en el debate político de la época, debate que giraba en torno a la dependencia tan avasalladora del azúcar: "[...] los diez puntos del libro resumen, como no se había hecho antes, ni se hizo después en Cuba, los aspectos básicos del neocolonialismo por entonces imperante".[564]

---

[564] Cito de la "Presentación" de Manuel Moreno Fraginals a la edición *Azúcar y población en las Antillas* de 1976. Esta edición reproduce la tercera edición de 1944, y viene precedida por los prólogos de las anteriores; además, contiene apéndices. En su "Presentación" Moreno Fraginals añade: "[...] Guerra es por entonces un maestro, en la más severa acepción de esta palabra. Ha publicado ya los dos primeros tomos de su monumental *Historia de Cuba* —que quedará inconclusa— y editado también las *Nociones de historia de Cuba* donde logra una síntesis apretada del acontecer político, poniendo gran énfasis en los aspectos económicos. Han llegado a sus manos un grupo de obras sobre las Antillas inglesas —las *Sugar Islands*— y la historia de las plantaciones del

Pienso que un momento inicial del debate al que alude Moreno Fraginals se condensa en los artículos de Guerra publicados en 1924 con el título *Un cuarto de siglo de evolución cubana*. Los trabajos reunidos en ese olvidado panfleto se habían dado a conocer también en el *Diario de la Marina*. En ellos, Guerra hace un balance de "los progresos realizados por Cuba", en polémica contra quienes trataban de demostrar "la existencia de una pretendida decadencia cubana"; seguramente se refería a los escritos de Fernando Ortiz.[565] Estos ensayos, anteriores a *Azúcar y población*, resultan decisivos para esclarecer el discurso histórico, el marco narrativo y el proyecto de Guerra, quien ya para esos años era una figura central, conocido como Maestro, profesor de la Escuela Normal de La Habana y por su labor como superintendente de escuelas.

> Caribe le ilumina el panorama de su propia isla. En este hecho aparentemente elemental, pero altamente significativo, de analizar el fenómeno azucarero cubano como un elemento integrante de la política de plantaciones del Caribe, tendrá un solo seguidor: nuestro máximo investigador histórico actual, José Luciano Franco. El propio Guerra, nos confiesa en artículos publicados en la década de 1950, cómo las obras de Harlow (1925), Higham (1926), Williamson (1926) y Mathieson (1926) le aclararon aspectos fundamentales de la evolución de los latifundios en las plantaciones".

565 Cito de la edición original, *Un cuarto de siglo de evolución cubana*, pp. 10-11. Por otra parte, haciéndose eco de las ideas de Spengler en su famoso ensayo sobre la "decadencia" cubana, Fernando Ortiz había escrito: "La cultura cubana está en grave riesgo de irse debilitando hasta poner en peligro la capacidad para el gobierno propio. En estos tiempos en que las energías expansivas de la civilización aumentan su acción progresiva, merced a la rapidez de las comunicaciones, a la internacionalización de la economía, a la difusión creciente de la prensa y de las ideas y al mayor dominio de las fuerzas de la naturaleza por la ciencia, cuando la humanidad se está desgarrando para engendro de nuevas civilizaciones, es peligro inminente permanecer en estado de semicultura, con una población sin técnicos, sin aristocracias mentales, indefensa ante las exigencias de la cultura universal, desdeñosa de sus ideas, incapaz de comprender las orientaciones contemporáneas y de incorporarse a las corrientes del progreso con valimiento propio. Hoy, como nunca acaso, son los pueblos más cultos, los más fuertes, y sólo en la verdadera cultura puede hallarse la fortaleza necesaria para vivir la vida propia sin servidumbres." El ensayo apareció originalmente publicado en la *Revista Bimestre Cubana*. Cito de *Órbita de Fernando Ortiz*, p. 73.

Lo que llama la atención es su énfasis en el trabajo y en la disciplina como fundamento para el *progreso*, así como su insistencia en la necesidad de reestructurar la esfera pública. Es importante, además, su redefinición de la nacionalidad, a veinticinco años de la nueva hegemonía norteamericana: "Cuba ha trabajado y en un cuarto de siglo ha sido transformada por el trabajo".[566] Más adelante, expresa su desdén (como lo hará Pedreira) por los "políticos": "La sociedad cubana se ha desarrollado casi al margen de la política desde 1899 hasta el día [...] Ha podido hacerlo, porque toda su actividad ha estado encauzada en una dirección fija: fundar la casa, labrar su campo".[567] La reflexión crítica de Guerra sobre los "políticos" es dura: en definitiva, los considera "parásitos ineptos que a veces no han hecho más que perturbar con sus disputas la acción de las grandes fuerzas de construcción y restauración puestas a la obra".[568]

En esos ensayos, Guerra celebraba los logros de la agricultura, la industria y el comercio; pero lamentaba "la escasa devoción a la causa pública".[569] Para él, "Cuba es una nación grande y fuerte, una gran empresa social, una patria con inmensos intereses morales y materiales que guardar y proteger".[570] Por ello, exhorta a la participación de sus intelectuales en la vida pública, preparando así el camino para una nueva concepción de la organización del poder: "[Cuba] necesita directores hábiles, de alta capacidad e inteligencia".[571]

El aumento de la riqueza agrícola e industrial que Guerra va documentando, va acompañado de un aumento de la población debido a "la fuerte inmigración española que ha reforzado el núcleo básico de la nación".[572] A pesar de todo ello, Guerra advierte sobre los "problemas"

---

566 *Un cuarto de siglo de evolución cubana*, p. 18.

567 *Ibid.*, p. 22.

568 *Idem.*

569 *Ibid.*, p. 24.

570 *Ibid.*, p. 25.

571 *Idem.*

572 *Ibid.*, p. 28.

que la clase dirigente y los intelectuales cubanos tienen por delante. Estos problemas son, principalmente: las enfermedades, el analfabetismo, el escaso desarrollo de la Universidad, la pérdida del poder del colono —"elemento productor genuinamente cubano"— y la necesidad de que las corporaciones azucareras contribuyan a mejorar las condiciones sociales, sobre todo, las comunicaciones del país y la cultura de la población rural. Sin embargo, la importación de braceros haitianos y jamaiquinos se presenta ya (como lo hará en *Azúcar y población*) como una alteración extraña y amenazadora. Guerra sitúa el "problema" racial en un campo discursivo que pretende ser científico y social:

> Aparte de estas cuestiones generales, el brusco desarrollo de la industria en Camagüey y Oriente, provincias de muy escasa densidad de población, ha creado o más bien, ha hecho muy agudo, un problema de brazos que se viene resolviendo cada año con la importación de jornaleros haitianos y jamaiquinos, sujeta a graves, numerosos y bien conocidos inconvenientes. Aumentar con la mayor rapidez la población de esas provincias con elementos deseables en todos sentidos, arraigándolos en la tierra, es un problema no sólo de interés para la industria sino de gran importancia para la Nación. Es un empeño que reclama la atención de nuestros hombres de gobierno.[573]

Guerra concluye su balance en *Un cuarto de siglo de evolución cubana* con una nota esperanzadora: "La formación del espíritu nacional no es un problema; dicho espíritu existe". Frente a la hegemonía norteamericana, su posición es de negociación, precisamente porque el nacionalismo declara lo espiritual como su territorio. El Estado colonial debe quedar fuera de esa zona: "Hay que desterrar la idea deprimente de nuestra atadura a Norteamérica [...] Hay que desterrar igualmente, la animosidad y el servilismo respecto de los Estados Unidos. Ni adversarios ni pupilos." Para esta tarea política, será determinante la concepción histórica sobre la que se asienta su discurso nacional, y que veremos reiterada en *Azúcar y población en las Antillas*. Padres, hijos, sucesores y herencia: el

---

[573] *Ibid.*, p. 112.

pasado fundacional no es nunca pasado, es la base de su fuerza. Guerra afirma: "De lo pasado nos llegan voces de aliento. Nuestros progenitores, en tiempos más duros, lucharon, trabajaron y nunca se resignaron a entregar empequeñecida a sus sucesores la herencia que habían recibido".[574] Lo que emerge con energía de estos importantes ensayos es el esbozo de una historia nacional en el marco de las transformaciones ocurridas en la nueva situación colonial. La "historia patria", defendida en otro libro de Guerra, tiene que servir para "vincular lo presente con lo pasado y con lo porvenir", y para la "edificación patriótica".[575] Los

---

574 En la p. 119. No tengo espacio para comentar detalladamente los cambios en la vasta obra historiográfica de Guerra y Sánchez. En lo que se refiere al imperialismo norteamericano, habría que leer su importante *La expansión territorial de los Estados Unidos: a expensas de España y los países hispanoamericanos*, un apasionado y documentado alegato de 1935. Resulta interesante que en el párrafo inicial de ese libro Guerra habla de las contradicciones "trágicas" de Cuba, debidas principalmente a la esclavitud. Su concepción histórica, habría que verlo con más detenimiento, era muy próxima a la del intelectual del siglo XIX, José Antonio Saco. Guerra escribe: "Cuba es el país de las contradicciones trágicas. A fines del siglo XVIII, uno de sus hijos más ilustres, Francisco de Arango y Parreño, no pudo promover el rápido desarrollo de su patria sino obteniendo de España, con ocasión de quedar destruida la rica colonia francesa de Haití por los negros sublevados, junto con algunas franquicias arancelarias de menor importancia, la concesión del comercio libre de esclavos africanos. La Perla de las Antillas se cubrió en pocos años de ingenios de azúcar y de cafetales, aumentó su población y acrecentó su riqueza grandemente, pero sólo a cambio de convertirse en una 'colonia de plantaciones' con minoría de habitantes blancos. [...] El enorme crecimiento de la esclavitud lo inficionó todo. Los problemas sociales y políticos se complicaron gravemente. Las costumbres públicas se relajaron. El trabajo se envileció, tanto en las artes manuales y las industrias como en la agricultura, al extremo de considerarse deshonroso para el hombre blanco", pp. 7-8.

575 *La defensa nacional y la escuela*, p. 27. En este libro, de enorme interés para el estudio del discurso nacional y los proyectos de historiografía nacionalista, habría que estudiar las definiciones de la "patria" que ofrece Guerra y su debate con los que se dedican a la obra de "demolición" pesimista. Ahí también se advierte el interés de Guerra en la esfera pública. Cuando describe el estado de la sociedad cubana en el siglo XIX, afirma: "El problema capital que debía afrontar nuestra patria era el de aumentar la cultura pública", p. 46.

textos, y la práctica pedagógica de Guerra, tendrán como destinatario ideal a "las clases más elevadas del país, a quienes corresponde la suprema formación y dirección de la conciencia pública".[576] Se trataba, explícitamente, de una pedagogía nacionalista.

Volvamos ahora a los diez puntos de que habla Moreno Fraginals en su comentario sobre *Azúcar y población*. Los más importantes son reiterados continuamente por el propio Guerra: "No más concentración de la tierra en unas pocas manos. No más importación de braceros. Tierra propia para el cultivador." *Azúcar y población* lanza un manifiesto contra el *latifundium*, un sistema de explotación en el que las mejores tierras pertenecían en gran medida a extranjeros. Para Guerra, no existía parte de la vida social capaz de escapar de su influjo: "El proceso latifundiario es un proceso de revisión de la obra histórica secular de la creación de la sociedad y del Estado cubanos. Mina, socava, destruye en lo esencial y básico de la misma, la nacionalidad".[577] Según Guerra, el latifundio era un elemento exterior que deformaba la vida cubana y, peor aún, socavaba la nacionalidad con la introducción en Cuba de los "braceros", trabajadores por contrato.

En el texto de Guerra hay dos enemigos, ajenos y extraños. Subrayando el doble peligro representado por el latifundio y por los problemas derivados de la imposible integración de los nuevos inmigrantes, él escribe: "Estamos en una encrucijada del destino. Hay que escoger. En Cuba, dentro de un cuarto de siglo más, vivirá el *latifundio* o vivirá la República. El pueblo cubano tendrá tierra e independencia, o las habrá perdido juntamente".[578] La modernidad azucarera amenazaba con destruir los cimientos hispano-criollos de la nación. Guerra lo articula de manera alegórica. A través de una lectura de la figura mitológica de

---

576 *Ibid.*, p. 4.

577 *Azúcar y población*, p. 76. Cito siempre de la primera edición de 1927. Guerra añade: "De igual manera que en un campo se derriban las cercas, se borran los linderos y se arrancan las plantas y yerbas de raíz dejando el terreno limpio y expedito para nuevas labores y distintos cultivos, el latifundio acaba con todo lo que en cuatro siglos se fundó en Cuba, reduciéndonos a un inmenso campo de producción de azúcar a bajo precio."

578 *Ibid.*, p. 143.

Anteo, le confiere una dimensión especial a la propuesta y anuncia la posibilidad del fin de la historia cubana. Anteo y la tierra encarnarían la unidad totalizante: "Cada vez que Anteo tocaba con su cuerpo en su madre divina, la tierra le devolvía las fuerzas y le reanimaba. En la lucha contra el latifundio, el pueblo cubano representa a Anteo. Firmes en la posesión de la tierra patria, seremos invencibles; si el latifundio acaba su obra de separarnos de ella estaremos irremisiblemente perdidos".[579]

En sus interpretaciones históricas, Guerra le imprime continuamente a la tierra un carácter sacramental, y hay una constante celebración de los hacendados criollos, protagonistas privilegiados de la narrativa que él construye. Pudo esbozar, en forma simultánea, las líneas de una historia intelectual y una historia de la tierra. Los criollos trajeron las letras y la modernidad, las reformas y —es parte clave de su discurso— la inmigración blanca. Los "otros", descendientes de los africanos, no podían integrarse en la misma genealogía, y quedan fuera de la historia. Los criollos dieron existencia a un nuevo mundo público; sobre el escenario de la tierra se edificó la *civilización*. Todo ello es narrado por Guerra como acontecimientos prometeicos:

> En efecto, los hacendados cubanos de la primera mitad del siglo promovieron en grandísima parte no sólo el desarrollo de la riqueza propia, sino el adelanto general del país.
> Hacendados fueron, en su mayoría, los que trabajaron con gran tesón en la Sociedad Económica y en la Junta de Fomento; hacendados fueron los que lograron que el Padre Varela y Saco, para responder a las exigencias de la industria azucarera, iniciasen en Cuba la enseñanza de la Física y de la Química; hacendados fueron los que trajeron al químico Casaseca y los que fundaron nuestro primer jardín botánico y nuestra primera escuela de agricultura; fueron hacendados los que además de traer la maquinaria de vapor aplicada a los trapiches, organizaron, como hemos dicho, nuestras primeras empresas ferroviarias de servicio público, y fueron hacendados también, finalmente, los que, además de gestionar y patrocinar todas la reformas de carácter económico, social y político

---

579 *Idem.*

introducidas en Cuba en las dos primeras décadas del siglo, abogaron enérgicamente por la inmigración y colonización blanca, sin que muchos de ellos, los de más enérgico y elevado espíritu, cejasen en su empeño a pesar de las amenazas y las calumnias de los negreros, contrabandistas de esclavos, en provechosas relaciones generalmente con las autoridades superiores de la Colonia.[580]

La inclusión celebratoria de los criollos ilustrados se da junto con la exclusión de lo afro-cubano. El discurso nacional en *Azúcar y población* gira en torno a conceptos tácitos de inferioridad y superioridad, y a clasificaciones características del discurso racista. El ensayo comienza con una observación sobre la "superioridad" de las colonias españolas que muy pronto se convierte en una línea interpretativa: "Todas las Antillas que permanecieron en poder de España hasta el siglo XIX constituyen comunidades en las cuales predomina la población blanca, mientras que las colonizadas por otras naciones europeas se hallan casi exclusivamente habitadas por personas de raza negra, aún tratándose de territorios como Haití y Jamaica, poblados por blancos en un principio".[581]

---

580 *Ibid.*, pp. 53-54.

581 *Ibid.*, p. 7. Las tesis de Guerra fueron bien recibidas en sectores muy diversos del campo intelectual cubano. En la *Revista de Avance* (1927-1930), que jugó un importante papel en el reconocimiento de las culturas afroamericanas, se comenta favorablemente una conferencia suya en la Institución Hispano-Cubana de Cultura: "Los salarios impuestos por los nuevos dueños restringen la inmigración española, y favorecen en cambio la de otras razas, espoleadas en su propio país. La sustitución del nativo o del inmigrante blanco por el negro extranjero es, con el de la pérdida del suelo, uno de los graves problemas nuestros", I, 1, 30 de noviembre de 1927, p. 87. Estas mismas nociones se reiteran en 1929: "El ennegrecimiento de Cuba —lo que vale decir su lenta decadencia, su segura ruina intelectual— vuelve a ser tema frecuente de comentaristas extranjeros. Como un aspecto del problema antillano se sigue estudiando el estado creado en nuestras provincias orientales por la numerosa inmigración negra —jamaiquina y haitiana— semiesclavizada en el servicio del latifundio yanqui. [...] Si el haitiano y el jamaiquino fuesen intelectual y espiritualmente avanzados, no nos entristecería su importación y menos el tratamiento igualitario que entre nosotros se les diera. No es precisamente la negrura de la piel la que nos estorba", III, 39, octubre de 1929, pp. 287-288.

Esta afirmación asume inmediatamente un valor especial vinculado con la *civilización* y el *progreso*: "Sólo España aparece fundando colonias de un tipo de organización social y económica superior, llamadas a constituirse naciones independientes y progresistas, en todas las tierras bañadas por el Caribe".[582] No es menos significativo el hecho de que para Guerra la importación de trabajadores del Caribe angloparlante y Haití fuera un proceso perturbador que amenazaba detener el desarrollo de la *civilización* y la nacionalidad.

La postura negativa sobre los braceros es una de las tesis centrales de *Azúcar y población*: Guerra invoca el riesgo de esta inmigración que, según él, puede tener el efecto de corroer la nacionalidad. El Otro, esencialmente, se distingue por su raza y por su condición de bracero. La discriminación abierta está censurada en la nación imaginada por Guerra, pero el lector puede advertir con frecuencia su hostilidad hacia los trabajadores negros. Para evitar los efectos catastróficos de una inmigración que, según Guerra, alteraba el mapa étnico y cultural del país, no vaciló en proponer que se cerrasen las puertas a los que no podían participar de una cultura nacional: "O [Cuba] aspira a continuar siendo una nación culta y progresista, o se resigna al porvenir de una colonia de plantaciones, renegando de su historia, de su presente y de sus ideales. O Barbados o Canadá. Si se decide por el segundo extremo, debe cerrarse la puerta al obrero contratado a bajo precio, punto de apoyo formidable del latifundismo".[583]

---

[582] *Azúcar y población*, p. 8. Nótese la semejanza entre este planteo de Guerra y la concepción igualmente racista de Menéndez Pelayo comentada en el primer capítulo. Detrás está siempre el fantasma de la Revolución haitiana. Véase el volumen *The Impact of the Haitian Revolution in the Atlantic World*, editado por David P. Geggus, citado antes. Para una historia distinta de la complejidad en el Caribe colombiano, casi nunca tratada por los intelectuales antillanos, véase el excelente libro de Alfonso Múnera *El fracaso de la nación: región, clase y raza en el Caribe colombiano (1717-1810)*, citado antes. Véase también, para Martinica y las tensiones raciales y políticas, la indispensable *Frantz Fanon, a Biography*, de David Macey, sobre todo el segundo capítulo, "Native Son", pp. 31-71.

[583] *Ibid.*, p. 139. En el discurso binario de Guerra nunca se reconoce la tradición de los sucesivos exilios cubanos en los Estados Unidos. Véase, de Gerald Poyo,

El discurso nacional trata de romper —como afirma Chatterjee— con el esencialismo de la visión imperial, pero muchas veces termina reproduciendo sus paradigmas y estereotipos, así como sus formas de exclusión. En la narración de Guerra hay un intento permanente de situar el proceso de formación nacional en el marco del nuevo saber de la "historia económica"; pero el texto gira continuamente hacia los "peligros" de la inmigración negra. La xenofobia entra en contradicción con el "saber" científico y con la escueta realidad fáctica de las estadísticas proclamadas desde el título del libro. La "raza" es central, y el argumento último de Guerra —y su voz paternal— más bien dice lo contrario de lo que él quiere que diga. Para él, los terratenientes criollos *blancos* son la vértebra que articula el mundo cubano; haitianos y jamaiquinos aparecen plagados de estereotipos negativos. La nacionalidad cubana tendrá que defenderse de su "contrario", es decir, de los africanos y sus descendientes, si quiere evitar un "retroceso" en las formas de su cultura. Guerra traza dos historias paralelas: la de Cuba y la de su contraejemplo, el "caso de Barbados", para demostrar que Cuba sí tiene la cualidad necesaria para mantener una estirpe y para formar una comunidad. Una vez sentada la *diferencia*, se distingue claramente entre una cultura nacional "auténtica" y una "falsa". Guerra quería marcar la infranqueable distancia que hay entre Cuba y Barbados —el "contraste entre dos destinos"— uno que llevaba a la nacionalidad, y el otro a la colonia de plantaciones. Sobre esta inversión valorativa se levantará su historia.[584]

With All and for the Good of All: The Emergence of Popular Nationalism in the Cuban Communities of the United States, 1848-1898. Extraordinariamente rico y documentado en ese sentido es el libro de Louis A. Pérez *On Becoming Cuban: Identity, Nationality & Culture*. Pérez destaca la importancia de la vida militar, el cine, la música, la publicidad, el béisbol, entre muchos otros contactos decisivos —y conflictivos— con los Estados Unidos.

[584] En esto coincidía con la tradición racista del siglo XIX que ha estudiado Raúl Cepero Bonilla en su libro *Azúcar y abolición*. El libro de Aline Helg, *Our Rightful Share*, es indispensable para el contexto político y la discriminación racial que llevó a la sangrienta represión durante la guerra de 1912, ya bajo la República, contra el Partido Indepediente de Color. Por otra parte, en su útil *Racismo e inmigración en Cuba en el siglo XIX*, Consuelo Naranjo y Armando García llegan a la conclusión de que los proyectos de blanqueamiento de la

Apenas iniciada la lectura, se advierte cómo se va acentuando la necesidad de alejar al "otro" de la definición de la nacionalidad. Para hacerlo, Guerra se apoya continuamente en la "historia económica" y en el "espejo de Barbados". Podría postularse que los modelos historiográficos británicos le sirven fundamentalmente para atenuar la agresividad de su discurso racista, tradición de exclusión muy arraigada entre los letrados cubanos del siglo XIX.[585] Por ejemplo, cuando cita al historiador inglés Harlow y su explicación de la desaparición del trabajador blanco, afirma enfáticamente el carácter exclusivamente "social y económico" de su historia. Pero para el lector es perfectamente discernible la necesidad de trasladar el análisis precisamente a lo negado, es decir, a la raza. En realidad, recuerda las posturas y las definiciones de José Antonio Saco un siglo antes:

> Al principio, hubo necesidad de emplearlo [al trabajador blanco] todavía en los trabajos que exigían cierta habilidad manual o alguna eficiencia técnica, pero tan pronto cuando los esclavos se adiestraron en toda clase de oficios, el jornalero blanco tuvo que tomar el camino de la emigración. No se estaba frente a un problema de razas, sustituyendo una más fuerte y más adaptada a las condiciones del clima, a otra que carecía de esas ventajas, sino del empleo

---

sociedad cubana triunfaron: "[...] la puesta en marcha de estos proyectos de inmigración y colonización colmaron, al menos en parte, los deseos y necesidades de los hacendados y del gobierno que los potenció, y contribuyeron al blanqueamiento de la población y a su crecimiento", p. 180. El contraste que ofrece el ensayo de Jesse Hoffnung-Garskof, "The Migrations of Arturo Schomburg: Being *Antillano*, Negro, and Puerto Rican in New York, 1891-1938", citado en el primer capítulo, es notable. Narra la extraordinaria historia de Schomburg, un intelectual "negro", quien había sido militante de la sección Puerto Rico del Partido Revolucionario Cubano en Nueva York, y después de 1898, se convirtió en uno de los fundadores del archivo y la tradición afroamericana, y mostró gran interés en la historia española y caribeña.

585 Aquí tengo que referirme de nuevo al libro de Cepero Bonilla, *Azúcar y abolición*. Sobre todo, a su estudio de intelectuales importantes para Guerra, como lo fue Saco.

de un trabajador más barato en lugar de otro que devengaba mayor salario [...] El problema no era racial, sino social y económico.[586]

Uno de los lectores contemporáneos de Guerra fue el español Luis Araquistáin, cuyo libro, *La agonía antillana: el imperialismo yanqui en el Mar Caribe* (1928), fue muy leído y citado en Cuba y en Puerto Rico. Es un texto muy revelador que permite empezar a estudiar la recepción y la repercusión del libro de Guerra, y el diálogo entre intelectuales de la colonia y su antigua metrópoli.[587] Araquistáin narra su viaje por el

---

586 *Ibid.*, p. 22. Guerra sigue de cerca la interpretación del historiador británico Harlow, y parafrasea su *A History of Barbados: 1625-1685*. Harlow concluye que la esclavitud era inevitable: "[...] A populous British colony had become a settlement of African negroes, ruled by a small band of European overseers, nervous for their safety. Geographical conditions working through economic circumstance had prevented the permanent establishment of a white community. Here then, as in Australia and South Africa, a problem has emerged which is exercising the minds of all statesmen and students concerned with imperial development. Upon its solution the future of the Empire to a large degree depends. In tropical regions where the white man cannot himself perform manual work, the introduction of coloured labor is inevitable", *A History of Barbados: 1625-1685*, pp. 327-328, originalmente publicado en 1926 por Clarendon Press, Inglaterra. La visión imperial y racista de Harlow, no comentada por Guerra, es evidente. Para otra visión de la riqueza azucarera de Barbados y su caída, véase el ensayo de Richard D. Dunn "The Barbados Census of 1680: Profile of the Richest Colony in English America". Dunn demuestra que la avaricia de los propios hacendados creó su ruina.

587 Un ejemplo de la recepción favorable que tuvo su libro en Cuba es la nota que apareció en la *Revista de Avance* (1927-1930), que lo elogia como un libro antiimperialista: "Araquistáin precisa muy certeramente la motivación y los alcances del imperialismo norteamericano, señalando las dos necesidades yanquis a que responde: las derivadas de la estrategia naval (protección del Canal, control de las vías asiáticas) y las que se originan en el capitalismo del Norte. Esto no es nuevo. Manuel Ugarte y nuestro propio Marques Sterling nos habían dicho otro tanto. Pero conviene que se nos recuerde constantemente, a fin de contrarrestar el misticismo y la ingenuidad que suelen transir de amistosos deliquios la actitud cubana hacia 'nuestros vecinos del Norte'. Y si algo hemos de agradecerle muy hondamente a Araquistáin, es que haya sacrificado posibilidades de novedad y de sutilería literarias para reforzar, con

Caribe, y en la sección dedicada a Cuba prácticamente resume el libro de Guerra, publicado un año antes. Es más, le dedica capítulos enteros a la "africanización de Cuba", al "peligro negro", y al "espejo de Barbados". En su lectura de Guerra, el menosprecio racial es el centro: "la isla se está despoblando de emigración española, que es la única europea. Si dios y los yanquis —verdaderos dioses también— no lo remedian, aquella tierra será pronto tierra negra y amarilla, tierra de haitianos, jamaiquinos y chinos, los únicos que podrán habitarla [...] Esta es la gran tragedia racial de Cuba: su creciente africanización".[588]

La búsqueda de nuevos *comienzos* se volvía más urgente para Guerra, precisamente porque consideraba que el carácter de la nación cubana estaba en peligro. La unicidad e integridad de Cuba podían remontarse a sus *beginnings*, anteriores al sistema de plantaciones y al *latifundium*.

---

la autoridad de su talento observador y de su acuidad política, la conciencia de los peligros que nos amagan", II, 23, 15 de junio de 1928, p. 159.

588 *La agonía antillana*, pp. 183-184. Araquistáin, en su entusiasta resumen de Guerra, cuenta de nuevo el caso "ejemplar" de Barbados, y ve con claridad las connotaciones racialmente negativas del relato. Barbados es un contraejemplo necesario: "Se llevan negros de África para imponerles condiciones de trabajo que no soporta el primitivo europeo de Barbados. El blanco emigra arrojado por una competencia imposible y ya no podrá volver mientras domine en la isla el latifundio azucarero. Sólo quedan allí 15,000 señores y capataces y casi 200,000 negros, nominalmente libres, virtualmente esclavos. Se detiene el progreso político y social de la isla, que es sólo una factoría, un feudo colonial del capitalismo británico. El fenómeno se repite, con ligeras variantes, en las otras Antillas inglesas, holandesas, francesas. El latifundio despide al europeo y atrae al negro; enriquece a sus propietarios y depaupera a la inmensa mayoría de la población. Sólo las Antillas que fueron de España, y mientras lo fueron, se salvan de este proceso de decadencia histórica. Son las únicas donde se crea una conciencia de nacionalidad, gracias a las formas peculiares de la colonización española. Pero al cobrar su independencia o pasar a otros dominadores, se implanta en ellas el latifundismo, y un proceso análogo —hoy más incontrastable que nunca— empieza a estrangularlas. Esta es la tragedia que nos revela, con terrible patetismo, el libro de Ramiro Guerra, lleno de nobles y prudentes alarmas para su patria cubana", pp. 200-201. El término "africanización", sin embargo, desató una polémica en Cuba. Se puede consultar en el libro *Medicina y racismo en Cuba*, de Consuelo Naranjo y Armando García, pp. 126-130.

Sidney Mintz resume la narrativa de Guerra de la siguiente manera: "Cuba, como colonia española, tenía más carácter de nación que las colonias de las otras potencias europeas", gracias al desarrollo tardío de la plantación esclava.[589] Estos *beginnings*, siempre prestos a saltar a la memoria, facilitan la lucha de los cubanos contra el carácter subversivo del *latifundium*. Para Guerra, la nacionalidad se mezclaba con la propiedad; se trata de un nacionalismo fundado en un territorio específico y en su singular herencia *hispánica*. La cultura *nacional*, al menos como la entendía Guerra, podía degenerar, pero en el caso cubano el sentido de comunidad estaba firmemente arraigado en la transformación de la tierra, llevada a cabo por los propietarios. Vale la pena citar íntegramente el siguiente pasaje de *Azúcar y población*:

> [...] los primeros pobladores europeos de Cuba y sus descendientes fueron apropiándose, dividiéndose y cultivando el suelo de la Isla, llegando a crear una comunidad numerosa, firmemente arraigada en la tierra de donde obtenía el sustento, cuyos miembros se hallaban mejor adaptados que cualesquiera otros hombres de procedencia extranjera a las condiciones del ambiente natural y social. Esta comunidad cubana, formada en su inmensa mayoría por cultivadores y propietarios rurales, con la conciencia de su ser, de su existencia y de su personalidad, aspiró a la libertad política y luchó por alcanzarla, bajo el poder de España o fuera de éste, hasta constituirse en Estado independiente. Cuba existió como nación desde que el nativo, en mayoría abrumadora sobre el español peninsular, parceló el territorio de la Isla, lo poseyó como dueño, y lo labró y cultivó, teniendo, colectivamente, vida económica propia y distinta de la de España. Su autonomía económica fue el antecedente obligado de su autonomía espiritual y de su existencia política

---

589 *Sugar and Society in the Caribbean: an Economic History of Cuban Agriculture*. Cito de la introducción de Sidney Mintz (p. xxiv), a la traducción al inglés de *Azúcar y población* por Marjory M. Urquidi. La traducción es mía. Cabe, por supuesto, otra lectura de toda esta negación, como la que hace Nandy en sus libros, citados antes. Véase también el libro de Ranjana Khanna *Dark Continents: Psychoanalysis and Colonialism*.

independiente. El latifundismo es un proceso a la inversa: funde miles de parcelas en grandes unidades agrarias, desarraiga al cultivador del suelo, destruye la clase cubana de propietarios rurales y agricultores independientes, columna vertebral de la nación, y, finalmente, acaba con la autonomía económica nacional, para convertir la comunidad en una mera dependencia, en un simple satélite, en un taller de trabajo, al servicio de una metrópoli económica exterior.[590]

La historia anterior al *latifundio* es obra de ilustres *patricios*, cuya genealogía Guerra se encarga de trazar. Operaban en el dominio de la alta cultura, constituían un círculo ilustrado y heroico que defendía la autonomía y el progreso. Se exalta, además, la devoción a la familia, a la que se le otorgan matices nacionales. La historia para Guerra es la lucha por la posesión de la tierra y por los valores de la *civilización*. La continuidad de la familia se convirtió en un símbolo de la continuidad de la nación, en ecuación casi perfecta. Cada actividad, cada práctica de los patricios, apunta a algo, justo o valeroso. Es la vida humana vivida al óptimo:

> El agro cubano quedaba fuertemente constituido y Cuba contaba con miles de familias sólidamente organizadas, arraigadas en tierra propia, el cultivo y explotación de la cual dirigían personalmente, gente bien acomodada al medio, anhelosa de progreso, de autonomía política y de desempeñar en su país el papel preponderante a que le daban derecho su ilustración, su arraigo y su valer individual y colectivo.
>
> De esta clase de propietarios rurales surgieron los Aguilera, los Céspedes, los Maceo Osorio, los Figueredo, los Cisneros Betancourt, los Aldama, los Morales Lemus, los Frías, los Mazorra, los Alfonso, los Agramonte, los Echeverría, los Iznaga, toda esa larga serie de patricios ilustres que son los creadores de Cuba en lo económico, lo social y lo político, gente que trabajó, que viajó, que emprendió, que envió sus hijos a estudiar con Luz y Caballero, o en excelentes colegios de Francia y de Inglaterra, y que en la Sociedad

---

590 *Azúcar y población*, p. 76.

Económica, el Consulado de Agricultura, Industria y Comercio, la Junta de Fomento, la Junta de Información, la Revolución de Yara y el Partido Autonomista, realizó estupendos esfuerzos para asegurarle a Cuba las instituciones sociales y de gobierno y las libertades públicas que son el coronamiento de toda obra colectiva de progreso y de civilización.[591]

El narrador se sitúa explícitamente en esa tradición, con la esperanza de ser recordado. La misma apasionada defensa de los orígenes patricios queda corroborada veinte años más tarde en *Mudos testigos*, una "crónica" que Guerra publicó en 1948. Es un texto autobiográfico de capital importancia en el que la familia y la continuidad ideológica son emblematizados en los *árboles* fundadores, los "testigos" a los que alude el título, y en los espacios ocupados con anterioridad por los propietarios de las plantaciones de café, cuya historia familiar es también un modelo fundador de la nacionalidad cubana.[592] Los *árboles* proporcionan una poderosa metáfora conceptual destinada a dar forma a la relación de los miembros de la familia con sus "raíces" en la tierra. Son *árboles familiares* y sirven para establecer un nexo entre el linaje noble y el liderazgo cultural. Se trata de una prerrogativa hereditaria, una verdadera tabla de virtudes.

En la introducción a *Mudos testigos*, Guerra oponía la "historia social" a la "historia económica", e hizo una defensa de la imaginación, siguiendo de cerca —parafraseando— a su modelo británico, el historiador G. M. Trevelyan: "El incentivo de la historia social, como el de toda verdadera labor histórica, es cosa esencialmente de la imaginación [...] La verdad es el criterio del estudio histórico; pero el motivo determinante de éste, es esencialmente poético. Su poesía consiste en ser lo

---

591 *Ibid.*, pp. 47-48.

592 El viejo tropo del *árbol* remite por supuesto a la continuidad de las generaciones futuras, lo cual le interesa a Guerra, como veremos. Asimismo expresa el mito de la abundancia agrícola que aseguraba el territorio, el origen y la sucesión. Cito de la segunda edición, *Mudos testigos: crónica del ex-cafetal Jesús Nazareno*. Esta edición contiene una introducción de Moreno Fraginals.

real, lo verdadero".⁵⁹³ En *Mudos testigos* hay una utopía proyectada hacia el pasado: una Cuba original y pura, patriarcal, celebrada por el autor como la fuente de su propia autoridad. Desde la posición ventajosa de los *árboles*, el observador puede seguir los pasos de la gente en el suelo, los detalles del paisaje histórico y la clave para entender cómo un grupo puede lograr autoridad o hegemonía.

---

593 *Ibid.*, pp. 17 y 20. Resulta curioso que Guerra nacionalice, al traducirla, la "historia social británica" de Trevelyan; no creo que se haya estudiado esta relación como merece. Lo que sí resulta obvio es que Guerra traduce pasajes enteros de Trevelyan, sobre todo cuando éste defiende su poética historiográfica. Compárense, por ejemplo, los siguientes fragmentos. Trevelyan escribe: "[...] Our effort is not only to get what few glimpses we can of his intimate personality, but to reconstruct the whole fabric of each passing age, and see how it affected him; to get to know more in some respects than the dweller in the past himself knew about the conditions that enveloped and controlled his life. There is nothing that more divides civilized from semi-savage man than to be conscious of our forefathers as they really were, and bit by bit to reconstruct the mosaic of the long-forgotten past. To weigh the stars, or to make ships sail in the air or below the sea, is not a more astonishing and ennobling performance on the part of the human race in these latter days, than to know the course of events that had been long forgotten, and the true nature of men and women who were here before us", en *Illustrated English Social History*, p. xiii. Guerra parafrasea de la siguiente manera: "El esfuerzo del historiador consiste no sólo en captar algunos pocos rasgos de la íntima personalidad de cada antepasado. Debe reconstruir la fábrica completa de cada edad, y apreciar de qué manera y en qué medida la armazón de la misma afectó al antecesor que dentro de ella viviera; debe, en una palabra, llegar a conocer más de lo que ese antecesor conociera él mismo sobre las condiciones que rodearon y gobernaron su vida. Nada distingue más al hombre civilizado del semi-salvaje, opina Trevelyan, que tener conciencia de los antepasados tales como realmente fueron, conjuntamente con el empeño de reconstruir pieza a pieza, fragmento a fragmento, el cuadro completo de un ayer largamente olvidado. La labor de pesar las estrellas o de construir buques que navegan por los aires o en el profundo del mar, dice Trevelyan, no es más extraordinaria ni más ennoblecedora para la raza humana, en estos nuestros tiempos, que la de conocer el curso de los acontecimientos caídos de antiguo en el olvido, y el verdadero carácter y la manera de ser de los hombres y las mujeres que estuvieron aquí, en el sitio donde vivimos, antes que nosotros", en *Mudos testigos*, citado antes, pp. 19-20.

Con un procedimiento similar al de Pedreira —como veremos— en este texto la nación está concebida desde la óptica del *heredero*: el papel del historiador es actuar como depósito de la memoria colectiva y de los derechos históricos de la élite. Guerra registra minuciosamente un conjunto de acontecimientos, acuerdos y testamentos que se refieren a la tierra. Este espacio sagrado era el lugar de los antepasados, una tradición que se sustentaba en documentos legales (letrados), y que le merecía un respeto total, pues constituían sus *beginnings*. La nación se encuentra enunciada en formas jurídicas concretas. Los testamentos abarcan una buena parte del libro, y funcionan también como una metáfora legitimadora. El *árbol genealógico* es un emblema sagrado de los orígenes, y, a la vez, es garantía de la *natalidad*, tal y como la entendía Hanna Arendt. El atractivo de dicho emblema era a la vez simple y apremiante. Bajo su sombra, el narrador —el *heredero*— no podía ser desplazado:

> Al desaparecer los Valdés, los mudos testigos sobrevivientes iban a dar fe de la creación por ellos realizada, a contemplar nuevas y distintas cosas y a ser un vínculo espiritual y material entre el pasado muerto y los tiempos por venir, llenos de vida, pero también de dificultades, problemas y luchas. Esos mudos testigos eran la tradición del esfuerzo constructivo, materializada en el árbol benéfico que da sombra, brinda sus frutos y ofrece asilo a las aves y ramas para los nidos. Por lo demás, los cambios que iban a contemplar los mudos testigos se referirían, en último término, a aspectos relativamente secundarios. En el fondo, la misma inmutabilidad en la primordial función creadora de producir y producir, sin trazas de agotamiento, de la buena tierra de "Jesús Nazareno", en la cual hunde sus raíces, junto con los viejos y venerables mudos testigos, un nuevo arbolado lleno de vigor y lozanía, plantado en lo que va de siglo. Las generaciones pasan, la tierra nutridora y el sol, fuente de energía, permanecen.[594]

---

594 *Mudos testigos*, pp. 91-92. Medardo Vitier, comentando la obra de Guerra, escribe: "Las imágenes de los padres vuelven, se rehacen, para bendecir al hijo glorioso". Véase su artículo "Ramiro Guerra evoca", en *Valoraciones*, I, pp. 435-438.

VI

Agnes Heller nos ha recordado que las grandes narraciones históricas son modernas en la medida en que formulan una fuerte declaración de nuevos *principios*.[595] Es el caso de Pedreira. En el contexto de los intensos debates políticos generados por las luchas contra los monopolios azucareros norteamericanos, Pedreira, resumiendo las líneas discursivas establecidas en una encuesta de la revista *Índice*, formuló definiciones que expresaban la necesidad de "completar" la nación fragmentada.[596] Bloqueada y distorsionada, se trataba de una nación "incompleta" a consecuencia de los cambios producidos por la hegemonía norteamericana desde la invasión de 1898. Pedreira, cuando se dirige a sus lectores ideales, que en *Insularismo* se identifican como la *juventud letrada*, insiste en el derramamiento del sentido y en la urgencia política de fijarlo: "Téngase en cuenta que si es difícil definir a un solo hombre, por las múltiples facetas que entran en su personalidad, es mucho más difícil definir a un pueblo. La dificultad sube de punto cuando se intenta, como en este caso, definir un conjunto de seres que todavía no ha podido delinear a gusto su vida colectiva".[597] Como lo atestiguan numerosos comentarios, los lectores de *Insularismo* experimentaron un sentido de descubrimiento. Pedreira mismo hablaba desde la institución académica, que le daba un ámbito y un estatuto social.

Su ensayo generó lecturas que asumían las metáforas que organizaban el texto: el viaje, la *insularidad*, la infancia. Pedreira proponía un camino para salir de la agobiante *insularidad*, que él consideraba un

---

595 Agnes Heller, *Can Modernity Survive?*, p. 170.

596 La encuesta, ampliamente comentada por la crítica, se encuentra en la revista *Índice*, de cuya junta directiva Pedreira era miembro. Las preguntas de la encuesta eran las siguientes: "¿Cree usted que nuestra personalidad como pueblo está completamente definida? ¿Existe una manera de ser inconfundible y genuinamente puertorriqueña? ¿Cuáles son los signos definitorios de nuestro carácter colectivo?". Véase el número del 13 de mayo de 1929, p. 18. Cito por la edición facsimilar de *Índice* publicada en 1979.

597 Cito de la primera edición de *Insularismo: ensayos de interpretación puertorriqueña* (1934), p. 10. A continuación seguiré utilizando esta edición.

estigma. El término *insularismo* proporcionó muchas connotaciones, sobre todo negativas, y la base metafórica de un poderoso imaginario social e histórico: arrastraba toda una cadena compleja de conceptos. Ya Margot Arce de Vázquez se refirió al carácter equívoco del título, que conlleva, a la vez, "elogio y censura".[598] Lo *insular* se presenta como figura simbólica; está asociado a lo aislado, lo cerrado, lo amurallado, y al mismo tiempo, a la conciencia de la otredad. El título mismo era un emblema que le permitió a Pedreira abarcar una multiplicidad de sentidos. Generó también una cadena de tropos y un escenario. El intelectual es quien posee la "brújula" para el *viaje*; el país "navega a la deriva" ("navegamos al garete"), pero es posible llegar a buen "puerto".[599]

Importa señalar —para explorar las ramificaciones del título— algunos pasajes de la sección titulada "Nos coge el holandés", dedicada a la geografía y a la historia: "Aislamiento y pequeñez geográfica nos han condenado a vivir en sumisión perpetua, teniendo como única defensa no la agresión, sino la paciencia con que se han caracterizado nuestras muchas e inútiles protestas cívicas".[600] Las imágenes que predominan son de confinamiento geográfico, pero es evidente que en otro nivel también le sirven a Pedreira para elaborar un discurso sobre la histórica opresión colonial y sus consecuencias psicológicas y culturales. Resulta interesante que Pedreira se refiera al carácter "ficticio" de la vida puertorriqueña, a la falaz apariencia del mundo colonial, o su profundo letargo, como si se hubiese transformado en fantasmagoría: "Puerto Rico ha vivido ficticiamente una vida histórica, ajena a su naturaleza étnica, teniendo que reaccionar por acción refleja, en virtud de

---

[598] Véase su ensayo "Reflexión en torno a *Insularismo*", en *Impresiones: notas puertorriqueñas*, pp. 110-112.

[599] Muchas de las metáforas y alegorías que emplea Pedreira en *Insularismo* se encuentran ya en sus editoriales en la revista *Índice*. Véase, por ejemplo, la misma alegoría en el número del 13 de octubre de 1929, en el que Pedreira traza una síntesis de lo que será su misión en el libro: "Navegamos al garete, sueltas las velas de la inconsciencia a los volubles vientos norteños, sin rumbo fijo, por el proceloso mar de nuestros problemas [...]", p. 97.

[600] *Insularismo*, p. 166.

estímulos y acontecimientos que no nacieron en el fondo de nuestra conciencia colectiva".[601]

Hay que hacer hincapié en que uno de los acontecimientos decisivos al que se enfrenta la generación de Pedreira fue la imposición de la ciudadanía norteamericana a los puertorriqueños en 1917. A partir de entonces, como ha demostrado Efrén Rivera Ramos, en Puerto Rico la ciudadanía y la colonia han sido inseparables, lo cual supuso la apertura del debate sobre la *identidad* cultural y la agudización del debate político.[602] En la década de 1930 resultaba claro que, salvo los nacionalistas más radicales —a quienes Pedreira no nombra directamente—, la mayoría de los puertorriqueños no parecía dispuesta a desafiar el orden colonial. *Ciudadanía norteamericana* y *colonia* eran ya como las dos caras de la moneda, con la ausencia relativa de violencia, si se compara con otros territorios caribeños. La fuerza política de *Insularismo* residía precisamente, como veíamos en el primer capítulo, en la capacidad para asumir esa paradoja, en postularla como una *transición*.

Insularismo es un ensayo que tiene forma de relato y en el que el sujeto que narra interviene continuamente. A lo largo del ensayo, Pedreira orienta al lector sobre el género que practica y el modo de leerlo, es decir, lo guía hacia la recta interpretación del libro. Al comienzo de la sección "La brújula del tema", que es una presentación sintética del ensayo, escribe: "Al hacer una lectura de conjunto para escribir este prólogo, he notado que muchas ideas yerguen su muñón sin adquirir completo desarrollo. Están como semillas recién sembradas, esperando que el lector las haga reventar".[603] En la sección final, dedicada "a la juventud", recalca el carácter incitador del texto, y su pertenencia al género de la polémica: "Este ensayo no ha de entenderse como un dogma sino como una controversia".[604] La voluntad polémica es, pues, explícita. Si tomamos esa frase en sentido del género literario que trabaja Pedreira,

---

601 *Ibid.*, p. 167.

602 Véase el libro de Efrén Rivera Ramos *The Legal Construction of Identity: The Judicial and Social Legacy of American Colonialism in Puerto Rico*.

603 *Ibid.*, p. 18.

604 *Ibid.*, p. 216.

hay que subrayar las convenciones de la "polémica" como guía para leer el ensayo. El lector ideal tiene que asumir esa "controversia". En la década de 1930, las condiciones políticas y culturales para la polémica estaban dadas. Pedreira intervino enfrentándose explícita o tácitamente a otros discursos. Lo hizo con las armas de la ironía, con giros ricos en sus referencias al lenguaje coloquial, y, a veces, a la injuria.

Veamos ahora más de cerca el tropo del *viaje*, centro desde donde se construye el discurso. El *viaje* insular —discursivo y paradigmático— le permite mirar con perspectiva de espacio y de tiempo, abarcar el sentido histórico de la geografía. En esa metáfora, el libro es un navío y la escritura una aventura. Se trata de una travesía con escalas que permiten perspectivas temporales largas o cortas. A veces tiene todas las incógnitas de un viaje de ida. Otras, puesto que trata la memoria cultural, tiene visos de viaje de vuelta. El sentido último resulta cada vez más escondido y aparencial; nunca podrá ser suficientemente explorado. Además, en el interior del relato del *viaje* descrito en *Insularismo* se articulan breves relatos. Son historias que se van complementando entre sí. En ese esquema, por otra parte, hay figuras que son ambiguas, identidades que pueden ser confusas, y fronteras inciertas. De algunas escalas no sale un navío seguro de su destino, sino un buque casi fantasma.[605] Pero el letrado mantiene el rumbo y ordena los relatos secundarios y el principal,

---

605 Es muy probable que Pedreira tenga presente aquí el *topos* de la nave que sirvió de *incipit* a la *Revista Avance* (1927-1930) de Cuba, que estuvo en diálogo con la revista puertorriqueña *Índice*. Así se presenta *Avance*: "Pues, aunque el decirlo suene un poco enfático, zarpa esta embarcación con cierto brío heroico, dispuesta a hundirse, como tantas otras, si le soplase viento adverso; pero negada de antemano a todo patético remolque. Al fin y al cabo, su tripulación es escasa y todos, mal que bien, sabemos nadar. ¿Adónde va esta proa sencilla que dice '1927'? Si lo supiéramos, perdería todo gusto la aventura. El goce fecundo de la vida, dicen con razón que no está en la contemplación de los propósitos, sino en la gestión por conseguirlos. Vamos hacia un puerto —¿mítico? ¿incierto?— ideal de plenitud; hacia un espejismo tal vez de mejor ciudadanía, de hombría más cabal", año 1, 1, 15 de marzo de 1927, p. 1. La misma imagen se emplea en otros números. Es interesante también que se repita aquí el *topos* del naufragio, de gran tradición caribeña y al cual nos hemos referido al final del primer capítulo, tomando como punto de partida una imagen de Benítez Rojo.

como un rompecabezas. Su voz autorizada no permitirá que el lector se pierda; él orienta con su "brújula". El *insularismo* es una frontera, que puede ser una barrera, colocando lo puertorriqueño en una especie de tierra incógnita:

> El cinturón de mar que nos cerca y nos oprime va cerrando cada vez más el espectáculo universal y opera en nosotros un angostamiento de la visión estimativa, en proporción al ensanche de nuestro interés municipal. Imantados hacia adentro, atropellados en una densidad de población de 485 habitantes por milla cuadrada, vivimos impasibles, fundidos en nuestra abulia, creyéndonos el centro del mundo, empotrados en este rincón de las Antillas, lejos de todo ritmo hispanoamericano. Regidos por un perpetuo compás de espera, permanecemos en actitud interrogante, sin encontrar la orientación definitiva sobre la cual plasmar nuestras aspiraciones.[606]

Es interesante señalar que ya en la revista *Índice*, en 1931, Pedreira se había referido al "aislamiento espiritual que empequeñece nuestras iniciativas".[607] En uno de los apartes autobiográficos de *Insularismo*, él mismo se presenta como ejemplo del aislamiento, pues su infancia —sus *beginnings*— transcurrió lejos de la capital, que para él será uno de los pocos vínculos con el mundo: "Yo recuerdo mis años de muchachez, en un pueblo céntrico de la isla, en que venir a San Juan era un verdadero acontecimiento".[608] Desde esta perspectiva, conviene notar que Pedreira escribió

---

606 *Ibid.*, pp. 168-169.

607 El editorial se titula "La isla aislada": "Nuestra condición geográfica de isla parece haber trascendido del aspecto físico al aspecto moral. Nuestra insularidad gravita fatalmente sobre el sentido que vinculamos a las relaciones sociales. Por nuestra blanda dejadez, por nuestra voluntaria reclusión, por nuestro estrechante empeño fronterizador, vivimos, en lo espiritual, más aislados que, en lo físico, por la imposición ineluctable del proceso geológico. Y es el aislamiento espiritual, que ata nuestro empuje vital, y empequeñece nuestras iniciativas, y anquilosa nuestro pueblo en el marco estrecho del cuadrilátero en que vive [...]", *Índice*, julio de 1931, pp. 33-34.

608 *Insularismo*, pp. 161-162.

Insularismo después de sus viajes a Estados Unidos y a España, como si ya él mismo hubiera podido "romper las murallas". Marcó su distancia frente a la "democracia" como valor de la modernidad, pero se adhirió a las categorías de progreso y universalidad, igualmente modernas.

Insularismo expresa la necesidad de ser totalmente moderno y acercarse a los centros históricos del mundo, la necesidad de convertir la frontera en puente: "Romper las murallas de este aislamiento, para mirar en torno, es el deber de la juventud puertorriqueña".[609] El *heredero* intelectual puede perfeccionar un destino, realizar el legado liberal criollo, pero primero tiene que superar las barreras psicológicas e intelectuales simbolizadas en la figura de lo insular.[610] ¿Qué continuidad puede entonces establecerse? La única alternativa consiste en ensanchar, en romper el doble cerco espiritual y físico que mantenía excluida a la "condicionante minoría" a quien dirige su texto.[611] El *viaje* permitirá, además, construir otras fronteras sociales, raciales y sexuales. Para Pedreira, la actividad interpretativa era indispensable para encontrar un significado profundo. Postula la existencia de una verdad reprimida, que es posible recuperar, muy similar a aquella que revela el significado encubierto de un texto: "No basta haber observado la elaboración externa de los hechos; hay que ver por dentro el oculto espectáculo del alma colectiva".[612] Pero el narrador autorizado debe tener una comprensión previa del conjunto y de las partes. "Voy buscando, intuitivamente", afirma, "la significación oculta de los hechos que marcan la trayectoria recorrida por nuestra vida de pueblo". "Intentamos recoger", añade, subrayando las metáforas de profundidad, "los elementos

---

609 *Ibid.*, p. 170.

610 Conviene recordar que Nandy se refiere a una "segunda colonización", es decir, la que sobrevive al fin de los imperios. Para el estudio de los *herederos* de la dominación colonial, el marco establecido por Nandy es particularmente iluminador.

611 Véase la p. 37, allí escribe: "[...] Si esta condicionante minoría ha limpiado en nuestro territorio el camino de la inmortalidad para que pasen otros, ella ha de ser también la barbacana que dispare nuestros hombres egregios hacia el espacio universal".

612 *Ibid.*, p. 196.

dispersos que laten en el fondo de nuestra cultura, y sorprender los puntos culminantes de nuestra psicología colectiva".[613] Al igual que para Guerra, para Pedreira el final del *viaje* puede ser un retorno triunfante, un verdadero *recomienzo*: "Aunque hoy navegue a la deriva, nuestra personalidad no ha naufragado como creen algunos pesimistas".[614]

Por otra parte, Pedreira propuso la defensa de una "minoría selecta" y la reconstrucción del país contra el imperio de las corporaciones del azúcar. Lo mismo que Jorge Mañach en su ensayo *La crisis de la alta cultura en Cuba* (1925), se inspiró en Ortega y Gasset y se apropió de las nociones por él expresadas, así como en el debate iniciado por Spengler en su teorización de la "decadencia" y la posible renovación de la cultura. El énfasis programático de su crítica se evidencia con claridad en las páginas introductorias: "La amargura que pueda destilar este ensayo va saturada de esperanzas de renovación".[615] En *La decadencia de Occidente*, Spengler anunciaba ambiguamente el peligro del agotamiento histórico y la necesidad de establecer una nueva dirección más tecnológica que poética. Las palabras de Spengler resuenan en el texto de Pedreira: "Si bajo la influencia de este libro, algunos hombres de la nueva generación se dedican a la técnica en vez de al lirismo, a la marina en vez de a la pintura [...] harán lo que yo deseo".[616]

En el discurso nacional de Pedreira, hay una reivindicación material y espiritual que lleva a la crítica del Estado colonial, y a pensar en un nuevo Estado autónomo. El control del territorio constituía un problema central. Desde esa perspectiva, y al igual que Guerra, destacó la necesidad de defender a los propietarios criollos, es decir, al pequeño propietario, puesto que la tierra "por encima de la ley que limita su posesión a 500 acres, vuelve a una división mayoritaria, pero esta vez bajo una superlativa explotación de corporaciones absentistas, reponsable, entre otras cosas, por su dedicación monopolizadora, de la esclavitud

---

613 *Ibid.*, p. 10.

614 *Ibid.*, p. 115. Más adelante dice: "la transformación es responsable de la inestabilidad que hoy nos azora".

615 *Ibid.*, p. 12.

616 Oswald Spengler, *La decadencia de Occidente*, tomo 1, p. 73.

dietética en que hoy vive nuestro pueblo".[617] La perversión de la dependencia colonial aparece siempre en su texto en forma de oposiciones binarias. La estrategia retórica característica consistía en atenuar cada afirmación con la negación correspondiente. Es su modo polémico, que al mismo tiempo le da a su lenguaje la capacidad de apertura:

> Hablamos de nuestra tierra y la hemos vendido; nos llamamos Rico y somos pobres; la caña nos aniquila y nos da vida; el café queda constantemente amenazado por los ciclones y el tabaco por los compradores; podemos producirlo todo y ya importamos hasta la carne y los tomates; las corporaciones nos explotan y dan de comer al obrero; el absentismo se lleva nuestra riqueza y el país no tiene capital para substituirlo; se pelean dos idiomas y no podemos prescindir de ninguno.[618]

El territorio se convierte, pues, en estrategia de su discurso. ¿Qué forma toma entonces la historia nacional? Pedreira estableció un marco cronológico que le permitía la formulación de un "destino" histórico, un espacio de legitimación para sus héroes y, por último, la búsqueda de una salida. Su lenguaje es deliberadamente metafórico: se trata del "despertar" de Puerto Rico a la historia, *orígenes* que más adelante representa simbólicamente como una "infancia". La infancia será uno de los paradigmas persistentes en su versión de la historia, esencial a la coherencia del texto y a su concepción según la cual "el pueblo", pueril y dependiente, puede, no obstante, llegar a ser educado.[619] La posibilidad

---

617 *Ibid.*, pp. 49-50.

618 En la sección denominada "Tablero de ajedrez", p. 138.

619 Existe sin duda una larga tradición que representa al "pueblo" como inarticulado, en particular en la historiografía romántica. Lionel Gossman, al referirse a Michelet, escribe: "Es necesario señalar que Michelet nunca dudó que el pueblo tenía que ser dirigido, ni que sus libros debían ser escritos para él. Al igual que la naturaleza, o las mujeres, o el pasado, el pueblo era inarticulado, *infans*, y sólo podía lograr conciencia y expresión de sí a través de la mediación de quienes como Michelet eran a la vez uno de los suyos y estaban más

de saber algo sobre la historia como un todo reside precisamente en la periodización que organiza su relato:

> [...] los primeros tres siglos de historia constituyen nuestro período de lactancia. Desde la falda de la nación descubridora hicimos al mundo las primeras gracias. Luego empezamos a gatear y a recibir golpes; al empezar el siglo XIX dimos, con marcada dificultad, los primeros pasos en el campo de la cultura. Al perder la madre patria sus hijos americanos y al observar el carácter díscolo de nuestra hermana Cuba, para los españoles de allá nos convertimos, por nuestro buen comportamiento, en el *enfant gaté*, en el niño mimado de la escasa familia hispánica.[620]

Por otra parte, el paradigma *ascenso-caída*, recurrente en el texto, le permitió armar la "trama" del ensayo descubriendo el hilo que lo conduce y el peligro, para él, de la quiebra de la *tradición*. El movimiento ascendente de la "personalidad" de Puerto Rico quedó "interrumpido" en el año 1898. En una de sus declaraciones características, Pedreira exaltó el siglo XIX como un período progresivo en el que se afirmó el nacionalismo liberal, marcando el comienzo de una voluntad política. Pero, en el "tablero de ajedrez puertorriqueño", las piezas quedaron en 1898 abruptamente recolocadas. Pero el juego continúa. En el discurso nacional, se expresa simbólicamente un cambio de valores:

> En los momentos en que íbamos a iniciarnos en una nueva vida política la guerra hispanoamericana malogró el intento y nuestro natural desarrollo sufrió un síncope. De una polarización europea pasamos sin sentirlo a una polarización norteamericana. El Presidente McKinley dio un jaque mate al Rey de España, y el tablero de ajedrez puertorriqueño ha sentido desde entonces que sus piezas se mueven en otras direcciones. Entre estos dos estilos de vida

---

allá" (la traducción es mía). En su "Michelet and Romantic Historiography", en *Between History and Literature*, citado antes, p. 188.

620 *Insularismo*, p. 175.

nuestra personalidad se encuentra transeúnte, en acción pendularia, soltando y recogiendo, en un ir y venir buscando rumbo, como paloma en vuelo y sin reposo.[621]

En el relato de Pedreira se va diseñando una escena que sugiere el movimiento de los *nuevos comienzos* en los que se produce un tercero, que ya no es ni español ni norteamericano, sino puertorriqueño. Tres "momentos" le confieren significado a la historia que narra Pedreira. Así se establecen las bases para un proyecto de reconstrucción destinado a escapar al "período de transición" y a la dispersión que es la "crisis" del presente. La categoría de lo "transicional" e "inestable" es indispensable: la misma "inestabilidad", casi obsesiva, permite el movimiento y la energía para transformar el presente, que aparece como un interludio. Se trata de otra frontera: "Somos una generación fronteriza, batida entre un final y un comienzo, sin saber a dónde dirigir las requisiciones necesarias para habilitar nuestra responsabilidad".[622] Por otra parte, ese relato de *transición* resultaba muy atractivo. Pedreira elaboró un proyecto orientado al futuro que se alimentaba de la derrota política del imperio español. A la vez —y con ecos del proyecto que hemos examinado en la obra de Menéndez Pelayo— tenía que sustentarse en la autoridad cultural de lo hispánico. La "transición" ponía en marcha un movimiento que no tenía que llegar al final. Para decirlo con palabras de Hannah Arendt, "transitar" sugiere que es posible romper con la regularidad cíclica y repetitiva de la naturaleza y con el hiato de la secuencia temporal, para así actuar, en un momento en que "el final de lo viejo no es necesariamente el principio de lo nuevo".[623]

La historia para Pedreira constituye un intento por establecer un sentido en una sociedad cuya forma de vida concreta ha sido frustrada por tradiciones imperiales. Su canon interpretativo aparece en las primeras páginas, incorporando la noción de discontinuidad, pero implicando la esencial posibilidad final y concluyente. Pedreira elaboró una

---

621 *Ibid.*, pp. 99-100.

622 *Ibid.*, p. 218.

623 Véase *La vida del espíritu*, p. 438.

suerte de galería de espejos en la que existen duplicaciones, simetrías y contrastes que hacen posible el movimiento. La historia se articulará a través de la mediación de una conciencia privilegiada, el letrado capaz de articular el *telos* de la nación. En la periodización que ofreció, se mira siempre hacia adelante. Se abre hacia un ámbito futuro, que tiene, significativamente, el sentido de un *renacimiento*:

> Yo veo tres momentos supremos en el desarrollo de nuestro pueblo: el primero, de formación y acumulación pasiva; que empieza con el descubrimiento y la conquista y termina en los últimos años del siglo XVIII y primeros del XIX; el segundo, de despertar e iniciación, que empalma con el anterior y cierra con la guerra hispanoamericana; el tercero, de indecisión y transición en que estamos. Así pues, en el primer momento, no fuimos otra cosa que una fiel prolongación de la cultura hispánica; en el segundo empezamos a descubrir un ademán independiente dentro de aquella, y en el tercero hemos querido continuar su desarrollo, pero con la modificación de un nuevo gesto de la cultura occidental (el sajón) superpuesto a su crecimiento. No me interesa, por ahora, discutir el resultado de este último injerto sino señalar la discontinuidad de nuestra íntima evolución, que no llegó a madurar plenamente. Tuvimos nacimiento y crecimiento pero no renacimiento.[624]

Esa cronología le permitió narrar la "historia" de la tierra, de las letras y la vida política, subrayando siempre el paradigma *caída-ascensión*, impregnado a veces con la nostalgia de un paraíso perdido. Su "periodización" impone un orden que llega hasta el presente de 1934, dándole sentido a un proceso que desde 1898 se había llenado de incertidumbres y confusiones. Esto puede observarse, por ejemplo, en la importante sección que Pedreira dedica a la "tierra y su significado". Allí aborda, como lo hace Guerra en *Azúcar y población*, el problema de la exacción de la tierra, consecuencia del acoso llevado a cabo por las corporaciones azucareras. Constantemente, Pedreira opone un pasado ideal de pequeños hacendados a las grandes refinerías azucareras de su presente.

---

624 *Ibid.*, pp. 15-16.

Una vez más, aparecen los "tres momentos" que cubren los *orígenes* y la *decadencia*, que culminan en la destrucción del "pequeño propietario" y dan lugar a la "superlativa explotación por corporaciones absentistas". El latifundio es la caída. Como en Guerra, representa la *decadencia*:

> Es curioso notar que el aspecto económico de la tierra varía distintamente de acuerdo con los tres momentos en que dividimos el curso de nuestra historia. En el primero, pausado y unitario, los repartimientos y las encomiendas hacían de ella una vasta finca a medio cultivar, con un considerable margen inactivo de bosques, pastos, ciénagas y campos huraños. En el segundo, inquieto y decisivo, se fragmenta en abundantísimas parcelas en que el interés de los más aprovecha mejor su rendimiento con pequeños cultivos responsables de la mayor parte de nuestra dieta. Y en el tercero, indefinido y problemático, la tierra pierde su pequeño propietario [...][625]

Paralelamente, Pedreira enmarcó su narrativa en categorías raciales concebidas en términos binarios y declaradas sin titubeos, como se observa cuando tiene que nombrar lo híbrido, lo mestizo, el "grifo". A diferencia de Guerra, en cuyo texto la importancia de lo racial es tanto más obvia cuanto menos esté en el discurso, Pedreira enfrentó directamente la cuestión estableciendo diferencias y oposiciones. La mezcla racial era, para él, origen de "confusión", la alteridad máxima. Afirmó la debilidad de la "raza inferior", es decir, de la herencia africana en Puerto Rico, mientras que, en flagrante contraste, asociaba a los europeos y a sus descendientes con la *Razón* y la *civilización*. Ellos eran los dueños racionales de su propio destino, y encarnaban las categorías de progreso y libertad. Aunque Pedreira soslayó el problema de la esclavitud, hablaba de una "pugna biológica de fuerzas disgregantes y contrarias". Esa guerra envuelve y corroe el universo puertorriqueño. Pedreira

---

625 *Ibid.*, pp. 49-50. La "cronología", digamos entre paréntesis, es otra estrategia textual, y tiene más importancia como expresión del tiempo de la representación cultural y con la escritura, que con los "hechos" históricos. Este interesante problema ha sido estudiado por Bhabha en su ensayo "DissemiNation...", citado antes.

insistía, sosteniendo que luchan en el mestizo "dos razas antagónicas de difícil conjugación y opuesta cultura". En ellos coexisten —pelean, enconadamente— dos razas: "una, que es la superior, y la otra que es la inferior". Una, podría decirse, constituye la desconstrucción de la otra. En términos hegelianos, Pedreira reconoce en el mestizo la dialéctica del amo y del esclavo. Entre ambas razas, agrega, "mediaba la distancia que separa al hombre libre del esclavo, al civilizado del bárbaro, al europeo del africano".[626] El mestizo, sobre todo, es amenazante; su "bajeza" le impide reconocer la nobleza de los superiores:

> En estos casos indecisos el atavismo trabaja tan lentamente que nadie puede sospechar la existencia de una guerra civil biológica en determinados miembros del árbol genealógico. He aquí el *no man's land* de nuestra vida social y una nueva razón para mantener en beneficio de todos una diplomática cordialidad.[627]

Es importante recalcar que esta ideología racial se corresponde siempre con la dicotomía *civilización* y *barbarie*. Puede ser leída también como dos esferas radicalmente antitéticas: cuerpo-espíritu, inocencia y corrupción, decisión y sumisión. Desde esta perspectiva, la *barbarie* constituía una amenaza potencial que podía destruir el tejido de las virtudes de la sociedad ilustrada. El papel de la crítica intelectual, en la práctica de Pedreira —como en la de Guerra y Sánchez—, consiste en exponer todos los deterioros morales y las falsas apariencias creadas por la amenaza de heterogeneidad y discontinuidad.

En la alegoría de la identidad nacional, elaborada en *Insularismo*, no todo merece ser "integrado", y no todos tienen derecho a la ciudadanía. La "raza inferior" es una fuerza "disgregante" que amenaza con su nihilismo destructivo; sólo suscita resentimiento y está atravesada por el "otro". El "heroísmo", es decir, el coraje y la audacia, provienen de la

---

626 *Ibid.*, pp. 22 y 24. Para un recorrido muy incisivo en torno al debate "racial", y su silenciamiento, en la cultura puertorriqueña, véase el trabajo de Juan Giusti "AfroPuertoRican Cultural Studies Beyond *cultura negroide* and *antillanismo*".

627 *Ibid.*, p. 28.

"sangre europea", de los representantes de la Razón y el orden en medio del caos. Eran los agentes de la reforma intelectual y moral, y, por consiguiente, podían ser los sujetos de los nuevos *comienzos*. La "indecisión" proviene de la "sangre africana" que los escritos de Pedreira —como los de Guerra y Sánchez— desaprueban en forma incesante. Lo "africano" es una figura grotesca que encarna lo inacabado y lo indefinible, y por lo tanto representa la amenaza de discontinuidad. Los descendientes de los africanos no tienen capacidad de expresión intelectual o espiritual; sólo se dedican al disimulo y a las más escrupulosas manipulaciones. Como ha señalado certeramente David Goldberg, la historia del racismo se puede leer en las reinterpretaciones conceptuales, que pueden ser biológicas o sociales.[628] En Pedreira se representa discursivamente en términos de la coexistencia conflictiva del esclavo y del amo:

> En el fondo de nuestra población encontraremos sin ardoroso empeño una pugna biológica de fuerzas disgregantes y contrarias que han retardado la formación definitiva de nuestros modos de pueblo. El señor y el peón que viven en nosotros no logran limar sus asperezas y aparejamos a nuestra condición de amos la triste situación de inquilinos perpetuos. La firmeza y la voluntad del europeo retienen a su lado la duda y el resentimiento del africano. Y en los momentos más graves nuestras decisiones vacilan en un ir y venir sin reposo buscando su acomodo. Nuestras rebeldías son momentáneas; nuestra docilidad permanente. En instantes de trascendencia histórica en que afloran en nuestros gestos los ritmos marciales de la sangre europea somos capaces de las más altas empresas y de los más forzados heroísmos. Pero cuando el gesto viene empapado de oleadas de sangre africana quedamos indecisos, como embobados

---

[628] Véase el ensayo de David Theo Goldberg "The Social Formation of Racist Discourse", pp. 295-318, en el libro editado por él mismo, *Anatomy of Racism*. Goldberg sitúa el problema en un campo discursivo, lo cual le permite incluir expresiones verbales, epítetos, etc. El modo de expresión racista puede ser científico, religioso, cultural, burocrático, o legalista. Véase también el ensayo de Cornel West "A Genealogy of Modern Racism", en su *Prophesy Deliverance!: An Afro-american Revolutionary Christianity*, pp. 47-68.

ante las cuentas de colores o amedrentados ante la visión cinemática de brujas y fantasmas.[629]

En estrecha relación con esas consideraciones racistas, es importante destacar cómo Pedreira plantea los peligros de la democracia. En *Insularismo*, estableció la identidad y legitimidad de los letrados, "los mejores hombres". Los héroes de su historia están siempre amenazados por los "ineptos" y por su destrucción nihilista de todas las pautas y valores morales. Captamos aquí los ecos de Ortega y Gasset, de Spengler, de Guerra y Sánchez y de Mañach. En un capítulo denominado significativamente "Intermezzo: una nave al garete" —Pedreira sostiene sus figuras metafóricas— comenta lo que a juicio suyo es el empobrecimiento de la cultura: "La vida se nos corrompe dentro de un sólido utilitarismo, y la cultura ha perdido sus mejores categorías por la plebeya depauperación intelectual a que la ha sometido la vulgaridad del presente".[630] Los "ineptos", sin norma ni ley, y dominados por la necesidad y la democracia, amenazan con destruir las tradiciones de la élite cultivada: "La democracia, en crisis hoy en la mayor parte del mundo, ha establecido normas para beneficiar a los ineptos y regatear sus fervores a los inteligentes [...] La democratización de la enseñanza pública provee para las mayorías sin amparar proporcionalmente a las minorías que se ven obligadas a rebajar sus aptitudes".[631] Sólo los "hombres importantes",

---

[629] *Insularismo*, p. 29. Para una discusión de las ideologías raciales en el ensayo hispanoamericano en el contexto de la tradición positivista, véase, de Stabb, *In Quest of Identity*, citado antes, en especial los capítulos 2, "The Sick Continent and its Diagnosticians", y 3, "The Revolt Against Scientism", pp. 13-57. Véase también el excelente ensayo de Charles A. Hale, "Political and Social Ideas", en *Latin America: Economy and Society, 1870-1930*, pp. 225-229. También el libro de Nancy Leys Stepan *"The Hour of Eugenics": Gender, Race, and Nation in Latin America*.

[630] *Insularismo*, p. 115.

[631] *Ibid.*, pp. 106-107. Lo mismo está presente, como veremos, en el proyecto de Fernando Ortiz, aunque asume otras formas.

como había proclamado Spengler, podían sentir el movimiento de la historia, mientras que el "hombre vulgar" vive en la pura superficie.[632]

El temor a las "mayorías" hoscas y extrañas, y la necesidad de aferrarse a una minoría dirigente, con capas profesionales modernas, son constantes en los textos de Pedreira. Hay una segregación social muy clara en su discurso. La educación, no la democracia, aparece como la única alternativa viable. Las mayorías tendrán que aceptar los valores y la dirección de una brillante minoría intelectual, es decir, reconocer su autoridad y su capacidad de generar mediaciones y consensos. En la construcción de *beginnings* de Guerra y Pedreira, no se dirime tanto el conocimiento de un pasado como la constitución de un futuro. Ambos entendían la educación como una forma de disciplinamiento social que interesa neurálgicamente a la formación del Estado moderno.

Pedreira, como era de esperar, dedicó toda una sección a narrar detenidamente la historia literaria con el fin de "organizarla" y de defender la noción misma de las literaturas "nacionales". La sección titulada "Alarde y expresión", la última del capítulo "Biología, Geografía, Alma", es, entre otras cosas, el esbozo de un programa para una literatura nacional y de un archivo que la sustente, un heterogéneo conjunto de textos. En la palabra "expresión" hay claros ecos de los *Seis ensayos en busca de nuestra expresión* de Henríquez Ureña, a quien cita. Pedreira presenta los materiales, incluyendo textos que podían adquirir el estatuto de lo literario, y propone sus lecturas.

Es otro *viaje*, un viaje de descubrimiento de que "todo está por hacer": "Vamos a caminar por un campo de niebla, enmarañado y perdido, que aún desconoce la aventura crítica de los exploradores".[633]

---

[632] Véase *La decadencia de Occidente*, citado antes, tomo 1, pp. 187 y siguientes. Asimismo, véase el ensayo de Roberto Calasso, "Una decadencia que no termina jamás", incluido en su libro *Los cuarenta y nueve escalones*, pp. 282-285. Calasso explica la popularidad de Spengler por su agresiva crítica del liberalismo, y caracteriza el libro de la siguiente manera: "Un gigantesco y agrio panfleto contra el mundo moderno", p. 284. Habría que tomarlo en cuenta para reconstruir las lecturas de Spengler en el Caribe.

[633] *Insularismo*, p. 54.

Implícita en la palabra "alma" hay una concepción de la literatura y su función simbólica. La "guerra civil" que había narrado en la "biología", y las grandes limitaciones de la "geografía", describen un mundo tensionado por fracturas raciales y culturales. Esas imposibilidades podrán ser superadas por el "alma". La palabra que nombra la espiritualidad. Pedreira es explícito en lo que se refiere a la necesidad de construir esos *beginnings*: "La falta de archivos, bibliotecas y museos que orienten con aportaciones iniciales la tarea del investigador ha sido una barrera formidable para ordenar y valorar nuestra inviolada producción literaria".[634] Es un modo idóneo para pensar la *tradición* a la vez que diseña un tipo de lector, masculino, que será el modelo de una nueva élite intelectual.

Pedreira construye el archivo (recordemos, con Derrida, que *archivo* es también mandato), narra el desarrollo de esa literatura que a su vez le permitía configurar narrativamente el pasado y describir un mapa de ordenación ideal de sujetos que son sus precursores. "Alarde y expresión" no tendrá la formulación intempestiva y polémica de las primeras dos secciones del capítulo, en las que continuamente habla de la dependencia del medio geográfico, de las costumbres y del carácter de los habitantes. Aquí la poética conservadora de Pedreira decide por supuesto la ordenación y actualización selectiva. Afirmar una y otra vez la legitimidad de lo que podría llamarse una "literatura nacional" era afirmar su propio linaje con un imaginario que insistía en la *natalidad*. De hecho, Pedreira se refiere a la "época de navidad".[635] Es también el camino que le proponía a sus destinatarios.

Los héroes de Pedreira son los hombres representativos, los autonomistas y abolicionistas liberales del siglo XIX, a quienes propuso como

---

634 *Ibid.*

635 Cuando se refiere a los poetas contemporáneos Evaristo Ribera Chevremont, Lloréns Torres y Luis Palés Matos, escribe: "Estas tres expresiones de nuestra personalidad colectiva nos limpian con su esfuerzo el porvenir del arte literario. Si en vez de época funeraria fuera la nuestra de navidad, tendríamos a mano la mirra, el incienso y el oro para ofrendar al niño", *ibid.*, p. 73. El énfasis de Pedreira está siempre en ese futuro que se abre o se organiza mediante la acción y la escritura.

modelos, pese a su florecimiento relativamente breve. Ellos son representativos de las necesidades, intereses y aspiraciones de una élite capaz de desempeñar un papel dirigente mediante la negociación y el discurso. Sus ideales pueden ser realizados más por la persuasión que por la fuerza. Fundamentalmente, son ellos quienes encarnan las virtudes deseadas y, a la vez, los mecanismos de legitimación, a los cuales necesariamente Pedreira debe referirse para construir su propia identidad y autoridad. "Cuando me pregunto por la honradez patriótica, señalo en primer lugar a Baldorioty; cuando busco un carácter lo encuentro en Ruiz Belvis o en Betances; una mente filosófica: Matienzo o López Landrón; un periodista: Brau o Muñoz Rivera [...]".[636] Ésa será la base de la posible continuidad letrada, su horizonte moral, lo que en la revista *Índice* acaso el mismo Pedreira llamó la "santa continuación".[637]

Junto con esos hombres, las mujeres representan un maléfico poder. Según la división sexual del trabajo que propone Pedreira, las mujeres "debieran preocuparse en formar las verdaderas amas de casa que aquí necesitamos". Para él, el espacio público estaba reservado para el hombre. La mujer debía concentrarse en el interior de la familia: "las

---

636 *Ibid.*, pp. 36-37. Es muy útil la lectura que hace Miriam Jiménez Román en "Un hombre (negro) del pueblo: José Celso Barbosa and the Puerto Rican 'Race' Toward Whiteness", en el que estudia el contexto intelectual y los escritos del letrado afropuertorriqueño José Celso Barbosa, sobre quien Pedreira escribió un ensayo elogioso, titulado *Un hombre del pueblo* (1937).

637 En uno de los editoriales de *Índice* se acentuaba la necesidad de *comienzos* y su validación a través de la *tradición*: "Es inquietud de gente moza el anhelo de comenzar la historia. Para reconstruir el mundo con arreglo a privativos módulos de expresión, parece tarea más fácil ignorar los esfuerzos precedentes [...] Porque historia es continuación, santa continuación de vida. No mecánica reiteración de actitudes, ni vigencia de iguales normas bajo circunstancias divergentes, ni brusca sacudida, ni repentino empezar, sino avance evolutivo, empeño ascencional, realización pausada del espíritu en la cultura: uno el espíritu; la cultura, varía en ritmo y expresión. Ingenua tarea la de comenzar la vida. Continuarla, sí. [...] Cultura es sujeción a un pasado vivo. Y no realizará obra de cultural empeño quien desconozca las directrices vitales de la tradición, porque la fábrica erguirá su recia arquitectura sobre el basamento granítico que construyeron generaciones idas", en *Índice*, año I, núm. 6, 13 de septiembre, 1929, p. 83.

exigencias de la vida pública no deben malograr a la ama de casa ni rebajar a un segundo término la atención que en todo momento se debe a la economía doméstica".[638] Pedreira lamentaba, sobre todo, la "invasión" femenina en el espacio educativo: "Otro asunto de lamentable virginidad entre nosotros es el peligroso acaparamiento por parte de la mujer de las faenas escolares".[639] Las mujeres están fuera de "su lugar" pertinente, y por tanto también representan al "enemigo". Pedreira temía su influencia en la esfera pública, y, más aún, quizás a una sexualidad poco disciplinada. Según él, las mujeres poseían educación pero carecían tanto de profundidad emocional como de rigor intelectual, y, peor, se habían apropiado de una función que correspondía a los hombres. Era preferible que los hombres se encargaran de la educación. Lo dice de forma tajante: "[...] Hay en los hombres una manera peculiar de enfrentarse a la vida, de chocar con ella, de situarse frente a las cosas, que influye distintamente en el carácter en formación del educando".[640]

Su visión sexual de la realidad, como en el *Ariel* de Rodó, se manifiesta sobre todo en su lenguaje y sus metáforas, y atraviesa el ensayo como un motivo recurrente. Podemos ver un ejemplo ilustrativo cuando se lamenta del empobrecimiento de las maderas autóctonas: "Los árboles más vigorosos y machos de nuestro suelo han cedido su puesto a otros más femeninos y ornamentales, como el pino y el ciprés".[641] Resulta curioso

---

638 *Insularismo*, p. 135.

639 *Ibid.*, p. 133.

640 *Ibid.* Véanse los pasajes pertinentes en pp. 132-137 (la cita está en la p. 134). Sería interesante seguir con más detalle el lugar de la mujer y lo "femenino" en el discurso de Pedreira, en especial la vinculación de las mujeres con la cultura de masas, mientras que la "auténtica" cultura seguía siendo una prerrogativa masculina. Véase, en ese contexto, Andreas Huyssen, "Mass Culture as Woman: Modernism's Other", en *After the Great Divide*, pp. 44-62. En este sentido es también iluminador el libro de Nandy, *The Intimate Enemy*, que plantea la compleja relación entre los saberes del mundo colonial con la sexualidad, en particular las definiciones de lo "masculino" y lo "femenino" en el contexto imperial, sobre todo en las pp. 4-11, y en pp. 110-116.

641 *Insularismo*, p. 42. En los últimos años se han publicado muchos y buenos trabajos sobre la mujer en la sociedad puertorriqueña que permitirían trazar

que en la recepción de *Insularismo*, algunas escritoras, como Concha Meléndez y Nilita Vientós Gastón, celebraron el libro y no sintieron la necesidad de comentar los pasajes que Pedreira dedica a la mujer.[642] Una excepción fue Margot Arce de Vázquez, quien sí expresó su discrepancia crítica frente a la concepción de la mujer de Pedreira: "Quiero y debo advertir que el juicio del autor sobre la mujer recoge muchos de los ingenuos prejuicios del siglo XIX [...] Resulta inexplicable que Pedreira haya dejado sobre la mujer palabras que más parecen un alarde de ingenio snob que una estimación desapasionada y ecuánime".[643]

Pedreira fundó su autoridad en la función mediadora del *heredero* ilustrado: su orden es paternalista, pero al servicio del desarrollo científico y técnico en la esfera política pública. Su juicio crítico, negativo, estaba destinado a contribuir a la constitución de un nuevo espacio para el liderazgo político e intelectual en el que fuera posible librar a los puertorriqueños de los fantasmas de su historia. Les correspondía a los *herederos* afirmar la posibilidad de transformación, ordenar —es otro de sus tropos— el "rompecabezas". En la sección titulada "Afirmación puertorriqueña" encontró su fin y propósito, y formuló su respuesta: "[...] existe el alma puertorriqueña disgregada, dispersa, en potencia, luminosa, fragmentada como un rompecabezas doloroso que no ha gozado nunca de su integralidad. La hemos empezado a crear en el último siglo de nuestra historia, pero azares del destino político nos

---

otro mapa de los contextos y de la intensidad de los debates intelectuales, y, de hecho, para la historia de la educación. Véase la bibliografía.

642 Véase, por ejemplo, la reseña de Nilita Vientós Gastón en la *Revista de la Asociación de Mujeres Graduadas*. Allí afirma: "Ninguna obra de la literatura puertorriqueña merece ser mejor leída, comentada, analizada y comprendida que *Insularismo*", p. 17. Concha Meléndez, en otra reseña aparecida en la *Revista Hispánica Moderna*, escribe: "Con *Insularismo*, Pedreira se ha incorporado a esa juventud de Hispanoamérica que, como Juan Marinello y Jorge Mañach en Cuba, Abreu Gómez y Ramos en México, Mariátegui y Luis Alberto Sánchez en el Perú, bucea en el medio de sus nacionalidades respectivas", pp. 269-270.

643 Véase esta importante refutación en su ensayo, incluido en *Impresiones*, citado antes, pp. 115-116.

impidieron prolongar hasta hoy el mismo derrotero".[644] Naturalmente, por encima de las incertidumbres, el intelectual se sentía llamado a denunciar el obstáculo que representaba el régimen colonial. Pedreira lo afirma de manera enfática en la páginas más explícitamente políticas del ensayo. No vaciló en afirmar lo que sentía: "El coloniaje nos tiene acostumbrados a que otros hombres piensen por nosotros soluciones y remedios en los cuales no hemos intervenido".[645]

---

644 *Insularismo*, p. 174.

645 *Ibid.*, p. 123. En el mensuario *Índice* de marzo de 1931, Pedreira celebraba el nombramiento de un canciller puertorriqueño a la Universidad de Puerto Rico como una conquista necesaria para superar el "complejo de inferioridad". Sus palabras, incluido el tono irónico, manifestaban la voluntad de actuar en el espacio público y la suficiente seguridad en sus propios logros intelectuales: "Como puertorriqueño —y llamo así a todos los nativos y a todos los que no siéndolo sienten un amor desinteresado por Puerto Rico— nos debemos sentir altamente halagados porque un representante de la juventud actual venga a ocupar uno de los más altos puestos públicos (y el más alto de nuestras instituciones docentes) porque esa exaltación ganada en buena lid y competencia, ayudará a desvanecer, en parte, ese complejo de inferioridad que nos ha servido de tara en nuestra evolución cultural. Ha gravitado sobre nosotros un cúmulo de ideas peyorativas haciéndonos pensar injustamente que estamos incapacitados para los altos menesteres. Hemos vivido siempre atentos a la sanción oficial, apoyados en la autoridad ajena que en plurales ocasiones se manifiesta en una ignara legión de expertos, que tras sesudos estudios y largas cavilaciones, llegan a descubrir de manera indubitable, que la changa es un animalito muy perjudicial a la agricultura, o que las ausencias de los estudiantes perjudican grandemente a los estudios y a las notas finales de los mismos", en "Presentación del nuevo Canciller Don Carlos E. Chardón, al Claustro de Profesores de la Universidad de Puerto Rico", p. 397. Chardón era símbolo de los nuevos *beginnings* deseados por Pedreira: un compromiso político con la Universidad pública que implicaba una formación intelectual específica, y jerarquías profesionales. Ese discurso pone en evidencia la trama sobre la que Pedreira construyó su *Insularismo* y las características del campo intelectual puertorriqueño de esos años.

VII

Con el propósito de contrarrestar el olvido, Guerra y Pedreira sintieron la necesidad de revelar —descubrir— los *orígenes* y escribieron con pasión y elocuencia sobre su orientación y finalidad. La *cultura* y, en especial, la *cultura nacional*, se convirtió en una realidad política. Su nuevo énfasis en la *diferencia* y en el trazado de líneas de inclusión y exclusión constituía una estrategia literaria e histórica contra el Estado colonial y el dominio azucarero. En *Azúcar y población en las Antillas* y en *Insularismo*, Guerra y Pedreira fundaron sus propios *beginnings*, el espacio y el tiempo históricos en los que la memoria de los letrados liberales —una generación anterior, mejor emplazada— podía estar segura por un tiempo. Sin duda, los cambios socioeconómicos y culturales a los que estaban expuestos eran arrolladores. Su concepción nacionalista de la cultura histórica obedecía a su lucha por recuperar poder y autoridad.

Frente a las quiebras y rupturas introducidas por la modernidad colonial, lo importante para ambos era la posibilidad de superación. Sus textos son mucho más que una cuestión teórica; ambos invocan *orígenes* con potencia suficiente para constituir una cultura y darle cohesión. Quizás no se ha advertido hasta qué punto Guerra y Pedreira subrayan la posibilidad de continuación de la *cultura*, que no aparece reñida con el *progreso*. Se trata de nuevos *beginnings*. Pedreira lo expresa categóricamente. La "regresión" para él era inadmisible: "Volver atrás es inútil. La movilidad del espíritu no admite regresiones, y a cada momento se sacude de las cenizas del pasado, sin apagar por eso las brasas encendidas".[646] Esas palabras explican la considerable atracción que la obra de ambos ejerció en sectores de la élite intelectual y política. A diferencia de los nacionalistas radicales, Pedreira habló de los males del "coloniaje" político, pero no veía la presencia de la cultura norteamericana como un peligro insuperable. Más bien la veía, como hemos señalado aquí, como una oportunidad que brindaba la situación histórica para "manipular" ambas culturas, la hispánica y la norteamericana. Era una cuestión abierta. La frontera era amenazante, pero podía ser superada mediante rechazos, manipulaciones y resignificaciones. Era necesario

---

646 *Insularismo*, p. 219.

adecuarse a los nuevos tiempos. Para ello se requería cierto poder de autogobierno y el reconocimiento de tradiciones culturales propias, pero no necesariamente un Estado independiente. Resulta clara la continuidad con la posición de Salvador Brau, tal como vimos en el segundo capítulo. Pedreira asumió la *transición* como el lugar del intelectual. De hecho, elaboró sus *beginnings* a partir de la "frontera" y la "transición" que se abrieron con la caída del imperio español y la consolidación de la dominación estadounidense.

En los grandes relatos elaborados por Guerra y Pedreira, la falta de una nación "completa" se debía principalmente a la presencia de los "otros", quienes debilitaban e impedían el desarrollo de bases reales e ilustradas, pues estaban desprovistos de tradición en que asentarse. En su "comunidad imaginada" la exclusión de quienes eran incapaces de memoria y de futuro era absolutamente necesaria. Para Guerra, el ejemplo ominoso de Barbados era una lección central. Sin embargo, el vacío del presente, que ponía en cuestión la permanencia o la viabilidad de la nación, era sólo provisorio: había esperanzas de renovación y de acción política. De hecho, ese vacío no era necesariamente una carencia; podía vivirse como una oportunidad. Los intelectuales deben estar dispuestos a conducir y construir el progreso, mientras luchan, al mismo tiempo, por contener la "rebelión de las masas", para utilizar la desdeñosa noción de Ortega y Gasset. La causa del optimismo de Guerra y Pedreira residía en el supuesto de que el proceso histórico tenía un *telos* inmanente que se desplegaría gradualmente desde el pasado. La forma "final" de la nación, hasta entonces indefinida, estimuló a Guerra y a Pedreira para dar rienda suelta a su imaginación. Pero el "enemigo íntimo", excluido o reprimido, volvía. Se trataba de un fantasma que seguía presente en su discurso sobre el progreso, la raza y la "superioridad" de la alta cultura. Pedreira reivindicó la posibilidad de emancipación como un hecho crucial y posible: "En estas horas de aguda crisis para nuestra cultura debemos cultivar la fe en nosotros mismos y preocuparnos por la producción de hombres egregios".[647] No había desacuerdo acerca de la necesidad de llevar a cabo una innovación cultural,

---

647 *Ibid.*, p. 116.

pero Guerra y Pedreira querían poner límites muy claros a la naturaleza y los fundamentos de esa actividad.

En la producción del discurso nacionalista, como señaló Chatterjee, "el elitismo resulta ineludible [...] ya que, en rigor, sólo un intelecto sumamente cultivado y sutil puede realizar la operación de síntesis cultural. Se trata de un proyecto de regeneración cultural-nacional guiado por la *intelligentsia*, a veces con contenidos mesiánicos, y llevado a cabo por la nación".[648] Retomemos la importante declaración de Bolívar a la que se aludió al comienzo de este ensayo. Bolívar comienza precisamente en el lugar privilegiado de la autoridad del *heredero*: "[...] siendo nosotros americanos por nacimiento y nuestros derechos los de Europa [...]". Esos derechos eran el único refugio que había quedado intacto.

La pasión misma de la confianza de Guerra y de Pedreira proviene de una concepción ilustrada del hombre en su progresiva transformación de la naturaleza. Se sustenta en gran medida, y quizás en forma paradójica, en la "superioridad" de la civilización "occidental" y su tradición de exclusiones. Ambos participaban de una concepción carismática de las élites, cuya tradición "civilizatoria" refundó José Enrique Rodó en *Ariel*. Ahora bien, su lealtad a España y a los *beginnings* hispánicos se fundaba, en un sentido, en la convicción de poder superar esos modelos y crear una nueva imagen para sus países, que también serviría para transformarlos en naciones modernas. Los "derechos de Europa" eran tan necesarios para actuar, es decir, para su *natalidad*, como lo era la manipulación de la cultura del nuevo centro metropolitano colonial. Para Pedreira, ese enemigo era muy íntimo, pero podía ser osadamente asimilado. Hacia el final de su ensayo lo formula, en toda su pragmática ambigüedad, produciendo un programa, y produciéndose como intelectual: "Al manipular ambas culturas, no podemos ni debemos vivir de espaldas a las derivaciones naturalizadas que forman el bosquejo de nuestra personalidad".[649]

---

648 En *Nationalist Thought*, p. 73.

649 *Insularismo*, p. 219.

CAPÍTULO 6

Tomás Blanco (1896-1975): la reinvención de la tradición

> "Soy conservador y progresista, demócrata y aristócrata. Me repugna el populacherismo y la demagogia, y la novelería que quiere pasar por progreso... Pero tengo de anarquista, de liberal, de social, de demócrata, de progresista, de conmiserado con los de abajo...".
>
> TOMÁS BLANCO (1963)

I

Suele presentarse a Tomás Blanco como uno de los intelectuales que lograron articular, en las primeras décadas del siglo XX, una versión de la historia puertorriqueña que era, al mismo tiempo, un proyecto para el futuro del país.[650] Esa presentación no es inexacta. Provee el marco de reflexión en el que se desenvolvió su obra hasta finales de la década de 1930. Blanco pertenecía a sectores intelectuales que subrayaban el

---

650 Blanco era contemporáneo de intelectuales como Antonio S. Pedreira, Vicente Géigel Polanco y Emilio S. Belaval. Recordemos también su duradera amistad con Luis Muñoz Marín y con el poeta Luis Palés Matos. Los ensayos de Blanco pueden verse en la colección de *Obras completas* publicadas por Ediciones Huracán: el *Prontuario histórico de Puerto Rico* es el tomo 1, y *El prejuicio racial en Puerto Rico* es el tomo 3.

potencial emancipador de la "cultura" frente al desdén puesto de manifiesto por la nueva política imperial norteamericana. Sus ensayos, el *Prontuario histórico de Puerto Rico* (1935) y *El prejuicio racial en Puerto Rico* (1937), junto con *Insularismo* (1934), de Antonio S. Pedreira, llegaron a ser pronto "clásicos" fundacionales. Fueron textos centrales en la elaboración de un imaginario nacional, un modo de entender los *orígenes* históricos de la personalidad del "pueblo" puertorriqueño que sirvió de legitimación a la élite política modernizadora durante las décadas de 1940 y 1950.

Se trataba de un país que había vivido en el curso de dos generaciones procesos históricos de enorme complejidad: el fin del imperio español y la consolidación de la dominación de los Estados Unidos, la nueva ciudadanía norteamericana y la emigración, las consecuencias de la Primera Guerra Mundial, el auge de la colonia azucarera, la depresión de 1929 y el *New Deal* de Roosevelt. Para el campo intelectual, fueron también importantes las repercusiones culturales y políticas de la Revolución mexicana y de la II República española (1931-1939). El punto de partida de los ensayos de Blanco era una vigorosa tentativa de oponerse al "menosprecio de nuestra cultura", para citar la frase reiterada por él mismo en el *Prontuario histórico*. Esa oposición corre a través de toda su obra. Era el primer paso en la creación de una *paideia* para un país que tendría que "poner en marcha un programa propio de reconstrucción nacional".

El Blanco de los años cincuenta era heredero, en muchos sentidos, del Blanco de los treinta: a lo largo de su vida permaneció fiel a la visión elaborada en su *Prontuario*. Sin embargo, esa caracterización resulta insuficiente porque no toma en cuenta —como veremos aquí— los *new beginnings* que hay en su obra después de la Segunda Guerra Mundial y en los años de la Guerra Fría. En 1955, Blanco publicó —auspiciado por la Pan American Book Company de San Juan— *Los cinco sentidos,* un texto de tono, formato y asuntos muy distintos. Se trata de una meditación lírica en la que el autor ofrecía una visión estetizante de la sensibilidad. Su nuevo libro se resistía a clasificaciones convencionales: contenía cinco breves "ensayos" que tienen mucho de estampas, poemas en prosa, viñetas, o postales. Los *sentidos* —la vista, el gusto, el tacto, el olfato, el oído— estructuran el libro en torno a sensaciones fugaces que aparecen idealizadas. Es un libro escrito en el borde entre el poema y el ensayo. Su escritura adquiría un ritmo parsimonioso, afirmándose en un diálogo sinuoso con el lector, y a ratos con una ironía distanciada.

Eludiendo la concatenación de argumentos característica de sus ensayos de los años treinta, el autor quiere captar escenas en las que describe —en una prosa melódica y preciosista— sabores, aromas, sonoridades e imágenes. Blanco interpretaba de forma lírica la especificidad de los *sentidos* culturalmente significativos de su país y valorizaba la dimensión emotiva de la experiencia. Quería, sobre todo, seducir al lector, aludiendo poéticamente más que diciendo de manera explícita. Podría decirse, con Said, que se trataba de una nueva *afiliación*. Fue un giro lo suficientemente decisivo para que se le considere detenidamente.

De ser una figura intelectual pública que ejercía con sus ensayos el derecho a postularse como orientador de la sociedad, con la publicación de *Los cinco sentidos* Blanco reivindicaba el lugar más retraído del poeta, las conquistas lentas del artista, y el deseo como dimensión esencial de la escritura. En su ensayo *Prontuario histórico* había querido contribuir al archivo de la memoria nacional en su aspecto político. En otros, como *El prejuicio racial en Puerto Rico,* la escritura estaba también signada por la historicidad, por la búsqueda de referentes que sustentaran las nociones de *mestizaje* y de armonía racial a partir de las cuales se organizaba el relato.[651] En *Los cinco sentidos*, en cambio, el tiempo privilegiado es siempre el presente, con sus derivas imprevisibles. Desde las primeras páginas, hay una cierta incomodidad ante las transformaciones de la ciudad moderna: el *progreso* podía ser destructivo. No obstante, el cuerpo *sensible* retiene su propia historia, que consiste en una cierta plenitud ligada a la relación con el lenguaje y a la actividad sensorial del cuerpo como forma de conocimiento.

Como veremos en este capítulo, hay en el libro una defensa del placer de la contemplación, del deseo de gozar sensaciones táctiles, auditivas, y olfativas. Se trataba de otro *saber*, sólo intuible desde lo poético, y que contaba con una larguísima tradición literaria y filosófica.[652] Ese *saber*

---

[651] He tratado extensamente el tema en "Tomás Blanco: racismo, historia, esclavitud", estudio introductorio a la edición Huracán de *El prejuicio racial en Puerto Rico*, pp. 15-83.

[652] Tradición que ha sido estudiada por Louise Vinge en su libro *The Five Senses: Studies in a Literary Tradition*, y también por Susan Stewart, en *Poetry and the Fate of the Senses*.

era también un *sabor* en el sentido de una experiencia. Blanco le rendía así homenaje a la literatura como una actividad que consistía en descubrir figuras e imágenes, consagrándolas como arte. Exploraba formas de sensibilidad y de continuidad a través del poder iluminador del arte, aproximándose oblicuamente a un nudo crucial de cuestiones sociales y políticas que caracterizaron el campo cultural e intelectual puertorriqueño.

Sus versos de esa época privilegian tropos y alegorías de temas mitológicos. Es lo que tan claramente captó el grabador Lorenzo Homar (1913-2004) cuando creó una de sus obras maestras, el *Unicornio en la Isla* (1965), inspirado en un texto poético de Blanco y ampliado con una caligrafía de ritmo variado y riquísimo. El texto trabaja el emblema religioso y erótico de la caza del unicornio —de tradición aristocrática— narrado en los tapices de principios del siglo XVI y retomado en la pintura europea del XIX. La "virgen", que según la mitología atraía al unicornio, sería la isla misma. Homar tradujo ese motivo libremente en una visión exuberante del paisaje y la fauna que tiene mucho de tapiz. Su grabado representa un espacio geográfico insular inspirado por las "húmedas brisas" del poema de Blanco, y el espacio interno y oculto de los matorrales: "Isla de amor marino y mar embelesado,/ Bajo los plenilunios:/ húmedas brisas, mágicas ensenadas, secretos matorrales...".[653] Desde entonces, el *Unicornio* de Homar ejerce una influencia perdurable como punto de referencia para el estudio de la relación entre la poesía y las artes gráficas.

Blanco estaba particularmente interesado en el poder de las imágenes. Ya en 1954 había publicado *Los aguinaldos del infante*, una versión del tema bíblico de la Adoración de los Magos, de gran prestigio en la tradición pictórica europea, y objeto de innumerables representaciones

---

653 Es el primero de sus "Cuatro sones de la tierra", incluido en *Letras para música*, 1964, pp. 61-70. Se habían publicado antes, en 1960, en la *Revista del Instituto de Cultura Puertorriqueña*, con ilustraciones de Lorenzo Homar. Para un estudio sobre los tapices que se exhiben en el museo The Cloisters en Nueva York, véase el libro de Adolfo Salvatore Cavallo *The Unicorn Tapestries at the Metropolitan Museum of Art*. El unicornio y sus connotaciones eróticas fueron motivos retomados por el pintor simbolista Gustave Moreau (1826-1898).

en la cultura popular puertorriqueña.[654] Su versión de *Los aguinaldos*, ilustrada por Irene Delano (1919-1985), actualiza el relato, poniendo aleccionadoramente el énfasis en el Niño como "Rey de la Concordia, la Convivencia y la Proximidad". Blanco encontró en el arte religioso una fuente de inspiración y una clave para reformular el concepto de convivencia. Margot Arce de Vázquez describió con acierto la impresión y el estilo: "a este preciosismo de la forma corresponde tanto la cuidadísima impresión, la belleza de la presentación tipográfica con sus finas ilustraciones en serigrafía, los delicados y graciosos ornamentos musicales".[655]

En *Los cinco sentidos* Blanco no sólo ofreció una perspectiva sobre las tensiones culturales producidas por el desarrollismo. En el libro urde estrategias para conjurarlo. Presenta, por ejemplo, microrrelatos que transcurren casi siempre en el interior del ámbito privado, en escenarios de un terreno sabido y placentero de la vida cotidiana a los cuales se les rinde una especie de culto. Blanco prefería situarse lejos del tiempo disciplinado de la sociedad industrial, buscando amparo en la noche sonora, o en zonas de penumbra al alba, frente al mar, lugares que permitían la concentración. El "Arte" venía a ser el lugar desde donde se podía resistir, reforzando los lazos con la comunidad y la naturaleza y atenuando las fracturas provocadas por los cambios sociales y económicos. *Los cinco sentidos* son su Arca de Noé, que es, como sugiere Susan Stewart, el arquetipo de la *colección*, una reestructuración que permite construir otro contexto, o anticiparlo. La *colección* mantiene a la vez su integridad y le da una identidad a quien la posee: "El mundo del arca no es un mundo de nostalgia sino de anticipación".[656] Blanco era un tipo de coleccionista. Por eso mismo, la calidad material del libro adquiriría importancia.

---

654 Véase el libro de Ángel Quintero Rivera, *Vírgenes, magos y escapularios*.

655 Véase la reseña en *Asomante*, 1954, pp. 96-98. Cito de la p. 97.

656 Stewart escribe: "[...] the archetypal collection is Noah's Ark, a world which is representative, yet which erases its context of origin. The world of the ark is a world not of nostalgia but anticipation. While the earth and its redundances are destroyed, the collection maintains its integrity and its boundary. Once the object is completely severed from its origin, it is possible to generate a new series, to start again within a context that is framed by the selectivity of the collector." ("[...] la colección arquetípica es el Arca de Noé, un mundo

Para Blanco, eran nuevos *comienzos*, con la convicción de que tanto la vida como la literatura eran nuevamente posibles. Esos *new beginnings* se convirtieron en rasgo constitutivo de su imagen de escritor, y es precisamente lo que me interesa en este capítulo. Implícitamente, Blanco defendía el derecho a la *autonomía* del campo intelectual. En la década de 1950 hay en su obra y en sus prácticas un claro empeño en salvaguardar la capacidad iluminadora de la experiencia poética así como su estatuto cultural. Una lectura detenida de sus textos permite comprobar que Blanco se encontraba en una encrucijada relacionada con las tensiones entre viejos y nuevos proyectos culturales y políticos. Escribía después de los años traumáticos de la derrota de la España republicana y la Segunda Guerra Mundial, pero también en una época en que Puerto Rico se encontraba sometido a una modernización vertiginosa. Se trataba de un proyecto "progresista" dirigido por Luis Muñoz Marín (1898-1980) y por el entonces triunfante Partido Popular Democrático. Blanco había compartido ardientemente los orígenes de ese proyecto, pero vio pronto las contradicciones que generaba. Desde muchos puntos de vista, parecía preguntarse: ¿qué estatuto tiene la literatura y qué lugar ocupa el poeta en el nuevo orden?

Para contestar esta y otras preguntas, he tenido muy presente las reflexiones de Pierre Bourdieu en torno a las relaciones entre *autonomía* y *compromiso*. En su libro *Las reglas del arte*, subraya que ambas posiciones se encuentran recíprocamente imbricadas ya en el siglo XIX en Francia.[657] Tomando como punto de partida a escritores como Flaubert

---

representativo que borra, sin embargo, el contexto de su origen. El mundo del arca no es un mundo de nostalgia sino de anticipación. Mientras se destruyen la tierra y sus redundancias, la colección mantiene su integridad y sus límites. Una vez el objeto ha sido completamente separado de su origen, es posible generar una nueva serie, empezar de nuevo dentro de un contexto enmarcado por la selectividad del coleccionista". La traducción es mía). Véase su notable ensayo *On Longing: Narratives of the Miniature, the Gigantic, the Souvenir, the Collection*. Cito de la p. 152.

657 Véase sobre todo la primera parte, "Tres estados del campo", pp. 79-252. He tenido muy presente también las categorías y el análisis que hace Raymond Williams sobre el concepto de tradición y sobre la hegemonía y contrahegemonía cultural. Me refiero principalmente a sus libros *Culture and Society,*

y su pasión del "arte por el arte", Bourdieu demuestra que la relación entre *autonomía* y *compromiso* va alternándose según las circunstancias. El distanciamiento postulado por un *artista* como Flaubert se reveló necesario para la intervención política de otros que vinieron más tarde, como lo fue Zola. De hecho, el alejamiento del *artista*, sostiene Bourdieu, era condición previa para la aparición del intelectual comprometido. Esa formulación dinámica nos permitirá pensar la significación de los cambios en las posturas de Blanco y en el campo intelectual puertorriqueño.

Pocos expresaron como Blanco la necesidad de cultivar una sensibilidad que sirviera de contrapeso a la fuerza de la modernización del país. Desde esa perspectiva, se trataba de un arte que no eludía lo político, pero a la vez se reafirmaba como esencialmente poético, con el deseo de deslindar las prácticas y las esferas, y de preservar la integridad del artista y su obra. Por otra parte, el campo intelectual en los años cincuenta se escindía en gran medida debido al desarrollo de una cultura universitaria, académica, protegida por el Estado, y por la creación de instituciones que exigían nuevos profesionales. Al mismo tiempo, emergía una nueva zona relativamente independiente de escritores y artistas que se movían en los alrededores de las instituciones, pero tenían sus propias revistas y lugares de encuentro. Los textos y la colocación de Blanco permiten describir más a fondo los efectos de estos cambios. Partiendo de ellos, estudiaremos las tomas de posición y las pautas de comportamiento que iban recomponiendo las relaciones de los intelectuales con la sociedad y la política.

1780-1850 y a la síntesis y reconsideración que ofrece en *Marxism and Literature*. En este último, Williams hace algunas distinciones muy útiles sobre lo "dominante", lo "residual" y lo "emergente" en una coyuntura histórica determinada.

II

Blanco se redefinió a sí mismo asumiéndose "a plena luz" como *artista*. La importancia del "Arte" se deja ver claramente en el cuidado de la primera edición de *Los cinco sentidos*.[658] El soporte de un texto, sostiene Roger Chartier, empieza a crear sus propias interpretaciones. La primera edición era una pequeña obra de arte o artesanal, un libro de imagen-texto ilustrado con los grabados de Irene Delano, que en sí mismo propone la colaboración y la continuidad entre literatura y representación visual. Es un libro sólidamente meditado de principio a fin por alguien que gozaba del placer del texto y de la *forma* como elemento ordenador.[659] Blanco concibió el libro como un objeto cultural, no mercantil, un *objet d'art* tan bellamente impreso como las descripciones del paisaje o de las frutas que proponen sus textos.

En *Los cinco sentidos* se constatan los dos tipos de procesos imaginativos que distinguió Italo Calvino, "el que parte de la palabra y llega a la imagen visual, y el que parte de la imagen visual y llega a la expresión verbal".[660] Las ilustraciones gráficas y el texto forman un solo cuerpo en el espacio de la página. El diseño, la acertada elección de la tipografía, las letras iniciales, los márgenes en la página, el equilibrio entre el texto y las ilustraciones, todo nos habla del especialísimo empeño que puso en él su autor. Se trata de una estética que se sostiene en los valores de la composición y la estructura. En un país en que la impresión de libros era muy descuidada, tiene que haber sido motivo de profunda satisfacción el esmero con que el libro se había impreso.[661] El lector se encuentra

---

658 Cito por la primera edición, publicada por la Pan American Book Company, en San Juan. La paginación corresponde a esta edición; de aquí en adelante la señalo entre paréntesis en el texto.

659 Empleo *forma* aquí como "forma plástica", cuyos antiguos usos y riqueza léxica estudia Erich Auerbach en *Figura*, pp. 48 y siguientes.

660 En *Seis propuestas para el próximo milenio*, p. 99.

661 En su reseña del libro, Margot Arce de Vázquez lo destaca: "Impreso en los talleres de la Imprenta Venezuela, en breve y elegante volumen de esmeradísima presentación, es un testimonio incontestable de cuánto se puede hacer aquí con un poco de cuidado, exigencia y buen gusto para ennoblecer las artes

con un objeto que parece anterior a la producción en masa, como si el autor quisiera incorporar la literatura puertorriqueña a una prestigiosa tradición anterior que él ha asimilado. Llegó a tener, como veremos, importantes repercusiones en la obra de otros artistas.

En el trabajo de la edición de *Los cinco sentidos* Blanco asumía estéticamente la conservación de una memoria cultural, abriendo una perspectiva que no existía en su obra anterior. El libro se subtitula *Cuaderno suelto de un inventario de cosas nuestras*. A los cinco ensayos les sigue una sección de "notas, apuntes y cabos sueltos" que es como un texto anexo al principal. Contiene, por así decirlo, un breviario de su estética y una reflexión sobre las palabras clave, con énfasis en los tropos que generan y en los mecanismos de construcción de las imágenes. En esas "notas" Blanco establece una relación seductora con el lector: ofrece referencias bibliográficas y comentarios sobre los estudios que tuvo que leer y los diccionarios que consultó, reflexiona sobre sus elecciones estratégicas en el campo del lenguaje, y habla sobre el cómo, por qué y para quiénes escribe. Las anotaciones repiten, en otro registro, la inscripción poética del texto.

Su trabajo con la historicidad del material lingüístico es consciente: a Blanco le interesaba cómo cambian las palabras y qué dicen en distintos momentos. Podría suscribir lo postulado por Merleau-Ponty cuando

---

tipográficas, para crear la tradición del libro bello, que nos falta", en *Asomante*, XII, 1956, p. 105. Nilita Vientós Gastón coincidía: "Hay que señalar el buen gusto de la edición con sus finos dibujos de Irene Delano. Prueba que no hay excusa para que se haga aquí tanto libro feo. Acaso una de las razones por las cuales se vende tan poco el libro puertorriqueño es que el lector tiene que vencer primero la impresión desagradable de cosa mal hecha que caracteriza la mayor parte de lo que publicamos", en *Índice cultural*, tomo I, p. 202. Treinta años más tarde, en 1986, el escritor José Luis González se lamentaba de la pérdida de la tradición de los tipógrafos: "no existe actualmente en Puerto Rico una sola imprenta capaz de producir los libros que entonces producían la Imprenta Venezuela, la Imprenta Baldrich y la de los Hermanos Real... por no mencionar la Tipografía Ruiz de Aguadilla, en cuyo taller artesanal se compuso con tipos de caja y se imprimió en una prensa de mano la primera edición de *La llamarada*, cuya nitidez, corrección y belleza no podría igualar ninguna de las imprentas del Puerto Rico 'moderno' y 'desarrollado' de hoy", *Nueva visita al cuarto piso*, p. 146.

éste afirma que el pensamiento no existe fuera del mundo y fuera de los vocablos, con sus significaciones disponibles: "Bajo la significación conceptual de las palabras, [descubrimos] una significación existencial, no solamente traducida por ellas, sino que las habita y es inseparable de las mismas. [...] Es en el interior de un mundo ya hablado y hablante que reflexionamos".[662] Blanco se detuvo, por ejemplo, en la palabra *inventario*, sus connotaciones y densidad. El verbo latino encierra etimológicamente al mismo tiempo la acción de hallar y encontrar lo particular y oculto, y la de imaginar e inventar. Pero en la tradición cristiana, como explicó Agamben, la *inventio* latina deja de ser rememoración para convertirse en una búsqueda amorosa, de cuyo deseo nace la palabra que al final se hace presente.[663] Blanco recuerda que los términos *inventario* e *invención* tienen la misma raíz: "quisiera sugerir tímidamente el eco de su conexión con el verbo *inventar*... imaginar, crear su obra el poeta o el artista" (p. 54). Creación en el doble sentido de concebir algo, y de producirlo dentro de una tradición literaria: deseo de un objeto que conduce a largos rodeos, y sabiduría artesanal.

El lenguaje heredado encierra un tesoro de tropos cuyas ramificaciones y distinciones le permiten al escritor adentrarse en la memoria de las cosas. Quien hace un *inventario*, parece decir Blanco, encuentra lo que ya conoce, y a veces redescubre usos que están en vías de desaparición, e intenta guardar su recuerdo. Pero también lleva a cabo una construcción imaginaria mediante la elaboración metafórica y el trabajo sobre las formas artísticas. Al describir sus indagaciones, Blanco se refiere a una red cuidadosamente tendida por el léxico y la sintaxis: "una franca entonación lírica, no exenta de calor y colorido poemáticos; intentando, las más veces, descubrir y atrapar la realidad con escandallos y radares imaginativos, con redes metafóricas" (p. 55). Era una declaración de *principios* poéticos: la literatura como una forma peculiar de aprendizaje.

En efecto, Blanco se muestra atento a los nombres de las cosas y de los lugares, a las expresiones coloquiales —cuidadosamente dosificadas— y

---

[662] Véase su libro *Fenomenología de la percepción*. Cito de la p. 199.

[663] Véase su libro *El lenguaje y la muerte*, pp. 110-111.

a los recuerdos y las asociaciones. Con ellos empieza a armar frases que son como volutas verbales. La pasión de los nombres sería el punto de partida para trabajar las "redes metafóricas": interroga los nombres de las flores y las frutas, y los nombres de lugares, que llegan a ser emblemáticos. Esa pasión literaria se hace explícita en "Esencia de la mañana y musaraña de la noche", otra de las viñetas. Allí leemos que las "musarañas del café" son "como larvas del descubrimiento y la invención, como el estado embrionario de la función creadora; y esto de la creación y la inventiva es pan de panes y vino entre los vinos" (p. 24). Los objetos ya no son "cosas" sino presencias; son signos que portan *sentidos*, una simbología cultural abreviada como un pequeño sistema.

Encontrar, imaginar: esos verbos aparecen como un *leit motiv*. En su *inventario* se mezcla una investigación precisa sobre los vocablos con una suerte de melodía verbal, y se entrecruzan las observaciones más detalladas con otras muy elusivas. La pasión con que describe pasa siempre por la exactitud de los detalles de las texturas o las sensaciones auditivas. Tomemos como ejemplo el *coquí*, que ejerce una especie de fascinación con todas las gradaciones de sus colores, y se clasifica "entre los anfibios, de la familia de los sapos y las ranas, pero de género zoológico diferente" (p. 16). Al mismo tiempo, su sonoridad se asocia con un mundo íntimo: "Sus ventrílocuas notas adquieren un curioso matiz de intimidad" (p. 15). En el primer texto, en torno a la *guajana*, la flor de la caña, las palabras hablan siempre de algo distinto. El ensayo, volcado al paisaje, se abre con la cita de un poema de Nimia Vicéns, "Imagen de la caña en flor", que apunta a una composición pictórica en la que la flor acoge los sentidos introducidos por la poeta. A esa inscripción poética sigue inmediatamente una referencia histórica: "Infiero de diccionarios y lexicografías que *guajana* es voz muy nuestra, de abolengo indoantillano: taíno, probablemente" (p. 7). Al final, las referencias a un tipo de luminosidad que no puede ser nombrada con precisión, nos dice mucho del modo de mirar de Blanco: "Sobre el gramíneo mar de azúcares en cierne, izada flor de espuma es siempre la guajana. La luz, cautiva en ella, urde inconclusa fuga de matices huidizos" (p. 9). Alcanzar esa vaguedad deseada, para citar de nuevo a Calvino, exige a veces "una atención extremadamente precisa y meticulosa". El poeta de lo vago, señala perspicazmente, "puede ser sólo el poeta de la precisión, que sabe captar la sensación más sutil con ojos, oídos, manos rápidos y seguros".⁶⁶⁴ Blanco investiga las nomenclaturas de los "científicos sabios" aunque algunos de ellos —dice con ironía— "nada saben de las verdades últimas".⁶⁶⁵ También trabaja las asociaciones afectivas que permiten evocar los vínculos entre la comunidad y la naturaleza. Hay mucho de *homo ludens* en esas prácticas.

Desde esos nuevos *beginnings* Blanco contribuyó a replantear el estatuto de la figura del escritor y del *artista* en el campo intelectual puertorriqueño. Sería necesario reconstruir el contexto de producción cultural en cuyo interior se situaba, y observar los debates intelectuales de esos años. En cierto modo, las posiciones de Blanco en la posguerra se inscribían en la tradición fundada por Darío y José Enrique Rodó en *Ariel*, un modernismo anticapitalista que postulaba la "religión del Arte" en oposición a la degradación ocasionada por el *progreso*. Parafraseando las palabras de Carlos Real de Azúa en sus ensayos sobre Rodó, podríamos decir que se trata de una tradición romántica que piensa al escritor "en cuanto heredero de autoridades espirituales tradicionales en su función de guía, orientador de la sociedad y oteador de caminos inéditos".⁶⁶⁶ Hacia mediados del siglo XX, Blanco reactivaba la noción del "reino interior" de Rodó, rescatando para sí "esa cámara cerrada donde cada uno puede ejercitar su ocio, opuesto según la tradición grecolatina

---

664 *Ibid.*, pp. 75-76.

665 En las "notas", al hablar de los nombres de las frutas, se refiere a la pérdida de los nombres aborígenes: "Algunas de nuestras frutas, desconocidas para los Conquistadores, perdieron su nombre aborigen y, por un supuesto parecido con otras españolas, se las llamó con nombres europeos. Esto hace difícil identificarlas sin apelar a la nomenclatura botánica", p. 52.

666 Esa misma función lleva a los escritores a querer "organizar la fuga" en un medio de la "creciente especialización" y de "masificación y materialización de los comportamientos sociales" que se veían como características de una modernidad hostil. Me refiero a los excelentes prólogos de Real de Azúa a *Ariel* y *Motivos de Proteo*, en la edición Ayacucho, en los que trata extensamente el esteticismo romántico como respuesta a los valores de la nueva sociedad capitalista. Véase también su ensayo "Ante el imperialismo, colonialismo y neocolonialismo", incluido en la compilación *América Latina en sus ideas*, coordinada por Leopoldo Zea, pp. 270-299.

al negocio, es decir, a la dimensión de la vida económica".[667] Distanciándose del cuestionamiento del arte y de la conciencia de la modernidad tecnológica de las vanguardias históricas, Blanco se abría al anterior legado de las tradiciones simbolistas e impresionistas, y al gusto modernista por lo epifánico.

Los vates: un preludio

Aunque su obra ha merecido menos atención crítica de la que cabía esperar, hacia 1955 la colocación de Blanco en el centro mismo del campo intelectual y en la esfera pública parecía segura. Era autor de pocos libros, pero era un hombre de letras que gozaba de amplia respetabilidad. Blanco tenía fama de "raro", de "vate", término que según el propio autor se le otorgaba en la isla "a todo el que con alguna constancia o vocación mueve la pluma o muestra una punta de afición por cualquiera de las musas". Esa cualidad de "raro", desde luego, convoca inmediatamente la tradición moderna fijada en la literatura hispanoamericana desde el clásico libro de Rubén Darío.[668]

Blanco ficcionalizó el debate en torno a lo literario y la noción de "autor" en un relato clave, titulado precisamente *Los vates* (1949), y que subtituló "embeleco fantástico para niños mayores de edad".[669] En esa narración, cuya relectura hoy produce una suerte de eco en *Los cinco sentidos*, cuenta las vidas paralelas de dos personajes especulares que

---

667 Cito del ensayo de Oscar Terán, "El primer antiimperialismo latinoamericano", en *Punto de Vista*, 8, p. 6.

668 Aunque hay que señalar las diferencias notables entre el concepto de "raro" planteado por Darío a finales del xix y su discusión sobre arte y "decadencia". Ello ha sido muy bien analizado por Oscar Montero en su ensayo "Modernismo y 'degeneración': *Los raros* de Darío".

669 No me es posible tratar aquí con la debida extensión este libro, pero lo considero decisivo para el estudio de la trayectoria del propio Blanco y para la redefinición del lugar de la literatura y del poeta en la década de 1950. Cito por la edición de las *Obras completas*, publicadas por Huracán, tomo 2 (1981), con prólogo de Arce de Vázquez.

representan la figura del *vate*. Uno de los personajes es el escritor "fracasado", agobiado por la inercia de un periodismo mediocre. Al ingresar en un espacio de sueño, sin embargo, se transforma en el otro, quien sí logra a plenitud sus deseos. El personaje se desdobla y cruza al otro lado del espejo, acompañado de una Musa, hacia un jardín sustraído de la vida cotidiana.[670] Esa tensión entre las identidades del personaje es quizás un registro de las propias vacilaciones de Blanco. El relato narra las incomprensiones y desencuentros que sufren los *raros* cuando tienen que vivir de acuerdo con los requerimientos que surgen de la vida social y los rituales familiares: "Al vate, su fama de raro le venía más bien de no tener los gustos parejos con la generalidad de las personas que trataba, de no haber trabado con ninguno de estos conocidos amistad íntima y de conservar firme independencia de carácter...".[671]

El *vate* poseía un saber secreto que lo colocaba bajo sospecha en el mundo burgués que constituía su hogar. Blanco se inscribía en esa línea. Una de las escenas características del relato se sitúa precisamente en la biblioteca ideal del personaje, lugar propio de fantasmas e ideal para cruzar lo maravilloso con la vida real. En una de las paredes del lugar cuelga una obra del pintor español Cristóbal Ruiz que se presenta como emblema de la Poesía:

> [...] Su íntima vocación, antes atropellada por su oficio, se identificaba ahora con su profesión. Ya Sergio era escritor; escritor de verdad, de cuerpo entero. Un gran *vate*.
>
> En el estudio-biblioteca, todo se hallaba listo y bien dispuesto para mayor estímulo de la labor mental: plácido y fresco ambiente de recogimiento [...] En la pared opuesta al ventanal, uno de esos

---

670 Hay en esos textos de Blanco resonancias del *Axel* de Villiers de L'Isle-Adam, reconocida como una de las obras significativas del movimiento simbolista, dedicada precisamente a la confrontación entre el mundo imaginario y el mundo real en torno a una especie de encuentro místico. Suscitó el clásico ensayo de Edmund Wilson *Axel's Castle*.

671 *Los vates*, p. 29.

grandes y escuetos paisajes de Cristóbal Ruiz, llenos de transparencias, donde el color se hace poesía...[672]

Al plantear ficcionalmente la cuestión de la identidad del poeta y las condiciones de producción, Blanco no hablaba sólo de sí. Lo que estaba en juego era el lugar del poeta en la sociedad. En *Los vates* hay una primera formulación de la poética que sostiene *Los cinco sentidos*. La distancia recorrida desde ensayos como el *Prontuario histórico de Puerto Rico* era grande.

III

Los años treinta

Cuando publicó *Los cinco sentidos*, Blanco tenía ya cerca de 59 años. A diferencia de Antonio S. Pedreira, un intelectual académico cuyo lugar principal de trabajo fue la Universidad de Puerto Rico, la posición económicamente privilegiada de Blanco le permitió otro modo de ser intelectual. Pero ambos se habían dado a conocer en la década de 1930 gracias a su reflexión ensayística. Pedreira en *Insularismo* y Blanco en su *Prontuario histórico*, construyeron un relato coherente y moderno del pasado. Esos libros tienen entre sí registros comunes, pero también rasgos diferenciadores. Blanco puso el énfasis en el mestizaje y en la conciliación de las tensiones raciales y sociales, distanciándose así de las posturas explícitamente racistas de Pedreira. No obstante, al subrayar las nociones de *convivencia*, Blanco nombraba, con distinto énfasis, las condiciones de la hegemonía de la cultura europea, blanca, occidental, sostenidas también por Pedreira. Ambos ensayistas le dieron credibilidad a una forma de entender la memoria colectiva. Eran un punto de referencia obligado cuando se hablaba de la historia y la cultura, y en

---

672 *Ibid.*, p. 65.

las décadas siguientes sus perspectivas nutrieron el lenguaje político e informaron el diagnóstico de los problemas.[673]

Como Pedreira, Luis Muñoz Marín, Pedro Albizu Campos y muchos escritores y profesionales puertorriqueños, Blanco era bilingüe, y había vivido y estudiado en los Estados Unidos. Se había formado profesionalmente como médico en Washington. Por otra parte, sus ensayos estaban penetrados de la cultura española moderna, visible también en algunas de las fuentes poéticas que nutren *Los cinco sentidos*. En 1930, Blanco se radicó en Madrid. Como él mismo dice, "presencié el natalicio y el desmoronamiento de la Segunda República española".[674] Allí permaneció hasta 1935, cultivó amistades literarias y frecuentó el Centro de Estudios Históricos.[675] Fue precisamente en esa ciudad donde publicó su *Prontuario*. Durante esos años se mantuvo atento a los debates y a las publicaciones de la isla, y se replanteó el sentido de lo *hispánico* desde una perspectiva republicana, muy distinta de la *hispanidad* imperialista que después impuso el franquismo. Su figura intelectual ganó relieve, por otra parte, cuando a partir de sus resueltas posiciones antifascistas durante la Guerra Civil, asumió la defensa de la España de la II República, y participó, ya desde Puerto Rico, en la resistencia contra el franquismo y en la acogida de intelectuales refugiados.

Los interlocutores de Blanco compartían su crítica a las prácticas y discursos que intentaban racionalizar y justificar la política colonial norteamericana. Compartieron, además, un espacio en las principales revistas e instituciones del país, definiendo su propio campo y esbozando un gran proyecto público.[676] A ese momento corresponde *Ateneo*

---

673 La ya inagotable bibliografía sobre Pedreira, Blanco, Palés Matos y el discurso nacional ha contribuido más aún a su canonización. Véanse los importantes libros de Juan G. Gelpí y de Rubén Ríos Ávila.

674 Citado en el libro de Monserrat Gámiz, p. 19.

675 En el retrato de Salinas que Blanco publicó a raíz de la muerte del poeta, con el título "Estancia en la Isla" en la revista *Asomante*, en 1952, Blanco escribe: "Lo conocí en Madrid, durante la República, en aquel Centro de Estudios Históricos de la calle de Medinaceli, ejemplar casa de investigación y de enseñanza", p. 54.

676 Traté por primera vez los problemas de la formación de este equipo intelectual y sus discursos en "Recordando el futuro imaginario: la escritura histórica en

Puertorriqueño (1935-1940), una de las revistas que agrupaba a los intelectuales y en la que la idea de "minoría selecta" con vocación política era un valor central.

En *Ateneo Puertorriqueño* publicó Blanco en 1935 una de sus primeras descripciones de la cultura popular, su "Elogio de la Plena (Variaciones boricuas)".[677] También publicó otro ensayo, extraordinariamente revelador, titulado "La isla de Puerto Rico y el continente americano". Es un texto característico en el que vale la pena detenerse, ya que se trata de uno de los momentos de definición más explícitos. Ese texto, de 1936, ponía especial énfasis en el "desquiciamiento" sufrido por Puerto Rico en 1898, a la vez que reafirmaba su fe en la perduración de la "personalidad" del pueblo puertorriqueño. El pasaje que cito da idea clara del tono beligerante del discurso de Blanco. El "pueblo" puertorriqueño había resistido y conservado su "personalidad", a pesar del "desquiciamiento" y del "colonialismo exótico" que supuso el nuevo imperialismo. Pero geopolíticamente seguía siendo una "frontera en disputa", un país doblemente alienado por tratarse de un "extraño imperialismo industrial":

> [...] Puerto Rico sufrió un sesgo violento en su formación política; una ilógica revolución, impuesta desde fuera, en su economía; un desquiciamiento en su trayectoria histórica. Tras la ocupación militar pasó como simple botín de guerra, a ser colonia de un extraño imperialismo industrial. A pesar de un tercio de siglo de colonialismo exótico, el pueblo puertorriqueño conserva aún puro su carácter íntimo. La densidad de la población y la insularidad han contribuido a ese resultado. Pero frente al deslumbramiento

---

la década del treinta", publicado en la revista *Sin Nombre* en 1984. Se ha enriquecido con nuevas aportaciones de otros críticos. Un ejemplo: la riqueza de la discusión en el trabajo de Juan Gelpí, citado antes, y el de María Elena Rodríguez Castro, y sus inteligentes y nuevas lecturas sobre Géigel Polanco, Pedreira y la construcción del discurso nacional y los linajes del campo intelectual. Véase el ensayo de Rodríguez Castro "Tradición y modernidad: el intelectual puertorriqueño ante la década del treinta".

677 En el número correspondiente a enero-marzo, de 1935, pp. 97-106. Ha sido recopilado en antologías con frecuencia.

fascinador y las presiones constantes que desde el norte se ejercieron, ello no hubiera bastado. Fue preciso, además, un propósito tenaz, más o menos consciente, de mantener a salvo la propia personalidad del pueblo hispanoamericano. Aquella isla encallada en el cruce de corrientes opuestas es hoy, de modo nuevo, frontera en disputa, campo de tensión. Vive la agonía lenta y voluntariosa de quien se resiste a ser dirigido y asimilado, aunque yazga en el vientre de Leviatán. [...] Pero hasta ahora el pueblo puertorriqueño no ha querido suicidarse para correr el albur de reencarnar transubstanciado tal vez en angloamericano cien por cien, o tal vez —con más probabilidades— en mero hato de parias. [...][678]

El artículo es un buen ejemplo del horizonte interpretativo que alimentaba el discurso anticolonial que Blanco compartía con miembros prominentes de la generación del 30. El nacionalismo reivindicativo de los autonomistas, que era el de Blanco, ofrecía algunas semejanzas con el discurso del nacionalismo radical representado por Pedro Albizu Campos (1891-1965), presidente del Partido Nacionalista desde 1930, sin compartir por ello la línea de acción trazada por él. Había discrepancias profundas, pues el *autonomismo* rechazaba la lucha armada, las concepciones político-militares, y el cuestionamiento de las bases jurídicas de la colonia que orientaron la acción de los nacionalistas.[679] De ahí nacen al menos dos líneas políticas opuestas frente a la expansión estadounidense en el Caribe. Esas diferencias se hicieron insalvables en los años posteriores a la Segunda Guerra Mundial.

---

678 Se publicó en *Ateneo Puertorriqueño*, II, julio-septiembre 1936, pp. 212-225. La cita más extensa se encuentra en las pp. 224-225. Se había publicado antes en la revista española *Tierra Firme* de Madrid, abril-junio 1936.

679 Albizu, condenado por el Tribunal Federal, estuvo preso en Puerto Rico y Atlanta desde 1936 hasta 1943, y desde la década de 1950 hasta su muerte en Puerto Rico. Para los *comienzos* de Albizu y el desarrollo de su política desde 1924, véase el iluminador ensayo de Amílcar Tirado "Pedro Albizu Campos: la forja de un líder". También el trabajo de Carlos Rodríguez Fraticelli, "Pedro Albizu Campos: Strategies of Struggle and Strategic Struggles", y también *El proceso judicial contra Pedro Albizu Campos en 1936*, de Benjamín Torres.

IV

Los años cincuenta

Hoy resulta más fácil ver hasta qué punto la creación del Estado Libre Asociado efectivamente dividió en dos la historia política puertorriqueña del siglo XX y, por supuesto, modificó el lugar de los intelectuales en el espacio público. En la isla, y visto desde la perspectiva de largo alcance, fue un período de relativa estabilidad política, imposible de disociar de los triunfos electorales del Partido Popular y de la mística populista encarnada por Luis Muñoz Marín, un líder carismático que gozaba de un consenso importante.[680] El populismo puertorriqueño, fruto de la negociación y el pragmatismo, fue un proyecto compartido y unificador, de raíces profundas en la cultura política del país y con fuerte capacidad para nombrar las nuevas realidades. El año 1952 fue emblemático: quedó establecida la Constitución del Estado Libre Asociado, basada en la noción de una comunidad puertorriqueña libremente vinculada con los Estados Unidos que gozaría de la "doble ciudadanía". El nuevo estatuto se entendía de manera amplia y genérica, en sentido pro autonómico, y proclamaba en voz alta su vocación laica. Según Muñoz Marín, el viejo orden colonial quedaba clausurado.

Pero el Estado Libre Asociado nació bajo sospecha. El momento en que fue creado tiene tanta importancia como los rasgos que se le imprimieron

---

[680] Para una bibliografía orientadora debe consultarse *Los primeros pasos: una bibliografía para empezar a investigar la historia de Puerto Rico*, preparada por María de los Ángeles Castro, María Dolores Luque de Sánchez y Gervasio L. García. El libro de Quintero Rivera, *Patricios y plebeyos: burgueses, hacendados, artesanos y obreros* contiene trabajos de gran interés. Véase también la valiosa contribución de Frank Bonilla y Ricardo Campos al estudio de la emigración puertorriqueña en los años del capitalismo industrial: *Industry and Idleness*. Uno de los mejores libros, ciertamente de los más ambiciosos para el estudio de la complejidad de la sociedad puertorriqueña de estos años, sigue siendo el compilado por Julian Steward, *The People of Puerto Rico*, publicado en 1956. Concretamente, deben consultarse ahí los ensayos de Eric R. Wolf y Sidney W. Mintz sobre el mundo cafetalero y el mundo azucarero. Véase también el libro of Gordon Lewis *Puerto Rico: libertad y poder en el Caribe*.

desde un principio. El contexto más amplio era la Guerra Fría, la nueva tecnología armamentista y también la Guerra de Corea (1950-1953), en la que los puertorriqueños tomaron parte como miembros de las fuerzas armadas estadounidenses. De hecho, en la década de 1950 se había multiplicado el número de veteranos en la sociedad puertorriqueña y muchos ocupaban cargos en el sistema educativo y en la administración. El militarismo fue una pieza clave de la modernización puertorriqueña. El poderío de los Estados Unidos se demostraba por la escenificación permanente de lo militar, como atestiguan las operaciones en las bases aéreas, militares y navales durante esos años. El Estado Libre Asociado llevaba la marca de la relación colonial en su propio ordenamiento jurídico, ya que el Congreso de los Estados Unidos constituía la instancia última de poder. Las reacciones contrarias no tardaron en llegar. Las alianzas del Partido Popular Democrático con sectores independentistas y comunistas se habían agrietado. El viraje de Muñoz Marín, quien en su juventud había defendido la independencia, fue visto por los separatistas como una gran traición.

El nuevo "pacto" político con los Estados Unidos parecía haber neutralizado los partidos anexionistas que defendían la integración como estado de la Unión norteamericana. Por otra parte, en 1946 se fundó el Partido Independentista Puertorriqueño, al cual se sumó un número significativo de intelectuales. Ese Partido jugó un importante papel por la vía electoral, a pesar de las medidas fuertemente represivas impuestas por el gobierno de los Estados Unidos o del Estado Libre Asociado. La oposición más radical fue la del Partido Nacionalista, que aunque representaba un segmento pequeño de la población, era muy militante, y llegó a ser central en el debate político, en la isla y en Nueva York.[681] La insurrección nacionalista del 30 de octubre de 1950, el atentado contra

---

681 Para la tradición de las luchas políticas de los nacionalistas y los tabaqueros socialistas puertorriqueños en Nueva York, son indispensables las *Memorias de Bernardo Vega*, editadas por César Andreu Iglesias. El libro de Gerald Meyer, *Vito Marcantonio, Radical Politician, 1902-1954*, suministra una documentación muy rica sobre la vida política en *El Barrio* de Nueva York, y las alianzas con Marcantonio. Sobre Vega y su contexto, véase de Juan Flores y Ricardo Campos "Migración y cultura nacional puertorriqueña", en *Puerto Rico: identidad nacional y clases sociales*, prólogo de Díaz Quiñones. Sobre las *Memorias* de Vega y sobre Albizu, véase de Juan Flores y Carlos Gil "Código

la Casa Blair en Washington al día siguiente, y el audaz ataque contra el Congreso de los Estados Unidos del 1 de marzo de 1954, inspirados por la prédica sacrificial de Pedro Albizu Campos, sacudieron tanto al país como al gobierno norteamericano.[682] En la década de la descolonización y la guerra de Argelia, en Puerto Rico el nacionalismo albizuista pasó a ser un ideario herético. La ruptura con los independentistas se había consumado.[683]

---

heroico y utopía en de Diego, Bernardo Vega, Géigel y Albizu", en *El orden del tiempo*, pp. 37-147.

682 Cuatro puertorriqueños armados dispararon contra el Congreso de los Estados Unidos el 1 de marzo de 1954: Lolita Lebrón, Rafael Cancel Miranda, Irvin Flores y Andrés Figueroa Cordero. Para la insurrección de 1950 y sus consecuencias, véase el documentado libro de Marisa Rosado *Las llamas de la aurora*. De la nutrida bibliografía en torno al enfrentamiento de Albizu y sus seguidores contra la política de Muñoz Marín, véanse los trabajos de Carmelo Rosario Natal, especialmente los datos que ofrece sobre la huelga universitaria de 1948 y las leyes represivas conocidas como leyes de la "mordaza", en "El choque en la víspera de la insurrección, 1947-1950", en *Luis Muñoz Marín: perfiles de su gobernación, 1948-1964*, pp. 309-341.

683 En los años del macartismo, los independentistas y los comunistas puertorriqueños fueron doblemente reprimidos: fueron perseguidos judicialmente por las leyes norteamericanas y por los mecanismos del Estado Libre Asociado. El libro de García y Quintero Rivera, *Desafío y solidaridad: breve historia del movimiento obrero puertorriqueño*, ofrece una buena introducción a las transformaciones del movimiento obrero, sobre todo en los capítulos V y VI, pp. 101-138. Sobre las leyes represivas, véase Ivonne Acosta, *La mordaza: Puerto Rico, 1948-1957*. Los comunistas, y supuestos comunistas, fueron objeto de persecución por el Comité de Actividades Antiamericanas. Véase el libro de Ellen Schrecker *Many are the Crimes: McCarthyism in America*. La biografía del intelectual marxista Andreu Iglesias, quien fue detenido y sometido a un proceso judicial que se prolongó de 1954 a 1958, ha sido cuidadosamente documentada por Georg H. Fromm, *César Andreu Iglesias: aproximación a su vida y obra*, y muestra hasta qué punto se había condicionado la vida intelectual puertorriqueña durante la Guerra Fría. En 1956, el discurso "secreto" de Kruschev a la XX Conferencia del Partido en Moscú y la represión de la rebelión húngara creó otra ruptura en el campo de la izquierda y recrudeció la atmósfera de la Guerra Fría. Muchos escritores y artistas, terminaron alineados en campos opuestos.

El "clima industrial" y la familiaridad con las máquinas

El proyecto modernizador y la ideología del *progreso* se proponían vencer la pobreza del mundo colonial azucarero. En las décadas de 1940 y 1950 se propagó un discurso celebratorio de una "revolución industrial", análoga a la que se había vivido en Europa. Muñoz Marín, un intelectual cuya poesía de juventud y periodismo estaban marcados por el clima de las vanguardias futuristas en los Estados Unidos, identificaba la modernidad con los avances técnico-industriales. Muchos de sus discursos tenían carácter de manifiesto: la incorporación de las nuevas tecnologías se revestía de un halo incuestionable, y sería el eje para un reordenamiento abarcador y orgánico del país. La dimensión y la profundidad del proyecto pueden apreciarse, por ejemplo, en el hecho de que el fomento de la emigración masiva de los puertorriqueños a los Estados Unidos se hizo desde finales de los años cuarenta en vuelos aéreos, otro signo del avance tecnológico y del cambio radical. La imagen de los emigrantes puertorriqueños que llegaban a Nueva York en barco dio paso a la llegada en aviones. En 1955, el mismo año en que Blanco publicó *Los cinco sentidos*, se inauguró con gran pompa el nuevo aeropuerto internacional de San Juan, con todo el esfuerzo que ello suponía en la construcción de la infraestructura y para la redefinición física de la capital.[684]

---

684 Localizado en la zona de Isla Verde, en el municipio de Carolina, al norte de la isla. Es muy revelador que en 1985 se le denominó Aeropuerto Internacional Luis Muñoz Marín. La importancia de la aviación militar y comercial para el Puerto Rico de esos años es central. El "culto al avión" y su contexto colonial, así como su uso en la política interna, podría compararse con el caso de la República Dominicana durante esos mismos años, según el minucioso estudio de Eric Paul Roorda, "The Cult of the Airplane among U. S. Military Men and Dominicans during the U. S. Occupation and the Trujillo Regime". Trujillo supo aprovechar el apoyo que venía de las fuerzas militares y aéreas de los Estados Unidos desde la ocupación de 1916-1924, y después el respaldo de las subvenciones de la Pan American Airways, quien construyó el aeropuerto de la capital. Véase Roorda, pp. 286-288. Los aviones y los aeropuertos se convirtieron, a la vez, en símbolo del poder trujillista y del poder económico y militar norteamericanos. Tanto Muñoz Marín como Trujillo explotaron la

La exigencia de transformación era central. La intensidad del éxodo rural favoreció la presencia en las ciudades, sobre todo en San Juan y en Nueva York, de una cultura campesina, no letrada. "Nuestro desarrollo económico —decía Muñoz Marín en 1953— requiere un 'clima industrial'; y nuestra sociedad exige que tal 'clima' no sea como el que en sus orígenes de los siglos XVIII y XIX tuvo la revolución industrial".[685] Puerto Rico obtendría todos los beneficios, sin los costes sociales y las históricas distorsiones: "¿Cómo urbanizar las virtudes de la ruralía para que vengan a enriquecer las que de arte y ciencia y sociabilidad tienen las ciudades?", preguntaba Muñoz Marín. Esa pregunta contenía la utopía. La respuesta era un proyecto educativo dirigido a crear la "familiaridad con las máquinas", y el "instinto constructivo":

> Sobre lo primero: ¿cuáles son los factores del "clima" industrial, los factores necesarios a la expansión económica en general? [...] Familiaridad con las máquinas, las que, usadas con un hondo sentido de bien social, libertarán a nuestro pueblo finalmente de la pobreza. Hábito de las disciplinas de trabajo el que el hombre use la máquina para esa liberación. Sentido de dignidad en la labor manual técnica. [...] La familiaridad con las máquinas debe empezar hasta con la clase de juguetes con que se estimula la curiosidad y el instinto constructivo de los niños, y que debe conducir, como una parte importantísima del "clima" industrial, al sentido y entendimiento que cada cual tenga de la parte que él aporta a todo el proceso productivo —en su sección de una fábrica, en la fábrica en sí, en la parte

---

modernización representada por la aviación comercial con gran intensidad, aunque, por supuesto, con propósitos diferentes.

685 Se trata de un "Mensaje" a la Legislatura del 26 de febrero de 1953, que puede leerse en *Mensajes al pueblo puertorriqueño*, pp. 73-94. La cita se encuentra en la p. 91. La utopía maquinista de las vanguardias políticas y artísticas, y los vínculos con la guerra, ha sido objeto de nuevas consideraciones en el excelente libro de Susan Buck-Morss, *Dreamworld and Catastrophe: The Passing of Mass Utopia in East and West*.

administrativa de una industria en el gran drama económico de todo el país.[686]

Ese programa, unido a la hegemonía estadounidense, dio lugar a enfrentamientos en el campo intelectual, abriendo así una grieta en las alianzas del populismo que es preciso recordar para situar adecuadamente la obra de Blanco.[687] Es necesario tener presentes esas transformaciones para la reconstrucción de lo que Raymond Williams llamó "la estructura de sentimiento". Blanco, al igual que otros que habían condenado la colonia azucarera en los años treinta, se enfrentaba a la dificultad de reconciliar la euforia industrial con el deseo —ahora problemático— de construir un Estado nacional. Muchos de los profesionales que ejercían el poder político abandonaron las posiciones independentistas, o callaban prudentemente. Al mismo tiempo, en la Universidad estatal se formaba una nueva cultura académica, con intelectuales "profesionales" que pasaron a administrar poderosas instituciones como la Junta de Planificación y Fomento Industrial. A pesar de que en la posguerra

---

[686] *Ibid.*, p. 92. La seducción de la "técnica", la ciencia y la medicina jugaron un papel importante en el nuevo imperialismo desde el siglo XIX, y en las vanguardias artísticas y políticas. Véase el libro de Daniel Headrick *Los instrumentos del imperio: tecnología e imperialismo europeo en el siglo XIX*. En el campo intelectual antillano, la acogida del Conde de Keyserling y su texto *El mundo que nace*, es un ejemplo. En la *Revista de Avance* de Cuba se celebró: "Empieza el autor por señalar la nota saliente de la actividad moderna: la técnica. Nuestro maquinismo da una estructura peculiar a la vida, cierto sentido matemático de precisión que otras edades no conocieron. Es el sentido de la evidencia en los fenómenos, lo cual influye en las derivaciones espirituales que hace, sin advertirlos, la conciencia", II, 19, 15 de febrero de 1928, p. 57. Por otra parte, sería interesante contrastar con una visión contemporánea pero opuesta de la "máquina", como la representada por Gandhi en su proyecto; véase su texto *La civilización occidental y nuestra independencia*, pp. 96-99.

[687] Todos esos debates atraviesan, por supuesto, distintos lugares, momentos históricos y circunstancias diferentes. Para lo concerniente al contexto europeo, las sucesivas elaboraciones de Carl E. Schorske son muy ricas en pistas. Él investigó en profundidad el conflicto en su clásico *Fin-de-siècle Vienna*, y especialmente, a propósito de los arquitectos y artistas, los ensayos incluidos en su libro *Thinking With History*.

se dio un creciente proceso de descolonización en África, en el llamado Oriente Medio, y en la India y el subcontinente asiático, en Puerto Rico se decía que el nacionalismo era un movimiento que había caído en descrédito, asociado a la memoria de los crímenes de las dictaduras fascistas. Y, en contraste con las luchas en Argelia, Palestina, Vietnam y Cuba, en el discurso dominante puertorriqueño durante los años cincuenta, la palabra "nación" se sentía como obsoleta, y arriesgada, aquello acerca de lo cual era preferible no hablar. Blanco tampoco la empleaba, o lo hacía sólo de forma elíptica. Sus textos demuestran que fue una etapa rica en ansiedades y desgarramientos.

Una "mutación" cultural y política

La "cultura" era un instrumento de la acción política, y, por consiguiente, un campo de enfrentamientos. En 1954, un año antes de la publicación de *Los cinco sentidos*, Muñoz Marín pronunció otro discurso en el que cristalizaban dramáticamente las nuevas definiciones. El contexto político inmediato era la conmoción causada por el ataque de los nacionalistas puertorriqueños al Congreso de los Estados Unidos. Muñoz condenó enérgicamente el ejercicio de la violencia. Más significativo aún: recurriendo a otra metáfora deudora de las vanguardias, completaba su argumento asegurando que en la modernización había ocurrido una "mutación cultural". Ese nuevo sujeto colectivo se caracterizaba por la perfecta armonización de lo "latinoamericano" y "norteamericano", y por la "voluntaria" participación militar puertorriqueña en la Guerra de Corea.[688] Era una brusca reinterpretación que permitía ubicar en un campo a los puertorriqueños "modernos" y futuros, y en otro a los nacionalistas, quienes representaban una regresión a formas arcaicas. Muñoz Marín hacía recaer la gravedad de la crisis en

---

688 Para la guerra de Corea, véanse los trabajos de Silvia Álvarez: "La bandera en la colina: Luis Muñoz Marín en los tiempos de la guerra de Corea", en *Luis Muñoz Marín: perfiles de su gobernación (1948-1964)*, y "Las lecciones de la guerra: Luis Muñoz Marín y la Segunda Guerra Mundial", en *Luis Muñoz Marín: ensayos del centenario*.

lo anacrónico de la idea de nación, al mismo tiempo que se reservaba los privilegios de una tradición poética y de las "costumbres rurales". El enunciado lleva en sí marcas de las condiciones en que fue producido:

> La isla es una mutación política —quizás también una mutación cultural— única en el sistema americano, ya sea que por "América" se entienda Estados Unidos o el hemisferio. Es un país latinoamericano compuesto de buenos ciudadanos de los Estados Unidos. Su buena calidad ciudadana la ha mostrado su actuación en Corea, donde un gran porcentaje de balas correspondió a los puertorriqueños, y el hecho de que la mayoría de éstos eran soldados voluntarios. Revélase asimismo por el modo rápido y efectivo cómo el pueblo y el gobierno de Puerto Rico se adelantan a refutar la propaganda comunista que pinta a los Estados Unidos como "potencia colonial imperialista". La expresa el hecho de que 81 por ciento de los votos emitidos en la isla han declarado que no se pide la independencia. La muestra, finalmente, el vigor con que tanto el pueblo como el gobierno repudian el puñado de fanáticos nacionalistas que de vez en cuando disparan balas reales contra el mundo real desde los baluartes de su mundo irreal. Hasta qué punto se trata de un país latinoamericano lo muestra su básica cepa española y su población criolla, su lengua y literatura castellanas, su producción de hermosa poesía en español, sus costumbres rurales, su sabiduría popular [...][689]

---

[689] Este discurso de Muñoz Marín se publicó con el título "Puerto Rico y los Estados Unidos: su futuro en común". La cita se encuentra en la p. 4. Es significativa la contraposición entre la guerra "legítima" de Corea, y la anómala de los "fanáticos" nacionalistas. Aquí y en otros discursos Muñoz Marín construía y delimitaba el campo de acciones legítimas. En su "Mensaje" de febrero de 1954, concluía reconociendo a los separatistas como los principales adversarios: "Persistirá por un tiempo el choque entre el separatismo y el Estado Libre Asociado. Yo estoy inequívocamente a favor del Estado Libre Asociado, opuesto al separatismo porque creo en las grandes asociaciones de pueblos y no en los estrechos aislamientos entre pueblos, y porque creo en la grandeza de espíritu de la Unión Americana, que es más grande aún que el tamaño de su poderío económico. [...] Creo en la grandeza moral de la asociación, pero no por creer en la inferioridad moral del puertorriqueño", *Mensajes al pueblo puertorriqueño*, p. 120. Las consecuencias que para el campo intelectual

Sería difícil no advertir en esas toscas palabras la tensión con otra manera de entender la cultura nacional. Muñoz Marín reclamaba ardientemente la pertenencia al mundo *hispánico*, a la vez que fijaba límites precisos al nacionalismo. Rechazó con firmeza la violencia de los nacionalistas y la "propaganda" contra los Estados Unidos. La nueva ortodoxia se hacía explícita en su exaltación de los beneficios derivados del "experimento común" del Estado Libre Asociado y la "buena fe" de los Estados Unidos:

> Desde el punto de vista de los Estados Unidos hay razones comerciales y militares —Puerto Rico compra 500 millones al año de los Estados Unidos— pero probablemente esas razones no son ni remotamente tan importantes como el hecho de que Puerto Rico es hoy un índice elocuente de la buena fe de los Estados Unidos.
> En la relación escogida hay un beneficio de largo alcance para los Estados Unidos que es mucho mayor que el beneficio militar o comercial. Puerto Rico se ha convertido en un pequeño pero efectivo generador de buen entendimiento de, y buena voluntad hacia, Estados Unidos. [...] No importa cuán sinceramente una persona pueda haber sido confundida por propaganda dirigida en contra de los Estados Unidos. Las cosas que ve en Puerto Rico y el enterarse de que en cinco ocasiones dentro de seis años nuestro pueblo ha votado abrumadoramente en contra de la independencia, en contra de la estadidad, en contra del colonialismo y a favor de este experimento común en creación política —todo esto constituye una respuesta contundente a esa propaganda. En este respecto, la relación creadora que ha sido desarrollada entre la Unión Americana y el Estado Libre Asociado es una elocuente manifestación de una bondad y una grandeza en el espíritu de los Estados Unidos.[690]

---

puertorriqueño traería aparejadas la rebelión nacionalista —en el corto y largo plazo— exigiría aún más estudio.

690 "Puerto Rico y los Estados Unidos: su futuro en común", pp. 15-16. No hay todavía edición completa y anotada de los discursos de Muñoz Marín. Muchos fueron publicados por el Departamento de Instrucción Pública o por el Departamento de Hacienda del Estado Libre Asociado. Véase también su

V

> "Puerto Rico se le entró por los ojos; y, en parte, mucho también por los oídos; hasta enraizársele adentro y florecerle luego en pura poesía... Por la vista se le metió la luz antillana, brilladora, espectacular; y los perennes verdes y los azules infinitos: el paisaje armonioso; y, en el paisaje, por sobre todo, el mar [...]".
>
> Tomás Blanco, sobre Pedro Salinas, "Estancia en la isla" (1952)

Poética y política de *Los cinco sentidos*

¿Cómo responder? Los discursos celebratorios del *progreso* eran, para Blanco, inquietantes. La muy real modernización acechaba con la dispersión, el imperio de lo cuantitativo, y la imposición de valores "foráneos". Amenazaba, sobre todo, con borrar los signos y las *costumbres* que definían, según Blanco, la cultura puertorriqueña y antillana.[691] Como René Marqués, Blanco buscó símbolos de permanencia.[692] La respuesta fue *Los cinco sentidos*: una exaltada defensa de la "tradición" y

---

Historia del Partido Popular Democrático, y sus *Memorias: autobiografía pública, 1898-1940*, publicaciones póstumas ambas.

[691] El interés de Blanco en el género de la "estampa costumbrista" se evidencia, por ejemplo, en un texto suyo que acompaña una selección de la obra de José Antonio Daubón (1840-1923), *Cosas de aquí*, un libro publicado en 1904. Su nota, de 1949, resalta la importancia de las estampas de Daubón para la historia de la antigua ciudad de San Juan y para la cultura popular, como la Fiesta de San Miguel, en la que participaban las "cofradías de negros", y la tradicional Fiesta de San Juan. Vease la nota en *Asomante*, 1949, p. 56.

[692] He estudiado la figura y el lugar de René Marqués en "Los desastres de la guerra: para leer a René Marqués", en *El almuerzo en la hierba*, pp. 133-168. Marqués, sin embargo, deseaba representar en su teatro y en su narrativa la violencia brutal del mundo moderno.

los signos puros y duraderos que juzgaba auténticos. Si la modernidad, como ha escrito Octavio Paz, es "una tradición polémica que desaloja a la tradición imperante" y se caracteriza por su "heterogeneidad, pluralidad de pasados y extrañeza radical", Blanco no era, ni quería ser, en rigor "absolutamente moderno", ni se insertó en la "tradición de la ruptura" y del cambio.[693] Su "modernidad" tuvo un carácter arcaizante, y de ahí precisamente su carácter crítico. La redefinición de lo "artístico" era su manera de modernizarse, un modo de autoconservación frente a la velocidad de los cambios tecnológicos y sociales. Hay, como es sabido, una importante tradición de modernistas anti-modernos, en la que lo "nuevo" y lo "viejo" son modos críticos de constituirse, ambivalentes y hasta paradójicos, con abundantes ejemplos de "malentendidos" en lo que se entiende por "modernidad".[694]

Al mismo tiempo, el libro opone los signos esencializados del *café* y la *guajana* a la ciudad capitalista, la ciudad que el poeta español Pedro Salinas en los versos de *El contemplado* (1946) llamó "la gran ciudad de los negocios, la ciudad enemiga". Blanco había admirado enormemente la obra de Salinas, e hizo un recuento cálido de la estancia del poeta en Puerto Rico. Salinas debe ser en un punto la influencia más decisiva en esta etapa de su obra. Podría decirse que hay una suerte de identificación con el poeta de *El contemplado* y su talante de atención, escucha y recuerdo. Ambos compartían posiciones antifascistas, así como la crítica a los aspectos de la modernidad que consideraban destructivos.[695]

---

693 Véase de Paz *Los hijos del limo: del romanticismo a la vanguardia*, p. 16.

694 Un estudio muy abarcador, con numerosos ejemplos de otros "modernistas antimodernos" en la tradición norteamericana, lo ofrece el libro de Jackson Lears, *No Place of Grace: Antimodernism and the Transformation of American Culture, 1880-1920*. Para la polémica de las vanguardias y su ruptura con la "autonomía" del arte, véase el libro de Peter Bürger *Teoría de la vanguardia*. Véase también el incisivo ensayo de Rafael Gutiérrez Girardot *Modernismo* y sus observaciones en torno al gesto romántico del artista "modernista".

695 Uno de los testimonios es el citado en el epígrafe de esta sección. Su texto sobre Salinas podría leerse, en parte, como un autorretrato ideal del propio Blanco, quien no olvidó la tradición literaria española de la que Salinas era un alto exponente. En su libro *Jorge Manrique, o tradición y originalidad* (1947),

Su *inventario* es un pequeño catálogo de "esencias", la exaltación de algunos productos, como el café, recreado en su aroma, pero descontextualizado de los procesos históricos que hicieron posible el mundo cafetalero. Algo parecido ocurre con el azúcar, emblematizado en estos textos por la belleza de la flor de la caña, la *guajana*, borrando así el proceso social del desarrollo azucarero y la esclavitud. El *café* y la *caña*, esencializados, adquieren otro sentido. Se convierten en símbolos de continuidad cultural y convivencia frente a los cambios ocasionados por el avance de la sociedad industrial.

Distanciándose de la ciudad, del "ruido urbano, pero incivil", Blanco reactivó parsimoniosamente el mito de la edad dorada, un jardín de las delicias que opuso a la general devaluación de las nuevas mercancías. El "ruido" es conjurado o apaciguado. Frente al "fraude y la falsía" —palabras claves del texto— idealizó los olores y los sabores, y celebró los alimentos sagrados. La flor de la *caña*, el aroma del *café*, la sonoridad nocturna del *coquí*, las delicias de las *frutas* tropicales y las placenteras *brisas* pasaron a ser emblemas de felicidad autóctona. Del *café*, el tercer texto, escribe:

> Porque el café no engaña a nadie. Salvo las adulteraciones y contrabandos que puedan entrometer en él algunos comerciantes de manga ancha, en el café no hay falsías. Nunca pretende ser lo que no es. No presume de valores ficticios. Es ajeno a las falsas omnipotencias y omnisapiencias, a esa engañosa autosuficiencia despectiva que produce en muchos casos el alcohol. Completamente libre y limpio de los fraudes y trampas de las drogas heroicas, no conduce a paraísos artificiales. No hace ver lo que no existe. No cultiva la ilusión de dar lo que no se tiene (pp. 24-25).

El *inventario* de Blanco es un nexo de relaciones subrayado por la simetría de la composición, por las relaciones de contigüidad, por los significados

---

Salinas escribía: "En historia espiritual la tradición es la *habitación* natural del poeta [...] la gran tradición de los letrados se adquiere, en efecto, por denodado trabajo [...] La tradición es la enorme reserva de materiales con los que el hombre puede rodearse de horizontes".

que van cobrando el conjunto y cada una de las partes. El *tempo* recuperado era tan importante como el espacio organizado en el texto. Hay en *Los cinco sentidos*, para usar el término de Gérard Genette, una *espacialidad* que define la escritura al mismo tiempo que protege su *orden*.[696] Por eso exalta el paisaje ideal del campo enguajanado de las sabanas del litoral, o celebra la quietud de la noche. Los textos dan la impresión de un tiempo detenido.

Blanco practicó una poética del espacio y una poética del silencio.[697] Desde ese punto de vista, el término *cuaderno* adquiere otras connotaciones. Es como un cuaderno de bitácora en el cual se han ido anotando el rumbo, las variaciones y los accidentes del terreno: una ficción de viaje que se narra en el presente por alguien que conoce bien el secreto de esos lugares. En él se cruzan el ensayo, la poesía, la autobiografía. O podría pensarse como el cuaderno de bocetos de un pintor que se ha propuesto la elaboración de una serie de íconos. La descripción demorada de rincones íntimos, de los distintos matices cromáticos provocados por la luz, o los lugares evocados a través de fragancias, son centrales para el proceso de iconización. En todo caso, se trata de un tiempo suspendido y de la ilusión de un espacio fuera del tiempo. Frente al "ruido urbano", por ejemplo, describe la noche que sirve de marco al canto del *coquí*: "la sonoridad nocturna se expande como en círculos concéntricos hasta las lontananzas; y, entonces, se dejan oír susurros y murmullos que, usualmente, el bullicio diurno y el trajín ciudadano sobrepujan y callan; pero que depurados, se filtran por las distancias de la quieta noche" (p. 14). Junto con el aire y la luz se construye en el texto una continuidad espacial ideal. Abrir los ojos, despertar, equivale a nacer, el instante en que aparecen colores, formas, sonidos. La *patria* es esa *tierra natal*.

En *Los cinco sentidos*, al igual que antes en *Los vates*, ofreció un recorrido por la ciudad o más bien señaló un alejamiento hacia el campo.

---

[696] Me refiero a su ensayo "La littérature et l'espace", en *Figures II*, pp. 43-48.

[697] El libro de Gaston Bachelard, *La poética del espacio*, es referencia indispensable para el estudio de la dialéctica "de dentro y de fuera", y para su significación en la literatura moderna. Relevante para el contraste entre campo y ciudad en la literatura moderna, es el libro ya clásico de Raymond Williams, *The Country and the City*.

La estrategia consistía en desplegar el *topos* del campo y otorgarle un *sentido* aurático. Recordemos que el *vate* es un poeta y adivino, capaz de entrever por conjeturas lo que va a ocurrir. Su función es establecer contacto con lo que está oculto, como puede serlo el poder erótico del paisaje. Blanco puso en práctica, además, una poética de la personificación que le llevó a identificar el cuerpo femenino con la tierra, la patria, un espacio libre e imaginario. El antropomorfismo alcanza su punto culminante en el "Ditirambo decorativo de las brisas". Blanco elige imágenes ya definidas del cuerpo femenino, en lo que caracteriza como un "par de vidrieras renacentistas", y elabora una descripción alegórica que pretende captar la elusiva belleza de las *brisas* y hacer de ellas un objeto que recuerda la tradición poética del "sueño erótico". El prestigio de la pintura clásica del desnudo femenino revela los deseos del sujeto masculino, y el deseo de continuidad con el Arte: "La Brisa del Sur: esbelta cual una Eva de Cranach el Viejo. Morena de translúcida piel, agacelada, grácil, ágil... Huele a tierra mojada, a cafeto en flor, a yerbabuena"; y la Brisa nordeste: "Rubia como la Venus de Botticelli. Generosas las ancas, los pechos bien granados; pero siempre ligera, juguetona y risueña, clara y suelta [...]" (p. 41). Sometida a ese procedimiento, la naturaleza cede lugar al artificio literario: "Las brisas no carecen totalmente de corporeidad, dimensión y relieve. Y, si se perciben preeminentemente por contactos, donde son ellas el agente activo que se acerca y llega y nos acaricia, sin más que estar nosotros en receptora disposición pasiva [...]" (p. 53).[698]

Ese "Ditirambo" es decisivo para su poética. El texto, a dos columnas, exige que el lector pase tiempo ante sus bloques textuales. La "vidriera", por su textura y transparencia, permite crear contrastes y jugar con la visibilidad y la invisibilidad del movimiento de las *brisas*. La sinestesia es tan central como las reconstrucciones lingüísticas que son, a la vez, invenciones literarias. El *topos* del desfile de frutas —una forma de *inventario*— le permitía a Blanco describir sus formas y su

---

[698] En las "notas", explica la figura retórica: "Y, fuera de la mujer enamorada o la madre mimosa, nada se insinúa, toca y besa con el regalo acariciante de una dulce brisa. Es por ello —cuando menos en parte— que se personificaron las brisas, en el texto, idealizadas bajo amables figuras de mujer", p. 54.

color, enriqueciendo el espectro perceptivo. El *cuerpo* carnoso de la fruta se vuelve material plástico para ser moldeado. Lo bello artístico y lo bello natural se confunden. Lo "decorativo" sugiere un despliegue artesanal —texturas, colores, adornos— necesario para que el objeto descrito revele su verdadero *sentido*.

El don de la mirada es la facultad central, como lo fue para el poeta Pedro Salinas en su poema *El contemplado*, escrito en Puerto Rico. Las brisas poseen un exterior corpóreo, y para llegar a ellas es preciso dominar el arte de "ver". La sinestesia es el procedimiento predilecto: aprender a mirar con el tacto aunando sentimiento y placer visual. *Tocar con la mirada*: las imágenes que se refractan son múltiples. En las "notas" finales Blanco escribe: "para captar nítidas sus formas y bien ver sus imágenes corpóreas, se necesita ser zahorí; hay que saber adivinarlas a tientas, aprender a mirarlas con las yemas del tacto, atinar a tocarlas con la mirada..." (p. 42). Un *zahorí*, antigua palabra y reveladora metáfora para la inquieta mirada del escritor: el que "ve" hacia afuera y hacia adentro, ve las *formas* que estructuran y garantizan la continuidad.[699] El resultado de esa poética es que la ausencia se instala en la presencia. En ello coincidía con la poesía que por esos mismos años escribía su amigo Luis Palés Matos. Algunos versos palesianos resuenan en los versos y los textos de Blanco de esos años, aunque sin el lado oscuro y desgarrado de la poesía de Palés.

El ritmo, el sonido, la música son imprescindibles. En una especie de coda del "Ditirambo decorativo de las brisas", en el "envío" final, Blanco pide "licencia para brindarles las anteriores líneas a quienes en Puerto Rico viven y se desviven por cultivar las artes plásticas. Porque este Ditirambo aspira a sugerir o estimular la representación decorativa

---

699 La palabra *zahorí*, de origen árabe, se refiere al vidente. El *Diccionario de Autoridades* de 1739 la define de la siguiente forma: "llaman à la perfona, que vulgar, y fallamente dicen vé lo que eftá oculto, aunque fea debaxo de la tierra, como no lo cubra paño azúl. Es compuefto de las dos voces Arábigas *Zab*, que fignifica fin duda, y *vari*, que vale veedór, ù de efta última, ya la particula *za*, que fignifica debaxo". El *Diccionario de la Real Academia* de 1899 incluye los caracteres árabes y lo define como "geomántico": "Persona á quien el vulgo atribuye la facultad de ver lo que está oculto, aunque sea debajo de la tierra... Persona perspicaz y escudriñadora", en *Nuevo tesoro Lexicográfico*, edición DVD.

de nuestras brisas" (p. 44). No es de extrañar que el texto sirviera de estímulo para una coreografía de Gilda Navarra. A la vez, Blanco encontraba inspiración en la capacidad de los músicos para trabajar con motivos y variaciones, y en el cuidado por el ritmo. La canción y la música están siempre presentes en su poética. Al cerrar las "notas", escribe: "Lo importante, creo yo, es acertar —dentro del timbre y el acento propio— con la clave o el tono que cada tema y ocasión requieran" (p. 56).

Las costumbres aureoladas

Podría decirse que Blanco intentaba recuperar lo que Walter Benjamin llamaba el *aura* de las cosas. Benjamin definía el *aura* que se adhiere con el paso del tiempo a las obras de arte como "la manifestación irrepetible de una lejanía".[700] El "aura" indica el valor de autenticidad de una imagen que expresa también la singularidad del artista. *Los cinco sentidos* es un libro sobre los placeres de los sentidos, y por supuesto sobre los placeres perdidos. Blanco deseaba revelar cada cosa en el momento preciso de su epifanía, esa luminosidad que James Joyce traducía como la *claritas* que el objeto adquiere en su contexto habitual cuando es renovado, recreado, por el artista. La *caña*, el *café*, el *coquí*, todo aparece en este libro *aureolado*: "la brisa transfigurada en luz", el "inimitable" aroma del café, la "voz duende del coquí". Las esencias, libres y puras, vivirán ahora en el espacio cualitativo de la escritura, como si la poesía pudiera preservar su pureza originaria, añadiéndole una especie de implicación emocional. Lo que se perdía irremediablemente podía perdurar en el arte. Era, como hemos dicho antes, su Arca de Noé. El mito de los *new beginnings*, del renacer, supone la conciencia del final de un modo de vida.

---

[700] Me refiero al muy difundido ensayo de Benjamin "La obra de arte en la era de la reproducción mecánica". El libro de Michael W. Jennings, *Dialectical Images: Walter Benjamin's Theory of Literary Criticism*, contiene páginas muy iluminadoras sobre el "aura". Véanse también las reflexiones de David Frisby en el largo capítulo dedicado a Benjamin y la modernidad en su libro *Fragments of Modernity*.

Casi litúrgicamente, Blanco se deleitaba construyendo un *orden* que aspiraba a conectar de nuevo naturaleza y cultura. Contra la *inquietud* del "bullicio diurno y el trajín ciudadano", exalta la *quietud*, la estabilidad que permita contemplar las esencias, nombrarlas, salvarlas de la artificialidad industrial. Era importante rescatar esas esencias en su momento de esplendor. Desde muchos puntos de vista, y explícitamente en las minuciosas descripciones de la flora y la fauna de la isla que Blanco agrega en las "notas", *Los cinco sentidos* es un apasionado llamado a la preservación ecológica, incluido un llamado a utilizar los recursos inteligentemente en provecho propio.[701] Lo útil y lo bello coinciden en este jardín laico. Las flores y los frutos son objetos de la experiencia que funcionan como un integrador armónico entre la naturaleza y la vida cotidiana.

La controversia entre "las sensatas costumbres del pasado" y las "novedades" está entablada desde las primeras páginas. El argumento se reduce al mínimo. La ciudad es la desarticulación general, la confusión. Allí "el día suele ser ruidoso hasta la fatiga y el agotamiento, al borde mismo de la neurosis", mientras que en el "campo abierto, la noche es sonora; pero de una sonoridad sin exabruptos ni sobresaltos" (p. 13). El presente es puramente cuantitativo, y, sobre todo vulgar, masificado:

> En la Capital de Puerto Rico, el día suele ser ruidoso hasta la fatiga y el agotamiento, al borde mismo de la neurosis; lleno de griterías, zumbidos y estridencias; atronado de aviones, sofocado de altoparlantes y fonógrafos, ensordecido de velloneras, acuchillado de bocinazos; desgarrado por alborotos de perros malcriados y chiquillos realengos, abacorado y hostigado por insistentes vociferaciones —mecanizadas y ambulatorias— de políticos, anunciantes, locutores, charlatanes y propagandistas [...] (p. 13).

---

701 Véanse, por ejemplo, las razones que ofrece en las "notas": "Se trata de no desperdiciar, de no menospreciar, el posible rendimiento alimenticio, natural o directo, del medio. Se trata, por ejemplo, de que una fruta cogida del árbol, en el batey, puede ser desde varios puntos de vista, inclusive el nutritivo y el económico, mejor que la que se compra, enlatada, en el ventorrillo", p. 51.

El texto reactivó los viejos moldes de la estampa costumbrista. Margot Arce lo vio con claridad: "Late en sus páginas la nostalgia de un tiempo ido, el apego a unas costumbres y modales ya desechados".[702]

El libro, añadía, "encierra sus moralejas y doctrinas que podrían resumirse en el elogio de la vida sencilla y natural libre de afectación y artificio, en la invitación a la conciliación del hombre con su tierra, a la prudencia tanto en la conservación de sus buenas, sanas y sensatas costumbres del pasado como en la adopción de las novedades foráneas". Arce captó los *new beginnings* de Blanco, su reacción ante el relato del *progreso*, y leyó con agudeza la construcción imaginaria del libro, su visión marcadamente utópica, y su fe en el "arte".

Nilita Vientós Gastón, en otro comentario contemporáneo que permite estudiar la recepción del texto por lectores amigos, habla de las "cinco impresiones líricas en prosa muy cuidada, trabajada con esmero y *amore*, prosa de escritor que no sólo conoce bien su lengua, sino que siente deleite por la palabra en sí". Su lectura coincidía, en términos generales, con la de Margot Arce, quien destacaba las *impresiones* que desfamiliarizan y redescrubren lo conocido. Será la interpretación canónica del libro:

> Constituyen estas impresiones un amable y fino elogio a las cosas pequeñas de que está hecha la vida cotidiana, muestran el encanto de las que ya casi no percibimos porque la familiaridad nos ha embotado los sentidos y robado frescura para aquilatar su belleza; nos redescubre la alada gracia de la guajana, la curiosa música del coquí, el aroma reconfortante del café, el sabor delicioso de las frutas, la suave caricia de las brisas que nos liberan del calor.[703]

---

702 Véase la reseña publicada en la revista *Asomante*, XII, en 1956. Esta cita se encuentra en la p. 107.

703 Véase su reseña "Un libro de Tomás Blanco", publicada en el diario *El Mundo* de San Juan, el 24 de marzo de 1956. Puede leerse en la recopilación de la autora titulada *Índice cultural*, tomo 1, pp. 201-202. Cito de p. 201. Margot Arce desde la crítica académica y Nilita Vientós Gastón desde el periodismo literario tuvieron gran peso en el campo cultural puertorriqueño de la década de 1950. La crítica periodística de Vientós Gastón, recopilada en los volúmenes

VI

Blanco, el "arte" y la renovación de la ciudad letrada

¿Qué lugar ocupaba Blanco en el campo intelectual en los años cincuenta? Sabemos poco de su vida privada, que guardaba celosamente. Pero sí tenemos noticias del mundo intelectual en que se movía, y de su participación en algunas de las nuevas instituciones.

Sin perder la autoridad establecida en la década de 1930, Blanco había pasado a encarnar la figura del "hombre de letras", libre de ataduras económicas, atento al desarrollo de las "artes". Margot Arce de Vázquez, lectora que escribía con admiración desde dentro de la sensibilidad que el mismo Blanco había definido, trazó un perfil del autor en el que resaltaba precisamente esos atributos. Blanco se había criado "en el ambiente familiar de costumbres señoriales, holgados medios económicos, muy escogidas relaciones". "Su amplia cultura y gustos", escribe Margot Arce, "le permiten concertar bien el trabajo intelectual con el ocio noble: la lectura, los viajes, la afición a la pintura y la música". En su semblanza, destacaba la independencia de Blanco, su vida de moderada "bohemia" y "cierta distancia", "altivez y retraimiento" del autor. Es el retrato de un esteta refinado y señorial:

> Vive Blanco una vida muy suya, muy independiente, un poco bohemia si se quiere, pero con moderación y elegancia. Gusta de la buena conversación; asiste con asiduidad a alguna tertulia, a conciertos, teatros, exposiciones de arte y se mantiene bien enterado y al día de lo que pasa en el mundo de la ciencia, del arte, de la literatura y de la política, aquí y fuera de aquí. No ha desdeñado la relación con las clases populares auténticas cuyas virtudes elogia en sus escritos y cuyas artesanías y folklore musical y poético conoce y estima. Es un verdadero "homme de lettres", un intelectual entregado por entero a su menester, a la reflexión y análisis de las cosas, los hechos, las ideas, a la lectura, a la creación poética. Pero no se encastilla en su

---

de *Índice cultural*, ofrece lúcidos ensayos para el estudio del estatuto de la literatura en esos años.

torre de marfil ni se aísla, aunque mantiene cierta distancia, cierta reserva, difíciles de salvar.[704]

Blanco formaba parte de un grupo de intelectuales y artistas que estaban unidos por lazos de amistad. El lugar que ocupaban se iba configurando como un conjunto de producciones escritas, pero también por prácticas artísticas y espacios de sociabilidad privados. Blanco residía en San Juan, la capital, ciudad que se iba convirtiendo rápidamente en el centro político y cultural determinante. Desde 1936 hasta 1959 vivió en Santurce, en la Avenida Magdalena, en el Condado. Fue activo participante de la revista *Asomante*, que había fundado en 1945 Nilita Vientós Gastón, la entusiasta promotora de la cultura, con el apoyo de escritores puertorriqueños y españoles exiliados. Entre ellos se encontraban algunas de sus amistades literarias decisivas, sobre todo el poeta y crítico español Pedro Salinas, el traductor de Marcel Proust, a quien le unía admiración y afecto. Salinas fue profesor en la Universidad de Puerto Rico de 1943 a 1946, y también vivió en la Avenida Magdalena.[705] Los amigos frecuentaban los mismos lugares: el Ateneo Puertorriqueño en el Viejo San Juan, por ejemplo, o la casa-salón literario de Nilita Vientós Gastón, quien abría regularmente las puertas de su casa en la Calle Cordero de Santurce, que también funcionaba como la redacción de la revista *Asomante*.

Era quizás menos conocida la contribución de Blanco a los esfuerzos encaminados a mejorar la salud pública durante la Segunda Guerra, en los primeros años de gobierno del Partido Popular. El doctor Blanco no ejerció nunca su profesión de médico (había obtenido su título de doctor en medicina en la Georgetown University en 1924). De 1941 a 1947 trabajó en el Departamento de Salud Pública, y colaboró en la producción de folletos de información de toda índole publicados por la "Oficina de Educación Sanitaria" y en la Escuela de Medicina Tropical.

---

704 Ésta y las citas anteriores provienen de su artículo de 1963 titulado "Tomás Blanco, ensayista: primer asedio". La última cita es de la p. 1.

705 En "Estancia en la isla" Blanco cuenta que se veía casi a diario con Salinas: "Poco a poco fue creciendo la frecuencia y confianza de sus visitas, hasta que intimamos y raro el día que no nos veíamos una o dos veces", p. 55.

Entre esos folletos se encuentran, por ejemplo: "Catecismo de la tuberculosis", "Conocimientos útiles para evitar las enfermedades génitoinfecciosas o males venéreos", "Diarrea y enteritis", y "La verdad sobre la sífilis".[706]

En los años cincuenta, según lo recuerda la bailarina y coreógrafa Gilda Navarra, Blanco no faltaba a la tertulia del Café Palace, en la Parada 19 de Santurce, otro punto de referencia central que funcionaba como una verdadera "institución" en la que se fundían la vida y la fe en el arte, un lugar en el que se encontraban el bolero, la danza y la alta cultura. A esa conversación asistían sus amigos el Dr. Ramón Lavandero, el director teatral español Cipriano Rivas Cherif, los poetas Luis Palés Matos, Nimia Vicéns y J. I. de Diego Padró, la bolerista Sylvia Rexach, y los compositores Amaury Veray y Héctor Campos Parsi.[707] Blanco también era uno de los asiduos concurrentes del Taller de la División de Educación de la Comunidad y el de Artes Gráficas del Instituto de Cultura Puertorriqueña, ambos bajo la influencia del Taller de Gráfica Popular de México. La Pan American Book Store, una de las pocas librerías, y editores de *Los cinco sentidos*, estaba localizada en la calle Fortaleza, esquina San José. Asimismo, las imprentas Venezuela y la Casa Baldrich, impresores de la revista *Asomante*, tenían sus talleres en el viejo San Juan. La confluencia de la División y del Instituto en el Viejo San Juan, al igual que el viejo Teatro Municipal Tapia y la recién creada Casa del Libro, situada en la Calle del Cristo, convirtió a la histórica ciudad en lugar de encuentro y un modo nuevo de organizar la actividad artística. Por otro lado, muy cerca, en las calles que daban al puerto y los muelles, se fusionaban el bajo fondo y la bohemia en un ambiente que tenía una aureola erótica. De hecho, se trataba de unas cuantas calles y lugares que se pueden mostrar en un mapa.

En esos años emergían nuevas figuras en el teatro, en la danza, y, sobre todo, en las artes gráficas, lo cual impulsó la idea del trabajo en taller y un sentido estricto de lo artesanal como un producto manual,

---

706 Véase la bibliografía más completa de Blanco en Monserrat Gámiz, *Tomás Blanco y "Los vates"*.

707 Entrevista personal a Gilda Navarra, marzo 2001.

singular, que al mismo tiempo podía ser reproducido y difundido con agilidad. La letra convertida en imagen por artistas-artesanos resultó muy atractiva para Blanco. Escritores y artistas concebían el arte visual como una variante de la escritura, y la letra adquiría entidad propia en carteles y grabados. De hecho, por su cantidad y calidad, San Juan se convirtió en una importante capital del cartelismo y del grabado. Blanco mismo fue uno de los iniciadores de la colaboración entre caligrafía e imagen que caracterizaría los libros, revistas y afiches ilustrados por Lorenzo Homar, José A. Torres Martinó, Carlos Marichal, Rafael Tufiño, Antonio Maldonado, los entonces jóvenes Antonio Martorell, José Rosa, y otros, que definieron su práctica en la experimentación con distintas técnicas del grabado y la serigrafía, así como con la calidad del papel y el entintado de la plancha.[708] Desde ese punto de vista se fue constituyendo una tradición nueva que, entre otras cosas, tendía a borrar la división entre trabajo manual y trabajo intelectual.

La ciudad colonial de San Juan fue el escenario y en parte la inspiración de los nuevos creadores. La ciudad despertó la imaginación de escritores y artistas que tematizaron sus angostas calles de forma variada —en relatos, acuarelas, dibujos, xilografías—, como ciudad sagrada o maldita. En 1960, Blanco se mudó al casco colonial (donde había nacido), y se instaló en un apartamento en la Calle Sol, esquina Norzagaray. Allí permaneció durante casi toda la década. Al mismo

---

[708] El extraordinario desarrollo de la gráfica puertorriqueña desde la década de 1950, y la colaboración entre escritores y artistas gráficos, es un capítulo importantísimo de la historia literaria y cultural puertorriqueña de la segunda mitad del siglo XX. Poesía y gráfica se reunirán en la caligrafía y los grabados de Lorenzo Homar y sus discípulos. En 1950 los artistas José Antonio Torres Martinó, Rafael Tufiño, Félix Rodríguez Báez y Lorenzo Homar fundaron en San Juan el Centro de Arte Puertorriqueño. Algunos catálogos de exposiciones ofrecen información pertinente: *Pintura y gráfica de los años 50*, auspiciado por el First Federal Savings Bank y la Hermandad de Artistas Gráficos de Puerto Rico, 1985; *El cartel en Puerto Rico 1946-1985*, auspiciado por SK&F, 1985; *La xilografía en Puerto Rico 1950-1986*, auspiciado por el Museo de la Universidad de Puerto Rico, Río Piedras, 1986. Para un estudio más completo, es indispensable el libro de Teresa Tió, *El cartel en Puerto Rico*, y también el libro-catálogo de Flavia Marichal Lugo, *Lorenzo Homar: Abrapalabra, la letra mágica. Carteles 1951-1999*.

tiempo, la vieja ciudad portuaria se convertía en centro turístico al cual se le había asignado el papel de museo con la consiguiente recuperación del monumento histórico arquitectónico. La ciudad nueva, todo Santurce, Hato Rey y Río Piedras, presentaba ya los conflictos de una urbanización acelerada, una tendencia que no haría sino incrementarse en los años siguientes. La construcción de hoteles privilegiaba la cercanía a las playas, todo lo cual implicó una metamorfosis brusca del paisaje a lo largo de la costa y la ciudad nueva.[709] Las actividades principales de Blanco giraron en torno al fomento de las artes y los museos. En 1956 fundó, junto al editor e impresor Elmer Adler (1884-1962) y otros, la Sociedad de Amigos de la Calle del Cristo y el bello museo de la Casa del Libro en San Juan, que con el apoyo financiero del Estado Libre Asociado muy pronto se convirtió en una extraordinaria colección para el estudio del libro y el arte de la imprenta.[710] Blanco también apoyó con entusiasmo la fundación del Instituto de Cultura Puertorriqueña, al que prestó sostenida colaboración. Se interesó activamente en la música y

---

[709] Un documento contemporáneo valiosísimo es el *Plan Regional del Área Metropolitana de San Juan*, preparado por el urbanista Eduardo Barañano para la Junta de Planificación de Puerto Rico en 1956. Ahí advertía que "a menos que se tomen medidas drásticas, la masa gigantesca de usos urbanos continuará creciendo, eliminado todos los espacios libres, las áreas semirurales y casi todos aquellos centros urbanos pequeños con una personalidad y una fisonomía propias, y convertirá una región de grandes potencialidades en una enorme masa urbana, multiforme y anónima", p. 15. Ésa era la preocupación de Blanco. Véanse, entre otros, los nuevos planteos en el volumen compilado por Enrique Vivoni, *San Juan siempre nuevo: arquitectura y modernización en el siglo XX*. El tema de la vivienda pública, la expansión de los servicios y el turismo fueron centrales, con nuevas tensiones socioculturales estudiadas en este volumen. El turismo que llegaba en avión creció a un ritmo acelerado, y con él la capacidad hotelera.

[710] Elmer Adler había fundado en 1940 la Colección de Artes Gráficas de la Universidad de Princeton, donde se guardan sus papeles y correspondencia. Al jubilarse en 1952, se instaló en Puerto Rico, y continuó su labor de coleccionista en la Casa del Libro en San Juan. Véase el libro *Elmer Adler in the World of Books*, sobre todo el ensayo de Al Hine, "Bookman in San Juan", pp. 52-59. En él se cita el empeño de Adler en fomentar una tradición artística para el libro puertorriqueño, y su admiración por la obra de Homar.

la danza. Colaboró junto con la artista Irene Delano y también con el compositor, fotógrafo y cineasta Jack Delano (1914-1997) en la edición de *Los aguinaldos del infante: glosa de Epifanía*, que fue escrito originalmente para la radioemisora del Gobierno de Puerto Rico, WIPR, en 1954. Mantuvo relación estrecha con los pintores, grabadores, bailarines y coreógrafos que se aglutinaron en los Ballets de San Juan, en los talleres de la División de Educación de la Comunidad y en el Instituto de Cultura Puertorriqueña, que funcionaron como nuevos ámbitos de sociabilidad y de legitimación.[711] Su amistad y colaboración con el pintor español Cristóbal Ruiz, con el artista gráfico puertorriqueño Lorenzo Homar, con las bailarinas y coreógrafas Gilda Navarra y Ana García, así como su diálogo prolongado con el maestro Pablo Casals (1876-1973), contribuyeron a consolidar su nueva identidad.

---

711 Hablo aquí de "cultura emergente" en el sentido que propuso Raymond Williams en su libro *Marxism and Literature*, es decir, un conjunto de nuevos significados y de nuevas prácticas y relaciones. Escasean todavía los estudios críticos sobre la fundación y la política cultural del Instituto de Cultura Puertorriqueña que confronten lo que fue durante muchos años su autoimagen. Un útil resumen, aunque sin perspectiva crítica, lo ofrece Ricardo Alegría en la publicación titulada *El Instituto de Cultura Puertorriqueña 1955-1973*. Margarita Flores Collazo, en su trabajo "La lucha por definir la nación: el debate en torno a la creación del Instituto de Cultura Puertorriqueña, 1955" resume la importancia de la nueva política cultural: "consistía en la selección y difusión de conocimientos, mensajes y valores que apuntalaran una concepción de mundo que entrañara, a su vez, una socialización libre de conflictos". Para una lectura detallada de este período véase el libro de Arlene Dávila *Sponsored Identities: Cultural Politics in Puerto Rico*.

VII

> " 'Invented tradition' is taken to mean a set of practices, normally governed by overtly or tacitly accepted rules and of a ritual or symbolic nature, which seek to inculcate certain values and norms of behaviour by repetition, which automatically implies continuity with the past...".
>
> Eric Hobsbawm, *The Invention of Tradition* (1983)

¿Qué consecuencias tuvo la modernización de las décadas de 1940 y 1950 en la teoría y la práctica de la literatura en otros intelectuales? Efectivamente, en el interior de la comunidad intelectual puertorriqueña de los años cincuenta hay divergencias y readaptaciones significativas. La especialización académica transformó radicalmente la vieja *ciudad letrada*, incorporando a la vida profesional las nuevas capas medias e imponiendo una necesaria delimitación de las disciplinas, y un nuevo estatuto para el profesor universitario. Ese sector había pasado a jugar un papel decisivo. De hecho, el título universitario se fue convirtiendo en una de las mayores credenciales para el ascenso social de los sectores medios y de menores recursos. En otro orden, y como resultado de las sucesivas emigraciones a los Estados Unidos, el espacio y el territorio no correspondían ya a las fronteras insulares de los mapas.

En esos años publicaron textos centrales escritores como José Luis González, René Marqués, Abelardo Díaz Alfaro, César Andreu Iglesias, Pedro Juan Soto, Edwin Figueroa y Emilio Díaz Valcárcel, una literatura emergente, más interesada en lo precario y oscuro de la experiencia, y en el tema de la culpa. Casi toda esa producción narrativa presenta, mediante el desdoblamiento y el montaje de voces, personajes que parecen afirmarse en la alienación y en la desdicha. Ese grupo de escritores, decisivo para la configuración del futuro campo literario en Puerto Rico, se sintió poderosamente atraído por la literatura norteamericana (Hemingway y Faulkner, el teatro de Arthur Miller o Eugene O'Neill), y también por los textos de Jean-Paul Sartre y la lectura de Kafka, y por la riqueza del neorrealismo de la narrativa y el cine italianos.[712] Recordemos que el influyente libro de Sartre, *¿Qué es la literatura?*, se había traducido al español ya a principios de los cincuenta, y pesó mucho en la manera de concebir la inserción política del intelectual. González, Marqués y otros narradores empezaban a definirse como la vanguardia puertorriqueña. Sus textos obligaban a poner en cuestión los fundamentos del "arte" y la "literatura". Pertenecían a un sector contestatario que, aunque ocupaba muchas veces un terreno limitado, renovaría profundamente las interpretaciones y la crítica, distanciándose tanto del orden nostálgico como de la apología del progreso, quizás con una comprensión más compleja del fenómeno imperialista. Por otra parte, las transformaciones modernizadoras que se iban produciendo en el país —alfabetización, enseñanza laica, desarrollo urbano, la experiencia en las fuerzas armadas y los beneficios educativos accesibles a los veteranos— creaban nuevos lectores, en un país que en la década de 1930 se caracterizaba por un alto grado de analfabetismo y la escasa capacidad adquisitiva de la mayoría. La literatura empezó a tener un poder de interpelación que no estaba en los otros discursos, un modo de construir subjetividad y de colocar a los sujetos en un lugar diferente, mucho más activo. En la tarea de la formación de lectores la literatura tenía una potencia ausente en otros discursos.

---

712 Vientós Gastón fue una de las primeras que observó —y celebró— la marca de la nueva narrativa norteamericana en los jóvenes escritores. En 1950 comentó la novela corta *Paisa* de José Luis González en tanto instauradora de una nueva tradición decididamente distinta de la de Blanco: "La técnica de José Luis González está profundamente influenciada por la de Ernest Hemingway y William Faulkner. Del primero toma el estilo seco, la frase corta, el diálogo esquemático; del segundo la distorsión cronológica, el cambio constante de lo consciente a lo inconsciente que caracteriza una de las mejores novelas del autor, *The Sound and the Fury* [...] González está familiarizado con la novelística norteamericana, hecho no muy común entre nosotros", en *Índice cultural*, tomo I, p. 80.

Los nuevos profesionales y "Occidente"

Uno de los hechos decisivos fue la Ley de Reforma Universitaria, que se puso en vigor en 1942. La Universidad estatal, reinventada, fue uno de los ejes del programa de transformación, y el rector Jaime Benítez uno de los ideólogos de mayor protagonismo. La institución abrió sus puertas a sectores tradicionalmente excluidos de la educación superior e incorporó nuevas carreras. La Reforma cumplía la función de formar un nuevo cuerpo docente, y amplió el número de profesores.[713] Se fortaleció el estatuto del intelectual académico, validado por la Universidad del Estado, y fue notable la expansión demográfica del estudiantado y el desarrollo de las bibliotecas universitarias. La Reforma, inspirada en el modelo de las universidades norteamericanas, dio impulso sostenido a la formación de investigadores, comenzando por mejorar salarios, equipamiento y condiciones de trabajo, contribuyendo así a perfeccionar la enseñanza de las ciencias "naturales" y "sociales". Un sector emergente significativo será el de las mujeres universitarias.

En otro orden, el Teatro Universitario de Río Piedras se destacó por la creación de nuevos espacios artísticos. En 1954 se inició el Primer Festival de Ópera de Puerto Rico, en el que participaron numerosos artistas del Metropolitan Opera House. El director de los coros fue el puertorriqueño Augusto Rodríguez (1904-1993). El Teatro Rodante de la Universidad dio a conocer un repertorio muy variado. Ese mismo año, la Sala de Exposiciones de la Universidad ofreció una exposición de grabados mexicanos y otra de grabadores norteamericanos enviada por el Museo de Arte Moderno de Nueva York.[714] Dos acontecimientos

---

713 Según la información que ofrecen las fuentes oficiales, por ejemplo, en 1942 la Universidad estatal contaba con cerca de 6000 alumnos; en 1955 la cifra se acercaba a los 16.000. En todo el sistema universitario había 312 profesores en 1942; en 1955, eran ya 800. Las cifras provienen de los apéndices del volumen titulado *Junto a la Torre*, del rector Jaime Benítez, pp. 372-392. No se ha hecho aún un estudio riguroso de la composición social del profesorado y sus cambios.

714 El establecimiento de escuelas y museos de artes plásticas es uno de los reclamos persistentes en los años cincuenta. Vientós Gastón lo reitera a lo largo

extraordinarios resaltaban los vínculos con el exilio republicano español. En 1956 se le otorgó el Premio Nobel a Juan Ramón Jiménez, por entonces poeta residente en la Universidad de Puerto Rico. Otro fue la fundación del Festival Casals en 1956, dirigido por el famoso chelista, con quien Blanco entabló amistad y colaboración. El Festival se celebró durante muchos años en el Teatro Universitario.[715]

No obstante, al hablar de las décadas de 1940 y 1950, no se puede eludir el examen de la ideologización de la Universidad. En los frecuentes discursos de Benítez se hacía evidente el programa: "Puerto Rico necesita cultivar su medio para que pueda normalmente producir dirigentes de gran empeño, aptos para entender lo que ocurre en el mundo", decía en 1953.[716] En 1955, Benítez insistía de nuevo en la necesidad de formar "las clases dirigentes del país" con el objetivo de que asumieran una carrera pública virtuosa.[717] Otro ejemplo en el que se pueden rastrear los debates en el campo intelectual es el prólogo que Benítez escribe para la segunda edición del *Tuntún de pasa y grifería*, de Luis Palés Matos, publicada en 1950. En él se distanciaba del "pesimismo" de la visión crítica palesiana que él mismo había comentado en una conferencia de 1938. Su nueva lectura era una apología del proyecto del Partido Popular Democrático.[718]

---

de sus artículos periodísticos. En 1956 escribe: "Hay muy poca tradición pictórica. No hay verdaderas academias ni escuelas que le ayuden a encauzar y desarrollar el talento. [...] No hay museos, ni siquiera de reproducciones, y las exposiciones periódicas de la Universidad y el Ateneo no son suficientes [...]", en *Índice cultural*, tomo I, p. 206.

715 La presencia de Casals fue decisiva: contribuyó a fundar la Orquesta Sinfónica de Puerto Rico en 1958 y el Conservatorio de Música en 1959.

716 Aparece publicado en el libro de Benítez, *Junto a la Torre*, p. 92. Se trata de su discurso del 2 de junio de 1953, en ocasión de la clausura de los actos de celebración del cincuentenario de la institución.

717 Véase *Junto a la Torre*, p. 129.

718 Benítez escribía: "La generación a la que pertenezco ha aportado su aliento, su energía, su inteligencia al programa de mejoramiento económico, social y político que como parte de una vasta reorientación espiritual empieza a difundirse a fines del 1938 y a partir de 1941 constituye gobierno por decisión y

La Universidad ejerció un influjo decisivo en otra dirección. Allí se desarrolló, en los mismos años de las grandes migraciones puertorriqueñas, una poderosa ideología "occidentalista", muy marcada por el paradigma de la "Western Civilization" practicada en la academia norteamericana. Vencida la beligerante huelga estudiantil de 1948, Benítez formulaba las bases de esa política: "Aspiramos a que el estudiante puertorriqueño sienta el Occidente, no como una lontananza, sino como un cuajo cultural dentro del cual vive, al alcance de su entendimiento y operante sobre su país y su persona".[719] Esa apropiación puertorriqueña de lo "occidental" venía a ser una reformulación del imperialismo discursivo que privilegiaba a "Europa" como el centro legitimador. Otro discurso, de 1952, se inserta en la misma línea: "El puertorriqueño es un heredero de la cultura occidental y ha de advenir a la plenitud de ella para aprender a gozarla, a disfrutarla, y tal vez a enriquecerla". Se trataba de un esfuerzo por insertarse en una cronología relacionada con la historia universal, pero que terminaba siendo un postulado ideológico fijo. En un pasaje en el que especifica las nuevas identificaciones, puede verse que a ese "europeísmo" no hay que buscarle mucho rigor histórico o filosófico:

> [...] Ustedes son griegos, y romanos, y hebreos, y cristianos, y renacentistas; y además, gente moderna, inmersa en las paradójicas contradicciones de la vida actual. Van a tener que familiarizarse con todos esos abuelos suyos que se llaman Platón, y Aristóteles y Santo Tomás, y Leonardo da Vinci, Miguel Ángel, Erasmo, Galileo, Newton, Cristóbal Colón, Juan Jacobo Rousseau y muchísimos otros venerables, valiosos y difíciles antepasados [...][720]

---

voluntad de los propios puertorriqueños", *Tuntún de pasa y grifería*, 1950, p. 10.

719 *Ibid.*

720 *Ibid.*, pp. 198-199. Este ideal eurocéntrico se oponía, paradójicamente, a la invención muy europea del "Estado-nación". Sobre la construcción de "Europa" como referente privilegiado en el contexto colonial, y su universalización, son imprescindibles los trabajos de Chakrabarty, sobre todo su libro *Provincializing Europe*, al que hemos aludido en la introducción, y que obliga a revisar

Cuando se piensa que en ese mismo año Fanon publicaba en París su radical *Peau noire, masques blancs*, y que C. L. R. James daba a conocer su *The Black Jacobins* no se puede soslayar el carácter acrítico de esa "cultura occidental". Venía a ser, en el contexto macartista de la Guerra Fría, el autodenominado "Mundo Libre", propagandística y represiva.[721] La cultura "occidental", paradójicamente, acogió con generosidad al exilio español y latinoamericano. Los exiliados participaron decisivamente en las tareas docentes y administrativas, y se propició también una compleja operación de traducciones como proyecto de la Editorial. Pero ello conllevaba innumerables contradicciones, ya que la misma Universidad impuso restricciones a las voces discrepantes puertorriqueñas. A partir de la huelga de estudiantes de 1948, quedaron prohibidas las organizaciones estudiantiles y se cerraron las puertas de la institución a los disidentes puertorriqueños. No era la única contradicción. La "occidentalización" tenía por corolario la militarización. Las fuerzas armadas estadounidenses desarrollaban en la Universidad un programa —obligatorio para todos los varones— en el centro mismo de sus recintos. La incorporación de los jóvenes universitarios al aparato militar pretendía hacer de cada uno de ellos un ciudadano-soldado, y recordaba diariamente los orígenes militares de la dominación norteamericana. Las confusiones de la cultura "occidental" durante la Guerra Fría fueron la regla, y no la excepción.

---

el modo en que la literatura y la filosofía de los países europeos establecen vínculos con las culturas del mundo colonial. El marco que ofrece permitiría comparar lo postulado por Benítez con el uso que hacen de la tradición "europea" Menéndez Pelayo, Henríquez Ureña o Pedreira, que hemos estudiado antes.

721 Esta división tajante característica del imaginario de la Guerra Fría y sus implicaciones ha sido replanteada por Susan Buck-Morss en su libro *Dreamworld and Catastrophe*. No se ha estudiado a fondo las consecuencias del macartismo en el sistema educativo puertorriqueño. Véase, no obstante, el libro de Ellen Schrecker *No Ivory Tower: McCarthyism and the Universities*.

El nacionalismo "cultural"

Sin embargo, y como se constata en la obra de Blanco, el "occidentalismo" no monopolizó todo el discurso, ni impidió alianzas y entrecruzamientos estéticos y políticos. En ese contexto, se generó una nueva disputa por el pasado y por la redefinición de la "cultura" que llevó en muchos casos a una clara polarización.[722] El Estado Libre Asociado buscó neutralizar los reclamos del independentismo mediante un discurso de "afirmación" de las tradiciones culturales y el desarrollo de una burocracia "puertorriqueñista". Algunos sectores reconocieron la necesidad de reafirmar su nacionalismo "cultural", que de algún modo convergía con los separatistas, sin que ello significara identificarse con la oposición nacionalista militante. Por supuesto, sería un error pensar que lo "cultural" aquí no es igualmente "político". Por otro lado, ese discurso no podía contrarrestar la proliferación de estereotipos de la comunidad emigrante puertorriqueña, validados por el cine norteamericano durante los años cincuenta y sesenta, cuando se dieron a conocer películas tan innovadoras como *Blackboard Jungle* (1955) y *West Side Story* (1961).[723]

En ese período de reconversión ideológica, fue cobrando forma un ambiguo autonomismo, titubeante en sus comienzos, pero que más tarde desplegaría una notable actividad en el Instituto de Cultura Puertorriqueña. El nacionalismo autonomista, temeroso de quedar asociado a los separatistas, hacía recaer el énfasis en la *defensa* de los valores amenazados y de la "tradición", con especial interés en el *inventario* de las prácticas, la música y la iconografía de la cultura popular. La antinomia se presentaba como la "afirmación" puertorriqueñista frente a la

---

722 En 1955, Vientós Gastón cuenta, con ironía, el debate: "La disputa de los universales y la batalla entre los antiguos y los modernos van a parecer nimiedades al lado de la que se ha armado en Puerto Rico entre los 'puertorriqueñistas' y los 'occidentalistas'. Como en la mayoría de las polémicas ninguno de los dos bandos tiene toda la razón". Véase su artículo en *Índice cultural*, tomo I, p. 145.

723 Véase el trabajo de Richie Pérez "From Assimilation to Annihilation: Puerto Rican Images in U. S. films".

tendencia anexionista que proclamaba la integración política a la federación de los Estados Unidos.

Desde ahí se comprende mejor, creo, la poética y la política del *inventario* de Blanco. La voluntad de restaurar un *orden* era su respuesta. Consideró preciso "inventariar", nombrar aquello que permitiera *comenzar* de nuevo a la vez que se aseguraba un modo de permanencia. En última instancia, el *café*, el *coquí*, la *flor de la caña* y las *brisas* se convierten en sinécdoque de la puertorriqueñidad, fuertemente ligados a las tradiciones de la iconografía popular. Pueden ser vistos como ejemplos clásicos del "nacionalismo cultural": las connotaciones políticas elusivas estaban dirigidas a un lector muy atento que sabía acceder a los indicios de los textos y las imágenes. Los emblemas de *Los cinco sentidos* se convirtieron en una frágil utopía que surgía de la desazón moral y política.

El nuevo contexto no era sólo el cambio acelerado y las emigraciones a los Estados Unidos. Era también el clima de delación y sospechas creado por la represión macartista, incluidos un programa de espionaje a los "sospechosos". No obstante, la crítica anticapitalista y "antimoderna", relativamente silenciada en el debate público, se afirmaba directa o indirectamente en la obra de Blanco y de artistas plásticos como Lorenzo Homar, poetas como Luis Palés Matos y, sobre todo, en los nuevos escritores. Muchos de esos escritores y artistas, a diferencia de Blanco, eran separatistas o socialistas. Deseaban restituirle al arte su utilidad social y política, y en efecto alcanzaron un reconocimiento importante. La crítica de las realidades instituidas nunca cesó. El grabador Lorenzo Homar, por ejemplo, escrutó a fondo los efectos visuales de los versos de Blanco, fue uno de sus íntimos colaboradores. Pero Homar se identificó abiertamente con los independentistas y empleó su talento en la sátira de sus lapidarias y memorables caricaturas políticas. Apoyado en la burla y el escarnio, puso en cuestión el teatro político y la retórica del *progreso*, y llegó a ser una de las personalidades más poderosas de la cultura de izquierda. Sin embargo, no se trata de mundos ni poéticas totalmente contrapuestos o absolutamente incomparables. Lo que se descubre ahí es no es una identidad de contenidos, sino una cualidad intelectual y moral, un delicado equilibrio entre rivales y aliados.

Ello no quiere decir, sin embargo, que la producción de los opositores no fuera "asimilable" por las instituciones estatales ni que el concepto y las prácticas de la "izquierda" puedan considerarse como un todo compacto. Los riesgos, pero también las afinidades que sentían algunos artistas por los proyectos populistas fomentados por el Estado, eran muchos, y los datos deben tomarse con cautela. Hay que recordar que eran artistas a sueldo de las instituciones, en buena medida porque no había aún un mercado de arte vigoroso con su sistema de consagración. La gran habilidad de muchos artistas y escritores fue que lograron insertarse en las nuevas instituciones sin que fuera necesario desafiarlas abiertamente, pero sí demostraron que estaban interesados en reflexionar sobre la historia reciente y en repensar la función del trabajo literario y artístico. De hecho, el Instituto, creado con el propósito de impulsar una rearticulación de la "cultura", se nutrió de una nueva literatura y gráfica que existía ya desde los primeros años de la posguerra. En algunos casos la obra de esos artistas se incorporó al discurso oficial, e incluso jugó un papel decisivo en la construcción de su imagen institucional y su patrimonio simbólico.[724] A lo largo de los años, para mencionar sólo un resultado extraordinario, los carteles puertorriqueños se convirtieron en un enciclopédico mural de la sociedad y la cultura que muy pronto adquirió el carácter cultual de la obra de arte, a pesar de que fueron concebidos para la reproducción y difusión masivas. Por otro lado, esos mismos artistas y escritores se identificaban con una crítica social muy aguda que chocaba con las posturas oficiales. Estética y políticamente era un terreno ambiguo, lugar de elecciones y contradicciones que no permite una división tajante. Lo que resulta evidente es que aunque los opositores no alcanzaron el poder político su aportación en el terreno de la literatura, el teatro y las artes plásticas fue impresionante.

---

[724] He tratado más extensamente ese contexto y sus ecos en "Imágenes de Lorenzo Homar: entre Nueva York y San Juan", en *El arte de bregar*, pp. 124-175. Se instauró así un conflicto entre el lugar de trabajo y la obra de arte, conflicto que a la larga se fue transformando en enfrentamiento, pero también en productividad. Por otra parte, el desarrollo del turismo favoreció algunos aspectos de las artes plásticas. En 1954, por ejemplo, la Galería Antillana del recién estrenado Hotel Caribe Hilton celebró la Primera Exposición Anual de Pinturas Puertorriqueñas, con obras de Jack Delano, Lorenzo Homar, Julio Rosado del Valle, Rafael Tufiño, Luisa Géigel y otros. Véase la crónica de estos eventos en Juan Martínez Capó, *Asomante*, pp. 71-75.

VIII

> "Algo alcanza la categoría de ruina cuando su derrumbe material sirve de soporte a un sentido que se extiende triunfador, supervivencia, no ya de lo que fue, sino de lo que no alcanzó a ser... Entre todas las ruinas la que más conmueve, es la de un Templo... todo templo por grande que sea su belleza, tiene algo de fracaso y cuando está en ruinas parece ser más perfecta... Un templo en ruinas es el templo perfecto y al par la ruina perfecta...".
>
> María Zambrano, "Las ruinas" (1952)

Los cinco sentidos puede leerse como un bello canto de despedida a un mundo en extinción que sólo podía perdurar en la escritura. En el libro se construye ese tiempo mítico. Es un tiempo pretecnológico, en el que el hombre y la naturaleza aparecen reconciliados, y que Blanco contrapone a la general "profanación" de la sociedad industrial. Era ciertamente un desafío a la noción de "mutación cultural" proclamada por Muñoz Marín. La respuesta de Blanco fue clara: frente a la "oquedad y el desasosiego" de la velocidad moderna, la *reconciliación* con la tierra:

> Alguna enajenada buena gente de esta Antilla no se cura de sus propias cosas. Son gustadores de químicos menjurjes forasteros, de sabores, olores y colores sintéticos. Son entusiastas de igualmente importados despropósitos en varios otros modos. Sin que exista la más mínima razón para ello. Gozan, algunos, hasta del fraude y la falsía que pagan caros, con tal que sean urdidos en rascacielos de cuarenta pisos. Son gentes que, en lo íntimo, están desconciliadas con sus propios tuétanos. Pero no se dan cuenta. No entienden el cómo ni el cuándo ni el por qué de la oquedad y del desasosiego. Tal vez les pase igual que al pobre Cristóbal Colón, que descubrió estas islas. Las descubrió, pero nunca jamás llegó a creer en la verdad de ellas. Creía sólo en Cipango y en Catay —como quien dice en Hollywood y en Nueva York. Acércate, paisano, a las frutas que

tu antilla produce. Las hay para todos los gustos. Pero además de ser apreciables olores y sabores —que ya es decir no poco— acaso sean también un vínculo posible, cultivable, de mayor y más íntima conciliación del hombre con su tierra (p. 37).

La postura de Blanco puede leerse también como un diálogo crítico con la de un escritor más joven como René Marqués, en cuya obra el pasado agrícola ideal como arquetipo se oponía tajantemente al presente urbano degradado. El autor de *La carreta* (1953) veía con igual disgusto las transformaciones sociales. Blanco libraba una batalla parecida, pero distante del espíritu provocador de Marqués. Marqués iba más lejos: construyó una visión del campo y de la realidad campesina de su tiempo entendida como tragedia, y recolocó toda la problemática en un universo de culpa que quería ser una experiencia catártica. Marqués, además, polemizaba abiertamente, presentándose como un intelectual independiente. En su vitriólica farsa *Juan Bobo y la Dama de Occidente* (1954), libro que fue ilustrado con caricaturas de Lorenzo Homar, traspuso a una clave paródica el pretendido universalismo de los nuevos intelectuales universitarios.[725]

La autonomía del artista y los nuevos escritores

Son muchos más, por supuesto, los matices que habría que recuperar para dar cuenta de un campo intelectual diferenciado y complejo. En la década de 1950, y poco antes, publicaron sus primeros textos los nuevos escritores que hemos mencionado, e inició su obra una nueva generación de artistas gráficos. Todos ellos pertenecían en rigor a un sector contestatario que renovaría profundamente las interpretaciones y la

---

725 Marqués, junto con Vientós Gastón y otros, suscribió el llamado "documento del exterminio", una protesta de intelectuales contra la proliferación de las bases militares norteamericanas en Puerto Rico, que fue publicado en el diario *El Mundo* del 16 de septiembre de 1964.

crítica.[726] Marcados en su juventud por la Segunda Guerra y luego la Guerra de Corea y el macartismo, pero también por la literatura norteamericana, se distanciaron por igual del orden nostálgico, de la apología de la civilización industrial, e incluso de la veneración del "Arte". Eran, en palabras de José Luis González, "los hijos rebeldes del Estado Libre Asociado", que entre otras cosas, lograron "expresar literariamente la realidad de un *nuevo tipo* de vida urbana en el país".[727] Se abrió un campo de interrogantes nuevos que producía otros *sentidos* y otra comprensión de la relación entre literatura y política.

Ese tercer sector planteó numerosos problemas insuficientemente estudiados todavía. Pero puede afirmarse que los nuevos escritores y artistas rechazaron las interpretaciones esencialistas de la cultura, y nombraron en su escritura los conflictos, con un claro deseo de entablar un diálogo con nuevos lectores. Al mismo tiempo, algunos comenzaron a reclamar el poder social y un cierto grado de independencia económica a partir de su trabajo. Ese conflicto era inexistente, como hemos visto, para Blanco. Lo cierto es que, aunque no lo lograran, los nuevos aspiraban a vivir de su trabajo. No obstante, en un país sin proyectos editoriales ni "mercado" significativos, la figura del escritor "profesional" que vive de sus libros siguió siendo débil.

---

726 Incluyendo la crítica literaria, sobre todo en la revista *Asomante*, que publicó reseñas sobre Marqués, José Luis González y Pedro Juan Soto, muy iluminadoras para ver cómo se iba configurando otro modo de entender la literatura y otro canon. Marqués canonizaba el teatro de Tennessee Williams y de Arthur Miller. José Luis González publicó entusiastas reseñas de las novelas de César Andreu Iglesias, y, al mismo tiempo, alguna muy dura contra la narrativa de Enrique Laguerre, quien tiene "un concepto bien poco realista de nuestra lucha de clases". Véase la reseña en *Asomante*, 1952, pp. 93-94.

727 Véase la descripción y los comentarios de González en su ensayo "Literatura puertorriqueña de los cincuenta", incluido en el catálogo *Pintura y gráfica de los años cincuenta*, citado antes, pp. 27-32. El propio González representaba otra forma de mirar la ciudad, una literatura en que la calle, la experiencia urbana moderna, no el campo, era privilegiada. La crítica periodística de Vientós Gastón, recopilada en los volúmenes de *Índice cultural*, ofrece lúcidos ensayos para el estudio del estatuto de la literatura en la década de 1950.

La posición social de Blanco le había permitido dedicarse libremente a las letras, resguardado de las amenazas representadas por las transformaciones económicas y políticas. Su rechazo de los nuevos profesionales se originaba, en parte, en cierto orgullo aristocrático que imponía distancia respecto de la organización mercantil o académica del mundo intelectual. En este punto, su *autonomía* sería un ejemplo de los planteos de Bourdieu sobre las ventajas del "heredero" en el campo intelectual. Bourdieu postuló que entre escritores y artistas, el dinero heredado es justamente lo que garantiza la libertad respecto del dinero, aunque ello no significa "que la procedencia social se pueda convertir en un principio explicativo independiente y transhistórico".[728] En otras palabras: el origen de "clase", importante, no agota la riqueza y la densidad de las prácticas, ni mucho menos sirve como explicación mecánica de la poética de un escritor. Como ilustra el caso de Blanco, la misma clase social puede engendrar posiciones muy diferentes, incluso opuestas.

Por otra parte, es revelador que, abandonado por el gobierno el proyecto de *autonomía* política, Blanco manifestara una clara voluntad de *autonomía* como condición indispensable para el escritor y el artista. Efectivamente, sus textos y sus actividades principales en las décadas de 1950 y 1960 giraron en torno a la poesía, la música, la danza, y en torno a la búsqueda de la palabra potenciada por la imagen. En 1954 dio a conocer la bella edición de su relato *Aguinaldos del Infante: glosa de Epifanía*, con "ornamentaciones musicales de Jack Delano e ilustraciones de Irene Delano"; en 1959 publicó *Miserere (En la muerte de Georges Rouault y luz perpetua luzca en él)* y las *Tres estrofas de amor, canción para soprano*, con música de Pablo Casals; en 1964 publicó sus poemas líricos, *Letras para música*, y colaboró asiduamente en los proyectos del Instituto de Cultura Puertorriqueña y Ballets de San Juan. En 1959 se estrenó, como parte del Segundo Festival de Teatro patrocinado por el Instituto, el ballet *Sanjuaneras*, con coreografía de Gilda Navarra, e inspirado en el texto "Ditirambo decorativo de las brisas". La música era de

---

728 En su libro *Las reglas del arte*, pp. 131 y siguientes. Bourdieu agrega: "proporcionando seguridad, garantías, redes de protección, la fortuna otorga la audacia a la que la fortuna sonríe, en materia de arte sin duda más que en cualquier otro ámbito", p. 132.

Jack Delano, quien junto con Irene Delano, también diseñó la escenografía.⁷²⁹ Su pasión por el ballet y por el enriquecimiento del repertorio coreográfico es muy semejante al entusiasmo del cubano Alejo Carpentier por la danza durante esos mismos años, en la ciudad de Caracas.⁷³⁰

El *artista* no se veía como un productor independiente, sino como miembro de un "taller", alguien que ejerce un oficio en la práctica cotidiana y en la estrecha convivencia entre aprendices y maestros que llevaban a cabo proyectos, exposiciones o ediciones concretas sin, por ello, perder su identidad o autoría. Los lazos de amistad y las afinidades estéticas entre Blanco y Lorenzo Homar y sus discípulos tendrían después una gran repercusión: contribuyeron a fundar el taller como un espacio de pasaje en el cual convergían escritores, artistas gráficos, actores, bailarines y coreógrafos.⁷³¹ Con su actividad contribuyó a confirmar la ciu-

---

729 He consultado el programa en un álbum de recortes de la colección de Alma Concepción. Hay un reportaje del estreno de *Sanjuaneras* en el diario *El Mundo*, del sábado 2 de mayo de 1959. Estas amistades y afinidades, tan importantes, no se han documentado suficientemente.

730 Véase la interesante selección de su periodismo en *El Nacional* de Caracas, entre 1951 y 1961, *Letra y solfa. Ballet*. En sus crónicas daba muestras de su diversificado saber sobre bailarines, músicos y coreógrafos. Las relaciones entre literatura y danza en el siglo XX no ha recibido aún la atención que merece.

731 Compartían la convicción de que se podía crear, colectivamente, un arte que sirviera de fuerza integradora de la sociedad. Resulta iluminador detenerse en las expresiones de Lorenzo Homar. En el cartel que realizó en 1965 para la celebración del décimo aniversario del Instituto de Cultura, las zonas de la danza, la música, el museo y los grabadores aparecen entrelazadas. En 1960, en la nota que Homar escribió para el pequeño catálogo de la *Exposición* de su obra auspiciada por el Instituto, definía su lugar y la obra "hecha con las manos": "Ganándome la vida como artista, artesano, trato de honrar mi oficio con el máximo de mis esfuerzos sea cual sea el tipo de trabajo envuelto. Un sello, una ilustración o una idea para grabar o pintar. Todo lo que ocurre en nuestros alrededores vale la pena mirarlo. Estos son nuestros tiempos. Vivimos una sociedad donde el comercialismo y la deshumanización corren rampantes, creando una confusión de valores y mediocridad. Y, sin embargo, como dijo Eric Gill... es el artista el único trabajador de responsabilidad que queda, el único trabajador cuyo poder de selección es efectivo en la obra hecha con sus manos".

dad de San Juan como el espacio por excelencia del mundo intelectual. No se trata, pues, sólo de la circulación de ideas y debates, sino también de nuevas prácticas y lugares, y, por supuesto, de las condiciones materiales que permitían dedicarse al oficio.

Un autorretrato

En un manuscrito de 1963, entregado a Margot Arce de Vázquez, Blanco se definía a sí mismo como demócrata y aristócrata, receloso de la "novelería que quiere pasar por progreso". Es un texto elíptico, sin referencias propiamente "biográficas", y en él se revela como un nudo de contradicciones, debatiéndose con sus propios fantasmas. Ese autorretrato se funda en la contradicción: aparece como heredero de tradiciones antagónicas que invocaba simultáneamente. Blanco se alegoriza como árbol, implicando quizás que sus frutos podrían ser aprovechados por otros en la conquista de la *autonomía*. Era o quería ser, ante todo, el sujeto de una escritura:

> Soy conservador y progresista, demócrata y aristócrata. Me repugna el populacherismo y la demagogia, y la novelería que quiere pasar por progreso, la politiquería, etc. Pero tengo de anarquista, de liberal, de social, de demócrata, de progresista, de conmiserado con los de abajo (en cierto modo, aunque en cierto modo aristócrata, yo soy también en muchos modos de los "de abajo"). A veces soy impaciente con la crasa estupidez, con la grosería, con la barbarie, etc. Pero todo esto, ¿qué importa? Si algo vale mi obra, lo que importa es la obra, los libros, los artículos, la letra y el espíritu de esa letra. ¿Yo? Yo soy un pobre árbol.[732]

---

732 Puede leerse en el libro de Monserrat Gámiz citado antes, pp. 288-292. El fragmento que cito se encuentra en las pp. 291-292. El texto íntegro merecería un largo comentario, sobre todo ese deseo de distancia, de constituirse en puro objeto verbal.

Blanco proclamaba así su independencia como hombre de letras, capaz de situarse por encima de las divisiones del campo intelectual. Declaraba, además, que podía encarnar la multiplicidad de las clases sociales, como si estuviera disponible para cualquiera de los discursos identitarios. Sin embargo, su rechazo del nuevo orden de la posguerra no cobró un significado político *público*, ni nada parecido al debate abierto que caracterizó sus ensayos fundadores de la década de 1930. Blanco se impuso un alejamiento del debate y los temas más explícitamente políticos, y se expresó más bien con ironía comprensiva, casi en voz baja. Pero esa distancia no lo llevó a la pasividad, sino a la reapropiación de la tradición artística, y a un claro intento por distanciarse de los nuevos intelectuales profesionales. De hecho, parecía asumir e interpretar la muy moderna y "romántica" escisión entre la esfera pública y la esfera privada. Asumió lo privado como una pequeña comunidad de artistas, una segura isla de individualidad y creatividad en la que se pudiera compartir —o restaurar— un lenguaje común.

Su respuesta, en *Los cinco sentidos* y en otros textos de los años cincuenta, fue la "conversión" al arte. Adquiría con ello una nueva autoridad. Seguramente leyó con atención el texto de Pedro Salinas sobre la tradición, donde entre otras cosas, se dice: "El milagro de la tradición es atenuar las discordancias y conservar las diferencias. Su signo es el de la concordia. Así la del artista. La tradición total le proporciona crianza y acompañamiento [...] Pero el artista después de haber sido formado por la tradición tiene, impulsado por el mismo jugo con que ella le nutrió, que hacer su obra [...]".[733]

Coincidía, además, con el programa que el intelectual venezolano Mariano Picón Salas (1901-1965) esbozó en su interesantísimo discurso *Apología de la pequeña nación* (1946). Picón Salas destacaba lo que han representado en la historia las pequeñas naciones, para concluir que en la "era atómica" podían cumplir una tarea moral. "En un momento como el que estamos viviendo, en que llegan a su apogeo las fuerzas materiales, la pequeña nación no podrá alcanzar poderío eficaz alguno;

---

[733] Me refiero a la sección titulada "La valla de la tradición" en su libro *Jorge Manrique: o tradición y originalidad*, publicado en 1947, p. 127. El deseo de preservar la autonomía del arte tenía, por supuesto, un sentido político.

pero frente a la voluntad de poder, único móvil de los grandes, debe encarnar lo que más nos importa ahora: la voluntad de cultura".[734] La frase "voluntad de cultura" condensa el proyecto y las búsquedas que se impusieron entre los intelectuales y artistas frente al imaginario desarrollista. La necesidad que Blanco sentía de *nuevos comienzos* respondía a ese proyecto: lo "cultural" sería la "alta" cultura, pero también lo "popular" arraigado en una serie de prácticas sociales que generaban una "identidad" en el marco de la "pequeña nación". La independencia política estaba ya fuera de discusión.

Con desconfianza conservadora, Blanco supo intuir la crisis de valores que se precipita cuando el *progreso* acelerado transforma creencias y solidaridades. Es probable que se sintiera más vulnerable, y a la vez más productivo. Pero también es cierto que hay muchos silencios. En la década de 1950 apenas habló *públicamente* de los grandes hechos que marcaron la vida puertorriqueña: ni de la emigración masiva, ni de la nueva militarización durante la guerra de Corea, ni de las consecuencias del macartismo. Quizás ese silencio sea revelador de su propio pensamiento y del talante general de la tradición autonomista a mediados del siglo xx. Por otra parte, les correspondió a otros una modernización más a fondo de lo literario, que Blanco, con su virtuosismo suavemente irónico, no podía satisfacer. Esa nueva literatura la encontrarían —o descubrirían— los más jóvenes no en Blanco, sino en Faulkner o Sartre, en Rulfo o Borges, en Kafka o Beckett. Los nuevos lectores se sentían más interpelados por las versiones trágicas de René Marqués, por la fuerza provocadora de la poesía de Julia de Burgos, por la violencia en los cuentos de Pedro Juan Soto, o por las elipsis de los concisos cuentos de José Luis González, quien desde su exilio mexicano logró arrastrar fidelidades que excedían la identificación meramente política. Hacia finales de la década de 1960, ya el contexto de lectura y los debates del campo intelectual habían cambiado profundamente, en gran medida debido a las repercusiones que tuvieron en Puerto Rico la Revolución cubana, la guerra de Vietnam, la contracultura norteamericana, las voces de James Baldwin o Bob Dylan, y, entre los jóvenes

---

734 Picón Salas pronunció el discurso el 31 de mayo de 1946 en la Universidad de Puerto Rico.

intelectuales, la lectura de Marx, Fanon o Brecht. Mucho más tarde, por ejemplo, Luis Rafael Sánchez crearía otra visión de la ciudad en *La guaracha del Macho Camacho* (1976), una ficción en la que se asumían las violentas transformaciones acarreadas por la industria cultural, el cine y la televisión. Sánchez llevaba casi al delirio la aceleración del fraseo, la proliferación de imágenes, de hablas, y de prácticas secretas. Toda esa exasperación marcaba una inflexión hacia otros *comienzos*.

Lo cierto es que sin Blanco y su *incipit vita nova* ni la literatura ni el campo intelectual puertorriqueño serían los mismos, aun para quienes tácita o explícitamente se distanciaban de su poética o su política. Asumió la tradición como algo por hacer, como algo que había que reinventar selectivamente para insertarse en un *lugar* de máximo potenciamiento de sí mismos. Desde esa perspectiva, nada seguramente le hubiera complacido más que verse prolongado en el mimodrama de Gilda Navarra y el Taller de Histriones, inspirado en su cuento "Eleuterio el Coquí" y en los grabados de Antonio Martorell. Sobre todo, el lugar perfecto, reconciliado en la poderosa imagen del grabado que realizó Lorenzo Homar, *El Unicornio*, inspirado en uno de sus poemas. Allí perdura, en el espacio utópico de la poesía, "alerta y tenso" —un tenso instante de espera—, suspendido entre un futuro deseado y un pasado perdido. Su obra es ya parte de la iconografía moderna que él mismo reclamaba un tanto programáticamente al final de *Los cinco sentidos* al sugerir que sus textos se trasladaran a las artes plásticas, dejando en libertad la "imaginación del artista". Como el *Unicornio* en el grabado de Homar, Blanco se resituaba en el paisaje insular, en una zona de relativa *autonomía* cultural que podía servir de resistencia. Mientras otros letrados celebraban la *prosa* de la razón instrumental, Blanco se redefinió como *vate*, como inventor.

Sobre el autor

Arcadio Díaz Quiñones estudió en la Universidad de Puerto Rico, Río Piedras, donde también fue profesor durante más de doce años. Se doctoró en la Universidad Central de Madrid. Enseñó en la Universidad de Washington en Seattle, en la de Princeton —de la cual es profesor emérito— y en Hostos Community College (City University of New York, CUNY). Fue miembro del Centro de Estudios de la Realidad Puertorriqueña (CEREP) y de la Junta de la revista *Sin Nombre* (dirigida por Nilita Vientós Gastón). Presidió, a principios de los años 1970, la Asociación Puertorriqueña de Profesores Universitarios (APPU).

Entre sus publicaciones: *Conversación con José Luis González* (1976); *El almuerzo en la hierba: Lloréns Torres, Palés Matos, René Marqués* (1982); *Cintio Vitier: la memoria integradora* (1987); y *La memoria rota* (1993). Fue editor del volumen *Puerto Rico: identidad nacional y clases sociales: el coloquio de Princeton* (1979). Preparó, además, la edición de *El prejuicio racial en Puerto Rico* (1985), de Tomás Blanco. En 1997 fue editor del volumen *El Caribe entre imperios: coloquio de Princeton*. En el año 2000 se publicó su libro de ensayos *El arte de bregar*. Tuvo también a su cargo la edición Cátedra de *La guaracha del Macho Camacho*, de Luis Rafael Sánchez (2000). Su libro *Sobre los principios: los intelectuales caribeños y la tradición* fue publicado en la Argentina en el 2006. Una antología de sus ensayos, traducida al portugués por Pedro Meira Monteiro, se publicó en Brasil en 2016 bajo el título *A memória rota*. Ese mismo año se publicó en Puerto Rico su libro *Sobre principios y finales (dos ensayos)*. En el 2019 publicó el libro titulado *Once tesis sobre un crimen de 1899*.

Se puede consultar una amplia selección de sus trabajos, entrevistas y charlas en https://arcadiodiazquinones.com.

Bibliografía

Textos primarios

Abbad y Lasierra, fray Íñigo, *Historia geográfica, civil y natural de la Isla de San Juan Bautista de Puerto Rico*, edición de Isabel Gutiérrez del Arroyo, San Juan, Editorial de la Universidad, 1959 [1788].
——, *Historia geográfica, civil y natural de la Isla de San Juan Bautista de Puerto Rico*, notas de José Julián Acosta, intro. de Gervasio L. García, Doce Calles, 2002 [1788].
Araquistáin, Luis, *La agonía antillana: el imperialismo yanqui en el Mar Caribe (Impresiones de un viaje a Puerto Rico, Santo Domingo, Haití y Cuba)*, Madrid, Espasa Calpe, 1928.
Blanco, Tomás, *Prontuario histórico de Puerto Rico*, Madrid, Imprenta de Juan Pueyo, 1935.
——, "Elogio de la Plena (Variaciones Boricuas)", *Ateneo Puertorriqueño*, I, San Juan, enero-marzo 1935, pp. 97-106.
——, "La isla de Puerto Rico y el continente americano", *Ateneo Puertorriqueño*, II, San Juan, julio-septiembre 1936, pp. 212-225.
——, *Los vates. Embeleco fantástico para niños mayores de edad*, San Juan, Ediciones Asomante, 1949.
——, *Sobre Palés Matos*, San Juan, Biblioteca de Autores Puertorriqueños, 1950.
——, "Estancia en la Isla", *Asomante*, núm. 2, abril-junio de 1952, pp. 54-63.
——, *Los cinco sentidos. Cuaderno suelto de un inventario de cosas nuestras con decoraciones de Irene Delano*, San Juan, Pan American Book Company, 1955.
——, *Plenas. Doce grabados de Lorenzo Homar y Rafael Tufiño*, San Juan, Editorial Caribe, 1955.

——, *Prontuario histórico de Puerto Rico*, pról. de Margot Arce de Vázquez, Río Piedras, Ediciones Huracán, 1981.

——, *Los vates. Embeleco fantástico para niños mayores de edad*, 2ª ed., pról. de Margot Arce de Vázquez, Río Piedras, Ediciones Huracán, 1981.

——, *El prejuicio racial en Puerto Rico*, 3ª ed., estudio preliminar de Arcadio Díaz Quiñones, Río Piedras, Ediciones Huracán, 1985.

——, *La verdad sobre la sífilis*, San Juan, Departamento de Sanidad, División de Enfermedades Venéreas.

——, *La verdad sobre la gonorrea*, San Juan, Departamento de Sanidad, División de Enfermedades Venéreas.

Bolívar, Simón, "Carta de Jamaica" [1815], en *Pensamiento político de la emancipación*, II, eds. José Luis Romero y Luis Alberto Romero, Caracas, Biblioteca Ayacucho, 1977, pp. 83-99.

Brau, Salvador, *Ecos de la batalla*, Puerto Rico, Imprenta y Librería de José González Font, 1886.

——, *Lo que dice la historia (Cartas al Sr. Ministro de Ultramar, por el director de El Clamor del País)*, Madrid, Tipografía de los hijos de M. G. Hernández, 1893. También en *Disquisiciones sociológicas*, pp. 278-302.

——, *Puerto Rico en Sevilla*, San Juan, 1896.

——, *Disquisiciones sociológicas y otros ensayos*, intro. de Eugenio Fernández Méndez, Río Piedras, Ediciones del Instituto de Literatura de la Universidad de Puerto Rico, 1956.

——, *Historia de Puerto Rico*, ed. facsimilar, Río Piedras, Editorial Coquí, 1966.

——, *La colonización de Puerto Rico: desde el descubrimiento de la Isla hasta la reversión a la corona española de los privilegios de Colón*, 3ª ed., ed. Isabel Gutiérrez del Arroyo, San Juan, Instituto de Cultura Puertorriqueña, 1966.

Carpentier, Alejo, "Un camino de medio siglo", en *Razón de ser*, La Habana, Editorial Letras Cubanas, 1980, pp. 11-37.

——, *Tientos y diferencias*, 2ª ed., Montevideo, Arca, 1970.

——, "Problemática del tiempo y el idioma en la moderna novela latinoamericana", en *Razón de ser*, La Habana, Editorial Letras Cubanas, 1980, pp. 66-91.

Carroll, Henry K., *Report on the Island of Porto Rico: Its Population, Civil Government, Commerce, Industries, Productions, Roads, Tariff and Currency*, Washington, Government Printing Office, 1899.

Castro, Américo, "El movimiento científico en la España actual", *Hispania*, III, 4, octubre 1920, pp. 185-202.

——, *España en su historia: cristianos, moros y judíos*, Buenos Aires, Losada, 1948.

——, *De la edad conflictiva*, 2ª ed., Madrid, Taurus, 1961.

——, *La realidad histórica de España*, 2ª ed. renovada, México, Porrúa, 1962.

——, *Sobre el nombre y el quién de los españoles*, pról. de Rafael Lapesa, Madrid, Taurus, 1973.

Curiel, Fernando (ed.), *Medias palabras: correspondencia (Martín Luis Guzmán/ Alfonso Reyes) 1913-1959*, México, Universidad Nacional Autónoma de México, 1991.

Dana, Charles A. y J. H. Wilson, *The Life of Ulysses S. Grant: General of the Armies of the United States*, Springfield, Gurdon Bill & Company, 1868.

——, *Recollections of the Civil War: With the Leaders at Washington and in the Field in the Sixties*, Nueva York, Appleton, 1898.

Darío, Rubén, *España contemporánea*, París, Garnier Hermanos, 1901.

——, *Los raros*, 2ª ed., Barcelona, Editorial Maucci, 1905.

——, *La vida de Rubén Darío escrita por él mismo*, Barcelona, Maucci [1915].

——, *Escritos dispersos de Rubén Darío (recogidos de periódicos de Buenos Aires)*, estudio preliminar, recopilación y notas de Pedro Luis Barcia, La Plata, Universidad Nacional de La Plata, 1968.

——, *Poesía*, edición de Ernesto Mejía Sánchez, pról. de Ángel Rama, Caracas, Biblioteca Ayacucho, 1977.

El Proceso abolicionista en Puerto Rico: documentos para su estudio. Tomo I: *La institución de la esclavitud y su crisis: 1823-1873*. Tomo II: *Proceso y efectos de la abolición: 1866-1896*, San Juan, Centro de Investigaciones Históricas, Universidad de Puerto Rico e Instituto de Cultura Puertorriqueña, 1974 y 1978.

Fanon, Frantz, *Peau noire, masques blancs*, prefacio y posfacio de Francis Jeanson, París, Seuil, 1965 [1952]. *¡Escucha, blanco!*, traducción española de Ángel Abad, versión de los poemas negros de José María

Valverde, 2ª ed., Barcelona, Editorial Nova Terra, 1970. Otras : *Piel negra, máscaras blancas*, La Habana, Instituto del Libro, 1968, y *Piel negra, máscaras blancas*, traducción de G. Charquero y Anita Larrea, Buenos Aires, Saphire, 1974.

——, *Los condenados de la tierra*, prefacio de Jean-Paul Sartre, trad. de Julieta Campos, México, Fondo de Cultura, 1963.

——, *Sociología de una revolución*, trad. de Víctor Flores Olea, México, Era, 1968. Guerra y Sánchez, Ramiro, *Historia de Cuba*, La Habana, El Siglo XX, 1921-1925.

——, *La defensa nacional y la escuela*, La Habana, Imprenta y Librería La Moderna Poesía, 1923.

——, *Un cuarto de siglo de evolución cubana*, La Habana, Librería Cervantes, 1924.

——, *Azúcar y población*, La Habana, Cultural, 1927.

——, *La expansión territorial de los Estados Unidos: a expensas de España y los países hispanoamericanos*, La Habana, Cultural, 1935. Reimpresión: La Habana, Editorial Nacional, 1964.

——, *La guerra de los diez años*, 2 vols., La Habana, Editorial Cultural, 1950-1952.

——, *Manual de historia de Cuba: económica, social y política*, 2ª ed., La Habana, Consejo Nacional de Cultura, 1962 [1938].

——, *Sugar and Society in the Caribbean: An Economic History of Cuban Agriculture*, trad. de Marjory M. Urquidi, intro. de Sidney Mintz, New Haven, Yale University Press, 1964.

——, *Mudos testigos: crónica del ex-cafetal Jesús Nazareno*, intro. de Manuel Moreno Fraginals, La Habana, Editorial de Ciencias Sociales, 1974.

——, *En el camino de la independencia*, La Habana, Editorial de Ciencias Sociales, 1974.

——, *Azúcar y población en las Antillas*, "Presentación" de Manuel Moreno Fraginals, La Habana, Editorial de Ciencias Sociales, 1976 [1927].

Henríquez Ureña, Familia, *Epistolario*, notas de Arístides Incháustegui y Blanca Delgado Malagón, Santo Domingo, Secretaría de Estado de Educación, Bellas Artes y Cultos, 1994.

Henríquez Ureña, Max, *Los yanquis en Santo Domingo: la verdad de los hechos comprobada por datos y documentos oficiales*, Madrid, M. Aguilar, 1929.

——, "Hermano y maestro: recuerdos de infancia y juventud", en *Pedro Henríquez Ureña: Antología*, ed. Max Henríquez Ureña, Ciudad Trujillo, Librería Dominicana, 1950.

——, *Panorama histórico de la literatura dominicana*, t. 1, Santo Domingo, Editorial Librería Dominicana, 1965.

Henríquez Ureña, Pedro, "La Inglaterra de Menéndez Pelayo" (1912), en *Ensayos*, edición crítica de José Luis Abellán y Ana María Barrenechea, Madrid, París, México, Colección Archivos, 1998, pp. 68-86.

——, "Tres escritores ingleses", de *Ensayos críticos* [1905], en *Obra crítica*, ed. Emma Susana Speratti Piñero, pról. de Jorge Luis Borges, México, Fondo de Cultura Económica, 1960, pp. 7-16.

——, "El espíritu platónico", en *Obra crítica*, ed. Emma Susana Speratti Piñero, pról. de Jorge Luis Borges, México, Fondo de Cultura Económica, 1960, pp. 154-156.

——, *En la orilla. Mi España*, México, México Moderno, 1922.

——, *El libro del idioma*, Buenos Aires, Kapeluz y Cía., 1928.

——, "Raza y cultura hispánica", en *Plenitud de América*, selección y nota preliminar de Javier Fernández, Buenos Aires, Peña-Del Giudice Editores, 1952, pp. 45-54.

——, *La cultura y las letras coloniales en Santo Domingo*, Buenos Aires, Instituto de Filología, 1936.

——, "In memoriam. Genaro Estrada", *Sur*, VII, octubre 1937, pp. 85-86. También en *Obras completas*, t. VII, ed. Juan Jacobo de Lara, Santo Domingo, Universidad Nacional Pedro Henríquez Ureña, 1979, pp. 369-361.

——, con Amado Alonso, *Gramática castellana*, 2 tomos, Buenos Aires, Editorial Losada, 1939.

——, "La República Dominicana desde 1873 hasta nuestros días", en *Historia de América*, vol. XII, ed. Ricardo Levene, Buenos Aires, Editorial Jackson, 1940, pp. 489-510.

——, *El español en Santo Domingo*, Buenos Aires, Biblioteca de Dialectología Hispanoamericana, Instituto de Filología, 1940.

——, "Debates sobre temas sociológicos: en torno a 'Defensa de la República' [de Roger Caillois]", *Sur*, IX, agosto 1940, pp. 86-104.

——, "Sobre *Concerning Latin American Culture*", ed. Charles C. Griffin, *Revista de Filología Hispánica*, III, 3, julio-septiembre 1941, pp. 279-281.

——, "Debates sobre temas sociológicos: Acerca de 'Los irresponsables', de Archibald MacLeish", *Sur*, X, agosto 1941, pp. 99-126. Segunda parte: *Sur*, X, septiembre 1941, pp. 83-103.

——, [con Raimundo Lida] Sobre José Ferrater Mora, *Diccionario de Filosofía*, *Revista de Filología Hispánica*, III, 4, octubre-diciembre 1941, pp. 396-398.

——, "Debates sobre temas sociológicos: ¿tienen las Américas una historia común", *Sur*, X, noviembre 1941, pp. 83-103.

——, *Las corrientes literarias en la América hispánica*, trad. de Joaquín Diez-Canedo de *Literary Currents in Hispanic America*, México, Fondo de Cultura Económica, 1949.

——, *Historia de la cultura en la América Hispánica*, 3ª ed., México, Fondo de Cultura Económica, 1955 [1947].

——, *Plenitud de América: ensayos escogidos*, selección y nota preliminar de Javier Fernández, Buenos Aires, Raigal, 1952.

——, *Obra crítica*, ed. Emma Susana Speratti Piñero, pról. de Jorge Luis Borges, México, Fondo de Cultura Económica, 1960.

——, "Literatura histórica" (1909), en *Horas de estudio*, incluido en *Obra crítica*, ed. Emma Susana Speratti Piñero, pról. de Jorge Luis Borges, México, Fondo de Cultura Económica, 1960, pp. 135-138.

——, *Estudios de versificación española*, Buenos Aires, Instituto de Filología Hispánica de la Facultad de Filosofía y Letras de la Universidad de Buenos Aires, 1961.

——, *Selección de ensayos*, selección y prólogo de José Rodríguez Feo, La Habana, Casa de las Américas, 1965.

——, *Desde Washington*, ed. Minerva Salado, La Habana, Casa de las Américas, 1975.

——, *Observaciones sobre el español en América y otros estudios filológicos*, compilación y prólogo de Juan Carlos Ghiano, Buenos Aires, Academia Argentina de Letras, 1976.

——, *La utopía de América*, comps. Ángel Rama y Rafael Gutiérrez Girardot, pról. de Rafael Gutiérrez Girardot, Caracas, Biblioteca Ayacucho, 1978.

——, *Obras completas*, 10 tomos, ed. Juan Jacobo de Lara, Santo Domingo, Universidad Nacional Pedro Henríquez Ureña, 1976-1979.

——, "El despojo de los pueblos débiles", en *Obras completas*, ed. Juan Jacobo de Lara, t. III, pp. 293-298.

——, "La antigua sociedad patriarcal de las Antillas" (1925), en *Obras completas*, ed. Juan Jacobo de Lara, t. V, pp. 273-279.

——, "Palabras pronunciadas en el acto inagural del Primer Congreso Gremial de Escritores" (1936), en *Obras completas*, t. VII, ed. Juan Jacobo de Lara, pp. 183-184.

—— y Alfonso Reyes, *Epistolario íntimo (1906-1946)*, 3 tomos, pról. de Juan Jacobo de Lara, Santo Domingo, Universidad Nacional Pedro Henríquez Ureña, 1981-1983.

——, *Pedro Henríquez Ureña: estudios mexicanos*, México, Secretaría de Educación Pública, 1992 [1984].

——, *Antología del Centenario. Estudio documentado de la literatura mexicana durante el primer siglo de independencia*, eds. Luis G. Urbina, Pedro Henríquez Ureña y Nicolás Rangel, México, Porrúa, 1985 [1910].

—— y Alfonso Reyes, *Correspondencia I. 1907-1914*, edición e introducción de José Luis Martínez, México, Fondo de Cultura Económica, 1986.

——, "Las memorias de Pedro Henríquez Ureña", *Revista Iberoamericana*, LIV, 142, enero-marzo 1988, pp. 331-357.

——, *Memorias. Diario*, edición y notas de Enrique Zuleta Álvarez, Buenos Aries, Academia Argentina de Letras, 1989.

——, *Ensayos*, edición crítica de José Luis Abellán y Ana María Barrenechea, Madrid, París, México, Colección Archivos, 1998.

Henríquez Ureña de Hlito, Sonia, *Pedro Henríquez Ureña: apuntes para una biografía*, México, Siglo XXI, 1993.

Homar, Lorenzo, *Aquí en la lucha. Caricaturas*, intro. de José A. Torres Martinó, San Juan, La Escalera, 1970.

Hostos, Eugenio María de, *La peregrinación de Bayoán*, Río Piedras, Editorial Edil, 1970 [1863].

Índice: mensuario de historia, literatura y ciencia (23 de abril de 1929 a 28 de julio de 1931), edición facsimilar, pról. de Vicente Géigel Polanco, San Juan, Editorial de la Universidad de Puerto Rico, 1979.

Kardec, Allan, *El Génesis, los milagros y las predicciones según el espiritismo*, trad. de la 2ª ed. francesa, Barcelona, Sociedad Barcelonesa Propagadora del Espiritismo, 1871.

——, *El cielo y el infierno ó la justicia divina, según el espiritismo*, trad. de la 4ª ed. francesa, Barcelona, Sociedad Barcelonesa Propagadora del Espiritismo, 1871.

———, *El libro de los espíritus*, México, Ediciones Botas, 1941.

———, *El Evangelio según el espiritismo*, 9ª ed., México, Editorial Diana, 1961.

———, *¿Qué es el espiritismo?: introducción al conocimiento del mundo invisible por las manifestaciones de los espíritus*, 5ª ed., Buenos Aires, Editorial Kier, 1962.

Martí, José, *Obras completas*, 27 tomos, La Habana, Editorial de las Ciencias Sociales, 1975.

———, *Inside the Monster*, ed. e intro. de Philip S. Foner, trad. Elinor Randall, Nueva York, Monthly Review Press, 1975.

———, "La República española ante la Revolución cubana", en *Obras completas*, I, La Habana, Centro de Estudios Martianos, 1983, pp. 108-109.

———, *Nuestra América*, prólogo de Juan Marinello, selección y notas de Hugo Achugar, cronología de Cintio Vitier, Caracas, Biblioteca Ayacucho, 1977.

———, *Epistolario. 1862-1887*, compilación, ordenación cronológica y notas de Luis García Pascual y Enrique H. Moreno Pla, La Habana, Centro de Estudios Martianos y Editorial de Ciencias Sociales, 1993.

Martí en los Henríquez Ureña, prólogo y selección de Yolanda Ricardo, Santo Domingo, Secretaría de Estado de Educación, Bellas Artes y Cultos, 1995.

Menéndez Pelayo, Marcelino, *Antología: Historia de la poesía hispano-americana*, 2 tomos, Madrid, Librería General de Victoriano Suárez, 1911.

———, *Historia de los heterodoxos españoles. Tomo I*, en *Obras completas*, t. 35, edición preparada por Enrique Sánchez Reyes, Santander, Aldus, 1946.

———, *Historia de la poesía hispano-americana. Tomos I y II*, en *Obras completas*, tt. 27 y 28, edición preparada por Enrique Sánchez Reyes, Santander, Aldus, 1948.

———, *Menéndez Pelayo digital: Obras completas. Epistolario. Bibliografía*, Santander y Madrid, Fundación Histórica Tavera y Obra Social y Cultural de Caja Cantabria, 2001, edición CD-rom.

Menéndez Pelayo y la hispanidad: epistolario, 2ª ed. aumentada, edición de Enrique Sánchez Reyes, Santander, Junta Central de Centenario de Menéndez Pelayo, 1955.

Moreno Fraginals, Manuel *et al.*, *África en América Latina*, México, Siglo XXI Editores, 1977.

——, *El ingenio: el complejo económico social cubano del azúcar (1760-1860)*, 3 tomos, La Habana, Editorial de Ciencias Sociales, 1978.

——, *La historia como arma y otros estudios sobre esclavos, ingenios y plantaciones*, pról. de Josep Fontana, Barcelona, Editorial Crítica, 1983.

——, *Cuba/España, España/Cuba: Historia común*, presentación de Josep Fontana, Barcelona, Editorial Crítica, 1995.

Muñoz Marín, Luis, "Puerto Rico y los Estados Unidos: su futuro en común", Departamento de Instrucción Pública, San Juan, 1954.

——, *Mensajes al pueblo puertorriqueño*, San Juan, Universidad Interamericana de Puerto Rico, 1980.

——, *Memorias: autobiografía pública, 1898-1940*, 2 tomos, pról. de Jaime Benítez, San Juan, Universidad Interamericana de Puerto Rico, 1982.

——, *Historia del Partido Popular Democrático*, San Juan, Editorial El Batey, 1984.

——, *Luis Muñoz Marín, servidor público y humanista. Cartas: en su centenario, 1898-1998*, ed. Carmelo Rosario Natal, San Juan, Producciones Históricas, 1998.

Onís, Federico de, *Antología de la poesía española e hispanoamericana (1882-1932)*, Nueva York, Las Américas Publishing, 1961 [1934].

——, *España en América. Estudios, ensayos y discursos sobre temas españoles e hispanoamericanos*, Río Piedras, Editorial Universitaria, 1955.

Órbita de la Revista de Avance, La Habana, Instituto Cubano del Libro, 1965.

Ortiz, Fernando, *Hampa afrocubana. Los negros brujos: apuntes para un estudio de etnología criminal*, ed. Alberto N. Palies, Miami, Ediciones Universal, 1973 [1906].

——, *La reconquista de América: Reflexiones sobre el panhispanismo*, París, Librería Paul Ollendorff, 1911.

——, *Entre cubanos: psicología tropical*, pról. de Julio Le Riverend, La Habana, Editorial de Ciencias Sociales, 1986 [1913].

——, "La filosofía penal de los espiritistas", *Revista Bimestre Cubana*, 9, 1-5; 10,1; 1914. Véase también la edición: *La filosofía penal de los espiritistas. Estudio de Filosofía Jurídica*, La Habana, La Universal, 1918.

———, *Los negros esclavos,* La Habana, Editorial de Ciencias Sociales, 1975 [1916].

———, "La decadencia cubana", *Revista Bimestre Cubana* 19, 1, 1924, pp. 17-44.

———, "Las fases de la evolución religiosa", *Revista Bimestre Cubana* 14, 2, 1919, pp. 65-80. También el libro: *Las fases de la evolución religiosa,* La Habana, Tipografía Moderna, 1919.

———, *La crisis política cubana: sus causas y remedios,* La Habana, Imprenta y Papelería La Universal, 1919.

———, *Historia de la arqueología indocubana,* La Habana, Imprenta Siglo XX, 1922.

———, *Proyecto de Código Criminal Cubano,* con un "juicio" de Enrique Ferri, La Habana, Librería Cervantes, 1926.

———, "La cubanidad y los negros", *Estudios Afrocubanos* 3, 1939, pp. 3-15.

———, *Contrapunteo cubano del tabaco y el azúcar,* La Habana, Universidad Central de las Villas, 1963 [1940].

———, *El engaño de las razas,* La Habana, Editorial de Ciencias Sociales, 1975 [1946].

———, *La africanía de la música folklórica de Cuba,* La Habana, Ediciones Cárdenas y Cía., 1950.

———, *Los instrumentos de la música afrocubana,* vol. I, 2ª ed., Madrid, Editorial Música Mundana, 1996 [1952-1955].

———, *Órbita de Fernando Ortiz,* selección y pról. de Julio Le Riverend, La Habana, Unión de Escritores y Artistas de Cuba, 1973.

———, *Historia de una pelea cubana contra los demonios,* 2ª ed., La Habana, Editorial de Ciencias Sociales, 1975.

———, *Ensayos etnográficos,* eds. Miguel Barnet y Ángel L. Fernández, La Habana, Editorial de Ciencias Sociales, 1984.

———, *Etnia y sociedad,* La Habana, Editorial de Ciencias Sociales, 1993.

———, *Contrapunteo cubano del tabaco y el azúcar,* ed. e intro. de Enrico Mario Santí, Madrid, Cátedra, 2002.

———, *Fernando Ortiz y España: a cien años de 1898,* selección y pról. de Jesús Guanche, La Habana, Fundación Fernando Ortiz, 1998.

Pater, Walter, *Estudios griegos,* trad. de Pedro Henríquez Ureña, México, Revista Moderna, 1908.

——, *Plato and Platonism. A Series of Lectures*, Oxford y Nueva York, Basil Blackwell & Johnson Reprint Corporation, 1973 [1893] [también edición de 1910].

——, *Greek Studies: A Series of Essays*, Oxford y Nueva York, Basil Blackwell & Johnson Reprint Corporation, 1973 [1895] [también edición de 1910].

——, *The Renaissance: Studies in Art and Poetry*, Londres, Macmillan and Co., 1922.

——, *Selected Writings of Walter Pater*, intro. y ed. Harold Bloom, Nueva York, Columbia University Press, 1974.

Pedreira, Antonio S., "La isla aislada" (Editorial), *Índice*, III, 2, 28, julio de 1931, pp. 33-34.

——, "Presentación del nuevo Canciller Don Carlos E. Chardón, al Claustro de Profesores de la Universidad de Puerto Rico", *Índice*, II, 24, marzo de 1931, p. 397.

——, *Insularismo: ensayos de interpretación puertorriqueña*, Madrid, Tipografía Artística, 1934.

——, *El periodismo en Puerto Rico: bosquejo histórico desde su iniciación hasta 1930*, t. 1, La Habana, Ucar García y Cía., 1941. También en *Obras*, t. 2, San Juan, Instituto de Cultura Puertorriqueña, 1970, pp. 9-552.

——, *Insularismo* [*Sobre "Ínsulas Extrañas": el clásico de Pedreira anotado por Tomás Blanco*], edición de Mercedes López-Baralt, Río Piedras, Editorial de la Universidad de Puerto Rico, 2001.

Pensamiento político de la emancipación: 1790-1809, t. I; *1810-1815*, t. II, pról. de José Luis Romero, selección y notas de José Luis Romero y Luis Alberto Romero, Caracas, Biblioteca Ayacucho, 1977.

Picón Salas, Mariano, *Apología de la pequeña nación*, Río Piedras, Universidad de Puerto Rico, 1946.

——, *Viejos y nuevos mundos*, selección, prólogo y cronología de Guillermo Sucre, Caracas, Biblioteca Ayacucho, 1983.

Roggiano, Alfredo A., *Pedro Henríquez Ureña en los Estados Unidos*, México, Editorial Cultura, 1961.

——, *Pedro Henríquez Ureña en México*, México, Universidad Nacional Autónoma de México, 1989.

Tapia y Rivera, Alejandro, *Biblioteca histórica de Puerto Rico*, 2ª ed., pról. de Juan Augusto Perea y Salvador Perea, San Juan, Instituto de Literatura, 1945.

Varona, Enrique José, "El fracaso colonial de España", en *El imperialismo a la luz de la sociología*, La Habana, Editorial Apra, 1933.

——, *Textos escogidos*, México, Porrúa, 1974.

Vasconcelos, José, *Indología. Una interpretación de la cultura ibero-americana*, 2ª ed., Barcelona, Agencia Mundial de Librería, 1927.

——, "Vivió en los amigos", *Letras de México*, V, año IX, 125, 15 de julio de 1946, p. 289.

——, *Ulises criollo*, coord. Claude Fell, Madrid y Barcelona, Archivos, 2000. Viscardo y Guzmán, Juan Pablo, *Carta dirigida a los españoles americanos*, introducción de David A. Brading, México, Fondo de Cultura Económica, 2004.

——, *Los escritos de Juan Pablo Viscardo y Guzmán, precursor de la independencia hispanoamericana*, ed. de Merle E. Simmons, Caracas, Universidad Católica Andrés Bello, 1983.

——, *Obra completa*, pról. de Luis Alberto Sánchez, recopilación de Merle E. Simmons, trad. de Ana María Julliand, Lima, Biblioteca Clásicos del Perú, 1988.

Young, John Russell, *Around the World with General Grant*, 2 vols., Nueva York, The American News Company, 1879.

Zaïtzeff, Serge I. (ed.), *Con leal franqueza: correspondencia entre Alfonso Reyes y Genaro Estrada*, 3 tomos, intro. y notas de Serge I. Zaïtzeff, México, El Colegio Nacional, 1992.

Bibliografía crítica e histórica

AA. VV., *Traditions polémiques*, París, École Normale Supérieure de Jeunes Filles, 1984.

AA. VV., *La memoria y el olvido: Segundo Simposio de la Historia de las Mentalidades*, México, Instituto Nacional de Antropología e Historia, 1985.

AA. VV., *Discutir a Martí* (foro), *Temas: Cultura, Ideología, Sociedad*, La Habana, 2, junio 1995, pp. 87-101.

AA. VV., *La lengua española, hoy*, Madrid, Fundación Juan March, 1995.

Abad Castillo, Olga, *El IV Centenario del Descubrimiento de América a través de la prensa sevillana*, Sevilla, Universidad de Sevilla, 1989.

Acevedo Rodríguez, Rafael, "El mapa inquieto: hacia una cartografía simbólica de la identidad", *Revista de Estudios Hispánicos*, XXII, Universidad de Puerto Rico, 1995, pp. 309-324.

Aching, Gerard, *The Politics of Spanish American modernismo. By Exquisite Design*, Cambridge, Cambridge University Press, 1997.

Achugar, Hugo, "La hora americana o el discurso americanista de entreguerras", en *América Latina: palavra, literatura e cultura*, vol. 2, *Emancipação do discurso*, org. Ana Pizarro, San Pablo, Memorial da América Latina Universidad de Campinas, 1994, pp. 635-662.

Acosta Quintero, Ángel, *José Julián Acosta y su tiempo*, San Juan, Instituto de Cultura Puertorriqueña, 1965.

Acosta, Ivonne, *La mordaza: Puerto Rico, 1948-1957*, Río Piedras, Edil, 1989.

Actas del Sexto Congreso Internacional del CELCIRP: *La figura del intelectual en la producción cultural rioplatense de fines del siglo XIX a fines del XX, Río de la Plata*, 20-21, 1998.

Adelman, Jeremy, "Comentarios" al ensayo de Louis A. Pérez, en *Cuba entre imperios*, número especial de *Op. Cit.*, 9, Revista del Centro de Investigaciones Históricas de la Universidad de Puerto Rico, ed. Arcadio Díaz Quiñones, Río Piedras, 1997, pp. 195-198.

—— (ed.), *Colonial Legacies: The Problem of Persistence in Latin American History*, Nueva York, Routledge, 1999.

——, *Republic of Capital: Buenos Aires and the Legal Transformation of the Atlantic World*, Stanford, Stanford University Press, 1999.

Adorno, Rolena (ed.), *From Oral to Written Expression: Native Andean Chronicles of the Early Colonial Period*, Syracuse, Nueva York, Maxwell School of Citizenship and Public Affairs, Syracuse University, 1982.

——, *Guaman Poma: Writing and Resistance in Colonial Peru*, Austin, The University of Texas Press, 1986. (En castellano: *Guaman Poma. Literatura de resistencia en el Perú colonial*, México, Siglo XXI Editores, 1991).

——, "La ciudad letrada y los discursos coloniales", *Hispamérica*, 16, núm. 48, 1987, pp. 3-24.

——, "The Intellectual Life of Bartolomé de las Casas", Nueva Orleans, The Graduate School of Tulane University, 1991.

——, "Los debates sobre la naturaleza del indio en el siglo XVI: textos y contextos", *Revista de Estudios Hispánicos*, 19, 1992, pp. 47-66.

——, "Comentarios" al ensayo de Peter Hulme, en "I. El Caribe, los Estados Unidos y la modernidad imperial", *Op. Cit.*, 9, Revista del Centro de Investigaciones Históricas de la Universidad de Puerto Rico, ed. Arcadio Díaz Quiñones, Río Piedras, 1997, pp. 109-127.

——, "Washington Irving's Romantic Hispanism and its Columbian Legacies", en *Spain in America. The Origins of Hispanism in the United States*, ed. de Richard L. Kagan, Urbana y Chicago, The University of Illinois Press, 2002, pp. 49-105.

Afzal-Khan, Fawzia y Kalpana Seshadri-Crooks (eds.), *The Pre-Occupation of Postcolonial Studies*, Durham, Duke University Press, 2000.

Agamben, Giorgio, *Estancias: la palabra y el fantasma en la cultura occidental*, trad. de Tomás Segovia, Valencia, Pre-Textos, 1995.

——, *Lo que queda de Auschwitz: el archivo y el testigo*, trad. de Antonio Gimeno Cuspinera, Valencia, Pre-Textos, 2000.

——, *El lenguaje y la muerte. Un seminario sobre el lugar de la negatividad*, trad. Tomás Segovia, Valencia, Pre-Textos, 2002.

Aguilar, Gonzalo, "Una genealogía de lo ínfimo", en Pedro Henríquez Ureña, *Ensayos*, edición crítica de José Luis Abellán y Ana María Barrenechea, Madrid, París, México, Colección Archivos, 1998, pp. 691-699.

——, y Mariano Siskind, "Viajeros culturales en la Argentina (1928-1942)", *Historia crítica de la literatura argentina*, t. 6, *El imperio realista*, pp. 367-389.

Aguilar, Luis, *La democracia de los muertos*, México, Cal y Arena, 1988.

Aguirre Beltrán, Gonzalo, *Obra antropológica XI: Obra polémica*, México, Universidad Veracruzana, Instituto Nacional Indigenista y Fondo de Cultura Económica, 1992.

——, *La población negra en México, 1519-1810: estudio etnohistórico*, 3ª ed., México, Fondo de Cultura Económica, 1989 [1946].

Aillón Soria, Esther, "La política cultural de Francia en la génesis y difusión del concepto *L'Amérique Latine*, 1860-1930", en Aimer Granados y Carlos Marichal (compiladores), *Construcción de las identidades latinoamericanas: ensayos de historia intelectual, siglos xix y xx*, México, El Colegio de México, 2004, pp. 71-105.

Alatorre, Antonio, "Para la historia de un problema: la mexicanidad de Ruiz de Alarcón", en *Anuario de Letras*, 4, México, 1964, pp. 161-202.

Alazraki, Jaime, "'El sueño de Pedro Henríquez Ureña' soñado por Borges", en *El libro jubilar de Pedro Henríquez Ureña*, t. I, Santo Domingo, Universidad Nacional Pedro Henríquez Ureña, 1984, pp. 29-45.

Albert Robatto, Matilde, "Federico de Onís entre España y Estados Unidos (1920-1940)", en *Los lazos de la cultura: el Centro de Estudios Históricos de Madrid y la Universidad de Puerto Rico, 1916-1939*, eds. Consuelo Naranjo, María Dolores Luque y Miguel Ángel Puig-Samper, Centro de Investigaciones Históricas de la Universidad de Puerto Rico e Instituto de Historia, Madrid, 2002.

Alberty, Carlos, "'Atrechos por el extravío': propósito y procedimiento en *Insularismo*", *Revista de Estudios Hispánicos*, XXII, Universidad de Puerto Rico, 1995, pp. 299-308.

Alegría, Ricardo, *El Instituto de Cultura Puertorriqueña 1955-1973*, San Juan, Instituto de Cultura Puertorriqueña, 1973.

Alen Lascano, Luis C., *Yrigoyen, Sandino y el panamericanismo*, Buenos Aires, Centro Editor, 1986.

Alighieri, Dante, *Vita nova*, ed. de Luca Carlo Rossi, introducción de Guglielmo Gorni, Milán, Arnoldo Mondadori Editore, 1999.

Alonso, Amado, *Sobre el problema del andalucismo dialectal de América*, Buenos Aires, Instituto de Filología de Buenos Aires, 1932.

———, "Pedro Henríquez Ureña, investigador", *Sur*, XV, julio de 1946, p. 28.

Alonso, Carlos, *The Spanish American Regional Novel: Modernity and Autochthony*, Cambridge, Cambridge University Press, 1990.

Alonso, Dámaso, *Menéndez Pelayo, crítico literario (Las palinodias de don Marcelino)*, Madrid, Editorial Gredos, 1956.

Alonso, Paula (comp.), *Construcciones impresas. Panfletos, diarios y revistas en la formación de los estados nacionales en América Latina, 1820-1920*, Buenos Aires, Fondo de Cultura Económica, 2003.

Altamirano, Carlos (ed.), *La Argentina en el siglo xx*, Buenos Aires, Ariel y Universidad Nacional de Quilmes, 1999.

———, *Bajo el signo de las masas (1943-1973)*, Buenos Aires, Ariel, Biblioteca del Pensamiento Argentino, t. VI, 2001.

——, *Términos críticos de sociología de la cultura*, Buenos Aires, Barcelona y México, Paidós, 2002.
Altamirano, Carlos y Beatriz Sarlo, *Conceptos de sociología literaria*, Buenos Aires, Centro Editor de América Latina, 1980.
——, *Ensayos argentinos: de Sarmiento a la vanguardia*, Buenos Aires, Centro Editor de América Latina, 1983.
——, *Literatura y sociedad*, Buenos Aires, Hachette, 1983.
——, "Del campo intelectual y las instituciones literarias", en *Literatura/Sociedad*, Buenos Aires, Hachette, 1983, pp. 83-100.
——, "De la historia literaria en la perspectiva sociológica", en *Literatura/Sociedad*, Buenos Aires, Hachette, 1983, pp. 119-132.
Altieri, Charles, *Canons and Consequences: Reflections on the Ethical Force of Imaginative Ideals*, Evanston, Northwestern University Press, 1990.
Álvarez, Soledad, "La pasión dominicana de Pedro Henríquez Ureña", en Pedro Henríquez Ureña, *Ensayos*, edición crítica de José Luis Abellán y Ana María Barrenechea, Madrid, París, México, Colección Archivos, 1998, pp. 624-646.
Álvarez Curbelo, Silvia, "Coartadas para la agresión: guerra, emigración y populismo", en *Polifonía salvaje*, eds. Irma Rivera Nieves y Carlos Gil, San Juan, Editorial Postdata, 1995, pp. 91-107.
——, "Las lecciones de la guerra: Luis Muñoz Marín y la Segunda Guerra Mundial", en *Luis Muñoz Marín: ensayos del centenario*, ed. Fernando Picó, San Juan, Fundación Luis Muñoz Marín, 1999, pp. 31-63.
——, "La bandera en la colina: Luis Muñoz Marín en los tiempos de la guerra de Corea", en *Luis Muñoz Marín: perfiles de su gobernación (1948-1964)*, ed. Fernando Picó, Puerto Rico, Fundación Luis Muñoz Marín, 2003, pp. 1-20.
—— y María Elena Rodríguez Castro (eds.), *Del nacionalismo al populismo: cultura y política en Puerto Rico*, Río Piedras, Ediciones Huracán, 1993.
Álvarez Ramos, Pedro, "Reflexiones en torno al discurso histórico 'trentista'. El siglo XIX puertorriqueño en el *Insularismo* de Antonio S. Pedreira", *Revista de Estudios Hispánicos*, XXII, Universidad de Puerto Rico, 1995, pp. 237-252.
Amante, Adriana y Florencia Garramuño (eds.), *Absurdo Brasil: polémicas en la cultura brasileña*, Buenos Aires, Biblos, 2000.

Amin, Shahid, *Event, Metaphor, Memory: Chauri Chaura, 1922-1992*, Berkeley, University of California Press, 1995.

Anderson Imbert, Enrique, *La originalidad de Rubén Darío*, Buenos Aires, Centro Editor, 1967.

Anderson, Benedict, *Imagined Communities: Reflections on the Origin and Spread of Nationalism*, Londres, Verso, 1991 [1983].

Anderson, Robert W., *Party Politics in Puerto Rico*, Stanford, Stanford University Press, 1965.

Andreu Iglesias, César (ed.), *Memorias de Bernardo Vega*, introducción de José Luis González, Río Piedras, Ediciones Huracán, 1977.

Angenot, Marc, *La parole pamphlétaire. Contribution à la typologie des discours modernes*, París, Payot, 1982.

Annino, Antonio y François-Xavier Guerra (coords.), *Inventando la nación: Iberoamérica. Siglo XIX*, México, Fondo de Cultura Económica, 2003.

Antelo, Raúl, "Henríquez Ureña, comparatista", en Pedro Henríquez Ureña, *Ensayos*, edición crítica de José Luis Abellán y Ana María Barrenechea, Madrid, París, México, Colección Archivos, 1998, pp. 647-670.

Antón, Joan y Miguel Caminal (coords.), *Pensamiento político en la España contemporánea:1800-1950*, estudio preliminar de Antonio Elorza, Barcelona, Teide, 1992.

Arac, Jonathan, *Critical Genealogies*, Nueva York, Columbia University Press, 1989.

Aragunde, Rafael, *Hostos: ideólogo inofensivo y moralista problemático*, Hato Rey, Publicaciones Puertorriqueñas, 1998.

Arango, Arturo, "Otra teleología de la racionalidad cubana", en *Casa de las Américas*, XXXIV, 194, La Habana, enero-marzo 1994, pp. 108-113.

Arce de Vázquez, Margot, "Reflexión en torno a *Insularismo*", en *Impresiones: notas puertorriqueñas*, San Juan, Editorial Yaurel, 1950, pp. 110-112. También en *Obras completas*, vol. 1, *Literatura Puertorriqueña*, ed. Hugo Rodríguez Vecchini, Río Piedras, Editorial de la Universidad de Puerto Rico, 1998, pp. 285-296.

——, "Sobre *Los cinco sentidos*", *Asomante*, XII, julio-septiembre, 1956, pp. 105-108. También en *Obras completas*, vol. 1, *Literatura*

Puertorriqueña, ed. Hugo Rodríguez Vecchini, Río Piedras, Editorial de la Universidad de Puerto Rico, 1998, pp. 308-313.

——, "Tomás Blanco, ensayista: primer asedio", *Revista del Instituto de Cultura Puertorriqueña*, VI, enero-marzo 1963, pp. 1-5. También en *Obras completas*, vol. 1, *Literatura Puertorriqueña*, ed. Hugo Rodríguez Vecchini, Río Piedras, Editorial de la Universidad de Puerto Rico, 1998, pp. 314-323.

——, *Obras completas*, vol. 1, *Literatura Puertorriqueña*, ed. Hugo Rodríguez Vecchini, Río Piedras, Editorial de la Universidad de Puerto Rico, 1998.

Ardao, Arturo, *Génesis de la idea y el nombre de América Latina*, Caracas, Centro de Estudios Latinoamericanos Rómulo Gallegos, 1980.

——, "El verdadero origen del nombre de América Latina", en *La latinidad y su sentido en América Latina*, México, UNAM, 1986, pp. 259-274.

Arendt, Hannah, *Men in Dark Times*, San Diego y Nueva York, Harcourt Brace, 1968 (en español: *Hombres en tiempos de oscuridad*, trad. de Claudia Ferrari y Agustín Serrano de Haro, Barcelona, Gedisa, 2001).

——, *The Human Condition*, Chicago, University of Chicago Press, 1958 (en español: *La condición humana*, intro. de Manuel Cruz, trad. de Ramón Gil Novales, Buenos Aires, Paidós, 1993).

——, *Entre el pasado y futuro: ocho ejercicios sobre la reflexión política*, trad. Ana Luisa Poljak Zorzut, Barcelona, Península, 1996.

——, *Tres escritos en tiempo de guerra*, ed. Anna Masó, trad. Salvador Tintoré Fernández, Barcelona, Ediciones Bellaterra, 2000.

——, *La tradición oculta*, trad. de R. S. Carbó y Vicente Gómez Ibáñez, Barcelona, Paidós, 2004.

Argüelles Mederos, Aníbal e Ileana Hodge Limonta, *Los llamados cultos sincréticos y el espiritismo*, La Habana, Editorial Academia, 1991.

Arnold, Matthew, *Culture and Anarchy*, ed. e intro. J. Dover Wilson, Cambridge, Cambridge University Press, 1960.

Arrieta, Rafael Alberto, "Pedro Henríquez Ureña, profesor en la Argentina", *Revista Iberoamericana*, 41-42, enero-diciembre 1956, pp. 89-97.

Arrom, José Juan, *Certidumbre de América: estudios de letras, folklore y cultura*, 2ª ed. ampliada, Madrid, Gredos, 1971.

——, *Estudios de lexicología antillana*, 2ª. ed. actualizada y aumentada, San Juan, Editorial de la Universidad de Puerto Rico, 2000.

Ashhurst, Anna Wayne, *La literatura hispanoamericana en la crítica española*, Madrid, Gredos, 1980.

Augier, Ángel, *Cuba en Darío y Darío en Cuba*, La Habana, Editorial Letras Cubanas, 1989.

Axtell, James, "Columbian Encounters: Beyond 1992", *The William and Mary Quarterly*, XLIX, Virginia, abril 1992, pp. 335-360.

Azize, Yamila (ed.), *La mujer en Puerto Rico*, Río Piedras, Huracán, 1987. Bachelard, Gaston, *La poética del espacio*, trad. de Ernestina de Champourcin, México, Fondo de Cultura Económica, 1965.

Baerga, María del Carmen (ed.), *Género y trabajo: la industria de la aguja en Puerto Rico y el Caribe hispánico*, San Juan, Editorial de la Universidad de Puerto Rico, 1993.

Bajtín, Mijaíl, *Problemas de la poética de Dostoievski*, trad. de Tatiana Bubnova, México, Fondo de Cultura Económica, 1986.

Balaguer, Joaquín, *La isla al revés: Haití y el destino dominicano*, Santo Domingo, Fundación José Antonio Caro, 1983.

Balfour, Sebastián, *El fin del imperio español*, trad. de Antonio Desmonts, Barcelona, Crítica, 1997.

——, "El otro moro en la guerra colonial y la guerra civil", en *Marroquíes en la guerra civil española: campos equívocos*, ed. José Antonio González Alcantud, Barcelona, Anthropos Editorial, 2003, pp. 95-110.

Bann, Stephen, *The Inventions of History: Essays on the Representation of the Past*, Mánchester-Nueva York, Manchester University Press, 1990.

Barañano, Eduardo, *Plan regional del Área Metropolitana de San Juan*, Nueva York, Aldus Printers, 1956.

Barbosa de Rosario, Pilar, *De Baldorioty a Barbosa: historia del autonomismo puertorriqueño*, 2ª ed., San Juan, 1974.

——, *El ensayo de la autonomía en Puerto Rico, 1897-1898*, San Juan, 1975. Barceló Miller, María de Fátima, *La lucha por el sufragio femenino en Puerto Rico, 1896-1935*, Río Piedras, Ediciones Huracán y Centro de Investigaciones Sociales, UPR, 1997.

Barcia, Pedro Luis, *Pedro Henríquez Ureña y la Argentina*, Santo Domingo, Secretaría de Estado de Educación, Bellas Artes y Cultos y Universidad Nacional Pedro Henríquez Ureña, 1994.

Barcia, María del Carmen, Gloria García y Eduardo Torres, *La colonia: evolución socioeconómica y formación nacional. De los orígenes hasta 1867*, La Habana, Instituto de Historia de Cuba, 1994.

Barkan, Elazar and Ronald Bush (eds.), *Prehistories of the Future: The Primitivist Project and the Culture of Modernism*, Stanford, Stanford University Press, 1995.

Barrenechea, Ana María, "Pedro Henríquez Ureña (1884-1946)", *Filología*, XX, Buenos Aires, 1985, pp. 3-8.

Barrón, Luis, *Historias de la Revolución mexicana*, prólogo de Friedrich Katz, México, Centro de Investigación y Docencia Económicas y Fondo de Cultura Económica, 2004.

Bartra, Roger, *Las redes imaginarias del poder político*, México, Editorial Océano, 1996.

Basave Benítez, Agustín, *México mestizo. Análisis del nacionlismo mexicano en torno a la mestizofilia de Andrés Molina Enríquez*, México, Fondo de Cultura Económica, 1992.

Bauman, Zygmunt, *Legisladores e intérpretes: sobre la modernidad, la posmodernidad, y los intelectuales*, trad. de Horacio Pons, Buenos Aires, Universidad Nacional de Quilmes, 1997.

Beauchamp, José Juan, "Los aterrizajes de Antonio S. Pedreira: El pretexto de *Insularismo*", *Revista de Estudios Hispánicos*, XXII, Universidad de Puerto Rico, 1995, pp. 253-268.

Beer, Gabriella de, "Pedro Henríquez Ureña en la vida intelectual mexicana", en Pedro Henríquez Ureña, *Ensayos*, edición crítica de José Luis Abellán y Ana María Barrenechea, Madrid, París, México, Colección Archivos, 1998, pp. 806-812.

——, "Hacia la identidad cultural en el epistolario Pedro Henríquez Ureña Alfonso Reyes", en *Identidad cultural de Iberoamérica en su literatura*, coord. Saúl Yurkievich, Madrid, Editorial Alhambra, 1986, pp. 94-101.

Belaval, Emilio S., *Los problemas de la cultura puertorriqueña*, Río Piedras, Editorial Cultural, 1977.

Belrose, Maurice, "Latinidad vs. imperialismo yanqui en *El Cojo Ilustrado*, 1898-1903", *Casa de las Américas*, XXXVIII, 211, La Habana, abril-junio 1998, pp. 72-77.

Belinsky, Jorge, *El retorno del padre: ficción, mito y teoría en psicoanálisis*, Barcelona, Editorial Lumen, 1991.

Benítez Rojo, Antonio, "Azúcar/ poder/ literatura", *Cuadernos Hispanoamericanos*, enero-febrero 1988, pp. 196-215.

——, *La isla que se repite: el Caribe y la perspectiva posmoderna*, Hanover, Ediciones del Norte, 1990.

——, "La cuestión del negro en tres momentos del nacionalismo literario cubano", en *El Caribe entre imperios*, número especial de *Op. Cit., Revista del Centro de Investigaciones Históricas de la Universidad de Puerto Rico*, 9, ed. Arcadio Díaz Quiñones, 1997, pp. 275-285.

Benítez, Jaime, *Junto a la Torre*, San Juan, Editorial de la Universidad de Puerto Rico, 1962.

Benjamin, Walter, *Selected Writings*, vol. 1, *1913-1926*; vol. 2, *1927-1934*, 1999; vol. 3, *1935-1938*, eds. Michael Jennings, Howard Eiland y Gary Smith, Cambridge, Harvard University Press, 1996-2002.

——, *One Way Street*, trad. de Edmund Jephcott, *Selected Writings*, vol. 1, pp. 444-487.

——, "La técnica del crítico en trece tesis", *Dirección única*, trads. Juan J. del Solar y Mercedes Allendesalazar, Madrid, Ediciones Alfaguara, 1987 [1927].

Benner, Thomas, *Five Years of Foundation Building: The University of Puerto Rico, 1924-1929*, pról. de Jaime Benítez, Río Piedras, Universidad de Puerto Rico, 1965.

Bercovitch, Sacvan, *Reconstructing American Literary History*, Cambridge, Harvard University Press, 1986.

Bernabe, Rafael, *Respuestas al colonialismo en la política puertorriqueña, 1899-1929*, Río Piedras, Ediciones Huracán, 1996.

Bernabéu Albert, Salvador, *1892. El IV Centenario del descubrimiento de América en España: coyuntura y conmemoraciones*, Madrid, Consejo Superior de Investigaciones Científicas, 1987.

Bernal, Beatriz, "Estudio histórico-jurídico de la Constitución de 1901", *Encuentro de la Cultura Cubana*, 24, Madrid, primavera 2002, pp. 154-170.

Bernal Muñoz, José Luis, *La generación española de 1898: ¿Invento o realidad?*, nota preliminar de Pío Caro Baroja, Valencia, Pre-Textos, 1996.

Bernand, Carmen y Serge Gruzinski, *Historia del Nuevo Mundo*, t. II, *Los mestizajes, 1550-1640*, trad. de María Antonia Neira Bigorra, México, Fondo de Cultura Económica, 1999.

Bernecker, Walther L. (ed.), *1898: su significado para Centroamérica y el Caribe. ¿Cesura, cambio, continuidad?*, Lateinamerika-Studien, 34, Frankfurt y Madrid, Vervuert e Iberoamericana, 1998.

Bethell, Leslie (ed.), *Historia de América Latina 9: México, América Central y el Caribe, c. 1870-1930*, trad. de Jordi Beltrán y María Escudero, Barcelona, Cambridge University Press y Editorial Crítica, 1992.

Bhabha, Homi K., "Signs Taken for Wonders", en *'Race', Writing and Difference*, ed., Henry Louis Gates Jr., Chicago, University of Chicago Press, 1986, pp. 163-184 (en español: "Signos tomados por prodigios. Cuestiones de ambivalencia y autoridad bajo un árbol en las afueras de Delhi, mayo de 1817", en *El lugar de la cultura*, trad. de César Aira, cap. VI, pp. 131-153).

——, "The Other Question: Difference, Discrimination and the Discourse of Colonialism", en *Literature, Politics and Theory: Papers from the Essex Conference 1976-84*, Nueva York, Methuen, 1986, pp. 48-172 (en español: "La otra pregunta. El estereotipo, la discriminación y el discurso del colonialismo", en *El lugar de la cultura*, trad. de César Aira, cap. III, pp. 91-110).

—— (ed.), *Nation and Narration*, Londres y Nueva York, Routledge, 1990.

——, *The Location of Culture*, Londres y Nueva York, Routledge, 1994 (en español: *El lugar de la cultura*, trad. de César Aira, Buenos Aires, Ediciones Manantial, 2002).

Blanco, Emilio, "Menéndez Pelayo y la cultura española", en *Revista de Libros*, 51, Madrid, marzo 2001, pp. 35-37.

Blanco-Fombona, Rufino, *El modernismo y los poetas modernistas*, Madrid, Editorial Mundo Latino, 1929.

Bonfil Batalla, Guillermo, "Nuestro patrimonio cultural: un laberinto de significados", en *El patrimonio cultural de México*, comp. Enrique Florescano, México, Fondo de Cultura Económica, 1993, pp 19-39.

Bongie, Chris, *Exotic Memories: Literature, Colonialism, and the Fin de Siècle*, Stanford, Stanford University Press, 1991.

Bonilla, Frank y Ricardo Campos, *Industry and Idleness*, Nueva York, Centro de Estudios Puertorriqueños, 1986.

Borges, Jorge Luis, *Obras completas*, 4 vols., edición dirigida y realizada por Carlos V. Frías, Buenos Aires, Emecé, 1989.

——, *Borges en Sur, 1931-1980*, edición al cuidado de Sara Luisa del Carril y Mercedes Rubio de Socchi, Buenos Aires, Emecé, 1999.

Bothwell, Reece B. (ed.), *Puerto Rico: cien años de lucha política*, 4 vols., Río Piedras, Editorial de la Universidad de Puerto Rico, 1979.
Bouza Álvarez, Fernando, *La civilización europea en la alta edad moderna (siglos XV-XVII)*, Madrid, Editorial Síntesis, 1992.
——, *Comunicación, conocimiento y memoria en la España de los siglos XVI y XVII*, Salamanca, Sociedad Española de Historia del Libro y Sociedad de Estudios Medievales y Renacentistas, 2000.
Bové, Paul A., *Intellectuals in Power: A Genealogy of Critical Humanism*, Nueva York, Columbia University Press, 1986.
Boyd, Carolyn, *Historia Patria: Politics, History and National Identity in Spain, 1875-1975*, Princeton, Princeton University Press, 1997.
Brading, David A., *Los orígenes del nacionalismo mexicano*, 2ª ed. ampliada, trad. de Soledad Loaeza Grave, México, Ediciones Era, 1988.
——, *The First America: The Spanish Monarchy, Creole Patriots, and the Liberal State 1492-1867*, Nueva York, Cambridge University Press, 1991 (en español: *Orbe indiano. De la monarquía católica a la república criolla, 1492-1867*, trad. de Juan José Utrilla, México, Fondo de Cultura Económica, 1991).
Braudy, Leo, *From Chivalry to Terrorism: War and the Changing Nature of Masculinity*, Nueva York, Knopf, 2003.
Braunstein, Néstor A. (ed.), *A medio siglo de El malestar en la cultura de Sigmund Freud*, México, Siglo XXI Editores, 1988.
Breckenridge, Carol A., "The Aesthetics and Politics of Colonial Collecting: India at World Fairs", en *Comparative Studies in Society and History*, Nueva York, Cambridge University Press, 1989, pp. 195-216.
Bremer, Thomas, "The Constitution of Alterity: Fernando Ortiz and the Beginnings of Latin-American Ethnography Out of the Spirit of Italian Criminology", en *Alternative Cultures in the Caribbean, First International Conference of the Society of Caribbean Research, Berlin 1988*, eds. Thomas Bremer y Ulrich Fleischmann, Frankfurt, Vervuert Verlag, 1993, pp. 119-129.
Britt-Arredondo, Christopher, *Quixotism: The Imaginative Denial of Spain's Loss of Empire*, Albany, State University of New York Press, 2005.
Bronfman, Alejandra, *Measures of Equality: Social Science, Citizenship, and Race in Cuba, 1902-1940*, Chapel Hill, University of North Carolina Press, 2004.

Buck-Morss, Susan, *Dreamworld and Catastrophe: The Passing of Mass Utopia in East and West*, Cambridge, The MIT Press, 2000.

Bueno, Raúl, "Sobre la heterogeneidad literaria y cultural de América Latina", en *Asedios a la heterogeneidad cultural: Libro de homenaje a Antonio Cornejo Polar*, eds. José Antonio Mazzotti y U. Juan Cevallos Aguilar, Filadelfia, Asociación Internacional de Peruanistas, 1996, pp. 21-36.

Bueno, Salvador (comp.), *Acerca de Plácido*, La Habana, Editorial de Letras Cubanas, 1985.

Bürger, Peter, *Teoría de la vanguardia*, trad. de Jorge García, pról. de Helio Piñón, Barcelona, Ediciones Península, 1987.

Burke, Peter, "Reflections on the Origins of Cultural History", en *Interpretation and Cultural History*, eds. Joan Pittock y Andrew Wear, Basingstoke, Macmillan, 1991, pp. 5-24.

——, *Varieties of Cultural History*, Cambridge, Polity Press, 1997.

Buscaglia-Salgado, José F., *Undoing Empire: Race and Nation in the Mulatto Caribbean*, Mineápolis y Londres, University of Minnesota Press, 2003.

Cacho Viu, Vicente, *Repensar el 98*, Madrid, Biblioteca Nueva, 1997.

Cain, William E., *F. O. Matthiessen and the Politics of Criticism*, Madison, University of Wisconsin Press, 1988.

Cairo, Ana, *El movimiento de veteranos y patriotas. Apuntes para un estudio ideológico del año 1923*, La Habana, Editorial Arte y Literatura, 1976.

——, *El Grupo Minorista y su tiempo*, La Habana, Editorial de Ciencias Sociales, 1978.

——, *La Revolución del 30 en la narrativa y el testimonio cubanos*, La Habana, Editorial Letras Cubanas, 1993.

——, "Un altivo Prometeo escritor de *El presidio político en Cuba*", *Universidad de la Habana*, número extraordinario dedicado a José Martí, 245, 1995, pp. 23-28.

Calasso, Roberto, *Los cuarenta y nueve escalones*, trad. de Joaquín Jordá, Barcelona, Editorial Anagrama, 1994.

Calinescu, Matei, *Five Faces of Modernity*, Durham, Duke University Press, 1987 (en español: *Cinco caras de la modernidad*, trad. de María Teresa Beguiristain, Madrid, Tecnos, 1991).

Calvino, Italo, *Seis propuestas para el próximo milenio*, trad. de Aurora Bernárdez, Madrid, Siruela, 1989.

Campa, Román de la, "Latinoamérica y sus nuevos cartógrafos: discurso poscolonial, diásporas intelectuales, y enunciación fronteriza", *Revista Iberoamericana*, LXII, 176-177, julio-diciembre 1996, pp. 697-717.

——, *Letra y solfa: Ballet*, comp. y pról. de Raimundo Respall Fina, La Habana, Letras Cubanas, 1990.

Carrión, Miguel de, "El Doctor Ortiz Fernández", *Azul y Rojo*, La Habana, 24, 14 de junio de 1903, pp. 5-6.

Castelar, Emilio, *Historia del descubrimiento de América*, Madrid, Establecimiento Tipográfico Sucesores de Rivadeneyra, 1892.

Castellanos, Israel, *La brujería y el ñañiguismo en Cuba desde el punto de vista médico legal*, La Habana, Imp. de Lloredo y Cía., 1916.

Castellanos, Jorge, *Plácido, poeta social y político*, Miami, Ediciones Universal, 1984.

Castor, Suzy, *Migraciones y relaciones internacionales (El caso haitiano-dominicano)*, México, Universidad Nacional Autónoma de México, 1983.

Castoriadis, Cornelius, *La institución imaginaria de la sociedad*, vol. I, trad. de Antoni Vicens, Barcelona, Tusquets Editores, 1983.

——, *Figuras de lo pensable*, trad. de Vicente Gómez, Madrid, Cátedra, 1999.

Castro, María de los Ángeles, "Política y nación cultural: Puerto Rico 1898-1938", en *Los lazos de la cultura: El Centro de Estudios Históricos de Madrid y la Universidad de Puerto Rico, 1916-1939*, eds. Consuelo Naranjo, María Dolores Luque y Miguel Ángel Puig-Samper, Madrid, Centro de Investigaciones Históricas de la Universidad de Puerto Rico e Instituto de Historia, 2002, pp. 17-48.

Castro, María de los Ángeles, María Dolores Luque de Sánchez y Gervasio L. García, *Los primeros pasos: una bibliografía para empezar a investigar la historia de Puerto Rico*, Río Piedras, Facultad de Humanidades, Universidad de Puerto Rico, 1984.

Catelli, Nora y Marietta Gargatagli, *El tabaco que fumaba Plinio. Escenas de la tradición en España y América: relatos, leyes y reflexiones sobre los otros*, Barcelona, Ediciones del Serbal, 1998.

Cattáneo, Liliana y Fernando Rodríguez, "Ariel exasperado. Avatares de la Reforma Universitaria en la década del veinte", *Prismas*.

Revista de Historia Intelectual, 4, Bernal, Universidad Nacional de Quilmes, 2000, pp. 47-57.

Cepero Bonilla, Raúl, *Azúcar y abolición*, La Habana, Editorial de Ciencias Sociales, 1971 [1948].

Cevasco, Maria Elisa, *Para leer a Raymond Williams*, trad. de Alejandra Maihle, Bernal, Universidad Nacional de Quilmes, 2003.

Chakrabarty, Dipesh, "Postcoloniality and the Artifice of History: Who Speaks for 'Indian' Pasts?", *Representations*, 37, invierno 1992, pp. 1-26. También en *Provincializing Europe*, cap. 1, pp. 27-46.

——, *Provincializing Europe: Postcolonial Thought and Historical Difference*, Princeton y Oxford, Princeton University Press, 2000.

——, "Subaltern Studies and Postcolonial Historiogrphy", *Nepantla: Views from South*, 1, 1, 2000, pp. 9-32.

——, *Habitations of Modernity: Essays in the Wake of Subaltern Studies*, pról. de Homi K. Bhabha, Chicago, The University of Chicago Press, 2002.

Chambers, Iain y Lidia Curti (eds.), *The Post-Colonial Question: Common Skies, Divided Horizons*, Londres y Nueva York, Routledge, 1996.

Chartier, Roger, *Cultural History*, Cambridge, Polity Press, 1988.

——, *Sociedad y escritura en la edad moderna: la cultura como apropiación*, México, Instituto Mora, 1995.

——, *El orden de los libros: lectores, autores, bibliotecas en Europa entre los siglos XIV y XVIII*, pról. de Ricardo García Cárcel, Barcelona, Gedisa Editorial, 1996 [1992].

——, *Escribir las prácticas: Foucault, De Certeau, Marin*, trad. de Horacio Pons, Buenos Aires, Ediciones Manantial, 1996.

——, "La historia entre representación y construcción", *Prismas. Revista de Historia Intelectual*, 2, Bernal, Universidad Nacional de Quilmes, 1998, pp. 197-207.

Chatterjee, Partha, *The Nation and Its Fragments*, Princeton, Princeton University Press, 1993.

——, *Nationalist Thought in the Colonial World: A Derivative Discourse?*, Londres, United Nations University, 1986.

Chatterjee, Partha y Gyanendra Pandey (eds.), *Subaltern Studies VII: Writings on South Asian History and Society*, Delhi y Nueva York, Oxford University Press, 1992.

Chiaramonte, José Carlos, "Formas de identidad en el Río de La Plata luego de 1810", *Boletín del Instituto de Historia Argentina y Americana*, 1, 3ª serie, Universidad de Buenos Aires, primer semestre de 1989, pp. 71-92.

——, "Ciudadanía, soberanía y representación en la génesis del Estado argentino (c. 1810-1912)", en *Ciudadanía política y formación de las naciones: perspectivas históricas de América Latina*, coordinado por Hilda Sabato, México, Fondo de Cultura Económica y El Colegio de México, 1999, pp. 94-116.

——, "Modificaciones del pacto imperial", en *Inventando la nación: Iberoamérica. Siglo XIX*, coords. Antonio Annino y François Xavier Guerra, México, Fondo de Cultura Económica, 2003, pp. 85-113.

Cheymol, Marc, "La modernidad: ¿ruptura o construcción de identidades?", en *Modernización e identidades sociales*, eds. Gilberto Giménez y Ricardo Pozas, México, Universidad Nacional Autónoma de México, Instituto de Investigaciones Sociales e Instituto Francés de América Latina, 1994, pp. 131-147.

Cleary, Joe, *Literature, Partition and the Nation State: Culture and Conflict in Ireland, Israel and Palestine*, Cambridge, Cambridge University Press, 2002.

Clifford, James, *The Predicament of Culture: Twentieth Century Ethnography, Literature and Art*, Cambridge, Harvard University Press, 1988.

——, *Routes: Travel and Translation in the Late Twentieth Century*, Cambridge, Harvard University Press, 1997.

—— y George E. Marcus (eds.), *Writing Culture: The Poetics and Politics of Ethnography*, Berkeley y Los Ángeles, University of California Press, 1986.

Codding, Mitchell, "Archer Milton Huntington, Champion of Spain in the United States", en *Spain in America. The Origins of Hispanism in the United States*, ed. de Richard L. Kagan, Urbana y Chicago, The University of Illinois Press, 2002, pp. 142-170.

Cohn, Bernard S., *Colonialism and its Forms of Knowledge: the British in India*, prefacio de Nicholas B. Dirks, Princeton, Princeton University Press, 1996.

Coll y Cuchí, José, *El nacionalismo en Puerto Rico*, San Juan, Puerto Rico, Gil de Lamadrid Hnos., 1923.

Collini, Stefan, *Public Moralists: Political Thought and Intellectual Life in Britain, 1850-1930*, Oxford y Nueva York, Clarendon Press y Oxford University Press, 1991.

Colombi, Beatriz, *Viaje intelectual: migraciones y desplazamientos en América Latina (1880-1915)*, Rosario, Beatriz Viterbo, 2004.

Concha, Jaime, "El Ariel de Rodó, o Juventud, 'humano tesoro'", en *Calibán en Sassari: por una redefinición de la imagen de América Latina en vísperas de 1992. Homenaje a Roberto Fernández Retamar*, coord. Hernán Loyola, *Nuevo Texto Crítico*, V, 9/10, enero-diciembre 1992, pp. 121-134.

Conn, Robert T., *The Politics of Philology: Alfonso Reyes and the Invention of the Latin American Literary Tradition*, Lewisburg, Bucknell University Press, 2002.

Contreras, Francisco, *Rubén Darío: su vida y su obra*, Barcelona, Agencia Mundial de Librería, Tipografía Cosmos, 1930.

Cooper, Frederick y Laura Stoler (eds.), *Tensions of Empire: Colonial Cultures in a Bourgeois World*, Berkeley, University of California Press, 1997.

Córdova Landrón, Arturo, *Salvador Brau: su vida y su época*, San Juan, Editorial Coquí, 1968.

Cornejo Polar, Antonio, *Sobre literatura y crítica latinoamericanas*, Caracas, Universidad Central de Venezuela, 1982.

——, "Literatura peruana: totalidad contradictoria", *Revista de Crítica Literaria Latinoamericana*, IX, 18, 1983, pp. 37-50.

——, "La 'invención' de las naciones hispanoamericanas. Reflexiones a partir de una relación textual entre el Inca y Palma", en *Discursos sobre la 'invención' de América*, coord. Iris Zavala, Ámsterdam, Rodopi, 1992, pp. 139-156.

——, *Escribir en el aire: ensayo sobre la heterogeneidad socio-cultural en las literaturas andinas*, Lima, Editorial Horizonte, 1994.

——, "La literatura hispanoamericana del siglo XIX: continuidad y ruptura (hipótesis a partir del caso andino)", *Esplendores y miserias del siglo XIX. Cultura y sociedad en América Latina*, comps. Beatriz González Stephan *et al.*, Caracas, Monte Ávila, 1995, pp. 11-23.

——, "Mestizaje e hibridez: los riesgos de las metáforas. Apuntes", *Revista Iberoamericana*, 180, julio-septiembre 1997, pp. 341-344.

Coronil, Fernando, "Introduction", en *Cuban Counterpoint: Tobacco and Sugar*, trad. de Harriet de Onís, Durham, Duke University Press, 1995, pp. IX-LVI.

Cosío Villegas, Daniel, *Memorias*, 2ª ed., México, Joaquín Mortiz, 1977.

Coss, Luis Fernando, *La nación en la orilla (Respuesta a los postmodernos pesimistas)*, San Juan, Puerto Rico, Editorial Punto de Encuentro, 1996.

Costa Lima, Luiz, "A ficção oblícua e *The Tempest*", en *Calibán en Sassari: por una redefinición de la imagen de América Latina en vísperas de 1992. Homenaje a Roberto Fernández Retamar*, coord. Hernán Loyola, *Nuevo Texto Crítico*, VB, 9/10, enero-diciembre 1992, pp. 85-102.

Crawford, William Rex, *A Century of Latin American Thought*, ed. revisada, Cambridge, Harvard University Press, 1961.

Cubano Iguina, Astrid, *El hilo en el laberinto: claves de la lucha política en Puerto Rico (siglo XIX)*, Río Piedras, Ediciones Huracán, 1990.

——, *Un puente entre Mallorca y Puerto Rico: la emigración de Sóller (1830-1930)*, Columbres, Fundación Archivo de Indianos, 1993.

——, "El autonomismo en Puerto Rico, 1887-1898: notas para la definición de un modelo de política radical", en *La nación soñada: Cuba, Puerto Rico y Filipinas ante el 98: Actas del Congreso Internacional celebrado en Aranjuez del 24 al 28 de abril de 1995*, eds. Consuelo Naranjo, Miguel A. Puig-Samper y Luis Miguel García Mora, Madrid, Ediciones Doce Calles, 1996, pp. 405-415.

——, "Honor, masculinidad e identidad puertorriqueña en el discurso autonomista de finales de siglo XIX", *Op. Cit. Revista del Centro de Investigaciones Históricas*, 12-13, 2000-2001, pp. 157-172.

Cuesta, Jorge, "Sobre *Ulises criollo*", en José Vasconcelos, *Ulises criollo*, coord. Claude Fell, Madrid y Barcelona, Colección Archivos, 2000, pp. 809-811.

Curiel, Fernando, *La revuelta: interpretación del Ateneo de la Juventud, 1906-1929*, México, Universidad Nacional Autónoma de México, 1998.

Curtius, Ernst Robert, *Literatura europea y Edad Media latina*, 2 vols., trad. de Margit Frenk y Antonio Alatorre, México, Fondo de Cultura Económica, 1975.

D'Allemand, Patricia, *Hacia una crítica cultural latinoamericana*, Berkeley, Centro de Estudios Antonio Cornejo Polar y Latinoamericana, 2001.

Dash, Michael, *Edouard Glissant*, Cambridge, Cambridge University Press, 1995.

——, "Juicio de la créolité: perspectivas sobre la identidad del Caribe francés en el fin de siglo", en *El Caribe entre imperios*, número especial de *Op. Cit. Revista del Centro de Investigaciones Históricas de la Universidad de Puerto Rico*, 9, ed. Arcadio Díaz Quiñones, Río Piedras, 1997, pp. 165-175.

Dávila, Arlene, *Sponsored Identities: Cultural Politics in Puerto Rico*, Filadelfia, Temple University Press, 1997.

Davis, William C. y Bell I. Wiley, *The Photographic History of the Civil War*, 2 tomos, Nueva York, Black Dog & Leventhal Publishers, 1994 [1981-1983].

De Certeau, Michel, "Historias de cuerpos. Entrevista con Michel de Certeau", entrevista de Georges Vigarello, trad. de Alejandro Pescador, *Historia y Grafía*, 9, año 5, México, 1997, pp. 11-18.

——, *La toma de la palabra y otros escritos políticos,* ed. Luce Giard, trad. Alejandro Pescador, México, Universidad Iberoamericana, 1995.

——, *La fábula mística: siglos XVI-XVII*, trad. de Jorge López Moctezuma, México, Universidad Iberoamericana, 1993.

——, *Heterologies: Discourse on the Other*, trad. de Brian Massumi, pról. de Wlad Godzich, Mineápolis, University of Minnesota Press, 1986.

Deive, Carlos Esteban, *Vodú y magia en Santo Domingo*, Editora Taller, 1975.

——, *La esclavitud del negro en Santo Domingo*, 2 tomos, Santo Domingo, Museo del Hombre Dominicano, 1980.

——, *Los guerrilleros negros: esclavos fugitivos y cimarrones en Santo Domingo*, Santo Domingo, Fundación Cultural Dominicana, 1997.

Del Lungo, Andrea, "Pour une poétique de l'incipit", *Poétique*, 94, 1993, pp. 131-152.

Del Valle, José y Luis Gabriel-Stheeman (eds.), *The Battle Over Spanish Bewteen 1800 and 2000. Language Ideologies and Hispanic Intellectuals*, Nueva York, Routledge, 2002 (en español: *La batalla del idioma: La intelectualidad hispánica ante la lengua*, Madrid, Iberoamericana y Vervuert, 2004).

Del Valle, José, "Menéndez Pidal, la regeneración nacional y la utopía lingüística", en *La batalla del idioma: La intelectualidad hispánica ante la lengua*, eds. Del Valle y Stheeman, Madrid, Iberoamericana y Vervuert, 2004, pp. 109-136.

Derrida, Jacques, *D'un ton apocalyptique adopté naguère en philosophie*, París, Editions Galilée, 1983 (en español: *Sobre un tono apocalíptico anotado recientemente en filosofía*, trad. de Ana María Palos, Siglo XXI Editores, 1994).

——, *La tarjeta postal de Freud a Lacan y más allá*, trad. de Tomás Segovia, México, Siglo XXI Editores, 1986.

——, *Mal de archivo. Una impresión freudiana*, trad. de Paco Vidarte, Madrid, Editorial Trotta, 1997.

Diamond, Stanley, *In Search of the Primitive*, pról. de Eric R. Wolf, New Brunswick, Transaction Books, 1974.

Díaz, Luis Felipe, "*Insularismo* y el ingreso a la modernidad", *Revista de Estudios Hispánicos*, XXII, Universidad de Puerto Rico, 1995, pp. 285-298.

Díaz Arciniega, Víctor, *Historia de la Casa: Fondo de Cultura Económica (1934-1994)*, México, Fondo de Cultura Económica, 1994.

Díaz Infante, Duanel, *Mañach o la República*, La Habana, Letras Cubanas, 2003.

Díaz Quiñones, Arcadio, *El almuerzo en la hierba: Lloréns Torres, Palés Matos, René Marqués*, Río Piedras, Ediciones Huracán, 1982.

——, "Recordando el futuro imaginario: la escritura histórica en la década del treinta", *Sin Nombre*, XIV, San Juan, abril-junio 1984, pp. 16-35.

——, "Tomás Blanco: racismo, historia, esclavitud", intro. a edición de *El prejuicio racial en Puerto Rico*, Río Piedras, Ediciones Huracán, 1985, pp. 15-91.

——, *Cintio Vitier: la memoria integradora*, San Juan, Editorial Sin Nombre, 1987.

——, *La memoria rota: ensayos sobre cultura y política*, Río Piedras, Ediciones Huracán, 1993.

——, "Pedro Henríquez Ureña: modernidad, diáspora y construcción de identidades", en *Modernización e identidades sociales*, eds. Gilberto Giménez y Ricardo Pozas H., México, Universidad Nacional Autónoma de México, 1994, pp. 56-117.

——, "Martí: las guerras del alma", *Apuntes Posmodernos*, V, 2, primavera, 1995, pp. 4-13.

—— (ed.), *El Caribe entre imperios*, número especial de *Op. Cit. Revista del Centro de Investigaciones Históricas de la Universidad de Puerto Rico*, 9, Río Piedras, 1997.

——, "Isla de quimeras: Pedreira, Palés y Albizu", *Revista de Crítica Literaria Latinoamericana*, XXIII, 45, 1997, pp. 229-246.

——, *El arte de bregar: ensayos*, San Juan, Ediciones Callejón, 2000.

Diccionario Enciclopédico de las Letras de América Latina, 3 tomos, Caracas, Biblioteca Ayacucho, 1995.

Diccionario de la Real Academia Española, 14ª ed., Madrid, 1914.

Dollimore, Jonathan y Alan Sinfield (eds.), *Political Shakespeare. Essays in Cultural Materialism*, Ítaca y Londres, Cornell University Press, 1994.

Donoghue, Denis, *Walter Pater: Lover of Strange Souls*, Nueva York, Knopf, 1995.

Donoso, Armando, *La otra América: Gabriela Mistral, Arturo Cancela, Henríquez Ureña, Rafael Barrett, Karez-I-Roshan, Eduardo Barrios, José Toribio Medina, Totila Albert*, pról. de Enrique Díez-Canedo, Madrid, Calpe, 1925.

Dore Cabral, Carlos, "Reflexiones sobre la identidad cultural del Caribe: el caso dominicano", *Casa de las Américas*, XX, 118, La Habana, 1980, pp. 75-79.

Dowling, Linda, *Hellenism and Homosexuality in Victorian Oxford*, Ítaca y Londres, Cornell University Press, 1994.

Duany, Jorge, *The Puerto Rican Nation on the Move: Identities on the Island and in the United States*, Chapel Hill, University of North Carolina Press, 2001.

Duchesne Winter, Juan, *Ciudadano insano: ensayos bestiales sobre cultura y literatura*, San Juan, Ediciones Callejón, 2001.

Duffy Burnett, Christina y Burke Marshall (eds.), *Foreign in a Domestic Sense: Puerto Rico, American Expansion and the Constitution*, Durham, Duke University Press, 2001.

Dunn, Richard S., "The Barbados Census of 1680: Profile of the Richest Colony in English America", *William and Mary Quarterly*, XXVI, 1, enero 1969, pp. 3-30.

Durán, Diony, *La flecha de anhelo (sobre Pedro Henríquez Ureña)*, La Habana, Editorial Letras Cubanas, 1992.
Eagleton, Terry, *The Idea of Culture*, Oxford y Massachussetts, Blackwell Publishers, 2000.
Earle, Peter G., *Prophet in the Wilderness: The Works of Ezequiel Martínez Estrada*, Austin, University of Texas Press, 1971.
Easthope, Antony, *Literary Into Cultural Studies*, Londres, Routledge, 1991.
El cartel en Puerto Rico 1946-1985, auspiciado por SK & F, San Juan, 1985.
Eliade, Mircea, *Journal III: 1970-1978*, trad. de Teresa Lavender Fagan, Chicago, University of Chicago Press, 1989.
Elliott, John H., "Prologue", en *Colonial Identity in the Atlantic World*, eds. Nicholas Canny y Anthony Pagden, Princeton, Princeton University Press, 1987, pp. 3-13.
Emerson, Ralph Waldo, *Selected Writings of Emerson*, ed. Donald McQuade, Nueva York, The Modern Library, 1981.
——, *The Essays of Ralph Waldo Emerson*, eds. Alfred R. Ferguson y Jean Ferguson, Cambridge, Harvard University Press, 1987.
En Guerra, textos de Antonio Monegal, Francesc Torres y José María Ridao, Barcelona, Centre de Cultura Contemporània de Barcelona e Institut d'Edicions, 2004.
Englekirk, John, "La *Antología de poetas hispanoamericanos* y el hispanismo norteamericano", *Arbor: Revista General de Investigación y Cultura*, XXXIV, 127-128, Madrid, julio-agosto 1956, pp. 486-502.
Eribon, Didier, *Reflexión sobre la cuestión gay*, trad. de Jaime Zulaika, Barcelona, Anagrama, 2001.
Espadas Burgos, Manuel, "Las lecturas históricas del 98", en *La nación soñada: Cuba, Puerto Rico y Filipinas ante el 98: Actas del Congreso Internacional celebrado en Aranjuez del 24 al 28 de abril de 1995*, eds. Consuelo Naranjo, Miguel A. Puig-Samper y Luis Miguel García Mora, Madrid, Ediciones Doce Calles, 1996, pp. 697-712.
Estrade, Paul, "La nación antillana: sueño y afán de 'El Antillano' (Betances)", en *La nación soñada: Cuba, Puerto Rico y Filipinas ante el 98: Actas del Congreso Internacional celebrado en Aranjuez del 24 al 28 de abril de 1995*, eds. Consuelo Naranjo, Miguel A. Puig-Samper y

Luis Miguel García Mora, Madrid, Ediciones Doce Calles, 1996, pp. 25-36.

——, *José Martí: fundamentos de la democracia en Latinoamérica*, Madrid, Doce Calles, 2000.

Ette, Ottmar, y Titus Heydenreich (eds.), *José Martí 1895/1995. Literatura, política, filosofía, estética*, Lateinamerika-Studien, 34, Frankfurt, Vervuert Verlag, 1994.

Farriss, Nancy M., *Maya Society Under Colonial Rule: The Collective Enterprise of Survival*, Princeton, Princeton University Press, 1984.

Fell, Claude, *José Vasconcelos, los años del águila (1920-1925): educación, cultura e iberoamericanismo en el México postrevolucionario*, México, UNAM, 1989.

—— (ed.), *La amistad en el dolor: correspondencia entre José Vasconcelos y Alfonso Reyes, 1916-1959*, México, El Colegio Nacional, 1995.

——, "Representación simbólica de España, Puerto Rico y Cuba en *La peregrinación de Bayoán*, de Eugenio María de Hostos", en *Imágenes e imaginarios nacionales en el ultramar español*, eds. Consuelo Naranjo y Carlos Serrano, Madrid, Consejo Superior de Investigaciones Científicas y Casa de Velázquez, 1999, pp. 307-315.

Fernández, James (ed.), *Beyond Metaphor: The Theory of Tropes in Anthropology*, Stanford, Stanford University Press, 1991.

Fernández, James D., "'Longfellow's Law': The Place of Latin America and Spain in U. S. Hispanism, circa 1915", en *Spain in America. The Origins of Hispanism in the United States*, ed. de Richard L. Kagan, Urbana y Chicago, The University of Illinois Press, 2002, pp. 122-141.

——, "Las Américas de don Américo: Castro entre imperios", en *Américo Castro y la revisión de la memoria. El Islam en España*, coord. Eduardo Subirats, Madrid, Ediciones Libertarias, 2003, pp. 63-82.

Fernández, Teodosio, Selena Millares y Eduardo Becerra, *Historia de la literatura hispanoamericana*, Madrid, Editorial Universitas, 1995.

Fernández Bravo, Álvaro (comp.), *La invención de la nación: lecturas de la identidad de Herder a Homi Bhabha*, Buenos Aires, Manantial, 2000.

Fernández Méndez, Eugenio, "Introducción" a Salvador Brau, *Disquisiciones sociológicas y otros ensayos*, Río Piedras, Ediciones del Instituto de Literatura de la Universidad de Puerto Rico, 1956, pp. 9-120.

Fernández Retamar, Roberto, *Todo Calibán*, San Juan, Ediciones Callejón, 2003.
Ferrao, Luis Ángel, *Pedro Albizu Campos y el nacionalismo puertorriqueño*, San Juan, Editorial Cultural, 1990.
Ferrer, Ada, *Insurgent Cuba: Race, Nation, and Revolution, 1868-1898*, Chapel Hill y Londres, The University of North Carolina Press, 1999.
Ferro, Hellen, "Recuerdos de Pedro Henríquez Ureña", en *El libro jubilar de Pedro Henríquez Ureña*, t. I, Santo Domingo, Universidad Nacional Pedro Henríquez Ureña, 1984, pp. 289-293.
Fick, Carolyn E., *The Making of Haiti: the Saint Domingue Revolution from Below*, Knoxville, University of Tennessee Press, 1990.
Figuero, Javier y Carlos Santa Cecilia, *La España del desastre*, Barcelona, Plaza & Janés, 1997.
Fleischmann, Ulrich, *Esclavos africanos y esclavos criollos: la lingüística como Historia Social*, en Thomas Bremer y Ulrich Fleischmann (eds.), *Alternative Cultures in the Caribbean, First International Conference of the Society of Caribbean Research, Berlin 1988*, Frankfurt, Vervuert Verlag, 1993, pp. 41-54.
—— e Ineke Phaf (eds.), *El Caribe y América Latina. The Caribbean and Latin America*, Frankfurt, Verlag Klaus Dieter Vervuert, 1987.
Flores, Juan, *Insularismo e ideología burguesa*, Río Piedras, Ediciones Huracán, 1979.
—— y Ricardo Campos, "Migración y cultura nacional puertorriqueña", en *Puerto Rico: identidad nacional y clases sociales*, pról. de Arcadio Díaz Quiñones, Río Piedras, Ediciones Huracán, 1979.
——, *Divided Borders: Essays on Puerto Rican Identity*, Houston, Arte Público, 1993.
——, *From Bomba to Hip-Hop: Puerto Rican Culture and Latino Identity*, Nueva York, Columbia University Press, 2000.
Flores Collazo, María Margarita, "Expansión del poder estatal y la militarización del sistema de orden público en el Puerto Rico del siglo 19", *Op. Cit., Revista del Centro de Investigaciones Históricas de la Universidad de Puerto Rico*, 8, 1994-1995, pp. 201-246.
Flores D'Arcais, Paolo, *Hannah Arendt: existencia y libertad*, trad. de César Cansino, pról. y revisión de Agapito Maestre, Madrid, Tecnos, 1996.

Florescano, Enrique, *El nuevo pasado mexicano*, México, Cal y Arena, 1992.
—— (comp.), *El patrimonio cultural de México,* México, Consejo Nacional para la Cultura y las Artes y Fondo de Cultura Económica, 1993.
——, *La bandera mexicana: breve historia de su formación y simbolismo*, México, Fondo de Cultura Económica, 1998.
Fogelquist, Donald, F., *Españoles de América y americanos de España*, Madrid, Gredos, 1968.
Fogelson, Raymond D., "Red Man in the White City", en Davis Hurst Thomas (ed.), *Columbian Consequences*, t. 3, Washington, DC, Smithsonian Institution Press, 1991, pp. 73-90.
Fornet, Ambrosio, *El libro en Cuba: siglos XVIII y XIX*, La Habana, Editorial de Letras Cubanas, 1994.
——, "El experimento neocolonial cubano y sus repercusiones en el campo intelectual (1898-1923)", *Casa de las Américas*, XXXIX, 213, La Habana, octubre-diciembre 1998, pp. 99-110.
Forti, Simona, *Vida del espíritu y tiempo de la polis. Hannah Arendt entre filosofía y política*, trad. de Irene Romera Pintor y Manuel Ángel Vega Cernuda, pról. de Fina Birulés, Madrid, Ediciones Cátedra, Universitat de València e Instituto de la Mujer, 1996.
Foucault, Michel, *La verdad y las formas jurídicas*, trad. de E. Lynch, Barcelona, Gedisa, 1980.
——, *Defender la sociedad. Curso en el Collège de France, (1975-1976)*, trad. de Horacio Pons, Buenos Aires, Fondo de Cultura Económica, 2001.
Fox, Inman, *La invención de España. Nacionalismo liberal e identidad nacional*, Madrid, Cátedra, 1997.
Fradera, Josep María, *Cultura nacional en una sociedad dividida. Cataluña, 1838-1868*, trad. de Carles Mercadal Vidal, Madrid, Marcial Pons Historia, 2003.
——, *Colonias para después de un imperio*, Barcelona, Edicions Bellaterra, 2005.
Franco, Jean, "Humanismo de Pedro Henríquez Ureña", en José Rafael Vargas (comp.), *La integridad humanística de Pedro Henríquez Ureña*, Santo Domingo, Universidad Autónoma, 1984, pp. 135-144; también en *Aula*, 24, Santo Domingo, 1978, pp. 51-62.

——, *The Decline and Fall of the Lettered City: Latin America in the Cold War*, Cambridge, Harvard University Press, 2002.
Franco Pichardo, Franklin, *Historia del pueblo dominicano*, 2ª ed., República Dominicana, Sociedad Editorial Dominicana, 1993.
——, *Sobre racismo y antihaitianismo (y otros ensayos)*, Santo Domingo, Impresora Vidal, 1997.
Freud, Sigmund, "Sobre los recuerdos encubridores" [1899], en *Obras completas*, vol. 3 (1893-1899), ordenamiento y notas de James Strachey, trad. del alemán de José L. Etcheverry, trad. de los comentarios de James Strachey de Leandro Wolfson, Buenos Aires, Amorrortu Editores, 1999.
——, *La interpretación de los sueños (primera parte)* [1900] en *Obras completas*, vol. 4, ordenamiento y notas de James Strachey, trad. del alemán de José L. Etcheverry, trad. de los comentarios de James Strachey de Leandro Wolfson, Buenos Aires, Amorrortu Editores, 1999.
——, "La novela familiar de los neuróticos" [1908], en *Obras completas*, vol. 9 (1906-1908), ordenamiento y notas de James Strachey, trad. del alemán de José L. Etcheverry, trad. de los comentarios de James Strachey de Leandro Wolfson, Buenos Aires, Amorrortu Editores, 1999.
——, "De guerra y muerte. Temas de actualidad" [1915], en *Obras completas*, vol. 14 (1914-1916), ordenamiento y notas de James Strachey, trad. del alemán de José L. Etcheverry, trad. de los comentarios de James Strachey de Leandro Wolfson, Buenos Aires, Amorrortu Editores, 2003.
——, *El malestar en la cultura* [1930], en *Obras completas*, vol. 21 (1927-1931), ordenamiento y notas de James Strachey, trad. del alemán de José L. Etcheverry, trad. de los comentarios de James Strachey de Leandro Wolfson, Buenos Aires, Amorrortu Editores, 1990, pp. 57-140.
——, *Moisés y la religión monoteísta* [1939], en *Obras completas*, vol. 23 (1937-1939), ordenamiento y notas de James Strachey, trad. del alemán de José L. Etcheverry, trad. de los comentarios de James Strachey de Leandro Wolfson, Buenos Aires, Amorrortu Editores, 1989, pp. 1-132.
Frisby, David, *Fragments of Modernity: Theories of Modernity in the Work of Simmel, Kracauer and Benjamin*, Cambridge, Polity Press,

1985 (en español: *Fragmentos de la modernidad: teorías de la modernidad en la obra de Simmel, Kracauer y Benjamin*, trad. de Carlos Manzano, Madrid, Visor, 1992).

Fromm, Georg H., *César Andreu Iglesias: aproximación a su vida y obra*, Río Piedras, Ediciones Huracán, 1977.

Fuente, Alejandro de la, "Negros y electores: desigualdad y políticas raciales en Cuba, 1900-1930", en *La nación soñada: Cuba, Puerto Rico y Filipinas ante el 98: Actas del Congreso Internacional celebrado en Aranjuez del 24 al 28 de abril de 1995*, eds. Consuelo Naranjo, Miguel A. Puig-Samper y Luis Miguel García Mora, Madrid, Ediciones Doce Calles, 1996, pp. 163-177.

——, *A Nation for All: Race, Inequality, and Politics in Twentieth-Century Cuba*, Chapel Hill, University of North Carolina Press, 2001 (en español: *Una nación para todos. Raza, desigualdad y política en Cuba. 1900-2000*, Madrid, Editorial Colibrí, 2001).

Fuller, J. F. C., *The Generalship of Ulysses S. Grant*, Nueva York, Da Capo Press, 1991 [1929].

Fusi, Juan Pablo y A. Niño (eds.), *Vísperas del 98. Orígenes y antecedentes de la crisis del 98*, Madrid, Biblioteca Nueva, 1997.

Gadamer, Hans-Georg, *Truth and Method*, Londres, Sheed and Ward, 1979 (en español: *Verdad y método*, trad. de Ana Gaud Aparicio y Rafael de Agapito, Salamanca, Ediciones Sígueme, 1988).

Gandhi, M. K., *La civilización occidental y nuestra independencia*, trad. de N. Silvetti Paz, Buenos Aires, Sur, 1959.

Ganivet, Ángel, *Idearium español. El porvenir de España*, Madrid, Espasa Calpe, 1981 [1897].

Garavaglia, Juan Carlos y Juan Marchena, *América Latina de los orígenes a la independencia*, 2 vols., Barcelona, Crítica, 2005.

García, Germán, "El 'Sarmiento' de Martínez Estrada", *Cursos y Conferencias*, 17, 199-200, octubre-diciembre 1948, pp. 38-51.

García, Gervasio L., *Historia crítica, historia sin coartadas: algunos problemas de la historia de Puerto Rico*, Río Piedras, Ediciones Huracán, 1985.

——, "José Julio Henna Pérez: tema del traidor y el héroe (o los bordes dentados del fin de siglo", *Op. Cit., Revista del Centro de Investigaciones Históricas de la Universidad de Puerto Rico*, 11, 1999, pp. 73-108.

——, "Historiar bajo censura: la primera historia puertorriqueña", estudio introductorio en fray Íñigo Abbad y Lasierra, *Historia geográfica, civil y natural de la isla de San Juan Bautista de Puerto-Rico*, anotada por José Julián Acosta [1866], Madrid, Doce Calles, 2002, pp. 9-31.
García, Gervasio L. y Ángel Quintero Rivera, *Desafío y solidaridad: breve historia del movimiento obrero puertorriqueño*, Río Piedras, Ediciones Huracán, 1982.
García, Joaquín (Kino), "Puerto Rico: hacia un cine nacional", *Centro de Estudios Puertorriqueños Bulletin*, II, 8, primavera 1990, pp. 81-90.
García, Juan Manuel, *La matanza de los haitianos. Genocidio de Trujillo, 1937*, Santo Domingo, Editorial Alfa y Omega, 1983.
García-Calderón, Myrna, *Lecturas desde el fragmento: escritura contemporánea e imaginario cultural en Puerto Rico*, Lima y Berkeley, Latinoamericana Editores, 1998.
García-Carranza, Araceli, *Bio-bibliografía de Don Fernando Ortiz*, La Habana, Biblioteca Nacional José Martí, 1970.
——, Norma Suárez Suárez y Alberto Quesada Morales, *Cronología. Fernando Ortiz*, La Habana, Fundación Fernando Ortiz, 1996.
García Morales, Alfonso, *El Ateneo de México (1906-1914): orígenes de la cultura mexicana contemporánea*, Sevilla, Escuela de Estudios Hispano-Americanos de Sevilla, 1992.
García Pascual, Luis, *Destinatario José Martí*, La Habana, Editorial Abril, 1999.
Garciadiego Dantán, Javier, *Rudos contra científicos: la Universidad Nacional durante la Revolución mexicana*, México, El Colegio de México, Centro de Estudios Históricos, 1996.
Garnica, Antonio (ed.), *Washington Irving en Andalucía*, Sevilla, Fundación José Manuel Lara, 2004.
Garramuño, Florencia y Álvaro Fernández Bravo, "La diseminación de lo nacional. Entrevista con Hommi K. Bhabha", *Bordes*, 1, Puerto Rico, 1995, pp. 87-92. También en Álvaro Fernández Bravo, *La invención de la nación*.
Garza Cuarón, Beatriz, "La herencia filológica de Pedro Henríquez Ureña en el Colegio de México", *Revista Iberoamericana*, 142, enero-marzo 1988, pp. 321-330.

Gaspar, David Barry y David Patrick Geggus (eds.), *A Turbulent Time: The Haitian Revolution and the Greater Caribbean*, Bloomington, Indiana University Press, 1997.

Gates, Jr., Henry Louis (ed.), *"Race", Writing, and Difference*, Chicago, University of Chicago Press, 1985.

——, *Loose Canon: Notes on the Culture Wars*, Nueva York, Oxford University Press, 1992.

Gearhart, Suzanne, *The Open Boundary of History and Fiction*, Princeton, Princeton University Press, 1986.

Geertz, Clifford, *The Interpretation of Cultures*, Nueva York, Basic Books, 1973. Geggus, David P. (ed.), *The Impact of the Haitian Revolution in the Atlantic World*, Columbia, South Carolina, University of South Carolina, 2001.

Gelpí, Juan, *Literatura y paternalismo en Puerto Rico*, San Juan, Editorial de la Universidad de Puerto Rico, 1993.

Genette, Gérard, "La littérature et l'espace", en *Figures II*, París, Editions de Seuil, 1969, pp. 43-48.

Ghosh, Amitav y Dipesh Chakrabarty, "A Correspondence on *Provincializing Europe*", *Radical History Review*, 83, 2002, pp. 146-172.

Gibson, Nigel, C. (ed.), *Rethinking Fanon: The Continuing Dialogue*, Amherst, Humanity Books, 1999.

Gies, David T., *The Cambridge History of Spanish Literature*, Cambridge, Cambridge University Press, 2004.

Gil, Carlos, *El orden del tiempo: ensayos sobre el robo del presente en la utopía puertorriqueña*, San Juan, Editorial Postdata, 1994.

Gilman, Claudia, *Entre la pluma y el fusil: debates y dilemas del escritor revolucionario en América Latina*, Buenos Aires, Siglo XXI Editores, 2003.

Gilroy, Paul, *The Black Atlantic: Modernity and Double Consciousness*, Cambridge, Harvard University Press, 1994.

——, *Against Race: Imagining Political Culture Beyond the Color Line*, Cambridge, The Belknap Press of Harvard University Press, 2000.

Giménez, Gilberto y Ricardo Pozas (eds.), *Modernización e identidades sociales*, México, Universidad Nacional Autónoma de México, Instituto de Investigaciones Sociales e Instituto Francés de América Latina, 1994.

Ginger, Ray, *Altgeld's America: The Lincoln Ideal Versus Changing Realities*, Nueva York, Markus Wiener Publishing, 1986 [1958].
Ginzburg, Carlo, *Ojazos de madera: nueve reflexiones sobre la distancia*, trad. de Alberto Clavería, Barcelona, Ediciones Península, 2000.
——, *El queso y los gusanos: el cosmos, según un molinero del siglo XVI*, trad. de Francisco Marín, Barcelona, Muchnik Editores, 1994 [1976].
——, *Mitos, emblemas, indicios. Morfología e historia*, trad. de Carlos Catroppi, Barcelona, Editorial Gedisa, 1994.
Giusti Cordero, Juan A., "AfroPuertoRican Cultural Studies Beyond *cultura negroide* and *antillanismo*", *Centro Journal of the Center for Puerto Rican Studies*, VIII, 1/2, 1996, pp. 56-77.
Glantz, Margo, "Apuntes sobre la obsesión helénica de Alfonso Reyes", *Nueva Revista de Filología Hispánica*, XXXVII, 2, 1989, pp. 425-432.
Glasser, Ruth, *My Music Is My Flag: Puerto Rican Musicians and Their New York Communities, 1917-1940*, Berkeley, University of California Press, 1995.
Glissant, Édouard, *Le discours antillais*, París, Seuil, 1981. También *Caribbean Discourse: Selected Essays*, 3ª ed., trad. de J. Michael Dash, Charlottesville, University Press of Viriginia, 1999.
——, *Poétique de la relation*, París, Gallimard, 1990.
——, *Faulkner, Mississippi*, trad. de Matilde París, Madrid-México, Turner y Fondo de Cultura Económica, 2002.
Goldberg, David Theo (ed.), *Anatomy of Racism*, Mineápolis, University of Minnesota Press, 1990.
González, José Luis, *Literatura y sociedad en Puerto Rico. De los cronistas de Indias a la generación del 98*, México, Fondo de Cultura Económica, 1976.
——, *El país de cuatro pisos*, Río Piedras, Ediciones Huracán, 1980.
——, "Literatura puertorriqueña de los cincuenta", en *Pintura y gráfica de los años cincuenta*, San Juan, Hermandad de Artes Gráficas e Instituto de Cultura Puertorriqueña, 1985, pp. 27-32.
González, Libia, "Entre el tiempo y la memoria: los intelectuales y la construcción del imaginario nacional en Puerto Rico, 1860-1898", en *Imágenes e imaginarios nacionales en el ultramar español*, eds. Consuelo Naranjo y Carlos Serrano, Madrid, Consejo Superior de Investigaciones Científicas y Casa de Velázquez, 1999, pp. 281-296.

——, "Memoria y representación: España en Puerto Rico, 1900-1930", en *Los lazos de la cultura: El Centro de Estudios Históricos de Madrid y la Universidad de Puerto Rico, 1916-1939*, eds. Consuelo Naranjo, María Dolores Luque y Miguel Ángel Puig-Samper, Centro de Investigaciones Históricas de la Universidad de Puerto Rico e Instituto de Historia, Madrid, 2002, pp. 93-120.

González, Luis, "El libro en la vida cultural de México", en *El patrimonio cultural de México*, comp. Enrique Florescano, México, Fondo de Cultura Económica, 1993, pp. 285-301.

González, Lydia Milagros (ed.), *La tercera raíz: presencia africana en Puerto Rico*, San Juan, CEREP, 1992.

González Alcantud, José Antonio (ed.), *Marroquíes en la guerra civil española: campos equívocos*, Barcelona, Anthropos Editorial, 2003.

González Echevarría, Roberto, *The Voice of the Masters: Writing and Authority in Modern Latin American Literature*, Austin, University of Texas Press, 1985.

González-Ripoll Navarro, María Dolores, "Independencia y antillanismo en la obra de Hostos", en *La nación soñada: Cuba, Puerto Rico y Filipinas ante el 98: Actas del Congreso Internacional celebrado en Aranjuez del 24 al 28 de abril de 1995*, eds. Consuelo Naranjo, Miguel A. Puig-Samper y Luis Miguel García Mora, Madrid, Ediciones Doce Calles, 1996, pp. 37-47.

——, *Cuba, la isla de los ensayos. Cultura y sociedad (1790-1815)*, Madrid, Consejo Superior de Investigaciones Científicas, 1999.

——, "El imaginario nacional puertorriqueño en la obra de Eugenio María de Hostos", en *Imágenes e imaginarios nacionales en el ultramar español*, eds. Consuelo Naranjo y Carlos Serrano, Madrid, Consejo Superior de Investigaciones Científicas y Casa de Velázquez, 1999, pp. 297-306.

González Stephan, Beatriz, *Contribución al estudio de la historiografía literaria hispanoamericana*, Caracas, Academia Nacional de la Historia, 1985.

——, Javier Lasarte, Graciela Montaldo y María Julia Ordoqui (comps.), *Esplendores y miserias del siglo XIX. Cultura y sociedad en América Latina*, Caracas, Monte Ávila, 1995.

González Vales, Luis E. (ed.), *1898: Enfoques y perspectivas: simposio internacional de historiadores en torno al 1898: Cuba, España,*

Estados Unidos, Filipinas y Puerto Rico, San Juan, Academia Puertorriqueña de la Historia, 1997.
Gordon, David C., *Self-Determination and History in the Third World*, Princeton, Princeton University Press, 1971.
Gossman, Lionel, *Between History and Literature*, Cambridge, Harvard University Press, 1990.
Gould, Steven Jay, *The Mismeasure of Man*, Nueva York, Norton, 1981.
Graham, Richard (ed.), *The Idea of Race in Latin America, 1870-1940*, intro. de Richard Graham, Austin, University of Texas Press, 1990.
Gramuglio, María Teresa, "Estudio preliminar", en Leopoldo Lugones, *El ángel de la sombra*, Buenos Aires, Losada, 1994, pp. 7-21.
——, "Imaginaciones de un nacionalista: Manuel Gálvez y la decadencia de la Argentina", *Prismas. Revista de Historia Intelectual*, 4, Bernal, Universidad Nacional de Quilmes, 2000, pp. 77-83.
—— y Noé Jitrik (eds.), *Historia crítica de la literatura argentina. Volumen 6. El imperio realista*, Buenos Aires, Emecé, 2002.
Granados, Aimer, *Debates sobre España: el hispanoamericanismo en México a fines del siglo XIX*, México, El Colegio de México y Universidad Autónoma Metropolitana, 2005.
——y Carlos Marichal (comps.), *Construcción de las identidades latinoamericanas: ensayos de historia intelectual, siglos XIX y XX*, México, El Colegio de México, 2004.
Grant, Ulysses S., *Personal Memoirs of U.S. Grant*, ed. de E. B. Long, intro. de William S. McFeely, Nueva York, Da Capo, 1982.
Grossberg, Lawrence, Cary Nelson y Paula Treichler (eds.), *Cultural Studies*, Nueva York, Routledge, 1992.
Gruzinski, Serge, *La colonisation de l'imaginaire: societés indigènes et occidentalisation dans le Mexique espagnol, XVIe-XVIIIe siècle*, París, Gallimard, 1988. (En español: *La colonización de lo imaginario: sociedades indígenas y occidentalización en el México español, siglos XVI-XVIII*, México, Fondo de Cultura Económica, 1991.)
——, *La guerra de las imágenes: de Cristóbal Colón a "Blade Runner" (1492-2019)*, México, Fondo de Cultura Económica, 1995.
Guerra, François-Xavier, *Modernidad e independencias: ensayos sobre las revoluciones hispánicas*, Madrid, Editorial MAPRE, 1992.

——, "Las mutaciones de la identidad en la América hispánica", en *Inventando la nación : Iberoamérica. Siglo XIX*, coords. Antonio Annino y François Xavier-Guerra, México, Fondo de Cultura Económica, 2003, pp. 185-220.

Guha, Ranajit, "Dominance Without Hegemony and its Historiography", en *Subaltern Studies VI: Writings on South Asian History and Society*, Delhi y Nueva York, Oxford University Press, 1989, pp. 210-309.

—— y Gayatri S. Spivak (eds.), *Selected Subaltern Studies*, Nueva York, Oxford University Press, 1988.

Guibovich, Pedro, "The Printing Press in Colonail Peru: Production Process and Literary Categories in Lima, 1584-1699", *Colonial Latin American Review*, 10, 2001, pp. 167-188.

Guitarte, Guillermo L., "Cuervo, Henríquez Ureña y la polémica del andalucismo de América", en *Vox Románica*, XVII, Bern, 1958, pp. 363-416.

Gutiérrez Girardot, Rafael, *Modernismo*, Barcelona, Montesinos, 1983.

——, "Modernismo", *Casa de las Américas*, XXXVII, 205, La Habana, octubre-diciembre 1996, pp. 23-29.

——, "Conciencia estética y voluntad de estilo", en *América Latina: palavra, literatura e cultura*, vol. 2, *Emancipação do discurso*, ed. de Ana Pizarro, San Pablo, Memorial y Unicamp, 1994, pp. 285-306.

——, "Pedro Henríquez Ureña y la historiografía literaria latinoamericana", en *Casa de las Américas*, XXIV, 144, La Habana, mayo-junio 1984, pp. 3-14. También en Pedro Henríquez Ureña, *Ensayos*, edición crítica de José Luis Abellán y Ana María Barrenechea, Madrid, París, México, Colección Archivos, 1998, pp. 799-806.

Gutiérrez, Mariela A., "Réplica de Rómulo Lachatañeré a Fernando Ortiz", *Encuentro de la Cultura Cubana*, 24, Madrid, primavera 2002, pp. 267-273.

Gutiérrez-Vega, Zenaida, "Pedro Henríquez Ureña. Maestro continental. Cartas a José María Chacón y Calvo, Francisco José Castellanos y Félix Lizaso (1914-1919-1935)", *Revista Iberoamericana*, 94, marzo, 1976, pp. 103-134.

—— (comp.), *Fernando Ortiz en sus cartas a José María Chacón: 1914-1936*, Madrid, Fundación Universitaria, 1982.

Guy, Donna J. y Thomas E. Sheridan (eds.), *Contested Ground. Comparative Frontiers on the Northern and Southern Edges of the Spanish Empire*, Tucson, University of Arizona Press, 1998.

Habermas, Jürgen, "Concerning the Public Use of History", en *New German Critique*, 44, 1988, pp. 40-50.

Hale, Charles A., "Political and Social Ideas", en *Latin America: Economy and Society, 1870-1930*, ed. Leslie Bethell, Cambridge, Cambridge University Press, 1989.

Halperin Donghi, Tulio, *Reforma y disolución de los imperios ibéricos 1750-1850*, Madrid, Alianza Editorial, 1985.

——, *El espejo de la historia: problemas argentinos y perspectivas latinoamericanas*, Buenos Aires, Sudamericana, 1987.

——, "Una nueva imagen del pasado colonial: Sarmiento y Alamán", en *Vuelta*, 210, México, mayo 1994, pp. 18-24.

——, *Vida y muerte de la República verdadera*, Buenos Aires, Editorial Planeta, 1999.

Harlow, Vincent T., *A History of Barbados: 1625-1685*, Nueva York, Negro University Press, 1969 [1926].

Harrison Wilson, James, *The Life of John A. Rawlins*, Nueva York, 1916.

Hart, Jr., Thomas R., "George Ticknor's *History of Spanish Literature*", en *Spain in America. The Origins of Hispanism in the United States*, ed. de Richard L. Kagan, Urbana y Chicago, The University of Illinois Press, 2002, pp. 106-121.

Havelock, Eric A., *La musa aprende a escribir: reflexiones sobre oralidad y escritura desde la Antigüedad hasta el presente*, trad. de Luis Bedlow Wenda, Barcelona, Paidós, 1996.

Headrick, Daniel R., *Ejército y política en España (1866-1898)*, Madrid, Tecnos, 1981.

——, *Los instrumentos del imperio: tecnología e imperialismo europeo en el siglo XIX*, trad. de Javier García Sanz, Madrid, Alianza Editorial, 1989.

Hebert, Christopher, *Culture and Anomie: Ethnographic Imagination in the Nineteenth Century*, Chicago, The University of Chicago Press, 1991.

Helg, Aline, *Our Rightful Share: The Afro-Cuban Struggle for Equality, 1886-1912*, Chapel Hill, The University of North Carolina Press, 1995 (en español: *Lo que nos corresponde: la lucha de los negros y mulatos por la igualdad en Cuba, 1886-1912*, La Habana, Imagen Contemporánea, 2000).

Heller, Agnes, *Teoría de las necesidades en Marx*, trad. de J. F. Yvars, pról. de P. A. Rovatti, Barcelona, Ediciones Península, 1978.

——, *Can Modernity Survive?*, Berkeley, University of California Press, 1990. Hermandad de Artistas Gráficos, *Puerto Rico: arte e identidad*, Río Piedras, Editorial de la Universidad de Puerto Rico, 1998.

Hernández, Carmen Dolores (ed.), *Puerto Rican Voices in English*, Westport, Connecticut, Praeger, 1997.

Hess, David J., *Spirits and Scientists: Ideology, Spiritism, and Brazilian Culture*, University Park, The Pennsylvania State University Press, 1991.

Hidalgo Paz, Ibrahim, *Incursiones en la obra de José Martí*, La Habana, Centro de Estudios Martianos y Editorial de Ciencias Sociales, 1989.

——, *José Martí: cronología 1853-1895*, La Habana, Editorial de Ciencias Sociales, 1992.

Hildebrandt, Martha, *Léxico de Bolívar: el español de América en el siglo XIX*, Lima, 2001.

Hillman, Richard y Thomas J. D'Agostino (eds.), *Understanding the Contemporary Caribbean*, Kingston, Ian Radle Publishers, 2003.

Hirschman, Albert O., *Exit, Voice, and Loyalty: Responses to Decline in Firms, Organizations, and States*, Cambridge, Harvard University Press, 1970.

——, *The Passions and the Interests: Political Arguments for Capitalism before its Triumph*, Princeton, Princeton University Press, 1977 (en español: *Las pasiones y los intereses: argumentos políticos en favor del capitalismo antes de su triunfo*, trad. de Eduardo L. Suárez, México, Fondo de Cultura Económica, 1978).

——, *The Rhetoric of Reaction: Perversity, Futility, Jeopardy*, Cambridge, Massachusetts, Belknap Press, 1991 (en español: *Retóricas de la intransigencia*, trad. de Tomás Segovia, México, Fondo de Cultura Económica, 1991).

Hobsbawm, Eric J., *The Age of Capital, 1848-1875*, Nueva York, New American Library, 1984 (en español: *La era del capitalismo, 1848-1875*, trad. de Juan Faci Lacasta, Barcelona, Labor, 1987).

——, *The Age of Empire, 1875-1914*, Londres, Weidenfeld and Nicolson, 1987 (en español: *La era del imperio, 1875-1914*, trad. de Juan Faci Lacasta, Barcelona, Labor Universitaria, 1989).
——, *Nations and Nationalism since 1780: Programme, Myth, Reality*, Cambridge y Nueva York, Cambridge University Press, 1990 (en español: *Naciones y nacionalismo desde 1780*, trad. de Jordi Beltrán, Barcelona, Editorial Crítica, 1991).
—— y Terence Ranger (eds.), *The Invention of Tradition*, Cambridge, Cambridge University Press, 1987.
Hoetink, Harry, *El pueblo dominicano: 1850-1900. Apuntes para una sociología histórica*, trad. de Ligia Espinal de Hoetink, Santiago, República Dominicana, Universidad Católica Madre y Maestra, 1972.
——, "La República Dominicana, c. 1870-1930", en *Historia de América Latina 9: México, América Central y el Caribe, c. 1870-1930*, ed. de Leslie Bethell, trad. de Jordi Beltrán y María Escudero, Barcelona, Cambridge University Press y Editorial Crítica, 1992, pp. 259-274.
Hoffnung-Garskof, Jesse, "The Migrations of Arturo Schomburg: Being Antillano, Negro, and Puerto Rican in New York, 1891-1938", *Journal of American Ethnic History*, 21, 1, 2001, pp. 3-49.
Huizinga, Johan, *Men and Ideas: History, the Middle Ages, the Renaissance*, trad. de James S. Holmes y Hans van Marle, Princeton, Princeton University Press, 1984.
Hulme, Peter, *Colonial Encounters: Europe and the Native Caribbean, 1492-1797*, Londres y Nueva York, Methuen, 1986.
——, "La teoría poscolonial y la representación de la cultura en las Américas", *Casa de las Américas*, XXXVI, 202, La Habana, enero-marzo 1996, pp. 3-8.
——, "El encuentro con Anacaona: Frederick Albion Ober y el Caribe autóctono. Creadores de Historia y Progreso", en *El Caribe entre imperios*, número especial de *Op. Cit. Revista del Centro de Investigaciones Históricas de la Universidad de Puerto Rico*, ed. Arcadio Díaz Quiñones, 1997, 9, pp. 75-109.
Hunt, Lynn, "Introduction: History, Culture, and Text", en *The New Cultural History*, ed. Lynn Hunt, Berkeley, The University of California Press, 1989, pp. 1-22.

Huyssen, Andreas, "Mass Culture as Woman: Modernism's Other", en *After the Great Divide: Modernism, Mass Culture, Postmodernism*, Bloomington, Indiana University Press, 1989, pp. 44-62.

——, "El agotamiento de la guerra: recuerdos de la guerra en el aire", en *En Guerra*, textos de Antonio Monegal, Francesc Torres y José María Ridao, Barcelona, Centre de Cultura Contemporània de Barcelona e Institut d'Edicions, 2004, pp. 339-345.

Ibarra, Jorge, *José Martí. Dirigente político e ideólogo revolucionario*, La Habana, Editorial de Ciencias Sociales, 1980.

——, *Nación y cultura nacional: 1868-1930*, La Habana, Editorial Letras Cubanas, 1981.

——, "La herencia científica de Fernando Ortiz", *Revista Iberoamericana*, 56, 1990, pp. 1339-1351.

Iglesia, Cristina, *La violencia del azar: ensayos sobre literatura argentina*, Buenos Aires, Fondo de Cultura Económica, 2003.

Iglesias Utset, Marial, "José Martí: mito, legitimación y símbolo. La génesis del mito martiano y la emergencia del nacionalismo republicano en Cuba (1895-1920)", en *Diez nuevas miradas de historia de Cuba*, ed. José A. Piqueras, Castelló de la Plana, Publicaciones de la Universitat Jaume I, 1998, pp. 201-226.

——, "Pedestales vacíos", *Encuentro de la Cultura Cubana*, 24, Madrid, primavera 2002, pp. 17-34.

——, *Las metáforas del cambio en la vida cotidiana: Cuba 1898-1902*, La Habana, Ediciones Unión, 2003.

Inoa, Orlando (ed.), *Pedro Henríquez Ureña en Santo Domingo*, Santo Domingo, Comisión Permanente de la Feria del Libro, 2002.

Isaacson, José, "Pedro Henríquez Ureña y la conciencia intelectual en Iberoamérica", *La Torre*, XXXIV, 134, octubre-diciembre 1986, pp. 117-147.

Iser, Wolfgang, *Walter Pater, the Aesthetic Moment*, European Studies in English Literature, Cambridge y Nueva York, Cambridge University Press, 1987.

Iznaga, Diana, *Transculturación en Fernando Ortiz*, La Habana, Editorial de Ciencias Sociales, 1989.

James, C. L. R., *The Black Jacobins: Toussaint L'Overture and the San Domingue Revolution*, Nueva York, Random House, 1963 [1938].

——, *Beyond a Boundary*, Londres, Hutchinson, 1963.

Jauss, Hans Robert, *La literatura como provocación*, trad. de Juan Godo Costa, Barcelona, Península, 1976.
Jameson, Fredric, *A Singular Modernity: Essay on the Ontology of the Present*, Londres y Nueva York, Verso, 2002
JanMohamed, Abdul R., "Worldliness-Without-World, Homelessness-As-Home: Toward a Definition of the Specular Border Intellectual", en *Edward Said, a Critical Reader*, ed. de Michael Sprinker, Cambridge, Blackwell, 1992, pp. 96-120.
Jenkyns, Richard, *The Victorians and Ancient Greece*, Oxford, Basil Blackwood, 1980.
Jennings, Michael W., *Dialectical Images: Walter Benjamin's Theory of Literary Criticism*, Ithaca, Cornell University Press, 1987.
Jensen, Larry R., *Children of Colonial Despotism: Press, Politics, and Culture in Cuba, 1790-1840*, Tampa, University of South Florida Press, 1988.
Jimenes-Grullón, Juan Isidro, *Pedro Henríquez Ureña: realidad y mito, y otro ensayo*, Santo Domingo, Editorial Librería Dominicana, 1969.
—, *Una Gestapo en América: vida, tortura, agonía y muerte de presos políticos bajo la tiranía de Trujillo*, 6ª ed., pról. de Raúl Roa, Santo Domingo, Editorial Alfa y Omega, 1981.
—, *La República Dominicana (análisis de su pasado y su presente)*, pról. de Roberto Cassá, palabras iniciales de Juan Bosch, Santo Domingo, Sociedad Dominicana de Bibliófilos, 2004 [1940].
Jiménez Román, Miriam, "Un hombre (negro) del pueblo: José Celso Barbosa and the Puerto Rican 'Race' Toward Whiteness", *Centro Journal of the Center for Puerto Rican Studies*, VIII, 1/2, 1996, pp. 8-29.
Jones, Howard Mumford, *O Strange New World. American Culture: The Formative Years*, Nueva York, The Viking Press, 1964.
Joseph, Gilbert, Catherine L. Legrand y Ricardo Salvatore (eds.), *Close Encounters of Empire: Writing the Cultural History of U. S. Latin American Relations*, pról. de Fernando Coronil, Durham, Duke University Press, 1998.
José Martí. Actas del Primer Congreso de Estudios Latinoamericanos, La Plata, Secretaría de Extensión, Facultad de Humanidades y Ciencias de la Educación, Universidad Nacional de La Plata, 1994.
José Martí: historia y literatura ante el fin del siglo XIX. Actas del Coloquio Internacional celebrado en Alicante, eds. Carmen Alemany, Ramiro

Muñoz y José Carlos Rovira, La Habana, Casa de las Américas y Universidad de Alicante, 1997.

Kafka, Franz, *Diarios. Carta al padre. Obras completas II*, trad. de Andrés Sánchez Pascual y Joan Parra Contreras, pról. de Nora Catelli, Barcelona, Galaxia Gutenberg, 2000.

Kagan, Richard L. (ed.), *Spain in America. The Origins of Hispanism in the United States*, Urbana and Chicago, The University of Illinois Press, 2002.

——, "From Noah to Moses: The Genesis of Historical Scholarship on Spain in the United States", en *Spain in America. The Origins of Hispanism in the United States*, ed. de Richard L. Kagan, Urbana y Chicago, The University of Illinois Press, 2002, pp. 21-48.

Kaliman, Ricardo J., "Buscando la consecuencia de la incorporación de la oralidad en los estudios literarios hispanoamericanos", en *Asedios a la heterogeneidad cultural: Libro de homenaje a Antonio Cornejo Polar*, eds. José Antonio Mazzotti y U. Juan Cevallos Aguilar, Filadelfia, Asociación Internacional de Peruanistas, 1996, pp. 291-310.

Kammen, Michael, *Mystic Chords of Memory: The Transformation of Tradition in American Culture*, Nueva York, Vintage Books, 1993.

Khanna, Ranjana, *Dark Continents: Psychoanalysis and Colonialism*, Durham, Duke University Press, 2003.

Kaplan, Amy y Donald E. Pease (eds.), *Cultures of United States Imperialism*, Durham, Duke University Press, 1993.

Kaye, Harvey J. y Keith McClelland (eds.), *E. P. Thompson: Critical Perspectives*, Cambridge, Polity Press, 1990.

Kelley, Donald R., "The Old Cultural History", *History of the Human Sciences*, 9, 3, 1996, pp. 101-126.

Kermode, Frank, *The Genesis of Secrecy: On the Interpretation of Narrative*, Cambridge, Harvard University Press, 1979.

——, *The Art of Telling*, Cambridge, Harvard University Press, 1983, pp. 168-184.

King, John, *Sur: A Study of the Argentine Literary Journal and Its Role in the Development of a Culture, 1931-1970*, Cambridge, Cambridge University Press, 1986 (en español: *Sur. Estudio de la revista argentina y de su papel en el desarrollo de una cultura, 1931-1970*, México, Fondo de Cultura Económica, 1979).

Kittler, Friedrich, *Gramophone, Film, Typewriter*, intro. y trad. de Geoffrey Winthrop-Young y Michael Wutz, Stanford, Stanford University Press, 1999.

Klor de Alva, J. Jorge, "The Postcolonization of the (Latin) American Experience: A Reconsideration of 'Colonialism,' 'Postcolonialism,' and 'Mestizaje'", en *After Colonialism: Imperial Histories and Postcolonial Displacements*, ed. Gyan Prakash, Princeton, Princeton University Press, 1995, pp. 241-275.

Knight, Franklin W., *The Caribbean: The Genesis of a Fragmented Nationalism*, Nueva York, Oxford University Press, 1978.

Kohn, Hans, *Historia del nacionalismo*, trad. de Samuel Cossío Villegas, México, Fondo de Cultura Económica, 1984 [1944].

Kracauer, Siegfried, *History: The Last Things Before the Last*, completed by Paul O. Kristeller, Princeton, Markus Wiener Publishers, 1995 [1969].

Krauze, Enrique, "El crítico errante: Pedro Henríquez Ureña", *Vuelta*, 100, México, marzo 1985, pp. 12-24.

——, "Pasión y contemplación en Vasconcelos", en *Ulises criollo*, coord. Claude Fell, Madrid y Barcelona, Archivos, 2000, pp. 929-960.

Kristeva, Julia, *Strangers to Ourselves*, trad. de Leon S. Roudiez, Nueva York, Columbia University Press, 1991.

——, *Hannah Arendt*, trad. de Ross Guberman, Nueva York, Columbia University Press, 2001.

La xilografía en Puerto Rico 1950-1986, Río Piedras, auspiciado por el Museo de la Universidad de Puerto Rico, 1986.

Labra, Rafael, *La cuestión colonial*, Madrid, Tipografía de Gregorio Estrada, 1869.

Lago Vieito, Ángel, *Fernando Ortiz y sus estudios acerca del espiritismo en Cuba*, La Habana, Centro de Investigación y Desarrollo de la Cultura Cubana Juan Marinello, 2002.

Laín Entralgo, Pedro, *Menéndez Pelayo: historia de sus problemas intelectuales*, Buenos Aires, Editorial Juventud Argentina, 1945.

——, *La generación del noventa y ocho*, 3ª ed., Madrid, Espasa Calpe, 1956.

Lambropoulos, Vassilis, *Literature as National Institution*, Princeton, Princeton University Press, 1988.

Lamming, George, *The Pleasures of Exile*, pról. de Sandra Pouchet Paquet, Ann Arbor, The University of Michigan Press, 1995 [1960].

Lamore, Jean, "José Martí frente a los caudillismos de la época liberal (Guatemala y Venezuela)", *Anuario del Centro de Estudios Martianos*, 3, 1980, pp. 133-149.

Lapesa, Rafael, *El español moderno y contrmporáneo: estudios lingüísticos*, Barcelona, Crítica, 1996.

Larsen, Neil, *Reading North by South: On Latin American Literature, Culture and Politics*, Mineápolis, University of Minnesota Press, 1995.

——, "Indigenismo y lo 'postcolonial': Mariátegui frente a la actual coyuntura teórica", *Revista Iberoamericana*, LXII, 176-177, julio-diciembre 1996, pp. 863-873.

Laurent, Eric, *Las paradojas de la identificación*, trad. de Silvia Baudini, Buenos Aires, Barcelona y México, EOL y Paidós, 1999.

Le Goff, Jacques, *El orden de la memoria: el tiempo como imaginario*, trad. de Hugo F. Bauzá, Barcelona, Paidós, 1991.

Leal, Luis, "Pedro Henríquez Ureña, crítico de la literatura hispanoamericana", en *El libro jubilar de Pedro Henríquez Ureña*, t. I, Santo Domingo, Universidad Nacional Pedro Henríquez Ureña, 1984, pp. 265-284.

Leante, César, "La *Revista Avance*", en *Cuadernos Hispanoamericanos*, 414, Madrid, diciembre 1984, pp. 189-197.

Lears, Jackson, *No Place of Grace: Antimodernism and the Transformation of American Culture, 1880-1920*, Nueva York, Pantheon Books, 1981.

——, *Fables of Abundance: A Cultural History of Advertising in America*, Nueva York, Basic Books, 1994.

Legrás, Horacio, "El Ateneo y los orígenes del Estado ético en México", en *Latin American Research Review*, 38, 2, junio 2003.

Leiris, Michel, "L'Ethnographe devant le colonialisme", en *Brisées*, París, Mercure de France, 1966, pp. 125-145.

Lempérière, Annick, *Intellectuels, états et société au Mexique: les clercs de la nation (1910-1968)*, París, L'Harmattan, 1992.

Leps, Marie-Christine, *Apprehending the Criminal: The Production of Deviance in Nineteenth-Century Discourse*, Durham, Duke University Press, 1992.

Lerer, Seth (ed.), *Literary History and the Challenge of Philology: The Legacy of Erich Auerbach*, Stanford, Standford University Press, 1996.

Lévi-Strauss, Claude, *Tristes tropiques*, París, Plon, 1955.
Lewis, Gordon K., *Slavery, Imperialism and Freedom: Essays in English Radical Thought*, Nueva York, Monthly Review Press, 1978.
——, *Puerto Rico: Freedom and Power in the Caribbean*, Nueva York, Monthly Review Press, 1963 (en español: *Puerto Rico: libertad y poder en el Caribe*, Río Piedras, Edil, 1970).
——, *The Growth of the Modern West Indies*, Nueva York, Monthly Review Press, 1968.
——, *Main Currents of Caribbean Thought*, Baltimore, The Johns Hopkins University Press, 1983.
Lewis, Gordon R., T. Denean Sharpley-Whiting, Renée T. White (eds. y trads.), *Fanon: A Critical Reader*, Cambridge, Blackwell, 1996.
Lewis, Oscar, *A Study of Slum Culture: Backgrounds to La Vida*, Nueva York, Random House, 1968.
——, *La vida: una familia puertorriqueña en la cultura de la pobreza*, San Juan y Nueva York, trad. de los "Días" y glosario de José Luis González, México, Editorial Joaquín Mortiz, 1969.
Lida, Clara E., *Inmigración y exilio: reflexiones sobre el caso español*, México, Siglo XXI Editores, 1997.
——, José Antonio Matesanz y Josefina Zoraida Vázquez, *La Casa de España y el Colegio de México. Memoria 1938-2000*, México, El Colegio de México, 2000.
Lida, Raimundo, "Cultura de Hispanoamérica", en *Letras hispánicas. Estudios. Esquemas*, México y Buenos Aires, Fondo de Cultura Económica, 1958, pp. 187-194.
Lienhard, Martín, *La voz y su huella. Escritura y conflicto étnico-cultural en América Latina, 1492-1988*, Lima, Editorial Horizonte, 1992.
——, "De mestizajes, heterogeneidades, hibridismos y otras quimeras", en *Asedios a la heterogeneidad cultural: Libro de homenaje a Antonio Cornejo Polar*, ed. de Antonio Mazzotti y U. Juan Cevallos Aguilar, Filadelfia, Asociación Internacional de Peruanistas, 1996, pp. 57-81.
Lincoln, Abraham, *Speeches and Writings 1859-1865*, Nueva York, The Library of America, 1989.
Litvak, Lily, *España 1900: modernismo, anarquismo y fin de siglo*, Barcelona, Anthropos, 1900.
Lizaso, Félix (comp.), *Ensayistas contemporáneos (1900-1920)*, La Habana, Editorial Trópico, 1938.

——, "Pedro Henríquez Ureña y sus presencias en Cuba", *Revista Iberoamericana*, 41-42, enero-diciembre 1956, pp. 99-117.

Lohmann Villena, Guillermo, *Menéndez Pelayo y la hispanidad*, Madrid, Ediciones Rialp, 1957.

Lloréns, Irma, *Nacionalismo y literatura. Constitución e institucionalización de la "República de las letras" cubanas*, Edicions de la Universitat de Lleida, 1998.

Lloréns, Vicente, *Aspectos sociales de la literatura española*, Madrid, Castalia, 1974.

Lloyd, David, *Ireland after History*, Cork, Cork University Press y University of Notre Dame Press, 1999.

—— y Abdul R. JanMohammed (eds.), *The Nature and Context of Minority Discourse*, Oxford, Oxford University Press, 1990.

Lombroso, Cesare, *L'uomo delinquente studiato in rapporto alla Antropologia, alla Medicina Legale ed alle discipline carceriare*, Milán, Hoelpi, 1876.

Loomba, Ania, *Colonialism/Postcolonialism*, Londres y Nueva York, Routledge, 1998.

Lope Blanch, Juan M., *Estudios de lingüística hispanoamericana*, México, Universidad Nacional Autónoma de México, 1989.

Losada, Alejandro, *Creación y praxis. La producción literaria como praxis social en Hispanoamérica y el Perú*, Lima, Universidad de San Marcos, 1976.

Louis, Annick, "Borges ante el nazismo", en Actas del Sexto Congreso Internacional del CELCIRP: *La figura del intelectual en la producción cultural rioplatense de fines del siglo XIX a fines del XX*, Río de la Plata, 20-21, 1998, pp. 313-322.

Lowe, Lisa y David Lloyd (eds.), *The Politics of Culture in the Shadow of Capital*, Durham, Duke University Press, 1997.

Lowenfels, Walter (ed.), *Walt Whitman's Civil War*, Nueva York, Da Capo Press [1961].

Loyola, Hernán (coord.), *Calibán en Sassar: por una redefinición de la imagen de América Latina en vísperas de 1992. Homenaje a Roberto Fernández Retamar*, en *Nuevo Texto Crítico*, V, 9/10, enero-diciembre 1992.

Lugo Ortiz, Agnes I., "Discurso revolucionario y estructuras mitificadoras: para una lectura de la biografía en guerra en la Cuba del siglo XIX", *La Torre (NE)* VII, 25, 1993, pp. 55-77.

——, "'El alma cubana': poética y política del sujeto nacional en las crónicas biográficas de José Martí en *Patria*", *Apuntes Postmodernos* 5, 2, primavera 1995, pp. 39-45.

——, *Identidades imaginadas: biografía y nacionalidad en el horizonte de la guerra (Cuba 1860-1898)*, San Juan, Editorial de la Universidad de Puerto Rico, 1998.

Luis, William, *Voices from Under: Black Narrative in Latin America and the Caribbean*, Westport, Greenwood Press, 1984.

Luque de Sánchez, María Dolores, *La ocupación norteamericana y la Ley Foraker*, Río Piedras, Editorial de la Universidad de Puerto Rico, 1970.

——, *La presencia corsa en Puerto Rico durante el siglo XIX*, Santurce, Alianza Francesa, 1982.

——, "El 98 en el imaginario de los profesionales puertorriqueños", en *Imágenes e imaginarios nacionales en el ultramar español*, eds. Consuelo Naranjo y Carlos Serrano, Madrid, Consejo Superior de Investigaciones Científicas y Casa de Velázquez, 1999, pp. 341-354.

Lynch, John, *Las revoluciones hispanoamericanas, 1808-1826*, trad. de Javier Alfaya y Barbara McShane, Barcelona, Ariel, 1976.

Macey, David, *Frantz Fanon: a Biography*, Nueva York, Picador, 2000.

Machín, Horacio y Mabel Moraña, *Marcha y América Latina*, intro. de Mabel Moraña, "Apertura" de Tulio Halperin Donghi, Pittsburgh, Instituto Internacional de Literatura Iberoamericana, 2003.

Madariaga, María Rosa de, "La guerra colonial llevada a España: las tropas marroquíes en el ejército franquista", en *Marroquíes en la guerra civil española: campos equívocos*, ed. José Antonio González Alcantud, Barcelona, Anthropos Editorial, 2003, pp. 58-94.

Madero, Roberto, *El origen de la historia. Sobre el debate entre Vicente Fidel López y Bartolomé Mitre*, pról. de Roger Chartier, México, Fondo de Cultura Económica, 2001.

Maguire, Peter A., "*Finnegans Wake* and Irish Historical Memory", *Journal of Modern Literature*, 22, 2, 1999, pp. 293-327.

Mainer, José Carlos, *La doma de la quimera: ensayos sobre nacionalismo y cultura en España*, Bellaterra, Universitat Autònoma de Barcelona, 1988.

Maldonado Denis, Manuel, *Puerto Rico: mito y realidad*, 3ª ed., Puerto Rico, Editorial Antillana, 1979.

Maldonado de Ortiz, Cándida, *Antonio S. Pedreira: vida y obra*, Barcelona, Editorial de la Universidad de Puerto Rico, 1974.

Mallo, Tomás, "El Ateneo de Madrid ante el 98", en *La nación soñada: Cuba, Puerto Rico y Filipinas ante el 98: Actas del Congreso Internacional celebrado en Aranjuez del 24 al 28 de abril de 1995*, eds. Consuelo Naranjo, Miguel A. Puig-Samper y Luis Miguel García Mora, Madrid, Ediciones Doce Calles, 1996, pp. 529-536.

Mannheim, Hermann (ed.), *Pioneers in Criminology*, Chicago, Quadrangle Books Inc., 1960.

Manzoni, Celina, *Un dilema cubano: nacionalismo y vanguardia*, La Habana, Casa de las Américas, 2001.

Mañach, Jorge, *Historia y estilo*, La Habana, Editorial Minerva, 1944.

Mariaca, Guillermo, *El poder de la palabra: ensayos sobre la modernidad de la crítica literaria hispanoamericana*, La Habana, Casa de las Américas, 1993.

Mariátegui, José Carlos, "Seis ensayos en busca de nuestra expresión, por Pedro Henríquez Ureña" [1929], en Pedro Henríquez Ureña, *Ensayos*, edición crítica de José Luis Abellán y Ana María Barrenechea, Madrid, París, México, Colección Archivos, 1998, pp. 728-730.

——, *Siete ensayos de interpretación de la realidad peruana*, pról. de Aníbal Quijano, notas y cronología de Elizabeth Garrels, Caracas, Biblioteca Ayacucho, 1979.

Mari Bras, Juan, *El independentismo en Puerto Rico: su pasado, su presente y su porvenir*, San Juan, Editorial Cepa, 1984.

Marichal Lugo, Flavia, *Lorenzo Homar: Abrapalabra, la letra mágica. Carteles 1951-1999*, Río Piedras, Museo de Historia, Antropología y Arte, Universidad de Puerto Rico, 2001.

Marin, Louis, *La voix excommuniée, essais de mémoire*, París, Éditions Galilée, 1981.

——, *La parole mangée et autres essais théologico-politiques*, París, Méridiens Klincksieck, 1986.

Martí, Jorge L., *El periodismo literario de Jorge Mañach*, Río Piedras, Editorial de la Universidad de Puerto Rico, 1977.
Martín Montalvo, Cesilda *et al.*, "El hispanoamericanismo, 1880-1930", *Quinto Centenario*, 8, Universidad de Madrid, 1985, pp. 149-165.
Martínez Estrada, Ezequiel, "Palabras pronunciadas en el sepelio de Pedro Henríquez Ureña", *Sur*, XV, N° 141, julio 1946, pp. 7-10. También en *Leer y escribir*, México, Joaquín Mortiz, 1969, con el título "Homenaje a Pedro Henríquez Ureña", pp. 143-146.
——, *Muerte y transfiguración de Martín Fierro: ensayo de interpretación de la vida argentina*, 2 vols., México-Buenos Aires, Fondo de Cultura Económica, 1948.
——, "Pedro Henríquez Ureña: evocación iconomántica estrictamente personal", *Cuadernos Americanos*, 19, 112, N° 5, septiembre-octubre 1960, pp. 73-98. También en *En torno a Kafka y otros ensayos*, comp. Enrique Espinoza, Barcelona, Seix Barral, 1967, pp. 185-220.
——, *Leer y escribir*, México, Joaquín Mortiz, 1969.
——, *Martí: El héroe y su acción revolucionaria*, México, Siglo XXI, 1969.
——, *Radiografía de la pampa*, ed. crítica de Leo Pollman, España, Colección Archivos, 1991 [1933].
Martínez Fernández, Luis, *Protestantism and Political Conflict in the Nineteenth-Century Hispanic Caribbean*, New Brunswick, Rutgers University Press, 2002.
——, *Torn Between Empires*, Athens, University of Georgia Press, 1994.
Martínez-San Miguel, Yolanda, *Caribe Two Ways: cultura de la migración en el Caribe insular hispánico*, San Juan, Ediciones Callejón, 2003.
Martorell, Antonio, "El cartel en Puerto Rico", en el catálogo de la exposición *Pintura y gráfica de los años 50*, San Juan, Puerto Rico, Hermandad de Artes Gráficas e Instituto de Cultura Puertorriqueña, Editorial de la Universidad de Puerto Rico, 1985.
——, *La piel de la memoria*, San Juan, Puerto Rico, Ediciones Envergadura, 1991.
Marsal, Juan F. (ed.), *El intelectual latinoamericano: un simposio sobre sociología de los intelectuales*, Buenos Aires, Editorial del Instituto, 1970.
——(ed.), *Los intelectuales políticos*, Buenos Aires, Ediciones Nueva Visión, 1971. Masiello, Francine, "Rethinking Neocolonial Esthetics:

Literature, Politics, and Intellectual Community in Cuba's *Revista de Avance*", *Latin American Research Review*, 28, 2, pp. 3-32.

Mateo, Andrés L., *Mito y cultura en la era de Trujillo*, Santo Domingo, Editora de Colores, 1993.

——, *Pedro Henríquez Ureña: mito, errancia, y creación*, Santo Domingo, Comisión Permanente de la Feria del Libro, 2002.

Mathews, Thomas G., *La política puertorriqueña y el Nuevo Trato*, Río Piedras, Editorial Universitaria, 1970.

Matos Moctezuma, Eduardo, *Pedro Henríquez Ureña y su aporte al folklore latinoamericano*, México, Instituto Nacional de Antropología e Historia, 1981.

Matos Rodríguez, Félix, *Women and Urban Change in San Juan, Puerto Rico, 1820-1868*, Gainseville, University of Florida Press, 1999.

Mazzotti, José Antonio, "La heterogeneidad colonial peruana y la construcción del discurso criollo en el siglo XVII", en *Asedios a la heterogeneidad cultural: Libro de homenaje a Antonio Cornejo Polar*, eds. José Antonio Mazzotti y U. Juan Cevallos Aguilar, Filadelfia, Asociación Internacional de Peruanistas, 1996, pp. 173-196.

—— (ed.), *Agencias criollas: La ambigüedad "colonial" en las letras hispanoamericanas*, Pittsburgh, Biblioteca de América, 2000.

—— y U. Juan Cevallos Aguilar (eds.), *Asedios a la heterogeneidad cultural: Libro de homenaje a Antonio Cornejo Polar*, Filadelfia, Asociación Internacional de Peruanistas, 1996.

McClintock, Anne, "The Angel of Progress: Pitfalls of the Term 'Post-Colonialism'", *Social Text*, 31/32, vol. 10, N° 2-3, 1992, pp. 84-98.

——, *Imperial Leather: Race, Gender and Sexuality in the Colonial Contest*, Londres y Nueva York, Routledge, 1995.

McFeely, William S., *Grant: A Biography*, Nueva York, W.W. Norton & Company, 1982.

McPherson, James M., *Battle Cry of Freedom: the Civil War Era*, Nueva York, Ballantine Books, 1989.

——, "Lincoln and the Strategy of Unconditional Surrender", en *Lincoln, the War President: The Gettysburg Lectures*, ed. de Gabor S. Boritt, Oxford y Nueva York, Oxford University Press, 1992.

——, *Drawn With the Sword. Reflections on the American Civil War*, Nueva York, Oxford University Press, 1996.

Meeks, Brian y Folke Lindahl (eds.), *New Caribbean Thought: A Reader*, Jamaica-Barbados, The University of the West Indies, 2001.

Meira Monteiro, Pedro, *A queda do aventureiro: Aventura, cordialidade e os novos tempos em "Raízes do Brasil"*, San Pablo, Editora da Unicamp, 1999.

Meisel, Perry, *The Myth of the Modern: A Study in British Literature and Criticism after 1850*, New Haven, Yale University Press, 1987.

Mejía Sánchez, Ernesto, "El nicaragüense Rubén Darío", en *Cuestiones rubendarianas*, Madrid, Ediciones de la Revista de Occidente, 1970, pp. 9-31.

—— (comp.), *Estudios sobre Rubén Darío*, pról. de Ernesto Mejía Sánchez, México, Fondo de Cultura Económica, 1968.

Meléndez, Concha, "Sobre *Insularismo*", en *Revista Hispánica Moderna*, vol. 1, 1935, Río Piedras.

Meléndez, Edgardo, *Movimiento anexionista en Puerto Rico*, Río Piedras, Editorial de la Universidad de Puerto Rico, 1993.

Melis, Antonio, "Fernando Ortiz y el mundo afrocubano: desde la criminología lombrosiana hasta el concepto de transculturación", en Titus Heydenreich (ed.), *Cuba: Geschichte-Wirtschaft-Kultur, Lateinamerika Studien*, 23, 1987, pp. 169-181.

——, "Entre Ariel y Calibán, ¿Próspero?", en *Calibán en Sassari: por una redefinición de la imagen de América Latina en vísperas de 1992. Homenaje a Roberto Fernández Retamar*, coord. Hernán Loyola, *Nuevo Texto Crítico*, V, 9/10, eneero-diciembre 1992, pp. 113-120.

Mena, Magdalena, *La fortaleza docta: élite letrada y dominación social en México colonial, siglos XVI-XVII*, Barcelona, Edicions Bellaterra, 2000.

Méndez Rodenas, Adriana, *Gender and Nationalism in Colonial Cuba: The Travels of Santa Cruz y Montalvo, Condesa de Merlin*, Nashville, Vanderbilt University Press, 1998.

Merleau-Ponty, Maurice, *Fenomenología de la percepción*, Barcelona, Península, 1997.

Meyer, Gerald D., *Vito Marcantonio, Radical Politician, 1902-1954*, Nueva York, State University of New York, 1989.

Meyer, Jean, "México: Revolución y reconstrucción en los años veinte", en *Historia de América Latina 9: México, América Central y el Caribe, c. 1870-1930*, ed. de Leslie Bethell, trad. de Jordi Beltrán y María

Escudero, Barcelona, Cambridge University Press y Editorial Crítica, 1992, pp. 146-180.

Mignolo, Walter D., "Los estudios subalternos ¿son posmodernos o poscoloniales?: la política y las sensibilidades de las ubicaciones geoculturales", trad. de Sofía Fuentes, *Casa de las Américas*, 204, año XXXVII, La Habana, julio-septiembre 1996, pp. 20-40.

Mintz, Sidney W., *Worker in the Cane: A Puerto Rican Life History*, Nueva York, Norton, 1974 (en español: *Taso, trabajador de la caña*, trad. de Yvette Torres Rivera, con estudio preliminar de Francisco A. Scarano, Río Piedras, Ediciones Huracán, 1988).

——, *Caribbean Transformations*, Chicago, Aldine Publishing, 1974.

——, *Sweetness and Power: The Place of Sugar in Modern History*, Nueva York, Viking, 1985.

—— y Sally Price (eds.), *Caribbean Contours*, Baltimore, Johns Hopkins University Press, 1985.

Miranda, Francisco de, *América espera*, selección y prólogo de J. L. Salcedo-Bastardo, traducciones de Gustavo Díaz Solís, Michel R. Monner y Gilberto Merchán, Caracas, Biblioteca Ayacucho, 1982.

Mitchell, Timothy, "The World as Exhibition", *Comparative Studies in Society and History*, Nueva York, Cambridge University Press, 1989, pp. 217-236.

—— (ed.), *Questions of Modernity*, Mineápolis, University of Minnesota Press, 2000.

Molho, Anthony y Gordon S. Wood (eds.), *Imagined Histories: American Historians Interpret the Past*, Princeton, Princeton University Press, 1998.

Molloy, Sylvia, *La diffusion de la littérature hispano-américaine en France au xxe siécle*, París, Presses Universitaires de France, 1972.

——, *At Face Value: Autobiographical Writing in Spanish America*, Cambridge, Cambridge University Press, 1991 (en español: *Acto de presencia: La escritura autobiográfica en Hispanoamérica*, México, Fondo de Cultura Económica y El Colegio de México, 1996).

——, "Primeras memorias, primeros mitos: el *Ulises criollo* de José Vasconcelos", en *Ulises criollo*, coord. Claude Fell, Madrid y Barcelona, Archivos, 2000, pp. 650-673.

—— y Robert McKee Irwin, *Hispanisms and Homosexualities*, Durham, Duke University Press, 1998.

Monserrat Gámiz, María del Carmen, *Tomás Blanco y "Los Vates"*, San Juan, Instituto de Cultura Puertorriqueña, 1986.

Montaldo, Graciela, *La sensibilidad amenazada: fin de siglo y modernismo*, Rosario, Beatriz Viterbo, 1994.

Montero, Oscar, "Modernismo y 'degeneración': *Los raros* de Darío", *Revista Iberoamericana*, LXII, 176-177, julio-diciembre 1996, pp. 821-834.

——, *José Martí: An Introduction*, Nueva York, Palgrave Macmillan, 2004.

Montes-Huidobro, Matías (ed.), *El laúd del desterrado*, Houston, Arte Público Press, 1995.

Morales, Carlos Javier, *La poética de José Martí y su contexto*, Madrid, Editorial Verbum, 1994.

Moraña, Mabel, *Literatura y cultura nacional en Hispanoamérica (1910-1940)*, Mineápolis, Institute for the Study of Ideologies and Literatures, 1984.

——, "De la ciudad letrada al imaginario nacionalista: contribuciones de Ángel Rama a la invención de América", en *Esplendores y miserias del siglo XIX. Cultura y sociedad en América Latina*, comps. Beatriz González Stephan *et al.*, Caracas, Monte Ávila, 1995, pp. 41-52.

—— (ed.), "Crítica cultural y teoría literaria latinoamericanas", número especial de la *Revista Iberoamericana*, LXII, 176-177, julio-diciembre 1996.

—— (ed.), *Ángel Rama y los estudios latinoamericanos*, Pittsburgh, Instituto Internacional de Literatura Latinoamericana, 1997.

—— (ed.), *Ideologies of Hispanism*, Nashville, Vanderbilt University Press, 2005.

Moreno, María Luisa, "El campus de la Universidad de Puerto Rico: apropiación y amalgama formal en su arquitectura (1903-1940)", en *Hispanofilia: Arquitectura y vida en Puerto Rico, 1900-1950*, eds. Enrique Vivoni y Silvia Álvarez Curbelo, San Juan, Editorial de la Universidad de Puerto Rico, 1998, pp. 157-203.

Morley, David y Kuan-Hsing Chen (eds.), *Stuart Hall: Critical Dialogues in Cultural Studies*, Londres y Nueva York, Routledge, 1996.

Morse, Richard M., *El espejo de Próspero: un estudio de la dialéctica del Nuevo Mundo*, trad. de Stella Mastrangelo, México, Siglo XXI, 1982.

Morote, Luis, *La moral de la derrota*, Madrid, Establecimiento Tipográfico de G. Juste, 1900. Hay nueva edición, con Introducción de Juan Sisinio Pérez Garzón, Madrid, Biblioteca Nueva, 1997.

Moses, Stéphane, *L'ange de l'histoire: Rosenzweig, Benjamin, Scholem*, París, Éditions du Seuil, 1992.

Moulin Civil, Françoise, "El discurso regeneracionista en Fernando Ortiz", en *Imágenes e imaginarios nacionales en el ultramar español*, eds. Consuelo Naranjo y Carlos Serrano, Madrid, Consejo Superior de Investigaciones Científicas y Casa de Velázquez, 1999, pp. 227-234.

Moya Pons, Frank, *La dominación haitiana, 1822-1844*, 3ª ed., Santiago de los Caballeros, Universidad Católica Madre y Maestra, 1978.

——, *Manual de historia dominicana*, 10ª ed., Santo Domingo, República Dominicana, Corripio, 1995.

——, *The Dominican Republic. A National History*, Princeton, Markus Wiener Publishers, 1998.

Múnera, Alfonso, *El fracaso de la nación: región, clase y raza en el Caribe colombiano (1717-1810)*, Bogotá, Banco de la República, 1998.

Muñiz Souffront, Luis, *El problema del idioma en Puerto Rico*, San Juan, Biblioteca de Autores Puertorriqueños, 1950.

Muriá, José María, "Salvador Brau y la historia", *Latinoamérica*, IX, México, 1976, pp. 211-230.

——, "El IV centenario del 'descubrimiento de América'", *Secuencia: Revista Americana de Ciencias Sociales*, 3, México, septiembre, 1985, pp. 123-136.

Nagy-Zekmi, Silvia, "Ángel Rama y su ensayística transcultural(izadora) como autobiografía en clave crítica", *Revista Chilena de Literatura*, abril 2001, pp. 123-129.

Nandy, Ashis, *The Intimate Enemy: Loss and Recovery of Self Under Colonialism*, Calcutta, Oxford University Press, 1983.

——, *The Savage Freud and Other Essays on Possible and Retrievable Selves*, Princeton, Princeton University Press, 1995.

Naranjo Orovio, Consuelo, "En búsqueda de lo nacional: migraciones y racismo en Cuba (1880-1910)", en *La nación soñada: Cuba, Puerto Rico y Filipinas ante el 98: Actas del Congreso Internacional celebrado en Aranjuez del 24 al 28 de abril de 1995*, eds. Consuelo Naranjo,

Miguel A. Puig-Samper y Luis Miguel García Mora, Madrid, Ediciones Doce Calles, 1996, pp. 149-162.

Naranjo Orovio, Consuelo y Armando García González, *Medicina y racismo en Cuba: la ciencia ante la inmigración canaria en el siglo XX*, pról. de Raquel Álvarez Peláez, Tenerife, Centro de la Cultura Popular Canaria, 1996.

Naranjo, Consuelo, Miguel A. Puig-Samper y Luis Miguel García Mora (eds.), *La nación soñada: Cuba, Puerto Rico y Filipinas ante el 98: Actas del Congreso Internacional celebrado en Aranjuez del 24 al 28 de abril de 1995*, Madrid, Ediciones Doce Calles, 1996.

Naranjo Orovio, Consuelo y Carlos Serrano (eds.), *Imágenes e imaginarios nacionales en el Ultramar español*, Madrid, Consejo Superior de Investigaciones Científicas & Casa de Velázquez, 1999.

Naranjo, Consuelo, María Dolores Luque y Miguel Ángel Puig-Samper (eds.), *Los lazos de la cultura: El Centro de Estudios Históricos de Madrid y la Universidad de Puerto Rico, 1916-1939*, Madrid, Centro de Investigaciones Históricas de la Universidad de Puerto Rico e Instituto de Historia, 2002.

Naranjo, Consuelo, Miguel Ángel Puig-Samper y María Dolores Luque, "Hacia una amistad triangular: las relaciones entre España, Estados Unidos y Puerto Rico", en *Los lazos de la cultura: El Centro de Estudios Históricos de Madrid y la Universidad de Puerto Rico, 1916-1939*, Madrid, Centro de Investigaciones Históricas de la Universidad de Puerto Rico e Instituto de Historia, 2002, pp. 119-152.

Naranjo, Consuelo y Miguel Ángel Puig-Samper, "Relaciones culturales entre el Centro de Estudios Históricos de Madrid y la Universidad de Puerto Rico", en *Los lazos de la cultura: El Centro de Estudios Históricos de Madrid y la Universidad de Puerto Rico, 1916-1939*, Madrid, Centro de Investigaciones Históricas de la Universidad de Puerto Rico e Instituto de Historia, 2002, pp. 153-189.

Navas Dávila, Gerardo (ed.), *Cambio y desarrollo en Puerto Rico: la transformación ideológica del Partido Popular Democrático*, Río Piedras, Ediciones Huracán, 1979.

Negrón de Montilla, Aída, *Americanization in Puerto Rico and The Public School System 1900-1930*, Río Piedras, Editorial Edil, 1970.

Negrón-Muntaner, Frances y Ramón Grosfoguel (eds.), *Puerto Rican Jam: Essays on Culture and Politics*, Mineápolis, University of Minnesota Press, 1997.

Negrón Portillo, Mariano, *El autonomismo puertorriqueño: su transformación ideológica (1815-1914). La prensa en el análisis social*, Río Piedras, Ediciones Huracán, 1981.

Neumann, Eckhard, *Mitos del artista*, trad. de Miguel Salmerón Infante, Tecnos, 1986.

Nielsen, Aldon Lynn, *C. L. R. James: A Critical Introduction*, Jackson, University Press of Mississippi, 1997.

Nietzsche, Friedrich, *The Use and Abuse of History*, trad. de Adrian Collins, intr. de Julius Kraft, Indianapolis, Bobbs-Merrill Educational Publishing, 1957.

——, *La gaya ciencia*, ed. José J. de Olañeta, Barcelona, Pequeña Biblioteca Calamus Scriptorius, 1984.

——, *Más allá del bien y del mal*, y *Ecce homo*, Madrid, Editorial el Ateneo, 2001.

——, *Escritos sobre retórica*, ed. y trad. de Luis Enrique de Santiago Guervós, Madrid, Editorial Trotta, 2000.

Nistal, Benjamín, *Esclavos, prófugos y cimarrones: Puerto Rico, 1770-1870*, Río Piedras, Editorial de la Universidad de Puerto Rico, 1984.

Nouzeilles, Gabriela y Graciela Montaldo, "General Introduction", *The Argentina Reader: History, Culture, Politics*, Durham, Duke University Press, 2002, pp. 1-14.

Novo, Salvador, *Viajes y ensayos: Salvador Novo*, t. I, comp. Sergio González Rodríguez, notas introductorias de Sergio González Rodríguez, Antonio Saborit y Mary K. Long, México, Fondo de Cultura Económica, 1996; t. II, comps. Sergio González Rodríguez y Lligany Lomelí, nota introductoria de Mary K. Long, México, Fondo de Cultura Económica, 1999.

Nuevo Tesoro Lexicográfico de la lengua española, Madrid, Real Academia Española, 2001, edición DVD.

Nye, Robert A., *Crime, Madness, and Politics in Modern France: The Medical Concept of National Decline*, Princeton, Princeton University Press, 1984.

O'Gorman, Edmundo, *La invención de América. Investigación acerca de la estructura histórica del Nuevo Mundo y del sentido de su devenir*, México, Fondo de Cultura Económica, 1977 [1958].

——, "Justo Sierra y los orígenes de la Universidad de México. 1910", en *Seis estudios históricos de tema mexicano*, Xalapa, Universidad de Veracruz, 1960, pp. 145-201.

Olson, David R. y Nancy Torrance (comps.), *Cultura escrita y oralidad*, Barcelona, Gedisa Editorial, 1998.

Orfila Reynal, Arnaldo, "Recuerdo de Pedro Henríquez Ureña", *Casa de las Américas*, XXIV, 144, La Habana, mayo-junio 1984, pp. 15-17.

Ortega y Gasset, José, *Textos sobre el 98: antología política (1908-1914)*, intro. de Vicente Cacho Viu, selección de textos Andrés de Blas, Madrid, Editorial Biblioteca Nueva, 1998.

Ortiz, Renato, *Cultura brasileira e identidade nacional*, 4ª ed., San Pablo, Editorial Brasiliense, 1994.

Osuna, Juan José, *A History of Education in Puerto Rico*, Río Piedras, Editorial Universitaria, 1949.

Ouimette, Víctor, *Los intelectuales españoles y el naufragio del liberalismo, 1923-1936*, intro. de José Luis Abellán, Valencia, Pre-Textos, 1998.

Pabón, Carlos, *Nación postmortem: ensayos sobre los tiempos de insoportable ambigüedad*, San Juan, Ediciones Callejón, 2002.

Pacheco, José Emilio, "Nota sobre la otra vanguardia", *Casa de las Américas*, XX, 118, La Habana, enero-febrero 1980, pp. 103-107.

Pagden, Anthony, "Identity Formation in Spanish America", en *Colonial Identity in the Atlantic World*, eds. Nicholas Canny y Anthony Pagden, Princeton, Princeton University Press, 1987.

Pan-Montojo, Juan (comp.), *Más se perdió en Cuba: España, 1898 y la crisis de fin de siglo*, Madrid, Alianza Editorial, 1998.

Paquette, Robert, *Sugar is Made with Blood: The Conspiracy of La Escalera and the Conflict Between Empires Over Slavery in Cuba*, Middletown, Wesleyan University Press, 1988.

Parise, Eugenia (ed.), *La politica tra natalità e mortalità: Hannah Arendt*, Nápoles, Edizioni Scientifiche Italiane, 1993.

Paz, Octavio, *Los hijos del limo: del romanticismo a la vanguardia*, Barcelona, Seix Barral, 1974.

Pease, Donald E., "National Narratives, Postnational Narration", *Modern Fiction Studies*, 43, 1, 1997, pp. 1-23.

——— y Robin Wiegman (eds.), *The Futures of American Studies*, Durham, Duke University Press, 2002.

Pecora, Vincent P. (ed.), *Nations and Identities: Classic Readings*, Massachusetts y Oxford, Blackwell Publishers, 2001.

Pedro Henríquez Ureña, "Jornadas de estudio sobre Pedro Henríquez Ureña", prólogo de Enrique Zuleta Álvarez, número especial de *Nuestra América*, IV, 10, México, enero-abril de 1984.

Pérez, José Joaquín, *La lira de José Joaquín Pérez*, "Preliminar" de Frederico Henríquez y Carvajal, "José Joaquín Pérez" de Pedro Henríquez Ureña, Santo Domingo, Imp. de J. R. Vda. García. 1928.

Pérez, Richie, "From Assimilation to Annihilation: Puerto Rican Images in U.S. films", *Centro de Estudios Puertorriqueños Bulletin*, II, 8, primavera 1990, pp. 8-27.

Pérez, Jr., Louis A., *Historiography in the Revolution: A Bibliography of Cuban Scholarship, 1959-1979*, Nueva York, Garland Publishing, Inc., 1982.

———, *Cuba Between Empires*, Pittsburgh, University of Pittsburgh Press, 1983.

———, *Cuba Under the Platt Amendment 1902-1934*, Pittsburgh, Pittsburgh University Press, 1986.

———, *Cuba: Between Reform and Revolution*, Nueva York, Oxford University Press, 1988.

———, *Cuba and the United States: Ties of Singular Intimacy*, Athens, University of Georgia Press, 1990.

———, "Identidad y nacionalidad: las raíces del separatismo cubano, 1868-1898", *El Caribe entre imperios*, número especial de *Op. Cit. Revista del Centro de Investigaciones Históricas de la Universidad de Puerto Rico*, 9, ed. Arcadio Díaz Quiñones, Río Piedras, 1997, pp. 185-195.

———, *On Becoming Cuban: Identity, Nationality & Culture*, Chapel Hill, University of North Carolina Press, 1999.

Pérez de Ayala, Ramón, *Tabla rasa*, Madrid, Editorial Bullón, 1963.

Pérez de la Riva, Juan *et al.*, *La república colonial: Anuario de Estudios Cubanos*, t. 1, La Habana, Editorial de Ciencias Sociales, Instituto Cubano del Libro, 1975.

Pérez Firmat, Gustavo, *The Cuban Condition: Translation and Identity in Modern Cuban Literature*, Cambridge, Cambridge University Press, 1989.

Pérez Guzmán, Francisco y Rodolfo Sarracino, *La Guerra Chiquita: una experiencia necesaria*, La Habana, Editorial Letras Cubanas, 1982.

Pérez Meléndez, José Juan, "Naming the Maroon: A Problem in Caribbean Histories and Cultures", tesis inédita, Department of History, Princeton University, 2005.

Pérez Firmat, Gustavo, *The Cuban Condition. Translation and Identity in Modern Cuban Culture*, Cambridge, Cambridge University Press, 1989.

Pérez Monfort, Ricardo, *Hispanismo y Falange: los sueños imperiales de la derecha española*, México, Fondo de Cultura Económica, 1992.

Perus, Françoise, "De los usos posmodernos de la 'modernidad'", en *Modernización e identidades sociales,* eds. Gilberto Giménez y Ricardo Pozas, México, Universidad Nacional Autónoma de México, Instituto de Investigaciones Sociales e Instituto Francés de América Latina, 1994, pp. 119-129.

Peterson, Merrill D., *Lincoln in American Memory*, Nueva York, Oxford University Press, 1994.

Petrucci, Armando, *La ciencia de la escritura. Primera lección de paleografía*, trad. de Luciano Padilla López, Buenos Aires, Fondo de Cultura Económica, 2003.

Pick, Daniel, "The Faces of Anarchy: Lombroso and the Politics of Criminal Science in Post-Unification Italy", *History Workshop. A Journal of Socialist and Feminist Historians*, 21, 1986, pp. 60-86.

Picó, Fernando, *Libertad y servidumbre en el Puerto Rico del siglo XIX*, Río Piedras, Ediciones Huracán, 1979.

——— (ed.), *Luis Muñoz Marín: perfiles de su gobernación (1948-1964)*, Puerto Rico, Fundación Luis Muñoz Marín, 2003.

Pierre-Charles, Gérard (ed.), *Problemas dominico-haitianos y del Caribe*, México, Universidad Nacional Autónoma de México, 1973.

———, *El Caribe contemporáneo*, México, Siglo XXI, 1981.

Piglia, Ricardo, *Formas breves*, Buenos Aires, Tema Grupo Editorial, 1999.

———, *Crítica y ficción*, reedición ampliada y revisada, Buenos Aires, Seix Barral, 2000.

Pike, Fredrick B., *Hispanismo, 1898-1936: Spanish Conservative and Liberals and their Relations with Spanish America*, Notre Dame, University of Notre Dame Press, 1971.

——, *The Politics of the Miraculous in Peru: Haya de la Torre and the Spiritualist Tradition*, Lincoln, University of Nebraska Press, 1986.

Pintura y gráfica de los años 50, auspiciado por el First Federal Savings Bank y la Hermandad de Artistas Gráficos de Puerto Rico, 1985.

Piña Contreras, Guillermo, "El universo familiar en la formación intelectual de Pedro Henríquez Ureña", en Pedro Henríquez Ureña, *Ensayos*, edición crítica de José Luis Abellán y Ana María Barrenechea, Madrid, París, México, Colección Archivos, 1998, pp. 455-494.

Piqueras Arenas, José A. y Manuel Chust (comps.), *El republicanismo en España*, Madrid, Siglo XXI, 1996.

—— (ed.), *Diez nuevas miradas de historia de Cuba*, Castelló de la Plana, Publicaciones de la Universitat Jaume I, 1998.

—— (comp.), *Azúcar y esclavitud en el final del trabajo forzado: homenaje a M. Moreno Fraginals*, Madrid, Fondo de Cultura Económica, 2002.

Pizarro, Ana, *La literatura latinoamericana como proceso*, Buenos Aires, Centro Editor, 1985.

—— (ed.), *América Latina: palavra, literatura e cultura*, vol. 2, *Emancipação do discurso*, San Pablo, Memorial-Unicamp, 1994.

Poirier, Richard, *Trying It Out in America. Literary and Other Performances*, Nueva York, Farrar, Straus and Giroux, 1999.

Porter, Carolyn, "Lo que sabemos que no sabemos: para volver a trazar el mapa de los estudios literarios americanos", trad. de Esther Pérez, en *Casa de las Américas*, XXXVI, 203, La Habana, abril-junio 1996, pp. 37-50.

Poyo, Gerald, *With All and for the Good of All: The Emergence of Popular Nationalism in the Cuban Communities of the United States, 1848-1898*, Durham, University of North Carolina Press, 1989.

Prakash, Gyan, "Writing Post-Orientalist Histories of the Third World: Perspectives from Indian Historiography", en *Comparative Studies in Society and History*, University of Michigan, 1990, pp. 383-408.

——, "Postcolonial Criticism and Indian Historiography", *Social Text*, 31/32, 10, 2-3, 1992, pp. 8-19.

—— (ed.), *After Colonialism: Imperial Histories and Postcolonial Displacements*, Princeton, Princeton University Press, 1995.

——, "Los estudios de la subalternidad como crítica post-colonial", en *Debates postcoloniales: una introducción a los estudios de la subalternidad*, comps. Silvia Rivera y Rossana Barragán, trads. Raquel Gutiérrez, Alison Spedding, Ana Rebeca Prada y Silvia Rivera Cusicanqui, Bolivia, Editorial Historia, Aruwiyiri & Sephis, 1997, pp. 293-317.

——, *Another Reason: Science and the Imagination of Modern India*, Princeton, Princeton University Press, 1999.

Pratt, Mary Louise, *Ojos imperiales: literatura de viajes y transculturación*, trad. de Ofelia Castillo, Bernal, Universidad Nacional de Quilmes, 1997.

—— et al., *Simposio: (In)migración, exilio y diáspora en la cultura latinoamericana*, Buenos Aires, Alianza, 2003.

Price, Richard, *First-Time: The Historical Vision of an Afro-American People*, Baltimore, Johns Hopkins University Press, 1983.

—— (ed.), *Maroon Societies: Rebel Slave Communities in the Americas*, Nueva York, Anchor Press, 1973 (en español: *Sociedades cimarronas*, trad. Lucio Fernando Oliver Costilla, México, Siglo XXI Editores, 1981).

Prieto, Adolfo, *El discurso criollista en la formación de la Argentina moderna*, Buenos Aires, Sudamericana, 1988.

Problemas de la cultura en Puerto Rico: foro del Ateneo Puertorriqueño 1940, Editorial de la Universidad de Puerto Rico, 1976.

Pruna, Pedro M. y Armando García González, *Darwinismo y sociedad en Cuba. Siglo XIX*, Madrid, Consejo Superior de Investigaciones Científicas, 1989.

Puig-Samper, Miguel Ángel, Consuelo Naranjo Orovio y Armando García González, *Ensayo político sobre la Isla de Cuba: Alejandro de Humboldt*, Madrid, Ediciones Doce Calles, 1998.

Puig-Samper, Miguel Ángel y Consuelo Naranjo Orovio, "Fernando Ortiz: herencias culturales y forja de la nacionalidad", en *Imágenes e imaginarios nacionales en el ultramar español*, eds. Consuelo Naranjo y Carlos Serrano, Madrid, Consejo Superior de Investigaciones Científicas y Casa de Velázquez, 1999, pp. 197-226.

Quintero Herencia, Juan Carlos, *Fulguración del espacio: letras e imaginario institucional de la Revolución cubana, 1960-1971*, Rosario, Argentina, Beatriz Viterbo, 2002.

Quintero Rivera, Ángel, "Clases sociales e identidad nacional: notas sobre el desarrollo nacional puertorriqueño", en *Puerto Rico: identidad nacional y clases sociales*, pról. de Arcadio Díaz Quiñones, Río Piedras, Ediciones Huracán, 1979, pp. 13-44.

——, "La cimarronería como herencia y utopía", en *David y Goliat*, Nº 48, CLACSO-Buenos Aires, noviembre de 1985, pp. 38-41.

——, "Apuntes para una sociología del análisis social en Puerto Rico: el mundo letrado y las clases sociales en los inicios de la reflexión sociológica", en *Patricios y plebeyos*, Río Piedras, Ediciones Huracán, 1988, pp. 189-279.

——, *Patricios y plebeyos: burgueses, hacendados, artesanos y obreros*, Río Piedras, Ediciones Huracán, 1988.

—— (ed.), *Vírgenes, magos y escapularios: imaginería, etnicidad y religiosidad popular en Puerto Rico*, ilustrado con fotos de Jack Delano y Héctor Méndez Caratini, San Juan y Río Piedras, Fundación Puertorriqueña de las Humanidades Centro de Investigaciones Sociales, UPR, y Centro de Investigaciones Académicas, Universidad del Sagrado Corazón, 1998.

——, *Ponce: la capital alterna*, pról. de Francisco Scarano, Ponce, Ponceños de Verdad y Centro de Investigaciones Sociales de la Universidad de Puerto Rico, 2003.

——, *Salsa, sabor y control. Sociología de la música tropical*, México, Siglo XXI, 1999.

Quiza Moreno, Ricardo, "Fernando Ortiz y su *Hampa afrocubana*", en *Diez nuevas miradas de historia de Cuba*, ed. José A. Piqueras, Castelló de la Plana, Publicaciones de la Universitat Jaume I, 1998, pp. 227-245.

Rafael Tufiño, pintor del pueblo, San Juan, Museo de Arte de Puerto Rico, 2001. Rafucci, Carmen I., *El gobierno civil y la Ley Foraker*, Río Piedras, Editorial Universitaria, 1981.

Rama, Ángel, "La dialéctica de la modernidad en José Martí", en *Estudios martianos*, Río Piedras, Editorial de la Universidad de Puerto Rico, 1974, pp. 129-197.

——, *Transculturación narrativa en América Latina*, México, Siglo XXI, 1982.
——, *La ciudad letrada*, Hanover, Ediciones del Norte, 1984.
——, "La democratización enmascaradora del tiempo modernista", en Lia Schwartz Lerner e Isaías Lerner (eds.), *Homenaje a Ana María Barrenechea*, Madrid, Castalia, 1984, pp. 525-535.
——, *La crítica de la cultura en América Latina*, selección y prólogos de Saúl Sosnowski y Tomás Eloy Martínez, cronología y bibliografía de la Fundación Ángel Rama, Caracas, Biblioteca Ayacucho, 1985.
——, *Diario 1974-1983*, pról., ed. y notas de Rosario Peyrou, Caracas, Ediciones Trilce, 2001.
Rama, Carlos, *Historia de las relaciones culturales entre España y la América Latina, siglo XIX*, México, Fondo de Cultura Económica, 1982.
Ramos, Aarón G., *Las ideas anexionistas en Puerto Rico bajo la dominación norteamericana*, Río Piedras, Ediciones Huracán, 1987.
Ramos, Julio, *Desencuentros de la modernidad en América Latina*, México, Fondo de Cultura Económica, 1989.
——, "El reposo de los héroes", en *Apuntes Postmodernos*, V, 2, primavera, 1995, pp. 14-20.
——, *Paradojas de la letra*, Caracas, eXcultura, 1996.
Ramos, Samuel y Antonio Castro Leal, "Notas necrológicas", *Cuadernos Americanos*, XXVIII, 4, julio-agosto 1946, pp. 264-287.
Ramos Mattei, Andrés, *La hacienda azucarera: su crecimiento y crisis en Puerto Rico, Siglo XIX*, San Juan, CEREP, 1981.
Real de Azúa, Carlos, prólogos a José Enrique Rodó, *Ariel y Motivos de Proteo*, Caracas, Biblioteca Ayacucho, 1976.
——, "Ante el imperialismo, el colonialismo y el neocolonialismo", en *América Latina en sus ideas*, comp. Leopoldo Zea, México, Siglo XXI y Unesco, 1986, pp. 270-299.
——, "Modernismo e ideologías", en *Punto de Vista*, Buenos Aires, IX, 28, noviembre, 1986, pp. i-xli.
Reina Pérez, Pedro A., "Luis Muñoz Marín y el tiempo nuevo", en *Luis Muñoz Marín: perfiles de su gobernación (1948-1964)*, ed. Fernando Picó, Puerto Rico, Fundación Luis Muñoz Marín, 2003, pp. 373-391.
Report of the United States Commission to the Columbian Historical Exposition at Madrid, 1892-1893 (with special papers), vol. 100 de *Executive Documents of the House of Representatives*, 3ª sesión del

53° Congreso, 1894-1895, Washington, DC, Government Printing Office, 1895.

Resina, Joan Ramon, "*Por su propio bien*: La identidad española y su Gran Inquisidor, Miguel de Unamuno", en *La batalla del idioma: La identidad hispánica ante la lengua*, eds. José del Valle y Luis Gabriel-Stheeman, pp. 137-166.

——, "Whose Hispanism? Cultural Trauma, Disciplined Memory, and Symbolic Dominance", en *Ideologies of Hispanism*, ed. Mabel Moraña, Nashville, Vanderbilt University Press, 2005, pp. 160-186.

Reyero, Carlos, *Imagen histórica de España (1850-1900)*, pról. de Julián Gallego, Madrid, Espasa Calpe, 1987.

Reyes, Alfonso, "Evocación de Pedro Henríquez Ureña", en *Ensayos en busca de nuestra expresión*, Buenos Aires, Editorial Raigal, 1952, pp. 7-15.

——, *Obras completas*, t. I, México, Fondo de Cultura Económica, 1955.

——, "Encuentros con Pedro Henríquez Ureña", *Revista Iberoamericana*, 41-42, enero-diciembre 1956, pp. 55-60.

Reynolds, David S. (ed.), *Walt Whitman's America*, Nueva York, Knopf, 1995.

Richardson Jr., Robert D., *Emerson. The Mind on Fire*, Berkeley, University of California Press, 1995.

Rincón, Carlos, "La vanguardia en Latinoamérica: posiciones y problemas de la crítica", en *La vanguardia europea en el contexto latinoamericano, Actas del Coloquio Internacional de Berlin 1989*, Frankfurt, Vervuert Verlag, 1991.

——, *La no simultaneidad de lo simultáneo: postmodernidad, globalización y culturas en América Latina*, Bogotá, EUN, 1995.

Ríos Ávila, Rubén, *La raza cómica: del sujeto en Puerto Rico*, San Juan, Ediciones Callejón, 2002.

Ripoll, Carlos, "Pedro Henríquez Ureña y Félix Lizaso. Cartas de un maestro (1917-1924)", en *Revista Iberoamericana*, 65, enero-abril, 1968, pp. 123-164.

——, *La generación del 27 en Cuba y otros ensayos sobre el vanguardismo*, Nueva York, Las Américas, 1968.

Rivera, Laura y Juan G. Gelpí, "Las primeras dos décadas del Departamento de Estudios Hispánicos de la Universidad de Puerto Rico: ensayo de historia intelectual", en *Los lazos de la cultura: el Centro de Estudios Históricos de Madrid y la Universidad de Puerto Rico, 1916-1939*, eds. Consuelo Naranjo, María Dolores Luque y Miguel Ángel Puig-Samper, Madrid, Centro de Investigaciones Históricas de la Universidad de Puerto Rico e Instituto de Historia, 2002, pp. 191-235.

Rivera Cusicanqui, Silvia y Rossana Barragán (comps.), *Debates poscoloniales: una introducción a los estudios de la subalternidad*, trads. Raquel Gutiérrez, Alison Spedding, Ana Rebeca Prada y Silvia Rivera Cusicanqui, Bolivia, Editorial historia, Aruwiyiri & Sephis, 1997.

Rivera Nieves, Irma y Carlos Gil (eds.), *Polifonía salvaje: ensayos de cultura y política en la postmodernidad*, San Juan, Editorial Postdata, 1995.

Rivera Ramos, Efrén, *The Legal Construction of Identity: The Judicial and Social Legacy of American Colonialism in Puerto Rico*, Washington, DC, American Psychological Association, 2001.

Rivera Ortiz, Ángel Israel y Aarón Gamaliel Ramos (eds.), *Islands at the Crossroads: Politics in the Non-Independent Caribbean*, Boulder, Randle, 2001.

Robbins, Bruce, "Secularism, Elitism, Progress, and Other Transgressions: On Edward Said's 'Voyage In'", en *The Pre-Occupation of Postcolonial Studies*, eds. Fawzia Afzal-Khan y Kalpana Seshadri-Crooks, Durham, Duke University Press, 2000, pp. 157-168.

Robles Muñoz, Cristóbal, *Paz en Santo Domingo (1854-1865). El fracaso de su anexión a España*, Madrid, Consejo Superior de Investigaciones Científicas, 1987.

Rodgers, Daniel T., *Atlantic Crossings: Social Politics in a Progressive Age*, Cambridge, Harvard University Press, 1998.

Rodó, José Enrique, *Ariel*, México, Ediciones Porrúa.

——, *La América nuestra*, pról. de Arturo Ardao, La Habana, Casa de las Américas, 1977.

Rodríguez, Néstor E., *La isla y su envés: representaciones de lo nacional en el ensayo dominicano contemporáneo*, pról. de Pedro Cabiya, San Juan, Instituto de Cultura Puertorriqueña, 2003.

Rodríguez, Pedro Pablo, "Por el bien mayor del hombre", en Rocío Antúnez Olivera y Aralia López González (coord.), *José Martí: poética y política*, México-La Habana, Universidad Autónoma Metropolitana y Centro de Estudios Martianos, 1997, pp. 21-29.

Rodríguez Beruff, Jorge (ed.), *Las memorias de Leahy: los relatos del Almirante William D. Leahy sobre su gobernación de Puerto Rico (1939-1940)*, San Juan, Fundación Luis Muñoz Marín, 2002.

——, "Luis Muñoz Marín y Rafael Leónidas Trujillo: una pugna caribeña (1940-1961), en *Luis Muñoz Marín: perfiles de su gobernación (1948-1964)*, ed. Fernando Picó, Puerto Rico, Fundación Luis Muñoz Marín, 2003, pp. 21-61.

Rodríguez Castro, Malena, "Asedios centenarios: la hispanofilia en la cultura puertorriqueña", en *Hispanofilia: Arquitectura y vida en Puerto Rico, 1900-1950*, eds. Enrique Vivoni y Silvia Álvarez Curbelo, San Juan, Editorial de la Universidad de Puerto Rico, 1998, pp. 277-327.

——, "Cartas al padre: discursos pronunciados por Luis Muñoz Marín el día de Luis Muñoz Rivera en Barranquitas (1950-1963)", en *Luis Muñoz Marín: perfiles de su gobernación (1948-1964)*, ed. Fernando Picó, San Juan, Fundación Luis Muñoz Marín, 2003, pp. 343-372.

——, "Tradición y modernidad: el intelectual puertorriqueño ante la década del treinta", *Op. Cit. Boletín del Centro de Investigaciones Históricas de la Universidad de Puerto Rico*, 3, 1987-1988, pp. 45-65.

Rodríguez Demorizi, Emilio, "Menéndez Pelayo y Pedro Henríquez Ureña", en los *Cuadernos Dominicanos de Cultura*, República Dominicana, 1952, pp. 17-29.

——, *Martí en Santo Domingo*, La Habana, Úcar, 1953.

——, *Invasiones haitianas de 1801, 1805 y 1822*, Ciudad Trujillo, Ediciones del Caribe, 1955.

Rodríguez Demorizi, Silveria R. de, *Salomé Ureña Henríquez*, Buenos Aires, s./e., 1944.

Rodríguez Escudero, Néstor A., *Historia del espiritismo en Puerto Rico*, 2ª ed., La Habana, Editorial de Ciencias Sociales, 1973.

Rodríguez Feo, José, "Prólogo" en Pedro Henríquez Ureña, *Ensayos*, La Habana, Casa de las Américas, 1973.

——, "Mis recuerdos de Pedro Henríquez Ureña", La Habana, *Casa de las Américas*, XXIV, 144, La Habana, mayo-junio 1984, pp. 21-27.

Rodríguez Fraticelli, Carlos, "Pedro Albizu Campos: Strategies of Struggle and Strategic Struggles", *Centro de Estudios Puertorriqueños Bulletin*, IV, 1, invierno 1991-1992, pp. 24-33.

Roig de Leuchsenring, Emilio, *Historia de la Enmienda Platt: una interpretación de la realidad cubana*, 2ª ed., La Habana, Editorial de Ciencias Sociales, 1973.
Rojas, Rafael, "Fugas de la modernidad en José Martí", *Apuntes Posmodernos* V, 2, primavera, 1995, pp. 21-26.
——, "La política como martirio: sacrificios paralelos", *Nómada*, 2, Puerto Rico, octubre 1995, pp. 11-17.
——, *Isla sin fin: contribución a la crítica del nacionalismo cubano*, Miami, Ediciones Universal, 1998.
——, *José Martí: la invención de Cuba*, Madrid, Editorial Colibrí, 2001.
——, "Otro gallo cantaría", *Encuentro de la Cultura Cubana*, 24, Madrid, primavera 2002, pp. 97-111.
Rollenbleck, Georg (ed.), *Le discours polémique*, París, Editions Place, 1985.
Román, Reinaldo L., "Savage History, Dialogue, and Their Possibilities", en *Plural Worlds, Multiple Selves: Ashis Nandy and the Post-Columbian Future*, Special Issue, Emergences, 7-8, Los Ángeles, University of California, 1995-1996, pp. 226-233
Romero, José Luis, *Latinoamérica: las ciudades y las ideas*, México, Siglo XXI, 1976.
——, *La experiencia argentina y otros ensayos*, comp. Luis Alberto Romero, Buenos Aires, Editorial de Belgrano, 1980.
——, *Las ideologías de la cultura nacional y otros ensayos*, selección de Luis Alberto Romero, postfacio de Tulio Halperin Donghi, Buenos Aires, Centro Editor, 1982.
Roorda, Eric Paul, "The Cult of the Airplane among U. S. Military Men and Dominicans during the U. S. Occupation and the Trujillo Regime", en Gilbert Joseph, Catherine L. Legrand y Ricardo Salvatore (eds.), *Close Encounters of Empire: Writing the Cultural History of U. S. Latin American Relations*, pról. de Fernando Coronil, Durham, Duke University Press, 1998, pp. 269-310.
Rosado, Marisa, *Las llamas de la aurora: acercamiento a una biografía de Pedro Albizu Campos*, 2ª ed. revisada y aumentada, San Juan, 1998.
Rosario Natal, Carmelo, "Muñoz y Albizu: el choque en la víspera de la insurrección, 1947-1950", en *Luis Muñoz Marín: perfiles de su gobernación, 1948-1964*, ed. Fernando Picó, San Juan, Fundación Luis Muñoz Marín, 2003, pp. 309-341.

Rosenblat, Ángel, *El español de América*, selección, prólogo, cronología y bibliografía de María Josefina Tejera, Caracas, Biblioteca Ayacucho, 2002.

Rotker, Susana, *La invención de la crónica*, Buenos Aires, Ediciones Letra Buena, 1992.

——, "Simón Rodríguez: tradición y revolución", en *Esplendores y miserias del siglo XIX. Cultura y sociedad en América Latina*, comps. Beatriz González Stephan *et al.*, Caracas, Monte Ávila, 1995, pp. 161-182.

Rowe, William y Vivian Schelling, *Memoria y modernidad: cultura popular en América Latina*, trad. de Hélène Lévesque Dion, México, Conaculta y Grijalbo, 1993.

——, "El criollismo", en *América Latina: palavra, literatura e cultura*, vol. 2, *Emancipação do discurso*, ed. Ana Pizarro, San Pablo, Memorial-Unicamp, 1994, pp. 703-717.

Rubin, William (ed.), *Primitivism in 20th Century Art: Affinities of the Tribal and the Modern*, Nueva York, Museum of Modern Art, 1984.

Rubione, Alfredo, "Enrique Larreta, Manuel Gálvez y la novela histórica", *Historia crítica de la literatura argentina*, t. 6, *El imperio realista*, op. cit., pp. 271-295.

Ruiz de Alarcón, Juan, *Teatro*, pról. y notas de Alfonso Reyes, Madrid, Espasa Calpe, 1953 [1918].

Ruiz-Manjón, Octavio y Alicia Langa (eds.), *Los significados del 98: la sociedad española en la génesis del siglo XX*, Madrid, Fundación ICO, Biblioteca Nueva y Universidad Complutense de Madrid, 1999.

Sábato, Ernesto, "Significado de Pedro Henríquez Ureña", en *Pedro Henríquez Ureña*, Buenos Aires, Ediciones Culturales Argentinas, 1967, pp. 7-25.

Sabato, Hilda, *La política en las calles: entre el voto y la movilización, Buenos Aires, 1862-1880*, Buenos Aires, Sudamericana, 1998 (2ª ed., Bernal, Universidad Nacional de Quilmes, colección Intersecciones, 2004).

—— (coord.), *Ciudadanía política y formación de las naciones: perspectivas históricas de América Latina*, México, Fondo de Cultura Económica y El Colegio de México, 1999.

——, "On Political Citizenship in Nineteenth-Century Latin America", *The American Historical Review*, 106, 4, octubre 2001, pp. 1290-1315.

Said, Edward W., *Beginnings: Intention and Method*, Nueva York, Columbia University Press, 1985 [1975].
——, *Orientalism*, Nueva York, Pantheon Books, 1978 (en español: *Orientalismo*, trad. de María Luisa Fuentes, Madrid, Libertarias, 1990).
——, *The World, the Text and the Critic*, Cambridge, Harvard University Press, 1983.
——, "Crítica secular", en *Punto de Vista*, X, noviembre-diciembre, 1987, Buenos Aires.
——, *Culture and Imperialism*, Nueva York, Alfred A. Knopf Inc., 1993 (en español: *Cultura e imperialismo*, trad. de Nora Catelli, Barcelona, Editorial Anagrama, 1996).
——, *Representations of the Intellectual: the 1993 Reith Lectures*, Nueva York, Vintage Books, 1994 (en español: *Representaciones del intelectual*, trad. de Isidro Arias, Barcelona, Paidós, 1996).
Sáinz de Medrano, Luis, "Un episodio de la *Autobiografía* de Rubén Darío: la conmemoración en España del IV Centenario del descubrimiento de América", en *XVII Congreso del Instituto Internacional de Literatura Hispanoamericana*, t. III, Madrid, Ediciones Cultura Hispánica del Centro Iberoamericano de Cooperación, 1978, pp. 1489-1498.
Saldívar, José David, "Las fronteras de Nuestra América: para volver a trazar el mapa de los Estudios Culturales norteamericanos", trad. de Esther Pérez, *Casa de las Américas*, XXXVII, 204, La Habana, julio-septiembre 1996, pp. 3-19.
Sale, Kirkpatrick, *The Conquest of Paradise: Christopher Columbus and Columbian Legacy*, Nueva York, Knopf, 1990.
Salinas, Pedro, *Jorge Manrique: o tradición y originalidad*, Buenos Aires, Sudamericana, 1962 [1947].
—— y Jorge Guillén, *Correspondencia (1923-1951)*, ed., intro. y notas de Andrés Soria Olmedo, Barcelona, Tusquets, 1992.
Salvá, Vicente, *Nuevo diccionario de la lengua castellana*, París, 1846.
Salvatore, Ricardo D., "Penitentiaries, Visions of Class, and Export Economies: Brazil and Argentina Compared", en *The Birth of the Penitentiary in Latin America: Essays on Criminology, Prison Reform, and Social Control, 1830-1940*, eds. Ricardo D. Salvatore y Carlos Aguirre, Austin, University of Texas Press, 1996.

Santí, Enrico Mario, "Latinoamericanismo", *Vuelta*, 210, México, mayo 1994, pp. 62-64.

Santiago-Valles, Kelvin, *"Subject People" and Colonial Discourses: Economic Transformation and Social Disorder in Puerto Rico: 1898-1947*, Albany, State University of New York Press, 1994.

Santovenia, Emeterio S., *Lincoln in Martí*, trad. de Donald F. Fogelquist, Chapel Hill, The University of North Carolina Press, 1953.

Santoveña Setién, Antonio, *Marcelino Menéndez Pelayo: revisión crítico-biográfica de un pensador católico*, Santander, Universidad de Cantabria y Asamblea Regional de Cantabria, 1994.

Sarlo, Beatriz, "Pedro Henríquez Ureña: lectura de una problemática", *Filología*, XX, Buenos Aires, 1985, pp. 9-20.

——, *La batalla de las ideas (1943-1973)*, Buenos Aires, Ariel, Biblioteca del Pensamiento Argentino, t. VII, 2001.

——, *Borges, un escritor en las orillas*, Buenos Aires, Seix Barral, 2003.

Scarano, Francisco (ed.), *Inmigración y clases sociales en el Puerto Rico del siglo XIX*, Río Piedras, Ediciones Huracán, 1985.

——, "The Jíbaro Masquerade and the Subaltern Politics of Creole Identity Formation in Puerto Rico, 1745-1823", *American Historical Review*, 101, 1996, pp. 1398-1431.

——, *Puerto Rico: cinco siglos de historia*, San Juan, McGraw Hill, 1993.

Schmidt-Nowara, Christopher, "The Specter of Las Casas: Jose Antonio Saco and the Persistence of Spanish Colonialism in Cuba", *Itinerario*, 25.2, 2001, pp. 93-109.

Schorske, Carl E., *Fin-de-siècle Vienna: Politics and Culture*, Nueva York, Knopf & Random House, 1979 (en español: *Viena Fin-de-Siècle. Política y cultura*, trad. de Iris Menéndez, Barcelona, Gustavo Gili, 1981).

——, *Thinking With History: Explorations in the Passage to Modernism*, Princeton, Princeton University Press, 1998.

Schulman, Ivan A., *Símbolo y color en la obra de José Martí*, Madrid, Editorial Gredos, 1960.

Schrecker, Ellen, *No Ivory Tower: McCarthyism and the Universities*, Nueva York, Oxford University Press, 1986.

——, *Many are the Crimes: McCarthyism in America*, Boston, Little, Brown, 1998.

Schwarz, Roberto, "Nacional por substracción", *Punto de Vista*, IX, 28, Buenos Aires, noviembre, 1986, pp. 15-22.

——, *Misplaced Ideas: Essays on Brazilian Culture*, edición e introducción de John Gledson, Londres, Verso, 1992.
Schwartz, Stuart, "The Hurricane of San Ciriaco: Disaster, Politics, and Society in Puerto Rico, 1899-1901", *Hispanic American Historical Review*, 72, 3, pp. 303-334.
Scott, Joan W., *Gender and the Politics of History*, Nueva York, Columbia University Press, 1988.
Scott, Rebecca J., *Slave Emancipation in Cuba: The Transition to Free Labor, 1860-1899*, Princeton, Princeton University Press, 1985.
——, "Raza, clase y acción colectiva en Cuba, 1895-1902: la formación de alianzas interraciales en el mundo de la caña", en *El Caribe entre imperios*, número especial de *Op. Cit., Revista del Centro de Investigaciones Históricas de la Universidad de Puerto Rico*, 9, ed. Arcadio Díaz Quiñones, 1997, pp. 131-162.
Seed, Patricia, "Colonial and Postcolonial Discourse", *Latin American Research Review*, XXVI, 3, New Mexico, 1991, pp. 181-200.
Segovia, Tomás, *Poética y profética*, México, El Colegio de México y Fondo de Cultura Económica, 1985.
Sekyi-Otu, Ato, *Fanon's Dialectic of Experience*, Cambridge, Harvard University Press, 1996.
Segre, Roberto, "Buenos Aires en sus 30. Los profetas de la modernidad porteña: Gardel y Le Corbusier", *Casa de las Américas*, XLI, 219, La Habana, abril-junio 2000, pp. 106-114.
"Selections from the Symposium on 'Literacy, Reading, and Power', Whitney Humanities Center, November 14, 1987", *The Yale Journal of Criticism*, 2, 1, 1988, pp. 193-232.
Sennett, Richard, *Respect in a World of Inequality*, Nueva York, Norton, 2003.
Seoane, María Cruz y María Dolores Saiz, *Historia del periodismo en España. El siglo XX: 1898-1936*, Madrid, Alianza Universidad, 1996.
Sepúlveda, Isidro, *Comunidad cultural e hispanoamericanismo: 1885-1936*, Madrid, Universidad Educación a Distancia, 1994.
Serrano, Carlos, "Miguel de Unamuno y Fernando Ortiz: un caso de regeneracionismo trasatlántico", *Nueva Revista de Filología Hispánica*, XXXV, pp. 299-306.
Serrano de Haro, Antonio, "Tres notas sobre Rafael María de Labra", en *La nación soñada: Cuba, Puerto Rico y Filipinas ante el 98: Actas del*

Congreso Internacional *celebrado en Aranjuez del 24 al 28 de abril de 1995,* eds. Consuelo Naranjo, Miguel A. Puig-Samper y Luis Miguel García Mora, Madrid, Ediciones Doce Calles, 1996, pp. 49-64.

Sheridan, Guillermo, "Pedro Henríquez Ureña y los Estados Unidos", *Vuelta,* XI, 128, julio 1987, pp. 48-52.

Shils, Edward, "Intellectuals, Tradition, and the Traditions of Intellectuals: Some Preliminary Considerations", en *Intellectuals and Tradition,* I, número especial de la revista *Daedalus,* eds. S. N. Eisenstadt y S. R. Graubard, 1972, pp. 21-34.

——, *Tradition,* Chicago, University of Chicago Press, 1981.

Shohat, Ella, "Notes on the 'Post-Colonial'", en *Social Text,* 31/32, 10, 2-3, 1992, pp. 99-113. También en *The Pre-Occupation of Postcolonial Studies,* eds. Fawzia Afzal-Khan y Kalpana Seshadri-Crooks, Durham, Duke University Press, 2000, pp. 126-139.

Silva Gotay, Samuel, *Catolicismo y política en Puerto Rico bajo España y Estados Unidos: siglos XIX y XX,* San Juan, Editorial de la Universidad de Puerto Rico, 2005.

Simmel, Georg, *Estudios sobre las formas de socialización,* Madrid, Alianza, 1986.

——, *Sobre la escritura: ensayos de estética,* epílogo de Jürgen Habermas, trad. de Gustau Muñoz y Salvador Mas, Barcelona, Península, 2002.

Smith, D.Vance, *The Book of the Incipit: Beginnings in the Fourteenth Century,* Mineápolis, University of Minnesota Press, 2001.

Soja, Edward W., *Postmodern Geographies: The Reassertion of Space in Critical Social Theory,* Londres y Nueva York, Verso, 1989.

Solano, Francisco de (comp.), *Documentos sobre política lingüística en Hispanoamérica (1492-1800),* estudio preliminar de Francisco de Solano, Madrid, Consejo Superior de Investigaciones Científicas, 1991.

Sommer, Doris, *Foundational Fictions: The National Romances of Latin America,* Berkeley, University of California Press, 1991.

—— (ed.), *The Places of History: Regionalism Revisited in Latin America,* Durham, Duke University Press, 1999.

Sosa, Joel, "Concepciones teórico-militares en el democratismo revolucionario de José Martí", *Anuario del Centro de Estudios Martianos,* 3, 1980, pp. 355-377.

Spengler, Oswald, *La decadencia de Occidente: bosquejo de una morfología de la historia universal*, 2 tomos, trad. de Manuel G. Morente, Madrid, Espasa Calpe, 1966 [1923].
Spitta, Silvia, *Between Two Waters: Narratives of Transculturation in Latin America*, Houston, Rice University Press, 1995.
Spivak, Gayatri Chakravorty, *In Other Worlds: Essays in Cultural Politics*, Nueva York, Routledge, 1988.
——, *A Critique of Postcolonial Reason: Toward a History of the Vanishing Present*, Cambridge y Londres, Harvard University Press, 1999.
Sprinker, Michael (ed.), *Edward Said: a Critical Reader*, Cambridge, Blackwell, 1992.
Stabb, Martin, *In Quest of Identity: Patterns in the Spanish American Essay of Ideas, 1890-1960*, Chapel Hill, University of North Carolina Press, 1967 (en español: *América Latina en busca de una identidad. Modelos del ensayo ideológico hispanoamericano, 1890-1960*, Caracas, Monte Ávila Editores, 1969).
Starobinski, Jean, *1789. Los emblemas de la razón*, trad. de José Luis Checa Cremades, Madrid, Taurus, 1988 [1973].
——, "La palabra *civilización*", *Prismas. Revista de Historia Intelectual*, 3, Bernal, Universidad Nacional de Quilmes, 1999, pp. 9-36.
——, *Acción y reacción: vida y aventuras de una pareja*, trad. de Eliane Cazenave Tapié Isoard, México, Fondo de Cultura Económica, 2001.
Stein, Stanley y Barbara Stein, *La herencia colonial de América Latina*, trad. de Alejandro Licona, Mexico, Siglo XXI Editores, 1980.
Stepan, Nancy Leys, *"The Hour of Eugenics": Gender, Race, and Nation in Latin America*, Ithaca, Cornell University Press, 1991.
Steward, Julian (ed.), *The People of Puerto Rico: A Study in Social Anthropology*, Illinois, University of Illinois Press, 1956.
Suárez Díaz, Ada, *El Antillano: Biografía del Dr. Ramón Emeterio Betances (1827-1898)*, San Juan, Centro de Estudios Avanzados de Puerto Rico y el Caribe, 2004.
Suárez Findlay, Eileen J., *Imposing Decency: The Politics of Sexuality and Race in Puerto Rico, 1870-1920*, Durham, Duke University Press, 1999.
Subirats, Eduardo, *Después de la lluvia: sobre la ambigua modernidad española*, Madrid, Temas de Hoy, 1993.

——, *El continente vacío: la conquista del Nuevo Mundo y la conciencia moderna*, Madrid, Anaya & Mario Muchnik, 1994.

——, "España 1898: decadencia y modernidad", en *El Caribe entre imperios*, número especial de *Op. Cit. Revista del Centro de Investigaciones Históricas de la Universidad de Puerto Rico*, 9, ed. Arcadio Díaz Quiñones, Río Piedras, 1997, pp. 325-345.

—— (coord.), *Américo Castro y la revisión de la memoria. El Islam en España*, Madrid, Ediciones Libertarias, 2003.

Sued Badillo, Jalil y Ángel López Cantos, *Puerto Rico negro*, Río Piedras, Editorial Cultural, 1986.

Surette, Leon, *The Birth of Modernism: Ezra Pound, T.S. Eliot, W.B. Yeats and the Occult*, Montreal y Buffalo, McGill y Queen's University Press, 1993.

Taller de Historia General, *Espacios, silencios y los sentidos de la libertad: Cuba entre 1878 y 1912*, coords. Fernando Martínez Heredia, Rebecca J. Scott y Orlando García Martínez, La Habana, Ediciones Unión, 2001.

Terán, Oscar, *En busca de la ideología argentina*, Buenos Aires, Catálogos Editora, 1986.

——, "Modernos intensos en los veinte", *Prismas. Revista de Historia Intelectual*, 1, Bernal, Universidad Nacional de Quilmes, 1997, pp. 91-103.

——, "Pedro Henríquez Ureña: una deriva intelectual", en Pedro Henríquez Ureña, *Ensayos*, edición crítica de José Luis Abellán y Ana María Barrenechea, Madrid, París, México, Colección Archivos, 1998, pp. 604-623.

——, "Comentario a la ponencia de Arcadio Díaz Quiñones: Espiritismo y transculturación", *Prismas. Revista de Historia Intelectual*, 2, Bernal, Universidad Nacional de Quilmes, 1998, pp. 193-196.

Terraciano, Kevin, *The Mixtecs of Colonial Oaxaca*, Stanford, Stanford University Press, 2001.

The Hispanic Society of America: Tesoros, ed. Patrick Lenaghan, Nueva York, The Hispanic Society of America, 2000.

Thomas, Nicholas, *Colonialism's Culture: Culture, Anthropology, Travel, Government*, Cambridge, Polity Press, 1994.

Ticknor, George, *Historia de la literatura española*, 4 tomos, trad. de Pascual de Gayangos, con adiciones y notas criticas por Gayangos y Enrique de Vedia, Madrid, Rivadeneyra, 1851-1856.

——, *George Ticknor: Letters to Pascual de Gayangos from Originals in the Collection of the Hispanic Society of America*, ed. Clara Louisa Penney, Nueva York, 1927.

Tiempo, César, "Una plática inolvidable", en *El libro jubilar de Pedro Henríquez Ureña*, t. II, Santo Domingo, Universidad Nacional Pedro Henríquez Ureña, 1984, pp. 245-252.

Tió, Teresa, *El cartel en Puerto Rico*, México, Pearson Educación, 2003.

Tirado, Amílcar, "La forja de un líder: Pedro Albizu Campos, 1924-1930", *Centro de Estudios Puertorriqueños Bulletin*, IV, 1, invierno 1991-1992, pp. 12-23.

Toledo Sande, Luis, *José Martí, con el remo de proa: catorce aproximaciones*, La Habana, Editorial de Ciencias Sociales, 1990.

Toro González, Carlos del, *Fernando Ortiz y la Hispanocubana de Cultura*, La Habana, Fundación Fernando Ortiz, 1996.

Torres, Andrés y José E. Velázquez (eds.), *The Puerto Rican Movement: Voices from the Diaspora*, Filadelfia, Temple University Press, 1998.

Torres, Benjamín, *El proceso judicial contra Pedro Albizu Campos en 1936*, San Juan, Editorial Gelofe, 1974.

Torres Saillant, Silvio, "Hacia una identidad racial alternativa en la sociedad dominicana", *El Caribe entre imperios*, número especial de *Op. Cit. Revista del Centro de Investigaciones Históricas de la Universidad de Puerto Rico*, 9, ed. Arcadio Díaz Quiñones, Río Piedras, 1997, pp. 235-251.

——, "Tribulations of Blackness: Stages in Dominican Racial Identity", *Latin American Perspectives*, 25, 3, mayo de 1998, pp. 126-146.

Trevelyan, George M., *Illustrated English Social History*, Londres, Longmans, Green and Company, 1942.

Trías Monge, José, *Puerto Rico: The Trials of the Oldest Colony in the World*, New Haven, Yale University Press, 1997 (en español: *Puerto Rico: las penas de la colonia más antigua del mundo*, trad. de Ángel J. Casares, San Juan, Editorial de la Universidad de Puerto Rico, 1999).

Trouillot, Michel-Rolph, *Silencing the Past: Power and the Production of History*, Boston, Beacon Press, 1995.

Tugwell, Rexford G., *The Stricken Land: The Story of Puerto Rico*, Nueva York, Doubleday & Co. Inc., 1947.
Turits, Richard Lee, "A World Destroyed, a Nation Imposed: The 1937 Haitian Massacre in the Dominican Republic", *Hispanic American Historical Review*, 82, 3, 2002, pp. 589-635.
——, *Foundations of Despotism: Peasants, the Trujillo Regime, and Modernity in Dominican History*, Stanford, Stanford University Press, 2003.
Underwood Johnson, Robert y Clarence C. Buel, *Battles and Leaders of the Civil War*, Nueva York, Century Co., 1884-1888.
Uribe-Uran, Víctor M. (ed.), *State and Society in Spanish America during the Age of Revolution*, Wilmington, Delaware, SR Books, 2001.
Vallejo, César, *Desde Europa: crónicas y artículos, 1923-1938*, recopilación, prólogo, notas de Jorge Puccinelli, 2ª ed., Lima, Ediciones Fuente de Cultura Peruana, 1987.
Van Dijk, Teun, *Dominación étinica y racismo discursivo en España y América Latina*, Barcelona, Gedisa, 2003.
Van Young, Eric, "Was there an Age of Revolution in Spanish America?", en *State and Society in Spanish America during the Age of Revolution*, ed. Víctor Uribe-Uran, Wilmington, Delaware, SR Books, 2001, pp. 219-246.
Vargas, José Rafael, *La integridad humanística de Pedro Henríquez Ureña. Antología*, Santo Domingo, Editora de la UASD, 1984.
Vargas Ugarte, Rubén, *La carta a los españoles americanos de don Juan Pablo Viscardo y Guzmán*, Lima, CMB Ediciones, 1971.
Vaughan, Alden T. y Virginia Mason Vaughan, *Shakespeare's Caliban: A Cultural History*, Cambridge, Cambridge University Press, 1991.
Vega, Bernardo, *Memorias*, ed. César Andreu Iglesias, pról. de José Luis González, Río Piedras, Ediciones Huracán, 1977.
Vega, Bernardo, *Trujillo y Haití. Volumen II (1937-1938)*, Santo Domingo, Fundación Cultural Dominicana, 1995.
Véliz, Claudio, *La tradición centralista de América Latina*, trad. de María Isabel Carreras e Ignacio Hierro, Barcelona, Ariel, 1984.
Ventura, Roberto, *Estilo tropical: história cultural e polêmicas literárias no Brasil, 1870-1914*, San Pablo, Companhia das Letras, 1991.
Vezzetti, Hugo, *La locura en la Argentina*, Buenos Aires, Paidós, 1985.

—— (ed.), *El nacimiento de la psicología en la Argentina*, Buenos Aires, Puntosur, 1988.
Vientós Gastón, Nilita, "Sobre *Insularismo*", *Revista de la Asociación de Mujeres Graduadas*, II, vol. 2, Río Piedras, Universidad de Puerto Rico, enero de 1940.
——, "Un libro de Tomás Blanco", *Índice cultural*, Río Piedras, Editorial de la Universidad de Puerto Rico, 1962, t. 1, pp. 201-202.
Villa, Renzo, *Il deviante e i suoi segni: Lombroso e la nascita dell'antropologia criminale*, Milán, Franco Angeli, 1985.
Villacorta Baños, Francisco, *Burguesía y cultura: los intelectuales españoles en la sociedad liberal, 1808-1931*, Madrid, Siglo XXI de España, 1980.
——, *El Ateneo Científico, Literario y Artístico de Madrid, 1885-1912*, pról. de Manuel Espadas Burgos, Madrid, Consejo Superior de Investigaciones Científicas, Centro de Estudios Históricos, 1985.
Villaurrutia, Xavier, "Un humanista moderno", en Pedro Henríquez Ureña, *Ensayos*, edición crítica de José Luis Abellán y Ana María Barrenechea, Madrid, París, México, Colección Archivos, 1998, pp. 731-732 [1940].
Vinson III, Ben y Bobby Vaughn, *Afroméxico: el pulso de la población negra en México: una historia recordada, olvidada y vuelta a recordar*, trad. de Clara García Ayluardo, México, Fondo de Cultura Económica, 2004.
Viñas, David, "Martínez Estrada, de *Radiografía de la pampa* hacia el Caribe", en *Radiografía de la pampa*, Ezequiel Martínez Estrada, ed. crítica de Leo Pollman, España, Colección Archivos, 1991, pp. 409-423.
Viroli, Maurizio, *Por amor a la patria: un ensayo sobre el patriotismo y el nacionalismo*, trad. de Patrick Alfaya MacShane, Madrid, Acento, 1997.
Vitier, Cintio (pról. y selección), *La crítica literaria y estética en el siglo XIX cubano*, t. III, La Habana, Biblioteca Nacional José Martí, 1974.
——, *Ese sol del mundo moral*, México, Siglo XXI Editores, 1975.
——, *Temas martianos. Segunda Serie*, La Habana, Centro de Estudios Martianos, 1982.
——, "Sobre las últimas cartas de Martí", *Universidad de la Habana*, 245, número extraordinario dedicado a José Martí, 1995, pp. 7-21.

Vitier, Cintio y Fina García Marruz, *Temas martianos*, 2ª ed., Río Piedras, Ediciones Huracán, 1981 [1969].

Vitier, Medardo, *Las ideas en Cuba*, La Habana, Trópico, 1938.

——, "Ramiro Guerra evoca", en *Valoraciones*, I, La Habana, Universidad Central de las Villas, 1960, pp. 435-438.

Vivoni Farage, Enrique y Silvia Álvarez Curbelo (eds.), *Hispanofilia: Arquitectura y vida en Puerto Rico, 1900-1950*, San Juan, Editorial de la Universidad de Puerto Rico, 1998.

Vivoni Farage, Enrique (ed.), *San Juan siempre nuevo: arquitectura y modernización en el siglo xx*, San Juan, Archivo de Arquitectura y Construcción de la Universidad de Puerto Rico, 2000.

Wagner, Marina, *Managing Monsters: Six Myths of Our Time*, Londres, Vintage, 1994.

Wagner, Roy, *The Invention of Culture*, 2ª ed., Chicago, Chicago University Press, 1981.

Walcott, Derek, *La voz del crepúsculo*, trad. de Catalina Martínez Muñoz, Madrid, Alianza, 2000.

Ware, Caroline F., "Introduction", en *The Cultural Approach to History*, ed. Caroline F. Ware, Nueva York, Columbia University Press, 1940, pp. 3-16.

Warley, Jorge A., *Vida cultural e intelectuales en la década de 1930*, Buenos Aires, Centro Editor, 1985.

Watland, Charles D., "Los primeros encuentros entre Darío y los hombres del 98", en *Estudios sobre Rubén Darío*, México, Fondo de Cultura Económica y Comunidad Latinoamericana de Escritores, 1968, pp. 354-363.

Weber, Max, *Economía y sociedad*, trad. de José Medina Echavarría *et al.*, México, Fondo de Cultura Económica, 1964.

Weber de Kurlat, Frida, "Pedro Henríquez Ureña en el Instituto de Filología de Buenos Aires", en *El libro jubilar de Pedro Henríquez Ureña*, t. II, Santo Domingo, Universidad Nacional Pedro Henríquez Ureña, 1984, pp. 265-272.

Weinberg, Liliana, *El ensayo, entre el paraíso y el infierno*, México, Universidad Nacional Autónoma de México y Fondo de Cultura Económica, 2001.

——, *Literatura latinoamericana: descolonizar la imaginación*, México, Universidad Nacional Autónoma de México, 2004.

———, "Ensayo y transculturación", *Cuadernos Americanos*, nueva época, 6, 96, noviembre-diciembre 2002, pp. 31-47.
West, Cornel, *Prophesy Deliverance!: An Afro-American Revolutionary Christianity*, Filadelfia, Westview Press, 1982.
White, Hayden, *Metahistory: The Historical Imagination in Nineteenth-Century Europe*, Baltimore, Johns Hopkins University Press, 1973 (en español: *Metahistoria: la imaginación histórica en la Europa del siglo XIX*, trad. de Stella Mastrangelo, México, Fondo de Cultura Económica, 1992).
Williams, Eric, *The Negro in the Caribbean*, Washington, D. C., The Associates in Negro Folk Education, 1942.
———, *Capitalism and Slavery*, intro. de Colin Palmer, Chapel Hill, University of North Carolina Press, 1994 [1944].
Williams, Raymond, *The Country and the City*, Nueva York, Oxford University Press, 1973.
———, *Culture*, Londres, Fontana, 1981.
———, "Culture", en *The Sociology of Culture*, Chicago, University of Chicago Press, 1995, pp. 10-13.
———, *La política del modernismo. Contra los nuevos reformistas*, trad. de Horacio Pons, Buenos Aires, Ediciones Manantial, 1997.
———, *Keywords: A Vocabulary of Culture and Society*, Nueva York, Oxford University Press, 1976 (en español: *Palabras clave: un vocabulario de la cultura y la sociedad*, trad. de Horacio Pons, Buenos Aires, Ediciones Nueva Visión, 2000).
Wilkins, Lawrence, "Spanish as a Substitute for German for Training and Culture", *Hispania*, I, 1, diciembre, 1918, pp. 205-221.
Willson, Patricia, *La constelación del sur. Traductores y traducciones en la literatura argentina del siglo XX*, Buenos Aires, Siglo XXI de Argentina, 2004.
Wilson, Edmund, *Axel's Castle. A Study in the Imaginative Literature of 1870-1930*, Nueva York, Charles Scribner's Sons, 1969.
———, *Patriotic Gore: Studies in the Literature of the American Civil War*, Nueva York, Farrar, Straus and Giroux, 1977.
Winston, James, *Holding Aloft the Banner of Ehiopia: Caribbean Radicalism in Early Twentieth-Century America*, London, Verso, 1998.
Wood, Michael, *Children of Silence: On Contemporary Fiction*, Nueva York, Columbia University Press, 1998.

Xie, Shaobo, "Rethinking the Problem of Postcolonialism", *New Literary History*, 28, 1, 1997, pp. 7-19.
Young, Robert, *White Mythologies: Writing History and the West*, Londres y Nueva York, Routledge, 1990.
——, *Colonial Desire: Hybridity in Theory, Culture, and Race*, Londres y Nueva York, Routledge, 1995.
Young, Robert J. C., *Postcolonialism: An Historical Introduction*, Oxford, Blackwell Publishers, 2001.
Yúdice, George, *The Expediency of Culture: Uses of Culture in the Global Era*, Durham, Duke University Press, 2003.
Yurkievich, Saúl (coord.), *Identidad cultural de Iberoamérica en su literatura*, Madrid, Editorial Alhambra, 1986.
Zambrano, María, *Los intelectuales en el drama de España y escritos de la Guerra Civil*, presentación de Jesús Moreno Sanz, Madrid, Editorial Trotta, 1998.
Zanetti, Susana (comp.), *Las cenizas y la huella: linajes y figura de artista en torno al modernismo*, Rosario, Beatriz Viterbo, 1997.
——, "Modernidad y religación: una perspectiva continental (1880-1916)", en *América Latina: palavra, literatura e cultura*, vol. 2, *Emancipação do discurso*, ed. Ana Pizarro, San Pablo, Memorial-Unicamp, 1994, pp. 489-534.
Zea, Leopoldo, *Dos etapas del pensamiento en Hispanoamérica*, México, El Colegio de México, 1949.
—— (comp.), *América Latina en sus ideas*, México, Siglo XXI y Unesco, 1986.
Zenón Cruz, Isabelo, *Narciso descubre su trasero: el negro en la cultura puertorriqueña*, tomos 1 y 2, Humacao, Editorial Furidi, 1974-1975.
Zerolo, Elías, *Diccionario enciclopédico de la lengua castellana*, París, Garnier Hermanos, 1895.
Zuleta Álvarez, Enrique, *Pedro Henríquez Ureña y su tiempo*, Buenos Aires, Catálogos, 1997.
——, "Humanismo y ética en Pedro Henríquez Ureña", en Pedro Henríquez Ureña, *Ensayos*, edición crítica de José Luis Abellán y Ana María Barrenechea, Madrid, París, México, Colección Archivos, 1998, pp. 870-880.
Zum Felde, Alberto, *Índice crítico de la literatura hispanoamericana: el ensayo y la crítica*, México, Editorial Guaranda, 1954

Índice de nombres y temas

1898   5, 16, 21-22, 27-28, 35-36, 56, 59, 61-63, 67-69, 79, 82, 98, 105-106, 108, 110-111, 114, 119-121, 128, 156, 178, 262-263, 287, 307-308, 316, 324, 326, 344, 346, 357, 368

A

Abbad y Lasierra, Íñigo   143-144
abolición   25, 29, 81-82, 85, 98, 141, 143, 213, 236, 242, 290, 307-308, 332,
abolicionistas liberales   332
   abolicionistas radicales   236, 242
   abolir la esclavitud   35, 236
   autonomistas y abolicionistas   333
   de la esclavitud   85
   movimiento abolicionista   25
   y abolicionistas   29
acontecimiento (Amin)   35
Acosta, Fernando   11
Acosta, Ivonne   361
Acosta, José Julián   143
Adelman, Jeremy   11, 107-108
Adler, Elmer   381
Adorno, Rolena   10, 47, 61, 128-129, 220
afiliación (Said)   30, 37-38, 41, 115-116, 124, 136, 150, 160, 197, 292, 343
afiliaciones   41, 124, 197, 292
afiliarse   239
alianzas   22, 39, 66, 85, 88, 113, 124, 135, 147, 292, 360, 364, 369
africanización   83, 310
afroantillano   3, 139-140
afrocaribeño   27-28, 43, 82, 121, 123, 149, 155, 161-162, 199, 210, 228
afrodominicana, afrodominicano   85, 213, 215
Agamben, Giorgio   350
Aillón Soria, Esther   70, 82
Alatorre, Antonio   185
Albert Robatto, Matilde   135
Albizu Campos, Pedro   131, 356, 358, 360-361
Alegría, Ricardo   382
alfabetización   48, 89, 384
Alicea, Dennis   9
Alighieri, Dante   20, 207
Alonso, Amado   130, 164, 190, 196, 199, 213
Alonso, Carlos J.   288
Altamira, Rafael   59, 130, 133, 280

Altamirano, Carlos   2, 9, 45, 154, 190
Álvarez, Silvia   365
Amante, Adriana   17
Amauta (revista)   152
América   2, 6, 8, 15, 24, 43, 45, 50, 56-58, 60-61, 63-66, 69-75, 78-80, 84, 88, 93-94, 96-97, 99-102, 104, 110-111, 113, 116-118, 123-132, 134-135, 138, 147, 150, 153-154, 156, 158-159, 163-164, 169-170, 181, 183, 186, 208, 211-214, 219, 222-224, 226-228, 234, 237-238, 243-245, 248, 263, 266-268, 280-281, 292-293, 2309, 318, 352, 361
Amin, Shahid   11, 35
anarquía   35, 158, 208
    anarquista   68, 133, 232, 241, 397
    orden frente a la   158
    poética y política   225
    romanticismo y   208, 226
Anderson Imbert, Enrique   112
Anderson, Benedict   292
Andreu Iglesias, César   360, 361, 383
Angenot, Marc   104
Antelo, Raúl   159
Anteo, 304
antiimperialismo   43, 61, 198, 309, 353
    antiimperialista   43, 61, 198
    conciencia antiimperialista   198
    tradición antiimperialista   61

Aragunde, Rafael   9
Araquistáin, Luis   126-127, 309-310
árbol genealógico   239, 315, 328
arcaísmo   213-214
Arce de Vázquez, Margot   317, 335, 345, 348, 353, 376-377, 397
Arendt, Hannah   8, 20, 37, 122, 157, 325
Argelia   31, 40, 361, 365
Arguedas, Alcides   120
Argüelles, Aníbal   267
armas y letras   45, 231-232, 258-260
Arnold, Matthew   41, 155, 159, 181, 200-201, 221, 226, 228
Arrieta, Rafael Alberto   157, 194-195
Artes Gráficas del Instituto de Cultura Puertorriqueña   379, 381
artistas-artesanos   380
Asomante (revista)   345, 349, 356, 368, 376, 378-379, 391, 394
Association of Teachers of Spanish and Portuguese, EE. UU.   131
atavismo   265, 272-273, 278, 282, 328
Ateneo de la Juventud, México   182-184, 187
Ateneo Puertorriqueño (revista)   357-358
Ateneo Puertorriqueño, San Juan   378
Auerbach, Erich   40-41, 358
aura (Benjamin)   48, 205, 372, 374
autonomía   4-5, 16, 29, 80, 94, 99, 103-106, 143, 159, 263, 290, 311-313, 332, 346-347, 358-359,

369, 389, 393, 395, 397-300
autonomismo   105, 358, 389
autonomista   16, 29, 80, 99, 103, 106, 263, 358, 389, 399
   del campo intelectual   5, 346
   y compromiso (Bourdieu) 346-347
autoridad   13, 20-22, 37, 47, 60, 74-77, 80, 98, 126, 136, 139, 143, 162, 177, 194, 209, 217, 225-226, 239, 263, 276, 287-289, 292, 294, 305, 310, 314, 325, 331, 333, 335-337, 339, 352, 373, 377, 398
   colonial   74, 80
   crisis de   225
   cultural de lo hispánico   325
   del heredero   339
   espiritual   21, 126
   etnográfica   162
   figura de   226, 294
   fuerza reproductiva de su   289
   guerra por la autoridad de la tradición   22
   identidad y   333
   imperial   21, 74
   intelectual   294
   lugar de   263
   tradición y autoridad cultural   22, 325
Avance (revista)   134, 219, 305, 309, 319, 364
Azorín (José Martínez Ruiz)   123, 199, 202
Azuela, Mariano   3

B

Bachelard, Gaston   371
Balaguer, Joaquín   83
Baldwin, James   399
Balfour, Sebastián   63, 67, 69, 117
Ballets de San Juan   382, 395
Balsa, Miguel   11
Barañano, Eduardo   381
Barbados   62, 306-310, 338
Barbosa, José Celso   120, 333
Barcia, María del Carmen   10
Barrenechea, Ana María   42, 138, 160, 168, 191
Bartra, Roger   217
Bastiat, Frédéric   105
Beckett, Samuel   55, 399
Beecher Stowe, Harriet   242
Benítez Rojo, Antonio   1, 7, 9, 16, 148, 162, 266, 297, 311
Benítez, Jaime   385-388
Bernard, Carmen   93
Berry, Ana   196
Bertolé, Emilia   196
Betances, Ramón Emeterio   67, 98-99, 141, 333
Bethell, Leslie   118
Bhabha, Homi   2, 11, 38-39, 52, 74, 76, 84, 114, 119, 143, 292, 327
Biblioteca Ayacucho   43, 45, 58, 112, 154
Bierce, Ambrose   242
Blanco Fombona, Rufino   50-51
Blanco, Tomás, 3-5, 10, 29, 31, 118, 296-297, 341-399
Bloch, Ernst   32
Bolívar, Simón   10, 50, 63-64, 78,

80, 94-98, 209, 250, 259, 293, 339
Bonfil Batalla, Guillermo 103
Bonilla, Frank 81-82, 290, 307-308, 359
Borges, Jorge Luis 8, 138-139, 156, 163, 178, 195, 222, 399
Borges, Norah 196
Botticelli, Sandro 372
Bourdieu, Pierre 346-347, 395, 346-347, 395
Boyer, Jean Pierre 85
braceros 28, 215, 301, 303, 306
   haitianos 215, 301
   jamaiquinos 28
Brading, David A. 70, 89, 91, 93, 293
Brasil 15, 17, 39, 76, 116, 212, 215, 218, 266-267, 271
Brau, Salvador 104-107, 141, 333, 338
Brecht, Bertolt 400
Britt-Arredondo, Christopher 11, 139
Broichhagen, Vera 11
Brooks, Van Wyck 180
brujería 270-272
Buck-Morss, Susan 363, 388
Bueno, Salvador 82
Bürger, Peter 369
busca / búsqueda (Henríquez Ureña) 151-152, 209-210, 224, 227
Buscaglia, José 11
Bystrom, Kerry L. 11

C

Cable, George Washington 242
Cabot Lodge, Henry 167
Cadava, Eduardo 10
Cairo, Ana 10
Calasso, Roberto 331
calendarios 32, 34-35
Calvino, Italo 348, 351
campo y ciudad en la literatura 371
Campos Parsi, Héctor 379
Campos, Ricardo 359-360
Cancel Miranda, Rafael 361
Candido, Antonio 154
Caro, José Eusebio 77
Carpentier, Alejo 8, 119, 160, 162, 396
Carrasco, David 10
Cartagena, Colombia 7, 10, 78
Casals, Pablo 382, 386, 395
Castellanos Jorge, 50, 82, 175, 181, 214
Castelar, Emilio 104
Castoriadis, Cornelius 291
Castro, Américo 9-10, 58, 68
Castro, María de los Ángeles 10, 121, 359
Cátedra Charles Eliot Norton, Harvard University 158, 164
Catelli, Nora 69, 197
caudillo / caudillismo 3, 167, 198, 233, 235, 241, 246, 251-253
censura, 62, 79-80, 101, 103, 105-106, 143-144, 187, 254, 306, 317
   católica 105
   colonial 103, 143
   de la prensa 101
   esclavitud y censura colonial 143

española   105
Centro de Arte Puertorriqueño, San Juan   380
Centro de Estudios Históricos, Madrid   56, 121, 129, 134, 136, 295, 356
Centro de Estudios Martianos, La Habana   9
Centro de Investigaciones Históricas de la Universidad de Puerto Rico   10-11
Century Magazine   243, 245
Cepero Bonilla, Raúl   81-82, 290, 307-308
Chakrabarty, Dipesh   11, 51, 106, 147, 287
Chardón, Carlos E.   336
Chartier, Roger   65, 74, 155, 348
Chatterjee, Partha   2, 11, 38-39, 94, 97, 291, 307, 339
Chaunu, Pierre   1
Chesnut, Mary   242
Chiaramonte, José Carlos   27, 64-65
Childs, Matt D.   83
Chocano Mena, Magdalena   47
cimarrón   14-15, 28, 142-144
  cimarronería   144
ciudad letrada (Rama)   8, 37, 43-47, 140, 146, 296, 298, 377
  cubana   298
  fuentes letradas   146
  juventud letrada   316
  nuevos espacios de legitimación   296
  propiedad y lengua   45
civilización   73, 77, 81-83, 85, 95, 101, 107, 117, 122, 124, 126-127, 141, 155, 175-177, 179-180, 200, 208, 210-212, 220, 270, 272, 280, 299, 304, 306, 312-313, 327-328, 339, 364, 394
  castellano como lengua de la   117
  cristiana   77
  cultura y   155, 177
  emblemas de la   126
  española   210
  europea   83, 85, 95, 199, 220
  helénica   73
  incivilización   179-180
  industrial   394
  material   177
  occidental   364
  patria y   176-177
  raza heroica y civilizadora   116
  raza y civilización europea   85
  romana   73
  y barbarie   95, 81, 82
  y el progreso   306
  y la nacionalidad   306
Clifford, James   17 41, 67, 162, 271
Codding, Mitchell   131
Cohn, Bernard S.   38, 61
colección   9, 19, 45, 58, 71, 129-131, 152, 157, 175, 190, 196, 202-203, 212, 240, 242, 263, 269, 341, 345-346, 381, 396,
  Arca de Noé   345, 374
  arquetípica   345
  arquetipo de la   345
  coleccionista   120, 157, 345-346, 381
Colegio Nacional de La Plata   191

Colombia   1, 7, 10, 14, 75-78, 93, 108, 306
colonia   2, 4-5, 8-9, 11, 14-16, 23-25, 27-28, 34, 36, 38-41, 46, 48, 50-52, 55-56, 59-63, 66-71, 74-81, 84, 86, 88-89, 93-94, 97-98, 100-110, 113, 115-116, 118-120, 122, 127, 129, 132-133, 135-136, 139, 142-146, 148-149, 155, 158, 160, 162-163, 167-168, 198, 208-211, 213-214, 216, 220, 227-229, 233-234, 238, 264, 287-296, 298, 301-302, 305, 307, 309-311, 317-318, 321-323, 334, 336-337, 339, 342, 352, 356-360, 362, 364, 366-367, 380, 387-388
   anticolonial / anticoloniales   2, 97, 129, 292, 358
   anticolonialista / anticolonialistas   129, 143, 290, 293
   aristocracia colonial blanca   86
   azucarera   79, 342, 364
   bases jurídicas de la   358
   beginnings coloniales   23
   censura colonial   103, 143
   centro metropolitano colonial   339
   ciudad colonial   380
   ciudadanía y   318
   coloniaje   117, 336, 338
   colonialism / colonialismo   38, 50, 52, 61, 84, 110, 115-116, 136, 143, 145, 287, 189-290, 297-298, 311, 318, 352, 357, 367
   colonias antillanas   148
   colonias hispanoamericanas   21, 93
   colonización blanca   305
   como principio   158
   conexiones entre colonia y metrópoli   108
   crimen colonial   294
   cubana   25, 79
   de plantaciones   302, 306-307
   dependencia colonial   295, 323
   discurso / discursos poscoloniales   109, 163
   discurso anticolonial   97, 293, 358
   discurso colonial   47, 84
   discurso del colonialismo   84
   dominación colonial   288, 321
   esclavitud y censura colonial   143
   española   86, 104-106, 127, 216, 311
   espíritu colonial   292
   Estado colonial   142-143, 301, 322, 337
   excolonias   66, 76
   experiencia colonial   14, 52, 167, 227
   francesa   216, 302
   fundación colonial   46
   guerra colonial   117, 294
   guerras anticoloniales   2
   hispánica   120
   intelectuales de la   309
   islas colonizadas y

ÍNDICE DE NOMBRES Y TEMAS   497

esclavizadas   1
luchas anticoloniales y
  soberanistas   2
melancolía colonial   227-229
memoria colonial   11
modernidad colonial   228,
  337
orden de la colonia   209
pasado colonial   80, 89, 160
poder colonial   292
política colonial
  norteamericana   356
potencia colonial imperialista
  366
presidio colonial / prisión
  colonial   24, 238
principios coloniales   102
régimen colonial español   25
representación colonial   234
veneno colonial   264
y metrópolis / y metrópoli
  14-16, 39, 56, 62, 81, 89,
  101, 105, 108, 309
Columbia University   38, 120-
  121, 134-135, 295
Comte, Auguste   105
comunidad   4, 6, 14, 73, 120, 123,
  130, 138-139, 142, 145, 147,
  150, 154, 168, 170-171, 181,
  183, 194, 218, 247, 253-254,
  260, 277-278, 294, 305, 307,
  311-312, 338, 345, 352, 359,
  379, 382-383, 389, 398
  comunidades afrodescendientes
  4
  comunidades cimarronas   14
  comunidades cubanas   120

  comunidades indígenas   168
  comunidades puertorriqueñas
  181
  de artistas   398
  emigrante   389
  española   139
  hispánica   130
  intelectual   383
  nacional   247, 278
  político-filosófica   294
  semiclandestina   145
  y la naturaleza   345
comunidad imaginada   338
concepción clásica de la belleza
  y de la racionalidad
  "occidental"   162
Concepción, Alma   396
conciencia de la diferencia   294
Conn, Robert T.   11, 125
conquista espiritual   112, 126
conquista moral y religiosa   117
Conrad, Joseph, 39
Conspiración de La Escalera   81-82
continuidad   67, 74, 88, 139-140,
  151, 167, 199, 209
contrapunteo / contrapunteos   4,
  26, 35, 39, 126, 162, 216, 218,
  261-262, 265, 268, 277, 285-
  286, 297
convivencia   38, 41, 143, 204, 211,
  345, 355, 370, 396
Cooper, Frederick   38, 110, 135, 189
Cornejo Polar, Antonio   103, 147,
  154, 162
Coronil, Fernando   262
corrientes (Henríquez Ureña)   3,
  24, 41, 97, 150, 154, 158, 161,

172-173, 176-178, 184, 189, 207-209, 211, 213, 218-219, 224-226, 228-229
Cortés Rocca, Paola   11
Cosío Villegas, Daniel   156, 180, 188, 197
cosmopolita   19, 31, 104, 110, 112, 155, 157, 178
Coss, Luis Fernando   9
Cranach el Viejo   372
créole   83, 216, 293
criminología   26, 262, 264-267, 270, 273-277, 281
  lombrosiana   264-267, 273-274, 281
criollo / criollos   48, 50, 94, 183-184, 204, 215, 224-224, 292
  criollismo   50, 223, 292
  criollista   48, 223, 292
  propietarios   322
crítica imaginativa   204
crítico errante (Henríquez Ureña)   156
cruzada   117, 231, 236, 251
  contra los musulmanes   117
Cuarto Centenario del Descubrimiento de América   57, 73-74, 92, 101, 111
Cuba   1-5, 7, 10, 15-16, 23-24, 26-28, 34-36, 43, 48, 59, 62-63, 67-68, 78-84, 88, 100-103, 105, 107-110, 113, 134, 139, 148, 150, 157, 164, 166, 169, 174, 178, 180, 182, 214, 217-220, 222, 232-238, 240-241, 244, 251-252, 259-273, 275, 278-286, 289-290, 294-314, 319, 322, 324, 335, 364, 365, 396, 399
Cubano Iguina, Astrid   105
Cuervo, Rufino José   164
Cuesta, Jorge   184
cultura   2-5, 9, 14, 16-17, 22-26, 29, 31, 33, 37-48, 50-52, 55-70, 72-76, 78-80, 82-84, 86-90, 93-94, 99, 101-103, 107-111, 115-116, 118-124, 126-128, 130-140, 142-156, 158-159, 161-162, 164, 168, 171, 174, 177-184, 187-189, 192, 197-201, 205, 207, 209-213, 215-221, 223-225, 227-229, 233-234, 248, 253, 260-268, 270-271, 276-280, 282, 284-290, 292-293, 295-302, 304-307, 311-313, 317-319, 322, 324-330, 332-334, 336-339, 342-349, 351-352, 355-357, 359-360, 363-368, 370, 375-382, 384, 386-392, 394-396, 399-400
  afrocaribeña   43, 82
  culturas afroamericanas   213, 305
  e imperialismo   17, 38-40, 66, 88, 118
  griega   182, 201
  hispanoamericana   132, 134, 149, 154, 171, 198, 228
  nacional   122, 136, 224, 265, 285, 265, 285, 289, 292, 296, 298, 306-307, 311, 337, 360, 367
  norteamericana   41, 55, 62, 102, 180, 198, 234, 337,

399
y civilización 155, 177
y orden, 158
Curtius, Ernst Robert 37, 232

D

D'Annunzio, Gabriele 202
Dana, Charles A. 245-246, 249-250, 255
Darío, Rubén 19, 22, 29, 46, 59, 66, 111-115, 122, 138, 160, 183, 223, 242, 267, 352-353
Daubón, José Antonio 368
Dávila, Arlene 296, 382
Davis, William C. 242
De Armas y Cárdenas, José (Justo de Lara) 71, 115
De Burgos, Julia 7, 229, 399
De Certeau, Michel 1, 20, 22, 28, 66
De Diego Padró, J. I. 71, 361, 379
De Gobineau, Arthur 120
De Hostos, Eugenio María 67, 99, 150, 169, 171, 221, 228
De la Campa, Román 109, 163
De la Concepción Valdés, Gabriel (Plácido) 81
De Lara, Juan Jacobo 115, 217
De las Casas, Bartolomé 61
De Mendive, Rafael María 239
De Miranda, Francisco 91, 209
De Nebrija, Antonio 70, 72
De Onís, Federico 22, 58, 120, 130, 133-134, 139, 151
De Sahagún, fray Bernardino 211

De Villarino, María 196
decadencia 33, 68, 114, 125, 127, 252, 264, 278, 299, 305, 310, 322, 327, 331, 353
decadencia cubana 264, 278, 299
décimas y santos puertorriqueños 143
degeneración 19, 61, 114, 265, 273, 311, 353
Degiovanni, Fernando 2
Deive, Carlos Esteban 15
Del Toro González, Carlos 264
Del Valle, José 69, 130, 391
Delano, Irene 5, 345, 348-349, 382, 395-396
Delano, Jack 382, 391, 395-396
delincuencia 262, 273-274, 278-279
  delincuente 273-274
  delincuente nato (Lombroso) 273, 278
democracia 24, 104, 124, 233-234, 241, 251, 260, 264, 321, 330-331
Departamento de Estudios Hispánicos, Columbia University 295
Departamento de Estudios Hispánicos, Universidad de Puerto Rico 121, 135, 295
Departamento de Salud Pública, Puerto Rico 378
derechos de Europa / derechos europeos 293-294, 339
Derrida, Jacques 207, 332
desarraigo 93, 270, 285, 312
desarrollismo 5, 345

descolonización 2, 17, 42, 66, 361, 365
Día de la Raza 199
dialectología 156, 213-214
  investigaciones dialectológicas 156
diáspora 16, 38, 109, 163, 168, 238
  cubana 238
  diásporas intelectuales 109, 163
  judía 168
  nomadismo y 16
  palestina 38
Díaz Alfaro, Abelardo 383
Díaz Valcárcel, Emilio 383
Dieleke, Edgardo 11
Díez-Canedo, Joaquín 208
discriminación 84, 164, 306-307
  xenofobia 307
discurso 2-4, 9, 17, 39, 42, 45, 47-48, 50, 60, 63, 67-68, 70, 72, 77, 82-84, 87-89, 93-95, 97-102, 107-109, 120, 123-125, 130-131, 138, 147, 153, 158-159, 163-164, 185, 200, 212, 218, 222-223, 232-233, 236-237, 240, 242-244, 248, 250-251, 253, 259, 263-264, 266, 268, 278, 288-289, 291-295, 297-299, 301-302, 304-308, 317, 319, 322-324, 327, 331, 333-334, 336, 338-339, 356-358, 361-362, 365-369, 384, 386-387, 389, 391, 398-399
  americanista 68, 93, 95, 125
  anticolonial 97, 358
  colonial 84
  de diferenciación 89, 293
  del colonialismo 84
  discurso / discursos poscoloniales 109, 163
  discursos celebratorios del progreso 368
  nacional 266, 291, 293, 301-302, 305, 307, 322, 324, 356-357
  nacional metropolitano 291
  nacionalista, 93, 289, 291, 295, 339
  patriotismo republicano 99, 101
  prácticas y discursos 356
  racista 84, 305, 308
  sobre el progreso 338
  tradición del discurso patologizante 120
división sexual del trabajo 333
doble lealtad 122, 137
doble patriotismo 122
documento del exterminio 393
Dollimore, Jonathan 221
du Bois, W. E. 181
Dubois, Laurent 83, 211
Duchesne Winter, Juan 9
Dylan, Bob 399

E

Editorial Losada 196, 199
El Colegio de México 6, 127
el Inca, Garcilaso de la Vega 77, 211
el pueblo 73, 83-86, 120, 124-125,

169, 210, 236, 247, 252, 260, 303-304, 323, 333, 357-358, 366
Eliade, Mircea   261
Eliot, T. S.   162, 203
élite   8, 11, 16, 26, 37, 43-47, 50, 57, 63, 65, 78, 80, 82, 97, 108, 122, 126, 130, 140, 142, 150, 168, 172, 195-196, 198, 263, 278, 280-281, 288, 296, 298, 312, 315, 330, 332-333, 337, 339, 342, 377-383
   ciudad letrada   8, 37, 43, 140, 150, 296, 298, 377-383
   concepción de la élite   281
   del nacionalismo   288
   minoría dirigente   331
   minoría intelectual   331
   privilegios de las élites   45
Emerson, Ralph Waldo   3, 18, 25, 101, 231, 233, 242, 251, 255, 257, 258-259
emigración   16, 26, 30, 107-108, 127, 142, 308, 310, 359, 362, 383, 390, 399
Enmienda Platt, Cuba   4
ennegrecimiento   215, 305
entre imperios   1, 11, 24, 28, 59, 68, 83, 107, 122, 128, 138, 142, 232, 234, 252, 259-260
   between empires   39, 82, 233-234, 241-242
   modernidad between empires   242
   transición entre imperios   28
entre pasado y futuro (Arendt)   37, 122

épica   80, 87, 232, 236-240, 247, 249, 258-259
héroe épico   256, 258
memoria   236-240
relato épico   233, 250
esclavitud   14, 22, 35, 61-62, 81, 84-85, 90, 100, 143-144, 195, 213, 236, 297, 302, 309, 322, 327, 343, 370
   abolición de la   85
   abolir la   35, 236
   coexistencia conflictiva del esclavo y del amo   329
   coexistencia de la esclavitud y el capitalismo   14
   comercio de esclavos   16
   desarrollo azucarero y la   16, 370
   dialéctica del amo y del esclavo   328
   doméstica y territorial   100
   y censura colonial   143
esclavo   14-16, 35, 88, 142, 213, 218, 231, 236, 268, 305, 308, 310, 328-329
   esclavo fugitivo   14-15
   esclavos africanos   16
   esclavos africanos nacidos fuera de África   88
   esclavos de raza africana   213
   esclavos hispanizados   215
   herencia esclavista   140
   islas colonizadas y esclavizadas   1
   mayorías indígenas, mestizas, esclavas o serviles   46
   metrópoli esclavista e

imperial 99
negros y mulatos libres y esclavos en el ejército rebelde 35, 78
plantación esclavista / esclava 61, 311
sociedad esclavista 80, 294
y cimarronería 144
y el contrabando 16, 62
Escuela de Medicina Tropical, Universidad de Puerto Rico 378
España "de memoria" 43
Espasa-Calpe 196
espiritismo (Kardec y Ortiz) 4, 26-27, 32, 261-286
  escala de los espíritus 278, 280
  espíritu 26, 268, 272, 274, 277-286
  espíritus superiores 278, 280, 282
  filosofía espiritista 279-283
  filosofía penal 26, 268, 271, 275-277, 279-280, 282, 284-285
  prácticas de los espiritistas 276
  progreso de los espíritus 278-279
  teoría evolucionista del alma 271, 283
Estado Libre Asociado, Puerto Rico 5, 15, 30, 359-361, 366-367, 381, 389, 394
Estrada, Genaro 185, 192, 227
Etcheverry, Delia 196

europeizante 52, 223
exilio / exilios 9, 16, 23-25, 27, 29, 38, 41, 43-44, 50, 90-91, 98-99, 101, 108-109, 129, 137, 149-229, 232, 234, 238, 263- 264, 294, 306, 386, 388, 399
  cubano 25, 306
  español 388
  latinoamericano 190-191
  tradición del 150, 315
expresión (Henríquez Ureña) 151-152, 164, 206, 223-224, 331

F

Facultad de Derecho de la Universidad de La Habana 268
Falange 124, 210
Fanon, Frantz 1, 7, 31, 37, 39-40, 49, 52, 76, 84, 112, 162, 194, 306, 388, 400
Farriss, Nancy M. 47
Faulkner, William 383-384, 395
Fell, Claude 184, 188
Fernández Bravo, Álvaro 11, 39, 292
Fernández de Oviedo, Gonzalo 61
Fernández Juncos, Manuel 71, 104
Fernández Madrid, José 78
Fernández Méndez, Eugenio 107
Fernández, James D. 68, 138
Ferrao, Luis Ángel 121
Ferrer, Ada 35, 82
Ferro, Hellen 194

Festival Casals, Puerto Rico   386
Fick, Carolyn E.   211
Figueroa, Edwin   383
Figueroa Cordero, Andrés   361
Filipinas   2, 56, 59, 67
Firbas, Paul   10, 60
Flores Collazo, Margarita   382
Flores, Irvin   361
Flores, Juan   9, 109, 163, 297, 360
Florescano, Enrique   76
Fondo de Cultura Económica   189, 197
Foner, Philip S.   232
formación (Raymond Williams)   56, 114
Fornet, Ambrosio   9, 79-80
Foucault, Michel   20, 22, 38, 45, 71, 94, 123
Fowler, Víctor   9
Fradera, Josep. M.   11, 61-62, 122
Franco, Jean   200
Franco, José Luciano   299
Frank, Waldo   125, 180
franquismo   210, 356
Freud, Sigmund   33, 40, 52, 84, 115-116, 214, 217
Freyre, Gilberto   218
Frisby, David   374
Fromm, Georg H.   361
frontera   3, 4, 15, 28, 33, 42, 49, 67, 96, 117, 121-122, 141-143, 145, 178, 215-216, 260, 278, 319-321, 325, 337-338, 357-358, 383
  alteridad fronteriza   82
  colonias fronterizas   67
  espiritualizada   260
  fronteras antillanas   67
  fronteras caribeñas / fronteras del Caribe   142-143
  fronteras disciplinarias   3
  fronteras internas   4
  fronteras políticas   15
  fronteras raciales, sociales y sexuales   321
  generación fronteriza   325
  intelectual sincrético de   178
  mundo fronterizo   62, 146
  transición y   122
  zonas fronterizas   67, 145
Funes, Reinaldo   9
fusión de culturas   211

G

Gabriel-Stheeman, Luis   69
Galindo, Alberto   11
Gallegos, Rómulo   3, 62, 288
Gándara, Carmen   196
Ganivet, Ángel   68
Garavaglia, Juan Carlos   16
García Calderón, Francisco   172, 183
García Carranza, Araceli   10
García Marruz, Fina   18, 237, 244, 195
García, Ana   382
García González, Armando   266
García, Gervasio Luis   9, 105, 144, 359
Garciadiego, Javier   64, 184
Gargatagli, Marietta   69
Garramuño, Florencia   11, 17
Geggus, David P.   83, 211, 306

Géigel Polanco, Vicente 296, 341, 357, 361, 391
Géigel, Luisa 296, 341, 357, 361, 391
Gelpí, Juan G. 9, 121, 297, 356-357
genealogía 19, 21, 37, 63-64, 91, 109, 112, 155, 168, 233, 236, 249, 262, 304, 312
Genette, Gérard 371
George, Henry 105
Georgetown University 378
Gil, Carlos 360
Gilman, Claudia 64
Gilroy, Paul 146
Giner de los Ríos, Francisco 136
Ginzburg, Carlo 1, 34, 47-48
Giusti, Juan 120, 328
Glantz, Margo 11
Glissant, Édouard 7, 52, 162
Goldberg, David Theo 329
Gómez, Máximo 169, 235, 238, 258
Gonnet, Perla 196
González Alcantud, José Antonio 117
González Echevarría, Roberto 111, 221
González Stephan, Beatriz 10, 154
González, José Luis 7, 9, 34, 100, 296, 349, 383-384, 394, 399
Goody, Jack 47
Gossman, Lionel 10, 159, 257, 323
Gotay, Consuelo 9, 10, 121
gramsciano 70, 97
    coerción 70
    consenso 70
    hegemonía 70
Gramuglio, María Teresa 10, 267
Granados, Aimer 17, 56, 59, 64
grandes relatos 154, 161, 338
Grant, Ulysses S. 3, 24-26, 89, 129, 145, 192, 206, 231-236, 240-242, 244-256, 259-260
Grecia 259, 200, 202-203, 206, 209
Gruzinski, Serge 47, 93
guerra 2-6, 10-11, 15, 18, 22, 24-29, 35-36, 40, 42-43, 55-148, 153, 171, 173, 184, 196, 206, 209, 215-215, 225, 231-260, 263-264, 294, 296, 307, 324, 327-328, 332, 342, 346, 352, 356-358, 360-361, 363-366, 368, 378, 388, 391, 394, 398-300
    "*moderna*" 246
    colonial 117, 294
    cruzada 117, 231, 236, 251
    de independencia 5, 18, 26, 35, 59, 89, 101, 236-237, 263, 266, 296
    guerras anticoloniales 2
    guerrero heroico y la nación 246, 251
    héroe guerrero 233
    mitos de la 244
    nacional 171, 236, 241, 257, 259, 260, 314
    nacional moderna 259
    por la autoridad de la tradición 22
    racial 266
    redentora 248
    sagrada 236, 240

Guerra Civil Española   117, 119, 129, 196
Guerra de Argelia   361
Guerra de Corea   360, 365, 394, 399
Guerra de los Diez Años, Cuba   35-36, 80, 100, 237-238, 240, 251
Guerra de Marruecos   117
Guerra de Secesión / Guerra Civil norteamericana   3, 36, 232, 234-235, 239-240, 242, 257
Guerra de Vietnam   399
Guerra Fría   5-6, 29, 125, 342, 360-361, 388
Guerra hispano-cubano-norteamericana   59, 324, 326
Guerra y Sánchez, Ramiro   3, 10, 27, 35, 63, 215-216, 241, 287-340
Guerra, François-Xavier   89
Güiraldes, Ricardo   3
Gutiérrez Girardot, Rafael   153-154, 158, 208, 224, 369
Gutiérrez, Juan María   58
Guzmán, Martin Luis   3

H

Habermas, Jürgen   20
hacendados   80, 296, 304, 308-309, 326, 359
Haití   1, 15-16, 42, 62, 82-87, 156, 166-168, 187, 210-211, 214-216, 301-302, 305-307, 310
   braceros haitianos   301
   dominación haitiana   84, 166
   inmigración haitiana   301, 305
   primera república "negra" de América   15
   tradición del temor a la Revolución haitiana   83
Hale, Charles A.   330
Halperin Donghi, Tulio   15, 66, 197
Hardoy, Jorge   45
Havelock, Eric   47
Haya de la Torre, Víctor Raúl   268-269
Hegel, Georg W. F.   49, 328
helenismo   160, 201, 203, 207, 228
   británico   228
   helenizar   201
Helg, Aline   15, 266, 272, 307
Heller, Agnes   316
Hemingway, Ernest   383-384
Henríquez Ureña, Max   85, 172
Henríquez Ureña, Pedro   1-3, 5-6, 8, 22-23, 28, 31-32, 39, 41-42, 45-46, 52-53, 59, 63-64, 71, 85-87, 97, 103, 109, 119, 122-123, 125-126, 149-230, 331, 388
Henríquez y Carvajal, Federico   169
Heredia, José María   25, 79-80, 173, 267
herencia   14, 22-23, 48, 64, 68, 73, 125, 140, 142, 149-151, 153, 155, 172-173, 174, 194, 199, 209, 214, 228-229, 241, 251, 264-265, 271, 291, 301-302, 311, 315, 321, 323, 327, 335, 339, 342, 352, 387, 397

autoridad del heredero 339
esclavista 140
heredero intelectual 321
herederos 73, 150, 153, 172-173, 315, 321, 335, 339, 342, 352, 387, 395, 397
Hermandad de Artistas Gráficos de Puerto Rico 380
Hernández, Carmen Dolores, 9
héroe 29, 175, 198, 232-233, 235, 237-241, 244, 248-252, 254-256, 258, 260, 294, 323, 330, 332
   épico 256, 258
   guerrero 231-233, 238-239, 241, 246, 252, 254, 258, 260
   guerrero heroico y la nación 246-251
   letrado 233
   raza heroica y civilizadora 116
Hess, David 267
heterodoxos 57, 67, 70, 149
Hidalgo, Ibrahim 9, 232, 252
Hidalgo, Miguel 209
Hirschman, Albert O. 11
Hispania (revista) 58, 131, 186
Hispanic Society, Nueva York 70, 130-131, 186,
hispánico / hispánica 2-23, 7, 16, 23-24, 28, 39-43, 55, 58, 69-70, 83, 87, 89, 93, 95, 97, 102, 114-115, 118, 120-121, 123, 127-136, 139, 143, 150, 154, 158, 164, 170, 181, 186, 199, 208-213, 216, 218-219, 228, 292, 295, 311, 324-326, 335, 337, 339, 356, 367
   colonia hispánica 120
   colonias hispanoamericanas 21, 93
   comunidad hispánica 130
   cultura hispanoamericana 132, 134, 149, 154, 171, 198, 228
   esclavos hispanizados 215
   familia hispánica 210, 211, 324
   hispana 66
   hispano 1-2, 55, 125, 127
   hispano-americano, 21, 55, 57, 60, 62, 70, 72, 74, 76, 78, 83, 87, 93, 103, 147, 175-176, 185, 280
   orden colonial hispánico 228
   retrocesos hispanizantes o africanizantes 281
   tempo hispánico 102
   tradición hispanoamericana 133-134
Hispaniola 86-87, 216
hispanismo 2, 10, 21-22, 50, 55-148, 151, 186, 210, 226, 228, 263, 280
   académico 21, 56, 120
   antihispanismo 226
   autoridad cultural de lo hispánico 325
   campo hispanista 129
   capital intelectual del 136
   como campo académico 127
   del siglo XX 63, 109, 133
   Hispania 58, 131, 186

Hispanic Studies 58, 133, 186
hispanidad 70-71, 138, 140,
    210, 356
hispanidad antillana 140
hispanidad franquista 138
hispanidad imperialista 356
hispanismos 127
hispanoamericanismo 56,
    59, 62, 123-124, 127
hispanofilia 116, 120-122, 137
    institucionalizado 120
    moderno 21, 132
    norteamericano 58, 69, 102,
        128-131
panhispanismo 2, 50, 63,
    263, 280
peninsular 2
    prácticas
        hispanoamericanistas
        205
    religión del 108
    tradición hispánica 28, 118,
        209
    tradición hispanista 119
historia intelectual 1-3, 6-7, 9, 17,
    22, 64, 121, 157, 304
historiografía occidentalista 210
Hobsbawm, Eric 20, 292, 383
Hodge, Ileana 267
Hoetink, Harry 118, 170
Hoffmann, François 10
Hoffnung-Garskof, Jesse 11, 120,
    308
Homar, Lorenzo 5, 344, 380-382,
    390-391, 393, 396, 400
*hombre de letras / homme de
    lettres* 58, 164, 225, 353, 377,
    398
homoerotismo 205
Hughes, Langston 49
Hulme, Peter 15, 128
humanitas 153
Huntington, Archer Milton 70,
    130-131
Huyssen, Andreas 334
identidad americanoespañola
    114, 212

I

Iglesia, Cristina 10
Iglesias, Marial 9, 62
imaginario 7, 9, 16, 34, 41, 64,
    155, 159, 203, 238, 291, 296-
    297, 317, 332, 342, 354, 356,
    372, 388, 399
    del Viejo Mundo 41
    imaginar 42, 167, 192, 229,
        350
    *de la cultura, la raza y la
        sociedad* 296
    de la Guerra Fría 388
    de los comienzos 16
    desarrollista 399
    social e histórico 317
    inventar 38, 77, 141, 350
    *nacional / imaginarios
        nacionales* 7, 342
    tiempo como 34
imperialismo 17, 38-40, 56, 66,
    88, 108, 110, 118, 170, 302,
    309, 352-353, 357, 364, 387
    cultura e 17, 38-40, 66, 88, 118
    discursivo 56, 387

estadounidense 179
hispanidad imperialista 356
narrativas imperiales, nacionalistas o raciales 40
norteamericano 302, 309
Imperio romano 90, 224
Índice (revista) 295, 316-317, 319-320, 333, 336
inmigración 16, 28, 82, 215, 300, 304-308
   blanca 28, 304-305
   española 16, 300, 305
   haitiana 215, 305
   jamaiquina 305
   negra 305, 307
Institución Hispanocubana de Cultura 264, 305
instituciones 23, 29, 45, 51, 65, 75-76, 81, 118, 128, 142, 154, 171, 173, 178, 209-210, 226, 253, 280, 286, 290, 294-295, 313, 336, 347, 356, 364, 377, 390-391
Instituto de Cultura Puertorriqueña 344, 379, 381-382, 389, 395
Instituto de Filología de Buenos Aires 127, 157, 164, 190-191, 213
Instituto de Señoritas, República Dominicana 171-172
insularismo / insularidad 4, 28, 106, 119, 120-122, 288-289, 296-297, 316-321, 324, 328, 330-331, 334-337, 339, 342, 355, 357

intelectual 1-18, 20, 22-31, 33-34, 36-40, 42-48, 55, 57, 59-60, 63-69, 81-82, 86, 88, 91, 96, 98, 101, 103-106, 108-110, 112, 114-115, 118, 120-122, 124, 127, 129, 133, 136-137, 140, 149-150, 152-153, 155-159, 163, 165-166, 169, 171-172, 175-176, 178, 181-184, 186, 188, 190-191, 193, 195, 197, 200-202, 204-205, 208-209, 215, 219-222, 229, 233, 241-242, 255-256, 260, 262-268, 271, 275-276, 278, 280, 288-291, 295, 297, 300-302, 304-306, 308-309, 317, 321, 328-339, 341-344, 346-347, 352-353, 355-357, 359-362, 264, 366, 377-378, 380, 383-386, 390, 393, 395, 397-400
alianzas intelectuales 66
autoridad 294
biografía 30-31, 33, 255, 264, 295
campo 5, 9, 29, 45, 67-68, 81, 132, 156, 182, 184, 190, 228, 264, 267, 305, 336, 342, 347, 352-353, 357, 364, 366-367, 386, 393, 395, 398-400
carácter redentor del 221
comienzos intelectuales 262
comprometido 43, 228
comunidad 383
contrabando 105
heredero 321
herencia 264

historia 1-3, 6-7, 9, 17, 22, 64, 121, 157, 304
intelectuales caribeños 60, 118, 288
intelectuales de la colonia 309
intelectuales modernos 26, 291
intelectuales peninsulares 280
intelectuales y guerreros 260
intelectualidad 4, 69, 219, 255-256, 272
intelectualidad poscolonial 4
intelectualidad y hermosura (Emerson) 255-256
intelligentsia 155, 339
letrados e intelectuales (Rama) 48, 290-291
minoría 331
mundo intelectual de San Juan 397
nacionalista y moderno 233
orígenes intelectuales 266
público 263, 343
sin Estado 150
sincrético de frontera 178
tradición 23, 176, 289
tradición del intelectual moderno 149
tradiciones intelectuales 10, 27, 29, 34, 41-42, 228, 291
transición como el lugar del 338
inventario 5, 36, 349-351, 370, 372, 389-390
Irby, James 10
Irving, Washington 102, 128-129, 135

Irwin, Robert McKee 56

J

Jamaica 14-15, 28, 95-96, 294, 301, 305, 307, 310
   braceros jamaiquinos 28, 301
   inmigración jamaiquina 305, 310
James, Cyril Lionel Robert 37, 42-43, 162, 200, 277, 280, 388
James, Williams 180, 202
Jameson, Fredric 13
JanMohamed, Abdul R. 121, 178
Jennings, Michael W. 374
Jiménez Román, Miriam 120, 333
Jiménez, Juan Ramón 386
Joyce, James 203, 374
Juárez, Benito 212
Junta para Ampliación de Estudios e Investigaciones Científicas, España 129, 133, 136

K

Kafka, Franz 174, 193, 197, 383, 399
Kagan, Richard L. 56, 129, 132
Kaliman, Ricardo J. 147
Kardec, Allan (Hippolyte Léon Denizard Rivail) 3, 26, 32, 261-285
Kelley, Donald R. 50
keywords 60, 151
Khanna, Ranjana 52, 82, 311
King, John 64, 195

Klor de Alva, Jorge 50
Kohn, Hans 90
Korn, Alejandro 190, 192, 197
Kracauer, Siegfried 48, 63, 103, 179
Kramer, Paul 11
Krauze, Enrique 156, 167

L

La Casa de España, México 128
La Casa del Libro, San Juan, Puerto Rico 381
La Española 63, 82, 85-86, 199
la Ley de Longfellow 102, 128, 131, 135
la mirada (Blanco) 373
La Nación, Buenos Aires 24, 52, 102, 114, 151, 232
La Plata, Argentina 42, 157-158, 191-195, 218
La Vanguardia, Argentina 198
Lacan, Jacques 51, 84
Laguerre, Enrique 394
Landreau, John 11
Lange, Norah 196
latifundio/latifundium 6, 27, 127, 299, 303-306, 310-312, 327
latinidad 109, 126
Lavandero, Ramón 379
Lazzara, Michael 11
Le Bon, Gustave 120
Lebrón, Lolita 361
Le Goff, Jacques 34-35
Legrás, Horacio 160, 184
Lears, Jackson 369
Leggett, Gary 11

Lesser, Chris 11
Lessing, Gotthold E. 202
letrado / a 2, 4-6, 8, 27, 29, 33, 37, 43-48, 57, 60, 71, 74, 80, 82-83, 85, 89, 103, 108, 126-127, 140-143, 146-147, 150, 143, 155, 158, 166, 169, 172-174, 208-209, 223, 225, 228, 231, 233, 241, 255-260, 268, 275, 287-291, 293, 296, 298, 308, 315-316, 319, 326, 330, 333, 337, 363, 370, 377, 383, 400
Lévi-Strauss, Claude 145
Lewis, Gordon K. 8, 14, 162, 198, 359
Ley de Reforma Universitaria, Puerto Rico 385
Ley Jones, Puerto Rico 4
Lezama Lima, José 5
Lida de Malkiel, María Rosa 138
Lida, Raimundo 154, 158
linaje familiar 228
Lincoln, Abraham 3, 236, 241-243, 245, 248, 255-256
Litvak, Lily 67
literatura nacional 71, 331-332
literatura y crítica románticas inglesas 182
Lizaso, Félix 181-182
Llorens, Irma 11, 79-80
Lloréns, Vicente 80, 138
Login Jrade, Cathy 267
Lombardo Toledano, Isabel 188-189
Lombroso, Cesare 26, 262, 264-267, 272-273, 275-276, 278-279, 281,

ÍNDICE DE NOMBRES Y TEMAS   511

atavismo lombrosiano 272
categorías lombrosianas 267
criminología lombrosiana
   26, 266
etapa lombrosiana
   (Ortiz) 262
materialismo
   lombrosiano 275-276
retroceso lombrosiano 278
teorías lombrosianas 275
Long, Mary 11
Longfellow, Henry Wadsworth
   102, 128, 131, 135
Lookout Mountain 244-246,
   256-257
Lope Blanch, Juan M. 128, 214
Lord, Albert 47
Losada, Gonzalo 137, 196
Lugones, Leopoldo 267
Lugo-Ortiz, Agnes I. 11
Luna, Noel 11
Luque de Sánchez, María
   Dolores 10, 359
Lynch, John 95

M

macartismo 5-6, 29, 44, 361, 388,
   390, 394, 399
   contexto macartista 388
   represión macartista 390
Maceo, Antonio 235, 238, 252
Macey, David 31, 40, 49, 194, 306
Madero, Francisco 267-268
Madero, Roberto 11, 184
Mainer, José-Carlos 59, 63, 68, 133
Maldonado, Antonio 380

Mannheim, Karl 45
Manzini, Giuseppe 99
Manzoni, Celina 10
Mañach, Jorge 296-297, 322, 330,
   335
máquinas 201, 226, 362-365
   familiaridad con las 362-365
Mar Caribe 156, 213, 215, 309
Marcantonio, Vito 360
Marchena, Juan 16
Mariátegui, José Carlos 152, 335
Marichal Lugo, Flavia 380
Marichal, Carlos 17, 64, 380
Marqués, René 368, 383-384,
   393-394, 399
Martí / Rawlins (José Martí y John
   A. Rawlins) 25, 233, 240-
   241, 255-256, 260
Martí, José 2-3, 5-6, 17-18, 24-26,
   32, 35, 37, 40, 44-46, 53, 56,
   59, 63, 77, 80, 99, 101-103, 115,
   150, 169, 198, 223, 231-260,
   266-267, 293-295
Martínez Capó, Juan 391
Martínez Estrada, Ezequiel 164,
   173, 192-193, 195-196
Martínez-Fernández, Luis 241
Martínez San Miguel,
   Yolanda 10
Martínez, José Luis 158, 180, 183
Martinica 1, 15, 31, 306
Martorell, Antonio 9, 380, 400
Marx, Karl 30, 40, 400
Masi, Perla 11
Mason Vaughan, Virginia 221
Mazzotti, José Antonio 11, 87
McPherson, James M. 242-245,

248
Meira Monteiro, Pedro   10
Mejía Sánchez, Ernesto   19, 112-113, 183
Meléndez, Concha   12, 121, 142, 335
Melgar, Lucía   10
Memmi, Albert   52
memoria   2, 6-7, 11, 15, 18, 20, 23, 26, 29, 34-35, 60, 93, 115, 137, 141, 143-144, 148, 156, 162-163, 167-168, 174, 181, 197, 202, 227, 236-240, 242-243, 257, 269, 295, 311, 315, 319, 337-338, 343, 349, 350, 355, 360, 365, 368
  colectiva   15, 34, 315, 355
  colonial   11
  de la ciudad   6, 181
  épica   236-240
  familiar   168
  privada   239
Méndez Rodenas, Adriana   80
Menéndez Pelayo, Marcelino   2-3, 5, 21-23, 39, 50, 55-150, 159, 175-176, 182, 185, 199, 204, 210, 212, 225, 306, 325, 388
Menéndez Pidal, Ramón   59, 129-130, 136
Mercado, Manuel   24, 234, 237, 244, 251, 391
mestizaje   5, 50, 52, 93, 117, 284, 343, 355
mestizo   81, 93-94, 112, 327-328
métissage   145
Meyer, Gerald   118, 189, 360
Meyer-Lübke, Wilhelm   216-217

Michelet, Jules   237, 257, 323-324
Mill, Stuart   105
Miller, Arthur   383, 394
Milton, John   207
minoría selecta   281, 322, 357
Mintz, Sidney W.   8, 162, 311, 359
mito   32, 74, 83, 113, 141, 145, 231, 234, 244, 260, 290, 313, 370, 374
  de la abundancia agrícola   313
  de la edad dorada   370
  de la pureza racial   290
  de los caribes / caníbales   83
  de los new beginnings   374
  de origen   74, 145
  mitos de la guerra   244
  mitos de linaje   231
  mitos nacionales norteamericanos   234
mitología   102, 166, 205, 344
Mitre, Bartolomé   173
modernidad   13, 24-25, 28, 30, 46, 51, 66, 68, 72, 89, 94, 98, 104, 107, 115, 138, 158, 160-161, 163, 179, 190, 212, 223, 228, 242, 244-245, 252, 271, 297, 303-304, 321, 337, 352-353, 357, 362, 369, 374
  "grandes relatos" característicos de la   154, 161
  "Ley" de la   160
  azucarera   303
  carácter arcaizante   30, 369
  ciudad de Nueva York   24, 129, 131, 179-180
  colonial   228, 337
  debate de la   66

el lugar de España en la 71
ferrocarril 25, 177, 181
guerra "moderna" 246
hostil 352
literaria y cultural 227
modernidad between empires 242
modernidades contradictorias 14
modernidades latinoamericanas 46
modernistas anti-modernos 30, 369
norteamericana 25, 207
orden frente a la anarquía 158
París 50, 65, 93, 98, 108, 172, 179, 183, 194, 388
poética 19, 138
tecnológica 353
temporalidades y modernidades 51-52
utopías de la 98
Molloy, Sylvia   56, 70, 80
Monserrat Gámiz, María del Carmen   356, 389, 397
Monsiváis, Carlos   267
Montaldo, Graciela   10
Montero, Oscar   19, 101, 114, 353
Moraña, Mabel   56, 292
Moreno Fraginals, Manuel   9, 34, 298-299, 303, 313
Moreno, María Luisa   137
Moreno Sanz, Jesús   31
Morote, Luis   67
Morse, Richard M.   45, 110
Moya Pons, Frank   84, 86

mulato   15, 35, 78, 81, 84, 114
mulatez intelectual (Darío) 114
Mumford, Lewis   45
Múnera, Alfonso   10, 78, 306
Muñoz del Monte, Francisco 108-109
Muñoz Marín, Luis   4, 341, 346, 356, 359-363, 365-367, 392
mutación / mutación política (Muñoz Marín)   365-368

N

nación   2-5, 14-16, 24, 26-28, 31, 35-36, 39-40, 42, 44, 57, 59-60, 62, 64-65, 67-69, 71, 78-79, 82-83, 85, 89-91, 93-97, 99-101, 104, 106-108, 116, 121-123, 126-127, 130, 132-133, 136, 144, 150-151, 153, 155-167, 169, 171, 164-175, 177, 181, 184-185, 187, 191, 205-206, 210, 213, 216-217, 223-227, 231, 233-237, 239-242, 246-254, 257-260, 262, 264-267, 269, 271, 274, 278-279, 281-298, 300-303, 305-308, 310-316, 318, 322, 323-324, 326, 328, 331, 335, 337-339, 342-343, 356-358, 361, 364-367, 382, 389-391, 396, 398-399
"incompleta" 316
civilización y la nacionalidad 306
comunidad nacional   247, 278
conciencia nacional   166,

224, 294,
discurso nacional 93, 266, 291, 293, 301-302, 305, 307, 322, 324, 356-357
discurso nacional metropolitano 291
discurso nacionalista 289, 291, 295, 339,
élite del nacionalismo 288
Estado-nación 64, 67, 90, 94, 387
guerra nacional moderna 359
guerrero heroico y la nación 246, 251
heroica 27
historiografía nacionalista 242, 288, 302
identidad nacional 4, 68, 107, 216, 228, 328, 360
imaginada 28, 306
insurrección nacionalista (Puerto Rico) 360
mitos nacionales norteamericanos 234
moderna 260
nacionalidad y propiedad 311
nacionalismo 4, 6, 11, 68-69, 79, 89-90, 93, 99, 110, 121-122, 150, 153, 181, 223, 266, 288, 292, 296-297, 301, 311, 324, 358, 361, 365, 367, 389-390
nacionalismo albizuista 361
nacionalismo autonomista (Puerto Rico) 358
nacionalismo conservador 99
nacionalismo cultural 4, 99, 390
nacionalismo liberal 68, 324
nacionalismo mexicano 89, 93, 181
nacionalismo moderno 90
nacionalismo puertorriqueño 121
nacionalismo radical 358
nacionalismos 6, 11, 150, 223
nacionalización de Alarcón 185
nueva nación y cadáveres (Martí) 294
pedagogía nacionalista 303
pensamiento nacionalista anticolonial 292
raza y nacionalidad 266
relación entre raza, nación y ciudadanía en América 266
teoría racial de la 271
visión cosmogónica de la 258
Naipaul, V. S. 7, 114
Nandy, Ashis 4, 52, 147, 287, 289-290, 311, 321, 335
ñañiguismo 269
Naranjo, Consuelo 56, 82, 136, 307, 310
natalidad (Arendt) 21, 26, 35, 157, 315, 332, 339
naufragio / náufrago 7, 148, 221, 229, 319, 322
Navarra, Gilda 374, 379, 382, 395, 400
Navas Dávila, Gerardo 296
negreros 305
negroespañol 216

neocolonialismo   110, 298, 352
Nietzsche, Friedrich   20, 33, 71, 116, 201-208
Nina Rodrigues, Raimundo   266, 291
Nistal, Benjamín   14
Nordau, Max   114
novela de artista   29
Noya, Elsa   10
nuevos lectores   48, 384, 394, 399

O

O'Neill, Eugene   383
Obregón, Álvaro   187
Ocampo, Silvina   196
Ocampo, Victoria   195-196
Occidente   14, 33, 38-39, 47, 51, 103, 118, 162, 179, 210, 216, 223, 289-291, 322, 326, 331, 339, 355, 364, 385, 387-389, 393
   Western Civilization   387
   occidentalización   388
ocupación estadounidense   156
O'Gorman, Edmundo   41
Olea Franco, Rafael   11
Oliver, María Rosa   296
Olson, David   147, 255
Ong, Walter   47
Oodally, Rumi   11
oralidad   18, 47, 142, 146-147
Orbón, Julián   18
Orfila Reynal, Arnaldo   164, 191-192, 197
orientalismo (Said)   40-41
Orígenes (revista)   5, 69, 152
Ortega y Gasset, José   322, 330, 338
Ortiz, Fernando   2-6, 10, 26, 25-26, 39, 53, 63, 162, 215, 218-219, 261-286, 296-297, 299, 330
Ortiz, José Joaquín   77

P

Pacto del Zanjón   24, 235
Padilla, José Ignacio   11, 43
Pagden, Anthony   61
Palés Matos, Luis   7, 140, 162, 218, 229, 332, 341, 356, 373, 379, 386, 390
Palestina   38, 178, 365
Palma, José Joaquín   18, 237, 326
Palmeiro, Cecilia   11
Pan American Book Company/Store, San Juan, Puerto Rico   342, 348, 362, 379
panamericanismo   2, 63-64
Paquette, Robert   82
Parry, Milman   47
Partido Independiente de Color, Cuba   15, 266
Partido Nacionalista, Puerto Rico   358, 360
Partido Popular Democrático, Puerto Rico   296, 346, 368, 386
Pater, Walter   23, 41
patois   215-216
patria cultural americana / patria mayor americana   157, 223, 227
patricios   91, 101, 160, 213, 218, 296, 298, 312-314, 359

patriarcal 101, 160, 213, 218
  práctica de los 312
Paz, Octavio 68, 369
Pedreira, Antonio S. 2-5, 22, 27-29, 32, 40, 42, 53, 59, 63, 105-106, 119-123, 137, 178, 211, 287-342, 345, 356-357, 388
pequeños hacendados 326
Pérez de Ayala, Ramón 126
Pérez del Solar, Pedro 11
Pérez Firmat, Gustavo 285, 297
Pérez Meléndez, José Juan 12, 42
Pérez, Jr., Louis A. 233, 264, 296
Pérez, Richie 389
Pérez, Yansi 11
pertenencia / belonging 16, 37, 99, 154, 194, 214, 318, 367
  a una tradición 13, 37
Phillips, Wendell 242, 246
Pichardo, Franklin 71, 84, 86
Picón Salas, Mariano 398-399
Piglia, Ricardo 1-2, 12-13, 19
Pike, Fredrick B. 56, 67, 110, 267
Piñera, Virgilio 5
Piqueras, José Antonio 63
Pizarro, Ana 153-154
poesía y gráfica, Puerto Rico 380
poética del fragmento 205
polémica 17, 42-43, 67, 82, 95, 100, 102, 104, 110, 213, 243, 279, 288, 299, 318-319, 332, 369, 369, 389
Ponce de León, Juan 141
Posada, Adolfo G. 132-133, 146, 249
poscolonial 2, 4, 25, 51, 101, 108-109, 163
  discurso / discursos poscoloniales 108-109, 163
  estudios poscoloniales 2
  historia / historias poscoloniales 51
  intelectualidad 4
  teoría 163
positivismo 4, 202, 270, 274-277
posmodernismo / posmodernidad 163, 232, 297
potencialidad / potencialidades 153, 159, 285, 381
Pound, Ezra 162, 203, 206
Poyo, Gerald 120, 306
prácticas 5, 7, 8, 20, 31, 38-41, 43, 47-48, 51, 58, 65, 94, 101, 104, 106, 112, 122, 124, 129, 135, 143, 147-148, 150-151, 153, 155, 162-163, 196, 197, 200, 204-205, 211, 222, 238, 252, 262, 272, 275-276, 279, 289-292, 303, 312, 328, 345-347, 352, 355-356, 361, 370, 372, 378-379, 380, 382-383, 389-390, 395-400
  absolutistas 101
  anticolonialistas 143
  artísticas 378
  colonizadoras 143
  convivencia 38, 41, 143, 204, 211, 345, 355, 370, 296
  culturales cimarronas 143
  de la cultura popular 389
  de la izquierda 5, 43, 64, 124, 361, 390
  de la oralidad y escritura literaria 47

  de los espiritistas 276
  del psicoanálisis y la
   psiquiatría 31
  del taller 379
  discursivas y las no
   discursivas 65, 155
  elitistas 48
  europeas 94
  hispanoamericanistas 205
  la fuga como práctica 148
  orales 147
  políticas 20, 40, 262
  políticas e historiográficas 20
  políticas y sociales 262
  práctica académica 7
  práctica crítica e histórica 222
  práctica de la literatura 383
  práctica de la traducción 197
  práctica de los Hispanic
   Studies 58
  práctica de los patricios 312
  práctica docente 122
  práctica filológica e
   historiográfica 162
  práctica pedagógica 303
  práctica poética y política 291
  práctica política y literaria 238
  profesionales y políticas 31
  secretas 400
  sociales 38, 399
  y discursos 356
  y lugares 397
  y relaciones 382
pragmatismo 122, 128, 180, 189, 202, 276, 339, 359
Prakash, Gyan 2, 11, 38, 145
Prescott, William H. 128-129, 135

preservación ecológica 375
Price, Richard 15
Prieto, Adolfo 48, 223, 292
principios 2, 7-8, 14, 16, 18-21, 23-27, 29-30, 32-35, 37-38, 49-50, 55-57, 59, 65, 67, 69, 71-72, 75, 77, 81-82, 89, 92-93, 97-98, 101-106, 111-112, 118-119, 122, 126-127, 129-130, 132, 135, 139-141, 145, 147-149, 152-153, 155, 157-160, 165, 172, 174, 183-184, 192, 197, 199, 201, 203, 205-207, 209, 216, 218, 220, 223-224, 227-228, 232, 237-257, 260-261, 263-264, 267, 274, 279-283, 286, 288-289, 293-294, 298, 300, 310-311, 315-316, 319-320, 322, 325-326, 331-332, 336-339, 342, 344, 346, 350, 352, 363, 374, 376-377, 384, 393, 398-400
beginnings 2, 8, 18-19, 23, 25, 32, 35, 37, 49-50, 57. 67, 69, 75, 104, 112, 122, 126, 130, 132, 149, 155, 158, 172, 175, 178, 197, 209, 216, 223, 228-229, 232, 257, 263, 266-267, 289, 293-294, 297-298, 310-311, 313, 315, 320, 323, 327, 329, 331-332, 336-339, 342, 346, 352, 374, 376
coloniales 102
comenzar 20-21, 23, 26, 32, 42, 145, 157, 224, 240, 333, 390
comienzos 7, 9, 10-11, 13, 16,

20-21, 23, 25, 28-29, 32, 35, 59, 71, 81, 125, 149, 174, 179, 202, 220-221, 224, 232, 262, 288, 293, 295, 310, 325, 329, 333, 346, 358, 389, 399-400
comienzos intelectuales   262
fundamento   21, 32, 69, 97-98, 139, 201, 220, 237, 240, 279, 281, 286, 288, 300, 339, 384
imaginario de los comienzos   16
incipit   20, 24, 29, 32-34, 37, 49, 72, 75, 92, 103, 127, 141, 224, 319, 400
inicios   27, 65, 263
inventar   38, 77, 141, 350
liberales y republicanos   257
mito de los new beginnings   374
natalidad (Arendt)   21, 26, 35, 157, 315, 332, 339
normas y reglas   32
nuevos comienzos   25, 71, 232, 288, 310, 325, 329, 346, 399
orígenes   14, 16, 20, 69, 82, 89, 93, 97, 101, 105, 148, 160, 183-184, 199, 205, 218, 266-267, 293, 297-298, 313, 315, 323, 327, 337, 342, 346, 363, 388
orígenes intelectuales   266
principiar   32
punto de partida   7, 30, 33-34, 207, 289, 319
recomenzar   21, 26, 145, 147, 157
renacimiento   33, 111, 203, 227, 326
renovación   19-20, 25, 32, 37, 56, 152-152, 183, 187, 192, 206, 261, 264, 274, 282-283, 322, 338, 377
renovar   57, 251, 261, 298, 384, 393
renovatio   261, 280-281, 286
topos del incipit, 37
Prismas (revista)   10
profeta   58, 207, 232, 236, 240, 244, 250-251, 255, 257, 259-260
cronista-profeta   244
de la reconciliación   207
poeta-profeta   260
poética visionaria y profética   259
resonancias proféticas   250
tradición profética   257
visión profética   58, 240
voz profética   232
progreso   97, 103, 107, 117, 151, 164, 173, 175, 177, 220, 261, 271-274, 278-286, 299-300, 306, 310, 312-313, 321, 327, 337-338, 341, 343, 352, 362, 365, 368, 376, 384, 390, 397, 399
apología del   384
civilización y el   306
de los espíritus   278-279
discurso sobre el   338
discursos celebratorios del   368
espiritual   282, 284, 286
ideología del   362

ilustración y el 97
imagen lineal del 13
ley del 274, 279
misión de 278, 280
moral 282-283
o retroceso espiritual 271
político y social 310
regresión 261, 271-272, 282-283, 285, 337, 365
regresiones 283, 337
relato del 376
retórica del 390
y libertad 327
y universalidad 321
propiedad 28, 45, 97, 273, 293, 310-313, 322, 327
nacionalidad y 28, 311
patricios 298, 312-313, 359
pequeño propietario 322, 327
propietarios 97, 293, 310-313, 322
propietarios criollos 322
propietarios de las plantaciones de café 313
propietarios rurales 311-312
y lengua 45
Proust, Marcel 378
Pruna, Pedro M. 266
Puerto Rico 1-2, 4-5, 10-11, 15-16, 27-30, 43-44, 48, 56, 59, 62, 67, 71, 83.84, 88, 98, 100-101, 103, 105-106, 117-118, 120-121, 127, 133-137, 139-143, 145-146, 166, 214-215, 267, 276, 295-297, 308-309, 317-318, 323-324, 327, 336, 341-343, 346, 349, 355-353, 365-369, 373, 375, 378, 380-383, 385-386, 389, 393, 399
Puig-Samper, Miguel Ángel 56, 133, 136

Q

Quintero Herencia, Juan Carlos 64
Quintero Rivera, Ángel 9, 118, 142, 296, 345, 359, 361

R

Rama, Ángel 1, 8-9, 37, 43 112, 150, 154, 244, 262, 287
Rama, Carlos 66, 110-111, 115
Ramos, Julio 9, 101, 244, 260
Ramos, Samuel 164, 218
Rangel, Nicolás 185
Ranger, Terence 20
Rawlins, John A. 25, 233, 240-241, 255-256, 260
raza 4, 6, 40, 50, 60, 65, 73, 76-78, 81, 83-85, 87-88, 102, 109-110, 115-118, 120, 124, 146, 156, 186-187, 198-199, 212-219, 261-262, 266, 271, 274, 283-284, 290, 296-297, 305-306, 308, 314, 327-329, 332, 338, 341-344
anglogermana 109-110
blanca 50, 60
clasificaciones raciales 61
concepto "científico" de raza 218
criollo 50, 65, 76, 87-89, 91,

93-94, 97, 100, 183-184,
204, 215, 216, 223-224,
303-305, 307, 321-322
desigualdad racial cubana
271
desracialización 284
Día de la Raza 199
dialectología racista 156
discurso racista 84, 305, 308
dominación racial 5
esclavos de raza africana 213
española 63
estereotipos raciales 84
estética racial 284
etiópica 81
etnología racista 266, 271
exclusiones políticas y raciales
78
experiencia racial 40, 83
fracturas raciales y culturales
332
fronteras raciales, sociales y
sexuales 332
grifo 327
guerra racial 266
hegemonías sociales y raciales
4
heroica y civilizadora 116
ideas racistas 120, 219
ideología racial 328
imaginario de la cultura, la
raza y la sociedad 296
inferior 327-328
inferioridad del negro 272
latina 108-110
letrado racista y trujillista
Joaquín Balaguer 83

mejorar la 146
mestizaje y armonía racial
343
mezcla racial 327
mito de la pureza racial 290
modo de expresión racista 329
nueva raza producto del
mestizaje 117
población de color 118
prejuicio racial 4, 118, 186,
218, 296-297, 341-344
racismo biologista 115
racismo como prejuicio 5
racismo estético 218
racismo y nacionalidad 290
relación entre raza, nación
y ciudadanía en
América 266
superior 120
teoría racial de la nación 271
tradición y no 217
vocabulario racial 83
y civilización europea 85
y clase 42
y cultura 218
y nacionalidad 266
Real de Azúa, Carlos 110, 112,
115, 352
recuerdos encubridores
(Freud) 214
regeneración 59, 114, 130, 263,
265, 273, 281, 283, 339
retrocesos hispanizantes o
africanizantes 281
y degeneración 265, 273
religión del Arte 352
Renan, Ernest 4

representative men (Emerson) 233, 251
República Dominicana 5, 7, 15-16, 42, 87, 150, 156, 167, 169-170, 176, 186, 198, 216, 226, 362
republicanismo 3, 29, 35, 59, 63, 65, 68, 90, 95, 98-99, 101 123, 125, 127, 135, 138, 257, 263, 269, 271, 281, 294, 296-297, 346, 356, 386
   derechos republicanos 99
   exiliados republicanos / republicanos exiliados 135, 138
   patriotismo republicano 99, 101
   principios liberales y republicanos 257
   proyecto republicano 263
   republicanos españoles / españoles liberales republicanos 294
   valores universales de los republicanos 294
Resina, Joan Ramon 386
Restauración española 103
Revista Bimestre Cubana 264, 268, 275-276, 279-280, 282, 284, 299
Revista de Estudios Hispánicos 134
Revolución cubana 5, 27, 43, 64, 294-295, 399
Revolución mexicana 64, 129,, 158, 183-184, 342
Rexach, Sylvia 379
Reyes, Alfonso 8, 45, 57, 119, 124-126, 153, 157, 164, 172, 179, 183-186, 188-189, 192, 196, 200, 203, 221-222
Rincón, Carlos 10, 163
Ríos Ávila, Rubén 9, 356
Rivas Cherif, Cipriano 379
Rivera Díaz, Laura 121
Rivera Ramos, Efrén 9, 318
Rivera, José Eustasio 3, 288
Rivera, Marcia 9
Rizal, José 59
Roa de la Carrera, Cristián 11
Robbins, Dylon 11
Rodgers, Daniel T. 125
Rodó, José Enrique 58-59, 107, 116, 153, 198, 203, 221-223, 228, 334, 339, 352
Rodríguez Báez, Félix 380
Rodríguez Castro, Malena 9, 127, 297, 357
Rodríguez Demorizi, Emilio 84, 169, 171-172, 176
Rodríguez Escudero, Néstor A. 267, 276
Rodríguez Feo, José 152, 164, 222
Rodríguez Fraticelli, Carlos 358
Rodríguez Garrido, José A. 11
Rodríguez Pérsico, Adriana 10
Rodríguez, Augusto 385
Rodríguez, Fermín 11
Rodríguez, Néstor E. 83, 267
Rodríguez, Pedro Pablo 9
Roggiano, Alfredo A. 174, 179, 186-187, 202
Rojas, Rafael 9, 101-102, 107, 117, 245, 267, 295
Romero, José Luis 45, 165, 170,

224
Roorda, Eric Paul   362
Rosa, José   380
Rosado del Valle, Julio   391
Rosado, Marisa   360
Rosario Natal, Carmelo   361
Rosman, Silvia   11
Rotker, Susana   97
Ruiz de Alarcón, Juan   41, 125, 185
Ruiz, Cristóbal   354-355, 382
Ruiz, Pablo   11
Rulfo, Juan   399
Ruskin, John   181, 202

S

Sabato, Hilda   11
Saco, José Antonio   302, 308
Said, Edward W.   2, 8-9, 17, 37-43, 66, 84, 99, 108, 118, 121, 148, 156, 159, 178, 233, 265, 289, 343
Sáinz De Medrano, Luis   111
sajones y latinos   66
Salinas, Pedro   196, 356, 368, 369-370, 373, 378, 398
Salomon, Noel   110, 188
Salvatore, Ricardo D.   366, 344
Sánchez, Luis Alberto   91, 335
Sánchez, Luis Rafael   162, 400
Santayana, George   180
Santí, Enrico Mario   109, 262, 264
Santo Domingo   15, 42, 59, 67, 82, 84, 86-88, 99, 109, 117, 139, 141, 155, 157, 159, 166-169, 171, 173, 175, 177, 186, 206, 209-210, 213-218, 228-229, 241

Santovenia, Emeterio S.   241
Sarlo, Beatriz   44-45, 123, 154-155, 166, 190, 222, 286
Sarmiento, Domingo Faustino   79, 97, 193, 219, 223-224, 226, 228
Sartre, Jean-Paul   31, 40, 49, 383-384, 399
Schmitt, John   11
Schoelcher, Victor   105
Schomburg, Arturo Alfonso   120, 181, 308
Schorske, Carl E.   364
Schrecker, Ellen   361, 388
Schwarz, Roberto   11, 17, 49
Scott, Joan W.   289
Scott, Rebecca J.   266-267
Secretaría de Educación Pública, México   117, 188-189
Segovia, Tomás   50-51
Segunda Guerra Mundial   29, 90, 125, 153, 342, 346, 358, 365
Segunda República Española   29, 356
sexualidad femenina   334
Shaw, George Bernard   198, 202, 204
Sheridan, Philip H.   248-249, 253
Sherman, William T.   242, 248-249
Shils, Edward   291
Sierra, Justo   64, 176-177, 185
silenciamiento   2, 15, 22, 29, 51, 60, 103, 120, 142, 147, 162, 194, 250, 266, 269, 328, 371, 390, 399
  silencio   22, 29, 51, 60, 147,

194, 250, 266, 371, 399
Silva Gotay, Samuel   105, 121
Simmel, Georg   166
Simon, Jules   105
sinestesia   372-373
Sinfield, Alan   221
Smith, D. Vance   32, 75
soberanista   2
sociedad   14-15, 25, 41, 44-48, 67, 68, 80-81, 83, 91, 93, 100, 122, 129, 142, 144, 150, 154, 160, 167-168, 173, 177, 179, 198, 208, 211-213, 218, 227, 248, 264, 266-268, 270-271, 275, 278-280, 285, 293-294, 296, 300, 302-304, 308, 312, 325, 328, 334, 343, 345, 352, 355, 359-360, 363, 370, 381, 391-392, 396
   industrial   345, 370
   nueva   41, 208, 212, 248
Sociedad Barcelonesa Propagadora del Espiritismo   267
Sociedad de Bibliófilos Mexicanos   227
Sociedad Económica de Amigos del País, Cuba   264
Sociedad Espiritista de Cuba   268, 270
Sommer, Doris   11
Soto, Pedro Juan   383, 394, 399
Spencer, Herbert   105
Spengler, Oswald   33, 278, 299, 322, 330-331
Speratti Piñero, Emma Susana   168
Spivak, Gayatri Chakravorty   2, 11
Starobinski, Jean   96

Stein, Stanley   11
Stevens, Wallace   203-204
Steward, Julian   359
Stewart, Susan   343, 345
Stoler, Ann Laura   38
Suárez Díaz, Ada   98
subalterno / clases subalternas   47, 97, 147, 162, 233, 290
Subirats, Eduardo   10, 68, 70, 96, 138
sugar islands   1, 298
Sur (revista)   138, 153, 190, 195, 212

T

Tablas de la Ley, Moisés   250
taller   192, 312, 348-349, 379, 382, 396, 400
   prácticas del   396
Taller de Gráfica Popular de México   379
Taller de Histriones, Puerto Rico   400
Taller de la División de Educación de la Comunidad, Puerto Rico   379
Tapia y Rivera, Alejandro   141
Teatro Payret de la Habana   268
Teatro Rodante de la Universidad, Puerto Rico   385
Teatro Universitario de Río Piedras, Puerto Rico   385
técnica   25, 57, 181, 220, 227, 322, 363-364, 380, 384
   técnicas de reproducción sonora   181
   técnicas del grabado y la

serigrafía 380
Tenorio, Mauricio 2
Terán, Oscar 10, 225, 281, 292, 353
Thomas, Nicholas 143, 266
Ticknor, George 130, 135
Tiempo, César 193
Tineo, Gabriela 10
Tió, Teresa 71, 380
Tirado, Amílcar 358
topos 20, 37, 75, 160, 231-232, 258-260, 276-277, 319, 372
    de la antigüedad 75
    de la ciudad utópica 160
    de la coincidentia oppositorum 276-277
    de la nave 319
    de las armas y las letras 231-232, 258-260
    del campo 372
    del desfile de frutas 372
    del incipit 20, 37
    del naufragio 319
    mito de la edad dorada 370
Torrance, Nancy 147
Torres, Benjamín 358
Torres Caicedo, José María 108
Torres Martinó, José A. 380
Torres Saillant, Silvio 83
Traba, Marta 45
tradición 1-10, 14, 16, 18-20, 22-30, 32-46, 48, 52, 56-57, 59-62, 65, 69, 72, 74, 83, 85, 87-90, 92, 97-99, 104-105, 107, 111, 113, 115-116, 118-122, 124, 126, 128-129, 135-136, 139-141, 143, 146, 149-151, 153-156, 161, 164, 166, 171-176, 178, 182, 198-199, 203, 206-207, 209-210, 214, 216-218, 221, 224-226, 228-229, 235, 239-240, 253, 257, 260, 262, 265, 277, 288-291, 293, 295, 297, 306-308, 313, 315, 319, 323-325, 330, 332-333, 338-339, 343-344, 349-350, 352-353, 357, 360, 366, 368-370, 372, 380-381, 384-386, 388-390, 397-400
    afroamericana / del mundo afroamericano 24
    americana 78, 149
    antiimperialista 61
    artística, 381, 398
    centralista 111
    colonial 8
    cristiana 35, 350
    crítica 98, 394
    cultural 38, 70, 120, 154, 171, 199, 218, 225, 288, 290
    de exclusión 3, 288, 307-308, 339
    de izquierda 124
    de la ruptura 30, 369
    de la unidad religiosa y lingüística 72
    de las luchas políticas de los nacionalistas y los tabaqueros socialistas puertorriqueños 360
    de literatura panfletaria 104
    de los calendarios litúrgicos 35
    de los separatistas cubanos y puertorriqueños 22
    de los tipógrafos 349

de modernistas anti-
   modernos   369
del discurso patologizante   120
del exilio   150
del intelectual moderno   149
del libro bello   349
de liderazgo   239
del temor a la Revolución
   haitiana   83
democrática   253
fabiana   198
familiar   176
fundación   27, 39, 46, 51, 58-
   59, 70, 82, 115, 149, 161,
   209, 209, 227, 236
grecolatina   356
guerra por la autoridad de la
   tradición   22
habitus   150
heroica   235
hispánica   28, 118, 209
hispanista   119
hispanoamericana   134
historiográfica   128
ilustrada   239
inglesa   203, 207
intelectual   23, 66, 176, 289,
   400
letrada   4-5, 166, 209
letrada familiar   166
liberal   136
literaria   37, 297, 343, 350, 369
mexicana   59
moderna   289, 353
nacional   155, 175, 216, 289
nacionalista   121
negra   217

nueva   380
patricia   28
pertenencia (belonging) a
   una   37
pictórica   344, 386
poética   24, 366, 372
político-filosófica masculina
   45
profética   257
racista   307
radical   89
romántica   129, 137, 182, 225,
   237, 246, 256-257, 323,
   352, 398
thesaurus y tabula rasa   37
universalista   90
universitaria   214
y autoridad cultural   225
y no raza   217
traducción (Henríquez Ureña)   185
transculturación   4, 26, 46, 261-286
transición   17 28, 106, 122, 137,
   285, 318, 325-326, 338
   como el lugar del intelectual
      338
   entre imperios   28
   período de   325
   relato de   325
   transitar (Arendt)   17, 28, 325
   y frontera   122, 338
   y la doble lealtad   122, 137
translatio imperii   59
transmigración   4, 26-27, 144, 268,
   274, 277, 282, 284-286, 358
   credo reencarnacionista   274,
      284
   reencarnación   268, 274, 282,

284-285, 358
tropo del viaje (Pedreira) 319
tropos (Blanco) 256, 317, 335, 344, 349
Trouillot, Michel-Rolph 22
Trujillo, Rafael Leónidas 15, 42, 83-84, 86, 156, 176-177, 362
Tufiño, Rafael 5, 380, 391
Turits, Richard Lee 15, 84, 86
Twain, Mark 242

U

Ugarte, Manuel 64, 309
Uitti, Karl D. 10
Unamuno, Miguel de 59, 68-69
Unión Soviética 198
universalidad 40, 51, 67, 89-90, 94, 104-106, 114, 140, 205, 207-208, 236, 247, 256, 279, 283-284, 294, 299, 320-321, 387, 389
   progreso y 321
   universal 40, 51, 67, 89-90, 94, 96, 104-106, 114, 140, 205, 207, 236, 247, 256, 279, 283-284, 294, 299, 320-321, 387, 389
   valores universales 294
Universidad de Minnesota 156, 186, 223
Universidad de Puerto Rico 10-11, 56, 121, 134-137, 295, 336, 355, 378, 380, 386, 399
Universidad Nacional de Quilmes 1, 10, 277
Urbina, Luis G. 185

Ureña, Salomé 1-3, 5-6, 8, 22-23, 28, 31-32, 39, 41-42, 45-46, 52-53, 59, 63-64, 71, 85, 87, 97, 103, 109, 119, 122, 149-230, 331, 388
utopía 14, 23-25, 35, 45, 55, 95, 98, 125, 130, 142, 153-154, 224, 234, 253-254
   de América 125, 153-154, 260, 314, 361, 363, 390
   moderna 234, 254, 260
   utopías de la modernidad 98

V

Valenzuela, Andrea 11
Valera, Juan 112
Vallejo, César 119, 123-124
vanguardia / vanguardias 3, 19, 29, 130, 140, 149, 151, 198, 222-223, 353, 362-365, 369, 384
Varona, José Enrique 67, 107, 222
Vasconcelos, José 64, 116-118, 121, 182-184, 187-189, 198, 204, 210
vate 29, 353-355, 371-371, 379, 400
Vaughan, Alden T. 221
Vázquez, Juan 85
veedor sutil (Emerson, Martí) 257
Vega, Bernardo 7, 360-361
Velázquez, Sonia 11
Véliz, Claudio 45, 111
Venegas, Carlos 9
Venezuela 15, 43-44, 95, 166, 214, 252, 348-349, 379
Ventura, Roberto 125

Veray, Amaury   379
Verlaine, Paul   19, 114
Vezzetti, Hugo   265, 277
Vicéns, Nimia   351, 379
Viejo San Juan   378-379
Vientós Gastón, Nilita   335, 349, 376-378, 384-385, 389, 393-394
Vietnam   365, 399
Villaurrutia, Xavier   152
Viroli, Maurizio   99
Viscardo y Guzmán, Juan Pablo   91-93, 97
visión sexual (Pedreira)   334
Vitier, Cintio, 6, 18, 115-116, 238-239, 295
Vitier, Medardo   315
Vivoni Farage, Enrique   381
von Humboldt, Alexander   96

W

Walcott, Derek   7, 229
Warner, Marina   83, 221
Weber de Kurlat, Frida   138
Weber, Max   173
Weinberg, Liliana   262
West Indies   1, 14
West, Cornel   329
White, Hayden   257
Whitman, Walt   3, 18, 25, 101, 239, 242-243
Wilde, Oscar   181, 202-204
Wiley, Bell I.   242
Wilkins, Lawrence   132
Williams, Eric   8
Williams, Raymond   38, 56, 60, 114, 346-347, 364, 371, 382
Williams, Tennessee   394
Willson, Patricia   197, 388
Wilson, Edmund   242-243, 245, 354
Wilson, Woodrow   169
Windelband, Wilhelm   202
Wing Pinero, Arthur   204
Wittgenstein, Ludwig   160
Wolf, Eric R.   359
Wood, Michael   10, 169, 243, 392
worldliness (mundanidad) (Said)   121, 178
Wright, Ann   264
Wright, Richard   49

Y

Yáñez, Agustín   3
Yeats, William   66, 203-204
Young, Robert   41

Z

zahorí (Blanco)   374
Zambrano, María   1, 31, 392
Zanetti, Oscar   10
Zanetti, Susana   10, 115
Zum Felde, Alberto   156

Sobre Latin America Research Commons

Latin America Research Commons es la editorial de acceso abierto de la Asociación de Estudios Latinoamericanos (LASA), dedicada a investigaciones académicas relacionadas con América Latina.

Latin America Research Commons busca contribuir a la difusión del conocimiento a través de la publicación de libros inéditos y traducciones de trabajos académicos de todas las disciplinas relacionadas a los estudios latinoamericanos. Sus principales lenguas de publicación son el inglés, el español y el portugués y su objetivo es garantizar que los investigadores alrededor del mundo puedan encontrar y acceder a las investigaciones que necesiten sin barreras económicas o geográficas.

Directora ejecutiva de LASA
Milagros Pereyra Rojas

Editores principales
Natalia Majluf
Francisco Valdés Ugalde

Comité Editorial
María Rosa Olivera-Williams
Gisela Zaremberg Lis
Olivia Gomes da Cunha

Comité Editorial Honorario – Premiados Kalman Silvert
Abraham Lowenthal
Susan Eckstein
Ronald H. Chilcote
Sueli Carneiro
Wayne A. Cornelius
Lars Schoultz
Carmen Diana Deere
Julio Cotler †
Richard Fagen
Manuel Antonio Garretón
June Nash
Marysa Navarro
Peter Smith

Productora editorial
Julieta Mortati

www.ingramcontent.com/pod-product-compliance
Lightning Source LLC
Chambersburg PA
CBHW030235240426
43663CB00037B/473